Jacqueline RUSS
Agrégée de philosophie

DICTIONNAIRE DE PHILOSOPHIE

Les concepts
Les philosophes
1850 citations

BORDAS

Du même auteur

La Pensée des Précurseurs de Marx (Bordas, 1973) [réédition sous le titre : *Le socialisme utopique français*, Bordas, 1988].

Histoire de la folie. Michel Foucault. Analyse critique (Hatier, 1979).

Savoir et Pouvoir, tomes 1 et 2 (Hatier, 1980).

Histoire de la philosophie. De Socrate à Foucault (Hatier, 1984).

Abrégé de philosophie [A et B, C et D, F-G-H] (Armand Colin, 1985).

Philosophie [dissertations] (Vuibert, 1987).

Les Chemins de la pensée (Armand Colin, 1988).

Philosophie [commentaires de texte] (Vuibert, 1989).

L'Année de Philosophie (Armand Colin, 1990).

Les Méthodes en philosophie (Armand Colin, 1991).

Maquette couverture : Jean Castel
Maquette intérieure : Evelyne Audureau-Stratus

ISBN 2-04-019301-4

AVANT-PROPOS

Vous tenez entre vos mains un dictionnaire de philosophie destiné, en priorité, aux élèves des Classes Terminales. Ce sont, bien entendu, les connaissances fondamentales nécessaires à ces élèves qui constituent la substance de ce dictionnaire.

Philosophie, baccalauréat : ces maîtres mots ont orienté le choix des termes, la structure qui leur est dédiée, enfin, l'organisation du dictionnaire. L'acquisition de la culture philosophique, la pédagogie propre à l'examen — objectifs de ce dictionnaire — s'appuient avec force sur les grands auteurs, sources principales du vocabulaire de la philosophie. Pour l'essentiel, les termes et les connaissances qui leur sont associés proviennent, en effet, des doctrines et systèmes des grands philosophes et, en particulier, des auteurs figurant dans le programme du baccalauréat. On ne s'étonnera pas de constater que les penseurs les plus utilisés (Kant, Hegel, Aristote, Alain, etc.) ont exercé une activité pédagogique : définir précisément leur pensée était donc rigoureusement nécessaire.

Le choix des termes a été conforté par une étude minutieuse du vocabulaire philosophique utilisé à l'examen écrit (sujets et commentaires de textes) des quatre années 1986 à 1989.

La philosophie, par ailleurs, est riche de la diversité de la pensée humaine : cela se traduit par l'ambiguïté et la polysémie de nombreux mots, lesquelles se reflètent dans la variété des définitions qu'en donnent les philosophes eux-mêmes. La structure liée à chaque mot comprend donc :

— d'une part, des définitions générales courtes, afin de faciliter leur mémorisation. Ces définitions, qui correspondent aux différents sens du terme, *ne concernent que les aspects purement philosophiques de celui-ci.*

— d'autre part, des définitions particulières données dans des citations de grands auteurs, qui apportent des précisions ou des éclairages spécifiques.

Ainsi l'élève dispose-t-il de toute la richesse et de toutes les facettes d'un même mot, afin d'en bien saisir les sens.

Cependant, la philosophie ne se laisse point enfermer facilement dans des mots isolés. Nous avons choisi de replacer les termes essentiels dans le contexte de la pensée des philosophes les plus importants, en particulier de certains auteurs du programme. L'ouvrage est ainsi constitué d'un *dictionnaire des termes et concepts*, suivi d'un *dictionnaire des philosophes*, qui présente brièvement les idées fondamentales de ces penseurs, en établissant clairement leurs relations avec les mots que l'on veut préciser ou approfondir. Ce nouvel éclairage complète le sens des termes tels qu'ils apparaissent, de façon un peu abrupte pour un philosophe débutant, dans la partie classique du dictionnaire.

L'élève dispose, ainsi, d'un support efficace pour rédiger ses exercices de philosophie (dissertation et commentaire de texte).

Voici, maintenant, une description plus détaillée de l'ouvrage et de son mode d'emploi. Nous vous conseillons de la lire soigneusement, afin de tirer le meilleur profit possible des connaissances contenues dans ce dictionnaire.

Constitution du dictionnaire
Mode d'emploi

1. Dictionnaire des termes et concepts

Cette partie contient les termes essentiels à la compréhension des connaissances philosophiques à acquérir en classe de Terminale. Ils sont, très classiquement, rangés par ordre alphabétique.

Chaque article contient, en principe, les quatre rubriques suivantes :

a) Les définitions générales du terme, qui regroupent la nature grammaticale, l'étymologie et les différentes définitions philosophiques de ce terme, définitions dont les références sont constituées par une ou deux lettres placées en tête. On s'est efforcé d'apporter des définitions courtes, afin de faciliter la mémorisation.

b) Les définitions particulières de certains philosophes, données sous forme de citations, complétées par trois types de références :
— précédant la citation : le nom du philosophe
— la ou les lettres de référence de la définition générale (lorsque la citation illustre une définition générale, ce qui n'est pas toujours le cas)
— à la fin de la citation : la référence de l'œuvre d'où elle est extraite.

c) Des expressions et termes liés. Il s'agit, soit d'expressions contenant le terme principal, soit de termes liés par l'étymologie, les racines, etc. Nous avons classé les expressions par ordre alphabétique, en prenant d'abord celles où le terme se trouve en tête de l'expression, puis celles où il est en fin. Les expressions sont suivies par les termes isolés. Exemple :

Terme principal	→	Nature
Expressions liées	→	Nature humaine — Nature naturante — Nature naturée — État de nature
Terme isolé lié	→	Naturel

d) Des termes et expressions connexes. Ils sont présentés dans un tableau encadré. Nous avons placé sous cette rubrique trois catégories de termes ou d'expressions, en relation avec le terme principal (sauf indication différente) :
— la catégorie de voisinage, où l'on trouve les termes de signification très proche
— la catégorie d'opposition, qui contient les termes de signification opposée
— la catégorie de dépendance, qui contient, soit des termes nécessaires

à la définition du terme principal, soit des termes dont la définition dépend de ce terme principal.

2. Dictionnaire des philosophes

Pour faciliter et compléter la compréhension des définitions et des citations, l'ouvrage comporte un dictionnaire des philosophes qui expose la pensée des principaux auteurs inscrits au programme de Terminale, en replaçant systématiquement leurs termes et expressions essentiels dans le contexte et l'organisation de cette pensée. Il ne s'agit donc pas d'un cours abrégé, mais d'une *mise en situation de concepts philosophiques*, afin de leur rendre la dynamique que les définitions isolées ont tendance à leur enlever.

Ce *Dictionnaire des philosophes* rassemble l'essentiel de la pensée des grands auteurs, telle qu'elle s'exprime dans leur vocabulaire propre et sera donc directement utilisable dans les exercices du baccalauréat (dissertation et commentaire de texte), lorsqu'il est nécessaire de citer tel ou tel auteur.

Ce *Dictionnaire des philosophes* est, ainsi, un outil efficace de préparation des élèves à l'examen du Baccalauréat.

Abréviations

adj.	adjectif
adv.	adverbe
all.	allemand
chap.	chapitre
étym.	étymologie
lat.	latin
liv.	livre
loc.	locution
n.f.	nom féminin
n. m.	nom masculin
part. passé	participe passé
part. prés.	participe présent
t.	tome
v.	verbe

Dictionnaire des termes et concepts

A

Absolu

◆ **1.** *Définitions générales*

(n. m.-adj.) Étym. : lat. *absolutus*, part. passé de *absolvere*, détacher de, achever.

A. *Adjectif* :
a) *sens courant* : désigne ce qui ne comporte ni restriction ni réserve ; total (ex. : pouvoir absolu, confiance absolue).
b) *métaphysique* : qui est en soi et par soi, indépendamment de toute autre chose (ex. : la substance est absolue).

B. *Nom* :
Métaphysique :
a) *absolu* : ce qu'est la chose, indépendamment de ce qu'elle est pour nous et du point de vue où l'on se place.
b) *l'Absolu* : l'Être existant par lui-même, Dieu.
c) chez *Hegel*, l'Absolu désigne l'Idée pleinement réalisée, au terme du développement et du processus dans lesquels elle s'engage.

◆ **2.** *Définitions particulières de philosophes*

DESCARTES

« J'appelle absolu tout ce qui contient en soi la nature pure et simple dont il est question : ainsi tout ce qui est considéré comme indépendant, cause, simple, universel, un, égal, semblable, droit, ou d'autres choses de ce genre ; et je l'appelle le plus simple et le plus facile, afin que nous nous en servions pour résoudre les questions. » (*Règles pour la direction de l'esprit*, Règle VI, in *Descartes, Œuvres, lettres*, p. 53, La Pléiade, Gallimard.)

KANT

(A-*a*) « [Le mot absolu est] employé quelquefois pour désigner que quelque chose est valable sous tous les rapports (d'une manière illimitée) (par exemple, le pouvoir absolu) » (*Critique de la raison pure*, « Dialectique transcendantale », p. 268, PUF.)

HEGEL

(B-*c*) « L'Absolu est l'Idée universelle et *une*, qui, *jugeant*, divisant, se particularise en *système* d'idées déterminées qui ne le sont que pour revenir à l'Idée *une*, à leur vérité. » (*Précis de l'Encyclopédie des sciences philosophiques*, 3e section, § 213, p. 217, Vrin.)

BERGSON

(B-*a*) « Deux manières profondément différentes de connaître une chose [...]. La première dépend du point de vue où l'on se place et des symboles par lesquels on s'exprime. La seconde ne se prend d'aucun point de vue et ne s'appuie sur aucun symbole. De la première connaissance, on dira qu'elle s'arrête au *relatif* ; de la seconde, là où elle est possible, qu'elle atteint l'*absolu* [...]. L'absolu est parfait en ce qu'il est parfaitement ce qu'il est. » (*La Pensée et le Mouvant*, pp. 177, 178, 180, PUF.)

◆ **3.** *Expressions et termes liés ou dérivés*

Idée absolue

HEGEL

Voir IDÉE (IDÉE ABSOLUE), p. 131.

◆ **4.** *Termes et expressions connexes*

— Pour *absolu* adjectif :

Relation de voisinage

• achevé • infini • intégral • parfait • total.

Relation de dépendance

• esprit • Être • idée • substance.

Relation d'opposition

• contingent • fini • imparfait • limité • relatif.

— Pour *absolu* substantif :

Relation de voisinage

• Dieu.

Relation de dépendance

• connaissance • chose en soi • Esprit • Idée • savoir • vérité.

Relation d'opposition

• finitude • imperfection • relatif (le).

Abstraction

◆ **1.** *Définitions générales*

(n. f.) Étym. : lat. *abstractio*, abstraction.
Opération intellectuelle consistant à isoler par la pensée certains éléments d'une représentation, en négligeant les autres.

◆ **2.** *Définitions particulières de philosophes*

LOCKE

« L'esprit rend générales les idées particulières qu'il a reçues par l'entremise des objets particuliers, ce qu'il fait en considérant ces idées comme des apparences séparées de toute autre chose [...]. C'est ce qu'on appelle *Abstraction*, par où des idées tirées de quelque Être particulier devenant générales, représentent tous les Êtres de cette espèce. » (*Essai philosophique concernant l'entendement humain*, p. 113, Vrin.)

HEGEL

« La pensée est *abstraction* dans la mesure où l'intelligence part d'intuitions concrètes, laisse de côté l'une des déterminations variées que fournissent ces intuitions et, en faisant ressortir telle autre de ces déterminations, lui confère la forme simple de la pensée. [...] L'abstraction est l'aspect *négatif* de la pensée. » (*Propédeutique philosophique*, « Logique », § 3, p. 104, Éditions de Minuit.)

ALAIN

« C'est une simplification, en présence de l'objet concret infiniment complexe et perpétuellement changeant, simplification qui nous est imposée soit par les nécessités de l'action, soit par les exigences de l'entendement, et qui consiste à considérer un élément de l'objet comme isolé, alors que rien n'est isolable, et comme constant, alors que rien n'est en repos. » (*Définitions*, in Alain, *les Arts et les Dieux*, p. 1028, La Pléiade, Gallimard.)

◆ **3.** *Termes et expressions connexes*

Relation de voisinage

• chimère • entité • isolement • séparation.

Relation de dépendance

• concept • esprit • généralisation • idée • langage • mot • notion.

Relation d'opposition

• réalité.

Abstraire (Abstrait)

◆ **1.** *Définitions générales*

(v.) Étym. : lat. *abstrahere*, détacher de.

Considérer à part certains éléments d'un objet, en laissant de côté les autres déterminations.

◆ **2.** *Définitions particulières de philosophes*

HEGEL

« Si, dans la représentation, on laisse de côté les déterminations d'un objet, c'est ce qu'on appelle *abstraire*. Il ne reste alors qu'un objet moins déterminé, c'est-à-dire un objet *abstrait*. Mais, si dans la représentation je ne considère qu'une détermination singulière de cet ordre, c'est là aussi une *représentation abstraite*. » (*Propédeutique philosophique*, Introduction, § 1, p. 19, Éditions de Minuit.)

◆ **3.** *Expressions et termes liés ou dérivés*

Pensée abstraite

KIERKEGAARD

« Justement parce qu'elle est *sub specie aeterni* (sous la forme de l'éternel), la pensée abstraite ne tient pas compte du concret, de la temporalité, du devenir propre à l'existence et de la misère que connaît l'existant du fait qu'il est une synthèse d'éternel et de temporel, plongée dans l'existence. » (*Post-Scriptum définitif et non scientifique aux* Miettes *philosophiques*, t. 2, p. 2, Éditions de l'Orante.)

Absurde

Un concept qui joue un rôle majeur chez Camus et dans le courant existentialiste : *L'Étranger* (1942) et *Le Mythe de Sisyphe* (1942) voient, dans l'absurde, un divorce entre l'homme et le monde.

◆ **1.** *Définitions générales*

(n. m.-adj.) Étym. : lat. *absurdus*, qui a un son faux, qui détonne, absurde, saugrenu.

A. *Logique* : contradictoire, contraire à la logique et à ses règles, qui viole ces règles.

B. *Vocabulaire existentialiste* : désigne ce qui est dépourvu de sens, ce qui ne saurait être justifié de manière rationnelle (ex. : l'existence humaine est absurde).

◆ **2.** *Définitions particulières de philosophes*

SARTRE

(B) « [Un tel choix] est absurde comme étant par-delà toutes les raisons. » (*L'Être et le Néant*, 4e partie, chap. 1, § 1, p. 536, Tel, Gallimard.)

BEAUVOIR

Voir AMBIGUÏTÉ, p. 16.

CAMUS

(B) « Ce monde en lui-même n'est pas raisonnable [...]. Mais ce qui est absurde, c'est la confrontation de cet irrationnel et (du) désir éperdu de clarté dont l'appel résonne au plus profond de l'homme. » (*Le Mythe de Sisyphe*, p. 39, Folio Essais, Gallimard.)

◆ **3.** *Expressions et termes liés ou dérivés*

Raisonnement (démonstration) par l'absurde

Type de raisonnement où l'on démontre la vérité d'une proposition en soulignant les conséquences fausses auxquelles la proposition contradictoire aboutit.

◆ **4.** *Termes et expressions connexes*

— Pour *absurde* adjectif :
Relation de voisinage
• contradictoire • illogique • irrationnel.
Relation de dépendance
• condition humaine • existence • logique • raison • sens.
Relation d'opposition
• logique • rationnel.

Académie

(n. propre) École fondée par Platon dans les jardins d'Académos, héros mythique de l'Attique.

Accident

◆ **1.** *Définitions générales*

(n. m.) Étym. : lat. *accidens*, part. présent de *accidere*, arriver, survenir.
Métaphysique : ce qui peut être supprimé sans que disparaisse la chose elle-même ; ce qui n'appartient pas à l'essence de cette chose.

◆ **2.** *Définitions particulières de philosophes*

ARISTOTE

« *Accident* se dit de ce qui appartient à un être et peut en être affirmé avec vérité, mais n'est pourtant ni nécessaire, ni constant [...]. Accident s'entend encore d'une autre façon : c'est ce qui, fondé en essence dans un objet, n'entre cependant pas dans sa substance. » (*La Métaphysique*, liv. Δ, § 30, t. 1, pp. 321, 323, Vrin.)

◆ **3.** *Termes et expressions connexes*

Relation de voisinage
• accessoire • particularité.
Relation de dépendance
• caractère • détermination • propriété.
Relation d'opposition
• absolu • essence • nature • substance.

Acculturation

(n. f.) Terme créé par les anthropologues anglo-saxons. Désigne soit un processus d'adaptation et d'intégration à un milieu donné, processus par lequel un individu fait sienne la culture de son groupe, soit un processus d'intégration à une culture étrangère, par lequel un individu ou un groupe sont contraints de modifier ou de changer leurs propres modèles ou modes de vie.

Acquis

(adj.) Étym. : lat. *acquisitus*, part. passé de *acquirere*, ajouter à, ajouter à ce qui est.
Psychologie, sociologie : désigne ce qui résulte de l'apprentissage, de l'expérience, de l'éducation.

Acte

◆ **1.** *Définitions générales*

(n. m.) Étym. : lat. *actum*, acte, action.
A. *Sens courant* : mouvement d'ensemble comportant une fin, chez l'être humain ou le vivant en général.
B. *Métaphysique* : chez Aristote principalement, ce qui est pleinement réalisé.

◆ **2.** *Définitions particulières de philosophes*

ARISTOTE

(B) « L'acte [...] est le fait pour une chose d'exister en réalité et non de la façon dont nous disons qu'elle existe en *puissance*, quand nous disons, par exemple, qu'Hermès [la statue] est en puissance dans le bois [la matière] [...] ou quand nous appelons savant en puissance celui qui même ne spécule pas, s'il a la faculté de spéculer : [...] l'autre façon d'exister est l'existence en acte. » (*La Métaphysique*, liv. Θ, § 6, t. 2 p. 499, Vrin.)

SARTRE

(A) « Par *actes* il faut entendre toute activité synthétique de la personne, c'est-à-dire toute disposition de moyens en vue de fins, non en tant que le pour-soi est ses propres possibilités, mais en tant que l'acte représente une synthèse psychique transcendante qu'il doit vivre. » (*L'Être et le Néant*, 2e partie, chap. 2, § 3, p. 202, Tel, Gallimard.)

◆ **3.** *Expressions et termes liés ou dérivés*

Acte manqué

FREUD

« Ce sont tous ces actes innombrables de la vie quotidienne [...] et qui se caractérisent par le fait qu'ils manquent leur but : on pourrait les grouper sous le nom d'*actes manqués* [...]. Ils ont un sens [...] [et] expriment [...] des pulsions et des intentions que l'on veut cacher à sa propre conscience [...] ils ont leur source dans des désirs et des complexes refoulés. » (*Cinq Leçons sur la psycha-*

nalyse, Leçon 3, p. 43, Petite Bibliothèque Payot.)

◆ **4.** *Termes et expressions connexes*

Relation de voisinage
• action • actualisation • entéléchie • réalisation.
Relation de dépendance
• force.
Relation d'opposition
• potentialité • puissance • virtualité.

Actif

◆ **1.** *Définitions générales*

(adj.) Étym. : lat. *activus*, actif, qui consiste dans l'action ; qui agit ; qui implique une activité ; qui est capable d'exercer une action.

◆ **2.** *Définitions particulières de philosophes*

SPINOZA

« Je dis que nous sommes actifs, quand, en nous ou hors de nous, quelque chose se fait dont nous sommes la cause adéquate, c'est-à-dire [...] quand, en nous ou hors de nous, il suit de notre nature quelque chose qui se peut par elle seule connaître clairement et distinctement. » (*Éthique*, 3e partie, Définition 2, in *Œuvres de Spinoza*, t. 3, p. 134, Garnier-Flammarion.)

NIETZSCHE

« Qu'est-ce qui est "actif" ? Tendre à la puissance. » (*La Volonté de puissance*, trad. Bianquis, liv. 2, t. 1, § 43, p. 213, Gallimard.)

Action

◆ **1.** *Définitions générales*

(n. f.)
A. Réalisation ou exécution d'un acte ; le fait d'agir.
B. *Morale* : ensemble d'actes, souvent considérés comme volontaires.
C. *Morale* : disposition de moyens en vue d'une fin, de manière à modifier le monde extérieur (chez *Sartre*, par exemple).
D. Activité dont un être est réellement la cause (par opposition à passion) ; désirs définis par la raison (*Spinoza*).

◆ **2.** *Définitions particulières de philosophes*

SPINOZA

(D) « Nos actions, c'est-à-dire ces Désirs qui sont définis par la puissance de l'homme ou la Raison, sont toujours bonnes. » (*Éthique*, 4e partie, Appendice, chap. 3, in *Œuvres de Spinoza*, t. 3, p. 292, Garnier-Flammarion.)
Voir aussi PASSION, p. 206.

SARTRE

(C) « L'action est disposition de moyens en vue d'une fin [...] opération et travail. Elle consiste à introduire des changements dans le monde extérieur de façon que la totalité des changements opérés soit équivalente [...] à la fin réalisée. » (*Cahiers pour une morale*, p. 450, Gallimard.)
(C) « L'action, quelle qu'elle soit, modifie ce qui est au nom de ce qui n'est pas encore. Puisqu'elle ne peut s'accomplir sans briser l'ordre ancien, c'est une révolution permanente. » (*Saint Genet, comédien et martyr*, p. 29, Gallimard.)

◆ **3.** *Termes et expressions connexes*

Relation de voisinage
• acte • activité • opération • pratique • praxis • réalisation.
Relation de dépendance
• force • existence • homme • liberté • volonté.
Relation d'opposition
• contemplation • intention • passion • spéculation • théorie.

Activité

◆ **1.** *Définitions générales*

(n. f.)
A. Caractère de ce qui est actif.
B. *Caractérologie* : trait distinctif des êtres portés à l'action.
C. *Psychologie* : ensemble des phénomènes psychiques (instinct, volonté...) conduisant à l'action.

◆ **2.** *Définitions particulières de philosophes*

HEGEL

« L'homme se constitue pour soi par son activité *pratique* [...]. Il y parvient en changeant les choses extérieures, qu'il marque du sceau de son intériorité et dans lesquelles il ne retrouve que ses propres déterminations. » (*Esthétique*, p. 22, PUF.)

Adaptation

◆ **1.** *Définitions générales*

(n. f.) Étym. : lat. *adaptare*, adapter, ajuster.
Tout spécialement, en biologie, ensemble des modifications par lesquelles les êtres vivants et les organismes se mettent en

harmonie avec les conditions internes et externes de l'existence (de telle sorte que ces organismes puissent à la fois durer et se reproduire).

◆ **2.** *Définitions particulières de philosophes*

BERGSON

« Chaque espèce, chaque individu même ne retient de l'impulsion globale de la vie qu'un certain élan, et tend à utiliser cette énergie dans son intérêt propre ; en cela consiste l'*adaptation*. » (*L'Évolution créatrice*, p. 51, PUF.)

PIAGET

« L'adaptation doit être caractérisée comme un équilibre entre les actions de l'organisme sur le milieu et les actions inverses [...], comme [...] un équilibre des échanges entre le sujet et les objets. » (*La Psychologie de l'intelligence*, in Guy Cellerier, *Piaget*, p. 72, Sup, PUF.)

Adéquat

◆ **1.** *Définitions générales*

(adj.) Étym. : lat. *adaequatus*, part. passé de *adaequare*, rendre égal.
Ce qui correspond parfaitement à son objet.

◆ **2.** *Définitions particulières de philosophes*

SPINOZA

Voir CAUSE ADÉQUATE, p. 41, IDÉE ADÉQUATE, p. 131.

LEIBNIZ

« Lorsque tout ce qui entre dans une définition ou connaissance distincte est connu distinctement, jusqu'aux notions primitives, j'appelle cette connaissance adéquate. » (*Discours de métaphysique*, Article 24, p. 69, Vrin.)

Admiration

◆ **1.** *Définitions générales*

(n. f.) Étym. : lat. *admiratio*, admiration.
Sentiment de joie ou d'épanouissement devant ce qui est jugé grand.

◆ **2.** *Définitions particulières de philosophes*

DESCARTES

« L'admiration est une subite surprise de l'âme, qui fait qu'elle se porte à considérer avec attention les objets qui lui semblent rares et extraordinaires. » (*Les Passions de l'âme*, 2e partie, Article 70, in *Descartes, Œuvres, lettres*, p. 728, La Pléiade, Gallimard.)

Adventice

◆ **1.** *Définitions générales*

(adj.) Étym. : lat. *adventicius*, qui vient du dehors.
Qui vient des sens, qui n'est pas inné.

◆ **2.** *Définitions particulières de philosophes*

DESCARTES

Voir IDÉE INNÉE, p. 132.

Affect

(n. m.) Étym. : lat. *affectus*, état de l'âme, disposition de l'âme, sentiment.
A. *Psychologie* : état affectif élémentaire.
B. *Psychanalyse* : tout état affectif, pénible ou agréable, vague ou qualifié, qu'il se présente sous la forme d'une décharge massive ou comme tonalité générale ; expression de la quantité d'énergie pulsionnelle (*Vocabulaire de la psychanalyse*, p. 12, PUF).

Affectif

◆ **1.** *Définitions générales*

(adj.) Étym. : bas lat. *adfectivus*, qui exprime un désir.
Psychologie : qui concerne les phénomènes de la sensibilité, en tant qu'ils nous modifient selon un mode agréable ou désagréable, avec plaisir ou douleur...

◆ **2.** *Expressions et termes liés ou dérivés*

État (ou phénomène) affectif

Les états ou phénomènes affectifs représentent les phénomènes de la sensibilité qui nous touchent de manière agréable, désagréable, avec plaisir, douleur...

ARISTOTE

« J'entends par *états affectifs*, l'appétit, la colère, la crainte, l'audace, l'envie, la joie, l'amitié, la haine, le regret de ce qui a plu, la jalousie, la pitié, bref toutes les inclinations accompagnées de plaisir ou de peine. » (*Éthique à Nicomaque*, liv. 2, § 4, p. 101, Vrin.)

Affectivité

(n. f.) Ensemble des phénomènes affectifs.

Affection

◆ **1.** *Définitions générales*

(n. f.) Étym. : lat. *adfectio*, action d'affecter.
A. *Sens courant* : sentiment tendre pour une personne.

B. *Sens philosophique ancien* : manière d'être, modification d'un sujet, que la cause soit interne ou externe ; mode déterminant la substance.
C. *Sens philosophique moderne* : état affectif ; état psychique (avec plaisir ou douleur).

◆ **2.** *Définitions particulières de philosophes*

ARISTOTE
« Sont des affections tout ce qui amène les hommes à changer et à différer d'avis dans leurs jugements, et qu'accompagne la douleur ou le plaisir, par exemple la colère, la pitié, la crainte et toutes les autres choses de cette nature, ainsi que leurs contraires. » (*Rhétorique*, liv. 2, § 1, in J. C. Fraisse, *Aristote, Anthropologie*, p. 126, PUF.)

SPINOZA
Voir PASSION, p. 206.

ALAIN
(C) « *Affection*. Tout ce qui, dans nos pensées, dans nos projets, dans nos résolutions est marqué d'un degré quelconque d'amour ou de haine, de joie ou de tristesse. La mélancolie est une affection, l'envie est une affection, la déception est une affection. » (*Définitions*, in *Alain, les Arts et les Dieux*, p. 1029, La Pléiade, Gallimard.)

◆ **3.** *Termes et expressions connexes*

Relation de voisinage
• affect • état affectif • mode • sentiment.
Relation de dépendance
• existence • jugement • passion
• substance.
Relation d'opposition
• indifférence • insensibilité.

Affectivité

Voir AFFECTIF, p. 13.

Affirmation

◆ **1.** *Définitions générales*

(n. f.) Étym. : lat. *adfirmatio*, affirmation.
Acte d'affirmer, c'est-à-dire d'énoncer ou de donner un jugement comme vrai.

◆ **2.** *Définitions particulières de philosophes*

ARISTOTE
« Une affirmation est la déclaration qu'une chose se rapporte à une autre chose. » (*Organon, De l'interprétation*, § 6, p. 86, Vrin.)

◆ **3.** *Expressions et termes liés ou dérivés*

Affirmer
(v.)

ARNAULD et NICOLE
Voir PROPOSITION, p. 231.

KANT
« *Affirmer*, c'est-à-dire exprimer comme un jugement nécessairement valable pour chacun. » (*Critique de la raison pure*, « Théorie transcendantale de la méthode », p. 552, PUF.)

◆ **4.** *Termes et expressions connexes*

Relation de voisinage
• allégation • assertion • opinion.
Relation de dépendance
• jugement • vrai.
Relation d'opposition
• négation.

Agnosticisme

(n. m.) Étym. : grec *agnôstos*, inconnu, inconnaissable.
Doctrine selon laquelle le fond des choses serait inconnaissable : on ne saurait dépasser les données sensibles.

Agréable

◆ **1.** *Définitions générales*

(adj.) Étym. : lat. *gratus*, agréable, charmant.
Psychologie : qui plaît aux sens, conforme au goût.

◆ **2.** *Définitions particulières de philosophes*

KANT
« La satisfaction produite par l'*agréable* est liée à un intérêt. Est agréable ce qui plaît aux sens dans la sensation. » (*Critique du jugement*, « Critique du jugement esthétique », 1re section, p. 41, Vrin.)

Agressivité

◆ **1.** *Définitions générales*

(n. f.) Étym. : lat. *adgredi*, aller vers, aborder, attaquer.
Psychologie : ensemble des tendances par lesquelles un être tend à la destruction de l'entourage, vise à nuire à autrui, à le détruire, etc. ; désigne également la tendance à l'agression.

◆ **2.** *Définitions particulières de philosophes*

FREUD

« L'homme [...] doit porter au compte de ses données instinctives une bonne somme d'agressivité [...]. L'homme est [...] tenté de satisfaire son besoin d'agression aux dépens de son prochain, d'exploiter son travail sans dédommagements, [...]. Cette tendance à l'agression [...] constitue le principal facteur de perturbation dans nos rapports avec notre prochain. » (*Malaise dans la civilisation*, in *Revue française de psychanalyse*, janv. 1970, pp. 50, 51, PUF.)

Aimer

◆ **1.** *Définitions générales*

(v.) Étym. : lat. *amare*, aimer, avoir de l'affection pour.
Voir AMOUR sens A et B.

◆ **2.** *Définitions particulières de philosophes*

ARISTOTE

« Aimer, c'est [...] vouloir pour quelqu'un ce que l'on estime être des biens, en ne se prenant pas soi-même, mais en le prenant, lui, pour fin, et agir selon ses possibilités en vue de cela. » (*Rhétorique*, liv. 2, § 4, in J. C. Fraisse, *Aristote, Anthropologie*, p. 131, PUF.)

Aléatoire

◆ **1.** *Définitions générales*

(n. m.-adj.) Étym. : lat. *aleatorius*, qui concerne le jeu.
Dépendant du hasard, fortuit.

◆ **2.** *Définitions particulières de philosophes*

PIAGET

« L'aléatoire est [...] essentiellement caractérisé par son aspect irréversible, donc non déductible dans le détail des événements, en opposition avec les séries bien ordonnées que la pensée peut dérouler ou reconstituer déductivement dans les deux sens. » (*Les Données génétiques de l'épistémologie physique*, article in *Logique et connaissance scientifique*, p. 616, Encyclopédie de La Pléiade, Gallimard.)

Alètheia

◆ **1.** *Définitions générales*

(n. f.) Terme grec repris par Heidegger. Étym. : grec *alètheia*, vérité.

◆ **2.** *Définitions particulières de philosophes*

THÉVENAZ

« [...] la vérité est vraiment selon son étymologie grecque "l'être caché qui se dévoile" (alètheia.) » (*De Husserl à Merleau-Ponty*, p. 66, Éditions de la Baconnière.)

Algèbre

(n. f.) Étym. : lat. médiéval *algebra*, arabe *al-jabr*, contrainte, réduction.
Théorie des opérations et résolution des équations, conduites en substituant des signes abstraits (en général des lettres) aux valeurs numériques.

Aliénation

> Si le sens primitif de ce terme est *juridique* (cession d'un bien contre un autre), il acquiert, au cours du XIXe siècle, une signification *économique*, *sociale* et *politique* : l'aliénation désigne alors l'état de l'individu qui cesse de s'appartenir et devient esclave des choses (Marx).

◆ **1.** *Définitions générales*

(n. f.) Étym. : lat. *alienus*, qui appartient à un autre.
A. *Droit* : transmission d'un droit ou d'une propriété, soit par donation, soit par vente.
B. *Philosophie* : action de devenir autre que soi, de se saisir (en ce qui concerne l'esprit) dans ce qui est autre que l'esprit, à savoir le sensible, la chose... (Hegel).
C. *Philosophie* : état de celui qui se trouve devant les produits de son activité comme devant une puissance étrangère qui le domine ; ainsi devient-il l'esclave de ses propres productions, marchandise, capital, argent... (Marx).
D. *Psychiatrie* : maladie mentale ou trouble psychique, rendant l'individu étranger à lui-même.

◆ **2.** *Définitions particulières de philosophes*

KANT

(A) « La *translation* de sa propriété à un autre est l'*aliénation*. » (*Métaphysique des mœurs, Doctrine du droit*, 1re partie, p. 150, Vrin.)

HEGEL

(B) « Les créations de l'art ne sont pas des pensées et des concepts, mais un déploiement extérieur du concept, une aliénation qui le porte vers le sensible. » (*Esthétique*, p. 20, PUF.)

MARX

(C) « L'*aliénation* de l'ouvrier dans son produit signifie non seulement que son travail devient un objet, une existence *extérieure*, mais que son travail existe en *dehors* de lui, indépendamment de lui, étranger à lui, et devient une puissance autonome vis-à-vis de lui, que la vie qu'il a prêtée à l'objet s'oppose à lui, hostile et étrangère. » (*Manuscrits de 1844*, p. 58, Éditions sociales.)

◆ **3.** *Termes et expressions connexes*

— Pour *aliénation* aux sens A, B et C :

Relation de voisinage

• cession • dépendance • esclavage • servitude.

Relation de dépendance

• autre • conscience • dialectique • production • travail.

Relation d'opposition

• acquisition • autonomie • liberté

Allégorie

◆ **1.** *Définitions générales*

(n. f.) Étym. : grec *allègoria*, allégorie, langage allégorique.

Récit, œuvre exprimant une idée fondamentale à l'aide d'une suite d'éléments narratifs qui sont autant de métaphores, correspondant, de manière systématique, aux détails de l'idée exprimée.

◆ **2.** *Définitions particulières de philosophes*

FONTANIER

« [L'Allégorie] consiste dans une proposition à double sens, à sens littéral et à sens spirituel tout ensemble, par laquelle on présente une pensée sous l'image d'une autre pensée, propre à la rendre plus sensible et plus frappante que si elle était présentée directement et sans aucune espèce de voile. » (*Les Figures du discours*, p. 114, Champs, Flammarion.)

◆ **3.** *Expressions et termes liés ou dérivés*

Allégorie de la Caverne

Comparaison de l'âme et de la condition de l'homme à un prisonnier enfermé dans une caverne et ne voyant que les ombres projetées par le feu sur la paroi de la caverne. Ces prisonniers sont notre image : la caverne est notre monde. La remontée au jour représente l'ascension de l'âme vers le monde intelligible (Platon, *La République*, liv. VII).

Altérité

Voir AUTRE, p. 29.

Altruisme

Voir AUTRE, p. 29.

Ambiguïté

◆ **1.** *Définitions générales*

(n. f.) Étym. : lat. *ambiguitas*, ambiguïté, équivoque, obscurité.

A. Caractère de ce qui présente deux ou plusieurs sens.

B. *Existentialisme* : condition de l'être humain, dont l'existence ne possède pas un sens fixé d'avance ou préétabli.

◆ **2.** *Définitions particulières de philosophes*

BEAUVOIR

(B) « Il ne faut pas confondre la notion d'ambiguïté et celle d'absurdité. Déclarer l'existence absurde, c'est nier qu'elle puisse se donner un sens ; dire qu'elle est ambiguë, c'est poser que le sens n'en est jamais fixé, qu'il doit sans cesse se conquérir. » (*Pour une morale de l'ambiguïté*, p. 180, Gallimard.)

Âme

Dans l'Antiquité, Aristote voit dans l'âme la forme du corps, tandis que les atomistes soutiennent que l'âme est composée d'atomes, comme n'importe quel objet. À l'époque moderne, Nietzsche rapproche, lui aussi, l'âme et le corps. Ainsi, toute une réflexion nous signale que le corps n'est nullement l'autre de l'esprit.

◆ **1.** *Définitions générales*

(n. f.) Étym. : lat. *anima*, air, souffle, principe de vie ; le masculin, *animus*, désigne le siège de la pensée, mais aussi celui du sentiment et des passions.

A. *Sens courant et sens philosophique* : principe de la sensibilité et de la pensée.

B. *Métaphysique* : esprit, pensée, substance pensante (radicalement séparés du corps et immatériels).

◆ **2.** *Définitions particulières de philosophes*

ARISTOTE

(A) « Le corps ne sera pas identique à l'âme [...]. [L'âme] est la forme d'un corps naturel ayant la vie en puissance [...]. L'âme n'est donc pas séparable du corps. » (*De l'âme*, liv. 2, § 1, pp. 66, 67, 71, Vrin.)

ÉPICURE

(A) « L'âme est un corps composé de particules subtiles, qui est disséminé dans tout l'agrégat constituant notre corps et qui ressemble de plus à un souffle mêlé de chaleur. » (*Lettre à Hérodote*, in *Épicure*, *Doctrines et maximes*, p. 39, Hermann.)

DESCARTES

(B) « En sorte que ce moi, c'est-à-dire l'âme par laquelle je suis ce que je suis, est entièrement distincte du corps, et même qu'elle est plus aisée à connaître que lui, et qu'encore qu'il ne fût point, elle ne laisserait point d'être tout ce qu'elle est. » (*Discours de la méthode*, 4e partie, in *Descartes*, *Œuvres, lettres*, p. 148, La Pléiade, Gallimard.)

NIETZSCHE

(A) « L'âme n'est qu'un mot désignant une parcelle du corps. » (*Ainsi parlait Zarathoustra*, 1re partie, « Des contempteurs du corps », trad. Bianquis, p. 51, Gallimard.)

◆ **3.** *Expressions et termes liés ou dérivés*

Âme ouverte

BERGSON

Voir OUVERT, p. 202.

◆ **4.** *Termes et expressions connexes*

Relation de voisinage
- esprit • pensée • psychisme.

Relation de dépendance
- espérance • immortalité • religion.

Relation d'opposition
- corps.

Amitié

◆ **1.** *Définitions générales*

(n. f.) Étym. : lat. *amicitia*, amitié, alliance.
Inclination ou sentiment réciproque entre deux personnes, ne se fondant pas sur un attrait sexuel.

◆ **2.** *Définitions particulières de philosophes*

KANT

« L'amitié (considérée dans sa perfection) est l'union de deux personnes liées par un amour et un respect égaux et réciproques. » (*Métaphysique des mœurs*, *Doctrine de la vertu*, « Doctrine élémentaire de l'éthique », § 46, p. 147, Vrin.)

◆ **3.** *Termes et expressions connexes*

Relation de voisinage
- affection • entente • sympathie.

Relation de dépendance
- communication • personne • respect • société.

Relation d'opposition
- antipathie • haine • inimitié

Amoral

◆ **1.** *Définitions générales*

(adj.) Étym. : composé à partir de *a*, privatif, et du lat. *mores*, mœurs.
Étranger à la sphère de la moralité.

◆ **2.** *Expressions et termes liés ou dérivés*

Amoralisme

(n. m.)
Conception étrangère à tout point de vue moral ou *attitude* de celui qui est étranger à ce point de vue.

Amour

Un terme qui acquiert sa pleine richesse philosophique dans l'Antiquité grecque, avec *Le Banquet*, de Platon : par cet élan vers le Beau et le Bien, ne participons-nous pas à l'Absolu ?

◆ **1.** *Définitions générales*

(n. m.) Étym. : lat. *amor*, amour, affection, vif désir.
A. *Philosophie, psychologie* : inclination (passionnelle) vers une personne ou même un objet considérés comme « bons ».
B. *Morale* : tendance opposée à l'égoïsme, désintéressée et portant généralement sur une valeur. Ex. : amour de la justice. Voir PLATONISME, p. 217.

◆ **2.** *Définitions particulières de philosophes*

PLATON

« Toute aspiration en général vers les choses bonnes et vers le bonheur, voilà l'*Amour très puissant*. » (*Le Banquet*, in *Platon*, *Œuvres complètes*, t. 4, p. 59, Budé, Belles Lettres.)

DESCARTES

(A) « L'amour est une émotion de l'âme causée par le mouvement des esprit, qui l'incite à se joindre de volonté aux objets qui paraissent lui être convenables. » (*Les Passions de l'âme*, 2e partie, Article 79, in *Descartes*, *Œuvres, lettres*, p. 732, La Pléiade, Gallimard.)

SPINOZA

(A) « L'Amour [...] n'est autre chose qu'*une Joie qu'accompagne l'idée d'une cause extérieure* ; [...] celui qui aime, s'efforce nécessairement d'avoir présente et de conserver la chose qu'il aime. » (*Éthique*, 3e partie, Proposition 13, in *Œuvres de Spinoza*, t. 3, p. 148, Garnier-Flammarion.)

HEGEL

(A) « L'"amour" signifie d'une façon générale la conscience de mon unité avec un autre ; si bien que je ne suis pas isolé pour moi, mais que je conquiers ma conscience seulement en tant que renoncement à mon être pour soi et en tant que savoir de mon unité avec un autre et de l'autre avec moi. » (*Principes de la philosophie du droit*, remarque du § 158, in *Hegel, morceaux choisis*, t. 2, § 210, p. 192, Idées, Gallimard.)

◆3. *Termes et expressions connexes*

Relation de voisinage

• affection • amitié • attachement • inclination • passion • sympathie.

Relation de dépendance

• autre • autrui • couple • émotion • sentiment.

Relation d'opposition

• antipathie • aversion • égoïsme • haine.

Amour-propre

◆ 1. *Définitions générales*

A. *Sens archaïque* : amour où l'on ne considère que soi, égoïstement ; égoïsme.

B. *Sens usuel actuel* : sentiment de sa valeur personnelle et de sa propre dignité.

◆ 2. *Définitions particulières de philosophes*

LA ROCHEFOUCAULD

(A) « L'amour-propre est l'amour de soi-même et de toutes choses pour soi. » (*Maximes morales*, p. 93, Génie de la France, Gallimard.)

PASCAL

(A) « La nature de l'amour-propre et de ce *moi* humain est de n'aimer que soi et de ne considérer que soi. » (*Pensées et Opuscules*, Pensée 100, p. 375, Hachette.)

SPINOZA

« La Joie qui naît de la considération de nous [s'appelle] *Amour-propre* ou *Contentement de soi*. » (*Éthique*, 3e partie, Proposition 55, in *Œuvres de Spinoza*, t. 3, p. 188, Garnier-Flammarion.)

ROUSSEAU

« Il ne faut pas confondre l'Amour propre et l'Amour de soi-même ; deux passions très différentes par leur nature et par leurs effets. L'Amour de soi-même est un sentiment naturel qui porte tout animal à veiller à sa propre conservation et qui, dirigé dans l'homme par la raison et modifié par la pitié, produit l'humanité et la vertu. L'Amour propre n'est qu'un sentiment relatif, factice, et né dans la société, qui porte chaque individu à faire plus de cas de soi que de tout autre, qui inspire aux hommes tous les maux qu'ils se font mutuellement, et qui est la véritable source de l'honneur. » (*Discours sur l'origine et les fondements de l'inégalité parmi les hommes*, in *Rousseau, Œuvres complètes*, t. 3 — note XV de la p. 154 — p. 219, La Pléiade, Gallimard.)

Analogie

◆ 1. *Définitions générales*

(n. f.) Étym. : grec *analogia*, proportion mathématique, correspondance, analogie.

A. Ressemblance plus ou moins vague et lointaine.

B. *Mathématiques* : identité de rapport qui unit deux à deux les termes de deux ou plusieurs couples (proportion mathématique).

◆2. *Termes et expressions connexes*

Relation de voisinage

• correspondance • parenté.

Relation de dépendance

• association • poésie • raisonnement.

Relation d'opposition

• opposition • différence.

Analyse

Une notion importante, inséparable, sur le plan philosophique, de la méthode de Descartes : le second précepte de cette méthode, selon lequel toutes nos difficultés doivent être divisées.

◆ 1. *Définitions générales*

(n. f.) Étym. : grec *analusis*, décomposition ou résolution.

A. *Idée de décomposition* : processus de décomposition (intellectuel ou matériel) d'un tout en ses éléments constitutifs.

B. *Idée de résolution* : processus ou méthode par lesquels on démontre l'exactitude d'une proposition, en *remontant*, par une succession de propositions nécessaires, jusqu'à une proposition connue pour vraie ; la proposition initiale peut alors être démontrée en redescendant la même succession de propositions. Méthode par laquelle, supposant le problème résolu, on déduit les conditions de validité de la solution.

C. *Mathématiques* : au sens moderne, calcul

infinitésimal, puis, par extension, calcul de grandeurs (matriciel, combinatoire...).
D. *Psychanalyse* : synonyme de cure psychanalytique.

◆ **2.** *Définitions particulières de philosophes*

DESCARTES

(A) « Le second [précepte], de diviser chacune des difficultés que j'examinerais en autant de parcelles qu'il se pourrait et qu'il serait requis pour les mieux résoudre. » (*Discours de la méthode*, 2e partie, in *Descartes, Œuvres, Lettres*, p. 138, La Pléiade, Gallimard.)

COURNOT

(B) « Le terme d'analyse, dans l'application qu'on en fait aux sciences, désigne moins fréquemment la décomposition d'un tout dans ses parties intégrantes, que la distinction des principes dont la combinaison fournit l'explication raisonnée d'un phénomène complexe, et non pas seulement la description du phénomène. » (*Essai sur les fondements de nos connaissances et sur les caractères de la critique philosophique*, t. 2, p. 99, Hachette.)

(C) « Les géomètres entendent par analyse, dans l'acception du terme la plus large et la plus usitée, l'algèbre et toutes les branches du calcul des grandeurs, à l'aide de signes généraux qui ont fait disparaître toute trace de ce qu'il y avait de spécial et de particulier dans la nature de ces grandeurs. » (*De l'origine et des limites de la correspondance entre l'algèbre et la géométrie*, p. 382, Hachette.)

BERGSON

(A) « L'analyse est l'opération qui ramène l'objet à des éléments déjà connus, c'est-à-dire communs à cet objet et à d'autres. Analyser consiste donc à exprimer une chose en fonction de ce qui n'est pas elle. » (*La Pensée et le Mouvant*, p. 181, PUF.)

◆ **3.** *Termes et expressions connexes*

Relation de voisinage

• algèbre • décomposition • division • résolution.

Relation de dépendance

• élément • entendement • méthode • raisonnement • science.

Relation d'opposition

• synthèse.

Analytique

◆ **1.** *Définitions générales*

(n. f.-adj.)

A. *Nom* :
a) chez *Aristote* : partie de la Logique traitant de la démonstration.
b) chez *Kant* : voir ANALYTIQUE TRANSCENDANTALE.
B. *Adjectif* : procédant par analyse.

◆ **2.** *Expressions et termes liés ou dérivés*

Analytique transcendantale

Chez Kant, étude des formes de l'entendement, en tant qu'elles sont *a priori*.

KANT

« Cette analytique [transcendantale] est la décomposition de toute notre connaissance *a priori* en les éléments de la connaissance pure de l'entendement. » (*Critique de la raison pure*, « Analytique transcendantale », p. 85, PUF.)

Jugement analytique

Jugement où l'attribut ou prédicat est contenu dans le sujet.

KANT

« Des jugements *analytiques* se bornent à dire dans le prédicat ce qui a déjà été pensé dans le concept du sujet, bien que moins clairement et moins consciemment. » (*Prolégomènes à toute métaphysique future*, chap. 1, § 2, p. 26, Vrin.)

Proposition analytique

KANT

« On appelle *analytiques* les propositions dont la certitude repose sur l'*identité* des concepts (du prédicat avec la notion du sujet). » (*Logique*, « Doctrine générale des éléments », § 36, p. 121, Vrin.)

Anarchie

◆ **1.** *Définitions générales*

(n. f.) Étym. : grec *anarchia*, absence de chef, manque d'autorité, anarchie.
A. *Politique* : doctrine politique rejetant l'autorité de l'État.
B. *Sociologie, histoire* : état de désordre d'une société, par absence ou refus d'organisation, d'autorité, de gouvernement.

◆ **2.** *Définitions particulières de philosophes*

ROUSSEAU

(B) « Quand l'État se dissout, l'abus du Gouvernement quel qu'il soit prend le nom commun d'*anarchie*. » (*Du contrat social*, liv. 3, chap. 10, in *Rousseau, Œuvres complètes*, t. 3, p. 423, La Pléiade, Gallimard.)

KANT

« Loi et liberté sans pouvoir (Anarchie). » (*Anthropologie du point de vue pragmatique*, 2e partie, p. 168, Vrin.)

PROUDHON

(A) « L'anarchie est [...] une forme de gouvernement, ou constitution dans laquelle la conscience publique et privée, formée par le développement de la science du droit, suffit seule au maintien de l'ordre et à la garantie de toutes les libertés. » (*Lettre à X du 20 août 1864*, in Proudhon, *Justice et liberté*, p. 81, PUF.)

Anarchisme

◆ 1. *Définitions générales*

Doctrine politique rejetant toute intervention de l'État en ce qui concerne l'organisation de la société.

◆ 2. *Définitions particulières de philosophes*

ARVON

« En dépit de ses différents aspects, l'anarchisme se ramène à une exigence fondamentale : né de la scission entre l'État et la Société qui résulte de la Révolution française, il rejette l'État et tente de reconstruire la Société sur la base de la volonté individuelle autonome. » (L'*Anarchisme*, p. 124, PUF.)

Angoisse

C'est au XIXe siècle, avec le penseur danois Kierkegaard — père de la pensée existentielle —, et au XXe, avec Heidegger et Sartre, que le concept d'angoisse acquiert ses lettres de noblesse.

◆ 1. *Définitions générales*

(n. f.) Étym. : lat. *angor*, tourment, angoisse, de *angere*, serrer, étrangler, tourmenter.

A. *Psychologie* : phénomène désagréable et diffus, comportant un sentiment d'oppression, relatif à un danger indéterminé (contrairement à la peur, portant sur un objet déterminé).

B. *Psychopathologie, psychiatrie* : l'angoisse devient *névrose d'angoisse*, c'est-à-dire un certain type de maladie (avec attente anxieuse chronique, formes somatiques comme le vertige...).

C. *Métaphysique* : sentiment métaphysique pouvant nous révéler le sens de notre destin dans le monde.

◆ 2. *Définitions particulières de philosophes*

KIERKEGAARD

(C) « L'angoisse est le vertige de la liberté. » (*Le Concept d'angoisse*, p. 66, Idées, Gallimard.)

HEIDEGGER

(C) « L'angoisse est cette situation affective fondamentale qui nous place devant le néant. » (*Qu'est-ce que la métaphysique ?* « Kant et le problème de la métaphysique », p. 220, Gallimard.)

SARTRE

(C) « L'angoisse est le mode d'être de la liberté comme conscience d'être, c'est dans l'angoisse que la liberté est dans son être en question pour elle-même. » (*L'Être et le Néant*, 1re partie, chap. 1, § 5, p. 64, Tel, Gallimard.)

◆ 3. *Termes et expressions connexes*

Relation de voisinage

• anxiété • crainte • inquiétude • peur.

Relation de dépendance

• absurdité • condition humaine • contingence • culpabilité • Dasein • existence • liberté • mort • néant • situation.

Relation d'opposition

• ataraxie • paix • placidité • sérénité • tranquillité.

Animal

◆ 1. *Définitions générales*

(n. m.) Étym. : lat. *animal*, être vivant, être animé, animal ; vient de *anima*, âme, principe de la vie.

Être vivant, doué de sensibilité et capable de se mouvoir.

◆ 2. *Définitions particulières de philosophes*

LEIBNIZ

« Le corps appartenant à une Monade, qui en est l'Entéléchie ou l'Âme, constitue avec l'entéléchie ce qu'on peut appeler un *vivant*, et avec l'âme ce qu'on appelle un *animal*. » (*La Monadologie*, § 63, p. 178, Delagrave.)

Animalité

◆ 1. *Définitions générales*

(n. f.) Ensemble des caractères propres à l'animal.

◆ 2. *Définitions particulières de philosophes*

BERGSON

« Ce qui constitue l'animalité [...], c'est la faculté d'utiliser un mécanisme à déclenchement pour convertir en actions ''explosives'' une somme aussi grande que possible d'énergie potentielle. » (L'*Évolution créatrice*, p. 121, PUF.)

Animal-machine

◆ **1.** *Définitions générales*

Cette expression désigne, chez *Descartes* et les cartésiens, l'animal et le corps animal, conçus comme des machines, de simples mécanismes matériels dépourvus de sensibilité.

◆ **2.** *Définitions particulières de philosophes*

DESCARTES

« Il semble conforme à la raison que la nature produise aussi ses automates, mais qui l'emportent de beaucoup sur les produits de l'art, à savoir toutes les bêtes. » (*Lettre à Morus*, in *Descartes, Œuvres, lettres*, p. 1319, La Pléiade, Gallimard.)

Voir aussi CORPS, p. 59, MÉCANISME, p. 173.

Animisme

◆ **1.** *Définitions générales*

(n. m.) Étym. : lat. *anima*, souffle vital.

A. *Philosophie, biologie* : conception selon laquelle l'âme règle tous les phénomènes de la vie : elle représente le principe de la vie organique.

B. *Ethnologie, psychologie* : croyance ou état mental selon lesquels les êtres de la nature seraient dotés d'une âme et régis par elle (terme s'appliquant aux « primitifs » ou à la mentalité enfantine).

◆ **2.** *Définitions particulières de philosophes*

BERNARD

(A) « En biologie et en médecine, on a [...] d'abord eu recours, pour expliquer les phénomènes de la vie [...] à des hypothèses générales [...]. On les a [désignées] sous les noms génériques d'*animisme* et de *vitalisme* [...]. On supposait qu'une force générale et primordiale ou surnaturelle qu'on appelait *âme* ou *force vitale*, réglait toutes les propriétés de la matière vivante et tous les phénomènes qui en dérivent. » (*Principes de médecine expérimentale*, p. 188, Quadrige, PUF.)

PIAGET

(B) « [Chez l'enfant], un animisme latent [...] prête à toute chose la volonté de jouer son rôle, la force et la conscience juste nécessaires pour agir régulièrement [...]. Un objet animé d'un mouvement naturel comme le vent qui pousse les nuages [...] paraît ainsi doué d'intentionnalité et de finalité, car l'enfant ne parvient pas à concevoir une action sans but conscient. » (*La Construction du réel chez l'enfant*, cité in G. Picon, *Panorama des idées contemporaines*, pp. 159, 160, Gallimard.)

◆ **3.** *Termes et expressions connexes*

Relation de voisinage

• vitalisme.

Relation de dépendance

• mentalité enfantine • mentalité primitive
• vie organique.

Relation d'opposition

• mécanisme.

Anthropocentrisme

(n. m.) Étym. : composé du grec *anthrôpos*, homme, et de *kentron*, point central d'une circonférence.

Tendance à considérer l'homme comme le centre de l'univers.

Anthropologie

◆ **1.** *Définitions générales*

(n. f.) Étym. : grec *anthrôpos*, homme et *logos*, discours, étude, science.

A. *Sens philosophique général* : science ou description de l'homme.

B. *Sciences humaines* : science qui vise une connaissance globale de l'homme, et ce en intégrant les acquis de l'ethnographie et de l'ethnologie.

◆ **2.** *Définitions particulières de philosophes*

LÉVI-STRAUSS

(B) « L'anthropologie vise à une connaissance globale de l'homme, embrassant son sujet dans toute son extension historique et géographique ; aspirant à une connaissance applicable à l'ensemble du développement humain. » (*Anthropologie structurale*, p. 388, Plon.)

◆ **3.** *Expressions et termes liés ou dérivés*

Anthropologie physique

LÉVI-STRAUSS

« [L'anthropologie physique] se ramène à l'étude des transformations anatomiques et physiologiques résultant, pour une certaine espèce vivante, de l'apparition de la vie sociale, du langage, d'un système de valeurs ou, pour parler plus généralement, de la *culture*. » (*Anthropologie structurale*, p. 386, Plon.)

Anthropologie pragmatique

KANT

« Une doctrine de la connaissance de l'homme, systématiquement traitée (Anthropologie), peut l'être du point de vue physiologique, ou du point de vue pragmatique. La connaissance physiologique de l'homme tend à l'exploration de ce que la *nature* fait de l'homme ; la connaissance pragmatique de ce que l'homme, en tant qu'être de libre activité, fait ou peut et doit faire de lui-même. » (*Anthropologie du point de vue pragmatique*, Préface, p. 11, Vrin.)

Anthropomorphisme

◆ **1.** *Définitions générales*

(n. m.) Étym. : composé du grec *anthrôpos*, homme, et de *morphè*, forme.
Attitude d'esprit par laquelle on se représente et conçoit sous des formes humaines ou avec des sentiments humains des réalités ou êtres différents (animaux, dieux...).

◆ **2.** *Définitions particulières de philosophes*

JACOB

« Il a sans cesse fallu lutter, dans les sciences de la nature, pour se débarrasser de l'anthropomorphisme, pour éviter d'attribuer des qualités humaines à des entités variées. » (*Le Jeu des possibles*, p. 32, Fayard.)

Antinomie

◆ **1.** *Définitions générales*

(n. f.) Étym. : grec *antinomia*, contradiction dans les lois.
Sens général : contradiction.

◆ **2.** *Expressions et termes liés ou dérivés*

Antinomies de la raison pure

Chez *Kant* : contradictions auxquelles aboutit la raison quand elle prétend, dans la cosmologie rationnelle, décrire la nature du monde.

Antithèse

◆ **1.** *Définitions générales*

(n. f.) Étym. : grec *antithesis*, opposition de mots ou d'idées, antithèse.
A. *Sens philosophique général* : énoncé, terme, etc. formulés en opposition à un énoncé ou à un terme constituant la thèse.
B. Chez *Hegel*, proposition niant la thèse et s'opposant à elle ; second moment du processus dialectique.

◆ **2.** *Termes et expressions connexes*

Relation de voisinage
• antinomie • contraste • opposition.
Relation de dépendance
• contradiction • dialectique • idée • méthode • synthèse • vérité.
Relation d'opposition
• thèse.

Apathie

◆ **1.** *Définitions générales*

(n. f.) Étym. : grec *apatheia*, insensibilité.
A. *Morale* : indifférence ou insensibilité (Stoïciens, etc.).
B. *Psychologie* : insensibilité naturelle, perte de l'initiative.

◆ **2.** *Définitions particulières de philosophes*

KANT

« Le mot d'*apathie* est pris en mauvaise part comme s'il signifiait l'insensibilité et par conséquent l'indifférence subjective par rapport aux objets du libre-arbitre. On peut prévenir ce malentendu en nommant *apathie morale* l'absence d'affection. » (*Métaphysique des mœurs, Doctrine de la vertu*, Introduction, 17, p. 81, Vrin.)

Aperception

◆ **1.** *Définitions générales*

(n. f.) Mot créé par *Leibniz*. Prise de conscience de l'état intérieur.

◆ **2.** *Définitions particulières de philosophes*

LEIBNIZ

« Il est bon de faire distinction entre la *perception* qui est l'état intérieur de la Monade représentant les choses externes ; et l'*aperception* qui est la *conscience* ou la connaissance réflexive de cet état intérieur. » (*Principes de la nature et de la grâce fondés en raison*, chap. 1, § 4, p. 35, Épiméthée, PUF.)

KANT

« La conscience de soi-même (l'aperception) est la représentation simple du moi. » (*Critique de la raison pure*, « Esthétique transcendantale », p. 73, PUF.)

Apodictique

◆ **1.** *Définitions générales*

(adj.) Étym. : grec, *apodeiktikos*, démonstratif.
Nécessaire en droit et non pas seulement en fait.

◆ **2.** *Expressions et termes liés ou dérivés*

Jugement apodictique

KANT

Voir MODALITÉ, p. 179.

◆ **3.** *Termes et expressions connexes*

Relation de voisinage
• nécessaire.
Relation de dépendance
• démonstration • jugement.
Relation d'opposition
• assertorique • problématique.

Apollinien

◆ **1.** *Définitions générales*

(adj.) Étym. : lat. *Apollo*, Apollon (dieu que Nietzsche oppose à Dionysos, le dieu de l'enthousiasme).
Désigne ce qui est propre à Apollon, c'est-à-dire caractérisé par la mesure et la sérénité.
Voir DIONYSIAQUE, p. 75.

◆ **2.** *Définitions particulières de philosophes*

NIETZSCHE

« Le mot ''*apollinien*'' exprime le besoin de s'accomplir en soi-même, d'être un ''individu'' type ; le goût de tout ce qui simplifie, souligne, rend fort, distinct, net, caractéristique ; la liberté sous la loi. » (*La Volonté de puissance*, trad. Bianquis, liv. 4, t. 2, § 556, p. 372, Gallimard.)

◆ **3.** *Expressions et termes liés ou dérivés*

Apollinisme

Identification avec le principe de la sérénité et de la mesure.

Aporie

◆ **1.** *Définitions générales*

(n. f.) Étym. : grec *aporia*, difficulté, problème, situation sans issue.
Difficulté insoluble, problème d'où l'on ne peut sortir ; confrontation (sans solution) de deux opinions contraires.

◆ **2.** *Définitions particulières de philosophes*

ARISTOTE

« [Difficulté découlant de] l'égalité entre des raisonnements contraires [...] : en effet, lorsque, raisonnant dans les deux sens, toutes les raisons nous paraissent égales de part et d'autre, c'est alors que nous sommes dans l'incertitude sur l'action à entreprendre. » (*Organon*, *Les Topiques*, liv. 6, § 6, p. 257, Vrin.)

A posteriori

◆ **1.** *Définitions générales*

Étym. : loc. lat., en partant de ce qui est postérieur, de ce qui vient après.
Qui découle de l'expérience, qui est postérieur à elle.

◆ **2.** *Définitions particulières de philosophes*

KANT

« [Aux] connaissances *a priori* sont opposées les connaissances empiriques ou celles qui ne sont possibles qu'*a posteriori*, c'est-à-dire par l'expérience. » (*Critique de la raison pure*, Introduction I, 2e édition, p. 32, PUF.)

Apparence

La pensée moderne et contemporaine (de Nietzsche à Sartre) a réhabilité le concept d'apparence, lié, dans toute une tradition classique, à l'idée d'un aspect trompeur des choses.

◆ **1.** *Définitions générales*

(n. f.) Étym. : lat. *apparere*, être visible, se montrer manifestement.
A. Aspect trompeur des choses, par opposition à la réalité.
B. Aspect extérieur d'une chose, donné dans la représentation.

◆ **2.** *Définitions particulières de philosophes*

NIETZSCHE

(B) « Qu'est pour moi, maintenant, l'apparence ? Certainement pas le contraire d'un être ; [...]. Certainement pas un masque inanimé qu'on peut mettre ou enlever à un X inconnu ! L'apparence est pour moi la vie et l'action même. » (*Le Gai Savoir*, liv. 1, § 54, p. 94, Idées, Gallimard.)

SARTRE

(B) « [L']essence [de l'apparence] est un ''paraître'' qui ne s'oppose plus à l'être, mais qui en est la mesure, au contraire [...] l'apparence ne cache pas l'essence, elle la révèle : elle *est* l'essence. » (*L'Être et le Néant*, Introduction I, p. 12, Tel, Gallimard.)

◆ **3.** *Termes et expressions connexes*

Relation de voisinage
• apparaître • aspect • extérieur • illusion • paraître • phénomène.
Relation de dépendance
• art • perception • vérité.
Relation d'opposition
• chose en soi • essence • être • intérieur • réalité.

Appétit

◆ **1.** *Définitions générales*

(n. m.) Étym. : lat. *appetitio*, action de chercher à atteindre, désir.
A. *Philosophie classique, scolastique* : tendance vers un bien ; désir.
B. *Psychologie* : inclination ou tendance exigeant la satisfaction d'un besoin organique.

◆ **2.** *Définitions particulières de philosophes*

HOBBES

« [L'] effort, quand il tend à nous rapprocher de quelque chose qui le cause, est appelé *appétit* ou *désir*. » (*Léviathan*, p. 47, Sirey.)

SPINOZA

« Chaque chose, autant qu'il est en elle, s'efforce de persévérer dans son être [...]. Cet effort [...] quand il se rapporte à la fois à l'Âme et au Corps, est appelé *Appétit* ; l'appétit n'est par là rien d'autre que l'essence même de l'homme. » (*Éthique*, 3e partie, Proposition 6 et Proposition 9, in *Œuvres de Spinoza*, t. 3, pp. 142, 144, Garnier-Flammarion.)

◆ **3.** *Expressions et termes liés ou dérivés*

Appétition

(n. f.) Étym. : lat. *appetitio*, action de chercher à atteindre, désir.
Synonyme d'appétit.

HEGEL

Voir TENDANCE, p. 290.

A priori

◆ **1.** *Définitions générales*

Étym. : loc. lat., en partant de ce qui est avant.
Désigne ce qui est indépendant de l'expérience et antérieur à elle (du point de vue logique et non pas temporel).

◆ **2.** *Définitions particulières de philosophes*

KANT

« Par connaissances *a priori* nous entendrons [...] non point celles qui ne dérivent pas de telle ou telle expérience, mais bien celles qui sont *absolument* indépendantes de toute expérience [...] Parmi les connaissances *a priori*, celles-là sont appelées pures auxquelles n'est mêlé absolument rien d'empirique. Par exemple, cette proposition : tout changement a une cause, est bien *a priori*, mais n'est point pure cependant, puisque le changement est un concept que l'on ne peut tirer que de l'expérience. » (*Critique de la raison pure*, Introduction I (2e édition), p. 32, PUF.)

◆ **3.** *Termes et expressions connexes*

Relation de voisinage
• indépendant de l'expérience.
Relation de dépendance
• catégories • expérience • forme de la sensibilité • idée.
Relation d'opposition
a posteriori.

Archétype

◆ **1.** *Définitions générales*

(n. m.) Étym. : grec *archétupos*, modèle, type primitif d'une chose.
A. *Métaphysique* : modèle, original, type suprême que les choses particulières imitent.
B. *Psychanalyse* : chez *Jung*, image ancestrale et inconsciente appartenant à l'humanité entière, faisant partie de l'inconscient collectif.

◆ **2.** *Définitions particulières de philosophes*

JUNG

(B) « Forme préexistante et inconsciente qui semble faire partie de la structure héritée de la psyché et peut, par conséquent, se manifester spontanément partout et en tout temps. » (*Das Gewissen*, in Jung, *Ma vie*, p. 453, Gallimard.)

◆ **3.** *Termes et expressions connexes*

Relation de voisinage
• modèle • idée • original • paradigme.
Relation de dépendance
• Dieu • éternité • inconscient • symbole.
Relation d'opposition
• copie.

Architectonique

◆ 1. *Définitions générales*

(n. f. adj.) Étym. : grec *architektoniké* (sous-entendu *technè*), science de celui qui possède un art en profondeur et qui dirige d'autres personnes, art de l'architecte.
A. *Adjectif* : chez *Aristote*, se dit d'une science à laquelle les fins des autres disciplines sont subordonnées (ex. : la politique est architectonique par rapport à la rhétorique et à l'éthique).
B. *Nom* : désigne, tout particulièrement chez *Kant*, l'art des systèmes.

◆ 2. *Définitions particulières de philosophes*

ARISTOTE

« Les fins des arts architectoniques doivent être préférées à toutes celles des arts subordonnés, puisque c'est en vue des premières fins qu'on poursuit les autres. » (*Éthique à Nicomaque*, liv. 1, § 1, p. 33, Vrin.)

KANT

(B) « Par *architectonique*, j'entends l'art des systèmes. Comme l'unité systématique est ce qui convertit la connaissance vulgaire en science, c'est-à-dire ce qui coordonne en système un simple agrégat de ces connaissances, l'architectonique est donc la théorie de ce qu'il y a de scientifique dans notre connaissance en général et elle appartient ainsi nécessairement à la méthodologie. » (*Critique de la raison pure*, « Théorie transcendantale de la méthode », p. 558, PUF.)

Argent

◆ 1. *Définitions générales*

(n.m.) Étym. : lat. *argentum*, argent, monnaie en général.
Toute monnaie, quelle qu'elle soit.

◆ 2. *Définitions particulières de philosophes*

KANT

« *Définition réelle* de l'argent : *l'argent est le moyen universel qu'ont les hommes d'échanger entre eux leur travail* de telle sorte que la richesse nationale, en tant qu'elle a été acquise par la médiation de l'argent, n'est à proprement parler que la somme du travail, avec lequel les hommes se payent entre eux. » (*Métaphysique des mœurs, Doctrine du droit*, 1re partie, § 31, p. 167, Vrin.)

Argument

◆ 1. *Définitions générales*

(n. m.) Étym. : lat. *argumentum*, argument, preuve.
Raisonnement, invocation d'un fait, etc. permettant de déclarer valable, de prouver ou de réfuter une proposition ou une thèse.

◆ 2. *Expressions et termes liés ou dérivés*

Argumentation

(n. f.) Suite d'arguments.

Aristocrate

◆ 1. *Définitions générales*

Chez *Nietzsche*, désigne l'homme créateur de ses valeurs et puissant.

◆ 2. *Définitions particulières de philosophes*

NIETZSCHE

« L'aristocrate sent qu'il détermine lui-même ses valeurs [...]. Une telle morale consiste dans la glorification de soi-même [...]. L'aristocrate révère en soi l'homme puissant et maître de soi. » (*Par-delà le bien et le mal*, 9e partie, § 260, p. 211, 10/18, UGE.)

Aristocratie

◆ 1. *Définitions générales*

(n. f.) Étym. : grec *aristokratia*, gouvernement des plus puissants, aristocratie, gouvernement des meilleurs.
Politique : régime politique ou gouvernement dans lequel le pouvoir appartient à une minorité (classe, caste...) qui se considère comme la meilleure.

◆ 2. *Définitions particulières de philosophes*

ARISTOTE

« Nous appelons [...] *aristocratie* [l'État où le commandement] [...] est confié à plus d'un, dénomination prise ou de ce que le peu de personnes à qui le commandement est confié sont choisies entre les plus honnêtes, ou de ce qu'elles n'ont en vue que le plus grand bien de l'État et de ses membres. » (*Politique d'Aristote*, liv. 3, p. 85, PUF.)

SPINOZA

« Nous appelons aristocratique [l'État dans lequel] le pouvoir appartient non à un seul mais à quelques-uns choisis dans la masse de la population et que par la suite nous appellerons Patriciens. » (*Traité politique*, chap. 8, § 1, p. 71, Garnier-Flammarion.)

MONTESQUIEU

« Lorsque la souveraine puissance est entre les mains d'une partie du peuple, cela s'appelle une *aristocratie*. » (*De l'esprit des lois*, 1re partie, liv. 2, t. 1, p. 131, Garnier-Flammarion.)

Arithmétique

(n. f.) Étym. : grec *arithmètikè* (sous-entendu *technè*), art de compter, arithmétique. Science des nombres et du calcul.

Art

Un terme dont le sens a profondément évolué : ne confondons pas l'*art*, dans la signification *moderne* du terme, comme création de choses belles, et l'art, au sens *originel*, comme ensemble de procédés permettant de produire un résultat.

◆ 1. *Définitions générales*

(n. m.) Étym. : lat. *ars*, talent, savoir-faire, habileté.

A. Au *singulier, sens moderne assez courant* : savoir-faire (ex. : l'art de séduire).

B. *Sens légèrement archaïque* : ensemble de procédés appliquant un savoir et permettant de produire un résultat (ex. : les arts et métiers). S'oppose en ce sens à la science.

C. *Depuis le* XVIIIe *siècle* : activité produisant des choses reconnues belles et visant à l'expression d'un idéal artistique.

◆ 2. *Définitions particulières de philosophes*

ARISTOTE

(B) « L'art (technè) [...] est une certaine disposition, accompagnée de règle vraie, capable de produire ; le défaut d'art, au contraire, est une disposition à produire accompagnée de règle fausse. » (*Éthique à Nicomaque*, liv. 6, § 4, p. 284, Vrin.)

ARNAULD et NICOLE

(B) « [...] le mot Art [...] signifie de soi-même une méthode de bien faire quelque chose, comme Aristote même le remarque. » (*La Logique ou l'Art de penser*, p. 48, Champs, Flammarion.)

KANT

(A) « L'*art* se distingue de la *nature* comme faire (facere) d'agir ou effectuer en général (agere) et le produit ou la conséquence du premier, l'*ouvrage* (opus) se distingue de même des effets (effectus) de la seconde [...]. L'*art*, habileté de l'homme, se distingue aussi de la *science* (comme *pouvoir* de *savoir*) [...]. L'*art* se distingue aussi du *métier*. » (*Critique du jugement*, « Critique du jugement esthétique », § 43, p. 124, 125, Vrin.)

SCHOPENHAUER

(C) « Nous pouvons en conséquence définir l'art : la contemplation des choses, indépendante du principe de raison. » (*Le Monde comme volonté et comme représentation*, liv. 3, § 36, t. 1, p. 191, Alcan.)

COMTE

(B) « Les domaines rationnels de la science et de l'art sont, en général, parfaitement distincts, quoique philosophiquement liés : à l'une il appartient de connaître, et par suite de prévoir ; à l'autre, de pouvoir, et par suite d'agir. » (*Cours de philosophie positive*, Leçon 40, p. 671, Hermann.)

NIETZSCHE

(C) « L'essentiel dans l'art, c'est qu'il parachève l'existence, c'est qu'il est générateur de perfection et de plénitude. L'art est par essence *affirmation, bénédiction, divinisation de l'existence*. » (*La Volonté de puissance*, trad. Bianquis, liv. 4, t. 2, § 461, p. 343, Gallimard.)

BERGSON

(C) « L'art n'a d'autre objet que d'écarter les symboles pratiquement utiles, les généralités conventionnellement et socialement acceptées, enfin tout ce qui nous masque la réalité, pour nous mettre face à face avec la réalité même... L'art n'est sûrement qu'une vision plus directe de la réalité. » (*Le Rire*, p. 100, Skira.)

HEIDEGGER

(C) « L'essence de l'art, c'est la vérité se mettant elle-même en œuvre. » (*Chemins qui ne mènent nulle part*, p. 81, Idées, Gallimard.)

◆ 3. *Expressions et termes liés ou dérivés*

Beaux-Arts

Voir BEAU, p. 32.

Œuvre d'art

Ensemble organisé de signes et matériaux, mis en forme par un esprit créateur, ensemble dont la beauté nous procure une satisfaction désintéressée.

SIMMEL

Voir RÉALISTE, p. 241.

HUYGHE

« La nature de l'œuvre d'art se définit [...] une image, représentative ou expressive [...] de ce que [l'homme] perçoit en lui à l'aide analogiquement de ce qu'il perçoit autour de lui ; mais cette image, pour accéder à l'art, doit se constituer en un tout organisé et indépendant, n'ayant d'autre but que son propre accomplissement. Enfin, de celui-ci, l'homme ne peut décider que par une appréciation de valeur, d'une valeur particulière qu'il appelle le Beau. » (*Dialogue avec le visible*, p. 391, Gallimard.)

◆ 4. *Termes et expressions connexes*

— Pour *art* aux sens A et B :

Relation de voisinage

• habileté • procédés • savoir-faire • talent • technique.

Relation de dépendance
- action • métier • utilité.

Relation d'opposition
- nature • science.

— Pour *art* au sens C :

Relation de voisinage
- beaux-arts.

Relation de dépendance
- beau • beauté • contemplation • esthétique • goût • jugement • vérité.

Relation d'opposition
- utilité.

Artefact

◆ 1. *Définitions générales*

(n. m.) Étym. : créé à partir du latin *factum*, fait, et *arte*, par l'art.
Objet d'origine artificielle ; produit de l'art, de l'industrie.

◆ 2. *Définitions particulières de philosophes*

MONOD

« Un couteau, un mouchoir, une automobile, sont des objets artificiels, des artefacts... L'objet matérialise l'intention préexistante qui lui a donné naissance et sa forme s'explique par la performance qui en était attendue avant même qu'elle ne s'accomplisse. » (*Le Hasard et la Nécessité*, p. 19, Points, Le Seuil.)

Ascèse

◆ 1. *Définitions générales*

(n. f.) Étym. : grec *askèsis*, exercice.
Morale : ensemble d'exercices destinés à affranchir l'esprit et à acquérir l'énergie morale, à travers un abandon des plaisirs sensibles et une domination de la sphère organique.

◆ 2. *Expressions et termes liés ou dérivés*

Ascétisme

(n. m.) Étym. : grec *askèsis*, exercice, pratique.
a) ensemble de mortifications permettant d'atteindre la perfection morale.
b) doctrine selon laquelle privations et mortifications permettent d'atteindre la perfection morale.

Assentiment

◆ 1. *Définitions générales*

(n. m.) Étym. : lat. *adsensus*, assentiment, adhésion.
Acte de l'esprit adhérant à un jugement ou à une proposition.

◆ 2. *Définitions particulières de philosophes*

KANT

« Le jugement par lequel quelque chose est *représenté* comme vrai — le rapport à un entendement et par conséquent à un sujet particulier — est *subjectif*, c'est l'assentiment. » (*Logique*, Introduction IX, p. 73, Vrin.)

Assertion

◆ 1. *Définitions générales*

(n. f.) Étym. : lat. *adsertio*, affirmation, assertion.
Acte de l'esprit posant un jugement comme vrai.

◆ 2. *Expressions et termes liés ou dérivés*

Assertorique

(adj.) Étym. : lat. *adsertio*, affirmation, assertion.
Chez *Kant*, désigne un jugement vrai en fait, mais non nécessaire.

Jugement assertorique

KANT

Voir MODALITÉ, p. 179.

Association

◆ 1. *Définitions générales*

(n. f.) Étym. : lat. *adsociare*, joindre, associer.
A. *Psychologie* : propriété qu'ont les représentations, images ou idées de s'évoquer ou de s'entraîner les unes les autres (sans intervention de la volonté) ; groupement de ces idées, images ou représentations.
B. *Sociologie* : groupement de personnes s'unissant dans un but déterminé.

◆ 2. *Expressions et termes liés ou dérivés*

Association des idées

Phénomène psychique mettant en jeu l'association au sens A du terme.

HUME

« [*Ressemblance, contiguïté* dans le temps et dans l'espace et relation de *cause à effet*] produisent une association entre des idées [...]. A l'apparition d'une idée, elles en introduisent naturellement une autre [...]. Il y a là une espèce d'*attraction* qui a dans le monde de l'esprit d'aussi extraordinaires effets que dans le monde de la nature. » (*Traité de la nature humaine*, pp. 75, 77, Aubier.)

ALAIN

« C'est une sorte de loi de notre esprit qui explique le cours machinal des idées [...]. En apparence les idées s'enchaînent les unes aux autres par leur ressemblance, ou par le voisinage où elles se trouvent ordinairement [...]. Si l'on y regarde de plus près, on remarque que la plupart des enchaînements d'idées sont en réalité des enchaînements de mots. » (*Définitions*, in *Alain, les Arts et les Dieux*, p. 1034, La Pléiade, Gallimard.)

Libre association

Psychanalyse : méthode qui consiste à laisser le patient exprimer ses idées ou représentations de manière totalement libre, sans discrimination : une idée qui vient renvoie à d'autres éléments. Ainsi se constituent des séries associatives.

Associationnisme

Doctrine selon laquelle les formes psychiques supérieures, les opérations mentales résultent de l'association des représentations, sensations ou images, ou s'expliquent par elles (doctrine soutenue par les philosophes anglais Hume, Stuart Mill, etc.)

Ataraxie

(n. f.) Étym. : grec *ataraxia*, absence de trouble, calme.
Morale : absence de trouble, tranquillité de l'âme (dans les doctrines épicuriennes et stoïciennes).

Athéisme

◆ 1. Définitions générales

(n. m.) Étym. : grec *a*, privatif et *theos*, Dieu, *atheos*, qui ne croit pas aux dieux.
Doctrine niant l'existence de Dieu.
Voir THÉISME, p. 291.

◆ 2. Définitions particulières de philosophes

MARX

« L'athéisme est une *négation de Dieu* et par cette négation il pose l'*existence de l'homme*. » (*Manuscrits de 1844*, p. 99, Éditions sociales.)

Atome

◆ 1. Définitions générales

(n. m.) Étym. : grec *atomos*, non coupé, corpuscule indivisible ou atome.
A. *Dans la philosophie grecque* (*Démocrite, Épicure*) : particule de matière insécable et indivisible.
B. *Théorie atomique moderne* : ensemble formé d'un noyau et d'électrons.

◆ 2. Définitions particulières de philosophes

ÉPICURE

(A) « Parmi les corps il y en a qui sont composés et d'autres dont les composés sont constitués. Ceux-ci sont indivisibles et immuables. » (*Lettres à Hérodote*, in *Épicure, Doctrines et maximes*, p. 26, Hermann.)

Atomisme

(n. m.)
A. *Philosophie* : théorie posant l'existence d'atomes et en faisant la base et le principe explicatif des réalités ; le monde serait constitué d'atomes insécables.
B. *Physique* : théorie atomique.
C. *Psychologie* : doctrine selon laquelle l'esprit serait un composé de données élémentaires et de leurs associations (cette expression polémique est due aux adversaires de l'associationnisme).

Attention

◆ 1. Définitions générales

(n. f.) Étym. : lat. *adtentio*, tension vers, attention.
Tension et concentration spirituelles sur un objet de pensée déterminé.

◆ 2. Définitions particulières de philosophes

MALEBRANCHE

« L'attention de l'esprit est la prière naturelle que nous faisons à la vérité intérieure, afin qu'elle se découvre à nous. Mais cette souveraine vérité ne répond pas toujours à nos désirs, parce que nous ne savons pas trop bien comment il la faut prier. » (*Conversations chrétiennes*, Entretien 1, in *Malebranche, Œuvres*, t. 1, p. 1132, La Pléiade, Gallimard.)

Attribut

◆ **1.** *Définitions générales*

(n. m.) Étym. : lat. *adtribuere*, attribuer.

A. *Logique* : ce qui est affirmé ou nié d'un sujet (synonyme de prédicat).

B. *Métaphysique* : propriété essentielle d'une substance.

◆ **2.** *Définitions particulières de philosophes*

SPINOZA

(B) « J'entends par attribut ce que l'entendement perçoit d'une substance comme constituant son essence. » (*Éthique*, 1re partie, Définition 4, in *Œuvres de Spinoza*, t. 3, p. 21, Garnier-Flammarion.)

Aufklärung

Voir LUMIÈRES, p. 167.

Authenticité

◆ **1.** *Définitions générales*

(n. f.) Étym. : grec *authentikos*, principal, primordial.

Phénoménologie, existentialisme : se dit de ce qui est authentique, c'est-à-dire de ce qui émane, non point de la banalité quotidienne, mais de la personnalité véritable et du choix libre.

◆ **2.** *Définitions particulières de philosophes*

HEIDEGGER

« [La réalité-humaine est mise] [...] devant la possibilité d'être elle-même, mais d'être elle-même en une liberté passionnée, affranchie des illusions du "on", en une liberté effective, certaine d'elle-même et s'angoissant d'elle-même. » (*Qu'est-ce que la métaphysique ?*, « L'Être et le Temps », p. 166, Gallimard.)

SARTRE

« Une reprise de l'être pourri par lui-même que nous nommerons authenticité. » (*L'Être et le Néant*, 1re partie, chap. 2, § 3, p. 107, Tel, Gallimard.)

Autonomie

◆ **1.** *Définitions générales*

(n. f.) Étym. : grec *autonomos*, qui se régit par ses propres lois, indépendant, autonome. Caractère de ce qui se donne à soi-même sa loi, de ce qui obéit à sa propre loi.

◆ **2.** *Définitions particulières de philosophes*

KANT

« L'autonomie de la volonté est cette propriété qu'a la volonté d'être à elle-même sa loi (indépendamment de toute propriété des objets du vouloir). Le principe de l'autonomie est donc : de toujours choisir de telle sorte que les maximes de notre choix soient comprises en même temps comme lois universelles dans ce même acte de vouloir. » (*Fondements de la métaphysique des mœurs*, 2e section, p. 170, Delagrave.)

Autorité

◆ **1.** *Définitions générales*

(n. f.) Étym. : lat. *auctoritas*, autorité.

A. Pouvoir d'imposer l'obéissance, de commander à autrui.

B. Personnes ou groupes exerçant l'autorité, détenant le pouvoir de commander. Instance sociale pouvant imposer l'obéissance.

◆ **2.** *Expressions et termes liés ou dérivés*

Autorité charismatique

WEBER

Voir CHARISME, p. 43.

Autre

◆ **1.** *Définitions générales*

(n. m.-adj.) Étym. : lat. *alter*, autre.

Ce terme renvoie à ce qui est divers, différent, à ce qui m'est étranger, à ce qui est séparé de moi.

◆ **2.** *Définitions particulières de philosophes*

ARISTOTE

« Autre se dit des êtres qui ont pluralité d'espèce, ou de matière, ou de définition de leur substance, et, d'une manière générale, l'Autre présente des significations opposées à celles du Même. » (*La Métaphysique*, liv. Δ, § 9, t. 1, p. 276, Vrin.)

◆ **3.** *Expressions et termes liés ou dérivés*

Altérité

(n. f.) Étym. : lat. *alter*, autre.

Caractère de ce qui est autre.

Altruisme

(n. m.) Étym. : lat. *alter*, autre.

a) terme créé par A. Comte, pour désigner le sentiment désintéressé et l'amour d'autrui (attitudes opposées à l'égoïsme).

b) disposition à se dévouer à autrui.

◆ **4.** *Termes et expressions connexes*

Relation de voisinage
• différent • distinct • multiple.
Relation de dépendance
• communication • conscience • langage • relation.
Relation d'opposition
• identique • même • moi.

Autrui

La *pensée classique* (Descartes) n'a guère pris en compte la dimension de l'Autre : c'est au *XIXe siècle*, dans la philosophie de *Hegel*, qu'Autrui est conceptualisé dans le champ de la réflexion. *Sartre* prolonge les analyses de Hegel et explicite cette expérience et ce concept dans *L'Être et le Néant*.

◆ **1.** *Définitions générales*

(n. m.) Un autre, les autres hommes, le prochain.

◆ **2.** *Définitions particulières de philosophes*

SARTRE

« Autrui, [...] c'est l'*autre*, c'est-à-dire le moi qui *n'est pas moi*. » (*L'Être et le Néant*, 3e partie, chap. 1, § 2, p. 275, Tel, Gallimard.)
« Autrui, c'est ce moi-même dont rien ne me sépare, absolument rien si ce n'est sa pure et totale liberté, c'est-à-dire cette indétermination de soi-même que seul il a à être pour et par soi. » (*L'Être et le Néant*, 3e partie, chap. 1, § 4, p. 317, Tel, Gallimard.)

◆ **3.** *Termes et expressions connexes*

Relation de voisinage
• autre • prochain.
Relation de dépendance
• désir • devoir • dialectique • morale.
Relation d'opposition
• moi.

Avenir

◆ **1.** *Définitions générales*

(n. m.) Étym. : lat. *advenire*, arriver.
A. Dimension future du temps.
B. Ensemble des événements qui vont se produire.

◆ **2.** *Définitions particulières de philosophes*

HEGEL

Voir TEMPS, p. 289.

Axiologie

(n. f.) Étym. : composé du grec *axios*, qui mérite, digne de, de grande valeur, et *logos*, discours, étude.
Science ou théorie des valeurs (surtout morales).

Axiomatique

◆ **1.** *Définitions générales*

(n. f.) Ensemble formalisé, vidé de tout contenu empirique ; il est fondé sur un ensemble de propositions et de termes premiers (les axiomes), à partir desquels on peut définir et démontrer les autres termes.

◆ **2.** *Définitions particulières de philosophes*

BLANCHÉ

« Une axiomatique est [...] la forme achevée que prend, aujourd'hui, une théorie déductive [...], [c'est-à-dire] un système où soient totalement explicités les termes non définis et les propositions non démontrées, ces dernières étant posées comme de simples hypothèses. » (*L'Axiomatique*, p. 3, PUF.)

◆ **3.** *Expressions et termes liés ou dérivés*

Axiomatisation

Organisation sous une forme axiomatique.

Axiome

◆ **1.** *Définitions générales*

(n. m.) Étym. : grec *axiôma*, prix, valeur, estime.
A. *Mathématiques* : au sens moderne, l'axiome désigne une proposition indémontrable, point de départ d'une théorie déductive. Ce terme d'axiome regroupe les anciens axiomes (principes premiers, non démontrables), les postulats et les définitions.
B. *Philosophie* : premier principe.

◆ **2.** *Définitions particulières de philosophes*

ARNAULD et NICOLE

« *Des règles qui regardent les axiomes, c'est-à-dire les propositions claires et évidentes par elles-mêmes.*
Tout le monde demeure d'accord qu'il y a des propositions si claires et si évidentes d'elles-mêmes, qu'elles n'ont pas besoin d'être démontrées, et que toutes celles qu'on ne démontre point doivent être telles pour

être principes d'une véritable démonstration. » (*La Logique ou l'Art de penser*, p. 386, Champs, Flammarion.)

KANT

« Les axiomes sont des principes synthétiques *a priori* qui sont immédiatement certains. » (*Critique de la raison pure*, « Théorie transcendantale de la méthode », p. 504, PUF.)

ULLMO

Voir POSTULAT, p. 221.

3. *Termes et expressions connexes*

Relation de voisinage

• définition • hypothèse • postulat • principe premier • proposition première.

Relation de dépendance

• théorie déductive • évidence • système hypothético-déductif • vérité.

Relation d'opposition

• théorème.

B

Barbare

Voir BARBARIE.

Barbarie

◆ 1. *Définitions générales*

(n. f.) Étym. : lat. *barbaria*, barbarie, manque de culture ; grec *barbaros*, étranger, barbare, non-Grec.
État de ce qui n'est pas civilisé. Ce terme exprime un point de vue ethnocentrique.

◆ 2. *Définitions particulières de philosophes*

KANT

« Pouvoir sans liberté ni loi (Barbarie). » (*Anthropologie du point de vue pragmatique*, 2e partie, p. 168, Vrin.)

◆ 3. *Expressions et termes liés ou dérivés*

Barbare

(n. m.-adj.) Non civilisé.

LÉVI-STRAUSS

« [...] l'Antiquité confondait [...] tout ce qui ne participait pas de la culture grecque (puis gréco-romaine) sous le même nom de barbare [...]. Il est probable que le mot barbare se réfère étymologiquement à la confusion et à l'inarticulation du chant des oiseaux, opposées à la valeur signifiante du langage humain. » (« Race et histoire », in *Le Racisme devant la science*, p. 246, Unesco-Gallimard.)

Béatitude

◆ 1. *Définitions générales*

(n. f.) Étym. : lat. *beatus*, bienheureux, heureux.
A. Bonheur stable, parfait, satisfaction totale, état de plénitude du sage (*Aristote*, les *Stoïciens*, *Spinoza*...).
B. *Théologie* : félicité totale et parfaite des Élus (dans l'autre monde).

◆ 2. *Définitions particulières de philosophes*

DESCARTES

(A) « La béatitude consiste, ce me semble, en un parfait contentement d'esprit et une satisfaction intérieure, que n'ont pas ordinairement ceux qui sont les plus favorisés de la fortune, et que les sages acquièrent sans elle. Ainsi *vivere beate*, vivre en béatitude, ce n'est autre chose qu'avoir l'esprit parfaitement content et satisfait. » (*Lettre à Elisabeth, 4 août 1645*, in *Descartes, Œuvres, lettres*, p. 1193, La Pléiade, Gallimard.)

SPINOZA

(A) « Nous connaissons clairement [...] en quoi notre salut, c'est-à-dire notre Béatitude ou notre Liberté consiste ; je veux dire dans un Amour constant et éternel envers Dieu, ou dans l'Amour de Dieu envers les hommes. » (*Éthique*, 5e partie, Proposition 36, in *Œuvres de Spinoza*, t. 3, p. 334, Garnier-Flammarion.)

Beau

Si l'Antiquité a posé la question : « Qu'est-ce que le beau ? » l'époque moderne, avec Kant, a achevé le processus de « subjectivation » de cette idée, idée désormais reliée au goût.

◆ 1. *Définitions générales*

(n. m.-adj.) Étym. : lat. *bellus*, joli, charmant.
A. *Adjectif* : en un sens esthétique, qualifie ce qui suscite un plaisir désintéressé.
B. *Nom* : concept normatif fondamental auquel renvoient les jugements esthétiques. Il correspond à ce qui fait naître chez l'homme un plaisir désintéressé lié à une universalité *de droit*, mais non de fait. On notera le parallèle avec le Bien (pour les jugements d'appréciation éthique) et le Vrai (en ce qui concerne la logique et l'ordre de l'intelligence).

◆ **2.** *Définitions particulières de philosophes*

ZÉNON DE CITTIUM [1]

« Le *beau*, c'est le bien parfait, ayant en lui, par nature, l'harmonie parfaite, ou encore le bien parfaitement mesuré. » (Diogène Laërce, Vie, *doctrines et sentences des philosophes illustres*, t. 2, p. 84, Garnier-Flammarion.)

KANT

« Le goût est la faculté de juger un objet ou un mode de représentation par la satisfaction ou le déplaisir d'une *façon toute désintéressée*. On appelle *beau* l'objet de cette satisfaction. » (*Critique du jugement*, « Critique du jugement esthétique », 1re section, p. 46, Vrin.)

(A) « Est *beau* ce qui plaît universellement sans concept. » (*Critique du jugement*, « Critique du jugement esthétique », 1re section, p. 53, Vrin.)

(A) « Est *beau* ce qui est reconnu sans concept comme l'objet d'une satisfaction *nécessaire*. » (*Critique du jugement*, « Critique du jugement esthétique », 1re section, p. 70, Vrin.)

◆ **3.** *Expressions et termes liés ou dérivés*

Beaux-arts

Arts ayant comme objet la représentation du beau : architecture, sculpture, musique...

KANT

« Les Beaux-Arts sont les arts du génie. » (*Critique du jugement*, « Critique du jugement esthétique », 1re section, § 46, p. 127, Vrin.)

◆ **4.** *Termes et expressions connexes*

Relation de voisinage

• gracieux • joli.

Relation de dépendance

• bien • contemplation • esthétique • goût • harmonie • jugement • œuvre d'art • universalité • valeur • vrai.

Relation d'opposition

• laid.

Beauté

◆ **1.** *Définitions générales*

(n. f.) Étym. : lat. *bellus*, joli, charmant. Caractère de ce qui est beau.

◆ **2.** *Définitions particulières de philosophes*

PLOTIN

« Est laid [...] tout ce qui n'est pas dominé par une forme et par une raison [...] l'idée ordonne, en les combinant, les parties multiples dont un être est fait [...]. La beauté siège donc en cet être, lorsqu'il est ramené à l'unité, et elle se donne à toutes ses parties et à l'ensemble. » (*Ennéades*, Ennéade 1, chap. 6, § 2, t. 1, p. 97, Budé, Belles Lettres.)

SAINT THOMAS

« La beauté consiste en un certain éclat et en une juste proportion. Ces deux éléments ont leur racine dans la raison, dont la fonction est d'apporter la lumière et d'établir entre les choses une juste proportion. » (*Somme théologique*, in J. Rassam, *Saint Thomas, l'être et l'esprit*, p. 164, PUF.)

KANT

« La *beauté* est la forme de la *finalité* d'un objet en tant qu'elle y est perçue *sans la représentation d'une fin*. » (*Critique du jugement*, « Critique du jugement esthétique », 1re section, p. 67, Vrin.)

« On peut concevoir [...] une perfection esthétique, qui renferme le principe d'une satisfaction subjectivement universelle. C'est la *beauté* : ce qui plaît aux sens dans l'*intuition* et précisément pour cette raison peut être l'objet d'une satisfaction universelle. » (*Logique*, Introduction V, p. 39, Vrin.)

◆ **3.** *Termes et expressions connexes*

Relation de voisinage

• beau • joliesse.

Relation de dépendance

• contemplation • esthétique • finalité • goût • harmonie • œuvre d'art • proportion • raison.

Relation d'opposition

• laideur.

Behaviorisme

◆ **1.** *Définitions générales*

(n. m.) Étym. : américain *behavior*, conduite, comportement.

Psychologie : *méthode* de la psychologie, ayant essentiellement recours à l'étude du comportement et des réactions objectives, de manière à formuler des lois. En tant que *doctrine*, le behaviorisme considère la conscience comme une entité ou un épiphénomène du système nerveux.

◆ **2.** *Définitions particulières de philosophes*

WATSON

« Le behaviorisme [...] prétend que le domaine de la psychologie humaine est *le comportement de l'être humain*. Le behaviorisme estime que la conscience n'est un concept ni défini ni utilisable. » (cité in P. Naville, *La*

1. Le fondateur de l'ancien stoïcisme.

Psychologie, science du comportement, p. 10, Gallimard.)

Besoin

◆ **1.** *Définitions générales*

(n. m.) Étym. : francique *bisunnia*.
Sens général : conscience d'un manque pénible (pour l'organisme, le psychisme...), manque provoquant, chez le sujet qui le ressent, un état de tension interne.

◆ **2.** *Définitions particulières de philosophes*

RICŒUR

« Le besoin est un affect en ce qu'il est tout entier une indigence qui par son élan tend vers ce qui le comblera [...]. Il est faux que le besoin soit la sensation d'une carence organique complétée par celle d'un mouvement naissant. » (*Philosophie de la volonté*, t. 1, pp. 86-87, Aubier.)

◆ **3.** *Termes et expressions connexes*

Relation de voisinage
• appétence • appétit • désir • envie • exigence • manque.
Relation de dépendance
• acte • objet • production • sensibilité • technique • travail.
Relation d'opposition
• bien-être • dégoût • satiété.

Bien

Un terme d'une très grande richesse sémantique : dans l'Antiquité, Platon voit, dans le Bien, le Divin apportant sens à l'univers. L'époque moderne et contemporaine privilégie plutôt la signification éthique de ce terme (sens C).

◆ **1.** *Définitions générales*

(n. m.-adv.) Étym. : lat. *bene*, bien, *bonus*, bon.
A. *Adverbe* (employé souvent comme attribut) : d'une manière satisfaisante.
B. *Nom* :
a) sens général : ce qui est avantageux ou utile à une fin donnée.
b) économie : propriété, capital, richesse, ce qui semble correspondre à une appropriation possible.
c) éthique : ce qui est conforme à l'idéal moral (noter le parallèle avec le Beau et le Vrai). Il s'agit d'un concept normatif fondamental.
d) métaphysique : chez Platon, l'*Idée du Bien* se trouve au sommet du monde intelligible ; elle dépasse l'essence.

◆ **2.** *Définitions particulières de philosophes*

PLATON

(B-*d*) « Le bien [n'est pas] essence, mais quelque chose qui dépasse de loin l'essence en majesté et en puissance. » (*La République*, liv. 6, § 19, in *Platon, Œuvres complètes*, t. 7, 1re partie, p. 139, Budé, Belles Lettres.)

ARISTOTE

(B-*a*) « Tout art et toute recherche, de même que toute action et toute délibération réfléchie, tendent, semble-t-il, vers quelque bien. Aussi a-t-on eu parfaitement raison de définir le bien : ce à quoi on tend en toutes circonstances. » (*Éthique de Nicomaque*, liv. 1, p. 19, Garnier-Flammarion.)
(B-*c*) « [...] le bien propre à l'homme est l'activité de l'âme en conformité avec la vertu. » (*Éthique de Nicomaque*, liv. 1, p. 29, Garnier-Flammarion.)

SPINOZA

« Par *bien* j'entends ici tout genre de Joie et tout ce qui, en outre, y mène, et principalement ce qui remplit l'attente quelle qu'elle soit. » (*Éthique*, 3e partie, Proposition 39, in *Œuvres de Spinoza*, t. 3, p. 173, Garnier-Flammarion.)

LOCKE

(B-*a*) « Nous appelons *Bien* tout ce qui est propre à produire en nous du plaisir, et au contraire nous appelons *Mal* ce qui est propre à produire en nous de la Douleur. » (*Essai philosophique concernant l'entendement humain*, p. 200, Vrin.)

◆ **3.** *Expressions et termes liés ou dérivés*

Souverain Bien

Ce qui apporte un contentement et une satisfaction de l'homme tout entier. Le bien suprême.

ARISTOTE

« Puisque toute connaissance et toute décision librement prise vise quelque bien, quel est le but que nous assignons à la politique et quel est le souverain bien de notre activité ? Sur son nom du moins il y a assentiment presque général : c'est le bonheur. » (*Éthique de Nicomaque*, liv. 1, p. 22, Garnier-Flammarion.)

DESCARTES

« Le Souverain Bien de tous les hommes ensemble est un amas ou un assemblage de tous les biens, tant de l'âme que du corps et de la fortune, qui peuvent être en quelques hommes ; mais [...] celui de chacun en particulier est tout autre chose, et [...] il ne consiste qu'en une ferme volonté de bien faire, et au contentement qu'elle produit. »

(Lettre à *Christine de Suède, 20 novembre 1647*, in Descartes, *Œuvres, lettres*, p. 1282, La Pléiade, Gallimard.)

KANT

« En tant donc que la vertu et le bonheur constituent ensemble la possession du souverain bien dans une personne et qu'en outre le bonheur est tout à fait exactement *proportionné* à la moralité [...], ils constituent le *souverain bien* d'un monde possible, ce qui veut dire le bien entier et complet, dans lequel cependant la vertu est, toujours, comme condition, le bien suprême, parce qu'il n'y a pas de condition au-dessus d'elle. » (*Critique de la raison pratique*, « Doctrine élémentaire de la raison pure pratique », liv. 2, pp. 119-120, PUF.)

◆ **4.** *Termes et expressions connexes*

Relation de voisinage

• idéal • perfection • valeur.

Relation de dépendance

• action • beau • bonheur • devoir • éthique • être • eudémonisme • monde intelligible • vertu.

Relation d'opposition

• mal.

Biologie

◆ **1.** *Définitions générales*

(n. f.) Étym. : terme créé par Lamarck, à partir du grec *bios*, vie, et *logos*, étude, science. Science de la vie, et des êtres vivants.

◆ **2.** *Définitions particulières de philosophes*

LAMARCK

« Tout ce qui est généralement commun aux végétaux et aux animaux, comme toutes les facultés qui sont propres à chacun de ces êtres sans exception doit constituer l'unique et vaste objet de *La Biologie* : car les deux sortes d'êtres que je viens de citer sont tous essentiellement des corps vivants. »
(*Histoire naturelle des animaux sans vertèbres*, cité in F. Jacob, *La Logique du vivant*, p. 101, Tel, Gallimard.)

Bon

◆ **1.** *Définitions générales*

(n. m.-adj.) Étym. : lat. *bonus*, bon.

A. *Sens général* : qui convient, satisfaisant, relevant d'un jugement laudatif (ex. : un bon raisonnement).

B. *Éthique* : conforme au bien ou aux normes éthiques.

C. Chez *Spinoza* : utile à un être.

D. Chez *Nietzsche* : le bon désigne la qualité ou dimension active, liée à la volonté de puissance du « fort », créant et inventant positivement, en dehors du ressentiment.

◆ **2.** *Définitions particulières de philosophes*

HOBBES

(A) « L'objet, quel qu'il soit, de l'appétit ou du désir d'un homme, est ce que pour sa part celui-ci appelle *bon* ; et il appelle *mauvais* l'objet de sa haine et de son aversion. » (*Léviathan*, p. 48, Sirey.)

SPINOZA

(C) « J'entendrai par bon ce que nous savons avec certitude nous être utile. » (*Éthique*, 4e partie, Définition 1, in *Œuvres de Spinoza*, t. 3, p. 220, Garnier-Flammarion.)

HEGEL

« Le *bon* est le contenu des devoirs, c'est-à-dire des déterminations fondamentales qu'impliquent les rapports nécessaires entre hommes, autrement dit ce que ces rapports comportent de rationnel. » (*Propédeutique philosophique*, « Encyclopédie philosophique », § 190, p. 216, Éditions de Minuit.)

NIETZSCHE

« Les "bons" eux-mêmes, c'est-à-dire les hommes de distinction, les puissants, ceux qui sont supérieurs par leur situation et leur élévation d'âme. » (*La Généalogie de la morale*, Dissertation 1, § 2, p. 28, Idées, Gallimard.)

(D) « Qu'est-ce qui est bon ? Tout ce qui *exalte* en l'homme le sentiment de puissance, la volonté de puissance, la puissance même. » (*L'Antéchrist*, § 2, p. 12, Idées, Gallimard.)

◆ **3.** *Expressions et termes liés ou dérivés*

Bon sens

Voir SENS, p. 262.

Bonne volonté

Voir VOLONTÉ, p. 312.

Bonté

(n. f.) Étym. : lat. *bonitas*, bonté, bienveillance, vertu.

Caractère de celui qui s'efforce de réaliser le bien de l'autre, d'être bon pour les autres, de leur éviter la souffrance. Désigne aussi le caractère de ce qui est bon dans la signification morale de ce terme.

◆ **4.** *Termes et expressions connexes*

Relation de voisinage
• bienveillant • convenable • satisfaisant • utile.
Relation de dépendance
• action • bien • joie • morale • valeur.
Relation d'opposition
• mauvais • méchant • nuisible.

Bonheur

Dans la philosophie antique, le but de la vie humaine est le bonheur, fin parfaite et Souverain Bien. C'est une vision beaucoup plus pessimiste des choses que nous apportent, bien souvent, la pensée du XIXe siècle (voir SCHOPENHAUER), tout comme la réflexion moderne.

◆ **1.** *Définitions générales*

(n. m.) Étym. : de *bon* et de *heur*, dérivé du latin *augurium*, augure, présage, chance, prophétie.
État de satisfaction complète, caractérisé par sa plénitude et sa stabilité. Distinct du *plaisir*, très éphémère, et de la *joie*, plus dynamique que le bonheur.

◆ **2.** *Définitions particulières de philosophes*

ARISTOTE

« S'il est vrai que le bonheur est l'activité conforme à la vertu, il est de toute évidence que c'est celle qui est conforme à la vertu la plus parfaite, c'est-à-dire celle de la partie de l'homme la plus haute [...]. C'est l'activité de cette partie de nous-mêmes (divine), activité conforme à sa vertu propre, qui constitue le bonheur parfait. » (*Éthique de Nicomaque*, liv. 10, p. 275, Garnier-Flammarion.)

LEIBNIZ

« Notre bonheur ne consistera jamais [...] dans une pleine jouissance, où il n'y aurait plus rien à désirer et qui rendrait notre esprit stupide ; mais dans un progrès perpétuel à de nouveaux plaisirs et de nouvelles perfections. » (*Principes de la nature et de la grâce fondés en raison*, § 18, p.65, Épiméthée, PUF.)

KANT

« Le pouvoir, la richesse, la considération, même la santé ainsi que le bien-être complet et le contentement de son état, ce qu'on nomme le *bonheur*. » (*Fondements de la métaphysique des mœurs*, section 1, p. 88, Delagrave.)
« [...] le bonheur, c'est-à-dire le contentement de l'état où l'on se trouve accompagné de la certitude qu'il est durable. » (*Métaphysique des mœurs, Doctrine de la vertu*, Introduction V, p. 58, Vrin.)

HEGEL

« Le *bonheur* n'est pas seulement un plaisir singulier, mais un état durable, d'une part, du plaisir affectif, d'autre part aussi, des circonstances et moyens qui permettent, à volonté, de provoquer du plaisir. » (*Propédeutique philosophique*, Introduction, § 23, p. 39, Éditions de Minuit.)

SCHOPENHAUER

« Tout bonheur est négatif, sans rien de positif ; nulle satisfaction, nul contentement, par suite, ne peut être de durée ; au fond, ils ne sont que la cessation d'une douleur ou d'une privation, et, pour remplacer ces dernières, ce qui viendra sera infailliblement ou une peine nouvelle, ou bien quelque *langueur*, une attente sans objet, l'ennui. » (*Le Monde comme volonté et comme représentation*, liv. 4, § 58, t. 1, p. 334, Alcan.)

NIETZSCHE

« L'élément commun à toutes les impressions de bonheur est double : *plénitude* de sentiment, mêlée de *turbulence*, si bien que l'on se sent dans son élément comme un poisson et que l'on s'y ébat. » (*Aurore*, liv. 5, § 439, p. 311, Idées, Gallimard.)
« Qu'est-ce que le bonheur ? Le sentiment que la puissance *croît*, qu'une résistance est en voie d'être surmontée. » (*L'Antéchrist*, § 2, p. 12, Idées, Gallimard.)

MILL

Voir UTILITARISME, p. 302.

◆ **3.** *Termes et expressions connexes*

Relation de voisinage
• béatitude • bien-être • félicité.
Relation de dépendance
• ataraxie • contemplation • eudémonisme • liberté • progrès • Souverain Bien • vertu.
Relation d'opposition
• inquiétude • malheur.

Bureaucratie

◆ **1.** *Définitions générales*

(n. f.) Étym. : de bureau, et cratie, du grec *kratos*, force, puissance.
A. *Sociologie* : organisation administrative caractérisée par une hiérarchie complexe d'employés ou fonctionnaires, l'impersonnalité des mesures, l'importance de l'écrit.
B. *Péjoratif* : influence abusive des bureaux et de l'administration.

◆ **2.** *Définitions particulières de philosophes*

ARON (expliquant WEBER)

« La bureaucratie, au sens wébérien, [...] est l'organisation permanente de la coopération entre de nombreux individus, dont chacun exerce une fonction spécialisée [...]. [L'] impersonnalité est essentielle à la nature de la bureaucratie où théoriquement chacun doit connaître les lois et agir en fonction des commandements abstraits d'une réglementation stricte. » (*Les Étapes de la pensée sociologique*, pp. 553, 534, Gallimard.)

But

◆ **1.** *Définitions générales*

(n. m.) Étym. : francique *but*, souche, billot. Terme que l'on se propose d'atteindre.

◆ **2.** *Définitions particulières de philosophes*

SCHELER

« Le but n'est rien d'autre qu'un "contenu" quel qu'il soit [...] qui est donné comme destiné à être réalisé, peu importe par quel moyen, par quel agent, etc. » (*Le Formalisme en éthique*, p. 54, Gallimard.)

C

Ça

◆ **1.** *Définitions générales*

(n. m.) Étym. : all. *das Es.*
Pôle pulsionnel et inconscient de la personnalité. Le ça désigne, chez *Freud*, dans sa seconde théorie du psychisme (1920), une des trois instances de l'appareil psychique (ça-moi-surmoi).
Voir INSTANCE, p. 145.

◆ **2.** *Définitions particulières de philosophes*

GRODDECK

« L'homme est vécu par quelque chose d'inconnu. Il existe en lui un "Ça", une sorte de phénomène qui préside à tout ce qu'il fait et à tout ce qui lui arrive [...]. Nous ne connaissons de ce Ça que ce qui s'en trouve dans notre conscient. La plus grande partie [...] est un domaine en principe inaccessible. » (*Au fond de l'homme, cela*, p. 20, Gallimard.)

FREUD

« Nous donnons à la plus ancienne [...] [des] instances psychiques le nom de *ça* ; son contenu comprend tout ce que l'être apporte en naissant, tout ce qui a été constitutionnellement déterminé, donc avant tout les pulsions émanées de l'organisation somatique et qui trouvent dans le ça, sous des formes qui nous restent inconnues, un premier mode d'expression psychique. » (*Abrégé de psychanalyse*, 1re partie, pp. 3, 4.)
Voir aussi MOI, p. 180.

Canon

◆ **1.** *Définitions générales*

(n. m.) Étym. : grec *kanôn*, tige de roseau, règle.
Principe pratique, modèle à suivre, règle d'action, norme, dans des disciplines ou des domaines normatifs (en logique, en esthétique, etc.)

◆ **2.** *Définitions particulières de philosophes*

KANT

« J'entends par canon l'ensemble des principes *a priori* pour l'usage légitime de certaines facultés de connaître en général. » (*Critique de la raison pure*, « Théorie transcendantale de la méthode », p. 538, PUF.)

◆ **3.** *Expressions et termes liés ou dérivés*

Canonique

(n. f.)
a) la logique, les règles de la pensée, chez les Épicuriens.
b) *par extension* : les règles de la pensée.

Capital

◆ **1.** *Définitions générales*

(n. m.) Étym. : lat. *capitalis*, qui concerne la tête.
A. *Économie* : richesse produisant de la richesse et pouvant rapporter un revenu. La richesse du capital ne passe pas immédiatement dans la consommation.
B. *Marxisme* : valeur permettant, par l'exploitation des salariés, une obtention de plus-value.

◆ **2.** *Définitions particulières de philosophes*

MARX

(B) « C'est uniquement par sa domination sur le travail immédiat, vivant, que le travail accumulé, passé, matérialisé, se transforme en capital. Ce qui caractérise le capital, ce n'est pas que le travail accumulé serve de moyen au travail vivant pour une nouvelle production. Le capital consiste en ce que le travail vivant sert de moyen au travail accumulé pour maintenir et accroître la valeur d'échange de celui-ci. » (*Travail salarié et capital*, in Maximilien Rubel, *Pages de Karl Marx*, t. 1, p. 193, Petite Bibliothèque Payot.)

Capitalisme

◆ **1.** *Définitions générales*

(n. m.) Régime économique et mode de production où la propriété des moyens de production est privée. Il est également caractérisé par la grande production en série, par le machinisme et par l'existence d'une classe sociale, la bourgeoisie, détenant les moyens de production.

◆ **2.** *Définitions particulières de philosophes*

WEBER

« Le capitalisme est identique à la recherche du profit, d'un profit toujours *renouvelé*, dans une entreprise continue, rationnelle et capitaliste — il est recherche de la *rentabilité*. » (L'*Éthique protestante et l'Esprit du capitalisme*, p. 15, Plon.)

ARON (expliquant WEBER)

« Le capitalisme [...] se définit par l'existence d'entreprises dont le but est de faire le maximum de profit et dont le moyen est l'organisation rationnelle du travail et de la production. » (*Les Étapes de la pensée sociologique*, p. 531, Gallimard.)

Caractère

◆ **1.** *Définitions générales*

(n. m.) Étym. : grec *charaktèr*, signe gravé, empreinte, nature particulière ou caractère d'une personne.

A. *Sens courant* : signe distinctif.

B. *Psychologie* : ensemble des dispositions psychiques particulières à un individu.

◆ **2.** *Définitions particulières de philosophes*

HÉRACLITE

« Le caractère de l'homme est sa destinée. » (Cité in J. Burnet, *L'Aurore de la philosophie grecque*, p. 158, Payot.)

KANT

« Le caractère consiste dans la fermeté de la détermination avec laquelle on veut faire quelque chose et aussi dans sa mise à exécution réelle. » (*Réflexions sur l'éducation*, pp. 134, 135, Vrin.)

BERGSON

(B) « Que sommes-nous, [...] qu'est-ce que notre *caractère*, sinon la condensation de l'histoire que nous avons vécue depuis notre naissance, avant notre naissance même, puisque nous apportons avec nous des dispositions prénatales. » (*L'Évolution créatrice*, p. 5, PUF.)

ALAIN

(B) « Le caractère est littéralement une marque reçue du dehors. Naturellement l'empreinte dépend aussi de l'être qui la subit. [...]. Le caractère exprime [...] la nature, mais par une lutte des circonstances contre la nature. » (*Propos*, t. 1, p. 1031, La Pléiade, Gallimard.)

◆ **3.** *Expressions et termes liés ou dérivés*

Caractérologie

(n. f.) Science ou étude des caractères (conçus comme dispositions psychiques).

Caractéristique

◆ **1.** *Définitions générales*

(n. f.) Étym. : grec *charaktèristikos*, qui sert à distinguer.

Signe distinctif, servant à reconnaître un objet.

◆ **2.** *Expressions et termes liés ou dérivés*

Caractéristique universelle

Chez *Leibniz*, la *caractéristique universelle* désigne l'art de représenter les idées par des signes distinctifs ou caractères.

COURNOT

« Cette langue philosophique ou cette *caractéristique universelle* (comme l'appelle Leibniz), fondée sur un catalogue de toutes les idées simples, représentées chacune par un signe ou par un numéro d'ordre, aurait eu cet avantage sur toutes les langues vulgaires, de n'employer que des éléments doués de valeurs fixes, déterminées, invariables ; et par sa perfection même, elle aurait eu droit de prétendre à l'universalité. » (*Essai sur les fondements de nos connaissances et sur les caractères de la critique philosophique*, p. 16, Hachette.)

Caractérologie

Voir CARACTÈRE.

Catégorie

Genre de l'être chez Aristote, la catégorie est rapportée, par Kant, à l'entendement. Elle désigne désormais un instrument de connaissance.

◆ **1.** *Définitions générales*

(n. f.) Étym. : grec *katègoria*, accusation, qualité attribuée à un objet, attribut.

A. *Philosophie* : les catégories désignent les concepts généraux auxquels on rapporte des pensées, sous lesquels on range des idées...

B. *Sens aristotélicien et scolastique* : genres suprêmes de l'être ; les catégories sont au nombre de dix (substance, quantité, temps, etc.).

C. *Sens kantien* : concepts a priori de l'entendement pur (au nombre de douze) ; les catégories désignent des formes a priori organisant toute la connaissance ; il en existe quatre classes (quantité, qualité, relation, modalité).

◆ **2.** *Définitions particulières de philosophes*

KANT

(C) « La même fonction qui donne l'unité aux diverses représentations *dans un jugement* donne aussi l'unité à la simple synthèse de diverses représentations *dans une intuition*, unité qui, généralement parlant, est appelée le concept pur de l'entendement [...]. Nous appellerons ces concepts, d'après Aristote, des *Catégories*. » (*Critique de la raison pure*, « Analytique transcendantale », liv. 1, pp. 93, 94, PUF.)

◆ **3.** *Expressions et termes liés ou dérivés*

Catégorique

(adj.) *Logique* : un jugement est catégorique quand son assertion ne contient ni condition ni alternative.

Catharsis

◆ **1.** *Définitions générales*

(n. f.) Étym. : terme grec, signifiant purification.
Chez Aristote : purification ou purgation des passions, réalisée au moyen de la tragédie et des émotions qu'elle provoque.

◆ **2.** *Définitions particulières de philosophes*

ARISTOTE

« Purgation propre [aux] émotions [de la tragédie]. » (*Poétique*, p. 37, Budé, Belles Lettres.)

◆ **3.** *Expressions et termes liés ou dérivés*

Méthode cathartique ou catharsis

La méthode cathartique désigne une méthode psychothérapique par purgation des souvenirs ou affects pathogènes. Cette méthode évoque la période où Breuer et Freud utilisèrent l'hypnose (sommeil incomplet et provoqué) pour faire disparaître les symptômes pathologiques.

Causalité

◆ **1.** *Définitions générales*

(n.f.) Rapport de cause à effet.

◆ **2.** *Définitions particulières de philosophes*

HEISENBERG

« Si l'on veut prendre le terme de causalité au sens restreint, on parle aussi de "déterminisme" et on entend par là qu'il y a des lois naturelles fixes qui déterminent rigoureusement l'état futur d'un système d'après l'état actuel. » (*La Nature dans la physique contemporaine*, p. 41, Idées, Gallimard.)

ARON

« [La causalité] vise avant tout à établir des liens nécessaires en observant des régularités. » (*Introduction à la philosophie de l'histoire*, p. 161, Gallimard.)

◆ **3.** *Expressions et termes liés ou dérivés*

Principe de causalité

Principe qui affirme que tout phénomène a une cause et que, dans les mêmes conditions, la même cause est suivie du même effet.

SPINOZA

« D'une cause déterminée que l'on suppose donnée, suit nécessairement un effet, et au contraire si nulle cause déterminée n'est donnée, il est impossible qu'un effet suive. » (*Éthique*, 1re partie, Axiome 3, in *Œuvres de Spinoza*, t. 3, p. 22, Garnier-Flammarion.)

BERNARD

« Je pose comme un principe scientifique que personne ne contestera [...] que dans les phénomènes de la nature brute ou vivante, il n'y a pas d'*effet sans cause*, c'est-à-dire que quand un phénomène apparaît, c'est qu'il y a eu une condition *déterminante* de cette manifestation. » (*Principes de médecine expérimentale*, chap. 16, p. 265, Quadrige, PUF.)

BLANCHÉ

« Le principe de causalité énonce que tout ce qui arrive a une cause, et que les mêmes causes produisent les mêmes effets. » (*La Science actuelle et le Rationalisme*, p. 60, PUF.)

◆ **4.** *Termes et expressions connexes*

Relation de voisinage
• enchaînement.
Relation de dépendance
• cause • changement • déterminisme • effet • loi • nature • phénomène • relation.
Relation d'opposition
• indépendance.

Cause

Si, dans l'Antiquité, le terme « Cause » possède une acception très large (cf. Aristote), il en vient à désigner, à l'époque moderne, la condition constante de l'existence d'un phénomène.

◆ **1.** *Définitions générales*

(n. f.) Étym. : lat. *causa*, cause, raison.
A. Ce qui répond à la question « pourquoi » ; le phénomène qui en détermine un autre en le précédant.
B. *Empirisme* : antécédent constant (Hume) et inconditionnel (St. Mill).

◆ **2.** *Définitions particulières de philosophes*

ARISTOTE

« Nous ne croyons connaître rien avant d'en avoir saisi chaque fois le pourquoi (c'est-à-dire saisi la première cause) [...]. En un sens, la cause, c'est ce dont une chose est faite et qui y demeure immanent [...]. En un autre sens, c'est la forme et le modèle [...]. En un autre sens, c'est ce dont vient le premier commencement du changement et du repos [...]. En dernier lieu, c'est la fin, c'est-à-dire la cause finale. » (*Physique*, liv. 2, § 3, t. 1, p. 65, Budé, Belles Lettres.)

SPINOZA

(A) « Pour toute chose, il doit y avoir une cause, ou raison assignable, pourquoi elle existe ou pourquoi elle n'existe pas. » (*Éthique*, 1re partie, Proposition 11, in *Œuvres de Spinoza*, t. 3, p. 30, Garnier-Flammarion.)

MALEBRANCHE

Voir OCCASIONNALISME, p. 197.

HUME

(B) « Nous pouvons [...] définir une cause comme un *objet suivi d'un autre, et tel que tous les objets semblables au premier soient suivis d'objets semblables aux seconds*. Ou, en d'autres termes : *tel que*, si le premier objet n'avait pas été, le second n'eût jamais existé. » (*Enquête sur l'entendement humain*, p. 94, Nathan.)

KANT

« [Le concept de cause] exige absolument qu'une chose A soit telle qu'une autre B en dérive *nécessairement* et suivant une *règle absolument universelle*. » (*Critique de la raison pure*, « Analytique transcendantale », liv. 1, p. 104, PUF.)

SCHOPENHAUER

« J'appelle *cause*, au sens le plus étroit du mot, tout état de la matière qui en produit un autre nécessairement et qui subit en même temps une modification égale à celle qu'il cause (loi de l'égalité entre l'action et la réaction). » (*Le Monde comme volonté et comme représentation*, liv. 2, § 23, t. 1, p. 119, Alcan.)

BERNARD

« Nous entendons par cause d'un phénomène la condition constante et déterminée de son existence ; c'est ce que nous appelons le déterminisme relatif ou le comment des choses, c'est-à-dire la cause prochaine ou déterminante. » (*Introduction à l'étude de la médecine expérimentale*, p. 117, Gibert.)

◆ **3.** *Expressions et termes liés ou dérivés*

Cause adéquate, inadéquate

SPINOZA

« J'appelle cause adéquate celle dont on peut percevoir l'effet clairement et distinctement par elle-même ; j'appelle cause inadéquate ou partielle celle dont on ne peut connaître l'effet par elle seule. » (*Éthique*, 3e partie, Définition 1, in *Œuvres de Spinoza*, t. 3, p. 134, Garnier-Flammarion.)

Cause de soi

SPINOZA

« J'entends par cause de soi ce dont l'essence enveloppe l'existence ; autrement dit, ce dont la nature ne peut être conçue sinon comme existante. » (*Éthique*, 1re partie, Définition 1, in *Œuvres de Spinoza*, t. 3, p. 21, Garnier-Flammarion.)

Cause efficiente

Chez *Aristote*, l'agent d'une transformation.

Cause finale

La fin (c'est-à-dire le but), en tant qu'elle est raison d'être d'un objet ou d'une action ; ce pour quoi une chose est faite.

ARISTOTE

Voir CAUSE.

Cause formelle

Chez *Aristote*, ce qui donne à une chose sa forme propre, la définition de la quiddité (ex. : le rapport de un à deux de l'octave).

Cause immanente

Voir IMMANENT, p. 136.

Cause matérielle

Chez *Aristote*, la matière dont l'objet est fait.

Cause occasionnelle

Voir OCCASIONNALISME, p. 197.

Cause première

Cause qui agit par elle-même et se suffit à elle-même.

Cause seconde

Cause qui résulte d'une autre cause et se trouve sous sa dépendance.

◆ **4.** *Termes et expressions connexes*

Relation de voisinage

• antécédent • condition • raison.

Relation de dépendance

• action • connaissance • déterminisme • miracle • phénomène • recherche expérimentale • science • succession.

Relation d'opposition

• effet • conséquence • résultat • produit.

Caverne

Voir ALLÉGORIE, p. 16.

Censure

◆ 1. *Définitions générales*

(n. f.) Étym. : lat. *censura*, censure.
En *psychanalyse*, ce terme désigne la fonction interdisant aux désirs inconscients et refoulés l'accès à la conscience.

◆ 2. *Définitions particulières de philosophes*

FREUD

« Un acte psychique en général passe par deux phases, deux états, entre lesquels est intercalée une sorte d'épreuve (*censure*). Dans la première phase, il est inconscient et appartient au système *Ics*[1] ; s'il est écarté par l'épreuve que lui fait subir la censure, le passage à la deuxième phase lui est refusé ; il est dit alors refoulé et doit nécessairement rester inconscient. » (*Métapsychologie*, « L'Inconscient », II, p. 76, Folio Essais, Gallimard.)

Cercle

◆ 1. *Définitions générales*

(n. m.) *Logique* : relation établie entre deux termes de manière telle que chacun se définisse par l'autre.

◆ 2. *Expressions et termes liés ou dérivés*

Cercle vicieux

Faute logique où l'on prouve A par B et B par A.

KANT

« On commet un *cercle dans la preuve* si l'on pose comme principe de sa *propre* preuve la proposition même qu'on se proposait de prouver. » (*Logique*, « Doctrine générale des éléments », chap. 3, § 92, p. 147, Vrin.)

Certain

Voir CERTITUDE.

Certitude

◆ 1. *Définitions générales*

(n. f.) Étym. : lat. *certitudo*, certitude.
État d'esprit du sujet dont l'adhésion ou l'acquiescement excluent toute crainte d'erreur et s'accomplissent sans nulle réserve.

◆ 2. *Définitions particulières de philosophes*

DESCARTES

« Je distinguerai ici deux sortes de certitudes. La première est appelée morale, c'est-à-dire suffisante pour régler nos mœurs [...]. L'autre sorte de certitude est lorsque nous pensons qu'il n'est aucunement possible que la chose soit autre que nous la jugeons. » (*Les Principes de la philosophie*, 4e partie, § 205, § 206, in *Descartes, Œuvres, lettres*, pp. 668, 669, La Pléiade, Gallimard.)

KANT

« L'assentiment certain ou la *certitude* est lié à la conscience de la nécessité. » (*Logique*, Introduction IX, p. 73, Vrin.)

LAGNEAU

« La certitude est l'état de l'esprit qui adhère fermement à ce qu'il juge être vrai. » (*Célèbres Leçons et Fragments*, p. 101, PUF.)

◆ 3. *Expressions et termes liés ou dérivés*

Certain

(adj.) Étym. : lat. *certus*, fixé, déterminé, certain.
a) qui ne laisse place à aucun doute et entraîne l'adhésion de l'esprit.
b) qui correspond à une quantité non déterminée (ex. : une certaine durée).

◆ 4. *Termes et expressions connexes*

Relation de voisinage
• adhésion (de l'esprit) • croyance • foi • opinion.
Relation de dépendance
• connaissance • critère • évidence • intuition • jugement • vérité.
Relation d'opposition
• doute • incertitude

Chaos

◆ 1. *Définitions générales*

(n. m.) Étym. : lat. *chaos*, grec *chaos*, gouffre, espace ténébreux précédant l'apparition des choses.
A. *Sens philosophique général* : confusion ou désordre radical, état d'indifférenciation où se confondent puissances créatrice et destructrice.
B. *Religion* : confusion et vide antérieurs à la Création.

1. Ics : abréviation pour inconscient.

◆ **2.** *Définitions particulières de philosophes*

MORIN

« L'idée de chaos est d'abord une idée énergétique ; elle porte en ses flancs bouillonnement, flamboiement, turbulence. Le chaos est une idée d'avant la distinction, la séparation et l'opposition, une idée donc d'indistinction, de confusion entre puissance destructrice et puissance créatrice, entre ordre et désordre. » (*La Méthode*, t. 1, « La Nature de la nature », p. 57, Le Seuil.)

Charisme

◆ **1.** *Définitions générales*

(n. m.) Étym. : grec *charisma*, grâce, faveur.
Dans le *Nouveau Testament*, don conféré, par grâce divine, à un élu. Par extension, dans le domaine politique, qualité extraordinaire d'un personnage.

◆ **2.** *Définitions particulières de philosophes*

WEBER

« La grâce personnelle et extraordinaire d'un individu (charisme). » (*Le Savant et le Politique*, p. 102, 10/18, UGE.)

◆ **3.** *Expressions et termes liés ou dérivés*

Autorité charismatique

WEBER

« Elle se caractérise par le dévouement tout personnel des sujets à la cause d'un homme et par leur confiance en sa seule personne en tant qu'elle se singularise par des qualités prodigieuses, par l'héroïsme ou d'autres particularités exemplaires qui font le chef. » (*Le Savant et le Politique*, p. 102, 10/18, UGE.)

Charité

◆ **1.** *Définitions générales*

(n. f.) Étym. : lat. *caritas*, amour.
La plus grande des trois vertus théologales, consistant dans l'amour de Dieu et du prochain.

◆ **2.** *Définitions particulières de philosophes*

ALAIN

« C'est la foi quand elle a pour objet le semblable. Et la charité ne se laisse pas défaire par les preuves contraires ; c'est pourquoi elle honore l'humanité dans le fou, l'idiot, le criminel, le malheureux. » (*Définitions* in Alain, *Les Arts et les Dieux*, p. 1040, La Pléiade, Gallimard.)

Chimie

◆ **1.** *Définitions générales*

(n. f.) Étym. : lat. médiéval *chimia*, de *alchemia*, arabe *al-kīmiyā*.
Science de la constitution et des transformations des corps.

◆ **2.** *Définitions particulières de philosophes*

COMTE

« [Nous définissons] la chimie comme ayant pour but général d'*étudier les lois des phénomènes de composition et de décomposition, qui résultent de l'action moléculaire et spécifique des diverses substances, naturelles ou artificielles, les unes sur les autres*. » (*Cours de philosophie positive*, Leçon 35, p. 571, Hermann.)

Choix

◆ **1.** *Définitions générales*

(n. m.) Étym. : gotique *kausjan*, éprouver, goûter.
Décision par laquelle la préférence est accordée à une chose : un parti est alors élu entre plusieurs.

◆ **2.** *Définitions particulières de philosophes*

ARISTOTE

« L'objet du choix étant, parmi les choses en notre pouvoir, un objet de désir sur lequel on a délibéré, le choix sera un désir délibératif des choses qui dépendent de nous. » (*Éthique à Nicomaque*, liv. 3, § 5, p. 137, Vrin.)

SARTRE

« Choix et conscience sont une seule et même chose. » (*L'Être et le Néant*, 4e partie, chap. 1, § 1, p. 517, Tel, Gallimard.)

Chose

Kant oppose, en une analyse morale fondamentale, la chose, dépourvue de conscience et simple moyen, à la personne, fin en soi et objet de respect.

◆ **1.** *Définitions générales*

(n. f.) Étym. : lat. *causa* ; dans le langage juridique, le terme latin *causa* s'est substitué à *res*, chose, de manière progressive, et a pris sa signification.
A. *Sens très général* : n'importe quel objet de pensée, tout ce qui peut être pensé.
B. *Autre sens général* : réalité objective indépendante de l'esprit et de la représentation (*Durkheim*).
C. *Dans la philosophie kantienne* : désigne, dans la morale de *Kant*, ce qui est dépourvu de

conscience et s'oppose à la personne, au sujet moral.

◆ **2.** *Définitions particulières de philosophes*

DESCARTES

Voir SUBSTANCE, p. 278.

KANT

(C) « Les êtres dont l'existence dépend, à vrai dire, non pas de notre volonté, mais de la nature, n'ont cependant, quand ce sont des êtres dépourvus de raison, qu'une valeur relative, celle de *moyens*, et voilà pourquoi on les nomme des *choses* ; au contraire, les êtres raisonnables sont appelés des *personnes*, parce que leur nature les désigne déjà comme des fins en soi, c'est-à-dire comme quelque chose qui ne peut pas être employé simplement comme moyen, quelque chose qui, par suite, limite d'autant toute faculté d'agir comme bon nous semble (et qui est un objet de respect). » (*Fondements de la métaphysique des mœurs*, 2e section, pp. 149, 150, Delagrave.)

DURKHEIM

(B) « Qu'est-ce en effet qu'une chose ? La chose s'oppose à l'idée comme ce qu'on connaît du dehors à ce que l'on connaît du dedans. Est chose tout objet de connaissance qui n'est pas naturellement compénétrable à l'intelligence [...] tout ce que l'esprit ne peut arriver à comprendre qu'à condition de sortir de lui-même, par voie d'observations et d'expérimentations. » (*Les Règles de la méthode sociologique*, p. XI, Alcan.)

◆ **3.** *Expressions et termes liés ou dérivés*

Chose en soi

Désigne, chez *Kant* en particulier, la réalité existant hors de la représentation, la réalité intelligible que l'esprit ne peut connaître.
Voir aussi NOUMÈNE, p. 194.

Chrématistique

◆ **1.** *Définitions générales*

(n. f.) Étym. : grec *chrèmatistikè* (sous-entendu *technè*), science de la richesse.
Chez *Aristote*, art d'acquérir sans limites des richesses.

◆ **2.** *Définitions particulières de philosophes*

ARISTOTE

« Il y a un [...] genre d'acquisition que l'on appelle spécialement, et à bon droit, la chrématistique, pour laquelle il semble n'y avoir nulle borne à la richesse et au patrimoine. » (*La Politique*, liv. 1, p. 53, Nathan.)

Cité

◆ **1.** *Définitions générales*

(n. f.) Étym. : lat. *civitas*, ensemble des citoyens.
Communauté organisée et maintenue par des lois : la cité forme un ensemble politique.

◆ **2.** *Définitions particulières de philosophes*

ARISTOTE

« Toute cité, nous le voyons, est une certaine communauté [...]. Quant à la communauté formée de plusieurs villages c'est la cité achevée, qui déjà atteint une sorte d'autarcie complète : sa genèse s'explique par les nécessités vitales, mais quand elle existe elle permet, en plus, une vie heureuse. C'est pourquoi toute cité est naturelle, comme le sont les premières communautés qui la constituent. » (*La Politique*, liv. 1, pp. 36, 39, Nathan.)

SPINOZA

« [La] Société maintenue par des lois et le pouvoir qu'elle a de se conserver, est appelée *Cité*, et ceux qui sont sous la protection de son droit, *Citoyens*. » (*Éthique*, 4e partie, Proposition 37, in *Œuvres de Spinoza*, t. 3, p. 256, Garnier-Flammarion.)

ROUSSEAU

Voir SOUVERAIN, p. 273.

Citoyen

◆ **1.** *Définitions générales*

(n. m.) Étym. : lat. *civis*, citoyen.
Individu membre du corps politique, jouissant de droits politiques et participant donc au pouvoir.

◆ **2.** *Définitions particulières de philosophes*

ARISTOTE

« Ce qui constitue [...] proprement le citoyen, sa qualité vraiment caractéristique, c'est le droit de suffrage dans les Assemblées et de participation à l'exercice de la puissance publique. » (*Politique d'Aristote*, liv. 2, p. 36, PUF.)

SPINOZA

« Nous appelons *citoyens* les hommes considérés comme jouissant de tous les avantages que procure la Cité en vertu du droit civil. » (*Traité politique*, chap. 3, § 1, p. 25, Garnier-Flammarion.)

ROUSSEAU

Voir SOUVERAIN, p. 273.

Civil

Voir CIVILISATION.

Civilisation

Le sens sociologique et moderne de ce terme (sens B) n'a pas réellement supplanté sa signification classique et morale.

◆ 1. *Définitions générales*

(n. f.) Étym. : lat. *civis*, citoyen.
A. *Sens abstrait ou moral* : le développement de l'esprit humain et la conquête spirituelle de l'homme par lui-même, par opposition aux énergies qui seraient purement animales ou "barbares". En ce sens, implique un jugement de valeur.
B. *Sens concret, sociologique* : l'ensemble des caractéristiques sociales, économiques, techniques, religieuses, etc., d'une société (ex. : la civilisation japonaise).

◆ 2. *Définitions particulières de philosophes*

KANT

(A) « Une certaine forme de culture [est appelée] *civilisation*. Elle exige des manières, de la politesse et une certaine prudence, qui fait qu'on peut user de tous les hommes pour ses fins essentielles. » (*Réflexions sur l'éducation*, p. 82, Vrin.)

COMTE

(A) « La civilisation consiste, à proprement parler, dans le développement de l'esprit humain, d'une part, et, de l'autre, dans le développement de l'action de l'homme sur la nature, qui en est la conséquence. En d'autres termes, les éléments dont se compose l'idée de civilisation sont : les sciences, les beaux-arts et l'industrie. » (*Plan des travaux nécessaires pour réorganiser la société*, in *Auguste Comte, textes*, p. 114, Bordas.)

FREUD

« Le terme de civilisation désigne la totalité des œuvres et organisations dont l'institution nous éloigne de l'état animal de nos ancêtres et qui servent à deux fins : la protection de l'homme contre la nature et la réglementation des relations des hommes entre eux. » (*Malaise dans la civilisation*, in *Revue française de psychanalyse*, janv. 1970, p. 32, PUF.)

LÉVI-STRAUSS

« La nature, c'est tout ce qui est en nous par hérédité biologique ; la culture, c'est au contraire, tout ce que nous tenons de la tradition externe et [...] enfin, la culture ou civilisation, c'est l'ensemble des coutumes, des croyances, des institutions telles que l'art, le droit, la religion, les techniques de la vie matérielle, en un mot, toutes les habitudes ou aptitudes apprises par l'homme en tant que membre d'une société. » (Georges Charbonnier, *Entretiens avec Claude Lévi-Strauss*, p. 180, Agora-Julliard.)

◆ 3. *Expressions et termes liés ou dérivés*

Civil

(adj.) Étym. : lat. *civilis*, qui concerne le citoyen.
Qui concerne le citoyen ou la société.

◆ 4. *Termes et expressions connexes*

Relation de voisinage
• Culture.
Relation de dépendance
• développement • histoire • mœurs • société • technique.
Relation d'opposition
• barbarie • nature.

Clair

◆ 1. *Définitions générales*

(adj.) Étym. : lat. *clarus*, clair, brillant, net, manifeste.
Manifeste et évident, sans équivoque.

◆ 2. *Définitions particulières de philosophes*

DESCARTES

« J'appelle claire [la connaissance] qui est présente et manifeste à un esprit attentif ; de même que nous disons voir clairement les objets lorsque étant présents ils agissent assez fort, et que nos yeux sont disposés à les regarder. » (*Les Principes de la philosophie*, 1re partie, § 45, in *Descartes, Œuvres, lettres*, p. 591, La Pléiade, Gallimard.)

LEIBNIZ

« Je dis [...] qu'une idée est *claire* lorsqu'elle suffit pour reconnaître la chose et pour la distinguer : comme lorsque j'ai une idée bien claire d'une couleur je ne prendrai pas une autre pour celle que je demande ; et si j'ai une idée claire d'une plante, je la discernerai parmi d'autres voisines : sans cela l'idée est *obscure*. » (*Nouveaux Essais sur l'entendement humain*, liv. 2, chap. 29, § 2, p. 197, Garnier-Flammarion.)

Clarté

◆ **1.** *Définitions générales*

(n. f.) Étym. : lat. *claritas*, clarté, éclat, netteté lumineuse.
Caractère de ce qui est clair.

◆ **2.** *Définitions particulières de philosophes*

KANT

« La conscience des représentations qui suffit pour *différencier* un objet d'un autre, c'est la *clarté*. Mais celle qui rend claire la *composition* des représentations, c'est la *distinction*. » (*Anthropologie du point de vue pragmatique*, 1re partie, p. 25, Vrin.)

◆ **3.** *Termes et expressions connexes*

Relation de voisinage
• distinction • netteté • précision.
Relation de dépendance
• connaissance • idée • lumière • simplicité.
Relation d'opposition
• confusion • obscurité • ombre.

Classe

◆ **1.** *Définitions générales*

(n. f.) Étym. : lat. *classis*, classe, flotte.
A. *Logique* : ensemble d'objets ayant des caractères communs déterminés. En logique moderne, la classe englobe le genre et l'espèce.
B. *Sociologie* : groupe d'individus caractérisés par une situation économique, politique, culturelle commune.

◆ **2.** *Définitions particulières de philosophes*

MARX

(B) « Qu'est-ce qui constitue une classe ? [...]. A première vue [...] l'identité de revenus et [les] sources [des] revenus : voici trois grands groupes sociaux (travailleurs salariés, capitalistes et propriétaires fonciers) dont les membres individuels vivent respectivement du salaire, du profit et de la rente. » (*Fragments* in *Œuvres*, *Economie* II, p. 1485, La Pléiade, Gallimard.)

◆ **3.** *Expressions et termes liés ou dérivés*

Lutte de classes

Antagonisme entre une classe dominante et une classe dominée, permettant de comprendre le déroulement historique. La lutte de classes représente, selon les marxistes, le moteur de l'évolution sociale.

Classification

(n. f.) Opération par laquelle on répartit des concepts ou des réalités en classes ordonnées et hiérarchisées.

Clinamen

◆ **1.** *Définitions générales*

(n. m.) Étym. : lat. *clinamen*, inclinaison, déviation ; *clinamen* est la traduction latine du mot grec *paregklisis*, inclinaison de côté, déclinaison des atomes.
Dans la philosophie d'*Épicure*, *de Lucrèce*, etc. : déviation spontanée des atomes, par laquelle ceux-ci, lorsqu'ils tombent dans le vide, s'écartent de la ligne droite. Ce mouvement spontané représenterait une liberté en quelque sorte « mécanique », permettant de comprendre la liberté humaine.

◆ **2.** *Définitions particulières de philosophes*

LUCRÈCE

« Dans la chute en ligne droite qui emporte les atomes à travers le vide, en vertu de leur poids propre, ceux-ci, à un moment indéterminé, en un endroit indéterminé, s'écartent tant soit peu de la verticale, juste assez pour qu'on puisse dire que leur mouvement se trouve modifié. Sans cette déclinaison, tous, comme des gouttes de pluie, tomberaient de haut en bas à travers les profondeurs du vide ; entre eux nulle collision n'aurait pu naître, nul choc se produire, et jamais la nature n'eût rien créé. » (*De la nature*, liv. 2, t. 1, p. 79, Budé, Belles Lettres.)

Clos

◆ **1.** *Définitions générales*

(adj.) Étym. : lat. *clausus*, fermé, clos.
A. Fermé.
B. *Philosophie bergsonienne* : synonyme de figé et de statique.

◆ **2.** *Expressions et termes liés ou dérivés*

Société close

BERGSON

« La société close est celle dont les membres se tiennent entre eux, indifférents au reste des hommes, toujours prêts à attaquer ou à se défendre, astreints enfin à une attitude de combat. Telle est la société humaine quand elle sort des mains de la nature. » (*Les Deux Sources de la morale et de la religion*, p. 287, PUF.)

Cœur

◆ 1. *Définitions générales*

(n. m.) Étym. : lat. *cor*, viscère, ensuite siège du sentiment.
A. *Philosophie, psychologie* : vie affective ; affectivité (comme source de connaissance).
B. Chez Pascal : *intuition*, faculté intuitive, connaissance directe, par opposition au raisonnement et à la raison.

◆ 2. *Définitions particulières de philosophes*

PASCAL
(B) « Nous connaissons la vérité, non seulement par la raison, mais encore par le cœur ; c'est de cette dernière sorte que nous connaissons les premiers principes [...]. Car la connaissance des premiers principes, comme qu'il y a espace, temps, mouvement, nombre, [est] aussi ferme qu'aucune de celles que nos raisonnements nous donnent. » (*Pensées et Opuscules*, Pensée 282, p. 459, Hachette.)

HEGEL
(A) « Mais il y a aussi, en second lieu, une expérience *intérieure* de ce qui est juste, bon, religieux. Par notre *cœur* ou *sentiment*, nous jugeons que tel mode de conduite a quelque chose de bon ou de méchant ; nous avons aussi un sentiment concernant la religion. » (*Propédeutique philosophique*, Introduction, § 2, p. 21, Éditions de Minuit.)

COMTE
« L'humanité est autant caractérisée par l'énergie que par la tendresse, comme l'atteste familièrement l'heureuse ambiguïté du mot *cœur*. » (*Système de politique positive*, t. 1, p. 266, Librairie Mathieu, 1851.)

◆ 3. *Termes et expressions connexes*

— Pour *cœur* au sens A :
Relation de voisinage
• intuition.
Relation de dépendance
• connaissance • esprit • instinct • premiers principes.
Relation d'opposition
• raison • raisonnement discursif.

— Pour *cœur* au sens B :
Relation de voisinage
• affectivité • courage • sensibilité • sentiment.
Relation de dépendance
• vie affective.
Relation d'opposition
• raison.

Cogito

Chez Descartes, le *cogito* désigne la première vérité résistant, grâce à son évidence, au doute méthodique.

◆ 1. *Définitions générales*

(n. m.) Étym. : lat. *cogito*, de *cogitare*, penser, se représenter par l'esprit.
A. Littéralement : je pense.
B. Cette expression désigne, en abrégé, le « Je pense, je suis » de Descartes.
C. Synonyme de la conscience de soi-même du sujet pensant.

◆ 2. *Définitions particulières de philosophes*

DESCARTES
(B) « Et remarquant que cette vérité : *Je pense, donc je suis*, était si ferme et si assurée que toutes les plus extravagantes suppositions des sceptiques n'étaient pas capables de l'ébranler, je jugeai que je pouvais la recevoir sans scrupule pour le premier principe de la philosophie que je cherchais. » (*Discours de la méthode*, 4e partie, in *Descartes, Œuvres, lettres*, p. 147, La Pléiade, Gallimard.)

◆ 3. *Termes et expressions connexes*

Relation de voisinage
• conscience • je pense • pensée • présence à soi • réflexion.
Relation de dépendance
• certitude • doute • évidence • existence • intuition • vérité.
Relation d'opposition
• inconscience.

Collectif

◆ 1. *Définitions générales*

(n. m.-adj.) Étym. : lat. *colligere*, réunir.
A. *Logique* : se dit d'un terme désignant une pluralité d'individus envisagés en tant qu'ils forment un tout (ex. : l'Institut).
B. *Sociologie* : qui concerne un groupe, un ensemble de personnes.

◆ 2. *Expressions et termes liés ou dérivés*

Conscience collective

DURKHEIM
« En s'agrégeant, en se pénétrant, en se fusionnant, les âmes individuelles donnent naissance à un être, psychique si l'on veut, mais qui constitue une individualité psychique d'un genre nouveau. Voilà dans quel sens et pour quelles raisons on peut et

on doit parler d'une conscience collective distincte des consciences individuelles. » (*Les Règles de la méthode sociologique*, p. 127, Alcan.)

Psychologie collective

Psychologie des groupes humains.

Collectivisme

(n. m.) Régime économique ou doctrine préconisant l'appropriation, par la collectivité, des instruments de production.

Collectivité

(n. f.) Ensemble d'individus entre lesquels existent des rapports organisés ; ils sont groupés pour atteindre un but commun.

Combat

◆ **1.** *Définitions générales*

(n. m.) Étym. : lat. *cum*, avec et *battuere*, battre, frapper, faire des armes.

A. Affrontement d'adversaires généralement armés.

B. Fait de se battre et de lutter ; lutte, opposition.

◆ **2.** *Définitions particulières de philosophes*

HÉRACLITE

« Le combat est père et roi de tout. Les uns, il les produit comme des dieux, et les autres comme des hommes. Il rend les uns esclaves, les autres libres. » (*Fragment 60*, cité in Battistini, *Trois Présocratiques*, p. 38, Idées, Gallimard.)

◆ **3.** *Termes et expressions connexes*

Relation de voisinage

• conflit • lutte • opposition.

Relation de dépendance

• autrui • histoire • société • vie.

Relation d'opposition

• accord • paix • unité.

Commun

(adj.) Étym. : lat. *communis*, partagé entre tous.

Qui appartient à plusieurs, au grand nombre. Voir NOTION COMMUNE, p. 194.

Communauté

◆ **1.** *Définitions générales*

(n. f.) Étym. : lat. *communitas*, communauté.

A. Groupe social dont les membres ont des intérêts communs et forment une unité, un « nous » (ex. : la communauté familiale).

B. Caractère de ce qui est commun.

C. *Chez Kant* : la communauté est l'une des catégories de l'entendement. Elle exprime l'action réciproque entre l'agent et le patient et fonde le principe de communauté.

◆ **2.** *Expressions et termes liés ou dérivés*

Principe de communauté

KANT

« Toutes les substances en tant que simultanées sont dans une communauté universelle (c'est-à-dire dans un état d'action réciproque). » (*Critique de la raison pure*, « Analytique transcendantale », p. 195, PUF.)

Communication

Ce terme tient une grande place dans *la réflexion contemporaine*, en philosophie, linguistique, psychologie, psychologie animale et sociologie : il désigne cet échange de signes ou de messages qui s'opère de personne à personne, d'individu à individu ou de groupe à groupe.

◆ **1.** *Définitions générales*

(n. f.) Étym. : lat. *communicare*, mettre en commun.

Établissement de relations et transmission d'informations ou échange de signes entre individus ou groupes, échange pouvant s'effectuer par le langage.

◆ **2.** *Définitions particulières de philosophes*

DUBOIS-CHARLIER

« La communication est le fait qu'une information (un message) est transmise d'un point à un autre. Tous les systèmes de communication supposent au moins un *émetteur* qui envoie, un *canal* qui conduit, un *récepteur* qui reçoit, et un *message* qui est formulé dans un certain *code*. » (*Comment s'initier à la linguistique*, p. 12, Larousse.)

ALAIN

« L'objet premier [de l'enfant] n'est pas de signifier quelque chose, mais d'abord de produire un signe. Oui, d'abord cette chose admirable, un signe ; ce qui est obtenu lorsqu'on reçoit en réponse le même signe. Voilà ce que c'est premièrement que communiquer. On parle, on est compris ; ensuite peut-être on saura ce qu'on dit. » (*Vingt Leçons sur les beaux-arts*, in Alain, *Les Arts et les Dieux*, p. 499, La Pléiade, Gallimard.)

◆ **3.** *Expressions et termes liés ou dérivés*

Communication des consciences

Acte par lequel les sujets et les consciences communiquent et sympathisent entre eux, transcendant leur intériorité pour atteindre autrui.

◆ **4.** *Termes et expressions connexes*

Relation de voisinage
• circulation • correspondance • liaison • rapport • relation.
Relation de dépendance
• autre • autrui • code • discours • échanges • langage • sens • signes • société.
Relation d'opposition
• isolement • séparation • solitude.

Communisme

◆ **1.** *Définitions générales*

Doctrine politique préconisant la propriété collective des moyens de production ou la mise en commun des biens.

◆ **2.** *Définitions particulières de philosophes*

MARX

« Le communisme, abolition *positive de la propriété privée* (elle-même *aliénation humaine de soi*), et par conséquent appropriation réelle de l'essence *humaine* par l'homme et pour l'homme. » (*Manuscrits de 1844*, p. 87, Éditions sociales.)

Comparaison

(n. f.) Étym. : lat. *comparatio*, action de comparer.
Opération par laquelle on dégage les ressemblances ou différences d'objets ou de notions.

Complexe

◆ **1.** *Définitions générales*

(n. m.-adj.) Étym. : lat. *complexus*, part. passé de *complecti*, embrasser.
A. *Nom* : en *psychanalyse*, désigne un ensemble organisé de représentations, d'idées, de souvenirs, à forte charge affective, partiellement ou totalement inconscients.
B. *Adjectif* : réunissant plusieurs éléments différents avec une structure et des relations qui en rendent la compréhension difficile.

◆ **2.** *Définitions particulières de philosophes*

FREUD

(A) « Appelons *complexe* tout groupe d'éléments représentatifs liés ensemble et chargés d'*affect*. » (*Cinq Leçons sur la psychanalyse*, Leçon 3, p. 36, Petite Bibliothèque Payot.)

◆ **3.** *Expressions et termes liés ou dérivés*

Complexe d'Œdipe

Psychanalyse : ensemble de désirs — simultanément amoureux et hostiles — éprouvés par l'enfant à l'égard de ses parents. Cet attachement érotique au parent de sexe opposé jouerait, selon Freud, un rôle essentiel dans la formation de la personnalité.

FREUD

« Les désirs sexuels à l'égard de la mère [se renforçant] et l'enfant [s'apercevant] que le père constitue un obstacle à la réalisation de ces désirs, on [voit] naître le complexe d'Œdipe. L'identification avec le père revêt alors un caractère d'hostilité, engendre le désir d'éliminer le père et de le remplacer auprès de la mère [...]. Cette ambivalence à l'égard du père et le penchant tout de tendresse qu'il éprouve pour l'objet libidineux que représente pour lui la mère forment pour le petit garçon les éléments du complexe d'Œdipe simple et positif. » (*Essais de psychanalyse*, « Le Moi et le Soi », p. 186, Payot.)

Comportement

◆ **1.** *Définitions générales*

(n. m.) Ensemble des réactions aux stimuli, en tant qu'elles sont accessibles à l'observation extérieure (ce terme de *comportement* est utilisé pour traduire le mot anglais *Behaviour*, voir BEHAVIORISME, p. 33).

◆ **2.** *Définitions particulières de philosophes*

NAVILLE

« Nous pouvons observer le *comportement*, c'est-à-dire *ce que l'organisme fait et dit* [...]. Le comportement des êtres humains peut toujours se décrire en termes de "stimulus et réponses". » (*La Psychologie, science du comportement*, p. 16, Gallimard.)

◆ **3.** *Expressions et termes liés ou dérivés*

Psychologie du comportement

Psychologie s'appuyant essentiellement sur l'observation externe et s'interdisant tout recours à l'introspection.

Compréhension

◆ 1. *Définitions générales*

(n. f.) Étym. : lat. *comprehensio*, action de saisir ensemble.

A. Action ou faculté d'embrasser par la pensée, d'appréhender, dans un ensemble, des idées, notions, phénomènes... et ce en les assimilant. Le terme de compréhension peut désigner également, dans le langage courant, l'attitude, comportant une dimension affective, par laquelle on se met à la place d'autrui.

B. *Logique* : ensemble des caractères faisant partie d'un concept ou d'un terme (par ex. : l'égalité des côtés, des angles, etc., appartient à la compréhension du triangle équilatéral). Le terme de compréhension est, en logique, corrélatif de celui d'extension.

C. *Philosophie du XXe siècle* : mode de connaissance procédant par intuition et de manière synthétique, comme saisie d'une signification (alors que l'explication s'attache aux liens objectifs de cause à effet).

◆ 2. *Définitions particulières de philosophes*

ARNAULD et NICOLE

(B) « J'appelle *compréhension* de l'idée, les attributs qu'elle enferme en soi, et qu'on ne peut lui ôter sans la détruire ; comme la compréhension de l'idée du triangle enferme extension, figure, trois lignes, trois angles, et l'égalité de ces trois angles à deux droits, etc. » (*La Logique ou l'Art de penser*, p. 87, Champs, Flammarion.)

DILTHEY

(C) « Nous appelons *compréhension* le processus par lequel nous connaissons un "intérieur" à l'aide de signes perçus de l'extérieur par nos sens [...], le processus par lequel nous connaissons quelque chose de psychique à l'aide de signes sensibles qui en sont la manifestation. » (*Le Monde de l'esprit*, t. 1, p. 320, Aubier.)

ARON

(C) « Nous parlons de compréhension lorsque la connaissance dégage une signification qui, immanente au réel, a été ou aurait pu être pensée par ceux qui l'ont vécue ou réalisée. » (*Introduction à la philosophie de l'histoire*, p. 51, Gallimard.)

SARTRE

(C) « Pour saisir le sens d'une conduite humaine, il faut disposer de ce que les psychiatres et les historiens allemands ont nommé "compréhension". Mais il ne s'agit là ni d'un don particulier, ni d'une faculté spéciale d'intuition : cette connaissance est simplement le mouvement dialectique qui explique l'acte par sa signification terminale à partir de ses conditions de départ. » (*Critique de la raison dialectique*, t. 1, p. 96, Gallimard.)

◆ 3. *Termes et expressions connexes*

— Pour *compréhension* au sens B :

Relation de voisinage

• connotation.

Relation de dépendance

• concept • définition.

Relation d'opposition

• extension.

— Pour *compréhension* au sens C :

Relation de voisinage

• empathie • sympathie.

Relation de dépendance

• connaissance • intuition.

Relation d'opposition

• explication • incompréhension.

Comprendre

◆ 1. *Définitions générales*

(v.) Étym. : lat. *comprehendere*, saisir avec, ensemble.

A. Saisir intellectuellement.

B. Connaître selon un mode intuitif et synthétique.

◆ 2. *Définitions particulières de philosophes*

JASPERS

(B) « Pour éviter des malentendus et des obscurités, nous réservons le terme *comprendre* [...] à la connaissance obtenue par interpénétration psychologique [...]. La découverte d'un lien objectif de cause à effet, constaté du dehors (par les méthodes des sciences naturelles) n'est jamais appelée *compréhension*, mais toujours *explication*. » (*Psychopathologie générale*, p. 25, Alcan.)

ULLMO

(A) « Aujourd'hui, *comprendre, c'est être capable de refaire* ; un concept est compris lorsqu'on en possède une définition opératoire ; un phénomène est compris lorsqu'on est capable de le reproduire, au moins virtuellement, et donc de le prévoir, *comprendre, c'est pouvoir*. » (*La Pensée scientifique moderne*, p. 228, Flammarion.)

GRANGER

(B) « *Comprendre*, c'est-à-dire reproduire intuitivement un sentiment, une appréciation, une émotion [...]. Je comprends le contenu [d'une] proposition, je l'admets comme un fait vécu. » (*La Raison*, p. 82, PUF.)

Conatus

◆ **1.** *Définitions générales*

(n. m.) Étym. : lat. *conatus*, effort, entreprise, poussée instinctive.
Chez *Spinoza* : effort par lequel on persévère dans son être.

◆ **2.** *Définitions particulières de philosophes*

SPINOZA

« Chaque chose, autant qu'il est en elle, s'efforce [conatur] de persévérer dans son être » (*Éthique*, 3e partie, Proposition 6, in *Œuvres de Spinoza*, t. 3, p. 142, Garnier-Flammarion.)

LEIBNIZ

Voir VOLITION, p. 311.

Concept

A l'époque moderne, Kant (cf. *concept pur*) et Hegel ont particulièrement souligné le rôle du concept, instrument privilégié de la connaissance. La rigueur du concept est indispensable à la philosophie et à la science.

◆ **1.** *Définitions générales*

(n. m.) Étym. : lat. *conceptus*, action de contenir, conception, pensée.
Représentation générale et abstraite (ex. : le concept de cercle, de vertu, de justice...) possédant une *extension* (ensemble des objets que cette représentation peut désigner) et une *compréhension* (ensemble des caractères constituant la définition de cette représentation).

◆ **2.** *Définitions particulières de philosophes*

HEGEL

« Le *concept* est la totalité des déterminations, rassemblées en leur simple unité. » (*Propédeutique philosophique*, « Encyclopédie philosophique », § 54, p. 176, Éditions de Minuit.)
Voir aussi SCIENCE, p. 259.

BERGSON

« Des concepts, c'est-à-dire [...] des idées abstraites, ou générales, ou simples. » (*La Pensée et le Mouvant*, p. 185, PUF.)

◆ **3.** *Expressions et termes liés ou dérivés*

Concept pur

Désigne, chez *Kant*, une catégorie a priori de l'entendement (ex. : causalité).

KANT

« Un concept *pur* est celui qui n'est pas tiré de l'expérience, mais qui provient de l'entendement, *même dans son contenu*. » (*Logique*, « Doctrine générale des éléments », p. 100, Vrin.)
Voir aussi CATÉGORIE, p. 39.

Concept inférieur, supérieur

KANT

« Les concepts sont dits *supérieurs* s'ils ont sous eux d'autres concepts, qui par rapport à eux sont des concepts *inférieurs*. » (*Logique*, « Doctrine générale des éléments », p. 105, PUF.)

◆ **4.** *Termes et expressions connexes*

Relation de voisinage

• catégorie • idée (générale) • notion • représentation.

Relation de dépendance

• abstraction • connaissance • langage • logique • jugement • raisonnement • signifié • science • théorie.

Relation d'opposition

• sensation • sensible • vécu.

Conception

(n. f.) Étym. : lat. *conceptio*, action de contenir, conception.
A. *Philosophie classique* (*Descartes*) : par opposition à l'imagination, intellection, c'est-à-dire opération intellectuelle, se rapportant à l'entendement.
B. *Psychologie* : opération par laquelle l'esprit forme un concept.
C. *Psychologie* : première phase de l'acte volontaire (conception du but). Voir VOLONTAIRE (ACTE), p. 311.

Concevoir

◆ **1.** *Définitions générales*

(v.) Étym. : lat. *concipere*, recevoir dans sa pensée, concevoir.
Comprendre ; se représenter ; former un concept.

◆ **2.** *Définitions particulières de philosophes*

ARNAULD et NICOLE

« On appelle *concevoir* la simple vue que nous avons des choses qui se présentent à notre esprit ; comme lorsque nous nous représentons un soleil, une terre, un arbre, un rond, un quarré, la pensée, l'être, sans en former aucun jugement exprès. » (*La Logique ou l'Art de penser*, p. 59, Champs, Flammarion.)

Conclusion

◆ **1.** *Définitions générales*

(n. f.) Étym. : lat. *conclusio*, action de fermer, achèvement, fin, conclusion.

A. *Sens général* : proposition achevant un raisonnement et représentant l'aboutissement d'un processus déductif.

B. *Logique formelle* : troisième proposition d'un syllogisme, les deux premières constituant les prémisses.

◆ **2.** *Définitions particulières de philosophes*

HEGEL

(B) « La relation est immédiate entre chacun des termes extrêmes du syllogisme et le moyen terme, mais la relation qui les lie entre eux est médiatisée par le moyen terme. Les deux relations immédiates sont les jugements qu'on nomme *prémisses* ; la relation médiatisée est appelée *conclusion*. » (*Propédeutique philosophique*, « Doctrine du concept », § 40, p. 149, Éditions de Minuit.)

Concret

◆ **1.** *Définitions générales*

(n. m.-adj.) Étym. : lat. *concretus*, condensé, compact, part. passé et adjectif de *concrescere*, croître ensemble.

A. *Adjectif* : considéré tel que l'expérience, interne ou externe, nous le fournit.

B. *Nom* : la réalité singulière et vécue, le vécu, l'existence dans son immédiateté.

◆ **2.** *Définitions particulières de philosophes*

ARISTOTE

Voir FORME, p. 113.

HEGEL

(A) « C'est par leur *détermination* que les objets sont la réalité particulière qu'ils sont : un objet sensible n'est tel, par exemple, que par sa forme, sa grandeur, son poids [...]. Conservé dans la plénitude de ses déterminations, l'objet est dit *concret*. » (*Propédeutique philosophique*, Introduction, § 1, p. 19, Éditions de Minuit.)

◆ **3.** *Termes et expressions connexes*

— Pour *concret* adjectif :

Relation de voisinage

• palpable • positif • réel.

Relation de dépendance

• concept • expérience.

Relation d'opposition

• abstrait.

Condensation

◆ **1.** *Définitions générales*

(n. f.) Étym. : lat. *condensare*, rendre compact. *Psychanalyse* : processus par lequel, dans les formations inconscientes et, en particulier dans le rêve, plusieurs éléments ou représentations se rassemblent dans une représentation unique où s'additionnent les énergies correspondantes.

◆ **2.** *Définitions particulières de philosophes*

FREUD

« Ce qui frappe tout d'abord [dans le rêve] c'est une tendance à *condenser*, c'est-à-dire à relier des éléments qui à l'état de veille resteraient certainement séparés. » (*Abrégé de psychanalyse*, chap. 5, p. 31, PUF.)

Condition

◆ **1.** *Définitions générales*

(n. f.) Étym. : lat. *condicio*, condition, situation, état.

A. *Épistémologie, philosophie* : circonstance sans laquelle la chose ou le phénomène ne se produiraient pas. A bien distinguer de la cause (ex. : la liberté est une condition du développement de l'esprit, mais n'en est point la cause).

B. *Philosophie* : situation (de l'homme).

Voir INCONDITIONNÉ, p. 138.

◆ **2.** *Expressions et termes liés ou dérivés*

Condition de l'homme

Cette expression désigne, dans la pensée contemporaine et, tout particulièrement, dans l'existentialisme, la situation commune à tous les hommes (mort, travail...). Bien que nous ne possédions pas une essence universelle, néanmoins une universalité de condition est notre lot. Notre situation se donne à nous à la fois comme *singulière* et *universelle*.

SARTRE

« S'il est impossible de trouver en chaque homme une essence universelle qui serait la nature humaine, il existe pourtant une universalité humaine de *condition*. Ce n'est pas par hasard que les penseurs d'aujourd'hui parlent plus volontiers de la condition de l'homme que de sa nature. Par condition ils entendent avec plus ou moins de clarté l'ensemble des *limites* a priori qui esquissent sa situation fondamentale dans l'univers [...]. Ce qui ne varie pas, c'est la nécessité pour lui [l'homme] d'être dans le monde, d'y être au travail, d'y être au milieu des autres et d'y être mortel. » (*L'Existentialisme est un humanisme*, pp. 67, 68, Nagel.)

Conditionnement

(n. m.)
A. *Chez Pavlov* : opération consistant en un montage de réflexes conditionnés, c'est-à-dire provoqués, en l'absence de l'excitant normal, par un excitant qui lui a été préalablement associé. On substitue des réflexes appris à des réflexes naturels.
B. *Par généralisation* : toutes les techniques de persuasion ou de dressage (utilisant les réflexes conditionnés).

Conduite

(n. f.) Étym. : lat. *conducere*, mener ensemble.
A. *Sens général* : manière de se comporter, envisagée parfois sous un angle moral (« une bonne conduite »).
B. *Psychologie* : actions par lesquelles un homme s'adapte aux situations et au milieu.

Conflit

(n. m.) Étym. : lat. *confligere*, heurter.
Opposition ou antagonisme violent (de nature diverse : politique, morale, etc.).
Voir COMBAT, p. 48.

Confus

◆ **1.** *Définitions générales*

(adj.) Étym. : lat. *confusus*, sans ordre.
Indistinct, imprécis, brouillé.

◆ **2.** *Définitions particulières de philosophes*

LEIBNIZ

« Quand je puis reconnaître une chose parmi les autres, sans pouvoir dire en quoi consistent ses différences ou propriétés, la connaissance est confuse. » (*Discours de métaphysique*, § 24, p. 69, Vrin.)
Voir aussi DISTINCT, p. 76.

Conjecture

(n. f.) Étym. : lat. *conjectura*, conjecture.
Supposition fondée sur des probabilités faibles.

Connaissance

◆ **1.** *Définitions générales*

(n. f.) Étym. : lat. *cognito*, action d'apprendre à connaître.
A. Acte par lequel l'esprit ou la pensée saisissent l'objet ou se le rendent présent, en s'efforçant d'en former une représentation exprimant parfaitement cet objet.
B. Résultat de l'acte de connaître.

◆ **2.** *Définitions particulières de philosophes*

HUME

« Par connaissance, j'entends la certitude qui naît d'une comparaison d'idées. » (*Traité de la nature humaine*, p. 205, Aubier.)

KANT

« En toute connaissance, il faut distinguer la *matière*, c'est-à-dire l'objet, et la *forme*, c'est-à-dire la manière dont nous connaissons l'objet. » (*Logique*, Introduction V, p. 35, Vrin.)

HEGEL

(A) « La connaissance est la relation entre le concept et la réalité effective. » (*Propédeutique philosophique*, « Doctrine du concept », § 71, p. 158, Éditions de Minuit.)
(B) « La connaissance est la représentation d'un objet selon ses déterminations présentes, telles qu'elles sont saisies dans l'unité de son concept, et telles qu'elles en résultent. » (*Propédeutique philosophique*, « Encyclopédie philosophique », § 94, p. 187, Éditions de Minuit.)
(A) « La connaissance [est] la transformation de [...] [l'] *en-soi* en *pour-soi*, de la *substance* en *sujet*, de l'*objet de la conscience* en *objet de la conscience de soi*. » (*La Phénoménologie de l'esprit*, « Le Savoir absolu » II, t. 2, pp. 305, 306, Aubier.)
Voir aussi SYNTHÈSE, p. 283.

◆ **3.** *Expressions et termes liés ou dérivés*

Connaissance scientifique

ARISTOTE

Voir SCIENCE, p. 259.

Théorie de la connaissance

Partie de la philosophie étudiant les rapports existant entre le sujet connaissant et l'objet connu, ainsi que les problèmes soulevés par ces rapports.

◆ **4.** *Termes et expressions connexes*

Relation de voisinage
• savoir • science.
Relation de dépendance
• adéquation • compréhension
• conscience • discours • entendement

• expérience • idée • intuition • méthode • objet • sujet.
Relation d'opposition
• ignorance • inconnu.

Connaître

◆ 1. *Définitions générales*

(v.) Étym. : lat. *cognoscere*, apprendre à connaître, chercher à savoir.
A. Pénétrer ou saisir directement un objet par la pensée.
B. Se former une représentation adéquate d'un objet.

◆ 2. *Définitions particulières de philosophes*

SPINOZA
« Le Connaître est une pure passion, c'est-à-dire une perception dans l'âme de l'essence et de l'existence des choses. » (*Court Traité*, chap. 16, p. 149, Garnier.)
Voir aussi IDÉE, p. 130.

NIETZSCHE
« Connaître, c'est comprendre toute chose au mieux de nos intérêts. » (*La Volonté de puissance*, trad. Bianquis, liv. 2, t. 1, § 122, p. 236, Gallimard.)

BERGSON
« Connaître une réalité, c'est, au sens usuel du mot "connaître", prendre des concepts déjà faits, les doser, et les combiner ensemble jusqu'à ce qu'on obtienne un équivalent pratique du réel. » (*La Pensée et le Mouvant*, p. 198, PUF.)

SARTRE
« Connaître, c'est "s'éclater vers", s'arracher à la moite intimité gastrique pour filer, là-bas, par-delà soi, vers ce qui n'est pas soi, là-bas, près de l'arbre et cependant hors de lui, car il m'échappe et me repousse et je ne peux pas plus me perdre en lui qu'il ne se peut diluer en moi : hors de lui, hors de moi. » (*Situations* I, p. 32, Gallimard.)

Conscience

C'est au *XVIIe siècle*, avec *Descartes*, que la conscience (de soi) est posée comme la terre natale de la vérité : comme certitude résistant au doute. Tout un courant de réflexion moderne (*Sartre*, etc.) hérite de cette problématique cartésienne.

◆ 1. *Définitions générales*

(n. f.) Étym. : lat. *conscientia*, connaissance partagée avec un autre.
A. *Sens psychologique, intellectuel* : connaissance, intuition ou sentiment (plus ou moins clair, plus ou moins net) qu'un sujet possède de lui-même, de ses états et de ses actes.
B. *Sens moral* : capacité de porter ou de formuler des appréciations morales, des jugements éthiques sur le bien et le mal.

◆ 2. *Définitions particulières de philosophes*

SAINT THOMAS
(A) « La conscience, à proprement parler, n'est pas puissance mais acte [...]. [Elle] implique [...] la relation du savoir avec autre chose. Or l'application du savoir à une chose s'accomplit par un acte. » (*Somme théologique*, in J. Rassam, *Saint Thomas, l'être et l'esprit*, p. 110, PUF.)

DESCARTES
(A) « Ma propre pensée ou conscience. » (*Lettre au* P. *Gibieuf, 19 janvier 1642*, in *Descartes, Œuvres, lettres*, p. 1140, La Pléiade, Gallimard.)

ROUSSEAU
(B) « Conscience ! conscience ! instinct divin, immortelle et céleste voix ; guide assuré d'un être ignorant et borné, mais intelligent et libre ; juge infaillible du bien et du mal, qui rends l'homme semblable à Dieu, c'est toi qui fais l'excellence de sa nature et la moralité de ses actions. » (*Émile ou De l'éducation*, liv. 4, p. 354, Garnier.)

KANT
(A) « A proprement parler, la conscience c'est une représentation qu'une autre représentation est en moi. » (*Logique*, Introduction V, p. 35, Vrin.)
(B) « La conscience est la raison pratique représentant à l'homme son devoir pour l'acquitter ou le condamner en chacun des cas où s'applique la loi. » (*Métaphysique des mœurs*, « Doctrine de la vertu », Introduction XII, p. 72, Vrin.)

HEGEL
(A) « La conscience, absolument parlant, est la relation du Je à un objet, soit intérieur, soit extérieur. » (*Propédeutique philosophique*, « Introduction », § 2, p. 15, Éditions de Minuit.)
(A) « L'homme est un être doué de conscience et qui pense, c'est-à-dire que, de ce qu'il est, quelle que soit sa façon d'être, il fait un être pour soi. » (*Esthétique*, p. 21, PUF.)

NIETZSCHE
(B) « *La conscience morale* est le sentiment grâce auquel nous rendons compte de la *hiérarchie* de nos instincts. » (*La Volonté de puissance*, trad. Bianquis, liv. 3, t. 2, § 448, p. 139, Gallimard.)

BERGSON
(A) « La conscience est la lumière immanente à la zone d'actions possibles ou d'activité

virtuelle qui entoure l'action effectivement accomplie par l'être vivant. Elle signifie hésitation ou choix. » (L'*Évolution créatrice*, p. 145, PUF.)
(A) « La conscience correspond exactement à la puissance de choix dont l'être vivant dispose ; elle est coextensive à la frange d'action possible qui entoure l'action réelle : conscience est synonyme d'invention et de liberté. » (L'*Évolution créatrice*, p. 264, PUF.)
(A) « Qu'est-ce que la conscience ? [...] sans donner de la conscience une définition qui serait moins claire qu'elle, je puis la caractériser par son trait le plus apparent : conscience signifie d'abord mémoire [...]. Mais toute conscience est [...] [aussi] anticipation de l'avenir. » (L'*Énergie spirituelle*, p. 5, Quadrige, PUF.)

ALAIN

« CONSCIENCE. C'est le savoir revenant sur lui-même et prenant pour centre la personne humaine elle-même, qui se met en demeure de décider et de se juger. » (*Définitions*, in *Alain, les Arts et les Dieux*, p. 1045, La Pléiade, Gallimard.)

SARTRE

(A) « *La conscience est un être pour lequel il est dans son être question de son être en tant que cet être implique un être autre que lui.* » (L'*Être et le Néant*, Introduction V, p. 29, Tel, Gallimard.)
(A) « Elle [la conscience] n'est rien que le dehors d'elle-même et c'est cette fuite absolue, ce refus d'être substance qui la constituent comme une conscience. » (*Situations* I, p. 33, Gallimard.)

◆ **3.** *Expressions et termes liés ou dérivés*

Conscience réfléchie

Retour sur lui-même du sujet : le moi se distingue alors de ses états.

Conscience spontanée

Intuition immédiate qu'a le sujet de ses états psychiques. Il s'agit de la conscience accompagnant tout état du sujet.

Champ de conscience

Contenu de la conscience à un moment donné ; ensemble des phénomènes psychiques actuellement conscients.

◆ **4.** *Termes et expressions connexes*

— Pour *conscience* au sens A :

Relation de voisinage

• cogito • esprit • moi • pensée • sujet.

Relation de dépendance

• autrui • connaissance • intentionnalité • mémoire • réflexion • souci (Heidegger) • temps.

Relation d'opposition

• inconscience • inconscient.

Conscient

(n. m.-adj.) Étym. : lat. *conscius*, conscient de.

◆ **1.** *Définitions générales*

A. *Adjectif* : doué de conscience (à propos d'un sujet) ; dont on a conscience (à propos d'un état).
B. *Nom* : ensemble des phénomènes psychiques dont le sujet a conscience.
Voir INCONSCIENT, p. 138, PRÉCONSCIENT, p. 223, SUBCONSCIENT, p. 277.

◆ **2.** *Définitions particulières de philosophes*

FREUD

« Appelons [...] "consciente" la représentation qui est présente à notre conscience et que nous percevons comme telle et posons que c'est là le seul sens du terme "conscient". » (*Métapsychologie*, « Note sur l'inconscient », p. 175, Folio Essais, Gallimard.)

Constitution

◆ **1.** *Définitions générales*

(n. f.) Étym. : lat., *constitutio*, arrangement, disposition légale, constitution, institution.
A. *Politique* : lois et textes fondamentaux déterminant la forme du gouvernement d'un État.
B. *Psychophysiologie* : proche de tempérament ; ensemble des caractères psychologiques et somatiques d'un individu en tant qu'ils sont hérités et transmissibles.

◆ **2.** *Définitions particulières de philosophes*

HEGEL

(A) « La *Constitution* fixe la séparation entre les divers pouvoirs et la relation qui les lie, ainsi que la sphère d'action de chacun d'eux, plus particulièrement les droits des individus par rapport à l'État et la part de collaboration qui doit leur revenir, non seulement dans le choix des gouvernements, mais aussi dans la mesure où ils sont citoyens, absolument parlant. » (*Propédeutique philosophique*, « Encyclopédie philosophique », § 199, p. 219, Éditions de Minuit.)

Contemplation

◆ **1.** *Définitions générales*

(n. f.) Étym. : lat. *contemplatio*, action de regarder attentivement, contemplation.
Métaphysique, spiritualité : méditation où l'âme

considère un objet — il peut s'agir de Dieu, de la vérité... — et s'absorbe en lui. Elle est alors étrangère à toute idée d'action et à toute finalité pratique.

◆ **2.** *Définitions particulières de philosophes*

LEIBNIZ

« L'attention continuant dans l'esprit, soit que l'objet externe continue ou non, et même soit qu'il s'y trouve ou non, c'est considération ; laquelle tendant à la connaissance sans rapport à l'action, sera contemplation. » (*Nouveaux Essais sur l'entendement humain*, liv. 2, chap. 19, § 1, p. 127, Garnier-Flammarion.)

Contingence

◆ **1.** *Définitions générales*

(n. f.) Étym. : lat. *contingentia*, contingence, hasard.
Désigne le caractère de ce qui n'est pas nécessaire et n'a pas en soi sa raison d'être.

◆ **2.** *Définitions particulières de philosophes*

SARTRE

« L'essentiel, c'est la contingence. Je veux dire que, par définition, l'existence n'est pas la nécessité [...] aucun être nécessaire ne peut expliquer l'existence : la contingence n'est pas un faux semblant, une apparence qu'on peut dissiper ; c'est l'absolu, par conséquent la gratuité parfaite. » (*La Nausée*, p. 181, Gallimard.)

Contingent

◆ **1.** *Définitions générales*

(adj.) Désigne tout ce qui peut être conçu comme pouvant être ou ne pas être.

◆ **2.** *Définitions particulières de philosophes*

SPINOZA

« J'appelle les choses singulières contingentes, en tant qu'ayant égard à leur seule essence, nous ne trouvons rien qui pose nécessairement leur existence ou l'exclue nécessairement. » (*Éthique*, 4e partie, Définition 3, in *Œuvres de Spinoza*, t. 3, p. 220, Garnier-Flammarion.)

HUSSERL

Voir FACTICITÉ, p. 105.

Contradiction

Pensée sur le plan logique par Aristote, la contradiction devient à l'époque moderne chez Hegel, un des éléments essentiels de la dialectique : le moteur de la pensée et du réel.

◆ **1.** *Définitions générales*

(n. f.) Étym. : lat. *contradictio*, action de contredire.
A. *Logique formelle* : relation existant entre deux propositions ou deux termes qui sont incompatibles, contradictoires.
B. Chez *Hegel*, la contradiction désigne l'opposition réelle interne aux choses, opposition qui est le moteur de la vie. Cette opposition se résout dans une synthèse qui dépasse l'affirmation et la négation contenues simultanément dans la chose (cette présence simultanée constitue la contradiction).

◆ **2.** *Définitions particulières de philosophes*

ARISTOTE

(A) « La contradiction consiste [...] en une opposition dont l'un ou l'autre membre est nécessairement vrai d'un sujet quelconque, c'est-à-dire sans aucun intermédiaire. » (*La Métaphysique*, liv. I, § 7, t. 2, p. 565, Vrin.)
(A) « Appelons *contradiction* l'opposition d'une affirmation et d'une négation. » (*Organon*, *De l'interprétation*, § 6, p. 87, Vrin.)

HEGEL

(B) « [La contradiction] ne doit pas [...] être considérée comme une simple anomalie qui s'observerait ici ou là, mais elle est le négatif d'après sa détermination essentielle, elle est le principe de tout mouvement spontané, lequel n'est pas autre chose que la manifestation de la contradiction. » (*Science de la logique*, trad. Jankélévitch, liv. 2, t. 2, p. 68, Aubier.)
Voir aussi IDENTITÉ, p. 132.

◆ **3.** *Expressions et termes liés ou dérivés*

Principe de contradiction (ou de non-contradiction)

Principe selon lequel deux propositions contradictoires ne peuvent être toutes deux vraies en même temps.

ARISTOTE

« Il est impossible que le même attribut appartienne et n'appartienne pas en même temps, au même sujet et sous le même rapport. » (*La Métaphysique*, liv. Γ, § 3, t. 1, p. 195, Vrin.)

LEIBNIZ

« Il y a deux principes de nos raisonnements : l'un est le *principe de la contradiction*, qui porte que de deux propositions contradictoires, l'une est vraie, l'autre fausse ; l'autre *principe* est celui de la *raison déterminante*[1], c'est que jamais rien n'arrive, sans qu'il y ait une cause ou du moins une raison déterminante, c'est-à-dire quelque chose qui puisse servir à rendre raison *a priori*, pourquoi cela est existant plutôt que non existant. » (*Essais de Théodicée*, 1re partie, § 44, p. 128, Garnier-Flammarion.)

KANT

« La proposition : à nulle chose ne convient un prédicat qui la contredise, est appelée le principe de contradiction et elle est un critérium universel, bien que simplement négatif, de toute vérité ; mais ce principe n'appartient qu'à la logique. » (*Critique de la raison pure*, « Analytique transcendantale », liv. 2, p. 158, PUF.)

Contradictoire

(adj.) *Logique formelle* :
a) termes : deux termes sont contradictoires *relativement* l'un à l'autre lorsque l'affirmation de l'un implique la négation de l'autre et réciproquement (ex. : mort et vivant).
b) propositions : deux propositions ayant même sujet et même prédicat sont contradictoires *relativement* l'une à l'autre si elles diffèrent à la fois en quantité et en qualité (ex. : « tous les hommes sont mortels » et « quelques hommes ne sont pas mortels ».

◆ **4.** *Termes et expressions connexes*

Relation de voisinage
• antinomie • incompatibilité • opposition.
Relation de dépendance
• dépassement • dialectique • médiation • méthode • mouvement • vie.
Relation d'opposition
• identité.

Contraire

◆ **1.** *Définitions générales*

(n. m.-adj.) Étym. : lat. *contrarius*, qui est en face, opposé, contraire.
A. *Sens courant* : qui est opposé à une réalité (ex. : être d'un avis contraire).
B. *Logique* :
a) concepts ou *termes* : se dit de deux concepts tels que l'affirmation d'un des concepts implique la négation de l'autre, sans que la négation de ce même concept implique l'affirmation de l'autre (ex. : blanc et noir) ; se dit aussi de deux concepts faisant partie d'un même genre et différant de manière extrême entre eux (ex. : glacial et brûlant).
b) propositions : se dit de deux propositions universelles, l'une affirmative, l'autre négative (ex. : « tous les élèves sont présents » et « aucun élève n'est présent »).
Voir aussi SUBCONTRAIRE, p. 277.

◆ **2.** *Définitions particulières de philosophes*

ARISTOTE

(B) « On nomme *contraires* ceux des attributs différents par le genre, qui ne peuvent coexister dans un même sujet, ceux qui diffèrent le plus dans le même genre, ceux qui diffèrent le plus dans un même sujet qui les reçoit, ce qui diffère le plus dans ce qui tombe sous la même puissance, enfin ce dont la différence est maxima, soit absolument, soit en genre, soit en espèce. » (*La Métaphysique*, liv. Δ, § 10, t. 1, p. 278, Vrin.)

HEGEL

« Les déterminations particulières et coordonnées de l'universel s'opposent les unes aux autres et, lorsque l'une d'elles n'est prise que comme la négative de l'autre, elles sont *contradictoires* ; mais lorsque l'autre a aussi une positivité, en raison de laquelle elle appartient en même temps à la même sphère universelle, elles ne sont opposées qu'à titre de contraires. » (*Propédeutique philosophique*, « Doctrine du concept », § 8, p. 141, Éditions de Minuit.)

◆ **3.** *Expressions et termes liés ou dérivés*

Contrariété

(n. f.)

ARISTOTE

« Puisque les choses différant entre elles peuvent différer plus ou moins, c'est donc qu'il y a aussi une différence maxima, et je l'appelle *contrariété* [...]. La distance des extrêmes, et, par conséquent aussi des contraires, est la distance maxima. » (*La Métaphysique*, liv. I, § 4, t. 2, p. 546, Vrin.)

◆ **4.** *Termes et expressions connexes*

Relation de voisinage
• antinomique • inverse • opposé.
Relation de dépendance
• concept • qualité • quantité • proposition.
Relation d'opposition
• identique • même • pareil • semblable.

1. Appelé également par Leibniz *Principe de raison suffisante* (voir cette expression).

Contrat

◆ 1. *Définitions générales*

(n. m.) Étym. : lat. *contractus*, contrat, convention.
Droit : « Convention par laquelle une ou plusieurs personnes s'obligent, envers une ou plusieurs autres, à donner, à faire ou à ne pas faire quelque chose. » (Code civil, art. 1101).

◆ 2. *Définitions particulières de philosophes*

HOBBES

« On se démet d'un droit ; soit en y renonçant purement et simplement, soit en le transmettant à un autre [...]. La transmission mutuelle de droit est ce qu'on nomme *contrat*. » (*Léviathan*, pp. 130, 132, Sirey.)

KANT

« L'acte de la volonté unifiée de deux personnes, par lequel en général le sien de l'un devient celui de l'autre, est le *contrat*. » (*Métaphysique des mœurs. Doctrine du droit*, 1re partie, p. 150, Vrin.)

◆ 3. *Expressions et termes liés ou dérivés*

Contrat social

Politique : convention imaginée par certains philosophes (*Hobbes*, *Rousseau*, *Kant*...) et constituant, selon eux, le fondement idéal de l'organisation pour la vie sociale ou une société politique.

ROUSSEAU

« "Trouver une forme d'association qui défende et protège de toute la force commune la personne et les biens de chaque associé, et par laquelle chacun s'unissant à tous n'obéisse pourtant qu'à lui-même et reste aussi libre qu'auparavant." Tel est le problème fondamental dont le contrat social donne la solution [...]. Ces clauses [du contrat social] bien entendues se réduisent toutes à une seule, savoir l'aliénation totale de chaque associé avec tous ses droits à toute la communauté. » (*Du contrat social*, liv. 1, chap. 6, in *Rousseau*, *Œuvres complètes*, t. 3, p. 360, La Pléiade, Gallimard.)
Voir aussi PACTE SOCIAL, p. 203.

KANT

« Le contrat social est la règle et non pas l'origine de la constitution de l'État ; il n'est pas le principe de sa fondation, mais celui de son administration et il éclaire l'idéal de la législation, du gouvernement et de la justice publique. » (*Théorie et pratique*, note 59, p. 87, Vrin.)

◆ 4. *Termes et expressions connexes*

Relation de voisinage
• convention • pacte.
Relation de dépendance
• association • citoyen • droit • pouvoir • société.
Relation d'opposition
• état de nature (Hobbes, Rousseau...).

Convaincre

◆ 1. *Définitions générales*

(v.) Étym. : lat. *convincere*, vaincre entièrement, convaincre.
Psychologie : amener quelqu'un à reconnaître la vérité d'un énoncé, d'une proposition, etc. et ce en s'appuyant sur des raisons et des moyens rationnels, à la différence de la persuasion, qui agit sur la sensibilité, l'imagination...

◆ 2. *Définitions particulières de philosophes*

GOBLOT

« *Convaincre*, c'est triompher d'un adversaire, c'est une contrainte exercée par une intelligence sur une autre. » (*Traité de logique*, p. 37, Armand Colin.)

Convention

◆ 1. *Définitions générales*

(n. f.) Étym. : lat. *conventio*, convention, pacte.
A. *Droit* : accord entre plusieurs parties.
B. *Logique, épistémologie* : selon Poincaré, les principes des sciences ne seraient ni des faits expérimentaux ni des énoncés a priori, mais des *conventions*, c'est-à-dire des choix libres et en même temps non arbitraires.

◆ 2. *Définitions particulières de philosophes*

HOBBES

(A) « Un des contractants peut remettre la chose pour laquelle il s'engage par contrat, et accepter que l'autre partie s'exécute pour son compte en un moment ultérieur déterminé, cependant que dans l'intervalle on lui fera confiance. Le contrat, pour ce qui regarde le second, est alors appelé *pacte* ou *convention*. » (*Léviathan*, p. 133, Sirey.)

Conviction

◆ 1. *Définitions générales*

(n. f.) Étym. : lat. *convictio*, démonstration convaincante et décisive.

Psychologie : acquiescement de l'esprit reposant sur des preuves évidentes et rationnelles.

◆ **2.** *Définitions particulières de philosophes*

KANT

« Quand [la croyance] est valable pour chacun, en tant du moins qu'il a de la raison, son principe est objectivement suffisant et la croyance se nomme *conviction*. » (*Critique de la raison pure*, « Théorie transcendantale de la méthode », p. 551, PUF.)

« Quand nous savons que nous sommes affranchis de toute raison subjective et que cependant l'assentiment est suffisant, alors nous sommes *convaincus* et notre conviction est *logique* ou fondée sur des raisons *objectives* (l'*objet* est certain). » (*Logique*, Introduction IX, p. 81, Vrin.)

Voir aussi PERSUASION, p. 211.

Copule

◆ **1.** *Définitions générales*

(n. f.) Étym. : lat. *copula*, lien, chaîne.

Logique formelle : terme (généralement le verbe être) liant le sujet (S) et le prédicat (P) dans une proposition (S est P).

◆ **2.** *Définitions particulières de philosophes*

HEGEL

Voir JUGEMENT, p. 154.

Corps

◆ **1.** *Définitions générales*

(n. m.) Étym. : lat. *corpus*, corps.

A. *Philosophie* : tout objet matériel se présentant à notre perception. Ses propriétés fondamentales en sont l'étendue, l'impénétrabilité et la masse.

B. *Philosophie, métaphysique* : organisme assurant les fonctions nécessaires à la vie de tout être vivant.

◆ **2.** *Définitions particulières de philosophes*

LUCRÈCE

(B) « Notre corps est [...] l'enveloppe de l'âme, qui, de son côté, en est la gardienne et la protectrice. » (*De Natura rerum*, in Jean Brun, *Épicure et les épicuriens, textes choisis*, p. 100, PUF.)

DESCARTES

(A-B) « [...] ce mot de corps est fort équivoque [...]. Quand nous parlons d'un corps en général, nous entendons une partie déterminée de la matière, et ensemble de la quantité dont l'univers est composé [...]. Mais quand nous parlons du corps d'un homme, nous n'entendons pas une partie déterminée de matière [...], mais seulement nous entendons toute la matière qui est ensemble unie avec l'âme de cet homme. » (*Lettre au P. Mesland, 9 février 1645* in *Descartes, Œuvres, lettres*, p. 1174, La Pléiade, Gallimard.)

(A) « La nature de la matière, ou du corps pris en général, ne consiste point en ce qu'il est une chose dure, ou pesante, ou colorée, ou qui touche nos sens de quelque autre façon, mais seulement en ce qu'il est une substance étendue en longueur, largeur et profondeur. » (*Les Principes de la Philosophie*, 2e partie, § 4, in *Descartes, Œuvres, lettres*, p. 612, La Pléiade, Gallimard.)

SPINOZA

« J'entends par corps un mode qui exprime l'essence de Dieu, en tant qu'on la considère comme chose étendue, d'une manière certaine et déterminée. » (*Éthique*, 2e partie, Définition 1, in *Œuvres de Spinoza*, t. 3, p. 69, Garnier-Flammarion.)

LEIBNIZ

(B) « [...] chaque corps organique d'un vivant est une espèce de machine divine, ou d'un automate naturel, qui surpasse infiniment tous les automates artificiels. » (*La Monadologie*, § 64, p. 178, Delagrave.)

MERLEAU-PONTY

(B) « Système de puissances motrices ou de puissances perceptives, notre corps n'est pas objet pour un ''je pense'' : c'est un ensemble de significations vécues qui va vers son équilibre. » (*Phénoménologie de la perception*, p. 179, Gallimard.)

Voir aussi HABITUDE, p. 121.

◆ **3.** *Expressions et termes liés ou dérivés*

Corps propre

Chez les Phénoménologues (Merleau-Ponty, etc.) : *« corps-sujet » défini comme un ensemble de significations vécues, et non pas comme une réalité matérielle au sens strict.*

GUSDORF

« A la notion de corps matériel et naturel se substitue l'idée du *corps propre*, c'est-à-dire d'un organisme qualifié par son appartenance à une destinée, dont il assume l'insertion dans le domaine humain. » (*Traité de métaphysique*, p. 214, Armand Colin.)

◆ **4.** *Termes et expressions connexes*

Relation de voisinage

• chair • matière • organisme.

Relation de dépendance

• existence • extériorité • incarnation • perception • vivant.

Relation d'opposition
- âme • vide.

Corruption

◆ **1.** *Définitions générales*

(n. f.) Étym. : *corruptio*, altération.
Métaphysique : désigne, dans la réflexion grecque, la destruction et la dissolution, par opposition à la force productrice et à la création.

◆ **2.** *Définitions particulières de philosophes*

ARISTOTE

« Le changement d'un sujet à un non-sujet est une corruption. » (*La Métaphysique*, liv. K, § 11, t. 2, p. 630, Vrin.)

Cosmologie

Voir COSMOS.

Cosmos

◆ **1.** *Définitions générales*

(n. m.) Étym. : grec *kosmos*, ordre, monde.
Le monde (ou l'univers en général) comme tout organisé et ordonné.

◆ **2.** *Expressions et termes liés ou dérivés*

Cosmologie

Théorie scientifique concernant l'univers et ses lois.

Cosmologie rationnelle

Désigne, chez *Kant*, l'ensemble des problèmes concernant la nature de l'univers, envisagé comme une réalité en soi. Quand la raison prétend fournir une conception globale de l'univers, elle sombre dans des antinomies.

Argument (ou preuve) cosmologique

La preuve cosmologique s'efforce d'établir et de prouver l'existence de Dieu à partir de la contingence du monde, lequel requiert une cause nécessaire par elle-même.

Courage

◆ **1.** *Définitions générales*

(n. m.) Étym. : dérivé du latin *cor*, cœur.
Morale : force morale et fermeté devant le danger.

◆ **2.** *Définitions particulières de philosophes*

DESCARTES

« Le courage, lorsque c'est une passion et non point une habitude ou inclination naturelle, est une certaine chaleur ou agitation qui dispose l'âme à se porter puissamment à l'exécution des choses qu'elle veut faire, de quelque nature qu'elles soient. » (*Les Passions de l'âme*, 3e partie, Article 171, in *Descartes, Œuvres, lettres*, p. 778, La Pléiade, Gallimard.)

KANT

« On nomme courage (fortitudo) la force et la décision réfléchie d'opposer une résistance à un adversaire puissant, mais injuste. » (*Métaphysique des mœurs, Doctrine de la vertu*, Introduction I, p. 50, Vrin.)

Crainte

◆ **1.** *Définitions générales*

(n. f.) Étym. : dérivé du latin populaire *cremere*, altération de *tremere*, trembler.
Appréhension et inquiétude naissant de l'idée d'un mal futur.

◆ **2.** *Définitions particulières de philosophes*

SPINOZA

« La *Crainte* est une Tristesse inconstante née de l'idée d'une chose future ou passée de l'issue de laquelle nous doutons en quelque mesure. » (*Éthique*, 3e partie « Définitions des Affections », Définition 13, in *Œuvres de Spinoza*, t. 3, p. 201, Garnier-Flammarion.)

Création

◆ **1.** *Définitions générales*

(n. f.) Étym. : lat. *creare*, créer.
A. Dans la tradition judéo-chrétienne, acte de Dieu tirant le monde du néant.
B. Production d'un objet radicalement nouveau.

◆ **2.** *Expressions et termes liés ou dérivés*

Création continuée

Chez *Descartes* et les cartésiens : action par laquelle Dieu conserve le monde et les créatures dans l'existence, cette action divine ne différant pas de la création initiale.

MALEBRANCHE

« La création ne passe point, la conservation des créatures n'étant de la part de Dieu qu'une création continuée, qu'une même volonté qui subsiste, et qui opère sans cesse. » (*Entretiens sur la métaphysique*, in

F. Alquié, *Malebranche, textes choisis*, p. 117, Seghers.)

Créationisme

Théorie selon laquelle les espèces vivantes, créées autrefois par Dieu, n'auraient pas subi d'évolution.

Crime

◆ **1.** *Définitions générales*

(n. m.) Étym. : lat. *crimen*, accusation, grief, faute.
Violation grave des règles et lois admises par une société.

◆ **2.** *Définitions particulières de philosophes*

KANT

« Une transgression *délibérée* (celle qui est liée à la conscience qu'il s'agit d'une transgression) s'appelle *crime*. » (*Métaphysique des mœurs, Doctrine du droit*, Introduction IV, p. 98, Vrin.)

Crise

(n. f.) Étym. : grec *krisis*, décision.
A. Phase (de l'évolution des choses, du réel, des idées...) caractérisée par un déséquilibre aigu. Une transformation ou un changement se dessinent alors.
B. *Économie* : déséquilibre provenant soit d'une surproduction de biens ou de marchandises, soit d'une insuffisance productive.

Cristallisation

(n. f.) Étym. : grec *krustallizein*, être brillant comme le cristal.
A. Phénomène par lequel un corps se transforme en passant à l'état de cristaux.
B. Chez *Stendhal* : action par laquelle l'objet aimé est métamorphosé ou transfiguré (sous l'effet de l'imagination, de la passion...).

Critère

(n. m.) Étym. : grec *kriterion*, ce qui sert à juger.
Logique, philosophie : norme, signe, permettant de reconnaître les valeurs et, en particulier, la vérité (critère de la vérité).

Criticisme

Voir CRITIQUE.

Critique

◆ **1.** *Définitions générales*

A. *Nom* : étym. : grec *kritikè* (sous-entendu *technè*), la faculté de penser, l'art de juger.
a) au sens primitif : partie de la logique traitant du jugement.
b) sens général : examen (d'une réalité quelconque) dans le dessein de l'évaluer, de formuler un jugement d'appréciation à son sujet (ex. : la critique d'art).
c) sens restreint, se rencontrant parfois en philosophie : jugement défavorable.
B. *Adjectif* : étym. : grec *kritikos*, capable de juger, critique.
a) sens général : qui examine la valeur logique, intellectuelle, etc. d'un énoncé, d'un texte, d'une assertion. Qui juge objectivement de cette valeur (ex. : examen critique).
b) philosophie : qui pose, de manière kantienne, le problème de la connaissance.
c) politique, sociologie : qui constitue une crise (ex. : une période critique, une phase critique).

◆ **2.** *Expressions et termes liés ou dérivés*

Critique de la raison

KANT

« Je n'entends point par là une critique des livres et des systèmes, mais celle du pouvoir de la raison en général, par rapport à toutes les connaissances auxquelles elle peut aspirer *indépendamment* de toute expérience, par conséquent la solution de la question de la possibilité ou de l'impossibilité d'une métaphysique en général. » (*Critique de la raison pure*, Préface, 1re édition, p. 7, PUF.)

Esprit critique

Disposition ou attitude d'esprit par laquelle on n'admet aucun énoncé ou assertion sans s'interroger d'abord sur leur valeur.

Criticisme

Doctrine de *Kant*, ou proche de celle de Kant, faisant du problème critique — portant sur le pouvoir de la raison et la valeur de la connaissance — le centre ou le noyau de ses recherches. La théorie de la connaissance devient alors fondamentale.

◆ **3.** *Termes et expressions connexes*

— Pour *critique* au sens B :
Relation de voisinage
• examen.
Relation de dépendance
• connaissance • doute • jugement • raison • vérité.
Relation d'opposition
• crédulité • croyance • foi • naïveté.

Croyance

◆ **1.** *Définitions générales*

(n. f.) Étym. : lat. *credere*, croire, ajouter foi.
A. *Sens large et très faible* : assentiment non accompagné de preuve ; synonyme d'*opinion* (ex. : une simple croyance).
B. *Sens religieux, et fort* : assentiment de l'esprit à une vérité (d'un ordre transcendant, Dieu...) sans justification rationnelle ; certitude non rationnelle ; synonyme de foi (ex. : la croyance en Dieu).

◆ **2.** *Définitions particulières de philosophes*

KANT

(A) « Milieu entre l'opinion et le savoir. » (*Métaphysique des mœurs*, *Doctrine du droit*, 1re partie, § 40, p. 187.)
« La croyance est un fait de notre entendement susceptible de reposer sur des principes objectifs, mais qui exige aussi des causes subjectives dans l'esprit de celui qui juge. » (*Critique de la raison pure*, « Théorie transcendantale de la méthode », p. 551, PUF.)
Voir aussi FOI, p. 111, SCIENCE, p. 259.

ALAIN

(A-B) « C'est le mot commun qui désigne toute certitude sans preuve [...]. La croyance désigne [...] quelque disposition involontaire à accepter soit une doctrine, soit un jugement, soit un fait. [...]. Quand la croyance est volontaire et jurée d'après la haute idée que l'on se fait du devoir humain, son vrai nom est foi. » (*Définitions*, in Alain, *les Arts et les Dieux*, pp. 1046, 1047, La Pléiade, Gallimard.)

◆ **3.** *Termes et expressions connexes*

Relation de voisinage
• foi • opinion.
Relation de dépendance
• jugement • vérité.
Relation d'opposition
• agnosticisme • incroyance • scepticisme.

Culpabilité

◆ **1.** *Définitions générales*

(n. f.) Étym. : lat. *culpabilis*, coupable.
Morale : sentiment du sujet ayant conscience d'avoir violé une règle (éthique, etc.), d'avoir commis une faute dont il se sent moralement responsable.

◆ **2.** *Définitions particulières de philosophes*

FREUD

« Le sentiment de culpabilité (la dureté du Surmoi) est donc la même chose que la sévérité de la conscience morale ; il est la perception, impartie au Moi, de la surveillance dont ce dernier est ainsi l'objet [...]. Il est [...] l'expression immédiate de la peur devant l'autorité extérieure, la reconnaissance de la tension entre le Moi et cette dernière. » (*Malaise dans la civilisation*, chap. 8, in *Revue française de psychanalyse*, janv. 1970, p. 71, PUF.)

RICŒUR

« On peut dire, en termes très généraux, que la culpabilité désigne le moment *subjectif* de la faute, comme le péché en est le moment *ontologique* [...]. La culpabilité est l'intériorité accomplie du péché. » (*Philosophie de la volonté*, t. 2, pp. 100, 101, Aubier.)

◆ **3.** *Termes et expressions connexes*

Relation de voisinage
• peccabilité.
Relation de dépendance
• angoisse • interdit • responsabilité • Surmoi.
Relation d'opposition
innocence.

Cultivé

Voir CULTURE.

Culture

◆ **1.** *Définitions générales*

(n. f.) Étym. : lat. *cultura*, culture.
A. *Sens courant* : formation spirituelle, ayant élevé le goût, l'intelligence et la personnalité à la dimension de l'universel. L'homme cultivé est ainsi en mesure d'exercer son jugement.

B. *Sociologie* : ensemble complexe incluant connaissances, techniques, traditions, et caractérisant une société ou un groupe donné (voir CIVILISATION, p. 45).

◆ **2.** *Définitions particulières de philosophes*

KANT

(A) « Produire dans un être raisonnable cette aptitude générale aux fins qui lui plaisent (donc en sa liberté) c'est la *culture*. Par conséquent, la culture seule peut être la fin dernière qu'on peut avec raison attribuer à la nature par rapport à l'espèce humaine. » (*Critique du jugement*, « Critique du jugement téléologique », § 83, p. 228, Vrin.)

LINTON

(B) « Une culture est la configuration des comportements appris et de leurs résultats, dont les éléments composants sont partagés et transmis par les membres d'une société donnée. » (*Le Fondement culturel de la personnalité*, p. 33, Dunod.)

LÉVI-STRAUSS

Voir CIVILISATION, p. 45.

MORIN

(B) « La culture est un patrimoine informationnel constitué des savoirs, savoir-faire, règles, normes propres à une société [...]. La culture s'apprend, se réapprend, se retransmet, se reproduit de génération en génération. Elle n'est pas inscrite dans les gènes, mais au contraire dans l'esprit-cerveau des êtres humains. » (*La Méthode*, t. 2, « La Vie de la vie », p. 245, Le Seuil.)

◆ **3.** *Expressions et termes liés ou dérivés*

Cultivé

KANT

« L'homme doit être *cultivé*. La culture comprend l'instruction et les divers enseignements. Elle procure l'habileté. » (*Réflexions sur l'éducation*, p. 82, Vrin.)

◆ **4.** *Termes et expressions connexes*

Relation de voisinage
- civilisation.

Relation de dépendance
- éducation • humanité • savoir • société.

Relation d'opposition
- ignorance • nature.

Curiosité

◆ **1.** *Définitions générales*

(n. f.) Étym. : lat. *curiositas*, désir de connaître. Tendance portant l'esprit à apprendre des choses nouvelles.

◆ **2.** *Définitions particulières de philosophes*

HOBBES

« Le *désir* de connaître le pourquoi et le comment est appelé *curiosité*. » (*Léviathan*, p. 52, Sirey.)

Cyniques

◆ **1.** *Définitions générales*

(n. m.) Étym. : grec *kunikos*, qui concerne le chien.

Philosophes de l'École fondée par Antisthène (444-365 av. J.-C.), lequel enseignait dans le Mausolée du chien (d'où le nom de Cyniques). Le représentant le plus connu de cette École fut *Diogène le Cynique*. Les Cyniques étaient indifférents aux conventions, traditions, etc.

◆ **2.** *Expressions et termes liés ou dérivés*

Cynisme

a) école philosophique des Cyniques.
b) *par extension* : mépris des conventions et des normes morales admises communément. Mépris de la morale.

D

Darwinisme

(n. m.) *Biologie* : doctrine transformiste de Charles Darwin (1809-1882) : il note la variabilité des espèces, qu'il explique par l'action du milieu et de la sélection naturelle.

Dasein

◆ **1.** *Définitions générales*

(n. m.) Étym. : all. *sein*, être, et *da*, là.
A. Chez *Kant* : catégorie de l'existence, en tant qu'elle s'oppose à la non-existence (2e catégorie de la modalité).
B. Chez *Heidegger* : fait, pour l'homme, d'être le « là » de l'Être, c'est-à-dire une « ouverture » et une présence à cet Être.
Voir ÊTRE-LÀ, p. 99.

◆ **2.** *Définitions particulières de philosophes*

MUNIER (expliquant HEIDEGGER)

« Da-sein signifie que l'homme, dans le dévoilement de l'Alèthéia est le "da", le "là" de l'Être, cet étant par qui l'Être a pouvoir d'être-là, de se produire comme éclairement. » (Introduction à la *Lettre sur l'humanisme* de Heidegger, p. 12, Aubier.)

Décision

(n. f.) Étym. : lat. *decisio*, action de trancher une question débattue.
Psychologie : dans la description classique de l'acte volontaire — c'est-à-dire des opérations réfléchies supposant la conscience d'un but à atteindre, sa *conception*, la *délibération* et l'*exécution* — phase ultime de la délibération, où l'on apporte à cette dernière sa conclusion.

Déclinaison

Voir CLINAMEN, p. 46.

Déduction

◆ **1.** *Définitions générales*

(n. f.) Étym. : lat. *deductio*, action d'amener.
Logique : opération ou raisonnement par lesquels on énonce une conclusion nécessaire, à partir d'une ou de plusieurs propositions, et ce conformément à des règles ou lois logiques.

◆ **2.** *Définitions particulières de philosophes*

DESCARTES

« *Déduction* [:] opération par laquelle nous entendons tout ce qui se conclut nécessairement d'autres choses connues avec certitude. » (*Règles pour la direction de l'esprit*, Règle 3, in *Descartes, Œuvres, lettres*, p. 44, La Pléiade, Gallimard.)

◆ **3.** *Expressions et termes liés ou dérivés*

Déduction transcendantale

Chez *Kant*, justification des concepts a priori ou catégories par le pouvoir qu'ils ont de rendre possible une connaissance objective.

◆ **4.** *Termes et expressions connexes*

Relation de voisinage
• démonstration • raisonnement • syllogisme.
Relation de dépendance
• discours • logique • raison.
Relation d'opposition
• induction • intuition.

Défaut

(n. m.) Étym. : lat. *fallere*, tromper, échapper à.
Absence ou manque de quelque chose que l'on devrait posséder ; anomalie.

Défense

◆ **1.** *Définitions générales*

(n. f.) Étym. : lat. *defensa*, défense.
Psychanalyse : opérations et mécanismes tendant à opérer la suppression de tout ce qui menace le moi de l'individu, et, en particulier, de certaines pulsions représentant, pour le moi, une agression interne.

◆ **2.** *Définitions particulières de philosophes*

FREUD

« Le [...] concept de *défense* [permet] d'englober tous ces processus qui manifestent une même tendance — la protection du moi contre les exigences pulsionnelles. » (*Inhibition, symptôme et angoisse*, in D. Dreyfus, *Freud, Psychanalyse, Textes choisis*, p. 36, PUF.)

Définir

Voir DÉFINITION.

Définition

◆ **1.** *Définitions générales*

(n. f.) Étym. : lat. *definire*, délimiter, borner, définir, déterminer.
Opération par laquelle on détermine et énonce la compréhension d'un concept, c'est-à-dire l'ensemble de ses caractères essentiels.

◆ **2.** *Définitions particulières de philosophes*

ARISTOTE

« La définition fait connaître ce qu'est la chose. » (*Organon, Seconds Analytiques*, liv. 2, § 3, p. 171, Vrin.)
« La définition est [...] une énonciation une et une énonciation exprimant la substance. » (*La Métaphysique*, liv. Z, § 12, t. 1, p. 420, Vrin.)

SPINOZA

« La définition, pour être dite parfaite, devra révéler l'essence intime de la chose [...]. Le concept ou la définition de la chose devra être tel que toutes ses propriétés [...] puissent en être déduites. » (*Traité de la réforme de l'entendement*, § 95 et 96, pp. 78, 80, Vrin.)

BLANCHÉ

« La définition [...] vise, comme son nom le suggère, à délimiter la compréhension d'une idée, mais aussi à établir une équivalence logique entre un terme nouveau et un ensemble de termes antérieurement introduits. » (*L'Axiomatique*, p. 19, PUF.)

◆ **3.** *Expressions et termes liés ou dérivés*

Définition génétique

Désigne, en mathématiques, une définition énonçant la loi de construction d'un objet mathématique.

KANT

« Une définition est *génétique* si elle donne un concept grâce auquel l'objet peut être exposé *a priori in concreto* ; telles sont toutes les définitions mathématiques. » (*Logique*, « Doctrine générale de la méthode », § 106, p. 154, Vrin.)

Définition nominale (ou de nom)

Définition qui fournit un équivalent du mot (en recourant à d'autres mots). Elle n'indique pas la nature ou l'essence réelle d'un objet.

ARISTOTE

« Il est clair que l'une de ses espèces [de la définition] sera un discours expliquant ce que signifie le nom, autrement dit un discours purement nominal différent de celui qui exprime l'essence. » (*Organon, Seconds Analytiques*, liv. 2, § 10, p. 194, Vrin.)

KANT

« Par *explications des noms* ou *définitions nominales* il faut entendre celles qui renferment la signification qu'on a voulu donner arbitrairement à un certain nom, et qui se contentent par conséquent d'indiquer l'être logique de leur objet, ou qui servent simplement à le distinguer d'autres objets. » (*Logique*, « Doctrine générale de la méthode », § 106, p. 153, Vrin.)

Définition réelle (ou de chose)

Définition qui exprime l'essence de l'objet défini.

KANT

« Les *explications de choses* ou *définitions réelles* [...] sont celles qui suffisent à la connaissance de l'objet selon ses déterminations internes puisqu'elles exposent la possibilité de l'objet à partir de ses caractères internes. » (*Logique*, « Doctrine générale de la méthode », § 106, p. 153, Vrin.)

Définir

(v.) Énoncer le contenu d'un concept ; déterminer sa compréhension, c'est-à-dire l'ensemble des caractères qui lui appartiennent.

◆ **4.** *Termes et expressions connexes*

Relation de voisinage
• délimitation • détermination
• spécification.
Relation de dépendance
• compréhension • concept
• logique formelle • signification.
Relation d'opposition
• indétermination.

Déisme

Voir DIEU, p. 73.

Délibération

◆ 1. *Définitions générales*

(n. f.) Étym. : lat. *deliberatio*, examen, délibération, de *librare*, peser avec une balance.
Psychologie : dans l'analyse classique de l'acte volontaire et de ses phases, moment où l'on pèse les motifs et les mobiles de l'acte projeté, de manière à aboutir à une décision (ce schéma classique a été très critiqué ; voir *Sartre*).

◆ 2. *Définitions particulières de philosophes*

ARISTOTE

« Nous délibérons non pas sur les fins elles-mêmes, mais sur les moyens d'atteindre les fins [...]. Une fois qu'on a posé la fin, on examine comment et par quels moyens elle se réalisera. » (*Éthique à Nicomaque*, liv. 3, § 5, p. 135, Vrin.)

SARTRE

« La délibération volontaire est toujours truquée. Comment, en effet, apprécier des motifs et des mobiles auxquels précisément je confère leur valeur avant toute délibération et par le choix que je fais de moi-même ? [...]. Motifs et mobiles n'ont que le poids que mon projet, c'est-à-dire la libre production de la fin et de l'acte connu à réaliser, leur confère. Quand je délibère, les jeux sont faits. » (*L'Être et le Néant*, 4ᵉ partie, chap. 1, § 1, p. 505, Tel, Gallimard.)

◆ 3. *Termes et expressions connexes*

Relation de voisinage
• débat • discussion • examen.

Relation de dépendance
• acte volontaire • décision
• mobile • motif • volonté.

Relation d'opposition
• impulsion.

Démiurge

◆ 1. *Définitions générales*

(n. m.) Étym. : grec *dèmiourgos*, qui exerce une profession manuelle.
A. Chez *Platon*, la divinité organisant l'univers et lui donnant forme.
B. Créateur.

◆ 2. *Définitions particulières de philosophes*

PLATON

(A) « L'ouvrier [le démiurge] a contemplé le modèle éternel. Car ce Monde est la plus belle des choses qui sont nées et l'ouvrier est la plus parfaite des causes. » (*Timée*, in *Platon, Œuvres complètes*, t. 10, p. 141, Budé, Belles Lettres.)

Démocratie

◆ 1. *Définitions générales*

(n. f.) Étym. : grec *dèmokratia*, gouvernement populaire, démocratie.
Politique : régime politique dans lequel le peuple, c'est-à-dire l'ensemble des citoyens, détient la souveraineté.

◆ 2. *Définitions particulières de philosophes*

ARISTOTE

« La démocratie [s'entend du gouvernement] des pauvres ou des gens peu fortunés. » (*Politique d'Aristote*, liv. 3, p. 86, PUF.)

SPINOZA

« La Démocratie se définit ainsi : l'union des hommes en un tout qui a un droit souverain collectif sur tout ce qui est en son pouvoir. » (*Traité théologico-politique*, chap. 16, in *Œuvres de Spinoza*, t. 2, p. 266, Garnier-Flammarion.)

MONTESQUIEU

« Lorsque, dans la république, le peuple en corps a la souveraine puissance, c'est une *démocratie*. » (*De l'esprit des lois*, liv. 2, chap. 2, t. 1, p. 131, Garnier-Flammarion.)

ROUSSEAU

« Le Souverain peut [...] commettre le dépôt du Gouvernement à tout le peuple ou à la plus grande partie du peuple, en sorte qu'il y ait plus de citoyens magistrats que de citoyens simples particuliers. On donne à cette forme de Gouvernement le nom de *Démocratie*. » (*Du contrat social*, liv. 3, chap. 3, in *Rousseau, Œuvres complètes*, t. 3, p. 403, La Pléiade, Gallimard.)

◆ 3. *Expressions et termes liés ou dérivés*

Démocratie directe

Démocratie dans laquelle le peuple exerce directement la souveraineté, sans intermédiaires.

Démocratie représentative

Démocratie dans laquelle le peuple exerce la souveraineté par l'intermédiaire de représentants élus.

◆ **4.** *Termes et expressions connexes*

Relation de voisinage
• république.
Relation de dépendance
• citoyens • contrat • égalité • État • liberté • peuple • pouvoir • souveraineté.
Relation d'opposition
• despotisme • oligarchie • tyrannie.

Démon

(n. m.) Étym. : grec *daimôn*, dieu, génie attaché à chaque homme et personnifiant son destin.
A. Chez les *Grecs*, génie, inspirateur de la destinée d'un homme ; on parle, en particulier, du démon de Socrate, génie qui lui était attaché et lui dictait ses résolutions.
B. *Christianisme* : ange déchu, diable, dans lequel réside l'esprit du mal.

Démonstration

◆ **1.** *Définitions générales*

(n. f.) Étym. : lat. *demonstratio*, action de montrer, démonstration, déduction.
Logique : raisonnement établissant la vérité d'une proposition à partir de propositions déjà démontrées ou évidentes, et en la rattachant à celles-ci par les liens nécessaires résultant de l'application des principes logiques de la connaissance.

◆ **2.** *Définitions particulières de philosophes*

ARISTOTE

« C'est une *démonstration* quand le syllogisme part de prémisses vraies et premières, ou encore de prémisses telles que la connaissance que nous en avons prend elle-même son origine dans des prémisses premières et vraies. » (*Organon, Les Topiques*, liv. 1, § 1, p. 2, Vrin.)

ARNAULD et NICOLE

« Une vraie démonstration demande deux choses : l'une, que dans la matière il n'y ait rien que de certain et indubitable, l'autre, qu'il n'y ait rien de vicieux dans la forme d'argumenter. » (*La Logique ou l'Art de penser*, p. 395, Champs, Flammarion.)

◆ **3.** *Termes et expressions connexes*

Relation de voisinage
• argumentation • déduction • preuve • raisonnement • syllogisme.
Relation de dépendance
• assentiment • certitude • logique • vérité.
Relation d'opposition
• évidence • intuition.

Dénomination

(n. f.) Étym. : lat. *denominatio*, désignation.
A. Acte par lequel un nom est attribué à un objet.
B. Le nom lui-même affecté à une chose.

Dépassement

Voir DÉPASSER.

Dépasser

◆ **1.** *Définitions générales*

(v.)
A. *Philosophie* : aller au-delà de, transcender.
B. *Vocabulaire hégélien* : supprimer et nier en conservant, sans anéantir (all., *aufheben*, dépasser, *Aufhebung*, dépassement).
C. *Vocabulaire de la phénoménologie et de l'existentialisme* : aller au-delà de quelque chose, se transcender vers le monde et le réel ; mouvement de la conscience qui se porte, au-delà d'elle-même, vers les choses, en un acte intentionnel.

◆ **2.** *Définitions particulières de philosophes*

HEGEL

(B) « "Dépasser" et "le dépassé" (l'idéel) est un des plus importants concepts de la philosophie [...] qu'il faut en particulier distinguer du néant. Ce qui se dépasse ne devient pas pour cela le néant. Le néant est *l'immédiat* ; un terme dépassé par contre est *médié*, il est un non étant, mais en tant que *résultat* qui est né d'un être ; *il a donc encore en lui la détermination dont il provient* [...]. Ainsi donc le terme dépassé est en même temps quelque chose de conservé qui a seulement perdu son existence immédiate. » (*Science de la logique*, liv. 1, in *Hegel, morceaux choisis*, t. 1, p. 201, Idées, Gallimard.)

◆ **3.** *Expressions et termes liés ou dérivés*

Dépassement

(n. m.) Acte de dépasser, dans les différentes significations de ce terme.

Déraison

◆ **1.** *Définitions générales*

(n. f.) Étym. : de dé-, qui indique la séparation ou la privation, et raison, qui vient lui-même du latin *ratio*, raison.
Manque de raison dans la conduite ou le discours.

◆ **2.** *Définitions particulières de philosophes*

KANT

« La *déraison* (qui est quelque chose de positif et non pas simplement un manque de raison) est, comme la raison elle-même, une pure forme à laquelle les objets peuvent correspondre et toutes les deux s'élèvent à l'universel. » (*Anthropologie du point de vue pragmatique*, 1re partie, p. 84, Vrin.)

FOUCAULT

« A partir du XVIIe siècle, [...] les hommes de déraison sont des types que la société reconnaît et isole : il y a le débauché, le dissipateur, l'homosexuel, le magicien, le suicidé, le libertin. La déraison commence à se mesurer selon un certain écart par rapport à la norme sociale. » (*Histoire de la folie à l'âge classique*, p. 127, Plon.)

Déréliction

(n. f.) Étym. : lat. *derelictio*, abandon.
A. *Religion* : état de celui qui est complètement abandonné (ex. : le Christ au mont des Oliviers).
B. *Vocabulaire existentialiste et, tout particulièrement, heideggerien* : désigne la situation de la personne jetée dans le monde et abandonnée.

Désespoir

◆ **1.** *Définitions générales*

(n. m.) Étym. : de dés-, qui indique l'éloignement, et espoir, qui vient du latin *sperare*, espérer.
Perte de tout espoir. Proche, parfois, de désespérance, c'est-à-dire de l'état de celui qui a perdu toute espérance, toute disponibilité à l'avenir.

◆ **2.** *Définitions particulières de philosophes*

SPINOZA

« Le *Désespoir* est une Tristesse née de l'idée d'une chose future ou passée au sujet de laquelle il n'y a plus de cause de doute. » (*Éthique*, 3e partie, « Définitions des affections », Définition 15, in *Œuvres de Spinoza*, t. 3, p. 202, Garnier-Flammarion.)

SARTRE

« Quant au désespoir, cette expression a un sens extrêmement simple. Elle veut dire que nous nous bornerons à compter sur ce qui dépend de notre volonté, ou sur l'ensemble des probabilités qui rendent notre action possible. » (*L'Existentialisme est un humanisme*, p. 49, Nagel.)

Désir

Le désir ne serait-il pas l'essence de l'homme ? Au XVIIe siècle, *Spinoza* souligne fortement cette idée. Le XIXe siècle, avec *Hegel*, approfondira la dimension *dynamique* et *constructive* du désir, que *Sartre*, à notre époque, liera à l'inquiétude existentielle de la conscience, ainsi qu'au *manque* constitutif de notre être.

◆ **1.** *Définitions générales*

(n. m.) Étym. : lat. *desiderium*, désir, besoin.
Philosophie, psychologie : mouvement qui, au-delà du besoin en tant que tel, nous porte vers une réalité que l'on se représente comme une source possible de satisfaction. Le désir se définit comme une tendance devenue consciente.

◆ **2.** *Définitions particulières de philosophes*

ARISTOTE

« Le désir est [...] appétit, courage et volonté [...]. Le désir est l'appétit de l'agréable. » (*Traité de l'âme*, liv. 2, § 3, in J.-C. Fraisse, *Aristote, Anthropologie*, p. 41, PUF.)

DESCARTES

« La passion du désir est une agitation de l'âme causée par les esprits qui la disposent à vouloir pour l'avenir les choses qu'elle se représente être convenables. Ainsi on ne désire pas seulement la présence du bien absent, mais aussi la conservation du présent. » (*Les Passions de l'âme*, 2e partie, Article 86, in *Descartes, Œuvres, lettres*, p. 735, La Pléiade, Gallimard.)

SPINOZA

« *Le Désir est l'Appétit avec conscience de lui-même.* » (*Éthique*, 3e partie, Proposition 9, in *Œuvres de Spinoza*, t. 3, p. 145, Garnier-Flammarion.)
« Le *Désir* est l'essence même de l'homme en tant qu'elle est conçue comme déterminée à faire quelque chose par une affection quelconque donnée en elle. » (*Éthique*, 3e partie, « Définitions des affections », Définition 1, in *Œuvres de Spinoza*, t. 3, p. 196, Garnier-Flammarion.)

HEGEL

« Dans le désir, la conscience de soi se comporte à l'égard d'elle-même comme une réalité *singulière*. Elle renvoie à un objet qui est dépourvu de soi, qui, en lui-même, est autre chose que la conscience de soi. Eu égard à l'objet, cette conscience ne réussit à s'atteindre dans son égalité à elle-même que par la suppression de cet objet. » (*Propédeutique philosophique*, « Phénoménologie de l'esprit », § 28, p. 97, Éditions de Minuit.)

SARTRE

« Si le désir doit pouvoir être à soi-même désir, il faut qu'il soit la transcendance elle-même, c'est-à-dire qu'il soit par nature échappement à soi vers l'objet désiré [...]. Le désir est manque d'être, il est hanté en son être le plus intime par l'être dont il est désir. » (*L'Être et le Néant*, 2e partie, chap. 1, § 3, p. 126, Tel, Gallimard.)

RICŒUR

« Le désir est cette espèce d'esprit d'entreprise qui monte du corps au vouloir, et qui fait que le vouloir serait faiblement efficace s'il n'était aiguillonné d'abord par la pointe du désir. » (*Philosophie de la volonté*, t. 1, p. 249, Aubier.)

◆ **3.** *Termes et expressions connexes*

Relation de voisinage

• besoin • pulsion • tendance.

Relation de dépendance

• autrui • inconscient • instinct • manque • passion • reconnaissance (Hegel) • rêve • volonté.

Relation d'opposition

• ataraxie • indifférence • répulsion.

Désordre

◆ **1.** *Définitions générales*

(n. m.) Étym. : de dés-, qui indique l'éloignement, la privation, et ordre, du latin *ordo*, ordre, succession.

Absence d'ordre, c'est-à-dire de disposition conforme aux exigences de la raison.

◆ **2.** *Définitions particulières de philosophes*

BERGSON

« Le désordre est simplement l'ordre que nous ne cherchons pas [...]. Tout désordre comprend deux choses : en dehors de nous, un ordre ; en nous, la représentation d'un ordre différent qui est seul à nous intéresser. » (*La Pensée et le Mouvant*, p. 108, PUF.)

MORIN

« Qu'est-ce que le désordre ? [...] ce sont les agitations, dispersions, collisions qui sont liées à tout phénomène calorifique ; ce sont aussi les irrégularités et les instabilités ; ce sont les déviances qui apparaissent dans un processus [...]. C'est un macro-concept qui enveloppe des réalités très différentes, mais comportant toujours de l'aléa. » (*Science avec conscience*, p. 91, Fayard.)

Despote

Voir DESPOTISME.

Despotique

Voir DESPOTISME.

Despotisme

◆ **1.** *Définitions générales*

(n. m.) Étym. : grec *despoteia*, pouvoir du maître sur ses esclaves, pouvoir absolu, despotisme.

Politique : souveraineté absolue et oppressive exercée par un seul homme gouvernant avec une autorité arbitraire.

◆ **2.** *Définitions particulières de philosophes*

KANT

« Le *despotisme* est le gouvernement où le chef de l'État exécute arbitrairement les lois qu'il s'est données à lui-même, et où par conséquent il substitue sa volonté particulière à la volonté publique. » (*Projet de paix perpétuelle*, 2e section, p. 34, Hatier.)

« Loi et pouvoir sans liberté. » (*Anthropologie du point de vue pragmatique*, 2e partie, p. 168, Vrin.)

◆ **3.** *Expressions et termes liés ou dérivés*

Despote

(n. m.)

ROUSSEAU

« [...] j'appelle [...] *Despote* l'usurpateur du pouvoir souverain [...]. Le Despote est celui qui se met au-dessus des lois mêmes. » (*Du contrat social*, liv. 3, chap. 10, in *Rousseau, Œuvres complètes*, t. 3, p. 423, La Pléiade, Gallimard.)

Despotique

(adj.) Qui est propre au despote.

MONTESQUIEU

Voir MONARCHIE, p. 181.

Destin

◆ **1.** *Définitions générales*

(n. m.) Étym. : lat. *destinare*, fixer.

Puissance mystérieuse, qui gouvernerait le

cours des choses et, d'une manière générale, tous les événements de l'univers, et ce indépendamment de notre action dans le monde.

◆ **2.** *Définitions particulières de philosophes*

LES STOÏCIENS

« Chrysippe [1] dit que le Destin est une puissance spirituelle qui par ordre gouverne et administre tout l'univers. » (Chrysippe cité par Plutarque, in Jean Brun, *Les Stoïciens, textes choisis*, p. 62, Les Grands Textes, PUF).

« Le Destin est une cause des êtres où tout est lié ou bien la raison selon laquelle le monde est dirigé. » (Diogène Laërce, *Vie et opinions des philosophes*, liv. 7, in *Les Stoïciens*, p. 64, La Pléiade, Gallimard.)

ALAIN

« Le destin est la fiction d'un être qui sait l'avenir et qui pourrait l'annoncer ; c'est une manière de dire que nous ne pouvions pas changer l'avenir. Cette fiction est théologique, elle résulte de la perfection divine, qui ne peut rien ignorer. » (*Définitions*, in *Alain, les Arts et les Dieux*, p. 1049, La Pléiade, Gallimard.)

◆ **3.** *Expressions et termes liés ou dérivés*

Destinée

(n. f.) Ce qui constitue la fin de tout être individuel et ce vers quoi il va, par l'effet du destin.

Détermination

(n. f.) Étym. : lat. *determinare*, marquer des limites, borner, limiter.

A. *Sens généraux* : action de délimiter avec précision (ex. : la détermination de la latitude). Désigne également ce qui individualise une réalité.

B. *Épistémologie, philosophie* : relation entre deux phénomènes ou éléments telle que, l'un étant posé, le second l'est aussi (ex. : la détermination d'un phénomène).

C. *Psychologie* : décision achevant l'examen des motifs (*prendre une détermination*).

Déterminisme

A l'époque contemporaine, le déterminisme absolu et universel (cf. *Déterminisme universel*, Laplace) a été remis en question : il est impossible, en effet, au niveau des particules atomiques, de faire une prévision rigoureuse (cf. RELATIONS D'INCERTITUDE).

◆ **1.** *Définitions générales*

(n. m.) Étym. : lat. *determinare*, fixer ou marquer les limites, borner.

A. *Épistémologie, science* :

a) ensemble des conditions nécessaires pour qu'un phénomène donné se produise (ex. : connaître le déterminisme d'une éclipse).

b) doctrine, conception selon lesquelles, certaines conditions étant données et connues, les faits qui s'ensuivront sont prévisibles avec précision.

B. *Métaphysique* : doctrine philosophique posant que la nécessité règne dans l'univers.

◆ **2.** *Définitions particulières de philosophes*

BERNARD

(A) « Le déterminisme n'est [...] que l'affirmation de *la loi*, partout, toujours, et jusque dans les relations du physique avec le moral : c'est l'affirmation que, suivant le mot connu de l'antiquité : ''Tout est fait avec ordre, poids et mesure''. » (*Leçons sur les phénomènes de la vie*, t. 1, p. 62, Librairie Baillère et fils).

BACHELARD

« Le déterminisme est une notion qui signe la *prise humaine* sur la nature. » (*L'Activité rationaliste de la physique contemporaine*, p. 218, PUF.)

DE BROGLIE

(A) « [La] définition du déterminisme par la prévisibilité rigoureuse des phénomènes paraît la seule que le physicien puisse accepter, parce qu'elle est la seule qui soit réellement vérifiable. » (*Continu et discontinu*, p. 59, Albin Michel.)

HEISENBERG

Voir CAUSALITÉ, p. 40.

POPPER

(A) « Je désigne par [déterminisme ''scientifique''] la doctrine selon laquelle la structure du monde est telle que *tout événement peut être rationnellement prédit, au degré de précision voulu, à condition qu'une description suffisamment précise des événements passés, ainsi que toutes les lois de la nature, nous soient données.* » (*L'Univers irrésolu*, p. 1, Hermann.)

◆ **3.** *Expressions et termes liés ou dérivés*

Déterminisme psychologique

BERGSON

« Le déterminisme psychologique, sous sa forme la plus précise et la plus récente, implique une conception associationniste de l'esprit. On se représente l'état de conscience actuel comme nécessité par les états

1. Chrysippe (280-204 av. J.-C.) ; un des fondateurs du stoïcisme ancien.

antérieurs. » (*Essai sur les données immédiates de la conscience*, p. 117, PUF.)

Principe du déterminisme

Principe fondamental de toutes les sciences expérimentales : tous les phénomènes naturels sont liés les uns aux autres par des lois.

Déterminisme universel

Son principe a été énoncé par Laplace (1749-1827) : l'état futur de l'univers, comme son passé, serait contenu dans son état présent ; le déterminisme engloberait donc, dans son principe, une connaissance *absolue* du futur.

◆ **4.** *Termes et expressions connexes*

Relation de voisinage
• causalité • fatalisme.
Relation de dépendance
• loi (de la nature) • nécessité • science expérimentale.
Relation d'opposition
• hasard • indéterminisme • liberté.

Devenir

◆ **1.** *Définitions générales*

(n. m.) Étym. : lat. *devenire*, venir en descendant, arriver à.
La série des changements ou le changement lui-même.

◆ **2.** *Définitions particulières de philosophes*

HEGEL

« Ce qui est vrai, ce ne sont ni l'être ni le néant, mais le passage, et le passage déjà effectué, de l'être au néant et de celui-ci à celui-là. Mais [...] l'être et le néant *diffèrent absolument* l'un de l'autre, tout en étant inséparés et inséparables, *chacun disparaissant dans son contraire*. Leur vérité consiste donc dans ce *mouvement* de disparition directe de l'un dans l'autre : dans le *devenir*. » (*Science de la logique*, trad. Jankélévitch, liv. 1, t. 1, p. 73, Aubier.)

NIETZSCHE

« Le devenir en tant qu'invention, vouloir, abnégation, triomphe remporté sur soi-même : pas de sujet, mais une activité, une inventivité créatrice, ni "causes" ni "effets" » (*La Volonté de puissance*, trad. Bianquis, liv. 2, t. 1, § 170, p. 251, Gallimard.)

Dévoilement

◆ **1.** *Définitions générales*

(n. m.) Étym. : lat. *develare*, dévoiler, mettre à découvert.
Sens heideggerien : conception de la vérité comme dé-voilement, c'est-à-dire révélation de ce qui était caché, lequel se manifeste ainsi dans la lumière (mais cette ouverture constitue, en même temps, un retrait : l'Être ne se donne pas comme devant être vu).
Voir ALÈTHEIA, p. 15.

◆ **2.** *Définitions particulières de philosophes*

HEIDEGGER

« Pour les Grecs, à l'origine, l'occultation, le fait de se voiler, domine entièrement l'essence de l'être ; il marque donc aussi l'étant dans sa présence et son accessibilité ("vérité") : c'est pourquoi le terme qui chez eux correspond à la *veritas* des Romains [...] est caractérisé par un *a* privatif (a-lètheia). A l'origine vérité veut dire : ce qui a été arraché à une occultation. La vérité est cet arrachement, toujours en mode de dévoilement. » (*Questions II*, p. 143, Gallimard.)

Devoir

Voici un concept fondamentalement kantien : Kant a souligné, en une analyse célèbre et classique, que le devoir est obéissance à une loi morale universelle que nous construisons nous-mêmes.

◆ **1.** *Définitions générales*

(n. m.) Étym. : lat. *debere*, devoir.
Obligation morale considérée en elle-même.

◆ **2.** *Définitions particulières de philosophes*

D'ALEMBERT

Voir MORALE, p. 182.

KANT

« *Le devoir est la nécessité d'accomplir une action par respect pour la loi.* » (*Fondements de la métaphysique des mœurs*, 1re section, p. 100, Delagrave.)
« La nécessité objective d'une action en vertu de l'obligation s'appelle *devoir*. » (*Fondements de la métaphysique des mœurs*, 2e section, p. 169, Delagrave.)

ALAIN

« C'est une conduite qui, dans un cas difficile, se présente à l'esprit comme ayant une valeur universelle [...] le devoir est obligatoire, mais non point forcé ; et aucune récompense n'est jamais en vue, ni même aucune joie. » (*Définitions*, in *Alain, les Arts et les Dieux*, p. 1050, La Pléiade, Gallimard.)

◆ **3.** *Termes et expressions connexes*

Relation de voisinage
• impératif catégorique • obligation.
Relation de dépendance
• autonomie • autrui • conscience morale • morale • responsabilité • universalité.
Relation d'opposition
• droit.

Diachronie

(n. f.) Étym. : composé à partir du grec *dia*, à travers, et *chronos*, temps.
Linguistique, sciences humaines : évolution des faits (linguistiques, historiques...) dans le temps ; caractère d'une étude s'attachant à l'évolution et au temps.
Voir SYNCHRONIE, p. 283.

Dialecticien

◆ **1.** *Définitions générales*

Personne recourant à la dialectique et employant les procédés de la dialectique.

◆ **2.** *Définitions particulières de philosophes*

PLATON

« Celui qui connaît l'art d'interroger et de répondre, l'appelles-tu autrement que dialecticien ? » (*Cratyle*, in *Platon, Œuvres complètes*, t. 5, 2e partie, p. 60, Budé, Belles Lettres.)
« [Le] dialecticien [est] celui qui atteint à la connaissance de l'essence de chaque chose. » (*La République*, liv. 7, in *Platon, Œuvres complètes*, t. 7, 1re partie, p. 175, Budé, Belles Lettres.)

Dialectique

Voici un terme riche d'une multiplicité de sens : défini, chez Platon, comme processus par lequel l'âme s'élève, graduellement, jusqu'aux Essences, il acquiert sa *signification moderne* avec *Hegel* (marche de la pensée par contradictions surmontées) ainsi qu'avec *Marx et Engels* (méthode et science permettent de saisir la totalité de l'histoire et du réel).

◆ **1.** *Définitions générales*

(n. m.-n. f.-adj.) Étym. : grec *dialektikè* (sous-entendu *technè*), la dialectique, c'est-à-dire l'art de discuter.

A. Nom :
a) sens général : art du dialogue et de la discussion.
b) sens platonicien : montée, par paliers, vers les Essences ou Idées.
c) sens kantien : la dialectique désigne une logique de l'apparence.
d) sens hégélien : saisie des opposés dans leur unité. Processus par lequel la pensée et l'être se développent, en allant de la thèse à l'antithèse et à la synthèse, par contradictions surmontées.
B. *Adjectif* : se rattache aux sens principaux de la dialectique : qui opère par la dialectique ; qui réunifie les opposés (sens hégélien) ; qui se présente comme évolutif et non point figé, etc.

◆ **2.** *Définitions particulières de philosophes*

PLATON

(A-*b*) « [La dialectique] est [...] la seule qui, rejetant successivement les hypothèses, s'élève jusqu'au principe même pour assurer solidement ses conclusions, la seule dont il est vrai de dire qu'elle tire peu à peu l'œil de l'âme du grossier bourbier où il est enfoui et l'élève en haut. » (*La République*, liv. 7, § 14, in *Platon, Œuvres complètes*, t. 7, 1re partie p. 174, Budé, Belles Lettres.)

HEGEL

(A-*d*) « Nous appelons *dialectique* le mouvement rationnel supérieur, à la faveur duquel [des] termes en apparence séparés passent les uns dans les autres spontanément, en vertu même de ce qu'ils sont, l'hypothèse de leur séparation se trouvant ainsi éliminée. » (*Science de la logique*, trad. Jankélévitch, liv. 1, t. 1, p. 99, Aubier.)

ENGELS

« La dialectique [se réduit] à la science des lois générales du mouvement, tant du monde extérieur que de la pensée humaine — à deux séries de lois identiques au fond, mais différentes dans leur expression. » (*Ludwig Feuerbach et la fin de la philosophie classique allemande*, in K. Marx, Fr. Engels, *Études philosophiques*, p. 44, Éditions sociales).

◆ **3.** *Expressions et termes liés ou dérivés*

Dialectique ascendante

La dialectique ascendante désigne, chez Platon, le mouvement du sujet allant, progressivement, du concret et des apparences sensibles jusqu'à l'Idée du Bien.

Dialectique descendante

La dialectique descendante désigne, chez Platon, la démarche par laquelle le philosophe retourne des principes et du Bien jusqu'au concret et au quotidien.

Dialectique du maître et de l'esclave

Sens hégélien : processus par lequel l'esclave (en travaillant) devient le maître du maître (oisif), le travail libérant l'esclave et le formant.

Dialectique transcendantale

KANT

« Critique de l'entendement et de la raison par rapport à son usage hyperphysique, critique qui doit dévoiler la trompeuse apparence des prétentions sans fondement de cette faculté et rabaisser son ambition. » (*Critique de la raison pure*, « Logique transcendantale », 2e partie, p. 83, PUF.)

Pensée dialectique

MERLEAU-PONTY

Voir NÉGATIF (TRAVAIL DU), p. 191.

Raison dialectique

HEGEL

Voir RAISON, p. 237.

◆ 4. *Termes et expressions connexes*

Relation de voisinage

• confrontation • dialogue (art du) • discussion.

Relation de dépendance

• contradiction • dépassement • Idée • langage • méthode • négatif • positif • synthèse.

Relation d'opposition

• monologue • statisme.

Diallèle

◆ 1. *Définitions générales*

(n. m.) Étym. : grec *diallèlos* (sous-entendu *tropos*), cercle vicieux.

Mode de raisonnement où les arguments se démontrent les uns par les autres (cercle vicieux).

◆ 2. *Définitions particulières de philosophes*

KANT

« Les anciens appelaient *diallèle* un [...] cercle dans la définition. » (*Logique*, Introduction VII, p. 54, PUF.)

Dialogue

◆ 1. *Définitions générales*

(n. m.) Étym. : grec *dialogos*, entretien, dialogue.

A. *Sens chez Socrate et Platon* : méthode philosophique où l'on opère par la voie du débat et de la discussion, Socrate apparaissant alors comme celui qui fait découvrir à l'interlocuteur sa vérité à travers le cheminement commun (voir MAÏEUTIQUE).

B. *Sens général et sens philosophique* : échange verbal où deux interlocuteurs se rencontrent et parviennent ainsi à une forme de vérité commune.

◆ 2. *Définitions particulières de philosophes*

PERROUX

« Le dialogue est une recherche en commun par communications contradictoires, d'une proposition jugée vraie ou d'une solution jugée juste par deux interlocuteurs qui acceptent des critères compatibles de vérité et de justice. » (Préface in Karl Marx, *Œuvres complètes*, *Économie* II, p. XXXI, La Pléiade, Gallimard.)

◆ 3. *Termes et expressions connexes*

Relation de voisinage

• débat • dialectique • discussion • examen • entretien.

Relation de dépendance

• communication • discours • intersubjectivité • langage • maïeutique.

Relation d'opposition

• monologue • séparation.

Dichotomie

(n. f.) Étym. : grec *dichotomia*, division en deux parties égales.

Division d'un concept en deux autres, généralement contraires. L'ensemble des deux concepts détient alors la même extension.

Dieu

Si le Dieu d'Aristote reste à l'écart des choses, nous trouvons au XVIIe siècle, chez Spinoza (« Dieu ou la Nature ») et au XIXe, chez Hegel, une affirmation de l'immanence de Dieu à l'univers. Quant à Nietzsche, il annonce une « mort de Dieu » que notre époque ne confirme pas toujours.

◆ **1.** *Définitions générales*

(n.) Étym. : lat. *deus*, dieu.
A. *Religion* : Être surnaturel, objet d'un culte.
B. *Philosophie* : principe unique, cause première et absolue ; Être transcendant et parfait, garantissant l'ordre de l'univers.
C. *Philosophie* : substance infinie immanente à tout le réel.

◆ **2.** *Définitions particulières de philosophes*

ARISTOTE

« Aussi appelons-nous Dieu un vivant éternel parfait ; la vie et la durée continue et éternelle appartiennent donc à *Dieu*, car c'est cela même qui est Dieu. » (*La Métaphysique*, liv. Λ, § 7, t. 2, p. 683, Vrin.)

DESCARTES

(B) « Par le nom de Dieu, j'entends une substance infinie, éternelle, immuable, indépendante, toute connaissante, toute puissante, et par laquelle moi-même, et toutes les autres choses qui sont [...] ont été créées et produites. » (*Méditations métaphysiques*, Méditation 3, in *Descartes, Œuvres, lettres*, p. 294, La Pléiade, Gallimard.)
(B) « La substance que nous entendons être souverainement parfaite, et dans laquelle nous ne concevons rien qui enferme quelque défaut, ou limitation de perfection, s'appelle Dieu. » (*Réponses aux secondes objections*, in *Descartes, Œuvres, lettres*, p. 391, La Pléiade, Gallimard.)

SPINOZA

(C) « J'entends par Dieu un être absolument infini, c'est-à-dire une substance constituée par une infinité d'attributs dont chacun exprime une essence éternelle et infinie. » (*Éthique*, 1re partie, Définition 6, in *Œuvres de Spinoza*, t. 3, p. 21, Garnier-Flammarion).
(C) « Dieu ou la Nature. » (*Éthique*, 4e partie, Préface, in *Œuvres de Spinoza*, t. 3, p. 218, Garnier-Flammarion.)

LEIBNIZ

(B) « On peut juger [...] que cette substance suprême [Dieu] qui est unique, universelle et nécessaire, n'ayant rien hors d'elle qui en soit indépendant [...] doit être incapable de limites et contenir tout autant de réalité qu'il est possible. » (*La Monadologie*, § 40, p. 162, Delagrave.)

HEGEL

(C) « *Dieu est l'esprit absolu*, c'est-à-dire la pure essence qui se fait objet mais qui, en cela, n'a d'intuition que d'elle-même. » (*Propédeutique philosophique*, « Doctrine de la religion », § 76, p. 84, Éditions de Minuit.)
Voir aussi ESPRIT ABSOLU, p. 93.

BERGSON

(B) « Je parle de Dieu [...] comme de la *source* d'où sortent tour à tour, par un effet de sa liberté, les "courants" ou "élans" dont chacun formera un monde : il en reste donc distinct. » (*Lettres au P. Joseph de Tonguédec*, in *Bergson, Écrits et paroles*, t. 2, p. 296, PUF.)

◆ **3.** *Expressions et termes liés ou dérivés*

La mort de Dieu

NIETZSCHE

« Le plus grand des événements récents — la "mort de Dieu", le fait, autrement dit, que la foi dans le dieu chrétien a été dépouillée de sa plausibilité — commence déjà à jeter ses premières ombres sur l'Europe [...]. Un Soleil vient de se coucher, une ancienne et profonde conscience est devenue doute. » (*Le Gai Savoir*, liv. 5, § 343, p. 284, Idées, Gallimard.)

Déisme

(n. m.) Étym. : lat. *deus*, dieu.
Doctrine de ceux qui, tout en rejetant les dogmes révélés, admettent l'existence d'un être suprême dont la nature et les attributs sont indéterminés ou inconnaissables.
Voir THÉISME, p. 291.

◆ **4.** *Termes et expressions connexes*

Relation de voisinage
• Absolu • divinité • Être suprême • Nature naturante (Spinoza).
Relation de dépendance
• création • foi • mystique • raison pratique (Kant) • religion • sacré • société • Verbe
Relation d'opposition
• matérialisme.

Différence

◆ **1.** *Définitions générales*

(n. f.) Étym. : lat. *differentia*, différence.
A. *Philosophie* : rapport d'altérité entre des choses ayant des éléments identiques.
B. *Logique* : voir SPÉCIFIQUE (DIFFÉRENCE), p. 274.

◆ **2.** *Expressions et termes liés ou dérivés*

Différent

(adj.)

ARISTOTE

« *Différent* se dit des choses qui, tout en étant autres, ont quelque identité, non pas selon le nombre, mais selon l'espèce, ou le genre, ou par analogie. Ce terme se dit encore de ce qui est autre par le genre ou bien des contraires, ou enfin de ce qui contient, dans son essence, l'altérité. » (*La Métaphysique*, liv. Δ, § 9, t. 1, p. 276, Vrin.)

Dignité

◆ 1. Définitions générales

(n. f.) Étym. : lat. *dignitas*, fait d'être digne, de mériter, mérite.
A. *Sens courant et concret* : titre, fonction, etc. conférant à un sujet un rang éminent.
B. *Morale* : caractère de la *personne* humaine autonome et représentant une *fin en soi*, par opposition aux *choses*. Le principe de la dignité humaine a été énoncé par Kant.

◆ 2. Définitions particulières de philosophes

KANT

(B) « Ce qui constitue la condition qui seule peut faire que quelque chose est une fin en soi, cela n'a pas seulement une valeur relative, c'est-à-dire un prix, mais une valeur intrinsèque, c'est-à-dire une *dignité*. » (*Fondements de la métaphysique des mœurs*, 2e section, p. 161, Delagrave.)

ALAIN

Voir MORALE, p. 182.

Dionysiaque

◆ 1. Définitions générales

(adj.) Chez Nietzsche, désigne ce qui est sous le signe de Dionysos (dieu de l'ivresse), c'est-à-dire ce qui correspond à un déchaînement et à une ivresse extatique, ce qui dépasse la mesure et l'ordre. Une dimension fondamentale de l'esprit humain, et aussi de l'art.
Voir APOLLINIEN, p. 23.

◆ 2. Définitions particulières de philosophes

NIETZSCHE

« Le mot ''*dionysiaque*'' exprime le besoin de l'unité, tout ce qui dépasse la personnalité, la réalité quotidienne, la société, la réalité, l'abîme de l'éphémère [...] une affirmation extasiée de l'existence dans son ensemble, [...], la grande participation panthéiste à toute joie et à toute peine. » (*La Volonté de puissance*, trad. Bianquis, liv. 4, t. 2, § 556, p. 372, Gallimard.)

Dionysisme

◆ 1. Définitions générales

(n. m.) Identification avec le principe de l'extase et de la vie.

◆ 2. Définitions particulières de philosophes

NIETZSCHE

« Expériences psychologiques fondamentales : le mot d'''*apollinisme*'' désigne la contemplation extasiée d'un monde d'imagination et de rêve, du monde de la *belle apparence* qui nous délivre du devenir ; le *dionysisme*, d'autre part, conçoit activement le devenir, le ressent subjectivement comme la volupté furieuse du créateur, mêlée au courroux du destructeur. » (*La Volonté de puissance*, trad. Bianquis, liv. 4, t. 2, § 545, p. 368, Gallimard.)

Discours

◆ 1. Définitions générales

(n. m.) Étym. : lat. *discursus*, discours, conversation.
A. *Sens courant* : développement oratoire (fait devant un public).
B. *Linguistique* : ensemble d'énoncés ou de messages ; substance proprement linguistique de la parole.
C. *Philosophie* : expression verbale de la pensée.
D. *Philosophie* : mode de connaissance parvenant à son objet de façon médiate, et non pas intuitivement (= pensée discursive).

◆ 2. Définitions particulières de philosophes

PLATON

Voir FAUX, p. 108.

ARISTOTE

(B) « Le discours est un son vocal (possédant une signification conventionnelle), et dont chaque partie, prise séparément, présente une signification comme énonciation et non pas comme affirmation (ou négation). » (*Organon, De l'interprétation*, § 4, p. 83, Vrin.)

◆ 3. Expressions et termes liés ou dérivés

Discursif

(adj.) Se rapportant à une opération de pensée procédant de manière médiate (jugement, raisonnement...).

◆ 4. Termes et expressions connexes

— Pour *discours* :
Relation de voisinage
• pensée discursive.
Relation de dépendance
• enchaînement • langage • parole • rhétorique
Relation d'opposition
• bruit • intuition.

— Pour *discursif* :
Relation de voisinage
• indirect • médiat.
Relation de dépendance
• concept • médiation • raisonnement.
Relation d'opposition
• intuitif.

Disjonctif

(adj.) Étym. : lat. *disjungere*, séparer, disjoindre.
Logique formelle : une proposition disjonctive est celle qui affirme une alternative.

Distinct

◆ 1. *Définitions générales*

(adj.) Étym. : lat. *distinctus*, distinct, séparé. Qui ne se confond pas avec une autre réalité, qui est précis (opposé à confus).

◆ 2. *Définitions particulières de philosophes*

DESCARTES

« [J'appelle] distincte, [la connaissance] qui est tellement précise et différente de toutes les autres, qu'elle ne comprend en soi que ce qui paraît manifestement à celui qui la considère comme il faut. » (*Les Principes de la Philosophie*, 1re partie, § 45, in *Descartes, Œuvres, lettres*, p. 591, La Pléiade, Gallimard.)

LEIBNIZ

« Nous nommons distinctes [...] [les idées] qui sont bien distinguées, c'est-à-dire qui [...] distinguent dans l'objet les marques qui le font connaître, ce qui en donne l'analyse ou définition ; autrement nous les appelons confuses. » (*Nouveaux Essais sur l'entendement humain*, liv. 2, chap. 29, § 4, p. 198, Garnier-Flammarion.)

Distinction

◆ 1. *Définitions générales*

(n. f.) Étym. : lat. *distinctio*, distinction, différence.
A. *Philosophie* : désigne soit l'action de distinguer, soit le fait d'être distinct.
B. *Sociologie* : chez *Bourdieu*, stratégie sociale et esthétique destinée à exprimer une relation de pouvoir.

◆ 2. *Définitions particulières de philosophes*

LOCKE

(A) « [La distinction] est la perception d'une différence que la nature a placée dans les choses. » (*De la conduite de l'entendement*, p. 81, Vrin).

KANT

Voir CLARTÉ, p. 46.

◆ 3. *Expressions et termes liés ou dérivés*

Distinction de raison

Celle qui se fait par la pensée, qui n'est pas effective dans la chose.

Distinction réelle

Celle qui est dans la chose même, ou entre deux êtres pouvant être effectivement séparés.

DESCARTES

« Il y a des distinctions de trois sortes : à savoir, réelle, modale, et de raison, ou bien qui se fait de la pensée. La réelle se trouve proprement entre deux ou plusieurs substances. Car nous pouvons conclure que deux substances sont réellement distinctes l'une de l'autre, de cela seul que nous en pouvons concevoir une clairement et distinctement sans penser à l'autre. » (*Les Principes de la Philosophie*, 1re partie, § 60, in *Descartes, Œuvres, lettres*, p. 598, La Pléiade, Gallimard.)

Distinguer

(v.) Reconnaître une réalité, selon ses traits particuliers, qui permettent de ne pas la confondre avec une autre.

◆ 4. *Termes et expressions connexes*

Relation de voisinage
• clair • discernable • précis.
Relation de dépendance
• évidence • idée • vérité.
Relation d'opposition
• confus • indistinct.

Divertissement

◆ 1. *Définitions générales*

(n. m.) Étym. : lat. *divertere*, se tourner en sens opposé, se détourner de.
A. *Sens courant* : distraction.
B. *Sens pascalien* : tout ce par quoi l'homme fuit le spectacle de sa misérable condition, le jeu, mais aussi le travail, l'activité, etc.

◆ **2.** *Définitions particulières de philosophes*

PASCAL

(B) « *Divertissement*. Quand je m'y suis mis quelquefois, à considérer les diverses agitations des hommes, et les périls et les peines où ils s'exposent, dans la cour, dans la guerre, d'où naissent tant de querelles, de passions, d'entreprises hardies et souvent mauvaises, etc., [...] j'ai voulu en découvrir la raison, [...] qui consiste dans le malheur naturel de notre condition faible et mortelle [...] s'il [le roi] est sans ce qu'on appelle divertissement, le voilà malheureux, et plus malheureux que le moindre de ses sujets, qui joue et se divertit. » (*Pensées et Opuscules*, Pensée 139, pp. 390, 391, Hachette.)

Division

◆ **1.** *Définitions générales*

(n. f.) Étym. : lat. *divisio*, partage, distribution. Séparation d'un tout en ses parties.

◆ **2.** *Expressions et termes liés ou dérivés*

Division du travail

Répartition et spécialisation des tâches et des fonctions, au sein d'une société.

Division du travail technique

Décomposition du travail et des tâches en gestes élémentaires ou parcellaires, de manière à obtenir et à mettre au point une organisation rationnelle de la production industrielle.

Dogmatisme

◆ **1.** *Définitions générales*

(n. m.) Étym. : grec *dogma*, opinion, doctrine philosophique.

A. *Sens courant* : attitude d'esprit par laquelle on s'attache à un dogme — à un point de doctrine établi par autorité — sans nul esprit critique ; attitude de celui qui affirme sans preuve et de manière catégorique (péjoratif).

B. *Philosophie* : doctrine soutenant que l'homme est capable d'atteindre des vérités certaines, des certitudes absolues (par opposition au scepticisme).

C. Chez *Kant* : préjugé de la métaphysique. Cette discipline procède sans s'être posé le problème de la valeur de la raison et sans avoir fait une critique préalable de son pouvoir (par opposition à la critique et au criticisme).

◆ **2.** *Définitions particulières de philosophes*

PASCAL

(B) « Nous avons une impuissance de prouver, invincible à tout le dogmatisme. Nous avons une idée de la vérité, invincible à tout le pyrrhonisme. » (*Pensées et Opuscules*, Pensée 395, p. 508, Hachette.)

KANT

(C) « La Critique [...] est opposée au dogmatisme, c'est-à-dire à la prétention d'aller de l'avant avec une connaissance pure (la connaissance philosophique) tirée de concepts d'après des principes tels que ceux dont la raison fait usage depuis longtemps sans se demander comment ni de quel droit elle y est arrivée. Le dogmatisme est donc la marche dogmatique que suit la raison pure *sans avoir fait une critique préalable de son pouvoir propre*. » (*Critique de la raison pure*, Préface de la 2e édition, p. 26, PUF.)

◆ **3.** *Expressions et termes liés ou dérivés*

Dogme

ALAIN

« Un dogme est une connaissance (principe ou règle) sur laquelle il n'y a plus à revenir, parce que les compétences en ont décidé. Il y a des dogmes de religion, de science, de bienséance, d'hygiène. » (*Définitions* in *Alain, les Arts et les Dieux*, p. 1052, La Pléiade, Gallimard.)

Donné

◆ **1.** *Définitions générales*

(n. m.) Étym. : lat. *donare*, donner, faire un don.

Ce qui est présenté immédiatement à l'esprit et constaté par lui.

◆ **2.** *Expressions et termes liés ou dérivés*

Données

a) sciences : éléments de base, faits... servant de point de départ (ou de base) à une recherche expérimentale, à une opération (ex. : les données d'un problème).

b) psychologie : ce qui est présenté aux sens avant toute construction ou élaboration.

Données immédiates de la conscience

Expression bergsonienne : ce qui s'offre au sujet de manière immédiate, par intuition, indépendamment de tout travail de construction, de tout intermédiaire, de tout concept (cf. le titre de l'ouvrage de Bergson : *Essai sur les données immédiates de la conscience*).

Douleur

◆ 1. *Définitions générales*

(n. f.) Étym. : lat. *dolor*, douleur physique, morale ; souffrance.
A. *Sens physique* : état désagréable ou pénible en un point du corps (ex. : douleur causée par une brûlure).
B. *En un sens plus large et avec une dimension morale* : sentiment ou émotion pénible, provoqués par une insatisfaction, une cause affective, etc.

◆ 2. *Définitions particulières de philosophes*

SPINOZA

« J'appelle [...] l'affection [...] de la *Tristesse* [*rapportée à la fois à l'Âme et au Corps*], *Douleur* ou *Mélancolie*. » (*Éthique*, 3e partie, Proposition 11, in *Œuvres de Spinoza*, t. 3, p. 146, Garnier-Flammarion.)

LEIBNIZ

Voir PLAISIR, p. 217.

KANT

« La *douleur* est le déplaisir dû aux sens et ce qui le produit est désagréable. » (*Anthropologie du point de vue pragmatique*, 1re partie, p. 93, Vrin.)

Doute

◆ 1. *Définitions générales*

(n. m.) Étym. : lat. *dubitare*, balancer entre deux choses, douter.
État d'incertitude de l'esprit, se trouvant dans l'impossibilité d'affirmer ou de nier : le sujet « balance » ou oscille alors entre deux choses ou deux termes et ne peut déterminer si telle affirmation est vraie ou fausse.

◆ 2. *Définitions particulières de philosophes*

HOBBES

« L'ensemble de la chaîne des opinions alternées, lorsqu'il est question du vrai et du faux, est appelé *doute*. » (*Léviathan*, p. 60, Sirey.)

KANT

« Le *doute* est une raison contraire ou un simple obstacle à l'assentiment qui peut être considéré soit *subjectivement*, soit *objectivement*. *Subjectivement*, le doute est parfois considéré comme l'état d'un esprit indécis ; et *objectivement* comme la connaissance de l'insuffisance des raisons de l'assentiment. » (*Logique*, Introduction X, p. 93, Vrin.)

ALAIN

« Le doute est le sel de l'esprit. » (*Propos*, t. 1, p. 1014, La Pléiade, Gallimard.)

◆ 3. *Expressions et termes liés ou dérivés*

Doute hyperbolique

Chez *Descartes*, doute méthodique radical, « dépassant la mesure », poussé à l'extrême. Descartes considère comme absolument faux ce qui n'est que douteux ; il fait l'hypothèse d'un *malin génie* — voir GÉNIE (MALIN GÉNIE), p. 116 — qui nous tromperait universellement, en toute chose. Ce doute est théorique et provisoire.

DESCARTES

« [...] ce doute hyperbolique où nous avons été pendant que nous ne savions pas encore si celui qui nous a créés avait pris plaisir à nous faire tels, que nous fussions trompés en toutes les choses qui nous semblent très claires. » (*Les Principes de la Philosophie*, 1re partie, § 30, in *Descartes, Œuvres, lettres*, p. 584, La Pléiade, Gallimard.)

Doute méthodique

Chez *Descartes*, résolution de suspendre provisoirement le jugement afin d'établir la vérité. Il s'agit là d'une *méthode* consistant à révoquer tout ce qui a été antérieurement admis, pour fonder la connaissance sur des bases inébranlables. Le doute méthodique désigne donc un chemin pour parvenir au vrai.

DESCARTES

« Et, faisant particulièrement réflexion, en chaque matière, sur ce qui la pouvait rendre suspecte et nous donner occasion de nous méprendre, je déracinais cependant de mon esprit toutes les erreurs qui s'y étaient pu glisser auparavant. Non que j'imitasse pour cela les sceptiques, qui ne doutent que pour douter et affectent d'être toujours irrésolus, car, au contraire, tout mon dessein ne tendait qu'à m'assurer et à rejeter la terre mouvante et le sable pour trouver le roc ou l'argile. » (*Discours de la méthode*, 3e partie, in *Descartes, Œuvres, lettres*, p. 145, La Pléiade, Gallimard.)

Doute sceptique

Suspension radicale et définitive du jugement : nous ne pouvons, en effet, selon les Sceptiques, affirmer quoi que ce soit avec certitude.

Doute scientifique

État d'esprit et attitude du savant, soumettant au contrôle expérimental ses observations, hypothèses, théories, etc.

BERNARD

« Le doute scientifique devient un élément de plus grande certitude [...]. Le douteur est le vrai savant ; il ne doute que de lui-même et de ses interprétations, mais il croit à la science. » (*Introduction à l'étude de la médecine expérimentale*, pp. 78, 79, Gibert.)

Douter

(v.)

ALAIN

« Douter, c'est examiner, c'est démontrer et remonter les idées comme des rouages, sans prévention et sans précipitation, contre la puissance de croire qui est formidable en chacun de nous [...]. Douter est un travail de force, comme forger. » (*Propos*, t. 1, p. 21, Gallimard.)

◆ 4. *Termes et expressions connexes*

Relation de voisinage

• épochè • incertitude • irrésolution • scepticisme.

Relation de dépendance

• jugement • méthode (Descartes) • vérité.

Relation d'opposition

• certitude • conviction • croyance.

Droit

Qu'est-ce que le Droit ? Au XVIIIe siècle, *Kant*, qui réfléchit sur la Révolution française, souligne que le Droit a pour but d'assurer la coexistence des libertés selon une *loi universelle*. La pensée moderne rationaliste (*Alain*, etc.) héritera de ces thèmes kantiens.

◆ 1. *Définitions générales*

(n. m.-adj.) Étym. : lat. *directus*, qui est en ligne droite.

A. *Adjectif* :

a) qui est, d'un bout à l'autre, sans déviation ; opposé à tordu, à courbe.

b) qui suit un raisonnement correct (ex. : une pensée droite).

c) qui ne s'écarte pas d'une règle morale (ex. : un homme droit).

B. *Nom* :

a) *un droit* : ce qui est conforme à une règle déterminée (ex. : j'ai un droit sur telle chose) ; ce qui est permis par une règle.

b) *le Droit* : le légitime, par opposition au Fait, au réel.

c) *le droit* : l'ensemble des droits (droit positif, droit naturel, etc.) régissant les rapports des hommes entre eux.

◆ 2. *Définitions particulières de philosophes*

KANT

« Le droit est [...] l'ensemble des conditions sous lesquelles l'arbitre de l'un peut être uni à l'arbitre de l'autre selon une loi universelle de la liberté. » (*Métaphysique des mœurs, Doctrine du droit*, Introduction § B, p. 104, Vrin.)

« Le *droit* est la limitation de la liberté de chacun à la condition de son accord à la liberté de tous, en tant que celle-ci est possible selon une loi universelle. » (*Théorie et pratique*, 2e partie, p. 30, Vrin.)

HEGEL

« Le droit consiste en ce que chaque individu soit respecté et traité par l'autre comme une essence libre, car c'est seulement dans cette mesure que le libre vouloir se prend lui-même en autrui comme objet et comme contenu. » (*Propédeutique philosophique*, « Doctrine du droit », § 3, p. 41, Éditions de Minuit.)

« Le *droit* est le rapport entre les hommes dans la mesure où ils sont des personnes abstraites. » (*Propédeutique philosophique*, « Encyclopédie philosophique », § 182, p. 214, Éditions de Minuit.)

Voir aussi PERSONNE, p. 210.

NIETZSCHE

« Le droit = volonté d'éterniser l'équilibre de puissance présent ; à condition qu'on en soit satisfait. » (*La Volonté de puissance*, trad. Bianquis, liv. 2, t. 1, § 487, p. 349, Gallimard.)

ALAIN

« Le droit est un système de contrainte générale et réciproque, fondé sur la coutume et sur le jugement des arbitres, et qui a pour fin d'accorder l'idéal de la justice avec les nécessités de la situation humaine et les besoins de sécurité qu'impose l'imagination. Le droit n'est pas le fait. » (*Définitions*, in *Alain, les Arts et les Dieux*, p. 1052, Gallimard.)

◆ 3. *Expressions et termes liés ou dérivés*

Droit civil

Partie essentielle du droit privé, concernant les personnes (famille, mariage...), les biens, les successions, etc.

SPINOZA

« Par Droit Civil privé nous ne pouvons entendre autre chose que la liberté qu'a l'individu de se conserver dans son état, telle qu'elle est déterminée par les édits du pouvoir souverain et maintenue par sa seule autorité. » (*Traité théologico-politique*, chap. 16, in *Œuvres de Spinoza*, t. 2, p. 269, Gallimard.)

Droit naturel

Ensemble de règles considérées comme appartenant à l'homme du fait de la nature ou de l'essence de celui-ci (ou de la nature en général), et ce indépendamment de toute législation, de tout droit positif à proprement parler.

HOBBES

« Le Droit *de nature*, que les auteurs appellent généralement *jus naturale*, est la liberté qu'a chacun d'user comme il le veut de son pouvoir propre, pour la préservation de sa propre nature. » (*Léviathan*, p. 128, Sirey.)

SPINOZA

« Par droit de nature, [...] j'entends les lois mêmes ou règles de la Nature suivant lesquelles tout arrive, c'est-à-dire la puissance même de la nature. Par suite le droit naturel de la Nature entière et conséquemment de chaque individu s'étend jusqu'où va sa puissance. » (*Traité politique*, § 4, p. 16, Garnier-Flammarion.)

KANT

« Par droit naturel on entend seulement celui qui n'est pas statutaire, c'est-à-dire uniquement celui que la raison de tout homme peut concevoir *a priori*. » (*Métaphysique des mœurs*, *Doctrine du droit*, 1re partie, p. 178, Vrin.)

HEGEL

« La science qui porte sur les concepts juridiques fondamentaux [est] appelée *droit naturel*, comme s'il y avait un droit que l'homme recevrait de la nature et un autre, distinct du premier, qui naîtrait dans la société en ce sens qu'en elle le droit naturel, en tant que véritable droit, serait, de toute nécessité, *partiellement sacrifié*. » (*Propédeutique philosophique*, « Encyclopédie philosophique », § 188, p. 216, Éditions de Minuit.)

Droit positif

Ensemble de règles (lois, coutumes...) données et existant réellement dans une société (ex. : traité de droit).

WEIL

« Le *droit positif moderne* [...] formule ce qui est exigé des individus et des organisations particulières à l'intérieur d'une société donnée. » (*Philosophie politique*, p. 82, Vrin.)

Droit public

KANT

« L'ensemble des lois, qui ont besoin d'être proclamées universellement pour produire un état juridique, est le *droit public*. » (*Métaphysique des mœurs*, *Doctrine du droit*, 2e partie, p. 193, Vrin.)

◆ **4.** *Termes et expressions connexes*

Relation de voisinage

• code • législation.

Relation de dépendance

• contrat • devoir • État • justice • liberté • loi • moralité • nature • politique.

Relation d'opposition

• arbitraire • illégitimité • violence.

Dualisme

(n. m.) Étym. : lat. *dualis*, qui est au nombre de deux.

A. Dualité, c'est-à-dire état de ce qui est double.

B. *Métaphysique* : doctrine admettant deux principes irréductibles (ex. : dualisme cartésien de l'âme et du corps).

Durée

◆ **1.** *Définitions générales*

(n. f.) Étym. : lat. *durare*, durcir.

A. *Sens courant* : portion ou partie finie du temps (ex. : la durée d'une expérience).

B. *Sens bergsonien* : caractère ou qualité de nos états psychiques, se fondant les uns dans les autres, sans se juxtaposer (s'oppose ici au temps mathématique).

◆ **2.** *Définitions particulières de philosophes*

SPINOZA

« La durée est une continuation indéfinie de l'existence. » (*Éthique*, 2e partie, Définition 5, in *Œuvres de Spinoza*, t. 3, p. 70, Garnier-Flammarion.)

BERGSON

(B) « La durée toute pure est la forme que prend la succession de nos états de conscience quand notre moi se laisse vivre, quand il s'abstient d'établir une séparation entre l'état présent et les états antérieurs. » (*Essai sur les données immédiates de la conscience*, pp. 74, 75, PUF.)

Dynamique

◆ **1.** *Définitions générales*

(n. f.-adj.) Étym. : grec *dunamis*, puissance.

A. *Adjectif* : qui est actif (opposé à statique).

B. *Nom* : partie de la mécanique étudiant le mouvement dans ses relations avec les forces qui le causent.

◆ **2.** *Expressions et termes liés ou dérivés*

Dynamisme

(n. m.) Doctrine philosophique posant l'existence de forces irréductibles au mouvement. La matière ne serait pas inerte (Leibniz). Opposé au mécanisme.

E

Eccéité

(n. f.) Étym. : lat. scolastique, *ecceitas*, de *ecce*, voici, voilà.
A. *Métaphysique* : ce qui fait qu'un individu est lui-même.
B. Chez *Heidegger*, tout particulièrement : caractère de ce qui se trouve ici ou là.

Échange

Dans *La Politique*, au IVe siècle av. J.-C., Aristote apporte une contribution fondamentale à la constitution de la science économique : il définit l'échange et distingue valeur d'usage et valeur d'échange.

◆ **1.** *Définitions générales*

(n. m.) Étym. : lat. populaire *excambiare*, du bas latin *cambiare*, échanger, troquer.
Opération de cession réciproque de biens, de personnes considérées comme des biens, de message, etc. Les valeurs ou biens cédés sont jugés équivalents.

◆ **2.** *Définitions particulières de philosophes*

ARISTOTE

« L'usage propre d'un soulier est de chausser ; on peut aussi le vendre ou l'échanger pour se procurer de l'argent ou du pain, ou quelque autre chose [...]. Il en va de même des autres choses [...] les hommes en ayant les uns plus, les autres moins qu'il ne leur faut, ce hasard en a amené l'échange. » (*Politique d'Aristote*, liv. 1, p. 22, PUF.)

◆ **3.** *Termes et expressions connexes*

Relation de voisinage
• troc.
Relation de dépendance
• argent • communication • consommation • économie • société • travail • valeurs.
Relation d'opposition
• autarcie • isolement.

Échec

◆ **1.** *Définitions générales*

(n. m.) Étym. : arabo-persan *shāh*, dans l'expression *shāh mat* (« le roi est mort »).
Non-aboutissement d'une entreprise ou d'un projet.

◆ **2.** *Définitions particulières de philosophes*

SARTRE

« Il y a échec lorsque j'ai eu toute latitude de réaliser l'opération et, lorsque l'opération finie, elle ne se transforme pas dans la fin : lorsque la totalité des moyens ne se transforme pas en fin. » (*Cahiers pour une morale*, p. 451, Gallimard.)

Éclectisme

(n. m.) Étym. : grec *eklektikos*, apte à choisir, qui choisit.
A. Méthode philosophique consistant à réunir des thèses ou éléments empruntés à divers systèmes de manière à les juxtaposer en un nouvel ensemble.
B. École de Victor Cousin (1792-1867). Auteur de *Fragments de philosophie* (1826) et d'un *Cours d'histoire de la philosophie* (1828), il réunit, dans une nouvelle doctrine, ce que les différents systèmes philosophiques contenaient, à ses yeux, de vrai.

Écologie

(n. f.) Étym. : composé du grec *oikos*, maison et *logos*, science, étude.
Science des relations de l'organisme avec l'environnement et le milieu. E. Haeckel (1834-1919), naturaliste et biologiste allemand, introduisit ce mot.

Économie

◆ **1.** *Définitions générales*

(n. f.) Étym. : grec *oikonomia*, administration de la maison.
A. *Sens originaire et classique* : art de bien administrer une maison, de gérer correctement les biens familiaux.

B. *Sens courant* : gestion pratiquant l'épargne.
C. Économie politique.
D. *Au sens figuré et par extension* : organisation des diverses parties d'un ensemble (ex. : l'économie d'une œuvre littéraire).

◆ **2.** *Définitions particulières de philosophes*

PERROUX

« L'économie est la science de l'aménagement onéreux du monde extérieur. » (in Gurvitch, *Traité de sociologie*, t. 1, p. 357, PUF.)

◆ **3.** *Expressions et termes liés ou dérivés*

Économie politique

Science ayant pour objet les lois de la production, de la distribution et de la consommation des biens et des richesses.

ROUSSEAU

« Économie ou Œconomie. [...] ce mot vient de οἶκος, *maison*, et de νόμος, *loi*, et ne signifie originairement que le sage et légitime gouvernement de la maison, pour le bien commun de toute la famille. Le sens de ce terme a été dans la suite étendu au gouvernement de la grande famille, qui est l'état. Pour distinguer ces deux acceptions, on l'appelle dans ce dernier cas, *économie générale*, ou *politique* ; et dans l'autre cas, *économie domestique*, ou *particulière*. » (*Discours sur l'économie politique*, in Rousseau, *Œuvres complètes*, t. 3, p. 241, La Pléiade, Gallimard.)

HEGEL

« L'économie politique est la science qui a son point de départ [dans l'examen de la sphère des besoins] et qui a, par suite, à présenter le mouvement et le comportement des masses dans leurs situations et leurs rapports qualitatifs et quantitatifs. C'est une de ces sciences qui sont nées des temps modernes comme d'un terrain qui leur serait propre. » (*Principes de la philosophie du droit*, 3e partie, § 189, p. 244, Idées, Gallimard.)

MILL

« [L'économie politique étudie] les faits sociaux qui se produisent en vue de l'acquisition de la richesse [et a intérêt à considérer] le genre humain comme occupé uniquement de l'acquisition et de la consommation de la richesse. » (*Système de logique déductive et inductive*, in H. Denis, *Histoire de la pensée économique*, p. 483, PUF.)

MARX

« L'économie politique, science de la *richesse*, est [...] en même temps la science [...] de l'*épargne*. » (*Manuscrits de 1844*, in M. Rubel, *Pages de Karl Marx*, t. 1, p. 188, Petite Bibliothèque Payot.)

◆ **4.** *Termes et expressions connexes*

Relation de voisinage
• épargne • gestion • organisation.
Relation de dépendance
• distribution • production • richesses.
Relation d'opposition
• gaspillage.

Éducation

◆ **1.** *Définitions générales*

(n. f.) Étym. : lat. *educatio*, instruction, formation de l'esprit.
A. Processus par lequel une ou plusieurs fonctions se développent, progressivement et graduellement, par l'exercice : elles se perfectionnent ainsi (ex. : éducation de l'ouïe).
B. Ensemble des opérations et procédés par lesquels les adultes développent les facultés et qualités de l'enfant.

◆ **2.** *Définitions particulières de philosophes*

PLATON

« L'éducation [...] est l'art de tourner [l'œil de l'âme vers le Bien] et de trouver pour cela la méthode la plus [...] efficace ; elle ne consiste pas à mettre la vue dans l'organe, puisqu'il la possède déjà ; [...] elle en ménage la conversion. » (*La République*, liv. 7, in *Platon, Œuvres complètes*, t. 7, 1re partie, p. 151, Budé, Belles Lettres.)

ROUSSEAU

« J'appelle éducation positive celle qui tend à former l'esprit avant l'âge et à donner à l'enfant la connaissance des devoirs de l'homme. J'appelle éducation négative celle qui tend à perfectionner les organes, instruments de nos connaissances, avant de nous donner ces connaissances et qui prépare à la raison par l'exercice des sens. » (*Lettre à Christophe de Beaumont*, in Rousseau, *Œuvres complètes*, t. 4, p. 945, La Pléiade, Gallimard.)

KANT

« L'homme est la seule créature qui doive être éduquée. Par éducation, on entend [...] les soins (l'alimentation, l'entretien), la discipline et l'instruction avec la formation. Sous ce triple rapport l'homme est nourrisson, — élève, — et écolier. » (*Réflexions sur l'éducation*, Introduction, p. 69, Vrin.)

MAUSS

« L'éducation est [...] l'opération par laquelle l'être social est surajouté en chacun de nous à l'être individuel, l'être moral à l'être animal ; c'est le procédé grâce auquel l'enfant est rapidement socialisé. » (*Œuvres*, t. 3, p. 150, Éditions de Minuit.)

◆ **3.** *Termes et expressions connexes*

Relation de voisinage
• formation • instruction.
Relation de dépendance
• culture • développement • pédagogie • politesse • société.
Relation d'opposition
• état de nature • grossièreté.

Effectif

Voir EFFET.

Effet

◆ **1.** *Définitions générales*

(n. m.) Étym. : lat. *effectus*, exécution, réalisation.
Phénomène résultant d'une cause efficiente et produit par elle. Voir CAUSE, p. 40, CAUSALITÉ, p. 40.

◆ **2.** *Expressions et termes liés ou dérivés*

Effectif

(adj.) Étym. : lat. *effectivus*, qui produit.
Qui a lieu réellement ou existe réellement.

Efficace

(n. f.-adj.) Étym. : lat. *efficax*, efficace, qui produit de l'effet.
a) adjectif :
1) qui produit l'effet attendu.
2) chez *Malebranche* : désigne la cause produisant *réellement* un effet (ex. : Dieu est la seule cause efficace).
b) nom (vieilli) :
1) efficacité, c'est-à-dire caractère de ce qui est efficace (ex. : l'efficace d'une potion).
2) *Chez Malebranche* : propriété d'être la cause efficace ou réelle agissant dans l'univers et produisant l'effet. Voir OCCASIONNALISME, p. 197.

Effort

◆ **1.** *Définitions générales*

(n. m.) Étym. : du lat. *fortis*, fort, courageux, énergique et du préfixe ex-, qui traduit l'idée d'un mouvement hors de.
Activité d'un sujet rencontrant une résistance et rassemblant ses forces pour la vaincre.

◆ **2.** *Définitions particulières de philosophes*

BERGSON

« Il n'y a [...] effort mental que là où il y a des éléments intellectuels en voie d'organisation [...]. L'unité vers laquelle l'esprit marche alors [...] est l'unité d'une "idée directrice" commune à un grand nombre d'éléments organisés. C'est l'unité même de la vie. » (*L'Énergie spirituelle*, pp. 185, 186, PUF.)

Égalité

◆ **1.** *Définitions générales*

(n. f.) Étym. : lat. *aequalitas*, égalité.
A. *Droit* : principe selon lequel tous les individus se présentent de façon identique devant la loi et se voient appliquer les mêmes lois.
B. *Mathématiques* : propriété de deux grandeurs d'être équivalentes ou substituables l'une à l'autre. Elle se marque par le signe =.
C. *Politique* : droit identique de participation au gouvernement.

◆ **2.** *Définitions particulières de philosophes*

ALAIN

« L'égalité est un état de droit, qui exclut la comparaison des forces lorsqu'il s'agit de juger d'un vol, d'un abus de pouvoir, d'une injure, et choses semblables, qui sont toujours les effets d'une inégalité de forces. » (*Définitions*, in *Alain, les Arts et les Dieux*, p. 1053, La Pléiade, Gallimard.)

Ego

◆ **1.** *Définitions générales*

(n. m.) Étym. : lat. *ego*, je, moi.
Moi comme sujet.

◆ **2.** *Expressions et termes liés ou dérivés*

Ego transcendantal

Chez *Husserl*, sujet ultime atteint au terme de la réduction phénoménologique.

HUSSERL

« Ce dernier [l'ego transcendantal] est résulté de la *mise entre parenthèses* du monde objectif dans son ensemble [...]. Au moyen de cette "mise entre parenthèses", j'ai pris conscience de moi-même comme d'un *ego* transcendantal, qui, dans sa propre vie, constitue tout ce qui jamais peut être objectif pour moi ; j'ai pris conscience d'un moi, sujet de toute constitution en général. » (*Méditations cartésiennes*, Méditation 5, § 45, p. 83, Vrin.)

Égocentrique

PIAGET

« La pensée de l'enfant est égocentrique, c'est-à-dire que l'enfant pense surtout pour lui-même sans chercher ou sans parvenir à se placer au point de vue d'autrui. » (*Le Jugement et le Raisonnement chez l'enfant*, p. 11, Delachaux et Niestlé.)

Égocentrisme

(n. m.) Étym. : composé du lat. *ego*, moi, et de *centrum*, centre du cercle.
Psychologie : tendance du sujet à rapporter tout à soi et à se faire le centre de tout.

Égotisme

(n. m.) Étym. : mot emprunté à l'anglais *egotism*, du latin *ego*, moi.
Terme employé par Stendhal (*Souvenirs d'égotisme*).
a) chez *Stendhal* : peinture et analyse détaillée du moi, du « cœur humain ».
b) *par extension* : culte du moi.

Égoïsme

◆ **1.** *Définitions générales*

(n. m.) Étym. : vient de *ego*, moi ; ce terme a été créé par les Jansénistes de Port-Royal.
Morale : amour exclusif de soi. Attitude de celui qui agit en recherchant exclusivement son intérêt personnel (opposé à altruisme).

◆ **2.** *Définitions particulières de philosophes*

KANT

« L'ensemble des penchants [...] forme l'*égoïsme* [...]. L'égoïsme est ou l'*amour de soi* qui consiste dans une *bienveillance* excessive pour soi-même (philautia), ou bien la *satisfaction* de soi-même (arrogantia). Le premier s'appelle spécialement *amour-propre* ; la seconde, *présomption*. » (*Critique de la raison pratique*, « Doctrine élémentaire de la raison pure pratique », pp. 76, 77, PUF.)

NIETZSCHE

« L'égoïsme est cette loi de la perspective du sentiment d'après laquelle les choses les plus proches sont les plus grandes et les plus lourdes alors que toutes celles qui s'éloignent diminuent de taille et de poids. » (*Le Gai Savoir*, liv. 3, § 162, p. 191, Idées, Gallimard.)
« L'égoïsme : vue et appréciation perspectivistes des choses, pour une fin de conservation. » (*La Volonté de puissance*, trad. Bianquis, liv. 2, t. 1, § 237, p. 270, Gallimard.)

Égotisme

Voir EGO, p. 83.

Eidétique

◆ **1.** *Définitions générales*

(n. f.-adj.) Étym. : grec *eidètikos*, qui concerne la connaissance — de *eidos*, forme d'une chose dans l'esprit, idée, essence.
A. *Nom* : dans la phénoménologie, science des essences.
B. *Adjectif* : dans la phénoménologie, qui concerne les essences.

◆ **2.** *Définitions particulières de philosophes*

HUSSERL

(A-B) « *La phénoménologie pure ou transcendantale ne sera pas érigée en science portant sur des faits, mais portant sur des essences* (en science ''eidéti-*que*'') ; une telle science [eidétique] vise à établir uniquement des ''connaissances d'essence'' et *nullement des ''faits''*. La réduction correspondante qui conduit du phénomène psychologique à l'''essence'' pure [...] est la *réduction eidétique*. » (*Idées directrices pour une phénoménologie*, p. 7, Gallimard.)
Voir aussi PHÉNOMÉNOLOGIE, p. 213.

◆ **3.** *Expressions et termes liés ou dérivés*

Réduction eidétique

Chez *Husserl* : attitude conduisant du phénomène psychologique à l'essence pure (voir ci-dessus EIDÉTIQUE).

Ek-sistence

Voir EXISTENCE, p. 101.

Élan vital

Voir VITAL, p. 310.

Éléates

Philosophes de l'École d'Élée, en Grande-Grèce (sur la côte occidentale de la péninsule italique). Principaux penseurs : Parménide (540-450 av. J.-C.) et Zénon d'Élée (né vers 490 av. J.-C.). Leur doctrine affirme l'identité, l'unité et l'éternité de l'être.

Élément

◆ **1.** *Définitions générales*

(n. m.) Étym. : lat. *elementa*, les lettres de l'alphabet.

A. *Sens courant large* : un des composants plus simples d'un tout composé.

B. *Sens rigoureux* : le composant le plus simple, indivisible, d'un tout.

C. *Chimie* (préscientifique) : théorie des quatre éléments (elle a dominé d'Empédocle à Lavoisier). Le feu, la terre, l'air et l'eau seraient les corps simples dont le reste est formé et constitué.

D. *Science* (et au pluriel) : principes d'une science (ex. : les éléments d'Euclide).

◆ **2.** *Définitions particulières de philosophes*

ARISTOTE

« *Élément* se dit du premier composant immanent d'un être et spécifiquement indivisible en d'autres espèces : par exemple, les éléments du mot sont les parties dont est composé le mot et en lesquelles on le divise ultimement. » (*La Métaphysique*, liv. Δ, § 3, t. 1, p. 252, Vrin.)

Élite

(n. f.) Étym. : lat. *eligere*, choisir, trier, élire.

La partie la meilleure et la plus digne d'être choisie, au sein d'un ensemble ou d'un groupe social déterminé.

Éminent

(adj.) Étym. : lat. *eminens*, part. présent de *eminere*, s'élever au-dessus.

A. *Sens ordinaire* : supérieur.

B. *Scolastique* : une chose existe de manière éminente ou éminemment quand elle appartient à une réalité supérieure qui la contient et d'où elle tire sa réalité.

Émotion

◆ **1.** *Définitions générales*

(n. f.) Étym. : lat. *emovere*, déplacer, remuer, ébranler.

État affectif brusque, passager et violent, accompagné de réactions corporelles.

◆ **2.** *Définitions particulières de philosophes*

KANT

« L'émotion [...] est le sentiment d'un plaisir ou d'un déplaisir actuel qui ne laisse pas le sujet parvenir à la réflexion [...]. Dans l'émotion, l'esprit surpris par l'impression perd l'empire de soi-même [...]. Elle se déroule dans la précipitation : c'est-à-dire qu'elle croît rapidement jusqu'au degré de sentiment qui rend la réflexion impossible (elle est inconsidérée). » (*Anthropologie du point de vue pragmatique*, 1re partie, p. 109, Vrin.)

Voir aussi PASSION, p. 206.

BERGSON

« Une émotion est un ébranlement affectif de l'âme, mais autre chose est une agitation de la surface, autre chose un soulèvement des profondeurs [...]. Seule [...] l'émotion du second genre peut devenir génératrice d'idées. » (*Les Deux Sources de la morale et de la religion*, pp. 39, 40, PUF.)

ALAIN

« Régime de mouvement qui s'établit dans le corps (cœur, poumons, muscles) sans la permission de la volonté, et qui change soudainement la couleur des pensées. » (*Définitions*, in *Alain, les Arts et les Dieux*, p. 1053, La Pléiade, Gallimard.)

SARTRE

« [Une émotion] est une transformation du monde. Lorsque les chemins tracés deviennent trop difficiles [...] nous essayons de changer le monde, c'est-à-dire de le vivre comme si les rapports des choses à leurs potentialités n'étaient pas réglés par des processus déterministes mais par la magie. » (*Esquisse d'une théorie des émotions*, p. 33, Hermann.)

« Nous appellerons émotion une chute brusque de la conscience dans le magique. » (*Esquisse d'une théorie des émotions*, p. 49, Hermann).

◆ **3.** *Termes et expressions connexes*

Relation de voisinage

• affection • passion • trouble.

Relation de dépendance

• action • affectivité • esthétique • mouvement • sensibilité • sentiment.

Relation d'opposition

• calme • équilibre.

Empathie

(n. f.) Étym. : grec *empatheia*, passion.

Connaissance d'autrui par sympathie ; démarche visant à comprendre autrui en se mettant à sa place (sciences humaines, psychologie, psychothérapie, etc.).

Empirie

Voir EMPIRISME.

Empirique

◆ **1.** *Définitions générales*

(n. m.-adj.) Étym. : grec *empeirikos*, qui se dirige d'après l'expérience.
A. *Adjectif* : fondé sur l'expérience ; ayant sa source en elle (synonyme de a posteriori).
B. *Nom* (emploi assez rare) : celui qui se contente d'accumuler des faits.

◆ **2.** *Définitions particulières de philosophes*

BACON

« Ceux qui ont traité les sciences furent ou des empiriques ou des dogmatiques. Les empiriques, à la manière des fourmis, se contentent d'amasser et de faire usage ; les rationnels, à la manière des araignées, tissent des toiles à partir de leur propre substance. » (*Novum Organum*, Aphorisme 95, p. 157, PUF.)

Empirisme

◆ **1.** *Définitions générales*

(n. m.) Étym : grec *empeiria*, expérience, sagesse acquise par l'expérience.
A. *Épistémologie* : approche de la réalité caractérisée par l'observation pure et simple des faits (il s'agit ici d'un type de démarche scientifique, procédant sans hypothèse).
B. *Philosophie* : doctrine selon laquelle toutes nos connaissances ou principes représentent une acquisition de l'expérience et reposent fondamentalement sur elle. Négation de l'idée selon laquelle existeraient, dans notre esprit, des données indépendantes de l'expérience.

◆ **2.** *Définitions particulières de philosophes*

HEGEL

« L'*empirisme* [...], au lieu de chercher le vrai dans la pensée, s'adresse à l'expérience, au présent extérieur et intérieur. » (*Précis de l'Encyclopédie des sciences philosophiques*, « La Science de la logique », Préliminaires, § 37, p. 51, Vrin.)

BERNARD

(A) « L'empirisme scientifique consiste dans la constatation précise des faits que le hasard ou les circonstances fortuites nous présentent, et il faut que cette constatation soit pure et simple, sans mélange d'aucune interprétation ni hypothèse. » (*Principes de médecine expérimentale*, p. 53, Quadrige, PUF.)

BERGSON

« Un empirisme vrai est celui qui se propose de serrer d'aussi près que possible l'original lui-même, d'en approfondir la vie, et, par une espèce d'*auscultation spirituelle*, d'en sentir palpiter l'âme ; et cet empirisme vrai est la vraie métaphysique. » (*La Pensée et le Mouvant*, p. 196, PUF.)

◆ **3.** *Expressions et termes liés ou dérivés*

Empirisme logique

Doctrine du « Cercle de Vienne » (fondé en 1929 par Schlick). Cette doctrine se fonde sur un empirisme (l'expérience étant l'unique source de notre savoir) ; mais la raison remplirait, néanmoins, une fonction de coordination.

Empirie

(n. f.) Expérience et données brutes, non élaborées.

Empiriste

Personne ou philosophe partisan de l'empirisme et le professant.

◆ **4.** *Termes et expressions connexes*

Relation de voisinage
• pragmatisme.
Relation de dépendance
• connaissance • expérience • savoir.
Relation d'opposition
• idéalisme • rationalisme.

Énergie

◆ **1.** *Définitions générales*

(n. f.) Étym. : grec *energeia*, forte en action, acte.
A. Capacité de faire effort, de posséder de la fermeté dans l'action.
B. *Physique* : grandeur abstraite exprimant la capacité d'un système à se transformer par la création ou la modification d'autres grandeurs physiques (masse, mouvement, etc.).

◆ **2.** *Expressions et termes liés ou dérivés*

Principe de la conservation de l'énergie

Principe selon lequel, dans un système isolé, la quantité d'énergie est constante.

Engagement

Un concept qui acquiert sa pleine signification à l'époque moderne, comme action de mettre sa personne et ses forces au service d'une idée ou d'une cause.

◆ **1.** *Définitions générales*

(n. m.) Étym. : lat. *vas, vadis*, caution ; le préfixe en- (lat. *in*) marque l'action de mise en gage.
A. *Sens primitif* : action par laquelle on met en gage.
B. *Personnalisme, existentialisme* : doctrine selon laquelle l'homme, totalement libre et responsable de tout, ne pourrait éviter de choisir ; ainsi devrait-il mettre ses forces au service d'une cause pour la défendre.

◆ **2.** *Expressions et termes liés ou dérivés*

S'engager

SARTRE

(B) « Je dirai qu'un écrivain est engagé lorsqu'il tâche à prendre la conscience la plus lucide et la plus entière d'être embarqué, c'est-à-dire lorsqu'il fait passer pour lui et pour les autres l'engagement de la spontanéité immédiate au réfléchi. » (*Situations* II, p. 124, Gallimard.)
(B) « Un homme n'existe pas à la manière de l'arbre ou du caillou [...]. Il est engagé, il faut parier, l'abstention est un choix. » (*Situations* II, pp. 27, 28, Gallimard.)

◆ **3.** *Termes et expressions connexes*

Relation de dépendance
• action • liberté • responsabilité • situation.
Relation d'opposition
• abstention • désengagement • neutralité.

Ennui

◆ **1.** *Définitions générales*

(n. m.) Étym. : lat. *odium*, haine.
Sentiment désagréable de vide.

◆ **2.** *Définitions particulières de philosophes*

PASCAL

« *Ennui*. — Rien n'est si insupportable à l'homme que d'être dans un plein repos, sans passions, sans affaire, sans divertissement, sans application. Il sent alors son néant, son abandon, son insuffisance, sa dépendance, son impuissance, son vide. Incontinent il sortira du fond de son âme l'ennui... » (*Pensées et Opuscules*, Pensée 131, p. 388, Hachette.)

LAVELLE

« La conscience du temps, sous sa forme la plus pure, c'est l'ennui, c'est-à-dire la conscience d'un intervalle que rien ne traverse ou que rien ne peut combler. » (*Du temps et de l'éternité*, p. 236, Aubier.)

En soi

Voir SOI, p. 271.

Entéléchie

◆ **1.** *Définitions générales*

(n. f.) Étym. : grec *entelecheia*, énergie agissante et efficace.
État de l'être pleinement réalisé, achevé, en acte (opposé à l'être en puissance). Ce terme se trouve chez *Aristote* et *Leibniz*. Chez ce dernier, désigne la monade ayant une certaine perfection.

◆ **2.** *Définitions particulières de philosophes*

LEIBNIZ

« On pourrait donner le nom d'Entéléchies à toutes les substances simples, ou Monades créées, car elles ont en elles une certaine perfection, il y a une suffisance qui les rend sources de leurs actions internes. » (*La Monadologie*, § 18, p. 150, Delagrave.)
Voir aussi VIVANT, p. 311.

Entendement

◆ **1.** *Définitions générales*

(n. m.) Étym. : lat. *intendere*, tendre vers, tourner l'attention de quelqu'un vers une chose.
A. *Sens général, philosophie* : faculté de comprendre.
B. Chez *Descartes* : pouvoir de connaître (formant, avec la volonté, les deux modes de la pensée).
C. Chez *Kant* : fonction de l'esprit reliant les sensations grâce aux catégories ; pouvoir de juger.

◆ **2.** *Définitions particulières de philosophes*

DESCARTES

(B) « Par l'entendement seul je n'assure ni ne nie aucune chose, mais je conçois seulement les idées des choses, que je puis assurer ou nier. » (*Méditations métaphysiques*, Méditation IV, in *Descartes, Œuvres, lettres*, p. 304, La Pléiade, Gallimard.)

LOCKE

« La puissance de penser est ce qu'on nomme l'*Entendement*. » (*Essai philosophique concernant l'entendement humain*, p. 83, Vrin.)

MALEBRANCHE

« Par ce mot, *entendement pur*, nous ne prétendons désigner que la faculté qu'a l'esprit de connaître les objets de dehors, sans qu'il s'en forme des images corporelles dans le cerveau pour se les représenter. » (*De la recherche de la vérité*, in Malebranche, *Œuvres*, t. I, p. 293, La Pléiade, Gallimard.)

KANT

(C) L'*entendement* en général peut être représenté comme un *pouvoir de juger*. » (*Critique de la raison pure*, « Analytique transcendantale », p. 88, PUF.)

Voir aussi JUGEMENT, p. 154, SPONTANÉITÉ, p. 275.

HEGEL

« L'entendement est l'acte par lequel, absolument parlant, la pensée pose des déterminations et s'y tient fermement. Comme entendement *objectif*, il contient les catégories, c'est-à-dire les déterminations mentales de l'être qui constituent l'unité interne du divers des intuitions et des représentations. Il distingue l'essentiel de l'inessentiel et reconnaît la nécessité et les lois des choses. » (*Propédeutique philosophique*, « Encyclopédie philosophique », § 164, p. 208, Éditions de Minuit.)

SCHOPENHAUER

Voir STUPIDITÉ, p. 277.

◆ 3. *Termes et expressions connexes*

Relation de voisinage
• intelligence.
Relation de dépendance
• catégories • concept • connaissance • règles.
Relation d'opposition
• raison (Kant) • réceptivité • sensation • sensibilité.

Entité

◆ 1. *Définitions générales*

(n. f.) Étym. : lat. scolastique *entitas*, essence de ce qui est un être.
A. *Sens cartésien* : réalité totale de l'être individuel.
B. *Péjoratif* : abstraction personnifiée (sens que l'on trouve chez A. Comte, tout particulièrement).

◆ 2. *Définitions particulières de philosophes*

DESCARTES

« L'entité ou l'être de la chose. » (*Réponses aux secondes objections*, in Descartes, *Œuvres, lettres*, p. 390, La Pléiade, Gallimard.)

COMTE

« Dans l'état métaphysique [...], les agents surnaturels sont remplacés par des forces abstraites, véritables entités (abstractions personnifiées) inhérentes aux divers êtres du monde, et conçues comme capables d'engendrer par elles-mêmes tous les phénomènes observés. » (*Cours de philosophie positive*, Leçon I, t. I, p. 7, Garnier.)

Entropie

◆ 1. *Définitions générales*

(n. f.) Étym. : grec *entropè*, action de se retourner.
Grandeur thermodynamique qui mesure la capacité d'un système à fournir de l'énergie, le désordre moléculaire, etc. Dans un système clos, l'entropie, toujours croissante, est le signe de processus irréversibles de dégradation.

◆ 2. *Définitions particulières de philosophes*

MONOD

Voir THERMODYNAMIQUE, p. 294.

ATLAN

« Avant de définir l'entropie de façon statistique comme une mesure d'homogénéité microscopique, elle fut et reste définie comme une grandeur macroscopique liée à la chaleur et à l'énergie utilisable d'un système physique : c'est une quantité de chaleur non transformable en travail (par unité de Température). » (*Entre le cristal et la fumée*, p. 28, Points, Le Seuil.)

Envie

◆ 1. *Définitions générales*

(n. f.) Étym. : lat. *invidia*, malveillance.
Sentiment de tristesse et de haine à la vue d'un bien possédé par autrui et dont nous sommes dépourvus.

◆ 2. *Définitions particulières de philosophes*

SPINOZA

« L'*Envie* est la Haine en tant qu'elle affecte l'homme de telle sorte qu'il soit contristé par la félicité d'autrui et au contraire s'épanouisse du mal d'autrui. » (*Éthique*, 3e partie, « Définitions des affections », Définition 23, in *Œuvres de Spinoza*, t. 3, p. 205, Garnier-Flammarion.)

Épicurisme

◆ **1.** *Définitions générales*

(n. m.) Étym. : lat. *epicureus*, d'Épicure, épicurien.
Doctrine d'Épicure et des Épicuriens, se proposant la recherche des plaisirs naturels et nécessaires. Le but ultime de la sagesse épicurienne est l'ataraxie, la paix de l'âme.

◆ **2.** *Définitions particulières de philosophes*

ALAIN

« L'épicurisme, souvent ramené injustement au plus bas égoïsme, est un matérialisme volontaire, qui a pour fin de guérir les superstitions, les illusions, enfin toutes les folies passionnées, ce qui laisse en l'âme les vrais biens, le savoir lui-même, la paix avec soi, et l'amitié. » (*Définitions*, in Alain, *les Arts et les Dieux*, p. 1055, La Pléiade, Gallimard.)

Épiphénomène

◆ **1.** *Définitions générales*

(n. m.) Étym. : grec *epiphainomenon*, part. passé de *epiphainein*, faire paraître sur.
Phénomène accessoire, inessentiel, accompagnant le phénomène fondamental, sans l'influencer d'une quelconque manière.

◆ **2.** *Expressions et termes liés ou dérivés*

Épiphénoménisme

Théorie selon laquelle la conscience constituerait un phénomène accessoire, l'essentiel étant constitué par le processus nerveux et cérébral (doctrine de la fin du XIXe siècle et du début du XXe, reprise par les Behavioristes. Voir BEHAVIORISME, p. 33.

Épistémologie

◆ **1.** *Définitions générales*

(n. f.) Étym. : composé du grec *epistèmè*, science, et *logos*, étude.
A. *Sens général en France* : philosophie des sciences ; étude critique de la connaissance scientifique, de ses principes et résultats.
B. *Sens dans les pays anglo-saxons essentiellement* : théorie de la connaissance.

◆ **2.** *Définitions particulières de philosophes*

HUSSERL

(A) « La tâche de l'épistémologie [est] [...] de traiter des *sciences en tant qu'unités systématiques de telle ou telle nature*, autrement dit de ce qui les caractérise en tant que sciences quant à leur forme, de ce qui détermine leur délimitation réciproque, leur articulation intrinsèque en domaines. » (*Recherches logiques*, t. 1, p. 25, PUF.)

PIAGET

(A) « Nous pourrions [...] définir l'épistémologie, en première approximation, comme *l'étude de la constitution des connaissances valables*, le terme de "constitution" recouvrant à la fois les *conditions d'accession* et les *conditions proprement constitutives*. » (« L'Épistémologie et ses variétés », in *Logique et connaissance scientifique*, p. 6, Encyclopédie de La Pléiade, Gallimard.)

◆ **3.** *Expressions et termes liés ou dérivés*

Obstacle épistémologique

Résistance ou borne à la connaissance scientifique, interne à l'acte même de connaître et à la mentalité de l'homme de science.

BACHELARD

« C'est dans l'acte même de connaître, intimement, qu'apparaissent, par une sorte de nécessité fonctionnelle, des lenteurs et des troubles. C'est là que nous montrerons des causes de stagnation et même de régression, c'est là que nous décèlerons des causes d'inertie que nous appellerons des obstacles épistémologiques. » (*La Formation de l'esprit scientifique*, p. 13, Vrin.)

Époché

◆ **1.** *Définitions générales*

(n. f.) Étym. : grec *épochè*, arrêt, interruption, suspension du jugement, état de doute.
Chez les Sceptiques grecs, suspension du jugement.

◆ **2.** *Définitions particulières de philosophes*

SEXTUS EMPIRICUS

« Le terme de "suspension du jugement", ou "épochè", vient de l'état de suspension propre au jugement qui se trouve dans l'impossibilité d'affirmer ou de nier en raison de la force égale propre aux objets de sa recherche. » (*Hypotyposes*, in J.-P. Dumont, *Les Sceptiques grecs*, p. 47, PUF.)

◆ **3.** *Expressions et termes liés ou dérivés*

Épochè phénoménologique

Suspension des croyances ou jugements existentiels sur le monde.

HUSSERL

« Cette universelle mise hors valeur, cette "inhibition", cette "mise hors jeu" de toutes les attitudes que nous pouvons prendre vis-à-vis du monde objectif — et d'abord des attitudes concernant : existence, apparence, existence possible, hypothétique, probable et autres, —, ou encore, comme on a coutume de dire : cette ''ἐποχή phénoménologique'', cette ''mise entre parenthèses'' du monde objectif. » (*Méditations cartésiennes*, Méditation 1, p. 17, Vrin.)

Équité

◆ 1. *Définitions générales*

(n. f.) Étym. : lat. *aequitas*, égalité d'âme, équité, esprit de justice.
Justice ayant égard aux circonstances particulières et à l'esprit de la loi, à ce qui convient aux cas particuliers. Elle s'efforce de traiter chacun, avec souplesse, sur un pied d'égalité.

◆ 2. *Définitions particulières de philosophes*

ARISTOTE

« La nature propre de l'équité consiste à corriger la loi, dans la mesure où celle-ci se montre insuffisante, en raison de son caractère général. » (*Éthique de Nicomaque*, liv. 5, p. 245, Garnier-Flammarion.)

SPINOZA

« On appelle aussi la Justice et l'Injustice, Équité et Iniquité, parce que les magistrats institués pour mettre fin aux litiges sont tenus de n'avoir aucun égard aux personnes, mais de les tenir toutes pour égales et de maintenir également le droit de chacun. » (*Traité théologico-politique*, chap. 16, in *Œuvres de Spinoza*, t. 2, p. 269, Garnier-Flammarion.)

NIETZSCHE

« Un développement de la justice est l'équité, naissant entre ceux qui ne contreviennent pas à l'égalité de la communauté ; elle reporte sur des cas où la loi ne prescrit rien ce respect plus subtil de l'équilibre qui regarde devant et derrière, et dont la maxime est ''Comme tu me feras, je te ferai''. » (*Le Voyageur et son ombre*, § 32, in *Humain, trop humain*, t. 2, p. 245, Idées, Gallimard.)

Équivoque

(adj.) Étym. : lat. *aequivocus*, équivoque, à double sens.
Logique : caractère de termes ou d'expressions pouvant s'entendre en deux ou plusieurs sens différents (opposé à univoque) ; ex. : le terme « sens » ou le terme « bière ».

Éristique

(n. f.-adj.) Étym. : grec *eristikos*, qui aime la dispute, la controverse, la discussion.

◆ 1. *Définitions générales*

A. *Nom* : chez les Sophistes tout particulièrement, art de la discussion, comportant un interrogatoire réglé, de manière à dominer l'adversaire.
B. *Adjectif* : qui concerne la discussion.
C. *Philosophes éristiques* : philosophes de l'École de Mégare ; école fondée par Euclide de Mégare, philosophe grec (450-380 av. J.-C.). Disciple de Socrate, il avait étudié la philosophie de Parménide ; ses élèves furent nommés « dialecticiens » ou « éristiciens » (amis des discussions) ; les « mégariques » sont des « néo-éléates ».

◆ 2. *Expressions et termes liés ou dérivés*

Syllogisme éristique

Un syllogisme est éristique quand il part d'opinions paraissant probables, mais qui ne le sont pas.

Éros

◆ 1. *Définitions générales*

(n. m.) Étym. : grec *Érôs*, amour, désir des sens et dieu de l'Amour.
A. *Sens général* : désir amoureux et sexuel (par opposition à *agapè*, affection, amour fraternel, divin).
B. *Psychanalyse* : ensemble des pulsions se rapportant à la vie (par opposition aux pulsions de mort) : pulsions sexuelles et d'autoconservation.

◆ 2. *Définitions particulières de philosophes*

FREUD

« Nous avons résolu de n'admettre l'existence que de deux instincts fondamentaux : l'*Eros* et l'*instinct de destruction* (les instincts, opposés l'un à l'autre, de conservation de soi et de conservation de l'espèce ainsi que ceux, également contraires, d'amour de soi et d'amour objectal entrent encore dans le cadre de l'Eros). Le but de l'Eros est d'établir de toujours plus grandes unités afin de les conserver. » (*Abrégé de psychanalyse*, 1re partie, p. 8, PUF.)

Érotisme

◆ 1. *Définitions générales*

(n. m.) Activité sexuelle de l'homme, en tant qu'elle n'est pas simplement animale, mais s'intègre, au contraire, dans des processus psychiques complexes.

◆ **2.** *Définitions particulières de philosophes*

BATAILLE

« Ce qui différencie l'érotisme et l'activité sexuelle simple [est] une recherche psychologique indépendante de la fin naturelle donnée dans la reproduction et dans le souci des enfants [...] l'érotisme est l'approbation de la vie jusque dans la mort. » (*L'Érotisme*, p. 17, Éditions de Minuit.)

Erreur

◆ **1.** *Définitions générales*

(n. f.) Étym. : lat. *error*, action d'errer çà et là, course à l'aventure, erreur, illusion, méprise.

A. *Objectivement ou logiquement* : assertion non conforme aux normes de la vérité.

B. *Psychologie* : acte de l'esprit tenant pour vrai ce qui est faux ou pour faux ce qui est vrai.

◆ **2.** *Définitions particulières de philosophes*

DESCARTES

« L'erreur n'est pas une pure négation, c'est-à-dire, n'est pas le simple défaut ou manquement de quelque perfection qui ne m'est point due, mais plutôt est une privation de quelque connaissance qu'il semble que je devrais posséder. » (*Méditations métaphysiques*, Méditation IV, in *Descartes, Œuvres, lettres*, p. 302, La Pléiade, Gallimard.)

SPINOZA

« L'erreur consiste dans une privation de connaissance. » (*Éthique*, 2ᵉ partie, Proposition 35, in *Œuvres de Spinoza*, t. 3, p. 109, Garnier-Flammarion.)

KANT

(B) « Le contraire de la vérité est la *fausseté* ; quand elle est tenue pour vérité, elle se nomme *erreur*. » (*Logique*, Introduction VII, p. 58, Vrin.)

◆ **3.** *Termes et expressions connexes*

Relation de voisinage

• fausseté • illusion • inexactitude • mensonge.

Relation de dépendance

• connaissance • entendement • logique • vérification • volonté.

Relation d'opposition

• exactitude • vérité.

Eschatologie

(n. f.) Étym. : composé du grec *eschatos*, dernier, et *logos*, étude, doctrine, récit.

Doctrine concernant les fins dernières (de l'humanité, de l'individu, etc.) ; sa signification est d'abord religieuse.

Ésotérique

◆ **1.** *Définitions générales*

(adj.) Étym. : grec *esôterikos*, de l'intérieur, par opposition à *exôterikos*, à l'extérieur.

Désigne un enseignement destiné aux initiés, aux disciples (par opposition à ce qui est ouvert à tous).

◆ **2.** *Expressions et termes liés ou dérivés*

Ésotérisme

(n. m.) Doctrine, ouvrage, etc., se voulant destinés aux initiés ; caractère d'une œuvre impénétrable.

Espace

C'est au XVIIIᵉ siècle, avec Kant, que s'effectue un tournant majeur dans la conception de l'espace. Contre Leibniz, qui voyait en lui un simple ordre idéal de coexistence, Kant affirme la dimension intuitive de l'espace, qui en vient, dans sa philosophie, à désigner un « outil » humain nécessaire à la constitution de l'expérience.

◆ **1.** *Définitions générales*

(n. m.) Étym. : lat. *spatium*, champ de courses, étendue, distance, espace.

A. *Psychologie* : milieu limité et non homogène, où les objets sont situés et où sont localisées nos perceptions.

B. Chez *Descartes* : l'espace a pour essence l'étendue géométrique.

C. Chez *Kant* : forme a priori de la sensibilité, intuition pure rendant possible l'expérience.

◆ **2.** *Définitions particulières de philosophes*

DESCARTES

(B) « L'espace, ou le lieu intérieur, et le corps qui est compris en cet espace, ne sont différents aussi que par notre pensée. Car, en effet, la même étendue en longueur, largeur et profondeur, qui constitue l'espace, constitue le corps. » (*Les Principes de la philosophie*, 2ᵉ partie, § 10, in *Descartes, Œuvres, lettres*, p. 616, La Pléiade, Gallimard.)

Voir aussi LIEU, p. 162.

LEIBNIZ

« Pour moi, j'ai marqué plus d'une fois que je tenais l'espace pour quelque chose de *purement relatif*, comme le temps ; pour un *ordre des coexistences*, comme le temps est un *ordre des successions*. Car l'espace marque en termes de possibilités un ordre des choses qui existent en même temps, en tant qu'elles existent ensemble, sans entrer dans leurs manières d'exister. » (*Lettre à Clarke*, in *Leibniz, Œuvres*, t. 1, p. 416, Aubier.)

KANT

(C) « L'espace n'est pas un concept empirique qui ait été tiré d'expériences externes [...]. L'espace est une représentation nécessaire *a priori* qui sert de fondement à toutes les intuitions extérieures. [...]. L'espace n'est pas un concept discursif [...], mais une pure intuition. » (*Critique de la raison pure*, « Esthétique transcendantale », pp. 55, 56, PUF.)

Voir aussi IDÉALISME TRANSCENDANTAL, p. 130.

BERGSON

« Un *espace*, c'est-à-dire un milieu homogène et vide, infini et infiniment divisible, se prêtant indifféremment à n'importe quel mode de décomposition. Un milieu de ce genre n'est jamais perçu ; il n'est que conçu. » (*L'Évolution créatrice*, p. 157, PUF.)

◆ **3.** *Expressions et termes liés ou dérivés*

Espace euclidien

Mathématiques : l'espace géométrique euclidien désigne un milieu homogène, isotrope (sans direction privilégiée), infini, continu, à trois dimensions.

Espace-temps

Dans la théorie de la relativité, continuum quadridimensionnel formé par l'union de l'espace géométrique à trois dimensions et du temps ; quatre variables sont donc nécessaires pour déterminer un phénomène.

◆ **4.** *Termes et expressions connexes*

Relation de voisinage

• étendue • lieu • milieu.

Relation de dépendance

• expérience • intuition pure • perception • sensibilité.

Espèce

◆ **1.** *Définitions générales*

(n. f.) Étym. : lat. *species*, apparence, ensemble des traits qui caractérisent un objet, espèce.

A. *Biologie* : élément de la classification en biologie ; groupe d'êtres vivants caractérisé par un type commun, bien défini et héréditaire. Ex. : l'espèce humaine.

B. *Logique formelle* : lorsque deux classes sont telles que l'extension de l'une est une partie de l'extension de l'autre, la première est appelée *espèce* de la seconde et la seconde *genre* (auquel appartient l'espèce).

◆ **2.** *Définitions particulières de philosophes*

ARNAULD et NICOLE

(B) « Ces idées communes qui sont sous une plus commune et plus générale, s'appellent espèces, comme le parallélogramme et le trapèze sont les espèces du quadrilatère. » (*La Logique ou l'Art de penser*, p. 89, Champs, Flammarion.)

KANT

(B) « Le concept inférieur dans son rapport à son concept supérieur s'appelle *espèce*. » (*Logique*, « Doctrine générale des éléments », chap. 1, § 10, p. 106, Vrin.)

Espérance

◆ **1.** *Définitions générales*

(n. f.) Étym. : lat. *sperare*, espérer.

Attente ouverte, ne portant pas sur des résultats externes (comme l'espoir), mais sur l'accomplissement de l'être personnel (ou sur un changement radical de la condition humaine).

◆ **2.** *Définitions particulières de philosophes*

HÉRACLITE

« Sans l'espérance, on ne trouvera pas l'inespéré, qui est introuvable et inaccessible. » (in *Les Penseurs grecs avant Socrate*, Fragment 18, p. 75, Garnier-Flammarion.)

MARCEL

« J'ai écrit quelque part que l'espérance est comme l'étoffe dont notre âme est faite. Mais ne serait-il pas possible que l'espérance fût un autre nom de l'exigence de transcendance ou qu'elle fût cette exigence même, pour autant qu'elle est le ressort secret de l'homme itinérant ? » (*Le Mystère de l'être*, t. 2, p. 163, Aubier.)

Espoir

◆ **1.** *Définitions générales*

(n. m.) Étym. : lat. *sperare*, espérer.

Fait d'attendre avec confiance un résultat externe, un succès, etc. (à la différence de l'espérance, beaucoup plus indéterminée).

◆ **2.** *Définitions particulières de philosophes*

HOBBES

« L'*appétit* joint à l'opinion qu'on atteindra son objet est appelé *Espoir*. » (*Léviathan*, p. 51, Sirey.)

SPINOZA

« L'*espoir* n'est rien d'autre qu'*une Joie inconstante née de l'image d'une chose future ou passée dont l'issue est tenue pour douteuse*. » (*Éthique*, 3e partie, Proposition 18, in *Œuvres de Spinoza*, t. 3, p. 153, Garnier-Flammarion.)

Esprit

◆ **1.** *Définitions générales*

(n. m.) Étym. : lat. *spiritus*, souffle, esprit, vent.
A. A *l'origine* : souffle, vent (voir ESPRITS ANIMAUX).
B. *Métaphysique* : principe de la pensée, réalité pensante, faculté de penser (par opposition à la matière, à la chair, etc.).
C. *Psychologie* : intelligence (par opposition à la sensibilité).
Voir aussi SPIRITUALISME, p. 274.

◆ **2.** *Définitions particulières de philosophes*

DESCARTES

(B) « La substance, dans laquelle réside immédiatement la pensée, est ici appelée *Esprit*. Et toutefois ce nom est équivoque, en ce qu'on l'attribue aussi quelquefois au vent et aux liqueurs fort subtiles ; mais je n'en sache point de plus propre. » (*Réponses aux secondes objections*, in *Descartes*, *Œuvres*, *lettres*, p. 391, La Pléiade, Gallimard.)

(B) « Je ne considère pas l'*esprit* comme une partie de l'âme, mais comme cette âme tout entière qui pense. » (*Réponses aux cinquièmes objections*, in *Descartes*, *Œuvres*, *lettres*, p. 482, La Pléiade, Gallimard.)

MALEBRANCHE

(B) « Je ne crois pas qu'[...] on puisse douter que l'essence de l'esprit ne consiste que dans la pensée. » (*De la recherche de la vérité*, in *Malebranche*, *Œuvres*, t. 1, p. 293, La Pléiade, Gallimard.)

LEIBNIZ

« Mais la connaissance des vérités nécessaires et éternelles est ce qui nous distingue des simples animaux et nous fait avoir la *Raison* et les sciences ; en nous élevant à la connaissance de nous-mêmes et de Dieu. Et c'est ce qu'on appelle en nous Âme raisonnable, ou *Esprit*. » (*La Monadologie*, § 29, p. 155, Delagrave.)

KANT

« La faculté de penser le général pour l'appliquer au particulier est l'*esprit* (ingenium). » (*Anthropologie du point de vue pragmatique*, 1re partie, p. 71, Vrin.)

HEGEL

« L'esprit est le négatif, il est ce qui constitue la qualité de la raison dialectique aussi bien que de l'entendement. » (*Science de la logique*, Préface, 1re édition, in *Hegel*, *morceaux choisis*, t. 1, § 58, p. 103, Idées, Gallimard.)

ALAIN

(B) « L'esprit, en son sens le plus commun, est ce qui se moque de tout. Ce sens est bon ; il mène aisément à la notion d'esprit, qui est au fond le pouvoir de douter, ce qui est s'élever au-dessus de tous les mécanismes, ordre, vertus [...], les juger [...] et les remplacer par la liberté même. » (*Définitions*, in *Alain*, *les Arts et les Dieux*, p. 1056, La Pléiade, Gallimard.)

◆ **3.** *Expressions et termes liés ou dérivés*

Esprit absolu

Chez *Hegel*, l'esprit absolu désigne l'Idée parvenue à son être pour-soi et au savoir de soi, à travers la médiation finale de l'Art, de la Religion et de la Philosophie.

HEGEL

« L'esprit absolu est l'identité étant tout aussi bien éternellement en soi que revenant et revenue en soi, la *substance* une et universelle en tant que spirituelle, le jugement *en soi* et en un savoir pour lequel la substance est comme telle. » (*Précis de l'Encyclopédie des sciences philosophiques*, « La Philosophie de l'esprit », 3e section, § 554, p. 301, Vrin.)
Voir aussi DIEU, p. 73, SCIENCE, p. 259.

Esprits animaux

Chez *Descartes* et les *cartésiens* : partie la plus légère du sang qui, montant du cœur au cerveau, assure la liaison entre le corps et l'âme (sorte d'influx nerveux).

DESCARTES

« [Les] esprits animaux, qui sont comme un vent très subtil, ou plutôt comme une flamme très pure et très vive, qui, montant continuellement en grande abondance du cœur dans le cerveau, se va rendre de là par les nerfs dans les muscles et donne le mouvement à tous les membres. » (*Discours de la méthode*, 5e partie, in *Descartes*, *Œuvres*, *lettres*, p. 163, La Pléiade, Gallimard.)

◆ **4.** *Termes et expressions connexes*

Relation de voisinage
• âme • conscience • intelligence • pensée.
Relation de dépendance
• Dieu • histoire (Hegel) • religion.

Relation d'opposition
• corps • matière.

Essence

Platon, dans l'Antiquité grecque, privilégie l'Essence éternelle et immuable. Descartes se réfère souvent à l'Essence. Au contraire, la pensée moderne (Sartre) accorde fréquemment la primauté à l'existence concrète, créatrice de l'essence, désormais définie comme « ce qui a été ».

◆ **1.** *Définitions générales*

(n. f.) Étym. : lat. *essentia*, essence, nature d'une chose, de *esse*, être ; terme créé pour traduire le mot grec *ousia*, essence, substance, être.

A. *Par opposition à accident* : éléments constitutifs d'un être, par opposition aux modifications superficielles.

B. *Par opposition à existence* : ce qu'est une chose, sa nature, indépendamment du fait d'être ou par opposition à lui.

◆ **2.** *Définitions particulières de philosophes*

PLATON

(A) « L'essence elle-même, que dans nos demandes et nos réponses nous définissons par l'être véritable, est-elle toujours la même et de la même façon, ou tantôt d'une façon, tantôt de l'autre ? [...] Elle reste nécessairement [...] dans le même état et de la même façon. » (*Phédon*, § 25, in *Platon, Œuvres complètes*, p. 144, Garnier.)

DESCARTES

« Je connus de là que j'étais une substance dont toute l'essence ou la nature n'est que de penser. » (*Discours de la méthode*, 4e partie, in *Descartes, Œuvres, lettres*, p. 148, La Pléiade, Gallimard.)

SPINOZA

« Je dis que cela appartient à l'essence d'une chose qu'il suffit qui soit donné, pour que la chose soit posée nécessairement, et qu'il suffit qui soit ôté, pour que la chose soit ôtée nécessairement ; ou encore ce sans quoi la chose ne peut ni être ni être conçue, et qui *vice versa* ne peut sans la chose être ni être conçu. » (*Éthique*, 2e partie, Définition 2, in *Œuvres de Spinoza*, t. 3, p. 69, Garnier-Flammarion.)

Voir aussi VERTU, p. 307.

MALEBRANCHE

(A) « Par l'essence d'une chose j'entends ce que l'on conçoit de premier dans cette chose, duquel dépendent toutes les modifications que l'on y remarque. » (*De la recherche de la vérité*, in *Malebranche, Œuvres*, t. 1, p. 293, La Pléiade, Gallimard.)

SARTRE

(B) « L'essence, c'est ce qui a été [...]. L'essence, c'est tout ce que la réalité humaine saisit d'elle-même comme *ayant été*. » (*L'Être et le Néant*, 1re partie, chap. 1, § 5, p. 71, Tel, Gallimard.)

◆ **3.** *Expressions et termes liés ou dérivés*

Essentiel

(n. m.-adj.) Faisant partie de l'essence ; absolument nécessaire.

◆ **4.** *Termes et expressions connexes*

Relation de voisinage
• forme • idée • modèle • paradigme • substance.
Relation de dépendance
• eidétique • phénoménologie • réalité sensible (Platon).
Relation d'opposition
• accident • apparence • existence.

Esthète

◆ **1.** *Définitions générales*

(n.) Étym. : grec *aisthètès*, qui perçoit par les sens.

Celui qui accorde un privilège exclusif à la beauté et pratique le culte du beau.

◆ **2.** *Définitions particulières de philosophes*

SARTRE

« Si quelqu'un tente [...] de maintenir [une] attitude déréalisante pendant toute une vie, nous dirons que c'est un esthète. Son but est de réduire l'univers et l'homme lui-même au simple jeu d'une imagination. » (*Saint Genet, comédien et martyr*, p. 346, Gallimard.)

Esthétique

Dans l'Antiquité grecque, Platon formule déjà une théorie du Beau et de l'art. Mais le terme même d'esthétique date du milieu du XVIIIe siècle (cf. Baumgarten). Kant et Hegel illustreront brillamment cette discipline.

◆ **1.** *Définitions générales*

(n. f.-adj.) Étym. : grec *aisthètikos*, qui peut être perçu par les sens.

A. *Adjectif* : qui concerne la beauté ou le beau ; le jugement esthétique désigne un jugement d'appréciation sur le beau.

B. *Nom* :
a) science ou théorie du Beau.
b) philosophie ou théorie de l'art.

◆ **2.** *Définitions particulières de philosophes*

BAUMGARTEN
« Science de la connaissance sensible ou gnoséologie inférieure. » (*Aesthetica*, in R. Bayer, *Histoire de l'Esthétique*, p. 153, Armand Colin.)

KANT
(A) « Le jugement de goût est un jugement esthétique, c'est-à-dire un jugement qui repose sur des fondements subjectifs et dont le motif déterminant ne peut être un concept, ni par suite le concept d'une fin déterminée. » (*Critique du jugement*, « Critique du jugement esthétique », § 15, p. 60, Vrin.)
Voir aussi GOÛT (JUGEMENT DU), p. 118.

HEGEL
(B-*b*) « L'esthétique a pour objet le vaste *empire du beau* [...] et pour employer l'expression qui convient le mieux à cette science, c'est la *philosophie de l'art*, ou, plus précisément, la *philosophie des beaux-arts*. » (*Esthétique*, p. 11, PUF.)

◆ **3.** *Expressions et termes liés ou dérivés*

Esthétique transcendantale

Dans la philosophie de *Kant*, partie de la *Critique de la raison pure* étudiant les formes a priori de la sensibilité, à savoir le temps et l'espace.

KANT
« *J'appelle Esthétique transcendantale* la science de tous les principes de la sensibilité *a priori*. » (*Critique de la raison pure*, « Esthétique transcendantale », p. 54, PUF.)

Estime

(n. f.) Étym. : lat. *aestimare*, estimer, évaluer, apprécier.
Sentiment favorable ou considération nés des vertus ou du mérite d'une personne.

Étant

◆ **1.** *Définitions générales*

(n. m.) Étym. : sert à traduire l'allemand *Seiendes*, part. présent de *sein*, être.
Chez *Heidegger*, désigne ce qui est, l'être concret.

◆ **2.** *Définitions particulières de philosophes*

HEIDEGGER
« Étant est tout ce dont nous parlons, tout ce à quoi nous pensons, tout ce à l'égard de quoi nous nous comportons, mais aussi ce que nous sommes nous-mêmes et la manière dont nous le sommes. » (L'*Être et le Temps*, t. 1, p. 22, Gallimard.)

État

Au XVIIIe siècle, Montesquieu souligne la liaison existant entre l'État, la loi et la liberté politique. Au siècle suivant, Hegel, lui aussi, va lier État et liberté, montrant ainsi la fonction positive de l'État, qui, selon ce penseur, incarne la Raison.

◆ **1.** *Définitions générales*

(n. m.) Étym. : lat. *status*, action de se tenir, état, situation, forme de gouvernement.
A. *état* (avec un é minuscule) : manière d'être d'une chose ou d'une personne (ex. : un état de conscience).
B. *État* (avec un É majuscule) :
a) société organisée, ayant des institutions et organes politiques, administratifs, juridiques, etc. et un gouvernement (ex. : l'État français).
b) ensemble de ces organes et institutions.

◆ **2.** *Définitions particulières de philosophes*

MONTESQUIEU
Voir LIBERTÉ, p. 159.

KANT
(B-*a*) « Un État (civitas) est l'unification d'une multiplicité d'hommes sous des lois juridiques ». (*Métaphysique des mœurs*, *Doctrine du droit*, 2e partie, p. 195, Vrin.)
(B-*a*) « Un État n'est pas [...] (comme le sol où il réside) un bien (*patrimonium*) ; c'est une société d'hommes à laquelle ne peut commander et dont ne peut disposer personne, si ce n'est elle-même ». (*Projet de paix perpétuelle*, 1re section, p. 25, Hatier.)

HEGEL
(B) « L'État est la substance sociale qui est arrivée à la conscience d'elle-même : il réunit en lui le principe de la famille et le principe de la société civile. » (*Précis de l'encyclopédie des sciences philosophiques*, § 536, in Hegel, *morceaux choisis*, t. 2, § 232, p. 218, Idées, Gallimard.)

MARX et ENGELS
(B) « L'État étant [...] la forme par laquelle les individus d'une classe dominante font valoir leurs intérêts communs [...], il s'ensuit que toutes les institutions communes passent par l'intermédiaire de l'État. » (L'*Idéologie allemande*, p. 106, Éditions sociales.)

◆ **3.** *Expressions et termes liés ou dérivés*

État civil

État de société, par opposition à l'état de nature.

ROUSSEAU

« [Le] passage de l'état de nature à l'état civil produit dans l'homme un changement très remarquable, en substituant dans sa conduite la justice à l'instinct. » (*Du contrat social*, liv. 1, chap. 8, *Rousseau, Œuvres complètes*, t. 3, p. 364, La Pléiade, Gallimard.)

KANT

Voir ÉTAT DE NATURE.

État de nature

Désigne la situation hypothétique ou fictive de l'homme n'ayant pas accédé à une organisation sociale.

ROUSSEAU

« Il ne faut pas prendre les Recherches, dans lesquelles ont peut entrer sur ce Sujet [l'état de nature] pour des vérités historiques, mais seulement pour des raisonnements hypothétiques et conditionnels plus propres à éclaircir la Nature des choses qu'à en montrer la véritable origine. » (*Discours sur l'origine et les fondements de l'inégalité parmi les hommes*, in *Rousseau, Œuvres complètes*, t. 3, p. 132, 133, La Pléiade, Gallimard.)

KANT

« On appelle *état de nature (status naturalis)* l'état qui n'est pas juridique, c'est-à-dire celui en lequel il n'y a pas de justice distributive. [...] [l'état qui lui est opposé est] *l'état civil (status civilis)* d'une société qui est soumise à une justice distributive. » (*Métaphysique des mœurs, Doctrine du droit*, 1re partie, p. 188, Vrin.)

HEGEL

« L'*état de nature* est l'état de rudesse, de violence et d'injustice. Il faut que les hommes sortent de cet état pour constituer une société qui soit État. » (*Propédeutique philosophique*, « Doctrine du droit », § 25, p. 55, Éditions de Minuit.)

◆ **4.** *Termes et expressions connexes*

— Pour État au sens B :

Relation de voisinage

• société organisée.

Relation de dépendance

• gouvernement (forme de) • liberté • loi • nation • pouvoir • société.

Relation d'opposition

• anarchie.

Étendue

◆ **1.** *Définitions générales*

(n. f.) Étym. : lat. *extensio*, action de tendre, extension.

A. *Sens général* : partie limitée d'espace ou propriété des choses d'être situées dans l'espace.

B. Chez *Descartes* : attribut essentiel de la matière ou des corps, caractérisé par l'essence géométrique (substance en longueur, largeur et profondeur).

C. Chez *Malebranche* : l'étendue (intelligible) désigne la grandeur (spatiale), étudiée par le mathématicien et indépendante des qualités sensibles. Cette idée représente les corps dans l'entendement ou l'esprit divin.

◆ **2.** *Définitions particulières de philosophes*

DESCARTES

Voir ESPACE, p. 91.

Éternel

Voir ÉTERNITÉ.

Éternité

◆ **1.** *Définitions générales*

(n. f.) Étym. : lat. *aeternitas*, éternité, durée éternelle.

A. *Définition courante et peu philosophique* : durée indéfinie, sans commencement ni fin.

B. *Philosophie* : caractère de ce qui est soustrait au temps ; éternité et intemporalité (c'est-à-dire le caractère de ce qui est étranger au temps) paraissent alors deux notions très proches.

◆ **2.** *Définitions particulières de philosophes*

PLATON

Voir TEMPS, p. 289.

SPINOZA

« J'entends par éternité l'existence elle-même en tant qu'elle est conçue comme suivant nécessairement de la seule définition d'une chose éternelle. » (*Éthique*, 1re partie, Définition 8, in *Œuvres de Spinoza*, t. 3, p. 22, Garnier-Flammarion.)

WITTGENSTEIN

(B) « Si l'on entend par éternité, non pas une durée temporelle infinie, mais l'intemporalité, alors celui-là vit éternellement qui vit dans le présent. » (*Tractatus logico-philosophicus*, p. 104, Tel, Gallimard.)

◆ **3.** *Expressions et termes liés ou dérivés*

Éternel

ARISTOTE

« On voit que les êtres éternels, en tant qu'éternels, ne sont pas dans le temps ; car le temps ne les enveloppe pas et ne mesure

point leur existence. » (*Physique*, liv. 4, § 12, t. 1, p. 155, Budé, Belles Lettres.)
Voir aussi SCIENCE, p. 259.

ALAIN

« Est dit éternel ce qui par soi ne peut changer ni vieillir ni périr. » (*Définitions*, in Alain, *Les Arts et les Dieux*, p. 1056, Gallimard.)

◆ 4. *Termes et expressions connexes*

Relation de voisinage
• intemporalité.
Relation de dépendance
• essence • être • Dieu • durée • Idée • substance.
Relation d'opposition
• temporalité • mort • précarité.

Éthique

◆ 1. *Définitions générales*

(n. f.-adj.) Étym. : grec *ethicos*, habituel.
A. *Nom* :
a) partie de la philosophie traitant du bien et du mal, des normes morales, des jugements de valeur (moraux) et opérant une réflexion sur cet ensemble. Elle a également pour objet la détermination de la fin (but) de la vie humaine ainsi que des moyens de l'atteindre.
b) chez *Spinoza* : science étudiant les modes d'existence selon le bon et le mauvais.
B. *Adjectif* : concernant la morale ou les valeurs morales.

◆ 2. *Définitions particulières de philosophes*

KANT

« Jadis le mot *Éthique* signifiait la *doctrine des mœurs* [...] en général, que l'on nommait aussi la *doctrine des devoirs*. On a cru bon par la suite de n'appliquer ce terme qu'à une partie de la doctrine des mœurs, c'est-à-dire à la doctrine des devoirs qui ne sont pas soumis à des lois extérieures. » (*Métaphysique des mœurs, Doctrine de la vertu*, Introduction, p. 49, Vrin.)
(A) « [La science de la liberté] s'appelle ÉTHIQUE ». (*Fondements de la métaphysique des mœurs*, Préface, p. 72, Delagrave.)

DELEUZE
(analysant l'éthique de SPINOZA)

(A-*b*) « L'éthique est la science pratique des manières d'être. [...] [Ce n'est pas] une morale. » (*Spinoza, Philosophie pratique*, prière d'insérer, Éditions de Minuit.)

◆ 3. *Termes et expressions connexes*

Relation de voisinage
• morale.
Relation de dépendance
• bien • devoir • mal • métaphysique • valeur.

Ethnie

(n. f.) Étym. : grec *ethnikos*, national, qui indique la race ou le lieu d'origine.
Groupe d'individus qu'unissent, non point généralement une race, mais une civilisation ou une langue.

Ethnocentrisme

◆ 1. *Définitions générales*

(n. m.) Néologisme formé à partir du grec *ethnos*, race, et du latin *centrum* (grec *kentron*), point central d'une circonférence.
Tendance des individus à prendre leur propre culture ou société comme centre, modèle de référence et norme (et à rejeter ainsi la diversité culturelle).

◆ 2. *Définitions particulières de philosophes*

LÉVI-STRAUSS

« [Refus] d'admettre le fait même de la diversité culturelle ; on préfère rejeter hors de la culture, dans la nature, tout ce qui ne se conforme pas à la norme sous laquelle on vit. » (« Race et histoire », in *Le Racisme devant la science*, p. 246, Unesco-Gallimard.)

MORIN

« Ethnocentrisme [...] : tentative pour mettre au centre de l'univers — et considérer comme mesure de toute valeur — son propre groupe ethnique. » (*L'Unidualité de l'homme*, in *Philosopher*, p. 41, Fayard.)

Ethnographie

◆ 1. *Définitions générales*

(n. f.) Étym. : composé du grec *ethnos*, race, et *graphè*, description.
Étude descriptive des ethnies, c'est-à-dire des différents groupements humains, de leurs institutions, pratiques, etc.

◆ 2. *Définitions particulières de philosophes*

LÉVI-STRAUSS

« L'ethnographie consiste dans l'observation et l'analyse de groupes humains considérés dans leur particularité [...] et [vise] à la restitution, aussi fidèle que possible, de la vie de chacun d'eux. » (*Anthropologie structurale*, p. 4, Plon.)

BALANDIER

« [...] l'*ethnographie* [...] exige le travail "sur le terrain", l'observation directe [...]. Elle reste au niveau de la description et vise à une présentation aussi complète que possible d'un groupe (et d'une culture) dont l'extension restreinte semble permettre une saisie totale. » (In *Traité de sociologie*, dirigé par Gurvitch, t. 1, p. 101, PUF.)

Ethnologie

◆ **1.** *Définitions générales*

(n. f.) Étym. : composé du grec *ethnos*, race, peuple, et *logos*, discours, étude.
Science qui a pour objet l'étude théorique et synthétique des documents présentés par l'ethnographie.

◆ **2.** *Définitions particulières de philosophes*

LÉVI-STRAUSS

« L'ethnologie utilise de façon comparative [...] les documents présentés par l'ethnographe. » (*Anthropologie structurale*, p. 4, Plon.)

Être

◆ **1.** *Définitions générales*

(n. m.-v.) Étym. : lat. *esse*, être, exister.
La définition de ce terme est extrêmement délicate : le verbe et le substantif sont quasi indéfinissables.
A. *Nom* :
a) le fait de se trouver là concrètement ; il s'agit de l'être comme *existence* (ex. : Dieu nous apporte l'être).
b) ce qu'une réalité est ; l'essence de cette réalité (ex. : l'être véritable de l'homme).
c) *avec une majuscule*, souvent : réalité absolue restant stable et immuable sous les diverses formes sensibles. Ce sens se trouve tout particulièrement dans la philosophie grecque. Parfois, l'Être (avec majuscule) désigne Dieu.
d) chez *Aristote* : la Substance.
B. *Verbe* :
a) servant de copule ; il exprime alors la relation entre le sujet et le prédicat (Dieu *est* parfait).
b) synonyme d'exister, de « se trouver là » (Dieu *est*).

◆ **2.** *Définitions particulières de philosophes*

PARMÉNIDE

(A-*c*) « De toute nécessité, il faut dire et penser que l'Être est, puisqu'il est l'Être [...] l'Être est incréé, impérissable, car seul il est complet, immobile et éternel. » (*De la nature*, in *Les Penseurs grecs avant Socrate*, p. 94, Garnier-Flammarion.)

ARISTOTE

(A-*d*) « L'Être au sens premier est le "ce qu'est la chose", notion qui n'exprime rien d'autre que la Substance. » (*La Métaphysique*, liv. Z, § 1, t. 1, p. 347, Vrin.)

SAINT THOMAS

(B) « Le verbe être est employé en deux sens. D'une part il désigne l'acte d'exister, d'autre part il marque la structure d'une proposition que l'esprit forme en joignant un prédicat à un sujet. » (*Somme théologique*, in J. Rassam, *Saint Thomas, l'être et l'esprit*, p. 33, PUF.)

KANT

« *Être* n'est évidemment pas un prédicat réel, c'est-à-dire un concept de quelque chose qui puisse s'ajouter au concept d'une chose. C'est simplement la position d'une chose ou de certaines déterminations en soi. Dans l'usage logique, ce n'est que la copule d'un jugement. » (*Critique de la raison pure*, « Dialectique transcendantale », p. 429, PUF.)

HEGEL

(A-*c*) « *Être*, *Être pur* — sans aucune autre détermination [...]. L'être, l'immédiat indéterminé, est en réalité *Néant*, ni plus ni moins que Néant. » (*Science de la logique*, trad. Jankélévitch, liv. 1, t. 1, p. 72, Aubier.)
(B-*a*) « On conviendra peut-être plus difficilement que quelque chose puisse *être sans exister* : mais du moins on ne confondra pas, par exemple, l'être, en tant que copule du jugement, avec le terme *exister* et l'on ne dira pas : cette marchandise existe chère [...] au lieu de : cette marchandise *est* chère. » (*Science de la logique*, trad. Jankélévitch, liv. 3, t. 2, p. 404, Aubier.)

HEIDEGGER

« Qu'est-ce donc que l'Être ? L'Être est Ce qu'Il est [...]. L'"Être" — ce n'est ni Dieu, ni un fondement du monde [...]. L'Être est ce qu'il y a de plus proche. » (*Lettre sur l'humanisme*, p. 73, Aubier.)

◆ **3.** *Expressions et termes liés ou dérivés*

Être de raison

Ce qui n'existe que dans la pensée et a été créé par l'esprit, par opposition à l'être effectif.

◆ **4.** *Termes et expressions connexes*

— Pour *être* nom :

Relation de voisinage

• existence • substance.

Relation de dépendance

• éternité • métaphysique • ontologie.

Relation d'opposition

• non-être • néant.

Être-là

◆ **1.** *Définitions générales*

A. Chez *Hegel* (il s'agit du *Dasein*) : être résultant d'un processus ; résultat du devenir, riche en déterminations.

B. Chez *Heidegger* (il s'agit également du *Dasein*) : présence de l'étant humain à l'Être, qu'il est en mesure d'interroger (l'homme étant cet étant par qui l'Être a pouvoir d'être-là).

Voir aussi DASEIN, p. 64.

◆ **2.** *Définitions particulières de philosophes*

HEGEL

« L'être-là est un être défini, un être concret, riche en déterminations et dont les moments affectent des rapports variés. » (*Science de la logique*, trad. Jankélévitch, liv. I, t. I, p. 106, Aubier.)

HEIDEGGER

« L'''essence'' de l'être-là réside dans son existence. » (*L'Être et le Temps*, t. I, p. 62, Gallimard.)

« L'être-là est un étant qui dans son être se rapporte à son être par la compréhension qu'il en a. » (*L'Être et le Temps*, t. I, p. 74, Gallimard.)

Eudémonisme

◆ **1.** *Définitions générales*

(n. m.) Étym. : grec *eudaimonia*, bonheur.

Doctrine morale selon laquelle la recherche du bonheur est la fin de l'action.

◆ **2.** *Définitions particulières de philosophes*

HEGEL

« On a nommé *eudémonisme* la doctrine qui a pour but le plaisir ou plutôt le bonheur. Cette doctrine laisse sans réponse la question de savoir si ce qu'il faut chercher est le bonheur ou le plaisir. Il peut donc y avoir un eudémonisme tout à fait rude et grossier, mais aussi un eudémonisme de meilleure qualité. » (*Propédeutique philosophique*, « Doctrine des devoirs, ou Morale », § 36, p. 63, Éditions de Minuit.)

Événement

◆ **1.** *Définitions générales*

(n. m.) Étym. : lat. *eventus*, événement, résultat, issue.

A. *Sens conforme à l'étymologie* : ce qui est arrivé, arrive ou arrivera.

B. *Sens ordinaire* : fait ayant de l'importance pour l'homme, pour un groupe, une collectivité...

C. *En histoire, tout spécialement* : ce qui arrive, de manière ponctuelle.

◆ **2.** *Définitions particulières de philosophes*

GRANGER

« L'adjectif *historique*, dans son usage le plus spécifique, renvoie toujours à un *événement*, à ce qui arrive, au sens fort du terme, par opposition à ce qui a été voulu, préparé ou prévu en quelque manière. L'événement est alors le modèle de ce qui échappe à la science, à la raison. » (*La Raison*, p. 89, PUF.)

Voir aussi MIRACLE, p. 179.

◆ **3.** *Expressions et termes liés ou dérivés*

Événementiel

(adj.) Cet adjectif qualifie l'histoire, en tant qu'elle se borne au récit des faits et événements, sans nulle recherche des causes ni interprétation globale.

Évidence

◆ **1.** *Définitions générales*

(n. f.) Étym. : lat. *evidentia*, évidence, visibilité, clarté, possibilité de voir.

Caractère de ce qui s'impose immédiatement à l'esprit et entraîne son assentiment.

◆ **2.** *Définitions particulières de philosophes*

DESCARTES

« Le premier [précepte] était de ne recevoir jamais aucune chose pour vraie que je ne la connusse évidemment être telle ; c'est-à-dire d'éviter soigneusement la précipitation et la prévention ; et de ne comprendre rien de plus en mes jugements que ce qui se présenterait si clairement et si distinctement à mon esprit que je n'eusse aucune occasion de le mettre en doute. » (*Discours de la méthode*, 2e partie, in *Descartes, Œuvres, lettres*, p. 137, La Pléiade, Gallimard.)

LAGNEAU

« L'évidence est le caractère (ou signe ou critérium) d'une vérité clairement et distinctement conçue qui s'impose à l'esprit. » (*Célèbres Leçons et Fragments*, p. 101, PUF.)

HUSSERL

« *Évidence* désigne, au sens très large, *un phénomène général et dernier* de la vie intentionnelle [...]. L'évidence est un mode de conscience d'une distinction particulière. En elle, une chose, un "état de chose", une généralité, une valeur, etc., *se présentent eux-mêmes, s'offrent et se donnent "en personne"*. » (*Méditations cartésiennes*, Méditation 3, § 24, p. 48, Vrin.)

SARTRE

« L'évidence, c'est la présence pour la conscience de l'objet en personne [...] une évidence c'est une présence. » (*L'Imaginaire*, p. 210, Gallimard.)

◆ **3.** *Termes et expressions connexes*

Relation de voisinage
• certitude.
Relation de dépendance
• connaissance • critère • idée • jugement • vérité.
Relation d'opposition
• doute.

Évolution

◆ **1.** *Définitions générales*

(n. f.) Étym. : lat. *evolutio*, action de dérouler, de parcourir.
A. *Sens général* : suite de transformations ou changements continus et lents, s'effectuant dans une direction déterminée (ex. : l'évolution d'un individu).
B. *Biologie* : suite de transformations aboutissant à l'apparition de nouveaux types de vivants.

◆ **2.** *Définitions particulières de philosophes*

ALAIN

(A) « Changement lent, imperceptible, nullement prévu, nullement voulu, et qui au contraire consacre la défaite de la volonté devant la situation extérieure [...]. L'évolution est donc le contraire du progrès. » (*Définitions*, in *Alain, les Arts et les Dieux*, p. 1057, La Pléiade, Gallimard.)

◆ **3.** *Expressions et termes liés ou dérivés*

Évolution créatrice

Chez *Bergson* : impulsion ou élan producteurs d'une nouveauté irréductible. Ce « flot qui monte » crée des formes vivantes.

Évolution spirituelle

HEGEL

« L'évolution [spirituelle] n'est pas une simple éclosion sans peine et sans lutte, comme celle de la vie organique, mais le travail dur et forcé sur soi-même. En outre, elle n'est pas une évolution au sens formel du terme, mais la production d'une fin d'un contenu déterminé. » (*La Raison dans l'histoire*, chap. 3, § 1, p. 180, 10/18, UGE.)

Évolutionnisme

(n. m.)
a) toute doctrine reposant sur l'idée d'évolution ou affirmant que l'évolution régit le réel.
b) *biologie* : doctrine selon laquelle les espèces vivantes dérivent les unes des autres (à partir des formes les plus simples).

◆ **4.** *Termes et expressions connexes*

Relation de voisinage
• développement • transformation.
Relation de dépendance
• devenir • mouvement • vivant.
Relation d'opposition
• permanence • révolution • stabilité.

Exact

◆ **1.** *Définitions générales*

(adj.) Étym. : lat. *exactus*, précis, exact.
Correspondant parfaitement à son objet ; adéquat à cet objet.

◆ **2.** *Définitions particulières de philosophes*

KANT

« Une connaissance est *exacte* quand elle est conforme à son objet ou quand, relativement à son objet, elle ne donne pas lieu à la moindre erreur. » (*Logique*, Introduction VII, p. 60, Vrin.)

◆ **3.** *Expressions et termes liés ou dérivés*

Exactitude

KANT

« L'exactitude [est] définie comme perfection objective de la connaissance — puisqu'en ce cas la connaissance doit correspondre parfaitement à l'objet. » (*Logique*, Introduction VII, p. 61, Vrin.)

Existant

Voir EXISTENCE.

Existence

Sans avoir été ignorée ou occultée par la pensée du Moyen Âge (voir saint Thomas) ou la réflexion du XVIIIe siècle, la notion d'existence trouve ses plus riches développements au XIXe siècle (Kierkegaard) et à l'époque moderne, avec Merleau-Ponty et Sartre, selon lequel « l'existence précède l'essence ». De 1945 à 1960, le terme d'existence devient d'usage courant.

◆ 1. *Définitions générales*

(n. f.) Étym. : lat. *exsistentia*, existence, de *exsistere*, sortir de, s'élever de.
A. *Sens ordinaire* : ensemble des événements d'une vie humaine.
B. *Philosophie* : le fait de se trouver là concrètement. Surgissement de l'homme dans le monde (par opposition à l'essence).

◆ 2. *Définitions particulières de philosophes*

SAINT THOMAS

« Il est [...] manifeste que ce que j'appelle l'existence est l'acte des actes et la perfection des perfections. » (*Questions discutées à propos de la puissance*, in J. Rassam, *Saint Thomas, l'être et l'esprit*, p. 20, PUF.)

SARTRE

(B) « [...] par définition, l'existence n'est pas la nécessité. Exister, c'est *être là*, simplement ; les existants apparaissent, se laissent *rencontrer*, mais on ne peut jamais les déduire. » (*La Nausée*, p. 181, Gallimard.)
(B) « Par [existence], nous n'entendons pas une substance stable qui se repose en elle-même mais un déséquilibre perpétuel, un arrachement à soi de tout le corps. » (*Critique de la raison dialectique*, « Question de méthode », t. 1, p. 95, Gallimard.)

MERLEAU-PONTY

(B) « L'existence au sens moderne, c'est le mouvement par lequel l'homme est au monde, s'engage dans une situation physique et sociale qui devient son point de vue sur le monde. » (*Sens et non-sens*, p. 143, Nagel.)
(B) « L'existence est le mouvement permanent par lequel l'homme reprend à son compte et assume une certaine situation de fait. » (*Phénoménologie de la perception*, p. 201, Gallimard.)

◆ 3. *Expressions et termes liés ou dérivés*

Sphères d'existence

Chez Kierkegaard, il s'agit des trois stades parcourus par l'individu existant (stades qui correspondent à des étapes de la vie de Kierkegaard lui-même) : le stade *esthétique*, celui de la jouissance dans l'instant ; le stade *éthique*, celui du devoir et de la moralité et le stade *religieux*, celui de l'individu en rapport avec le Christ.

Ek-sistence

HEIDEGGER

« Se tenir dans l'éclairement de l'Être, c'est ce que j'appelle l'ek-sistence de l'homme [...]. L'ek-sistence ne peut se dire que de l'essence de l'homme, c'est-à-dire de la manière humaine d'"être". » (*Lettre sur l'humanisme*, pp. 53, 55, Aubier.)

Existant

(n. m.-part. prés.) Étym. : traduit l'allemand *Seiendes*, part. présent de *sein* (être).
Toute réalité concrète ; la réalité humaine, le *Dasein*.

◆ 3. *Termes et expressions connexes*

Relation de voisinage
• être • être-là • pour-soi • réalité.
Relation de dépendance
• essence (Sartre).
Relation d'opposition
• concept • essence • mort
• système (Kierkegaard).

Existentialisme

◆ 1. *Définitions générales*

(n. m.) Philosophie centrée sur l'existence (au sens de « surgissement dans le monde ») et faisant de l'existence concrète le noyau de sa réflexion.

◆ 2. *Définitions particulières de philosophes*

SARTRE

« L'existentialisme athée [...] déclare que si Dieu n'existe pas, il y a au moins un être chez qui l'existence précède l'essence, [...] et cet être c'est l'homme. » (*L'existentialisme est un humanisme*, p. 21, Nagel.)

Exister

◆ **1.** *Définitions générales*

Terme indéfinissable. Nous suggérons seulement deux lignes directrices :

A. Avoir une présence dans le monde, soit sensible, soit intelligible (ex. : cet homme existe ; cet énoncé mathématique existe).

B. *Existentialisme, phénoménologie* : surgir ou « se jeter » dans le monde.

◆ **2.** *Définitions particulières de philosophes*

ROUSSEAU

« Exister pour nous, c'est sentir. » (*Émile ou De l'éducation*, liv. 4, p. 353, Garnier.)

LAGNEAU

Voir VALEUR, p. 303.

BERGSON

« Nous cherchons [...] quel sens précis notre conscience donne au mot "exister", et nous trouvons que, pour un être conscient, exister consiste à changer, changer à se mûrir, se mûrir à se créer indéfiniment soi-même. » (*L'Évolution créatrice*, p. 7, PUF.)

BEAUVOIR

(B) « Exister, c'est *se faire* manque d'être, c'est se *jeter* dans le monde. » (*Pour une morale de l'ambiguïté*, p. 61, Gallimard.)

Expérience

◆ **1.** *Définitions générales*

(n. f.) Étym. : lat. *experientia*, essai, épreuve, expérience.

A. *Sens courant* : ensemble des connaissances que l'on acquiert par le temps et l'usage.

B. *Philosophie* : connaissance acquise par les sens, due à la sensibilité ; impression sensible non élaborée ; synthèse des sensations.

C. *Épistémologie* : action d'observer les faits en vue de vérifier une hypothèse. Souvent synonyme d'expérimentation.

◆ **2.** *Définitions particulières de philosophes*

LOCKE

(B) « Comment vient-elle [l'âme] à recevoir des idées ? [...]. D'où puise-t-elle tous ces matériaux qui sont comme le fond de tous ses raisonnements et de toutes ses connaissances ? A celà, je réponds en un mot, de l'Expérience : [...]. *Les observations que nous faisons sur* les objets extérieurs et sensibles, *ou sur* les opérations intérieures de notre âme, *que nous apercevons et sur lesquelles nous réfléchissons nous-mêmes, fournissent à notre esprit les matériaux de toutes ses pensées.* » (*Essai philosophique concernant l'entendement humain*, pp. 60, 61, Vrin.)

KANT

(B) « L'expérience est, sans aucun doute, le premier produit que notre entendement obtient en élaborant la matière brute des sensations [...]. Elle nous dit bien ce qui est, mais elle ne dit pas qu'il faut que cela soit, d'une manière nécessaire, ainsi et non pas autrement. » (*Critique de la raison pure*, Introduction I, 1re édition, pp. 31, 32, PUF.)

Voir aussi UNIVERSALITÉ, p. 301.

HEGEL

Voir LOI, p. 165.

COMTE

(C) « L'expérience, c'est-à-dire la contemplation du phénomène plus ou moins modifié par des circonstances artificielles que nous instituons expressément en vue d'une plus parfaite exploration. » (*Auguste Comte, Philosophie des sciences, textes choisis*, Leçon 19, p. 156, PUF.)

BERNARD

(C) « L'expérience est une *observation provoquée dans le but de faire naître une idée.* » (*Introduction à l'étude de la médecine expérimentale*, p. 38, Gibert.)

Voir aussi OBSERVATION, p. 197.

DUHEM

(C) « *Une expérience de physique est l'observation précise d'un groupe de phénomènes, accompagnée de* l'INTERPRÉTATION *de ces phénomènes ; cette interprétation substitue aux données concrètes recueillies par l'observation des représentations abstraites et symboliques qui leur correspondent en vertu des théories que l'observateur admet.* » (*La Théorie physique, son objet et sa structure*, p. 238, Chevalier et Rivière, 1906.)

◆ **3.** *Expressions et termes liés ou dérivés*

Expérience pour voir

Celle qui est instituée dans le but de suggérer une idée expérimentale, une hypothèse.

◆ **4.** *Termes et expressions connexes*

Relation de voisinage

• données • épreuve • essai • impressions sensibles.

Relation de dépendance

• connaissance • empirisme • hypothèse • savoir • science.

Relation d'opposition

• forme de la connaissance (chez Kant, intuition pure, catégories) • inexpérience.

Expérimentateur

◆ **1.** *Définitions générales*

(n. m.) Personne se livrant à l'expérimentation ; personne effectuant des expériences scientifiques.

◆ **2.** *Définitions particulières de philosophes*

BERNARD

« On donne le nom d'*expérimentateur* à celui qui emploie les procédés d'investigation simples ou complexes pour faire varier ou modifier, dans un but quelconque, les phénomènes naturels et les faire apparaître dans des circonstances ou dans des conditions dans lesquelles la nature ne les lui présentait pas. » (*Introduction à l'étude de la médecine expérimentale*, p. 30, Gibert.)

Expérimentation

◆ **1.** *Définitions générales*

(n. f.) Étym. : lat. *experimentum*, essai, épreuve, preuve par l'expérience, par les faits.
Interrogation méthodique des phénomènes, pour vérifier une ou des hypothèses.

◆ **2.** *Définitions particulières de philosophes*

BACON

« Lorsque [la simple expérience] se présente d'elle-même, on la nomme hasard ; lorsqu'elle est recherchée, on la nomme expérimentation. » (*Novum Organum*, Aphorisme 82, p. 142, PUF.)

COMTE

« Une expérimentation quelconque [...] consiste, en général, à introduire, dans chaque condition proposée, un changement bien défini, afin d'apprécier directement la variation correspondante du phénomène lui-même. » (*Auguste Comte, Philosophie des sciences, textes choisis*, leçon 40, p. 163, PUF.)

BERNARD

« L'*expérimentation*, ou l'art d'obtenir des expériences rigoureuses et bien déterminées. » (*Introduction à l'étude de la médecine expérimentale*, p. 13, Gibert.)

BACHELARD

« Dès qu'on passe de l'observation à l'expérimentation, [...] il faut que le phénomène soit trié, filtré, épuré, coulé dans le moule des instruments, produit sur le plan des instruments. » (*Le Nouvel Esprit scientifique*, p. 12, PUF.)

◆ **3.** *Termes et expressions connexes*

Relation de voisinage

• expérience.

Relation de dépendance

• méthode • savoir • science.

Relation d'opposition

• observation.

Explication

◆ **1.** *Définitions générales*

(n. f.) Étym. : lat. *explicatio*, action de déplier, de dérouler, de présenter clairement.
Fait de « déplier », c'est-à-dire de rendre intelligible un objet en montrant quels sont le « comment », le « pourquoi » ou la cause de cet objet. Dans la pensée contemporaine, l'explication est souvent conçue comme une opération correspondant à des procédés discursifs, par opposition à la compréhension.

◆ **2.** *Définitions particulières de philosophes*

JASPERS

Voir COMPRENDRE, p. 50.

◆ **3.** *Expressions et termes liés ou dérivés*

Explication scientifique

BERGSON

« Toute explication scientifique peut se définir [...] une hypothèse que l'expérience vérifie [...]. Il n'y a pas d'explication scientifique qui ne soit le résultat d'un travail de l'esprit, qui ne se réduise par conséquent à une hypothèse. » (Introduction aux *Extraits de Lucrèce*, p. 25, Delagrave.)

Expliquer

GRANGER

« Expliquer, c'est montrer l'existence de liaisons constantes entre certains faits, et en déduire que les phénomènes étudiés en dérivent. » (*La Raison*, p. 81, PUF.)

◆ **4.** *Termes et expressions connexes*

Relation de voisinage

• clarification • éclaircissement.

Relation de dépendance

• cause • déduction • pourquoi • raison.

Relation d'opposition

• compréhension • intuition.

Expression

◆ **1.** *Définitions générales*

(n. f.) Étym. : lat. *expressio*, action de faire sortir, expression de la pensée.

A. Manifestation extérieure d'idées ou de sentiments, par le langage, par des signes divers, etc. (ex. : l'expression du visage).
B. *Esthétique* : qualité de l'œuvre d'art, manifestant sentiments ou idées.

◆ **2.** *Termes et expressions connexes*

Relation de voisinage
• communication • manifestation.
Relation de dépendance
• art • langage • signes.
Relation d'opposition
• mutisme.

Extase

(n. f.) Étym. : grec *ekstasis*, égarement de l'esprit.
A. *Mystique* : état caractérisé par le sentiment de communiquer totalement et directement avec le Transcendant et l'Absolu, en s'unissant avec cet Être de manière intime et ineffable.
B. *Phénoménologie* : attitude intentionnelle de la conscience visant un au-delà de soi.

Extension

(n. f.) Étym. : lat. *extensio*, action d'étendre.
A. *Logique* : ensemble des objets auxquels un concept peut s'appliquer et qu'il peut désigner. Voir COMPRÉHENSION, p. 50.
B. *Philosophie* : tout particulièrement chez *Descartes*, étendue.

Extériorité

◆ **1.** *Définitions générales*
(n. f.) Étym. : lat. *externus*, du dehors, extérieur, externe.
Caractère de ce qui est visible du dehors, de ce qui existe en dehors de la conscience.

◆ **2.** *Définitions particulières de philosophes*

BERGSON
« L'extériorité est le caractère propre des choses qui occupent de l'espace, tandis que les faits de conscience ne sont point essentiellement extérieurs les uns aux autres. » (*Essai sur les données immédiates de la conscience*, pp. 73, 74, PUF.)

Extrapolation

(n. f.) Étym. : d'extrapoler, verbe créé à partir du lat. *extra*, en dehors, et *polare*, tourner.
Action d'étendre hors d'une sphère donnée (ou d'un domaine donné) ce qui a été établi dans la sphère initiale.

Extraversion

◆ **1.** *Définitions générales*
(n. f.) Étym. : composé à partir du lat. *extra*, au dehors, à l'extérieur, et *versus*, tourné vers.

◆ **2.** *Définitions particulières de philosophes*

JUNG
« Extraversion signifie orientation de la libido vers le dehors. J'appelle extraverti un rapport tel du sujet à l'objet que l'intérêt subjectif se meut positivement vers l'objet. » (*Types psychologiques*, p. 425, Librairie de l'Université Georg et Cie, Genève.)

F

Fabulation

◆ **1.** *Définitions générales*

(n. f.) Étym. : lat. *fabulatio*, discours, conversation.

A. *Psychologie* : tendance à présenter une production imaginaire de l'esprit comme réelle, ou à mêler le réel et l'imaginaire (comme l'enfant qui invente des récits fictifs, et qui les vit).

B. *Religion* : chez *Bergson*, tout particulièrement, et dans le cadre de l'étude de la religion : fonction et production de l'imagination, où le moi cherche à échapper à l'emprise de la réalité, et ce par une réaction défensive vis-à-vis du réel.

◆ **2.** *Définitions particulières de philosophes*

BERGSON

(B) « Appelons "fabulation" ou "fiction" l'acte qui [...] fait surgir [les représentations fantasmatiques]. » (*Les Deux Sources de la morale et de la religion*, p. 111, PUF.)

Factice

◆ **1.** *Définitions générales*

(adj.) Étym. : lat. *facticius*, artificiel.
Artificiel, produit artificiellement.

◆ **2.** *Définitions particulières de philosophes*

DESCARTES

Voir aussi IDÉE FACTICE, p. 131.

Facticité

◆ **1.** *Définitions générales*

A. Caractère de ce qui est factice.

B. *Phénoménologie, existentialisme* : caractère de ce qui constitue un pur fait, de ce qui n'est pas nécessaire, de ce qui est (de manière contingente).

◆ **2.** *Définitions particulières de philosophes*

HUSSERL

(B) « L'être individuel sous toutes ses formes est, d'un mot très général, "contingent". Tel il est ; autre il pourrait être en vertu de son essence [...]. Cette contingence [...] s'appelle alors facticité. » (*Idées directrices pour une phénoménologie*, pp. 16, 17, Gallimard.)

SARTRE

(B) « Ma *facticité*, c'est-à-dire le fait que les choses sont *là* simplement comme elles sont, sans nécessité ni possibilité d'être autrement et que je *suis là* parmi elles. » (*L'Être et le Néant*, 4e partie, chap. 1, § 2, p. 607, Tel, Gallimard.)

◆ **3.** *Termes et expressions connexes*

Relation de voisinage
• absurdité • contingence • fait.

Relation de dépendance
• conscience • Dasein • liberté • pour-soi.

Relation d'opposition
• essence • nécessité.

Faculté

(n. f.) Étym. : lat. *facultas*, possibilité, capacité.

A. Puissance d'agir, pouvoir de faire quelque chose, capacité.

B. *Sens ancien* : les *facultés de l'âme* désignaient des fonctions psychiques considérées comme distinctes ; ces facultés correspondaient à l'intelligence, la sensibilité et l'activité. Cette division en pouvoirs indépendants a souvent été contestée et n'est plus admise de nos jours.

Fait

◆ **1.** *Définitions générales*

(n. m.) Étym. : lat. *factum*, fait, action, entreprise.
Toute donnée réelle de l'expérience.

◆ **2.** *Définitions particulières de philosophes*

HUSSERL

« Une chose n'est pas un fait ; ce qui en est un, c'est *que* cette chose *existe*, *qu'elle est* de telle et telle nature, etc. » (« Observation de Husserl », in Lalande, *Vocabulaire technique et critique de la philosophie*, p. 338, PUF.)

◆ 3. *Expressions et termes liés ou dérivés*

Fait scientifique

Phénomène interprété, construit et mesuré (par opposition à ce que serait un « fait brut », non élaboré par l'homme de science).

POINCARÉ

« *Tout ce que crée le savant dans un fait, c'est le langage dans lequel il l'énonce* [...] le fait scientifique est la traduction d'un fait brut dans un certain langage. » (*La Valeur de la science*, pp. 257, 258, A l'enseigne du cheval ailé, Constant Bourquin, Genève.)

◆ 4. *Termes et expressions connexes*

Relation de voisinage

• donné • événement • phénomène • réalité.

Relation de dépendance

• expérience • histoire • observation • science.

Relation d'opposition

• abstraction • fiction • illusion • théorie.

Falsifiabilité

◆ 1. *Définitions générales*

(n. f.) Terme créé par Karl Popper, à partir du verbe anglais *to falsify*, réfuter.
Chez *Popper* : caractère d'un énoncé ou d'une théorie qui ne sont réellement scientifiques que dans la mesure où ils sont susceptibles d'être soumis à un test empirique crucial les réfutant et les "falsifiant" (ex. : la théorie de la relativité fait partie de la science parce que réfutable, alors que la psychanalyse est hors de la science).

◆ 2. *Définitions particulières de philosophes*

POPPER

« J'admettrai certainement qu'un système n'est empirique ou scientifique que s'il est susceptible d'être soumis à des tests expérimentaux. Ces conditions suggèrent que c'est la falsifiabilité et non la vérifiabilité d'un système qu'il faut prendre comme critère de démarcation. En d'autres termes, je n'exigerai pas d'un système scientifique qu'il puisse être choisi, une fois pour toutes, dans une acception positive, mais j'exigerai que sa forme logique soit telle qu'il puisse être distingué, au moyen de tests empiriques, dans une acception négative : *un système faisant partie de la science empirique doit pouvoir être réfuté par l'expérience.* » (*La Logique de la découverte scientifique*, p. 37, Payot.)

Famille

(n. f.) Étym. : lat. *familia*, ensemble des esclaves de la maison.
A. Ensemble d'individus unis par des liens de parenté.
B. *Biologie* : une des grandes divisions utilisées dans la classification des animaux et des végétaux. Elle groupe les genres ayant en commun certains traits généraux (ex. : famille des rosacées).

Fanatisme

◆ 1. *Définitions générales*

(n. m.) Étym. : lat. *fanaticus*, inspiré, rempli d'enthousiasme, et *fanum*, lieu consacré, temple.
Disposition passionnelle de celui qu'anime un zèle aveugle, non retenu et non maîtrisé par la raison : elle entraîne une intolérance à l'égard de ceux qui ne partagent pas nos opinions ou croyances.

◆ 2. *Définitions particulières de philosophes*

VOLTAIRE

« On entend aujourd'hui par fanatisme une folie religieuse, sombre et cruelle. C'est une maladie de l'esprit qui se gagne comme la petite vérole [...]. Le fanatisme est à la superstition ce que le transport est à la fièvre, ce que la rage est à la colère. » (*Dictionnaire philosophique*, in *Œuvres complètes de Voltaire*, t. 3, p. 79, Garnier Frères, 1879.)

KANT

« [...] le *fanatisme*, dans sa signification la plus générale, entreprend, d'après des principes, de dépasser les limites de la raison humaine. » (*Critique de la raison pratique*, « Doctrine élémentaire de la raison pure pratique », p. 90, PUF.)

ALAIN

« Fureur d'esprit contre l'esprit [...]. Il est difficile de ne pas haïr le doute dans les autres et en soi-même. » (*Définitions*, in *Alain, les Arts et les Dieux*, p. 1057, La Pléiade, Gallimard.)

Fantaisie

(n. f.) Étym. : grec *phantasia*, action de se montrer, apparition, imagination.
A. *Sens courant contemporain* : imagination déréglée et capricieuse.
B. *Sens ancien* : faculté de se représenter d'une façon sensible les objets ; imagination.
C. *Esthétique* : désigne un caractère ou une qualité de l'œuvre artistique, envisagée

comme le fruit d'une imagination novatrice et libre.

Fantasme (ou phantasme)

◆ **1.** *Définitions générales*

(n. m.) Étym. : grec *phantasma*, apparition, vision, songe, spectre, fantôme.

A. *Psychanalyse* : scénario imaginaire, fiction que le sujet se raconte et où il est présent lui-même ; ce scénario imaginaire représente l'accomplissement d'un désir (avec une déformation produite par la censure et les processus défensifs).

B. *Psychologie* : représentation imaginaire, se manifestant dans la rêverie, l'invention artistique, etc.

◆ **2.** *Définitions particulières de philosophes*

KANT

(B) « Avant que l'artiste puisse présenter une forme physique (en quelque sorte tangible), il doit l'avoir fabriquée dans l'imagination, et cette forme est alors une invention qui, si elle est involontaire, comme dans le rêve, s'appelle *fantasme* et n'appartient pas à l'artiste. » (*Anthropologie du point de vue pragmatique*, 1re partie, p. 52, Vrin.)

Fatal

(adj.) Étym. : lat. *fatalis*, fixé par le destin, fatal (voir aussi FATUM).

Qui arrive sous l'effet du destin et apparaît fixé par lui.

Fatalisme

◆ **1.** *Définitions générales*

(n. m.) Doctrine selon laquelle tout serait écrit à l'avance et fatal ; à distinguer du déterminisme.

◆ **2.** *Définitions particulières de philosophes*

ALAIN

« Doctrine très commune, et en un sens universelle, d'après laquelle ce qui n'a pas été ne pouvait pas être (n'était pas dans les destins), ce qui enlève les regrets. » (*Définitions*, in Alain, *les Arts et les Dieux*, p. 1058, La Pléiade, Gallimard.)

Fatalité

◆ **1.** *Définitions générales*

Caractère de ce qui est fatal, de ce qui est l'œuvre du destin.

◆ **2.** *Définitions particulières de philosophes*

ALAIN

« Ce qui est dit d'avance (*fatum*) ou écrit. » (*Définitions*, in Alain, *les Arts et les Dieux*, p. 1058, Gallimard.)

Fatum

◆ **1.** *Définitions générales*

(n. m.) Étym. : lat. *fatum*, prédiction, oracle, destin, destinée, de *fari*, parler, dire.

A. *Sens latin* : destin, fatalité ; temps fixé pour la vie.

B. *Sens général* : destin irrévocable ; ce qui arriverait en vertu d'une nécessité aveugle.

◆ **2.** *Définitions particulières de philosophes*

LEIBNIZ

(B) « Une fatalité absurde et insupportable, c'est-à-dire [...] le *fatum mahometanum* [le destin à la turque ou mahométan] qui est le pire de tous, parce qu'il renverse la prévoyance et le bon conseil. » (*Essais de Théodicée*, 1re partie, § 59, p. 136, Garnier-Flammarion.)

Fausseté

◆ **1.** *Définitions générales*

(n. f.) Étym. : lat. *falsitas*, fausseté, mensonge.

Caractère d'un énoncé ou d'un discours faux.

◆ **2.** *Définitions particulières de philosophes*

PLATON

« Le fait que ce sont des non-êtres qu'on se représente ou qu'on énonce, voilà [...] ce qui constitue la fausseté, et dans la pensée, et dans les discours. » (*Le Sophiste*, in Platon, *Œuvres complètes*, t. 8, 3e partie, p. 377, Budé, Belles Lettres.)

SPINOZA

« La fausseté consiste dans une privation de connaissance qu'enveloppent les idées inadéquates, c'est-à-dire mutilées et confuses. » (*Éthique*, 2e partie, Proposition 35, in *Œuvres de Spinoza*, t. 3, p. 108, Garnier-Flammarion.)

MALEBRANCHE

« La fausseté n'est que la *négation* de la vérité, ou un rapport faux ou imaginaire [...]. La fausseté n'est point, ou si on le veut, elle est ce qui n'est point. » (*De la recherche de la vérité*, in *Malebranche*, *Œuvres*, t. 1, p. 625, La Pléiade, Gallimard.)

VOLTAIRE

« Fausseté est le contraire de la vérité. Ce n'est pas proprement le mensonge, dans lequel il entre toujours du dessein. » (*Dictionnaire philosophique*, in *Œuvres complètes de* Voltaire, p. 89, Garnier Frères, 1879.)

Faute

◆ 1. *Définitions générales*

(n. f.) Étym. : lat. *fallere*, tromper.

A. *Éthique* : manquement à une norme morale.

B. Violation quelconque (dans la sphère logique, esthétique, etc.).

◆ 2. *Définitions particulières de philosophes*

HOBBES

(B) « La faute [...] peut consister non seulement dans le *fait de commettre* une action ou de prononcer des paroles interdites par la loi, ou dans l'*omission* de ce que la loi ordonne, mais aussi dans l'*intention*, dans le propos de transgresser la loi. » (*Léviathan*, p. 312, Sirey.)

KANT

« La *transgression sans préméditation*, mais néanmoins imputable, se nomme une simple *faute* (*culpa*). » (*Métaphysique des mœurs, Doctrine du droit*, Introduction IV, p. 98, Vrin.)

Faux

◆ 1. *Définitions générales*

(n. m.-adj.) Étym. : lat. *falsus*, faux, falsifié.

A. Contraire à vrai ou opposé à lui.

B. *Logique formelle* : qualifie des propositions incompatibles avec d'autres propositions antérieurement reconnues comme vraies (ex. : proposition première : « tout B est A » ; la proposition « quelque B n'est pas A » est fausse : elle violerait, en effet, le principe d'identité).

◆ 2. *Définitions particulières de philosophes*

PLATON

« Un assemblage de verbes et de noms qui, à ton sujet, énonce, en fait comme autre, ce qui est même, et, comme étant, ce qui n'est point, voilà [...] l'espèce d'assemblage qui constitue réellement et véritablement un discours faux. » (*Le Sophiste*, in *Platon*, *Œuvres complètes*, t. 8, 3e partie, pp. 382, 383, Budé, Belles Lettres.)

ARISTOTE

« Une énonciation fausse est celle qui, en tant que fausse, exprime ce qui n'est pas. » (*La Métaphysique*, liv. Δ, § 29, t. 1, p. 317, Vrin.)

« Être dans le faux, c'est penser contrairement à la nature des objets. » (*La Métaphysique*, liv. θ, § 10, t. 2, p. 522, Vrin.)

◆ 3. *Termes et expressions connexes*

Relation de voisinage

• erroné • inexact.

Relation de dépendance

• esprit • jugement • logique formelle • proposition • raisonnement

Relation d'opposition

• authentique • exact • vrai

Fête

◆ 1. *Définitions générales*

(n. f.) Étym. : lat. *festum*, jour de fête, fête.

Ensemble de réjouissances en l'honneur d'une réalité ou d'un être supposé contribuer au bien de l'homme. Cet ensemble exprime la culture d'une communauté et peut se vivre dans l'excès et l'affranchissement à l'égard des contraintes coutumières.

◆ 2. *Définitions particulières de philosophes*

FREUD

« Une fête est un excès permis, voire ordonné, une violation solennelle d'une prohibition. Ce n'est pas parce qu'ils se trouvent, en vertu d'une prescription, joyeusement disposés que les hommes commettent des excès : l'excès fait partie de la nature même de la fête. » (*Totem et tabou*, chap. 4, § 5, p. 194, Payot.)

Fétichisme

◆ 1. *Définitions générales*

(n. m.) Étym. : portugais *feitiço*, du latin *facticius*, artificiel.

Culte ou adoration de petits objets matériels considérés comme lieux où un esprit réside et comme possédant, dès lors, une puissance magique.

◆ 2. *Définitions particulières de philosophes*

COMTE

« Le *fétichisme* proprement dit [consiste] surtout à attribuer à tous les corps extérieurs une vie essentiellement analogue à la nôtre, mais presque toujours plus énergique [...]. L'adoration des astres caractérise le degré le plus élevé de cette première phase théologique. » (*Discours sur l'esprit positif*, pp. 5, 6, Vrin.)

◆ **3.** *Expressions et termes liés ou dérivés*

Fétichisme marchand

Tromperie ou illusion qui s'empare des hommes, à propos de la marchandise, quand ils la saisissent sous une forme fantastique, sans la rattacher au travail humain.

Fiat

(n. m. inv.) Étym. : lat. : « Que cela soit. » Le terme *fiat* est tiré du livre de la Genèse (I.3) : « Fiat lux, et lux facta est » (Que la lumière soit et la lumière fut).
Acte de volonté, constituant un commencement et un surgissement absolus, et mettant ainsi fin à la délibération.

Fictif

Voir FICTION.

Fiction

◆ **1.** *Définitions générales*

(n. f.) Étym. : lat. *fictio*, action de façonner, façon, formation, action de feindre, fiction.
Fait imaginé, par opposition à la réalité ; création de l'esprit ou de l'imagination, n'ayant pas de correspondant dans la réalité (ex. : une fiction poétique).

◆ **2.** *Définitions particulières de philosophes*

ARISTOTE

« J'appelle fiction la violence faite à la vérité, en vue de satisfaire à une hypothèse. » (*La Métaphysique*, Livre M, § 7, t. 2, p. 758, Vrin.)

◆ **3.** *Expressions et termes liés ou dérivés*

Fictif

Reposant sur l'imagination et n'ayant pas de réalité.

COMTE

Voir LOI DES TROIS ÉTATS, p. 166.

Fidéisme

Voir FOI, p. 111.

Fin

C'est dans la philosophie morale de Kant que le concept de fin en soi acquiert sa pleine signification éthique : il s'agit toujours, en toute circonstance, de traiter l'homme comme une fin en soi, ayant une valeur absolue, et non pas comme un moyen.

◆ **1.** *Définitions générales*

(n. f.) Étym. : lat. *finis*, limite, bornes, fin d'une chose.
A. But vers lequel on tend ; ce en vue de quoi une chose est.
B. Limite, terme.

◆ **2.** *Définitions particulières de philosophes*

KANT

« Ce qui sert à la volonté de principe objectif pour se déterminer elle-même, c'est la *fin*. » (*Fondements de la métaphysique des mœurs*, 2e section, p. 148, Delagrave.)
« On nomme *fin* l'objet du libre-arbitre (d'un être raisonnable), dont la représentation détermine [le vouloir] à une action qui produise cet objet. » (*Métaphysique des mœurs, Doctrine de la vertu*, Introduction I, p. 51, Vrin.)

SARTRE

« La fin se donne comme l'au-delà non existant qui éclaire la totalité de l'existant. C'est à la lumière de la fin que je comprends le monde » (*Cahiers pour une morale*, p. 450, Gallimard.)

◆ **3.** *Expressions et termes liés ou dérivés*

Fin en soi

L'homme, en tant qu'être raisonnable, est *fin en soi* : il possède une valeur absolue et ne doit pas être traité comme moyen.

KANT

Voir PERSONNE, p. 210, RÈGNE DES FINS, p. 245.

◆ **4.** *Termes et expressions connexes*

Relation de voisinage
• but • dessein • interruption • limite.
Relation de dépendance
• action • morale • moyen • volonté.
Relation d'opposition
• commencement.

Final

◆ **1.** *Définitions générales*

(adj.) Étym. : lat. *finalis*, qui concerne les limites.
A. Terminal.
B. Qui se rapporte à la fin ou au but.
Voir CAUSE FINALE, p. 41.

◆ **2.** *Expressions et termes liés ou dérivés*

Finalisme

(n. m.) Doctrine admettant de la finalité au sein de l'univers et privilégiant l'action des causes finales, en particulier dans la sphère des êtres vivants.

◆ **3.** *Termes et expressions connexes*

— Pour *finalisme* :

Relation de voisinage

• providentialisme • téléologie • vitalisme.

Relation de dépendance

• biologie • univers • vie.

Relation d'opposition

• mécanisme.

Finalité

◆ **1.** *Définitions générales*

(n.f.) Caractère de ce qui tend vers une fin, de ce qui est ordonné à un but ; le but lui-même, l'utilité de l'action.

◆ **2.** *Expressions et termes liés ou dérivés*

Finalité externe

KANT

« Par finalité externe, j'entends ce par quoi une chose dans la nature sert à une autre de moyen en vue d'une fin [...] la finalité externe est un concept tout différent de celui de la finalité interne qui est liée à la possibilité d'un objet sans considérer si son existence est une fin ou non. » (*Critique du jugement*, « Critique du jugement téléologique », § 82, p. 223, Vrin.)

Finalité interne

Elle consiste en ce que les diverses parties d'une réalité sont moyens pour une fin qui est cette réalité elle-même ; toute fin est moyen et réciproquement.

KANT

« *Le Principe du jugement de finalité intérieure dans les êtres organisés*. Voici ce principe et en même temps sa définition : *un produit organisé de la nature est un produit où tout est fin et moyen réciproquement* ; en lui rien d'inutile, sans but, ou dû à un aveugle mécanisme naturel. » (*Critique du jugement*, « Critique du jugement téléologique », § 66, p. 182, Vrin.)

HEGEL

« La finalité *interne* est celle où une réalité présente possède en elle-même son concept et où elle est, *en même temps*, but et moyen, but qui se réalise et qui est réalisé dans cette réalité présente elle-même ». (*Propédeutique philosophique*, « Logique », § 103, p. 134, Éditions de Minuit.)

Finesse

◆ **1.** *Définitions générales*

(n. f.) Étym. : lat. *finis*, borne, fin.
Aptitude à discerner des rapports subtils ou nuancés, dans les pensées, les sentiments, etc. (ex. : finesse d'esprit).

◆ **2.** *Définitions particulières de philosophes*

PASCAL

« La finesse est la part du jugement, la géométrie est celle de l'esprit. » (*Pensées et Opuscules*, Pensée 4, p. 321, Hachette.)

◆ **3.** *Expressions et termes liés ou dérivés*

Esprit de finesse

Chez *Pascal* : par opposition à l'esprit de géométrie, l'esprit de finesse désigne l'intuition des choses, même si elles ne sont pas rationnelles, le discernement juste et immédiat d'éléments complexes.
Voir GÉOMÉTRIE (ESPRIT DE), p. 117.

PASCAL

« [L'esprit de finesse] a une souplesse de pensée qu'il applique en même temps aux diverses parties aimables de ce qu'il aime [...]. Il va jusques au cœur et par le mouvement du dehors il connaît ce qui se passe au dedans. » (*Discours sur les passions de l'amour*, in *Pensées et Opuscules*, p. 125, Hachette.)

Fini

(adj.) Étym. : lat. *finitus*, délimité.
Qui est limité, qui a une limite (par opposition à ce qui est infini).

Finitude

◆ **1.** *Définitions générales*

(n. f.) Tout particulièrement dans la pensée contemporaine et l'existentialisme, désigne le caractère de l'existence humaine contingente, finie et marquée du sceau de la mort.

◆ **2.** *Définitions particulières de philosophes*

ARON

« L'homme [...] a conscience de sa finitude, [...] sait son existence unique et limitée. » (*Introduction à la philosophie de l'histoire*, p. 336, Gallimard.)

Fixation

◆ 1. *Définitions générales*

(n. f.) Étym. : lat. *fixus*, enfoncé.
A. *Psychologie* : fonction ou acte par lesquels les souvenirs sont enregistrés par la mémoire.
B. *Psychanalyse* : attachement intense de la libido à un stade passé du développement ou à une personne.

◆ 2. *Définitions particulières de philosophes*

FREUD

(B) « J'appelle *fixation* (de la tendance, bien entendu) le fait pour une tendance partielle de s'être attardée à une phase antérieure. » (*Introduction à la psychanalyse*, 3e partie, p. 366, Bibliothèque scientifique, Payot.)

Foi

◆ 1. *Définitions générales*

(n. f.) Étym. : lat. *fides*, foi.
A. *Métaphysique, philosophie* :
a) certitude due à la grâce (*Pascal*), par opposition à la raison.
b) adhésion libre et sans preuve.
B. *Morale* : croyance rationnelle et cependant non démontrable, portant sur l'existence de Dieu, l'immortalité de l'âme et la liberté (*Kant*).
C. *Religion* : adhésion spirituelle à des vérités révélées et à des dogmes. Croyance en l'existence de Dieu.
Voir aussi CROYANCE, p. 62.

◆ 2. *Définitions particulières de philosophes*

ARNAULD et NICOLE

« Autorité des personnes dignes de créance, qui nous assurent qu'une telle chose est, quoique par nous-mêmes nous n'en sachions rien ; ce qui s'appelle foi, ou créance [...] il y a [...] deux sortes de foi, divine et humaine. La foi divine ne peut être sujette à erreur [...] la foi humaine est de soi-même sujette à erreur. » (*La Logique ou l'Art de penser*, p. 409, Champs, Flammarion.)

PASCAL

(A-*a*) « La foi est différente de la preuve : l'une est humaine, l'autre est un don de Dieu. *Justus ex fide vivit* (le juste vit de la foi) : c'est de cette foi que Dieu lui-même met dans le cœur, dont la preuve est souvent l'instrument, *fides ex auditu* (la foi vient d'avoir entendu) ; mais cette foi est dans le cœur, et fait dire non *scio* [1], mais *credo* [2]. » (*Pensées et Opuscules*, Pensée 248, p. 449, Hachette.)

VOLTAIRE

« Qu'est-ce que la foi ? Est-ce de croire ce qui paraît évident ? Non [...] la foi consiste à croire, non ce qui semble vrai, mais ce qui semble faux à notre entendement. » (*Dictionnaire philosophique*, in *Œuvres complètes de Voltaire*, p. 155, Garnier Frères, 1879.)

KANT

« Si la croyance n'est que subjectivement suffisante et si elle est en même temps tenue pour objectivement insuffisante, elle s'appelle *foi*. » (*Critique de la raison pure*, « Théorie transcendantale de la méthode », p. 552, PUF.)

KIERKEGAARD

« Ce que la philosophie moderne entend par foi, c'est proprement une opinion, la croyance au sens ordinaire [...]. La foi, au sens plein, se rapporte à l'Homme-Dieu. » (*L'École du christianisme*, in *Kierkegaard, L'Existence, textes choisis*, p. 198, PUF.)

ALAIN

(A-*b*) « Volonté de croire, sans preuve et contre les preuves, que l'homme peut faire son destin, et que la morale n'est donc pas un vain mot. Le donjon de la foi, son dernier réduit, c'est la liberté même. » (*Définitions*, in *Alain, les Arts et les Dieux*, p. 1060, Gallimard.)

◆ 3. *Expressions et termes liés ou dérivés*

Mauvaise foi

Mensonge à soi, où l'on se trompe soi-même.

SARTRE

« La mauvaise foi a [...] en apparence la structure du mensonge. Seulement, ce qui change tout, c'est que, dans la mauvaise foi, c'est à moi-même que je masque la vérité [...] la mauvaise foi implique [...] par essence l'unité d'*une* conscience. » (*L'Être et le Néant*, 1re partie, chap. 2, § 1, p. 84, Tel, Gallimard.)

Fidéisme

(n. m.) Étym. : lat. *fides*, foi.
Théologie : doctrine (condamnée par l'Église en 1838) selon laquelle la connaissance des vérités premières et absolues se fonderait seulement sur la foi, sans justification rationnelle possible.

◆ 4. *Termes et expressions connexes*

Relation de voisinage
• conviction • croyance.

1. Je sais.
2. Je crois.

Relation de dépendance

• cœur • espérance • grâce • religion • Transcendant.

Relation d'opposition

• doute • incroyance • savoir.

Folie

La folie ne serait-elle pas une possibilité immanente à l'existence elle-même ? En voyant dans la folie une contradiction de la raison (*Hegel*) et une limitation de notre liberté (*Lacan*), ces deux penseurs humanisent notre fond de déraison.

◆ 1. *Définitions générales*

(n. f.) Étym. : lat. *follis*, outre gonflée, ballon.

A. Toute espèce de trouble mental, se greffant sur fond de déraison ou de démesure (terme généralement étranger au vocabulaire psychanalytique ou psychiatrique contemporain).

B. Caractère de ce qui échappe au contrôle de la raison, de ce qui est déraisonnable.

◆ 2. *Définitions particulières de philosophes*

HOBBES

(A) « Éprouver [...] à l'égard d'une chose quelconque des passions plus fortes et plus véhémentes qu'on n'en voit généralement chez les autres hommes, c'est ce qu'on appelle *Folie*. » (*Léviathan*, p. 70, Sirey.)

KANT

(A) « Une folie est une illusion consistant à considérer la simple représentation d'une chose comme équivalente à cette chose elle-même. » (*La Religion dans les limites de la simple raison*, 4e partie, 2e section, note 1, p. 221, Vrin.)

HEGEL

(A) « La folie n'est pas une *perte* abstraite de la raison [...] mais un simple dérangement d'esprit, une contradiction dans la raison qui existe encore. » (*Précis de l'Encyclopédie des sciences philosophiques*, « La Philosophie de l'esprit » 1re section, § 408, p. 233, Vrin.)

COMTE

(A) « La folie proprement dite se caractérise [...] par l'excès de subjectivité, même sans hallucination spéciale, quand l'appareil méditatif ne rectifie pas les indications de l'appareil contemplatif. » (*Système de politique positive*, in A. *Comte, Philosophie des sciences, textes choisis*, p. 187, PUF.)

LACAN

(A) « [L'être de l'homme] ne serait pas l'être de l'homme s'il ne portait en lui la folie comme la limite de sa liberté. » (*Propos sur la causalité psychique*, in *Écrits II*, p. 92, Points, Le Seuil.)

◆ 3. *Termes et expressions connexes*

Relation de voisinage

• aliénation mentale • démesure • déraison • ubris.

Relation de dépendance

• altérité • norme • psychiatrie • société.

Relation d'opposition

• équilibre • raison • sagesse.

Fonction

◆ 1. *Définitions générales*

(n. f.) Étym. : lat. *functio*, accomplissement, exécution.

A. Rôle caractéristique joué par une chose dans l'ensemble qui est le sien.

B. *Biologie* : ensemble des opérations concourant à un même but chez l'être vivant (ex. : fonction de reproduction).

C. *Psychologie* : ensemble d'opérations jouant un rôle dans le psychisme (ex. : la fonction rationnelle).

◆ 2. *Définitions particulières de philosophes*

DILTHEY

« Une fonction se rapporte toujours à un système téléologique et désigne un ensemble d'actions connexes accomplies au sein de ce tout. » (*Le Monde de l'esprit*, t. 1, p. 412, Aubier.)

◆ 3. *Expressions et termes liés ou dérivés*

Fonctionnalisme

(n. m.) *Esthétique* : théorie selon laquelle la beauté d'une œuvre d'art proviendrait de son adaptation à sa fonction.

Fondement

◆ 1. *Définitions générales*

(n. m.) Étym. : *fundamentum*, fondement, fondation, base, support.

A. Principes ; ce qui soutient, en fait ou en droit, un ensemble, un ordre de phénomènes, etc. (ex. : le fondement de la morale).

B. Ce qui légitime une assertion.

◆ 2. *Définitions particulières de philosophes*

LALANDE

(A-B) « Par fondement, on peut entendre ce qui justifie une affirmation, ce qui détermine l'assentiment légitime de l'esprit à une proposition [...]. Mais d'autre part, on entend aussi par *fondements* les propositions premières, les *principes* d'un système déductif. » (*La Raison et les normes*, p. 132, Hachette.)

◆ **3.** *Termes et expressions connexes*

Relation de voisinage
• base • principe.
Relation de dépendance
• connaissance • mathématiques
• phénomènes • théorie.
Relation d'opposition
• déduction.

Force

◆ **1.** *Définitions générales*

(n. f.) Étym. : *fortis*, fort, courageux, énergique.
A. Principe de puissance ou d'action (ex. : la force musculaire).
B. *Morale* : puissance et énergie spirituelles.
C. *Physique* : ce qui tend à créer ou modifier le mouvement d'un objet.

◆ **2.** *Définitions particulières de philosophes*

JANKÉLÉVITCH
« La force est essentiellement puissance parce qu'elle est pouvoir [...] elle *fait*. » (*Le Pur et l'Impur*, pp. 166, 167, Flammarion.)

Formalisme

◆ **1.** *Définitions générales*

(n. m.)
A. *Éthique* : chez Kant, tout particulièrement, doctrine selon laquelle, en morale, la valeur d'un acte ne dépend pas du contenu, mais de la forme de cet acte.
B. *Mathématiques, physique* : théorie selon laquelle l'approche scientifique et, en particulier, mathématique doit exclure tout recours à l'intuition sensible, et s'attacher à de purs symboles abstraits.

◆ **2.** *Définitions particulières de philosophes*

BACHELARD
« Quand on interprète systématiquement la connaissance rationnelle comme la constitution de certaines *formes*, comme un simple appareillage de *formules* propres à *informer* n'importe quelle expérience, on institue un *formalisme*. » (*Le Rationalisme appliqué*, p. 5, PUF.)

Forme

Les philosophies antique (cf. Aristote), scolastique et classique sont caractérisées par la distinction entre la forme et la matière. Au XVIIIe siècle, Kant renouvelle profondément cette notion. La forme (espace-temps-catégories) manifeste l'action de l'homme et de l'esprit sur les données empiriques et sur la matière de la connaissance.

◆ **1.** *Définitions générales*

(n. f.) Étym. : lat. *forma*, forme, ensemble des traits extérieurs qui caractérisent un objet.
A. *Sens courant* : ensemble des contours d'un objet.
B. *Logique* : conditions et relations existant entre des termes et s'imposant à une pensée cohérente et valide, abstraction faite du contenu.
C. *Philosophie, métaphysique* :
a) principe déterminant la matière et lui apportant telle essence déterminée.
b) ce qui vient du sujet et structure la connaissance (Kant).

◆ **2.** *Définitions particulières de philosophes*

ARISTOTE
(C-*a*) « La forme et le modèle, c'est-à-dire la définition de la quiddité et ses genres : ainsi le rapport de deux à un pour l'octave, et, généralement, le nombre et les parties de la définition. » (*Physique*, liv. 2, § 3, t. 1, p. 65, Budé, Belles Lettres.)
(C-*a*) « Par matière, j'entends par exemple l'airain, par forme, la configuration qu'elle revêt, et par le composé des deux, la statue, le tout concret. » (*La Métaphysique*, liv. Z, § 3, t. 1, p. 353, Vrin.)

SAINT THOMAS
(C-*a*) « La forme est l'achèvement de chaque chose, car c'est grâce à la forme que la matière de chaque chose est acheminée vers son existence propre. » (*Commentaires sur les huit livres de la physique*, in J. Rassam, *Saint Thomas, l'être et l'esprit*, p. 14, PUF.)

KANT
(C-*b*) « J'appelle *matière*, dans le phénomène, ce qui correspond à la sensation ; mais ce qui fait que le divers du phénomène est coordonné dans l'intuition selon certains rapports, je l'appelle la *forme* du phénomène. » (*Critique de la raison pure*, « Esthétique transcendantale », p. 53, PUF.)
Voir aussi CONNAISSANCE, p. 53, MATIÈRE, p. 172.

HEGEL
(C) « L'identité à soi-même dans le phénomène est l'indéterminé, la pure et simple aptitude à la détermination, le *passif*, la *matière*.

L'identité des déterminations dans leur rapport entre elles constitue l'*actif*, la *forme*. — L'opération par laquelle la forme détermine la matière les présuppose toutes les deux comme autonomes et indépendantes l'une de l'autre. Mais il n'est, absolument parlant, *aucune matière sans forme*, ni *aucune forme sans matière*. — Matière et forme s'engendrent réciproquement. » (*Propédeutique philosophique*, « Logique », § 47, p. 116, Éditions de Minuit.)

◆ **3.** *Expressions et termes liés ou dérivés*

Psychologie de la forme

Psychologie : conception psychologique voyant dans les faits psychiques des ensembles ou structures globales (formes) et non point des éléments séparés (W. Köhler, 1887-1967, K. Koffka, 1886-1941).

◆ **4.** *Termes et expressions connexes*

Relation de voisinage
• contour • gestalt • figure.
Relation de dépendance
• apparence • essence • perception • sensation.
Relation d'opposition
• contenu • fond • matière.

Formel

◆ **1.** *Définitions générales*

(adj.) Étym. : lat. *formalis*, qui sert de type.
Qui concerne la forme (du point de vue logique, moral, etc.).

◆ **2.** *Définitions particulières de philosophes*

KANT

« Toute connaissance rationnelle ou bien est *matérielle* et se rapporte à quelque objet, ou bien est *formelle* et ne s'occupe que de la forme de l'entendement et de la raison en eux-mêmes et des règles universelles de la pensée en général sans acception d'objets. » (*Fondements de la métaphysique des mœurs*, Préface, p. 71, Delagrave.)

Fortune

◆ **1.** *Définitions générales*

(n. f.) Étym. : lat. *fortuna*, fortune, sort, hasard.
A. *Antiquité grecque* : chance ou hasard.
B. Puissance ou divinité présidant aux événements de notre destinée qui se présentent sans règle apparente, de manière fortuite, par hasard.

◆ **2.** *Définitions particulières de philosophes*

ARISTOTE

« La fortune est une cause par accident, survenant dans les choses qui, étant en vue de quelque fin, relèvent en outre du choix. » (*Physique*, liv. 2, § 5, t. 1, p. 71, Budé, Belles Lettres.)

Frustration

◆ **1.** *Définitions générales*

(n.f.) Étym. : lat. *frustratio*, action de mettre dans l'erreur.
État d'une personne privée des satisfactions ou avantages qu'elle estime lui être dus.

◆ **2.** *Définitions particulières de philosophes*

DELAY et PICHOT

« Lorsque [...] le déroulement habituel du comportement motivé se trouve bloqué par un obstacle [...], l'organisme cherche à s'adapter à la situation ainsi créée, à parvenir à son but par une autre voie. Le terme de *frustration* désigne ce type de situation, dans lequel un obstacle (ou *événement frustrant*) modifie la conduite du sujet. » (*Abrégé de psychologie*, p. 94, Masson.)

Futur

◆ **1.** *Définitions générales*

(n. m.) Étym. : lat. *futurus*, part. futur de *esse*, être.
Ce qui arrivera, sera, ce qui est à venir.

◆ **2.** *Définitions particulières de philosophes*

SARTRE

« Le futur est *l'état-qui-n'est-pas-encore de ce qui est*. » (*L'Être et le Néant*, 4e partie, chap. 1, § 2, p. 553, Tel, Gallimard.)

G

Généalogie

(n. f.) Étym. : grec *genealogia*, généalogie.
A. Science ayant pour objet la quête des filiations, l'étude des suites d'ancêtres issus les uns des autres.
B. Chez *Nietzsche* : description des événements à travers lesquels les valeurs se sont formées. Il s'agit de repérer ce qui a donné naissance aux valeurs.
C. Chez *Foucault* : recherche des événements hétérogènes, dispersés et infimes permettant de comprendre les relations entre le pouvoir et le savoir (dans la société moderne).

Général

◆ **1.** *Définitions générales*

(adj.) Étym. : lat. *generalis*, qui a trait à la nature d'une chose, qui appartient à un genre, de *genus*, genre.
A. *Signification usuelle*, mais peu heureuse et même impropre : universel.
B. *Logique* : se dit d'un caractère qui convient à la plupart des éléments d'un ensemble, d'une classe, etc. (alors que le prédicat universel s'applique à tous les éléments sans exception).

◆ **2.** *Définitions particulières de philosophes*

KANT

« Les propositions *générales* sont celles qui contiennent simplement quelque chose de l'universel de certains objets, et qui par suite ne contiennent pas les conditions suffisantes de la subsomption [...] ; les propositions *universelles* sont celles qui affirment universellement quelque chose d'un objet. » (*Logique*, « Doctrine générale des éléments », chap. 2, § 21, p. 112, Vrin.)

◆ **3.** *Expressions et termes liés ou dérivés*

Généralisation

(n. f.)
a) épistémologie : type d'induction où l'on passe du particulier à l'universel.
b) philosophie : opération réunissant sous un même concept des traits communs à divers objets particuliers (cette opération de généralisation va de pair avec l'abstraction).

Généralité

(n. f.) Caractère de ce qui est général.

LEIBNIZ

« La généralité consiste dans la ressemblance des choses singulières entre elles. » (*Nouveaux Essais sur l'entendement humain*, liv. 3, chap. 3, § 11, p. 227, Garnier-Flammarion.)

Génération

◆ **1.** *Définitions générales*

(n. f.) Étym. : lat. *generatio*, reproduction.
A. Action d'engendrer, c'est-à-dire de produire un enfant, de faire naître.
B. Ensemble des individus d'âge voisin et possédant un fond historique ou culturel différent des individus de l'intervalle suivant ou précédent.

◆ **2.** *Définitions particulières de philosophes*

ARISTOTE

« Le changement d'un non-sujet à un sujet, qui est son contradictoire, est une génération. » (*La Métaphysique*, liv. K, § 11, t. 2, p. 630, Vrin.)

Générique

Voir GENRE, p. 117.

Générosité

◆ **1.** *Définitions générales*

(n. f.) Étym. : lat. *generositas*, qualité de la race.
A. Disposition en vertu de laquelle on donne sans réticence et largement soit ses biens, soit sa personne.
B. *Sens cartésien* : vertu morale consistant dans la résolution de bien user de notre infinie liberté.

◆ **2.** *Définitions particulières de philosophes*

DESCARTES

(B) « Ainsi je crois que la vraie générosité [...] consiste seulement partie en ce qu'il [l'homme] connaît qu'il n'y a rien qui véritablement lui appartienne que cette libre disposition de ses volontés, ni pourquoi il doive être loué ou blâmé sinon pour ce qu'il en use bien ou mal, et partie en ce qu'il sent en soi-même une ferme et constante résolution d'en bien user, c'est-à-dire de ne manquer jamais de volonté pour entreprendre et exécuter toutes les choses qu'il jugera être les meilleures. » (*Les Passions de l'âme*, 3ᵉ partie, Article 153, in *Descartes, Œuvres, lettres*, pp. 768, 769, La Pléiade, Gallimard.)

SARTRE

(A) « La générosité est avant tout fonction destructrice [...]. [Elle] est un sentiment structuré par l'existence d'autrui et qui marque une préférence vers l'*appropriation par destruction*. » (*L'Être et le Néant*, 4ᵉ partie, chap. 2, § 2, pp. 655, 656, Tel, Gallimard.)

Genèse

◆ 1. *Définitions générales*

(n. f.) Étym. : grec *genesis*, production, origine, génération.

A. *Dans les religions judéo-chrétiennes* : la Genèse est le nom du premier livre de la Bible, contenant le récit de la création.

B. *Au figuré* : processus par lequel une chose, une idée, etc., se développent et parviennent à un état déterminé.

◆ 2. *Expressions et termes liés ou dérivés*

Génétique

(adj.) Qui concerne la genèse.

Épistémologie génétique

PIAGET

« L'épistémologie génétique, ou théorie de la connaissance scientifique fondée sur l'analyse du développement même de cette connaissance. » (*Introduction à l'épistémologie génétique*, t. 1, p. 7, PUF.)

Génie

◆ 1. *Définitions générales*

(n. m.) Étym. : lat. *genius*, génie, dieu particulier à chaque homme, qui veillait sur lui dès sa naissance, et partageait toute sa destinée.

A. *Sens étymologique* : dieu de la naissance, particulier à chaque homme.

B. *Sens usuel* : ensemble de dispositions naturelles éminentes, permettant de créer ; celui qui possède ces dispositions.

◆ 2. *Définitions particulières de philosophes*

KANT

(B) « L'originalité de l'imagination (et non l'imitation), quand elle s'accorde aux concepts, s'appelle le *génie*. » (*Anthropologie du point de vue pragmatique*, 1ʳᵉ partie, p. 50, Vrin.)

(B) « Le *génie* est le *talent* de produire ce dont on ne saurait donner de règle déterminée, mais ce n'est pas l'aptitude à ce qui peut être appris d'après une règle quelconque, donc son premier caractère, c'est l'*originalité*. » (*Critique du jugement*, « Critique du jugement esthétique », § 46, p. 128, Vrin.)

SCHOPENHAUER

(B) « Ce n'est que par [la] contemplation pure et tout entière absorbée dans l'objet que l'on conçoit les idées ; l'essence du génie consiste dans une aptitude éminente à cette contemplation. » (*Le Monde comme volonté et comme représentation*, liv. 3, § 36, t. 1, p. 191, Alcan.)

NIETZSCHE

« L'activité du génie ne paraît vraiment pas quelque chose de foncièrement différent de l'activité de l'inventeur mécanicien, du savant astronome ou historien, du maître en tactique. [...]. Le génie ne fait rien [...] que d'apprendre d'abord à poser des pierres, puis à bâtir, que de chercher toujours des matériaux et de toujours les travailler. » (*Humain, trop humain*, chap. 4, § 162, t. 1, p. 167, Idées, Gallimard.)

◆ 3. *Expressions et termes liés ou dérivés*

Malin (ou mauvais) génie

Chez *Descartes* : dieu méchant ou mauvais, qui pourrait nous tromper en permanence. Il s'agit d'une hypothèse méthodologique destinée à universaliser le doute.

DESCARTES

« Je supposerai donc qu'il y a, non point un vrai Dieu, qui est la souveraine source de vérité, mais un certain mauvais génie, non moins rusé et trompeur que puissant, qui a employé toute son industrie à me tromper. Je penserai que le ciel, l'air, la terre, les couleurs, les figures, les sons et toutes les choses extérieures que nous voyons, ne sont que des illusions et tromperies, dont il se sert pour surprendre ma crédulité. » (*Méditations métaphysiques*, Méditation 1, in *Descartes, Œuvres, lettres*, p. 272, La Pléiade, Gallimard.)

◆ **4.** *Termes et expressions connexes*

Relation de voisinage
• don • talent.
Relation de dépendance
• art • création • imagination • originalité • patience • travail.
Relation d'opposition
• banalité • conformisme • imitation

Genre

◆ **1.** *Définitions générales*

(n. m.) Étym. : lat. *genus*, origine, race, espèce, genre.
A. *Logique* : voir ESPÈCE, p. 92.
B. *Biologie* : subdivision de la famille ; il se divise lui-même en espèces.

◆ **2.** *Définitions particulières de philosophes*

ARISTOTE
« [...] dans les définitions, ce qui est comme le premier élément constituant, qui est affirmé dans l'essence, c'est le genre, dont les qualités sont appelées des différences. » (*La Métaphysique*, liv. Δ, § 28, t. 1, p. 315, Vrin.)
« Le *genre* est ce qui est attribué essentiellement à des choses multiples et différant spécifiquement entre elles. » (*Organon*, *Les Topiques*, liv. 1, § 5, p. 12, Vrin.)

KANT
(A) « Le concept supérieur dans son rapport avec son concept inférieur s'appelle *genre*. » (*Logique*, « Doctrine générale des éléments », chap. 1, § 10, p. 106, Vrin.)

◆ **3.** *Expressions et termes liés ou dérivés*

Générique

(adj.) Qui appartient à la compréhension du genre.

Genre prochain

GOBLOT
« On dit que le genre qui sert à définir doit être le genre *prochain*, c'est-à-dire le plus petit en extension dans lequel le défini soit contenu. » (*Traité de logique*, p. 119, Armand Colin.)

Géométrie

◆ **1.** *Définitions générales*

(n. f.) Étym. : grec *geômetria*, arpentage, géométrie.
Mathématiques : chez les modernes, science de l'espace.

◆ **2.** *Définitions particulières de philosophes*

COMTE
« On définit communément la géométrie [...] en se bornant à la présenter comme *la science de l'étendue*. Il conviendrait [...] d'améliorer cette définition en disant, avec plus de précision, que la géométrie a pour objet la *mesure* de l'étendue [...]. Une telle explication, fort insuffisante, est [cependant] exacte. » (*Cours de philosophie positive*, Leçon 10, in A. *Comte-Philosophie des sciences, textes choisis*, p. 61, PUF.)

◆ **3.** *Expressions et termes liés ou dérivés*

Géométrie analytique

Synthèse, réalisée par Descartes et Fermat, de la géométrie et de l'algèbre ; les grandeurs géométriques s'expriment numériquement et les nombres géométriquement.

Géométries non euclidiennes

Géométries fondées sur des principes autres que les principes euclidiens. Ex. : la géométrie de Lobatchevski (1792-1856), celle de Riemann (1826-1866).

Esprit de géométrie

Chez *Pascal*, esprit logique et déductif, apte au raisonnement discursif procédant par ordre et degrés, à partir d'une distinction claire des définitions et de principes bien définis.
Voir FINESSE (ESPRIT DE), p. 110.

Gestalt

Étym. : all. *Gestalt*, forme.
Forme extérieure, structure.
Voir FORME (PSYCHOLOGIE DE LA), p. 114.

Gnose

◆ **1.** *Définitions générales*

(n. f.) Étym. : grec *gnôsis*, connaissance.
A. Connaissance religieuse (et ésotérique) des choses divines, considérée comme supérieure à celle des simples croyants.
B. Doctrine des gnostiques.

◆ **2.** *Expressions et termes liés ou dérivés*

Gnostiques

(n. m.) Étym. : grec *oi gnôstikoi*, les gnostiques, littéralement « ceux qui savent ».
Groupes philosophiques et religieux des IIe et IIIe siècles après J.-C. : ils pensaient avoir une connaissance ésotérique et initiatique des choses religieuses, connaissance permet-

tant d'assurer le salut de l'homme et de le libérer du corps.

Gnoséologie

(n. f.) Étym. : composé du grec *gnôsis*, connaissance, et *logos*, étude.
Théorie de la connaissance.

Gnostique

Voir GNOSE, p. 117.

Goût

C'est au XVIIIe siècle, avec Voltaire, d'Alembert et surtout Kant, que ce terme acquiert réellement une signification esthétique, désignant alors la « faculté de juger le beau » (Kant).

◆ 1. *Définitions générales*

(n. m.) Étym. : lat. *gustus*, action de goûter, goût.
A. *Psychophysiologie* : sens grâce auquel l'homme et les animaux éprouvent des sensations de saveur.
B. *Esthétique* : faculté de juger le beau, de porter un jugement d'ordre esthétique.

◆ 2. *Définitions particulières de philosophes*

MONTESQUIEU

« La définition la plus générale du *goût*, sans considérer s'il est bon ou mauvais, juste ou non, est ce qui nous attache à une chose par le sentiment. » (Cité in Alexandre Gérard, *Essai sur le goût*, p. 272, Delalain.)

VOLTAIRE

(A-B) « Le goût, ce sens, ce don de discerner nos aliments, a produit dans toutes les langues connues la métaphore qui exprime, par le mot *goût*, le sentiment des beautés et des défauts dans tous les arts [...]. Il ne suffit pas, pour le goût, de voir, de connaître la beauté d'un ouvrage : il faut la sentir, en être touché. » (*Dictionnaire philosophique*, in *Œuvres complètes de Voltaire*, t. 3, p. 270, Garnier Frères, 1879.)

D'ALEMBERT

(B) « [Le] genre de beautés faites pour le petit nombre est proprement l'objet du *goût*, qu'on peut définir le talent de démêler dans les ouvrages de l'art ce qui doit plaire aux âmes sensibles, et ce qui doit les blesser. » (Cité in Alexandre Gérard, *Essai sur le goût*, p. 248, Delalain.)

KANT

(A-B) « Le *goût*, au sens propre du terme [...], c'est la propriété que possède un organe (la langue, le gosier, le palais) d'être affecté de manière spécifique, dans la nourriture et la boisson, par certaines matières dissoutes [...]. Mais le mot *goût* est pris aussi pour une faculté sensible de juger, non pas seulement, d'après la sensation qui vaut pour moi-même, mais aussi selon certaines règles de choix qu'on se représente comme valables pour chacun. » (*Anthropologie du point de vue pragmatique*, 1re partie, p. 100, Vrin.)
(B) « Le goût est la faculté de porter un jugement esthétique dont le choix est universellement valable. » (*Anthropologie du point de vue pragmatique*, 1re partie, p. 101, Vrin.)
Voir aussi BEAU, p. 32.

◆ 3. *Expressions et termes liés ou dérivés*

Bon goût

Faculté de juger des valeurs esthétiques, du beau et du laid, avec délicatesse et sens de l'harmonie.

Jugement du goût

KANT

« *Le jugement du goût est esthétique*. Pour distinguer si une chose est belle ou non, nous n'en rapportons pas la représentation à l'objet au moyen de l'entendement en vue d'une connaissance, mais au sujet et au sentiment du plaisir ou de la peine, au moyen de l'imagination (unie peut-être à l'entendement), le jugement du goût n'est donc pas un jugement de connaissance ; par suite, il n'est pas logique, mais esthétique ; on veut dire par là que son principe déterminant ne *peut être que subjectif*. » (*Critique du jugement*, « Critique du jugement esthétique », § 1, p. 39, Vrin.)
Voir aussi ESTHÉTIQUE (JUGEMENT), p. 94.

◆ 4. *Termes et expressions connexes*

Relation de voisinage
- préférence.

Relation de dépendance
- art • beau • jugement • œuvre d'art • valeurs esthétiques.

Relation d'opposition
- aversion • dégoût • grossièreté.

Gouvernement

◆ 1. *Définitions générales*

(n. m.) Étym. : lat. *gubernare*, diriger un navire.

A. *Sens très large* : procédures de direction de la conduite des hommes.
B. *Sens politiques spécialisés* :
a) exercice du pouvoir politique dans un État.
b) ensemble des organes ou organismes par lequel est exercée, dans un État, l'autorité (pouvoirs législatif, exécutif, judiciaire).
c) sens *restreint* de la définition B : *pouvoir exécutif*, corps chargé de l'administration de l'État et de l'exécution des lois.

◆ 2. *Définitions particulières de philosophes*

ARISTOTE

(B-*b*) « Le gouvernement est l'exercice du pouvoir suprême dans l'État. » (*Politique d'Aristote*, liv. 3, p. 85, PUF.)

ROUSSEAU

(B-*c*) « Qu'est-ce que le Gouvernement ? C'est un corps intermédiaire établi entre les sujets et le Souverain pour leur mutuelle correspondance, chargé de l'exécution des lois et du maintien de la liberté, tant civile que politique. » (*Lettres écrites de la montagne*, Lettre 6, in *Rousseau, Œuvres complètes*, t. 3, p. 808, La Pléiade, Gallimard.)

HEGEL

(B-*b*) « La totalité vivante, la conservation, c'est-à-dire la production continue de l'État d'une manière générale et de sa constitution, c'est le *gouvernement*. » (*Précis de l'Encyclopédie des sciences philosophiques*, « La Philosophie de l'esprit », section 2, § 541, p. 285, Vrin.)

FOUCAULT

(A) « La notion de "gouvernement" [doit être] entendue [ici] au sens large de techniques et procédures destinées à diriger la conduite des hommes. » (*Résumé des cours*, 1970-1982, p. 123, Julliard.)

◆ 3. *Termes et expressions connexes*

Relation de voisinage
• administration • pouvoir exécutif.
Relation de dépendance
• constitution • politique • pouvoir.
Relation d'opposition
• anarchie.

Grâce

◆ 1. *Définitions générales*

(n. f.) Étym. : lat. *gratia*, faveur, manière d'être agréable qui se trouve dans le sujet et se manifeste à autrui.
A. *Esthétique* : qualité esthétique des formes ou mouvements agréables, exprimant le *charme* des choses.
B. *Théologie* : don gratuit de Dieu à une créature, indépendamment de ses mérites et sans qu'elle y ait droit à proprement parler.

◆ 2. *Définitions particulières de philosophes*

BERGSON

(A) « Dans toute forme humaine [notre imagination] aperçoit l'effort d'une âme qui façonne la matière [...]. De sa légèreté ailée cette âme communique quelque chose au corps qu'elle anime : l'immatérialité qui passe ainsi dans la matière est ce qu'on appelle la grâce. » (*Le Rire*, pp. 29, 30, Skira.)

ALAIN

(A) « La grâce [...] est un bonheur d'expression et de mouvement qui n'inquiète et ne blesse personne. » (*Propos*, t. 1, p. 108, La Pléiade, Gallimard.)

Grandeur

(n. f.) Étym. : lat. *grandis*, grand, aux grandes proportions.
A. *Épistémologie* : tout ce qui est susceptible de plus ou de moins et peut donc être mesuré.
B. *Morale* : élévation d'âme.

Gratuit

◆ 1. *Définitions générales*

(adj.) Étym. : lat. *gratuitus*, gratuit, désintéressé, de *gratia*, grâce.
A. Injustifié (ex. : violence gratuite).
B. *Existentialisme* : absurde.

◆ 2. *Expressions et termes liés ou dérivés*

Acte gratuit

Désigne un acte réfléchi et délibéré, tout en étant sans motif (cette expression est due à André Gide).

GIDE

« Je ne veux pas de motif au crime [...] [il s'agit de] commettre gratuitement le crime. » (*Les Caves du Vatican*, p. 218, Gallimard.)

Gratuité

SARTRE

Voir CONTINGENCE, p. 56.

Groupe

◆ 1. *Définitions générales*

(n. m.) Étym. : italien *gruppo*, nœud.
Sociologie : ensemble unifié de personnes,

réunies par des idées, des représentations ou des intérêts communs.

◆ **2.** *Définitions particulières de philosophes*

GURVITCH

« Le groupe est une unité collective réelle, mais partielle, directement observable et fondée sur des attitudes collectives continues et actives, ayant une œuvre commune à accomplir. » (*Traité de sociologie*, t. 1, p. 187, PUF.)

SARTRE

« Le groupe se constitue à partir d'un besoin ou d'un danger commun et se définit par l'objectif commun qui détermine sa *praxis* commune. » (*Critique de la raison dialectique*, t. 1, p. 385, Gallimard.)

◆ **3.** *Termes et expressions connexes*

Relation de voisinage

• association • bande • collectivité.

Relation de dépendance

• communication • histoire • objectif • société.

Relation d'opposition

• individu • série (Sartre) • solitaire.

Guerre

Au XVIIIe siècle, avec *Rousseau*, *Kant* et *Clausewitz* sont produites des définitions riches et importantes de la guerre. Karl von Clausewitz, général et théoricien militaire prussien (1780-1831), en fournit une définition très célèbre : la guerre désigne une continuation de la politique par d'autres moyens.

◆ **1.** *Définitions générales*

(n. f.) Étym. : francique *werra*, guerre.

A. *Sens large* : désigne toute espèce de combat ou de lutte (ex. : une guerre de plume).

B. *Sens restreint et politique* : lutte armée et organisée entre États, groupes sociaux, etc. Voir aussi COMBAT, p. 48.

◆ **2.** *Définitions particulières de philosophes*

ROUSSEAU

« J'appelle donc guerre de puissance à puissance l'effet d'une disposition mutuelle, constante et manifestée de détruire l'État ennemi, ou de l'affaiblir au moins par tous les moyens qu'on le peut. Cette disposition réduite en acte est la guerre proprement dite ; tant qu'elle reste sans effet, elle n'est que l'état de guerre. » (*Écrits sur l'abbé de Saint-Pierre*, in *Rousseau*, *Œuvres complètes*, t. 3, p. 607, La Pléiade, Gallimard.)

KANT

(B) « Considérés dans leurs rapports extérieurs réciproques, les États (comme des sauvages sans lois) sont par nature dans un état non juridique. Cet état est un *état de guerre* (du droit du plus fort), même s'il n'y a pas toujours de guerre effective et d'hostilité manifeste et permanente. » (*Métaphysique des mœurs*, *Doctrine du droit*, 2e partie, p. 227, Vrin.)

CLAUSEWITZ

(B) « La guerre est un acte de violence destiné à contraindre l'adversaire à exécuter notre volonté. » (*De la guerre*, 1re partie, p. 51, Éditions de Minuit.)

(B) « [La guerre] est une continuation de la politique par d'autres moyens. » (*De la guerre*, 1re partie, p. 67, Éditions de Minuit.)

◆ **3.** *Termes et expressions connexes*

Relation de voisinage

• combat • conflit.

Relation de dépendance

• droit • État • histoire • nation • politique • violence.

Relation d'opposition

• paix.

H

Habitude

◆ 1. *Définitions générales*

(n. f.) Étym. : lat. *habitudo*, manière d'être, état.
Manière d'être ou comportement permanents, acquis par la répétition et tendant à s'effectuer automatiquement.

◆ 2. *Définitions particulières de philosophes*

ARISTOTE

« Ce à quoi l'on s'est habitué devient dès lors quasi naturel. L'habitude est en effet quelque chose de semblable à la nature, puisque le *souvent* est semblable au *toujours*, et que si le *toujours* relève de la nature, le *souvent* relève de l'habitude. » (*Rhétorique*, liv. 1, § 2, in J.-C. Fraisse, *Aristote, Anthropologie*, p. 100, PUF.)

HEGEL

« L'habitude a été appelée avec raison une seconde nature ; c'est une *nature* parce que c'est un état immédiat de l'âme, — mais une *seconde*, parce que c'est une immédiateté posée par l'âme, une information et une formation complète de la corporéité. » (*Précis de l'Encyclopédie des sciences philosophiques*, « La Philosophie de l'esprit », 1re section, § 410, p. 235, Vrin.)

ALAIN

« Un art d'agir sans y penser et mieux même qu'en y pensant [...]. L'habitude, en divisant l'action des muscles, et en laissant tranquilles ceux qui n'ont pas à intervenir, permet l'action rapide et souple, sans embarras ni gêne. » (*Définitions*, in *Alain, les Arts et les Dieux*, p. 1063, La Pléiade, Gallimard.)

◆ 3. *Termes et expressions connexes*

Relation de voisinage

• automatisme • coutume • routine • usage.

Relation de dépendance

• apprentissage • éducation • formation • quotidien.

Relation d'opposition

• accident • exception • nature.

Habitus

◆ 1. *Définitions générales*

(n. m.) Étym. : lat. *habitus*, manière d'être.
Sociologie : chez Bourdieu, disposition acquise et durable, par laquelle le sujet reproduit des conditionnements sociaux en leur faisant subir une transformation.

◆ 2. *Définitions particulières de philosophes*

BOURDIEU

« L'habitus [...], c'est ce que l'on a acquis, mais qui s'est incarné de façon durable dans le corps sous forme de dispositions permanentes [...]. C'est une espèce de machine transformatrice qui fait que nous "reproduisons" les conditions sociales de notre propre production, mais d'une façon relativement imprévisible. » (*Questions de sociologie*, p. 134, Éditions de Minuit.)

Haeccéité

(n.) Étym. : lat. *haec*, celle-ci.
Ce qui fait qu'une chose est celle-ci et non point une autre.

Haine

◆ 1. *Définitions générales*

(n. f.) Étym. : francique *hatjan*, haïr.
Aversion profonde, sentiment violent poussant l'homme à s'écarter de l'objet de sa haine ou à le détruire (physiquement, moralement, etc.).

◆ 2. *Définitions particulières de philosophes*

SPINOZA

« La *Haine* n'est autre chose qu'une *Tristesse qu'accompagne l'idée d'une cause extérieure* [...] celui qui hait s'efforce d'écarter et de détruire la chose qu'il a en haine. » (*Éthique*, 3e partie, Proposition 13, in *Œuvres de Spinoza*, t. 3, p. 148, Garnier-Flammarion.)

SARTRE

« La haine est un sentiment *noir*, c'est-à-dire un sentiment qui vise la suppression d'un autre et qui, en tant que projet, se projette consciemment contre la désapprobation des autres. » (*L'Être et le Néant*, 3e partie, chap. 3, § 2, p. 463, Tel, Gallimard.)

◆ **3.** *Termes et expressions connexes*

Relation de voisinage
• aversion • hostilité.
Relation de dépendance
• agressivité • antagonisme • destruction • mal • mort • violence.
Relation d'opposition
• amitié • amour.

Hallucination

(n. f.) Étym. : lat. *hallucinatio*, méprise, hallucination.
Sensation éprouvée sans que les conditions objectives en soient données (l'objet externe n'étant pas présent). L'hallucination désigne une fausse perception, chez un individu éveillé.

Harmonie

◆ **1.** *Définitions générales*

(n. f.) Étym. : grec *harmonia*, ajustement, juste proportion, harmonie d'un tout.
Esthétique : unité et accord heureux d'une multiplicité, aboutissant au caractère esthétique de la sensation (ex. : sons, couleurs, etc.).

◆ **2.** *Expressions et termes liés ou dérivés*

Harmonie préétablie

Doctrine de Leibniz selon laquelle, à partir d'une action divine originelle, il y a accord des substances entre elles.

LEIBNIZ

« Ainsi il ne reste que mon hypothèse, c'est-à-dire, que la *voie de l'harmonie préétablie* par un artifice divin prévenant, lequel dès le commencement a formé chacune [des] substances d'une manière si parfaite, et réglée avec tant d'exactitude, qu'en ne suivant que ses propres lois, qu'elle a reçues avec son être, elle s'accorde pourtant avec l'autre ; tout comme s'il y avait une influence mutuelle, ou comme si Dieu y mettait toujours la main au-delà de son concours général. » (*Système nouveau de la nature et de la communication des substances*, in *La Monadologie*, p. 202, Delagrave.)

Hasard

D'Aristote à Bergson, le hasard désigne un événement dépourvu de finalité, mais revêtant l'apparence de cette dernière. Quant à Cournot, il s'efforce de définir le hasard en une acception objective.

◆ **1.** *Définitions générales*

(n. m.) Étym. : de *El Azar*, en Palestine, où les Croisés inventèrent un jeu de dés.
A. Ce qui est imprévisible et sans loi.
B. Chez *Aristote* : causalité accidentelle revêtant l'apparence de la finalité.
C. Rencontre de deux séries causales indépendantes.
D. Mécanisme se comportant comme s'il avait une intention (*Bergson*).

◆ **2.** *Définitions particulières de philosophes*

ARISTOTE

(B) « La chute du trépied est un hasard, si après sa chute il est debout pour servir de siège, sans qu'il soit tombé pour servir de siège. Par suite, on le voit, dans le domaine des choses qui ont lieu absolument en vue de quelque fin, quand des choses ont lieu sans avoir en vue le résultat et en ayant leur cause finale hors de lui, alors nous parlons d'effets de hasard. » (*Physique*, liv. 2, § 6, t. 1, p. 73, Budé, Belles Lettres.)

COURNOT

(C) « Les événements amenés par la combinaison ou la rencontre d'autres événements qui appartiennent à des séries indépendantes les unes des autres, sont ce qu'on nomme des événements *fortuits*, ou des résultats du *hasard*. » (*Essai sur les fondements de nos connaissances et sur les caractères de la critique philosophique*, t. 1, p. 51, Hachette.)

BERGSON

(D) « Je trouve un mécanisme là où j'aurais cherché, là où j'aurais dû rencontrer, semble-t-il, une *intention* ; c'est ce que j'exprime en parlant de *hasard*. » (*L'Évolution créatrice*, p. 235, PUF.)

◆ **3.** *Termes et expressions connexes*

Relation de voisinage
• accident (Aristote) • aléa • chance • fortune.
Relation de dépendance
• connaissance • probabilités • Providence • science • statistiques.
Relation d'opposition
• déterminisme.

Hédonisme

(n. m.) Étym. : grec *hèdonè*, plaisir.
Doctrine morale faisant du plaisir le souverain bien de l'homme.

Herméneutique

◆ **1.** *Définitions générales*

(n. f.) Étym. : grec *hermèneutikè* (sous-entendu *technè*), art d'interpréter.
Science ou discipline ayant pour objet l'interprétation des textes sacrés, tout d'abord la Bible et ensuite, de tout autre texte ou ensemble de signes.

◆ **2.** *Définitions particulières de philosophes*

FOUCAULT

« Appelons herméneutique l'ensemble des connaissances et des techniques qui permettent de faire parler les signes et de découvrir leur sens. » (*Les Mots et les Choses*, p. 44, Gallimard.)

Hétéronomie

◆ **1.** *Définitions générales*

(n. f.) Étym. : composé à partir des mots grecs *heteros*, autre, et *nomos*, loi.
Condition d'une personne recevant de l'extérieur la loi à laquelle elle se soumet et obéit (terme opposé à autonomie).

◆ **2.** *Définitions particulières de philosophes*

KANT

« Quand la volonté cherche la loi qui doit la déterminer *autre part* que dans l'aptitude de ses maximes à instituer une législation universelle qui vienne d'elle ; quand en conséquence, passant par-dessus elle-même, elle cherche cette loi dans la propriété de quelqu'un de ses objets, il en résulte toujours une *hétéronomie*. Ce n'est pas alors la volonté qui se donne à elle-même la loi, c'est l'objet qui la lui donne par son rapport à elle. » (*Fondements de la métaphysique des mœurs*, 2e section, p. 171, Delagrave.)

Heuristique

(n. f.-adj.) Étym. : grec *euriskein*, rencontrer, trouver.
A. *Adjectif* : relatif à la découverte.
B. *Nom* : partie de la science ayant pour objet la recherche et la découverte (désigne tout spécialement, en histoire, la partie de la science historique ayant pour objet la recherche et la critique des documents).

Histoire

Au XVIIIe et au XIXe siècles, Kant et Hegel se sont efforcés de conférer à l'histoire (philosophique) une intelligibilité et une unité fortement remise en question de nos jours : il n'y a pas, selon nos contemporains, une histoire, mais des histoires (cf. Braudel).

◆ **1.** *Définitions générales*

(n. f.) Étym. : grec *historia*, recherche.
A. *Sens vieilli* : étude descriptive et classificatoire des êtres de la nature (« Histoire naturelle »).
B. *Sens généraux* :
a) étude du passé, qu'il soit humain, naturel, cosmologique, etc. (ex. : histoire des mathématiques).
b) suite des états par lesquels passent un être ou une réalité.
C. *Épistémologie, philosophie* :
a) discipline, étude, connaissance ou récit concernant le passé des sociétés humaines.
b) devenir des sociétés humaines.

◆ **2.** *Définitions particulières de philosophes*

KANT

(C-*b*) « On peut envisager l'histoire de l'espèce humaine en gros comme la réalisation d'un plan caché de la nature pour produire une constitution politique parfaite sur le plan intérieur, et, *en fonction de ce but à atteindre*, également parfaite sur le plan extérieur ; c'est le seul état de choses dans lequel la nature peut développer complètement toutes les dispositions qu'elle a mises dans l'humanité. » (*Idée d'une histoire universelle au point de vue cosmopolitique*, Proposition 8, in Kant, *La Philosophie de l'histoire*, p. 73, Aubier.)

HEGEL

(C) « En notre langue, le mot *histoire* unit le côté subjectif et le côté objectif et signifie aussi bien [...] le récit historique que l'événement, les actes et les faits. » (*La Raison dans l'histoire*, chap. 3, § 2, p. 193, 10/18, UGE.)

BERGSON

(B-*b*) « La vie déroule une *histoire*, c'est-à-dire une succession où il n'y a pas de répétition, où tout moment est *unique* et porte en lui la représentation de tout le passé. » (*Lettre à Höffding*, in H. Höffding, *La Philosophie de Bergson*, p. 162, Alcan.)

BRAUDEL

(C-*a*) « J'entends par *histoire* une recherche scientifiquement conduite, disons à la rigueur une *science*, mais complexe : il n'y a pas *une* histoire, *un* métier d'historien, mais des métiers, des histoires, une somme de curiosités, de points de vue, de possibilités, somme à laquelle demain d'autres curiosités, d'autres points de vue, d'autres possibilités s'ajouteront encore. » (*Écrits sur l'histoire*, p. 97, Champs, Flammarion.)

ARON

(B-*a*, C-*a*) « L'histoire, au sens étroit, est la science du passé humain. Au sens large, elle étudie le devenir de la terre, du ciel et des espèces aussi bien que de la civilisation. D'autre part, au sens concret, le terme histoire désigne une certaine réalité, au sens formel, la connaissance de cette réalité. » (*Introduction à la philosophie de l'histoire*, p. 17, Gallimard.)

(C) « Le même mot, en français, en anglais, en allemand s'applique à la réalité historique et à la connaissance que nous en prenons. Histoire, *history*, *Geschichte* désignent à la fois le devenir de l'humanité et la science que les hommes s'efforcent d'élaborer de leur devenir. » (*Dimensions de la conscience historique*, p. 11, Agora, Plon.)

(C-*a*) « L'histoire est la reconstitution, par et pour les vivants, de la vie des morts. » (*Dimensions de la conscience historique*, p. 12, Agora, Plon.)

SARTRE

(C-*b*) « La notion d'*histoire naturelle* est absurde : l'histoire ne se caractérise ni par le changement ni par l'action pure et simple du passé ; elle est définie par la reprise intentionnelle du passé par le présent : il ne saurait y avoir qu'une histoire humaine. » (*Situations III*, p. 148, Gallimard.)

PIGANIOL

(C-*a*) « *L'histoire est pour l'humanité ce que la mémoire est pour l'individu, l'histoire est la mémoire collective.* » (*Revue de métaphysique et de morale*, n° 3, juil./sept. 1955, p. 231, Armand Colin.)

◆ 3. *Expressions et termes liés ou dérivés*

Histoire universelle

HEGEL

« L'histoire universelle est la manifestation du processus divin absolu de l'Esprit [...] : la marche graduelle par laquelle il parvient à sa vérité et prend conscience de soi. » (*La Raison dans l'histoire*, chap. 2, § 1, p. 97, 10/18, UGE.)

Fin de l'histoire

WEIL

« La fin de l'histoire [...] c'est la fin de l'oppression qui empêche les hommes de se tenir ouverts pour ce qui est, en droit d'humanité, toujours à leur disposition. » (*Philosophie et réalité*, p. 175, Beauchesne.)

Philosophie de l'histoire

Conception selon laquelle l'histoire formerait un tout et évoluerait vers un terme final, qui lui donnerait un sens.

MERLEAU-PONTY

« Une philosophie de l'histoire suppose [...] que l'histoire humaine n'est pas une simple somme de faits juxtaposés — décisions et aventures individuelles, idées, intérêts, institutions —, mais qu'elle est dans l'instant et dans la succession une totalité, en mouvement vers un état privilégié qui donne le sens de l'ensemble. » (*Humanisme et terreur*, p. 266, Idées, Gallimard.)

Sens de l'histoire

Direction et terme vers lesquels tendraient les événements historiques ; but du devenir historique humain (en particulier, dans le marxisme).

ARON

« Vouloir que l'Histoire ait un sens, c'est inviter l'homme à maîtriser sa nature et à rendre conforme à la raison l'ordre de la vie en commun. » (*Dimensions de la conscience historique*, p. 45, Agora, Plon.)

MERLEAU-PONTY

« Le marxisme est pour l'essentiel cette idée que l'histoire a un sens, — en d'autres termes qu'elle est intelligible et qu'elle est orientée. » (*Humanisme et terreur*, p. 236, Idées, Gallimard.)

Historicisme (Historisme)

(n. m.)

a) méthode qui consiste à expliquer idées, objets de connaissance, etc., comme les produits d'un développement historique.

b) doctrine selon laquelle la vérité est historique.

◆ 4. *Termes et expressions connexes*

Relation de voisinage

• chronologie • diachronie • récit.

Relation de dépendance

• connaissance • document • historien • homme • humanité • mémoire • peuples • temps.

Relation d'opposition

• synchronie.

Historicité

◆ 1. *Définitions générales*

(n. f.) Étym. : grec *historikos*, qui concerne l'histoire, historique.

A. Caractère de ce qui est historique.

B. *Phénoménologie, existentialisme* : condition de l'existant, vivant en avant de lui-même, dans le temps, et se dépassant vers l'avenir.

◆ **2.** *Définitions particulières de philosophes*

HEIDEGGER

« L'*analyse de l'historicité de la réalité-humaine essaye de* montrer que cet existant n'est point "temporel" parce qu'il "se trouve dans l'Histoire", mais qu'au contraire, s'il n'existe et ne peut exister qu'historiquement, c'est qu'il est temporel dans le fond de son être. » (*Qu'est-ce que la métaphysique* ? « L'Être et le Temps », p. 176, Gallimard.)

SARTRE

« L'historicité ou appartenance objective à une époque. » (*Vérité et existence*, p. 135, Gallimard.)

Homme

La période moderne (XIXe et XXe siècles) a mis en lumière l'ambiguïté de l'homme, qui appartient au règne de la nature, mais aussi de l'esprit (Hegel) et apparaît comme un néant donnant un sens à l'Être, un trou d'Être au sein de l'Être (Sartre).

◆ **1.** *Définitions générales*

(n. m.) Étym. : lat. *homo*, homme.

A. *Biologie* :

a) être faisant partie de l'espèce animale la plus évoluée ; mammifère primate, famille des hominiens.

b) mâle (appartenant à l'espèce humaine).

B. *Morale et éthique* :

a) *sens ordinaire* : être humain moralement adulte (« Ne sois pas un enfant, sois un homme »).

b) la personne.

C. *Sens divers* :

a) *philosophie et pensée classiques* : être générique représentant les qualités et les caractéristiques de l'espèce humaine.

b) *au pluriel* : l'humanité.

c) chez *Foucault* : sujet et objet de la connaissance, comme invention de la pensée moderne. Forme rendant possible le savoir empirique (voir le texte de Foucault sur le doublet empirico-transcendantal).

◆ **2.** *Définitions particulières de philosophes*

ARISTOTE

Voir POLITIQUE (ANIMAL POLITIQUE), p. 219.

HEGEL

« [L'homme] existe d'une part au même titre que les choses de la nature, mais d'autre part il existe aussi pour soi, il se contemple, se représente lui-même, se pense et n'est esprit que par cette activité qui constitue un être pour soi. » (*Esthétique*, p. 21, PUF.)

MARX

Voir POLITIQUE (ANIMAL POLITIQUE), p. 219.

SARTRE

« [L'homme] s'annonce à lui-même de l'autre côté du monde et il revient s'intérioriser vers lui-même, à partir de l'horizon : l'homme est "un être des lointains". » (*L'Être et le Néant*, 1re partie, chap. 1, § 4, p. 52, Tel, Gallimard.)

« L'homme est l'être qui a à être pour donner un sens à l'Être. » (*Cahiers pour une morale*, p. 464, Gallimard.)

« L'homme n'est rien d'autre que son projet, il n'existe que dans la mesure où il se réalise, il n'est donc rien d'autre que l'ensemble de ses actes, rien d'autre que sa vie. » (*L'existentialisme est un humanisme*, p. 55, Nagel.)

MERLEAU-PONTY

« L'homme est une idée historique et non pas une espèce naturelle. » (*Phénoménologie de la perception*, p. 199, Gallimard.)

FOUCAULT

(C-*c*) « Le seuil de notre modernité n'est pas situé au moment où on a voulu appliquer à l'étude de l'homme des méthodes objectives, mais bien le jour où s'est constitué un doublet empirico-transcendantal qu'on a appelé l'*homme*. » (*Les Mots et les Choses*, p. 329, Gallimard.)

◆ **3.** *Expressions et termes liés ou dérivés*

Dernier homme

Désigne, chez *Nietzsche*, l'homme asservi, méprisable et avili qui, au sein de la décadence moderne et du nihilisme, face à la « mort de Dieu » et des idéaux suprasensibles, préfère avant tout un bonheur mesquin, loin de toute création, de toute volonté de puissance créatrice.

Homo faber

Étym. : lat. *homo*, homme, et *faber*, ouvrier, artisan.

Homme fabricateur, créant des outils, des instruments, des choses pour agir sur le monde.

BERGSON

« Nous croyons qu'il est de l'essence de l'homme de créer matériellement et moralement, de fabriquer des choses et de se fabriquer lui-même. *Homo faber*, telle est la définition que nous proposons. » (*La Pensée et le Mouvant*, p. 91, PUF.)

Homo oeconomicus

Homme économique ; l'homme, en tant qu'il serait mû et déterminé par ses intérêts économiques.

Homo sapiens

Étym. : lat. *homo*, homme, et *sapiens*, sage, de *sapientia*, sagesse, science, savoir.
Seul représentant actuel de l'espèce humaine. Type d'homme intelligent, raisonnable et capable de résoudre les problèmes par l'intelligence (bien que l'affectivité joue, chez lui, un rôle immense). *Homo sapiens* est à ranger dans les *Hominiens*, subdivision de l'ordre des primates (*primates* : ordre de mammifères, dont font partie les singes, les lémuriens et les hommes). Les plus anciens fossiles humains appartenant à *Homo sapiens* n'ont que quelques dizaines de millénaires.

BERGSON

« L'*Homo sapiens*, né de la réflexion de l'*Homo faber* sur sa fabrication, nous paraît [...] digne d'estime tant qu'il résout par la pure intelligence les problèmes qui ne dépendent que d'elle. » (*La Pensée et le Mouvant*, p. 92, PUF.)

MORIN

« Ce qui caractérise *sapiens*, ce n'est pas une réduction de l'affectivité au profit de l'intelligence, mais au contraire une véritable éruption psycho-affective, et même le surgissement de l'*ubris*, c'est-à-dire la démesure. » (*Le Paradigme perdu : la nature humaine*, p. 123, Le Seuil.)

Honte

◆ **1.** *Définitions générales*

(n. f.) Étym. : francique *haunita*.
A. Sentiment douloureux et pénible de son humiliation ou de son infériorité devant autrui.
B. Sentiment que je suis « tombé » dans le monde, chose parmi les choses (*Sartre*).

◆ **2.** *Définitions particulières de philosophes*

SPINOZA

(A) « La *Honte* est une Tristesse qu'accompagne l'idée d'une action, que nous imaginons qui est blâmée par d'autres. » (*Éthique*, 3ᵉ partie, « Définitions des affections », Définition 31, in *Œuvres de Spinoza*, t. 3, p. 209, Garnier-Flammarion.)

SARTRE

(B) « La honte est sentiment de *chute originelle*, non du fait que j'aurais commis telle ou telle faute, mais simplement du fait que je suis "tombé" dans le monde, au milieu des choses, et que j'ai besoin de la médiation d'autrui pour être ce que je suis. » (*L'Être et le Néant*, 3ᵉ partie, chap. 1, § 4, p. 336, Tel, Gallimard.)

Humanisme

◆ **1.** *Définitions générales*

(n. m.) Étym. : lat. *humanitas*, humanité.
A. *Littérature* : mouvement d'esprit des humanistes de la Renaissance (Érasme, Budé, etc.). Ils nommèrent leur enseignement *Lettres d'humanité* (humanité = culture). Eux-mêmes, dans cette perspective, furent appelés *humanistes*. L'humanisme de la Renaissance désigne ainsi un idéal de culture et de sagesse.
B. *Épistémologie* : forme de pragmatisme de F.C.S. Schiller, d'Oxford (1864-1937), selon laquelle l'homme, comme le soutient Protagoras (485-411 av. J.-C.), serait la mesure de toute chose.
C. *Philosophie* : toute doctrine selon laquelle l'homme est valeur suprême et source des valeurs. Désigne, tout particulièrement, la conception de *Sartre*, selon laquelle l'existant humain, valeur suprême, construit librement ses valeurs.

◆ **2.** *Définitions particulières de philosophes*

HEIDEGGER

« Le mot "humanisme" signifie, si toutefois nous décidons de le maintenir : l'essence de l'homme est essentielle pour la vérité de l'Être, et l'est au point que désormais il ne s'agit précisément plus de l'homme pris uniquement comme tel. » (*Lettre sur l'humanisme*, p. 115, Aubier.)

SARTRE

(C) « Il y a un [...] sens de l'humanisme, qui signifie au fond ceci : l'homme est constamment hors de lui-même, c'est en se projetant et en se perdant hors de lui qu'il fait exister l'homme et, d'autre part, c'est en poursuivant des buts transcendants qu'il peut exister [...]. Il n'y a pas d'autre univers qu'un univers humain [...]. C'est ce que nous appelons l'humanisme existentialiste. » (*L'existentialisme est un humanisme*, pp. 92, 93, Nagel.)

MERLEAU-PONTY

(C) « Si l'on appelle humanisme une philosophie qui affronte comme un problème le rapport de l'homme avec l'homme et la constitution entre eux d'une situation et d'une histoire qui leur soient communes, alors il faut dire que Machiavel a formulé quelques conditions de tout humanisme sérieux. » (*Signes*, p. 282, Gallimard.)

◆ **3.** *Termes et expressions connexes*

Relation de voisinage
• pragmatisme (Schiller).
Relation de dépendance
• condition humaine • dignité • homme • morale • personne • valeurs.
Relation d'opposition
• inhumanité • philosophie de l'Être (Heidegger).

Humanité

◆ **1.** *Définitions générales*

(n. f.) Étym. : lat. *humanitas*, humanité, nature humaine, culture générale de l'esprit.
A. Caractère de ce qui est humain.
B. Les hommes en général, le genre humain (considéré généralement dans son unité).

◆ **2.** *Définitions particulières de philosophes*

HUSSERL

(B) « Chaque figure spirituelle se situe par nature dans l'espace de l'histoire universelle [...]. Ce procès fait apparaître l'humanité comme une unique vie embrassant hommes et peuples et liée seulement par des traits spirituels ; elle enveloppe une multitude de types d'humanité et de culture, mais qui, par transitions insensibles, se fondent les uns dans les autres. » (*La Crise de l'humanité européenne et la Philosophie*, p. 29, Aubier.)

BEAUVOIR

« L'humanité est une suite discontinue d'hommes libres qu'isole irrémédiablement leur subjectivité. » (*Pyrrhus et Cinéas*, p. 51, Gallimard.)

Hylè

(n. f.) Étym. : grec *hulè*, matière dont une chose est faite.
Phénoménologie : matière de la sensation, en tant que pur donné.

Hyperbolique

Voir DOUTE HYPERBOLIQUE, p. 78.

Hypocrisie

(n. f.) Étym. : grec *hupokrisis*, action de jouer un rôle dans une pièce.
Déguisement de son véritable caractère, par lequel on manifeste des vertus ou sentiments qui ne nous appartiennent pas.

Hypostase

◆ **1.** *Définitions générales*

(n. f.) Étym. : grec *upostasis*, action de se placer dessous, base, fondement, substance, réalité.
A. Substance. Chez Plotin : l'Un, l'Intelligence, l'Âme.
B. Entité fictive, considérée à tort comme une réalité.

◆ **2.** *Expressions et termes liés ou dérivés*

Hypostasier

(v.)
a) considérer comme une substance, ou ériger à l'état de substance.
b) *péjoratif* : ériger à l'état d'entité, conférer à tort une réalité absolue à ce qui est seulement relatif.

Hypothèse

◆ **1.** *Définitions générales*

(n. f.) Étym. : grec *upothesis*, action de mettre en dessous, base, fondement, supposition, hypothèse.
A. *Sens courant* : supposition ou énoncé concernant un événement.
B. *Mathématiques, logique* : proposition constituant le point de départ d'un théorème ou d'une démonstration.
C. *Physique* : explication provisoire des faits, destinée à être vérifiée et contrôlée par l'expérience ; interprétation anticipée des phénomènes.

◆ **2.** *Définitions particulières de philosophes*

ARISTOTE

« Ce qui, tout en étant démontrable, est posé par le maître sans démonstration, c'est là, si on l'admet avec l'assentiment de l'élève, une hypothèse, bien que ce ne soit pas une hypothèse au sens absolu, mais une hypothèse relative seulement à l'élève. » (*Organon*, *Seconds Analytiques*, liv. I, § 10, p. 57, Vrin.)

KANT

(B) « *Une hypothèse est un assentiment du jugement à la vérité d'un principe en considération du caractère suffisant de ses conséquences*, ou plus brièvement : *l'assentiment à une supposition prise pour principe*. » (*Logique*, Introduction X, p. 95, Vrin.)

BERNARD

(C) « L'idée ou l'hypothèse expérimentale, c'est-à-dire l'interprétation anticipée des phénomènes de la nature. » (*Introduction à l'étude de la médecine expérimentale*, p. 53, Gibert.)
Voir aussi IDÉE EXPÉRIMENTALE, p. 131.

CANGUILHEM

(C) « L'hypothèse, c'est l'anticipation d'un rapport capable à la fois de définir le concept impliqué dans la perception du phénomène et de l'expliquer. » (*Leçons sur la méthode*, in Bourdieu, Chamboredon, Passeron, *Le Métier de sociologue*, t. 1, p. 313, Mouton-Bordas.)

◆ **3.** *Expressions et termes liés ou dérivés*

Hypothético-déductif

a) mathématiques : s'applique à une démarche tirant toutes les conséquences d'hypothèses ou d'axiomes admis comme points de départ.
b) sciences expérimentales : désigne la méthode partant d'une hypothèse et en déduisant des conséquences destinées à être vérifiées.

BLANCHÉ

(*a*) « [La démonstration mathématique] dit seulement ceci : si l'on pose, arbitrairement, tel ensemble de principes, voici les conséquences qui, formellement, en résultent. La nécessité ne réside plus que dans le lien logique qui unit les propositions, elle s'est retirée des propositions elles-mêmes. La mathématique est devenue [...] un *système hypothético-déductif*. » (*L'Axiomatique*, pp. 6, 7, PUF.)

Hypothétique

(adj.) Étym. : grec *upotheticos*, qui concerne une supposition, hypothétique.
a) incertain, douteux, problématique (ex. : fait hypothétique).
b) logique formelle : conditionnel, qui affirme sous condition (par oppositon à catégorique) ; dans une *proposition hypothétique*, l'assertion est subordonnée à une condition.

◆ **4.** *Termes et expressions connexes*

Relation de voisinage

• conjecture • supposition.

Relation de dépendance

• logique • mathématiques • méthode déductive • sciences expérimentales • vérification.

Relation d'opposition

• certitude.

I

Idéal

◆ 1. *Définitions générales*

(n. m.-adj.) Étym. : grec *idea*, forme, idée.
A. *Adjectif* :
a) qui n'existe que dans la pensée, à titre d'idée (ex. : un triangle idéal).
b) parfait, qui réalise l'accomplissement parfait d'un type (ex. : la beauté idéale).
B. *Nom* : type normatif ou modèle, dans l'ordre de la pensée ou de l'action (ex. : un idéal de justice).

◆ 2. *Définitions particulières de philosophes*

HEGEL

« L'*idéal* est l'idée considérée sous l'aspect de l'*existence*, mais comme une existence conforme au concept. Il est donc l'effectivement réel en sa plus haute vérité. » (*Propédeutique philosophique*, « Doctrine du concept », § 66, p. 157, Éditions de Minuit).

ALAIN

« Un modèle qu'on se compose, en vue de l'admirer et de l'imiter. L'idéal est toujours nettoyé d'un peu de réalité qui ferait tache. » (*Définitions*, in *Alain, les Arts et les Dieux*, p. 1063, La Pléiade, Gallimard.)

◆ 3. *Expressions et termes liés ou dérivés*

Idéal du moi

Dans la théorie psychanalytique, l'idéal du moi désigne le modèle auquel le sujet cherche à se conformer. Cette instance de la personnalité résulte du narcissisme et de l'identification aux parents.

◆ 4. *Termes et expressions connexes*

— Pour *idéal* nom :
Relation de voisinage
• modèle • perfection.
Relation de dépendance
• action • art • morale • œuvre d'art.
Relation d'opposition
• réalité.

Idéalisme

◆ 1. *Définitions générales*

(n. m.)
A. *Sens courant* : attitude consistant à croire à un idéal (moral, etc.) et à lui subordonner ses actes.
B. *Esthétique* : doctrine selon laquelle l'art aurait pour but l'expression, la traduction ou la création d'un idéal.
C. *Métaphysique (sens conforme à la philosophie de Platon)* : doctrine selon laquelle les Idées sont plus réelles que le monde sensible, lequel imite celui des Idées. On parle également de « réalisme platonicien ».
D. *Métaphysique (au sens de Berkeley)* : théorie selon laquelle le monde extérieur se réduit aux idées que nous en avons.
E. *Métaphysique (sens hégélien)* : conception selon laquelle l'Être s'identifie à l'Idée, tout ce qui est résultant du développement de cette dernière.

◆ 2. *Définitions particulières de philosophes*

HEGEL

« Puisque les choses et leurs déterminations appartiennent au savoir, on peut, d'une part, se représenter que ces choses sont, en elles-mêmes et pour elles-mêmes, hors de la conscience et qu'elles lui sont purement et simplement données comme une réalité étrangère et achevée ; mais, d'autre part, puisque la conscience n'est pas moins essentielle au savoir, on peut se représenter aussi que la conscience se pose elle-même ce monde qui est sien et que, par son comportement et son activité, elle produit d'elle-même ou modifie, de façon totale ou partielle, les déterminations de ce monde. Le premier mode de représentation est appelé *réalisme*, le second *idéalisme*. » (*Propédeutique philosophique*, « Phénoménologie de l'esprit », § 3, pp. 89, 90, Éditions de Minuit.)

BERGSON

« Une rupture avec la convention utile, un désintéressement inné et spécialement localisé du sens ou de la conscience, enfin une certaine immatérialité de la vie, qui est ce qu'on a toujours appelé de l'idéalisme. » (*Le Rire*, p. 100, Skira.)
« Par *idéalisme*, j'entends [...] l'habitude de

mettre les choses de l'esprit au-dessus de toutes les autres [...]. Et puis enfin, et puis surtout, j'entends par idéalisme l'habitude de considérer la vie comme n'étant pas faite simplement pour être vécue, mais comme ayant pour objet et pour raison d'être *la réalisation de quelque chose qui n'existe pas encore* et qui, une fois réalisé, donnera à la vie un contenu plus riche et une signification nouvelle. » (*Discours de Bergson au comité France-Amérique*, in *Bergson, écrits et paroles*, t. 2, p. 381, PUF.)

◆ 3. *Expressions et termes liés ou dérivés*

Idéalisme transcendantal

Doctrine kantienne selon laquelle nous ne connaissons que les phénomènes, simples représentations, et non pas les choses en soi.

KANT

« J'entends par *idéalisme transcendantal* de tous les phénomènes la doctrine d'après laquelle nous les envisageons dans leur ensemble comme de simples représentations et non comme des choses en soi, théorie qui ne fait du temps et de l'espace que des formes sensibles de notre intuition et non des déterminations données par elles-mêmes. » (*Critique de la raison pure*, « Dialectique transcendantale », p. 299, PUF.)

◆ 4. *Termes et expressions connexes*

Relation de voisinage

• immatérialisme.

Relation de dépendance

• conscience • esprit • idéal.

Relation d'opposition

• empirisme • matérialisme • réalisme.

Idée

Un « terme-carrefour », qui a subi de profondes modifications sémantiques au cours de son histoire : modèle intelligible des choses et du réel chez Platon, il désigne, au début du XIXe siècle, dans la philosophie de Hegel, le principe même de la dialectique et du dynamisme de l'Esprit.

◆ 1. *Définitions générales*

(n. f.) Étym. : grec *eidos* ou *idea* (de *idein*, voir, se représenter), aspect extérieur, forme, idée, conception abstraite.

A. *Définitions générales* :

a) sens ordinaire : représentation mentale ; au pluriel : ensemble d'opinions.

b) philosophie, psychologie : souvent synonyme de concept, de représentation abstraite et générale.

c) épistémologie : synonyme d'hypothèse (en particulier, chez *Claude Bernard*).

B. *Définitions spécialisées* :

a) chez *Platon* : modèle intelligible des choses, type d'être éternel dont le modèle sensible n'est qu'une reproduction ; essence immuable.

b) chez *Descartes, Arnauld*, etc., tout objet de pensée en tant que pensé.

c) chez *Hume* : image effacée des impressions.

d) chez *Kant* : concept inconnaissable de la raison.

e) chez *Hegel* : unité de l'existence et du concept, progressant dialectiquement, par contradictions surmontées, jusqu'à l'Absolu. Il s'agit du concept objectif et réel, et non point d'une pensée individuelle.

◆ 2. *Définitions particulières de philosophes*

PLATON

(B-*a*) « Une intelligence d'homme doit s'exercer selon ce qu'on appelle *Idée*, en allant d'une multiplicité de sensations vers une unité, dont l'assemblage est acte de réflexion. » (*Phèdre*, in *Platon, Œuvres complètes*, t. 4, 3e partie, p. 42, Budé, Belles Lettres.)

DESCARTES

(B-*b*) « Je n'appelle pas simplement du nom d'idée les images qui sont dépeintes en la fantaisie [...] mais j'appelle généralement du nom d'idée tout ce qui est dans notre esprit, lorsque nous concevons une chose, de quelque manière que nous la concevions. » (*Lettre à Mersenne, juillet 1641*, in *Descartes, Œuvres, lettres*, p. 1124, La Pléiade, Gallimard.)

ARNAULD et NICOLE

(B-*b*) « La forme par laquelle nous nous représentons [...] [des choses qui se présentent à notre esprit], s'appelle idée. » (*La Logique ou l'Art de penser*, p. 59, Champs, Flammarion.)

SPINOZA

« L'idée [n'est pas] quelque chose de muet comme une peinture sur un panneau [...] [c'est] un mode de penser, savoir l'acte même de connaître. » (*Éthique*, 2e partie, Proposition 43, in *Œuvres de Spinoza*, t. 3, p. 117, Garnier-Flammarion.)

MALEBRANCHE

(B-*b*) « Par ce mot *idée*, je n'entends ici autre chose, que ce qui est l'objet immédiat, ou le plus proche, de l'esprit, quand il aperçoit quelque objet, c'est-à-dire ce qui touche et modifie l'esprit de la perception qu'il a d'un objet. » (*De la recherche de la vérité*, in

Malebranche, *Œuvres*, t. 1, p. 320, La Pléiade, Gallimard.)

LEIBNIZ

(B-*b*) « Philalèthe. — N'est-il pas vrai que l'idée est l'objet de la pensée ?
Théophile. — [...] c'est un objet immédiat interne, et [...] cet objet est une expression de la nature ou des qualités des choses. » (*Nouveaux Essais sur l'entendement humain*, liv. 2, chap. 1, § 1, p. 87, Garnier-Flammarion.)

HUME

(B-*c*) « Par *idées*, j'entends les images effacées des impressions dans nos pensées et nos raisonnements ; telles sont, par exemple, toutes les perceptions éveillées par le présent exposé, à l'exception seulement de celles qui naissent de la vue et du toucher et du plaisir immédiat ou du désagrément qu'il peut produire. » (*Traité de la nature humaine*, p. 65, Aubier.)

KANT

(B-*d*) « J'entends par idée un concept rationnel nécessaire auquel nul objet qui lui corresponde ne peut être donné dans les sens. » (*Critique de la raison pure*, « Dialectique transcendantale », p. 270, PUF.)

(B-*d*) « L'*Idée* est un concept de la raison, dont l'objet ne peut se rencontrer dans l'expérience. » (*Logique*, « Doctrine générale des éléments », chap. 1, § 3, p. 100, Vrin.)

HEGEL

(B-*e*) « L'idée est le *concept adéquat*, le *Vrai* objectif, ou le *Vrai comme tel*. Lorsqu'une chose est vraie, elle l'est par son Idée, ou encore *elle n'est vraie que pour autant qu'elle est Idée* [...]. L'Idée [...] est *le rationnel*. Elle est l'*Inconditionné* [...]. Le mot *Idée* doit être maintenu pour servir à désigner le concept objectif ou réel. » (*Science de la logique*, trad. Jankélévitch, liv. 3, t. 2, pp. 461, 462, Aubier.)

SCHOPENHAUER

« Je comprends [...], sous le concept d'*idée*, [les] degrés déterminés et fixes de l'objectivation de la volonté, en tant qu'elle est chose en soi et, comme telle, étrangère à la pluralité ; ces degrés apparaissent, dans les objets particuliers, comme leurs formes éternelles, comme leurs prototypes. » (*Le Monde comme volonté et comme représentation*, liv. 2, § 25, t. 1, p. 134, Alcan.)

BERNARD

Voir HYPOTHÈSE, p. 127.

SARTRE

« Je conçois une *idée* [...], sorte de clef pour déchiffrer le monde, schème de dévoilement, entreprise, projet de compréhension. » (*Cahiers pour une morale*, p. 422, Gallimard.)

◆ 3. *Expressions et termes liés ou dérivés*

Idée absolue

Chez *Hegel*, l'Idée absolue désigne le concept objectif ou réel parvenu à la transparence et à la rationalité totales, l'identité de l'idée pratique et théorique, le Bien.

HEGEL

« L'Idée absolue est l'universel, toutefois l'universel non pas simplement comme forme abstraite à laquelle le contenu particulier fait face comme un Autre, mais comme la forme absolue en laquelle sont revenues toutes les déterminations, la plénitude totale du contenu posé grâce à elle. » (*Encyclopédie des sciences philosophiques*, « Science de la Logique », in J. d'Hondt, *Hegel, textes et débats*, p. 288, Le Livre de poche.)

Idée adéquate

SPINOZA

« J'entends par idée adéquate une idée qui, en tant qu'on la considère en elle-même, sans relation à l'objet, a toutes les propriétés ou dénominations intrinsèques d'une idée vraie. » (*Éthique*, 2e partie, Définition 4, in *Œuvres de Spinoza*, t. 3, p. 70, Garnier-Flammarion.)

« Les idées adéquates, c'est-à-dire claires et distinctes. » (*Éthique*, 2e partie, Proposition 36, in *Œuvres de Spinoza*, t. 3, p. 110, Garnier-Flammarion.)

Idée adventice

DESCARTES

Voir IDÉE INNÉE.

Idée expérimentale

BERNARD

« L'idée expérimentale est [...] une idée *a priori*, mais c'est une idée qui se présente sous la forme d'une hypothèse dont les conséquences doivent être soumises au critérium expérimental afin d'en juger la valeur. » (*Introduction à l'étude de la médecine expérimentale*, p. 46, Gibert.)

Idée factice

Idée faite et inventée par l'esprit (ex. : idée de chimère).

DESCARTES

Voir IDÉE INNÉE.

Idée générale

Idée qui convient à tous les objets d'une classe donnée, et qui s'élabore à partir de qualités communes ou de similitudes (ex. : idée d'arbre.)

Idée inadéquate

SPINOZA

Voir FAUSSETÉ, p. 107.

Idée innée

DESCARTES

« De ces idées les unes me semblent être nées avec moi [innées], les autres être étrangères et venir de dehors [adventices], et les autres être faites et inventées par moi-même [factices]. » (*Méditations métaphysiques*, Méditation 3, in *Descartes, Œuvres, lettres*, p. 287, La Pléiade, Gallimard.)

Idée universelle

Idée qui s'impose à tous les esprits, à partir de définitions idéales (ex. : idée de triangle).

◆ **4.** *Termes et expressions connexes*

Relation de voisinage

• concept • essence • forme • notion • type.

Relation de dépendance

• Absolu • dialectique • langage • pensée • raison • vérité.

Relation d'opposition

• monde sensible (Platon) • objet.

Identification

◆ **1.** *Définitions générales*

(n. f.) Étym. : lat. *identitus*, Identité.
Psychanalyse : processus par lequel un sujet tend à ressembler et à s'assimiler inconsciemment à un autre.

◆ **2.** *Définitions particulières de philosophes*

FREUD

« [...] une identification, c'est-à-dire l'assimilation d'un moi à un autre, étranger, en conséquence de quoi ce premier moi se comporte, à certains égards, de la même façon que l'autre, l'imite et, dans une certaine mesure, le prend en soi. » (*Nouvelles Conférences d'introduction à la psychanalyse*, Conférence 31, p. 88, Folio Essais, Gallimard.)

Identique

◆ **1.** *Définitions générales*

(n. m.-adj.) Étym. : lat. scolastique *identicus*, qui est le même (idem).
Qui est dans un rapport d'identité (qu'il soit perçu de plusieurs façons différentes, tout en restant unique, ou qu'il s'applique à un individu qui est le même à différents moments) ; synonyme de *même*.

◆ **2.** *Expressions et termes liés ou dérivés*

Proposition identique

Proposition dont le sujet et l'attribut représentent un même concept. (Voir TAUTOLOGIE, p. 286.)

Identité

◆ **1.** *Définitions générales*

(n. f.) Étym. : lat. *identitas*, identité, de *idem*, le même.
A. Caractère de ce qui reste tel qu'il est (bien qu'il puisse être perçu de plusieurs manières).
B. *Psychologie* : désigne l'unité de la personnalité demeurant semblable à elle-même dans le temps.

◆ **2.** *Définitions particulières de philosophes*

ARISTOTE

(A) « L'identité est une unité d'être, ou unité d'une multiplicité d'êtres ou, enfin, unité d'un seul, traité comme multiple, quand on dit, par exemple, qu'une chose est identique à elle-même : on la traite alors comme si elle était deux. » (*La Métaphysique*, liv. Δ, § 9, t. 1, p. 275, Vrin.)

VOLTAIRE

(A) « Ce terme scientifique ne signifie que *même chose* ; il pourrait être rendu en français par *mêmeté*. » (*Dictionnaire philosophique*, in *Œuvres complètes de* Voltaire, t. 3, p. 400, Garnier Frères, 1879.)

HEGEL

(A) « La première détermination [de l'essence] est l'unité essentielle avec soi-même, l'*identité*. Énoncée sous la forme d'un principe qui affirme que c'est là une détermination universelle, elle correspond à la proposition : A = A, c'est-à-dire : Tout est égal à soi-même ; énoncée négativement, elle correspond à la proposition de *contradiction* : A ne peut être à la fois A et non-A. » (*Propédeutique philosophique*, « Logique », § 35, p. 113, Éditions de Minuit.)

◆ **3.** *Expressions et termes liés ou dérivés*

Identité de l'individu

LEIBNIZ

« L'avenir de chaque substance a une parfaite liaison avec le passé. C'est ce qui fait l'identité de l'individu. » (*Nouveaux Essais sur l'entendement humain*, liv. 2, chap. 1, § 12, p. 91, Garnier-Flammarion.)

Principe d'identité

Logique formelle : ce principe s'énonce ainsi : ce qui est, est ; ce qui n'est pas, n'est pas ; ce qui est vrai, est vrai ; A est A, etc.

◆ **4.** *Termes et expressions connexes*

Relation de voisinage
• immutabilité • permanence • unité.
Relation de dépendance
• essence • Idée • individu • moi • personne.
Relation d'opposition
• altérité • contradiction • différence.

Idéologie

L'usage contemporain de ce terme privilégie généralement sa signification marxiste et péjorative (idéologie = conscience fausse liée à la réalité sociale).

◆ **1.** *Définitions générales*

(n. f.) Étym. : composé du grec *idéa*, idée, et *logos*, science.
A. *Science des idées et de leur origine* : l'idéologie traite des idées issues de la sensation (terme créé par Destutt de Tracy, 1754-1836).
B. *Marxisme* : représentation ou idée présentées comme rationnelles mais exprimant les intérêts de la classe dominante ; il s'agit d'un mensonge involontaire, d'un processus accompli avec une conscience fausse.
C. *Péjoratif* : spéculation creuse et coupée du vécu.

◆ **2.** *Définitions particulières de philosophes*

ENGELS

(B) « L'idélogie est un processus que le soidisant penseur accomplit sans doute consciemment, mais avec une conscience fausse. Les forces motrices véritables qui le mettent en mouvement lui restent inconnues, sinon ce ne serait point un processus idéologique. » (*Lettre à Mehring, 14 juillet 1893*, in K. Marx, F. Engels, *Études philosophiques*, p. 165, Éditions sociales.)

DUMONT

« Idéologie : ensemble social de représentations ; ensemble des idées et valeurs communes dans une société (= idéologie globale). » (*Essai sur l'individualisme*, p. 263, Le Seuil.)

◆ **3.** *Termes et expressions connexes*

Relation de voisinage
• spéculation • mythe • illusion.
Relation de dépendance
• classe sociale • culture • idée • infrastructure • intérêt • société.
Relation d'opposition
• réalité.

Idiosyncrasie

(n. f.) Étym. : composé du grec, *idios*, propre, *sun*, avec et *krasis*, mélange de deux ou plusieurs choses qui se combinent en un tout, objet résultant d'un mélange.
Ensemble des traits, dispositions, particularités (organiques, physiologiques, psychiques) propres à chaque individu ; tempérament personnel.

Idole

◆ **1.** *Définitions générales*

(n. f.) Étym. : grec *eidôlon*, image, simulacre, fantôme.
A. *Sens usuel* : objet d'adoration et d'admiration.
B. *Religion* : représentation d'une divinité.
C. Chez *Bacon* : erreur enracinée, fausse apparence ; l'idole est due à la nature humaine, au langage, etc. ; pour instaurer les sciences, il faut s'armer contre elle.

◆ **2.** *Définitions particulières de philosophes*

BACON

(C) « Que les hommes sachent [...] quelle différence il y a entre les idoles de l'esprit humain et les idées de l'esprit divin. Les premières ne sont rien que des abstractions arbitraires ; les secondes sont les vraies marques du Créateur sur les créatures, empreintes et déterminées dans la matière par des lignes vraies et choisies. » (*Novum Organum*, p. 177, PUF.)

Ignorance

(n. f.) Étym. : lat. *ignorantia*, état d'ignorance.
Défaut de connaissance ; état de celui qui n'accède pas au savoir véritable.

Illusion

La pensée classique n'a guère pris en compte la fonction positive de l'illusion. C'est au XVIIIe siècle, avec Kant, que l'illusion est restituée au fonctionnement même de la pensée humaine. Aux XIXe et XXe siècles, avec Nietzsche et Freud, elle acquiert sa pleine positivité et désigne, dès lors, la condition même de la vie et du bonheur.

◆ 1. *Définitions générales*

(n. f.) Étym. : lat. *illudere*, se jouer, se moquer de.

A. *Philosophie* : croyance ou opinion fausse abusant l'esprit par son caractère séduisant et fondée sur la réalisation d'un désir.

B. *Psychologie* : perception fausse naissant d'une interprétation défectueuse des données sensorielles et liée généralement à une apparence trompeuse.

◆ 2. *Définitions particulières de philosophes*

KANT

« Est *illusion* le leurre qui subsiste, même quand on sait que l'objet supposé n'existe pas. » (*Anthropologie du point de vue pragmatique*, 1re partie, p. 34, Vrin.)

NIETZSCHE

(A) « La vie a besoin d'illusions, c'est-à-dire de non-vérités tenues pour des vérités. » (*Le Livre du philosophe*, p. 63, Aubier-Flammarion.)

LAGNEAU

(B) « Les illusions des sens sont des manières de percevoir qui sont fausses seulement en ce sens qu'elles nous représentent l'objet de notre perception d'une manière qui n'est pas conforme à la manière normale de percevoir. » (*Célèbres Leçons et Fragments*, p. 180, PUF.)

FREUD

(A) « Une illusion n'est pas la même chose qu'une erreur [...]. Ce qui caractérise l'illusion, c'est d'être dérivée des désirs humains [...]. Nous appelons illusion une croyance quand, dans la motivation de celle-ci, la réalisation d'un désir est prévalente. » (*L'Avenir d'une illusion*, chap. 6, pp. 44, 45, PUF.)

◆ 3. *Expressions et termes liés ou dérivés*

Illusion transcendantale

Chez *Kant*, l'illusion transcendantale désigne l'erreur naturelle de la raison humaine prenant les *idées* de la raison pure (c'est-à-dire l'âme, Dieu, etc.) pour des déterminations objectives des choses en soi et non pour de simples liaisons subjectives de nos concepts.

◆ 4. *Termes et expressions connexes*

Relation de voisinage

• aberration • erreur • leurre • rêve • utopie.

Relation de dépendance

• apparence • jugement • perception • raison • sens.

Relation d'opposition

• vrai.

Image

A l'époque moderne, Sartre reprend à neuf le problème de l'image, en se référant à la théorie husserlienne de l'intentionalité [1] (cf. ce terme) : l'image cesse d'apparaître comme une chose et se déploie, chez Sartre, comme un pur dynamisme.

◆ 1. *Définitions générales*

(n. f.) Étym. : lat. *imago*, représentation, image, portrait.

A. Représentation matérielle d'un objet.

B. *Psychologie* : représentation mentale de ce qui a déjà été perçu.

C. Chez *Sartre* : conscience imageante, c'est-à-dire mouvement de la conscience visant un objet absent ou inexistant. L'image est un *acte* et non une chose.

◆ 2. *Définitions particulières de philosophes*

SPINOZA

« Nous appellerons images des choses les affections du corps humain dont les idées nous représentent les choses extérieures comme nous étant présentes, même si elles ne reproduisent pas les figures des choses. » (*Éthique*, 2e partie, Proposition 17, in *Œuvres de Spinoza*, t. 3, p. 95, Garnier-Flammarion.)

SARTRE

(C) « L'image est un acte qui vise dans sa corporéité un objet absent ou inexistant, à travers un contenu physique ou psychique qui ne se donne pas en propre, mais à titre de "représentant analogique" de l'objet visé. » (*L'Imaginaire*, p. 34, Gallimard.)

1. ou *Intentionnalité*.

Imagination

Alors que la théorie classique (Descartes, Pascal) dévalue l'imagination et saisit en elle une maîtresse d'erreur, Kant et Hegel s'attachent à l'imagination créatrice et constructive. Ils ouvrent la voie à la conception moderne (cf. Image-Sartre).

◆ 1. *Définitions générales*

(n. f.) Étym. : lat. *imaginatio*, image, vision.

A. Faculté de former des images à partir de ce qui a été déjà perçu (en le reproduisant).

B. Fonction psychique inventive par laquelle l'esprit se représente des rapports originaux (imagination créatrice).

C. Chez *Descartes*, tout particulièrement : faculté de se représenter les choses de manière sensible.

◆ 2. *Définitions particulières de philosophes*

HOBBES

(A) « L'*imagination* n'est rien d'autre qu'une *sensation en voie de dégradation*. » (*Léviathan*, p. 15).

DESCARTES

(C) « Elle [l'imagination] n'est autre chose qu'une certaine application de la faculté qui connaît, au corps qui lui est intimement présent, et partant qui existe. » (*Méditations métaphysiques*, Méditation 6, in Descartes, *Œuvres, lettres*, p. 318, La Pléiade, Gallimard.)

(C) « Je remarque premièrement la différence qui est entre l'imagination et la pure intellection ou conception. Par exemple, lorsque j'imagine un triangle, je ne le conçois pas seulement comme une figure composée et comprise de trois lignes, mais outre cela je considère ces trois lignes comme présentes par la force et l'application intérieure de mon esprit [...] cette particulière contention d'esprit [dont j'ai besoin pour imaginer] montre [...] la différence qui est entre l'imagination et l'intellection ou conception pure. » (*Méditations métaphysiques*, Méditation 6, in Descartes, *Œuvres, lettres*, pp. 318, 319, La Pléiade, Gallimard.)

ARNAULD et NICOLE

« Application de notre esprit aux images qui sont peintes dans notre cerveau. » (*La Logique ou l'Art de penser*, p. 65, Champs, Flammarion.)

MALEBRANCHE

« L'imagination ne consiste que dans la force qu'a l'âme de se former des images des objets, en les imprimant pour ainsi dire dans les fibres de son cerveau. » (*De la recherche de la vérité*, in Malebranche, *Œuvres*, t. I, p. 145, La Pléiade, Gallimard.)

KANT

(A) « L'imagination est le pouvoir de se représenter dans l'intuition un objet *même en son absence*. » (*Critique de la raison pure*, « Analytique transcendantale », 2ᵉ édition, p. 129, PUF.)

Voir aussi FANTASME, p. 107.

HEGEL

(A) « Les représentations que nous nous procurons grâce à l'attention sont mises en mouvement par le jeu intérieur de l'*imagination*, dont l'activité consiste, à partir de l'intuition d'un objet, à évoquer l'image d'un autre objet qui est lié ou qui fut lié au premier d'une manière quelconque ; il n'est pas nécessaire que l'objet auquel l'imagination attache l'image d'un autre soit actuellement présent ; il peut ne l'être que dans la représentation. » (*Propédeutique philosophique*, Introduction, § 5, p. 24, Éditions de Minuit.)

(A) « Comme reproduction de la représentation, absolument parlant, l'imagination évoque derechef les images et représentations *en l'absence de* l'intuition correspondante actuellement présente, et elle les fait pénétrer *pour elles-mêmes* dans la conscience. » (*Propédeutique philosophique*, « Encyclopédie philosophique », § 146, p. 202, Éditions de Minuit.)

(B) « La forme supérieure de l'imagination, celle qui *crée*, est au service, non point d'états fortuits et de déterminations sensibles mais des *idées* et de la vérité de l'esprit, absolument parlant. Elle dépouille la réalité présente des circonstances fortuites et arbitraires, en fait ressortir l'élément intérieur et essentiel, lui donne forme et figure. » (*Propédeutique philosophique*, « Encyclopédie philosophique », § 154, p. 205, Éditions de Minuit.)

ALAIN

(A) « Pouvoir d'être ému par les choses ou les personnes sans qu'elles soient présentes, et sur la seule pensée de ce qui a pu arriver. » (*Définitions*, in Alain, *les Arts et les Dieux*, p. 1064, La Pléiade, Gallimard.)

◆ 3. *Expressions et termes liés ou dérivés*

Imagination productive, imagination reproductive

Imagination reproductive (ou reproductrice) : fonction psychique par laquelle la conscience forme des images répétant ce qui a déjà été perçu.

KANT

« L'imagination [...] comme faculté des intuitions hors de la présence de l'objet, est ou bien *productive*, c'est-à-dire faculté de présentation originaire de l'objet [...] qui précède par conséquent l'expérience ; ou bien *reproductive*, c'est-à-dire faculté de présentation dérivée [...] qui ramène dans l'esprit une intuition empirique qu'on a eue auparavant. » (*Anthropologie du point de vue pragmatique*, 1re partie, p. 47, Vrin.)

Imago

Étym. : lat. *imago*, image.
Prototype inconscient de personnage qui oriente électivement la manière dont le sujet appréhende autrui. L'imago ne désigne pas un reflet du réel, mais une survivance imaginaire liée à des relations fantasmatiques (*Jung*).

◆ **4.** *Termes et expressions connexes*

Relation de voisinage
• fantaisie • imaginaire.
Relation de dépendance
• art • image • invention • œuvre d'art • pensée • vérité.
Relation d'opposition
• entendement (Descartes) • raison.

Imitation

(n. f.) Étym. : lat. *imitatio*, imitation, copie.
A. *Esthétique* : la théorie de l'imitation considère l'œuvre d'art comme une reproduction du réel sensible.
B. *Psychologie* : reproduction du comportement, des gestes et actes d'autrui.

Immanence

Voir IMMANENT.

Immanent

◆ **1.** *Définitions générales*

(adj.) Étym. : lat. *immanere*, rester, s'arrêter sur.
A. *Philosophie* : qui est intérieur à l'être ou à l'objet de pensée donné (opposé à transcendant).
B. *Sens kantien* : qui reste dans le domaine de l'expérience.

◆ **2.** *Définitions particulières de philosophes*

KANT

(B) « L'usage [des concepts purs de l'entendement] n'est qu'*immanent*, c'est-à-dire qu'ils s'appliquent à l'expérience dans la mesure où elle peut être donnée. » (*Prolégomènes à toute métaphysique future*, 4e partie, § 40, p. 102, Vrin.)
Voir TRANSCENDANT, p. 297.

◆ **3.** *Expressions et termes liés ou dérivés*

Cause immanente

Cause interne à son effet (ainsi, chez Spinoza, Dieu, qui s'identifie au monde, est une cause non extérieure aux différents effets produits dans le monde).

SPINOZA

« Dieu est cause immanente mais non transitive de toutes choses. » (*Éthique*, 1re partie, Proposition 18, in *Œuvres de Spinoza*, t. 3, p. 43, Garnier-Flammarion.)

Immanence

(n. f.) Étym. : lat. *immanere*, rester, s'arrêter sur.
A. *Philosophie* : caractère de ce qui est immanent, c'est-à-dire intérieur à un objet considéré (par opposition à la transcendance).
B. *Métaphysique* : fait que l'Absolu (Dieu) n'est pas un principe extérieur à l'univers ; il réside en lui (ex. : la philosophie spinoziste).

Immanentisme

(n. m.) Doctrine (dite « moderniste ») selon laquelle Dieu est immanent ou intérieur à l'homme.

Immatérialisme

◆ **1.** *Définitions générales*

(n. m.) Doctrine de Berkeley (1685-1753), selon laquelle la matière n'aurait pour existence que celle d'être perçue. La seule existence réelle serait celle des esprits.

◆ **2.** *Définitions particulières de philosophes*

BERKELEY

« HYLAS. — [...] quel océan de fausse science pourrait-on éviter par cette seule théorie de l'*immatérialisme* !
PHILONOÜS. — Après tout, reste-t-il quelque chose d'autre à faire ? [...] vous avez promis d'embrasser l'opinion [...] la plus conforme au sens commun [...]. Cette doctrine, c'est [...] celle qui nie la matière et l'existence absolue des choses corporelles [...] cette même doctrine a été prouvée de diverses manières. » (*Trois Dialogues entre Hylas et Philonoüs*, p. 170, Aubier.)

Immédiat

◆ **1.** *Définitions générales*

(adj.) Étym. : lat. *immediatus*, immédiat.
Direct ; qui est connu sans intermédiaires, qui se produit directement ; qui est donné sans médiation.

◆ **2.** *Expressions et termes liés ou dérivés*

Données immédiates de la conscience

Voir DONNÉE, p. 77.

Proposition immédiate

ARISTOTE

« Est immédiate une proposition à laquelle aucune autre n'est antérieure. » (*Organon, Seconds Analytiques*, liv. 1, § 2, p. 10, Vrin.)

Immédiatement

DESCARTES

Voir PENSÉE, p. 208.

Immédiateté

SARTRE

« L'immédiateté est l'absence de tout médiateur : et cela va de soi, sinon le médiateur seul serait connu et non le médiatisé. » (*L'Être et le Néant*, 2e partie, chap. 3, § 1, p. 218, Tel, Gallimard.)

◆ **3.** *Termes et expressions connexes*

Relation de voisinage
- direct • intuitif • vécu.

Relation de dépendance
- ineffable • intuition • sentiment • vérité.

Relation d'opposition
- indirect • médiat.

Immoralisme

◆ **1.** *Définitions générales*

(n. m.)
A. Doctrine rejetant toute morale ou moralité.
B. Doctrine de *Nietzsche*, rejetant la morale judéo-chrétienne, se plaçant par-delà le bien et le mal et s'attachant à la volonté de puissance.

◆ **2.** *Expressions et termes liés ou dérivés*

Immoraliste

NIETZSCHE

« Être *immoraliste*, se placer par-delà le bien et le mal. » (*La Volonté de puissance*, trad. Bianquis, liv. 3, t. 2, § 391, p. 119, Gallimard.)
« L'*Immoraliste*, [...] que peut-il exiger *de soi* ? [...] d'"améliorer" l'humanité, mais autrement [...] ; en l'*affranchissant* de la morale, et des moralistes du même coup, en lui faisant *prendre conscience* de leur dangereuse ignorance. » (*La Volonté de puissance*, trad. Bianquis, liv. 3, t. 2, § 408, p. 128, Gallimard.)

Immortalité

◆ **1.** *Définitions générales*

(n. f.) Étym. : lat. *immortalitas*, immortalité.
Caractère de ce qui n'est pas soumis à la mort.

◆ **2.** *Expressions et termes liés ou dérivés*

Immortalité de l'âme

Croyance (ou conception) selon laquelle l'âme, après la mort, survivrait indéfiniment.

Immortalité subjective

Selon A. Comte, caractère de ce qui se perpétue dans la mémoire de l'humanité.

Impératif

◆ **1.** *Définitions générales*

(n. m.) Étym. : lat. *imperare*, ordonner, commander.
Proposition ayant la forme d'un commandement ; synonyme d'obligation.

◆ **2.** *Définitions particulières de philosophes*

KANT

« Par *impératif* il faut entendre toute proposition qui exprime une action libre possible par laquelle une fin déterminée doit être réalisée. » (*Logique*, Introduction, Appendice, p. 97, Vrin.)

◆ **3.** *Expressions et termes liés ou dérivés*

Impératif catégorique

Chez *Kant*, l'impératif catégorique, le seul qui soit moral, désigne un impératif inconditionné : il ordonne *sans condition*.

KANT

« L'impératif catégorique serait celui qui représenterait une action comme nécessaire pour elle-même, et sans rapport à un autre but, comme nécessaire objectivement. » (*Fondements de la métaphysique des mœurs*, 2e section, p. 125, Delagrave.)
« Il n'y a [...] qu'un seul impératif catégorique, et c'est celui-ci : *Agis uniquement d'après la maxime qui fait que tu peux vouloir en même temps qu'elle devienne une loi universelle*. » (*Fondements de la métaphysique des mœurs*, 2e section, p. 137, Delagrave.)

Impératif hypothétique

Désigne, chez *Kant*, un impératif ordonnant sous condition : le commandement est subordonné aux règles de l'habileté ou aux conseils de prudence ; ex. : « Travaille, si tu veux réussir. »

KANT

« Les impératifs hypothétiques représentent la nécessité pratique d'une action possible, considérée comme moyen d'arriver à quelque autre chose que l'on veut (ou du moins qu'il est possible qu'on veuille). » (*Fondements de la métaphysique des mœurs*, 2e section, p. 125, Delagrave.)

◆ **4.** *Termes et expressions connexes*

Relation de voisinage
• commandement • devoir • obligation • prescription.
Relation de dépendance
• liberté • moralité • universalité • volonté.
Relation d'opposition
• proposition facultative.

Impression

◆ **1.** *Définitions générales*

(n. f.) Étym. : lat. *impressio*, action d'imprimer.
A. *Physiologie* : modification produite par l'excitant sur une terminaison nerveuse.
B. *Psychologie* : synonyme de sensation.
C. Chez *Hume* : perceptions vives, faisant leur première apparition dans l'âme.

◆ **2.** *Définitions particulières de philosophes*

HUME

(C) « Toutes les perceptions de l'esprit humain se ramènent à deux genres distincts que j'appellerai *impressions* et *idées*. [...]. Les perceptions qui pénètrent avec le plus de force et de violence, nous pouvons les nommer *impressions* ; et, sous ce nom, je comprends toutes nos sensations, passions et émotions, telles qu'elles font leur première apparition dans l'âme. » (*Traité de la nature humaine*, p. 65, Aubier.)

Impulsion

(n. f.) Étym. : lat. *impulsio*, poussée contre.
Force psychique portant à l'action et s'exerçant sans contrôle de la volonté.

Incertitude

◆ **1.** *Définitions générales*

(n. f.) Étym. : lat. *incertitudo*, incertitude.
A. État de ce qui n'est pas déterminé à l'avance ; caractère de ce qui est imprévisible.
B. État de ce qui n'est pas connu avec certitude ; chose mal connue.

◆ **2.** *Expressions et termes liés ou dérivés*

Relations d'incertitude

HEISENBERG

« On a établi qu'il est impossible d'indiquer simultanément, à volonté et exactement, la position et la vitesse d'une particule atomique. » (*La Nature dans la physique contemporaine*, p. 47, Idées, Gallimard.)

Inclination

(n. f.) Étym. : lat. *inclinatio*, action de pencher, inclination, tendance.
Tendance ou disposition affective portant spontanément l'homme vers une fin ou un objet.

Inconditionné

(n. m.) Étym. : lat. *condicio*, condition.
Désigne ce qui ne dépend d'aucune condition, l'Absolu.

Inconscient

La pensée classique n'a pas reconnu l'existence de l'inconscient. Descartes, en effet, identifiait conscience et psychisme. Le mérite du philosophe allemand Leibniz sera d'aborder le problème de l'inconscient. A l'époque moderne, Freud va montrer la pleine légitimité de cette notion, désormais définie à partir du refoulement.

◆ **1.** *Définitions générales*

(n. m.-adj.) Étym. : formé à partir du terme « conscient » (du lat. *conscire*, avoir conscience de), et in-, élément négatif (du lat. *in*, préfixe privatif ou négatif).
A. *Adjectif* :
a) qui ne possède pas de conscience.
b) ce qui échappe à la conscience.
B. *Nom* : caractère de ce qui n'est pas actuellement conscient, ou qui n'est pas susceptible de le devenir ; ensemble des faits psychiques échappant à la conscience.

1. Physicien allemand (1901-1976). Les relations d'incertitude ont été énoncées en 1927.

◆ **2.** *Définitions particulières de philosophes*

LEIBNIZ

« Il y a mille marques qui font juger qu'il y a à tout moment une infinité de *perceptions* en nous, mais sans aperception et sans réflexion, c'est-à-dire des changements dans l'âme même, dont nous ne nous apercevons pas. » (*Nouveaux Essais sur l'entendement humain*, Préface, p. 41, Garnier-Flammarion.)

HEGEL

« Dans notre vie commune, nous avons conscience, mais nous n'avons pas conscience d'avoir conscience ; bien des choses, ne fût-ce que les corporelles, sont en nous *inconscientes*, par exemple les opérations vitales nécessaires à notre conservation, qui sont en nous sans que nous ayons conscience de leur fonctionnement précis, tel que la science est seule en mesure de nous le faire connaître. Sur le plan de l'esprit, il est en nous également bien des réalités que nous ignorons. » (*Propédeutique philosophique*, Introduction, § 3, p. 23, Éditions de Minuit.)

FREUD

« Nous réservons le nom d'*inconscients* aux faits psychiques refoulés, c'est-à-dire dynamiquement inconscients. » (*Essais de psychanalyse*, « Le Moi et le Soi », p. 167, Payot.)

« L'inconscient est le psychique lui-même et son essentielle réalité. *Sa nature intime nous est aussi inconnue que la réalité du monde extérieur, et la conscience nous renseigne sur lui d'une manière aussi incomplète que nos organes des sens sur le monde extérieur.* » (*L'Interprétation des rêves*, in *Freud, Psychanalyse, textes choisis*, p. 24, PUF.)

ALAIN

« Il n'y a pas d'inconvénient à employer couramment le terme d'inconscient ; c'est un abrégé du mécanisme. » (*Éléments de philosophie*, p. 148, Gallimard.)

JUNG

« L'inconnu se divise en deux groupes d'objets : ceux qui sont extérieurs et qui seraient accessibles par les sens et les données qui sont intérieures et qui seraient l'objet de l'expérience immédiate. Le premier groupe constitue l'inconnu du monde extérieur ; le second, l'inconnu du monde intérieur. Nous appelons *inconscient* ce dernier champ. » (*Aion*, in Jung, *Ma vie*, p. 456, Gallimard.)

LACAN

« L'inconscient est cette partie du discours concret en tant que transindividuel, qui fait défaut à la disposition du sujet pour rétablir la continuité de son discours conscient. » (*Fonction et champ de la parole et du langage*, in *Écrits I*, p. 136, Points, Le Seuil.)

« L'inconscient est ce chapitre de mon histoire qui est marqué par un blanc ou occupé par un mensonge : c'est le chapitre censuré. Mais la vérité peut être retrouvée. » (*Fonction et champ de la parole et du langage*, in *Écrits I*, p.136, Points, Le Seuil.)

« L'inconscient est le discours de l'Autre. » (*D'une question préliminaire à tout traitement possible de la psychose*, in *Écrits II*, p. 63, Points, Le Seuil.)

MERLEAU-PONTY

« L'inconscient ne peut pas être un processus ''en troisième personne'', puisque c'est lui qui choisit ce qui, de nous, sera admis à l'existence officielle [...] il n'est donc pas un *non-savoir*, mais plutôt un savoir non-reconnu, informulé, que nous ne voulons pas assumer. » (*Signes*, p. 291, Gallimard.)

◆ **3.** *Expressions et termes liés ou dérivés*

Inconscient collectif

Ensemble d'archétypes et d'instincts transmis héréditairement et dont les contenus sont universels.

JUNG

« Les instincts et les archétypes constituent l'*inconscient collectif*. Je l'appelle collectif parce que, au contraire de l'inconscient personnel, il n'est pas le fait de contenus individuels plus ou moins uniques, ne se reproduisant pas, mais de contenus qui sont universels et qui apparaissent régulièrement. » (*L'Énergie psychique*, in Jung, *Ma vie*, p. 457, Gallimard.)

« [L']*inconscient collectif* [...] est identique à lui-même dans tous les hommes et constitue ainsi un fondement psychique universel de nature suprapersonnelle présent en chacun. » (*Les Racines de la conscience*, pp. 13, 14, Buchet/Chastel.)

◆ **4.** *Termes et expressions connexes*

— Pour *inconscient* nom :

Relation de voisinage

• irréfléchi • préconscient • subsconscient.

Relation de dépendance

• conscience • désir • psychanalyse • psychisme • refoulement • rêve.

Relation d'opposition

• conscient • réfléchi.

Indéfini

◆ **1.** *Définitions générales*

(n. m.-adj.) Étym. : lat. *indefinitus*, indéfini, vague.

A. *Sens généraux* :

a) qui reste indéterminé, par opposition à ce qui est *défini*. (ex. : une tristesse indéfinie).

b) tout en ayant des bornes et en étant fini, qui est susceptible d'accroissement.
B. *Logique* : se dit d'un terme dont la compréhension n'est pas déterminée, en particulier de la négation pure et simple de ce terme (ex. : non-homme).
C. Chez *Descartes* : qui apparaît sans bornes ou limites sous un certain angle seulement, à l'égard de notre connaissance, par opposition à l'infini (ex. : un progrès indéfini).

◆ **2.** *Définitions particulières de philosophes*

ARISTOTE

(B) « Non-homme [...] est seulement un nom indéfini [car il appartient pareillement à n'importe quoi, à ce qui est et à ce qui n'est pas]. » (*Organon*, *De l'interprétation*, § 2, p. 80, Vrin.)

DESCARTES

(C) « Pour dire [qu'une chose] est indéfinie, il suffit de n'avoir point de raison par laquelle on puisse prouver qu'elle ait des bornes [...]. N'ayant [...] aucune raison pour prouver, et même ne pouvant concevoir que le monde ait des bornes, je le nomme *indéfini*. Mais je ne puis nier pour cela qu'il n'en ait peut-être quelques-unes qui sont connues de Dieu, bien qu'elles me soient incompréhensibles : c'est pourquoi je ne dis pas absolument qu'il est *infini*. » (*Lettre à Chanut, 6 juin 1647*, in *Descartes*, *Œuvres*, *lettres*, pp. 1273, 1274, La Pléiade, Gallimard.)
Voir aussi INFINI, p. 143.

Indétermination

◆ **1.** *Définitions générales*

(n. f.) Étym. : lat. *indeterminatus*, infini.
A. Caractère de ce qui n'est pas déterminé.
B. État d'un esprit hésitant et n'ayant pas encore pris de détermination ni fait un choix.

◆ **2.** *Définitions particulières de philosophes*

ARISTOTE

« Le mot *indétermination* n'est rien de plus que l'indifférence à se comporter, dans le présent ou dans l'avenir, de telle façon ou de telle autre. » (*Organon*, *De l'interprétation*, § 9, p. 97, Vrin).

Indéterminisme

◆ **1.** *Définitions générales*

(n. m.)
A. *Épistémologie* : doctrine selon laquelle, en microphysique, la validité des déterminismes pourrait être mise en question (*soit* en raison de l'indétermination des phénomènes, *soit* en raison des limites internes à notre connaissance).
B. *Métaphysique* : négation ou refus du déterminisme et affirmation de l'indépendance totale de la volonté ou liberté humaine par rapport aux antécédents ou aux déterminations diverses.

◆ **2.** *Définitions particulières de philosophes*

POPPER

(A) « Le nouvel indéterminisme fut introduit par la mécanique quantique qui suppose la possibilité d'événements élémentaires dus au hasard, irréductibles d'un point de vue causal. » (*L'Univers irrésolu*, p. 102, Hermann.)

◆ **3.** *Termes et expressions connexes*

Relation de voisinage
• imprévisibilité.
Relation de dépendance
• causalité • liberté • nécessité.
Relation d'opposition
• déterminisme.

Indifférence

◆ **1.** *Définitions générales*

(n. f.) Étym. : lat. *indifferens*, indifférent.
A. État de neutralité affective, sans préférence ou intérêt pour quelque objet.
B. Indétermination ; neutralité dans la volition.

◆ **2.** *Définitions particulières de philosophes*

DESCARTES

« L'indifférence me semble signifier proprement l'état dans lequel est la volonté lorsqu'elle n'est pas poussée d'un côté plutôt que de l'autre par la perception du vrai ou du bien [...]. Mais peut-être que d'autres entendent par indifférence une faculté positive de se déterminer pour l'un ou l'autre de deux contraires, c'est-à-dire pour poursuivre ou pour fuir, pour affirmer ou pour nier. Cette faculté positive, je n'ai pas nié qu'elle fût dans la volonté. » (*Lettre au P. Mesland, 9 février 1645*, in *Descartes*, *Œuvres*, *lettres*, p. 1177, La Pléiade, Gallimard.)

◆ **3.** *Expressions et termes liés ou dérivés*

Liberté d'indifférence

DESCARTES

« Cette indifférence que je sens, lorsque je ne suis point emporté vers un côté plutôt que vers un autre par le poids d'aucune raison, est le plus bas degré de la liberté. » (*Méditations métaphysiques*, Méditation 4, in Descartes, *Œuvres, lettres*, p. 305, La Pléiade, Gallimard.)

LEIBNIZ

« Il y a [...] une liberté de contingence ou, en quelque façon, d'indifférence, pourvu qu'on entende par l'*indifférence* que rien ne nous nécessite pour l'un ou pour l'autre parti ; mais il n'y a jamais d'*indifférence d'équilibre*, c'est-à-dire où tout soit parfaitement égal de part et d'autre, sans qu'il y ait plus d'inclination vers un côté. » (*Essais de Théodicée*, 1re partie, § 46, p. 129, Garnier-Flammarion.)

Individu

A l'époque contemporaine et, plus précisément, à partir des années 80, s'effectue, en philosophie et en sciences humaines, un retour aux termes « individu » et « individualisme » (cf. Dumont et Veyne). Mais Nietzsche, au XIXe siècle, avait déjà été l'analyste pertinent de l'individualisme.

◆ 1. *Définitions générales*

(n. m.) Étym. : lat. *individuus*, indivisible.
A. *Biologie* : corps vivant formant un tout, anatomiquement isolé et autonome du point de vue fonctionnel.
B. *Logique* : sujet logique singulier admettant des prédicats mais ne pouvant être lui-même prédicat d'aucun autre.
C. *Psychologie, sociologie* : être humain distinct des autres (par opposition à l'État ou à la société).

◆ 2. *Définitions particulières de philosophes*

ARISTOTE

« Nous appelons [...] individu ce qui est un numériquement, et universel, ce qui est affirmé de tous les individus. » (*La Métaphysique*, liv. B, § 4, t. 1, p. 149, Vrin.)

JUNG

(C) « L'individu est l'être pris à part ; l'individu psychologique est caractérisé par sa psychologie singulière et, jusqu'à un certain point, unique en son genre. » (*Types psychologiques*, p. 449, Librairie de l'Université Georg et Cie, Genève.)

DUMONT

« Individu : en fait d'individu ou d'homme individuel il faut distinguer :
1) le sujet *empirique*, échantillon indivisible de l'espèce humaine, tel qu'on le rencontre dans toutes les sociétés.
2) l'être *moral*, indépendant, autonome et ainsi (essentiellement) non social, tel qu'on le rencontre avant tout dans notre idéologie moderne de l'homme et de la société. » (*Essais sur l'individualisme*, p. 264, Le Seuil.)

VEYNE

(C) « On entendra ici, par "individu", un sujet, un être attaché à sa propre identité par la conscience ou la connaissance de soi [...]. Au sens convenu ici, donc, un individu n'est pas une bête dans le troupeau ; c'est au contraire un être qui attache du prix à l'image qu'il a de lui-même. » (*Sur l'individu*, p. 7, Collectif, Le Seuil.)

◆ 3. *Expressions et termes liés ou dérivés*

Principe d'individuation

Scolastique : ce qui donne à un être, défini par un type spécifique, une existence singulière, déterminée dans le temps et dans l'espace.

LEIBNIZ

« Le *principe d'individuation* revient dans les individus au principe de distinction [...]. Si deux *individus* étaient parfaitement semblables et égaux et (en un mot) *indistinguables* par eux-mêmes, il n'y aurait point de principe d'individuation. » (*Nouveaux Essais sur l'entendement humain*, liv. 2, chap. 27, § 3, p. 179, Garnier-Flammarion.)

◆ 4. *Termes et expressions connexes*

Relation de voisinage
• moi • singularité.
Relation de dépendance
• corps vivant • espèce humaine • société.
Relation d'opposition
• collectivité • État • masse • personne.

Individualisme

◆ 1. *Définitions générales*

(n. m.) Doctrine qui, dans les domaines économique, politique, moral, etc., accorde à l'individu une importance primordiale et essentielle ; l'individu constituerait la véritable réalité et le fondement des valeurs.

◆ 2. *Définitions particulières de philosophes*

NIETZSCHE

« L'*individualisme* est une variété modeste et encore inconsciente de la volonté de puissance ; ici l'individu se contente de *s'affranchir* de la domination de la société (que ce soit celle de l'État ou celle de l'Église). Il ne s'oppose pas *en tant que personne*, mais en tant qu'individu ; il représente tous les individus contre la collectivité. » (*La Volonté de puissance*, trad. Bianquis, liv. 3, t. 2, § 416, p. 131, Gallimard.)

◆ **3.** *Expressions et termes liés ou dérivés*

Individualiste

DUMONT

« On désigne comme individualiste [...] une idéologie qui valorise l'individu [...] et néglige ou subordonne la totalité sociale. » (*Essais sur l'individualisme*, p. 264, Le Seuil.)

◆ **4.** *Termes et expressions connexes*

Relation de voisinage

• personnalisme.

Relation de dépendance

• économie • État • individu • morale • société • valeurs.

Relation d'opposition

• communisme • conformisme • étatisme • totalitarisme.

Individualité

◆ **1.** *Définitions générales*

(n. f.) Caractère de ce qui constitue un individu ou de ce qui est individuel ; signifie parfois originalité.

◆ **2.** *Définitions particulières de philosophes*

JUNG

« C'est l'originalité et la particularité de l'individu sous tous les rapports psychologiques. » (*Types psychologiques*, p. 449, Librairie de l'Université Georg et Cie, Genève.)

MORIN

« L'individualité de l'individu, ce n'est pas seulement discontinuité [...], ce n'est pas seulement singularité, originalité, différence par rapport aux autres individus [...]. L'individualité de l'individu est aussi en l'être et l'existence de *soi-même*. » (*La Méthode*, t. 2, « La Vie de la vie », p. 154, Le Seuil.)

Individuel

◆ **1.** *Définitions générales*

(adj.) Étym. : lat. *individuus*, indivisible.
Qui concerne l'individu ou le constitue : appartenant en propre à l'individu.

◆ **2.** *Définitions particulières de philosophes*

JUNG

« Est individuel tout ce qui n'est point collectif, ce qui n'appartient qu'à un seul et non à un groupe. » (*Types psychologiques*, p. 449, Librairie de l'Université Georg et Cie, Genève.)

Induction

◆ **1.** *Définitions générales*

(n. f.) Étym. : lat. *inductio*, action d'amener.

A. *Usage ordinaire* : inférence conjecturale, passant d'indices, de données ou de régularités observées à des conclusions (non rigoureuses), à l'affirmation de faits (probables), à des conséquences vraisemblables, etc.

B. *Épistémologie, philosophie* : opération par laquelle on passe du particulier au général, des faits aux lois.

C. *Logique formelle* : l'induction formelle consiste à affirmer d'une classe ou d'un ensemble ce qui a été établi pour chaque élément ou terme de l'ensemble.

D. *Mathématiques* : raisonnement par récurrence.

◆ **2.** *Définitions particulières de philosophes*

ARISTOTE

« L'induction c'est le passage des cas particuliers à l'universel. » (*Organon, Les Topiques*, liv. 1, § 12, p. 29, Vrin.)

KANT

« L'*induction* conclut du particulier à l'universel [...] selon le principe de *généralisation* : *ce qui convient à plusieurs choses convient aussi aux autres choses du même genre.* » (*Logique*, « Doctrine générale des éléments », chap. 3, § 84, p. 144, Vrin.)

POPPER

(B) « L'induction, à savoir une inférence fondée sur la multiplicité des observations, est un mythe. Elle n'est ni une donnée psychologique, ni un fait de la vie courante, ni un phénomène qui ressortit à la démarche scientifique. » (*Conjectures et réfutations*, p. 89, Payot.)

BÉNÉZÉ

(B) « Nous appelons ici *induction* un mouvement d'esprit spontané qui nous fait *passer du singulier* (ou de plusieurs singuliers en nombre fini) *à l'universel*. » (*La Méthode expérimentale*, p. 8, PUF.)

◆ **3.** *Expressions et termes liés ou dérivés*

Fondement de l'induction

Ce qui justifie et légitime le passage des faits (particuliers) à la loi (universelle). Problème posé par ce passage.

◆ **4.** *Termes et expressions connexes*

Relation de voisinage
• généralisation • inférence.
Relation de dépendance
• particulier • raisonnement • science • universel.
Relation d'opposition
• déduction.

Ineffable

◆ **1.** *Définitions générales*

(n. m.) Étym. : lat. *ineffabilis*, qu'on ne peut exprimer.
Qui ne peut être exprimé de manière adéquate par le langage.

◆ **2.** *Définitions particulières de philosophes*

HEGEL
« Ce qu'on nomme l'ineffable n'est autre chose que le non-vrai, l'irrationnel, ce que simplement on s'imagine. » (*La Phénoménologie de l'esprit*, in *Hegel, morceaux choisis*, t. 1, § 55, p. 94, Idées, Gallimard.)

Inertie (principe d')

Principe selon lequel, dans un système galiléen (en mouvement uniforme), le mouvement d'un corps indéformable ne peut être modifié que par l'action de forces extérieures.

Inférence

(n. f.) Étym. : lat. *inferre*, porter, mettre en avant un raisonnement, une conclusion.
Toute opération par laquelle on admet la vérité d'une proposition en conséquence de la nature de ses relations avec des propositions vraies. Raisonnement, déduction, etc., sont des inférences.

Infini

◆ **1.** *Définitions générales*

(n. m.-adj.) Étym. : lat. *infinitus*, sans fin, sans limites.
A. *Adjectif* : qui n'a pas de limites, de bornes ; peut désigner ce qui est effectivement sans bornes (infini en acte) ou bien ce qui peut devenir tel (infini en puissance).
B. *Nom* : ce qui n'a pas de bornes ; ce qui est sans fin. Avec une majuscule : Dieu.

◆ **2.** *Définitions particulières de philosophes*

ARISTOTE
(B) « L'infini est, ou bien ce qu'il est impossible de parcourir, parce qu'il n'est pas dans sa nature d'être parcouru, comme la voix est invisible, ou bien ce qu'on peut parcourir mais est sans fin, ou bien ce qu'on peut à peine parcourir, ou bien ce qu'on peut par nature parcourir, mais qui ne se laisse pas parcourir ou n'a pas de fin. » (*La Métaphysique*, liv. K, § 10, t. 2, p. 621, Vrin.)

DESCARTES
« [Nous réservons] à Dieu seul le nom d'infini : tant à cause que nous ne remarquons point de bornes en ses perfections, comme aussi à cause que nous sommes très assurés qu'il n'y en peut avoir. » (*Les Principes de la philosophie*, 1re partie, § 27, in *Descartes, Œuvres, lettres*, p. 583, La Pléiade, Gallimard.)
« Je mets ici de la distinction entre l'*indéfini* et l'*infini*. Et il n'y a rien que je nomme proprement infini, sinon ce en quoi de toutes parts je ne rencontre point de limites, auquel sens Dieu seul est infini. Mais les choses auxquelles sous quelque considération seulement je ne vois point de fin, comme l'étendue des espaces imaginaires, la multitude des nombres [...], je les appelle *indéfinies* et non pas *infinies*, parce que de toutes parts elles ne sont pas sans fin ni sans limites. » (*Réponses aux premières objections*, in *Descartes, Œuvres, lettres*, p. 352, La Pléiade, Gallimard.)
Voir aussi INDÉFINI, p. 139.

LEIBNIZ
« L'infini véritable n'est pas une *modification*, c'est l'absolu ; au contraire, dès qu'on modifie, on se borne, on forme un fini. » (*Nouveaux Essais sur l'entendement humain*, liv. 2, chap. 17, § 2, p. 114, Garnier-Flammarion.)

◆ **3.** *Expressions et termes liés ou dérivés*

Infiniment grand, infiniment petit

HEGEL
« La grandeur ou quantité est, en tant que quantité limitée, un *quantum*. [...]. Le quantum n'a aucune limite en elle-même déterminée. Il n'est de quantum au-delà duquel on ne puisse donc poser un quantum supérieur ou inférieur. Le quantum qui *doit* être ultime, au-delà duquel on n'en peut poser ni plus grand ni plus petit, est habituellement nommé *infiniment grand* ou *infiniment petit*. » (*Propédeutique philosophique*, « Logique », § 24 et 26, p. 111, Éditions de Minuit.)

Infinité

(n. f.) Ce qui a pour caractère d'être infini.

◆ **4.** *Termes et expressions connexes*

Relation de voisinage
• démesuré • indéfini • illimité.
Relation de dépendance
• Absolu • Dieu • espace • nombre.
Relation d'opposition
• borné • fini • limité.

Infrastructure

◆ **1.** *Définitions générales*

(n. f.) Étym. : composé à partir de « structure », qui vient du latin *structura*, arrangement, disposition, construction, et de *infra*, adverbe latin, en dessous.
A. *Sens courant* : structure ou base servant d'appui au phénomène visible.
B. *Marxisme* : réalité économique fondamentale, commandant tous les phénomènes sociaux, déterminant les superstructures et engendrant des luttes de classes.
Voir STRUCTURE, p. 276, SUPERSTRUCTURE, p. 281.

◆ **2.** *Définitions particulières de philosophes*

ARON
« [Selon Marx] dans toute société on peut distinguer la base économique ou l'infrastructure, et la superstructure. L'infrastructure est constituée essentiellement par les forces et les rapports de production, cependant que dans la superstructure figurent les institutions juridiques et politiques en même temps que les façons de penser, les idéologies, les philosophies. » (*Les Étapes de la pensée sociologique*, p. 154, Gallimard.)

Injuste

◆ **1.** *Définitions générales*

(n. m.-adj.) Étym. : lat. *injustus*, injuste, qui n'agit pas selon la justice.
A. *Adjectif* : qui est contraire à la justice, au respect de la norme du droit.
B. *Nom* : ce qui est contraire au droit et au respect de la personne.

◆ **2.** *Définitions particulières de philosophes*

ARISTOTE
Voir JUSTE, p. 155.

D'ALEMBERT
« On peut définir très exactement l'injuste, ou ce qui revient au même le mal moral, *ce qui tend à nuire à la société en troublant le bien-être physique de ses membres.* » (*Éléments de philosophie*, in *Corpus des œuvres de philosophie en langue française*, p. 59, Fayard.)

KANT
Voir JUSTE, p. 155.

Injustice

◆ **1.** *Définitions générales*

(n. f.) Étym. : lat. *injustitia*, injustice.
Caractère de ce qui est contraire à la justice (donc au droit) ; manque de justice, de reconnaissance et de respect des droits ainsi que du mérite de chacun.

◆ **2.** *Définitions particulières de philosophes*

PLATON
« [L'injustice] est nécessairement un désaccord [des] trois parties [raison, colère, désir], [...] un empiètement des unes sur les fonctions des autres, et la révolte de certaine partie contre le tout. » (*La République*, liv. 4, in *Platon, Œuvres complètes*, t. 7, 1re partie, p. 45, Budé, Belles Lettres.)

SPINOZA
« L'injustice [...] consiste, sous une apparence de droit, à enlever à quelqu'un ce qui lui appartient suivant l'interprétation véritable des lois. » (*Traité théologico-politique*, chap. 16, in *Œuvres de Spinoza*, t. 2, p. 269, Garnier-Flammarion.)
Voir aussi ÉQUITÉ, p. 90.

Inné

(adj.) Étym. : lat. *innatus*, né dans, inné.
Non acquis, possédé dès la naissance, qui appartient à la nature d'un être.
Voir IDÉE INNÉE, p. 132.

Inquiétude

◆ **1.** *Définitions générales*

(n. f.) Étym. : lat. *inquietudo*, agitation, de *quies*, repos, et *in*, préfixe négatif.
État de l'esprit qui n'est jamais en repos, mais toujours marqué par l'agitation, au-delà de lui-même.

◆ **2.** *Définitions particulières de philosophes*

LEIBNIZ
« L'inquiétude, c'est-à-dire [les] petites sollicitations imperceptibles qui nous tiennent toujours en haleine. » (*Nouveaux Essais sur l'entendement humain*, liv. 2, chap. 20, § 6, p. 131, Garnier-Flammarion.)

Instance

◆ **1.** *Définitions générales*

(n. f.) Étym. : lat. *instantia*, proximité, présence, demande pressante.
A. *Droit* : l'instance désigne un procès.
B. *Langage contemporain* : un échelon d'une hiérarchie (ex. : consulter telle instance politique).
C. *Psychanalyse* : le terme d'instance désigne une sous-structure de l'appareil psychique (ex. : le moi, le surmoi ou le ça).

◆ **2.** *Expressions et termes liés ou dérivés*

Détermination en dernière instance

Causalité ultime s'exerçant à partir de la réalité économique sur l'ensemble de l'existence humaine (il s'agit d'une expression propre à la doctrine marxiste).

Instant

◆ **1.** *Définitions générales*

(n. m.) Étym. : lat. *instans*, présent.
Point du temps, n'ayant aucune durée.

◆ **2.** *Définitions particulières de philosophes*

LEIBNIZ

« A la rigueur le point et l'instant ne sont point des parties du temps ou de l'espace, et n'ont point de parties non plus. Ce sont des extrémités seulement. » (*Nouveaux Essais sur l'entendement humain*, liv. 2, chap. 14, § 10, p. 119, Garnier-Flammarion.)

KIERKEGAARD

« L'instant signifie le présent comme chose qui n'a ni passé ni avenir. » (*Le Concept d'angoisse*, p. 90, Idées, Gallimard.)

« [L'instant] est le premier reflet de l'éternité dans le temps, sa première tentative pour ainsi dire d'arrêter le temps [...] l'instant est cette équivoque où le temps et l'éternité se touchent, et c'est ce contact qui pose le concept de *temporel*. » (*Le Concept d'angoisse*, p. 92, Idées, Gallimard.)

SARTRE

« L'instant c'est l'enveloppement réciproque et contradictoire de l'avant par l'après [...] ; on vit sa mort, on meurt sa vie ; [...] l'éternel est présent dans un atome de durée. » (*Saint-Genet, comédien et martyr*, p. 9, Gallimard.)

Instinct

Un concept aux frontières du corps et du psychisme, occupant, en psychanalyse une place centrale (cf. Freud). Dans la dernière théorie freudienne, l'instinct prend la double figure d'Éros et de Thanatos, de la pulsion de vie et de la pulsion de mort.

◆ **1.** *Définitions générales*

(n. m.) Étym. : lat. *instinctus*, instigation, excitation, impulsion.
Comportement transmis héréditairement, caractérisé par un savoir-faire inné.

◆ **2.** *Définitions particulières de philosophes*

SCHOPENHAUER

« On pourrait [...] définir l'instinct un caractère démesurément uniforme et rigoureusement déterminé. » (*Le Monde comme volonté et comme représentation*, Supplément au liv. 2, t. 3, p. 156, Alcan.)

JAMES

« On entend généralement par instinct une activité qui réalise des fins sans les prévoir, grâce à une coordination d'actes qui n'est pas le résultat de l'éducation. » (*Précis de psychologie*, p. 521, Marcel Rivière et Cie.)

FREUD

« Nous donnons aux forces qui agissent à l'arrière-plan des besoins impérieux du ça et qui représentent dans le psychisme les exigences d'ordre somatique, le nom d'*instincts*. » (*Abrégé de psychanalyse*, chap. 2, p. 7, PUF.)

« Nous concevons l'instinct comme étant une notion limitrophe entre le somatique et le psychique ; nous voyons en lui le représentant psychique de forces organiques. » (*Cinq Psychanalyses*, p. 318, PUF.)

JUNG

« J'entends le terme "instinct" dans le sens que l'on donne ordinairement à ce mot : *contrainte* à certaines activités. Cette contrainte peut provenir d'un stimulus externe ou interne qui déclenche le mécanisme psychique de l'instinct, ou d'une cause organique, mais étrangère à la sphère des rapports de causalité psychique. » (*Types psychologiques*, p. 451, Librairie de l'Université Georg et Cie, Genève.)

MERLEAU-PONTY

« Un instinct, c'est-à-dire une activité orientée naturellement vers des fins déterminées. » (*Phénoménologie de la perception*, p. 185, Gallimard.)

◆ **3.** *Expressions et termes liés ou dérivés*

Instinct de vie, instinct de mort

Ils désignent, dans la dernière théorie freudienne, les deux aspects ou composantes du psychisme humain : le premier représente la pulsion de vie (voir ÉROS, p. 90) et le second, la tendance à revenir à un état inorganique (voir THANATOS, p. 291).

FREUD

« Il nous est permis de penser de l'instinct de destruction que son but final est de ramener ce qui vit à l'état inorganique, et c'est pourquoi nous l'appelons *instinct de mort.* » (*Abrégé de psychanalyse*, 1re partie, p. 8, PUF.)

Voir aussi ÉROS, p. 90.

◆ 4. *Termes et expressions connexes*

Relation de voisinage

• pulsion.

Relation de dépendance

• espèce • nature • vie.

Relation d'opposition

• raison.

Institution

◆ 1. *Définitions générales*

(n. f.) Étym. : lat. *institutio*, disposition, arrangement.

A. *Sens général* : action d'instituer, d'établir de manière durable (ex. : l'institution d'une fête annuelle).

B. *Philosophie* : ce qui est l'ouvrage des hommes, et non point de la nature.

C. *Politique* (au pluriel) : ensemble des lois fondamentales de l'État.

D. *Sociologie* : tous les modes de conduite ou toutes les manières de penser, usages, etc., préétablis et fixés par la société.

◆ 2. *Définitions particulières de philosophes*

DURKHEIM

(D) « On peut [...] appeler *institution* toutes les croyances et tous les modes de conduite institués par la collectivité ; la sociologie peut alors être définie : la science des institutions, de leur genèse et de leur fonctionnement. » (*Les Règles de la méthode sociologique*, Préface, p. XXIII, Alcan.)

MAUSS

(D) « Des institutions, c'est-à-dire des règles publiques d'action et de pensée. » (*Mauss, Œuvres*, t. 1, p. 25, Éditions de Minuit.)

(D) « Qu'est-ce [...] qu'une institution sinon un ensemble d'actes ou d'idées tout institué que les individus trouvent devant eux et qui s'impose plus ou moins à eux ? Il n'y a aucune raison pour réserver exclusivement, comme on le fait d'ordinaire, cette expression aux arrangements sociaux fondamentaux. Nous entendons donc par ce mot aussi bien les usages et les modes, les préjugés et les superstitions que les constitutions politiques ou les organisations juridiques essentielles. » (*Mauss, Œuvres*, t. 3, p. 150, Éditions de Minuit.)

Intellect

◆ 1. *Définitions générales*

(n. m.) Étym. : lat. *intellectus*, faculté de comprendre, intelligence.

Entendement ; faculté de penser par concepts.

◆ 2. *Définitions particulières de philosophes*

ARISTOTE

« J'entends par intellect ce par quoi l'âme pense et conçoit. » (*De l'Âme*, liv. 3, § 4, p. 175, Vrin.)

◆ 3. *Expressions et termes liés ou dérivés*

Intellect actif ou agent

Chez *Aristote et les Scolastiques* : l'intellect dynamique et actif, qui élabore les données.

Intellect patient

Chez *Aristote et les Scolastiques* : celui par lequel nous recevons des connaissances ; il est réceptif.

Intellectualisme

(n. m.) Terme souvent péjoratif.

a) métaphysique : doctrine affirmant la supériorité de l'entendement par rapport à l'affectivité ou à l'activité.

b) philosophie, psychologie : toute doctrine réduisant et ramenant l'ensemble des fonctions et faits psychiques à des phénomènes intellectuels.

Intellectuel

(adj.) Qui se rapporte à l'intelligence ; qui concerne l'intellect.

Intellection

◆ 1. *Définitions générales*

(n. f.) Étym. : lat. *intellectio*, sens, signification. Exercice ou acte de l'intellect ; action de comprendre ; conception.

◆ 2. *Définitions particulières de philosophes*

LEIBNIZ

« L'exercice [de l'entendement] s'appelle *intellection*, qui est une perception distincte jointe à la faculté de réfléchir [...] l'intellection a lieu lorsque la pensée est distincte. » (*Nou-*

veaux Essais sur l'entendement humain, liv. 2, chap. 21, § 5, p. 136, Garnier-Flammarion.)

Intellectualisme

Voir INTELLECT, p. 146.

Intellectuel

Voir INTELLECT, p. 146.

Intelligence

◆ 1. *Définitions générales*

(n. f.) Étym. : lat. *intellegentia*, action de discerner, de comprendre, faculté de comprendre.
A. *Métaphysique* (*Bergson*) : connaissance conceptuelle et rationnelle (par opposition à intuition).
B. *Métaphysique* (*Bergson*) : adaptation réfléchie des moyens à une fin (par opposition à instinct).
C. *Psychologie* : faculté d'inventer une solution ou d'adapter sa conduite à des circonstances nouvelles.
D. *Ancienne psychologie* : ensemble des fonctions se rapportant à la connaissance.

◆ 2. *Définitions particulières de philosophes*

BERGSON

(B) « L'intelligence, envisagée dans ce qui en paraît être la démarche originale, est la faculté de fabriquer des objets artificiels, en particulier des outils à faire des outils, et d'en varier indéfiniment la fabrication. » (*L'Évolution créatrice*, p.140, PUF.)
« L'intelligence vraie est ce qui nous fait pénétrer à l'intérieur de ce que nous étudions, en toucher le fond, en aspirer à nous l'esprit et en sentir palpiter l'âme. » (« De l'intelligence », *Discours de distribution des prix du lycée Voltaire*, in *Bergson, Écrits et paroles*, t. 1, p. 177, PUF.)

MORIN

(C) « [Définissons] l'intelligence comme aptitude à penser, traiter, résoudre des problèmes dans des situations de complexité [...]. L'intelligence est toujours stratégie. » (*La Méthode*, t. 3, « La Connaissance de la connaissance », pp. 177, 179, Le Seuil.)

◆ 3. *Expressions et termes liés ou dérivés*

Intelligence conceptuelle ou abstraite

Faculté d'utiliser des concepts abstraits ; elle est essentiellement discursive.

Intelligence pratique

Capacité de résoudre des problèmes pratiques.

BUYTENDIJK

« On peut définir l'intelligence pratique comme l'aptitude à se comporter conformément à la structure du donné. » (*L'Homme et l'Animal*, p. 145, Idées, Gallimard.)

◆ 4. *Termes et expressions connexes*

Relation de voisinage
• compréhension • intellection.
Relation de dépendance
• abstraction • conception • connaissance • invention.
Relation d'opposition
• inintelligence • intuition.

Intelligible

◆ 1. *Définitions générales*

(adj.) Étym. : lat. *intellegibilis*, qu'on peut comprendre.
A. *Sens général* : qui peut être compris.
B. *Métaphysique* : qui relève de l'intelligence ou de l'esprit (par opposition à sensible). Chez *Platon* : qui existe au-delà du monde sensible et correspond à l'univers des Idées. Chez *Kant* : caractérise le noumène, en tant qu'il peut être pensé (sans toutefois être connu).

◆ 2. *Définitions particulières de philosophes*

KANT

« J'appelle *intelligible* ce qui dans un objet des sens n'est pas lui-même phénomène. » (*Critique de la raison pure*, « Dialectique transcendantale », p. 397, PUF.)

LAGNEAU

(B) « Les choses ont deux sortes d'existence, l'une sensible, c'est-à-dire obscure, opaque, impénétrable [...], l'autre intelligible, qui ne consiste pas dans ce qu'elles sont, mais dans ce qu'elles valent, c'est-à-dire dans ce qu'elles sont pour l'esprit. » (*Célèbres Leçons et Fragments*, p. 24, PUF.)

MEYERSON

« Le terme intelligible ne saurait signifier autre chose que réductible à des éléments purement rationnels. » (*Identité et Réalité*, p. 455, Vrin.)

◆ **3.** *Expressions et termes liés ou dérivés*

Monde intelligible

PLATON

« Quant à la montée dans le monde supérieur et à la contemplation de ses merveilles, vois-y la montée de l'âme dans le monde intelligible. » (*La République*, liv. 7, in *Platon, Œuvres complètes*, t. 7, 1re partie, p. 149, Budé, Belles Lettres.)

HEGEL

« Notre savoir contient, d'une part, des objets que nous connaissons par des perceptions sensibles, mais, d'autre part, des objets qui ont leur fondement dans l'esprit même. Les premiers constituent le monde *sensible*, les autres le monde *intelligible*. C'est à ce dernier que ressortissent les concepts juridiques, moraux et religieux. » (*Propédeutique philosophique*, Introduction, § 2, p. 15, Éditions de Minuit.)

LAGNEAU

« Le monde intelligible n'est pas une sorte de reproduction ou d'exemplaire [...] du monde sensible, mais ce monde vu par l'esprit à travers lui-même. » (*Célèbres Leçons et Fragments*, p. 25, PUF.)

Intelligibilité

(n. f.) Caractère de ce qui est intelligible.

Intemporel

(adj.) Étym. : lat. *intemporalis*, éternel.
Étranger au temps et à la durée.

Intention

◆ **1.** *Définitions générales*

(n. f.) Étym. : lat. *intentio*, action de tendre vers, tension, application.

A. *Sens général, psychologie* : résolution de faire quelque chose, de réaliser un projet.

B. *Morale* : résolution de faire quelque chose, envisagée sous l'angle moral (ex. : une bonne ou une mauvaise intention).

C. *Phénoménologie* : acte de la conscience donnant un sens aux données de la perception, de l'imagination, etc.

D. *Scolastique* : application de l'esprit à un objet de connaissance.

◆ **2.** *Termes et expressions connexes*

Relation de voisinage
• dessein • projet • visée.
Relation de dépendance
• morale • valeurs • volonté.
Relation d'opposition
• action • résultat.

Intentionnalité [1]

◆ **1.** *Définitions générales*

(n. f.) Particularité qu'a la conscience d'être conscience *de* quelque chose.

◆ **2.** *Définitions particulières de philosophes*

HUSSERL

« Le mot *intentionnalité* ne signifie rien d'autre que cette particularité foncière et générale qu'a la conscience d'être conscience *de* quelque chose. » (*Méditations cartésiennes*, Méditation 2, § 14, p. 28, Vrin.)

SARTRE

« Cette nécessité pour la conscience d'exister comme conscience d'autre chose que soi, Husserl la nomme "intentionnalité". » (*Situations I*, p. 33, Gallimard.)

◆ **3.** *Termes et expressions connexes*

Relation de voisinage
• intention • transcendance.
Relation de dépendance
• conscience • monde • sens • vécu.
Relation d'opposition
• immanence.

Intérêt

◆ **1.** *Définitions générales*

(n. m.) Étym. : lat. *interest*, il importe.

A. Ce qui est avantageux ou utile à l'individu ou à l'ensemble des individus.

B. *Sens strictement psychologique* : attention spontanée à l'égard d'un objet ou disposition affective favorable à l'égard d'une réalité.

◆ **2.** *Définitions particulières de philosophes*

KANT

« Un intérêt est ce par quoi la raison devient pratique, c'est-à-dire devient une cause déterminant la volonté. » (*Fondements de la métaphysique des mœurs*, 3e section, note, p. 204, Delagrave.)

HEGEL

« L'*intérêt* que l'individu trouve à quelque chose est la réponse déjà donnée à la question : s'il faut agir, et ce qu'il y a ici

1. ou Intentionalité.

à faire. » (*La Phénoménologie de l'esprit*, « La Raison », § C, t. 1, p. 328, Aubier.)

Intérieur

◆ **1.** *Définitions générales*

(n. m.-adj.) Étym. : lat. *interior*, plus en dedans, intérieur.
A. Ce qui est au-dedans.
B. *Philosophie, psychologie* : ce qui relève de la conscience.

◆ **2.** *Définitions particulières de philosophes*

HEGEL

« L'*extérieur* et l'*intérieur* sont [...] la même réalité, considérée seulement sous des aspects différents. L'intérieur est l'intégralité des déterminations du contenu, en tant que conditions qui ont elles-mêmes une présence. » (*Propédeutique philosophique*, « Logique », § 55, p. 118, Éditions de Minuit.)

◆ **3.** *Expressions et termes liés ou dérivés*

Intériorisation

NIETZSCHE

« L'*intériorisation* de l'homme. L'intériorisation se produit quand des instincts puissants auxquels le soulagement extérieur est interdit par l'organisation de la paix et de la société, tâchent de se dédommager au-dedans avec l'appui de l'imagination. » (*La Volonté de puissance*, trad. Bianquis, liv. 2, t. 1, § 420, p. 326, Gallimard.)

Intériorité

(n. f.) Caractère de ce qui est intérieur ou spirituel.

Interprétation

◆ **1.** *Définitions générales*

(n. f.) Étym. : lat. *interpretatio*, interprétation, explication.
A. *Sens général* : action de donner une signification aux faits, actes, paroles, d'expliquer le sens d'un texte, etc.
B. *Psychanalyse* : étude et recherche de la signification d'un rêve, d'un acte manqué, etc.

◆ **2.** *Définitions particulières de philosophes*

BACON

« Pour plus de clarté, nous nommons *anticipations de la nature* la raison humaine qui est imposée à la nature (car elle se comporte avec témérité et précipitation) et *interprétation de la nature* cette raison qui est tirée des choses, selon la méthode exigée. » (*Novum Organum*, liv. 1, Aphorisme 26, p. 107, PUF.)

DILTHEY

« Nous appelons exégèse, interprétation, l'art de comprendre les manifestations écrites de la vie. » (*Le Monde de l'esprit*, t. 1, p. 333, Aubier.)

Interpréter

◆ **1.** *Définitions générales*

(v.) Étym. : lat. *interpretari*, expliquer, interpréter.
Trouver, introduire un sens.

◆ **2.** *Définitions particulières de philosophes*

NIETZSCHE

« [La connaissance] "interprète", elle "introduit un sens", elle "n'explique" pas. » (*La Volonté de puissance*, trad. Bianquis, liv. 1, t. 1, § 197, p. 99, Gallimard.)

FREUD

« Interpréter signifie trouver un sens caché. » (*Introduction à la psychanalyse*, 2ᵉ partie, p. 99, Bibliothèque scientifique, Payot.)
Voir aussi RÊVE (INTERPRÉTATION DU), p. 251.

Intersubjectivité

◆ **1.** *Définitions générales*

(n. f.) Communication des consciences individuelles, les unes avec les autres, s'effectuant sur fond de réciprocité.

◆ **2.** *Définitions particulières de philosophes*

MERLEAU-PONTY

« Intersubjectivité, rapport vivant et tension entre des individus. » (*Sens et non-sens*, p. 157, Nagel.)

Introspection

(n. f.) Étym. : lat. *introspectus*, action de regarder dans, de *introspicere* ou *introspectare*, regarder à l'intérieur, regarder dans.
Psychologie : observation de la conscience par elle-même, dans le but d'étudier les états psychiques.

Introversion

◆ **1.** *Définitions générales*

(n. f.) Étym. : lat. *introversus*, tourné vers l'intérieur.
Chez *Jung* : fait, pour la libido, de se détacher du monde extérieur (opposé à extraversion).

◆ **2.** *Définitions particulières de philosophes*

JUNG

« J'appelle introversion le mouvement de la libido vers le dedans du sujet [...] l'intérêt ne va point vers l'objet, mais s'en retire et revient sur le sujet. » (*Types psychologiques*, p. 453, Librairie de l'Université Georg et Cie, Genève.)

Intuitif

◆ **1.** *Définitions générales*

(adj.) Qui relève de l'intuition ou procède d'elle.

◆ **2.** *Définitions particulières de philosophes*

LEIBNIZ

« Quand mon esprit comprend à la fois *et distinctement tous les ingrédients primitifs* d'une notion, il en a une connaissance *intuitive* qui est bien rare. » (*Discours de métaphysique*, § 24, p. 69, Vrin.)

Intuition

◆ **1.** *Définitions générales*

(n. f.) Étym. : lat. *intuitio*, action de voir, coup d'œil.

Mode de connaissance immédiat, saisissant directement, sans intermédiaires, un objet de pensée ou une réalité.

A. Vue rationnelle et mode de connaissance par lesquels l'esprit atteint sans intermédiaires son objet (en particulier, chez *Descartes*).

B. Connaissance se rapportant immédiatement à des objets (*Kant*).

C. Sympathie par laquelle nous coïncidons avec l'objet (*Bergson*).

◆ **2.** *Définitions particulières de philosophes*

DESCARTES

(A) « Par *intuition* j'entends, non pas le témoignage changeant des sens ou le jugement trompeur d'une imagination qui compose mal son objet, mais la conception d'un esprit pur et attentif, conception si facile et si distincte qu'aucun doute ne reste sur ce que nous comprenons ; ou, ce qui est la même chose, la conception ferme d'un esprit pur et attentif, qui naît de la seule lumière de la raison et qui, étant plus simple, est par suite plus sûre que la déduction même. » (*Règles pour la direction de l'esprit*, Règle 3, in Descartes, *Œuvres, lettres*, p. 43, La Pléiade, Gallimard.)

KANT

(B) « De quelque manière et par quelque moyen qu'une connaissance puisse se rapporter à des objets, le mode par lequel elle se rapporte immédiatement aux objets et auquel tend toute pensée comme au but en vue duquel elle est le moyen est l'*intuition*. » (*Critique de la raison pure*, « Esthétique transcendantale », p. 53, PUF.)

HEGEL

« Le savoir que nous avons d'un objet proprement concret est *immédiat*. L'*intuition* est ce qui devient conscient de façon immédiate. » (*Propédeutique philosophique*, Introduction, § 1, p. 19, Éditions de Minuit.)

BERGSON

(C) « L'intuition [...] est la vision directe de l'esprit par l'esprit. [...] Intuition signifie donc d'abord conscience, mais conscience immédiate, vision qui se distingue à peine de l'objet vu, connaissance qui est contact, et même coïncidence. » (*La Pensée et le Mouvant*, p. 27, PUF.)

(C) « L'*intuition*, je veux dire l'instinct devenu désintéressé, conscient de lui-même, capable de réfléchir sur son objet et de l'élargir indéfiniment. » (*L'Évolution créatrice*, p. 178, PUF.)

◆ **3.** *Expressions et termes liés ou dérivés*

Intuition empirique

Mode de connaissance immédiat nous livrant l'expérience, interne ou externe.

Intuition mathématique

Connaissance immédiate et directe des notions premières mathématiques.

Intuition pure

Chez *Kant*, désigne les formes de la sensibilité, à savoir l'espace et le temps.

Intuitionnisme

(n. m.)

a) philosophie : doctrine accordant à l'intuition un rôle fondamental dans la recherche du vrai.

b) mathématiques : doctrine selon laquelle les mathématiques seraient intuitives et n'auraient pas seulement une signification formelle ; le contenu intuitif y posséderait une grande importance (doctrine, en particulier, de L. E. J. Brouwer, mathématicien hollandais, 1881-1966).

◆ **4.** *Termes et expressions connexes*

Relation de voisinage

• cœur • connaissance immédiate.

Relation de dépendance

• absolu • attention • évidence • ineffable

Relation d'opposition

• concept • intelligence (Bergson)
• raisonnement.

Inventer

Voir INVENTION.

Invention

◆ **1.** *Définitions générales*

(n. f.) Étym. : lat. *inventio*, action de trouver, de découvrir, découverte.

A. Action de trouver (une chose existante cachée, dissimulée).

B. Action de créer ou de découvrir quelque chose de neuf, au moyen d'une synthèse nouvelle.

◆ **2.** *Expressions et termes liés ou dérivés*

Inventer

KANT

(B) « *Inventer* est tout autre chose que *découvrir*. Car ce qu'on découvre est considéré comme déjà existant sans être révélé, par exemple l'Amérique avant Colomb ; mais ce que l'on *invente, la poudre à canon* par exemple, n'était pas connu avant l'artisan qui l'a fabriqué. » (*Anthropologie du point de vue pragmatique*, 1re partie, p. 88, Vrin.)

Ironie

◆ **1.** *Définitions générales*

(n. f.) Étym. : grec *eirôneia*, interrogation en feignant l'ignorance.

A. Méthode par laquelle Socrate interrogeait ses interlocuteurs, en feignant l'ignorance.

B. *Sens moderne* : figure de rhétorique consistant à faire entendre ce que l'on veut dire en disant le contraire.

◆ **2.** *Définitions particulières de philosophes*

FONTANIER

(B) « L'ironie consiste à dire, par une raillerie, ou plaisante, ou sérieuse, le contraire de ce qu'on pense, ou de ce qu'on veut faire penser. » (*Les Figures du discours*, p. 145, Champs, Flammarion.)

BERGSON

(B) « Tantôt on énoncera ce qui devrait être en feignant de croire que c'est précisément ce qui est : en cela consiste l'*ironie*. Tantôt, au contraire, on décrira minutieusement et méticuleusement ce qui est, en affectant de croire que c'est bien là ce que les choses devraient être : ainsi procède souvent l'*humour*. » (*Le Rire*, p. 83, Skira.)

Irrationalisme

Voir IRRATIONNEL.

Irrationnel

Pascal, au XVIIe siècle, nous a donné à voir l'irrationnel de l'existence humaine. Les analyses contemporaines prolongent souvent sa vision et s'attachent à ce qui est en dehors de la raison.

◆ **1.** *Définitions générales*

(n. m.-adj.) Étym. : lat. *irrationalis*, dépourvu de raison, où la raison n'intervient pas.

A. *Adjectif* :

a) étranger ou contraire à la raison.

b) qui dépasse la raison, la science, etc. (ex. : vérité de la foi).

c) *philosophie existentialiste* : absurde, sans raison.

B. *Nom* : limite permanente à l'intelligibilité ; ce qui est inaccessible ou contraire à la raison.

◆ **2.** *Définitions particulières de philosophes*

PASCAL

« La derniere démarche de la raison est de reconnaître qu'il y a une infinité de choses qui la surpassent ; elle n'est que faible, si elle ne va jusqu'à connaître cela. » (*Pensées et Opuscules*, Pensée 267, p. 455, Hachette.)

MEYERSON

« Irrationnel c'est-à-dire [accueilli difficilement par notre entendement], comme quelque chose qui pénètre en lui du dehors. » (*Identité et réalité*, pp. 362, 363, Vrin.)

JUNG

« J'emploie ce terme [irrationnel] pour désigner non pas ce qui est *contraire à la raison*, mais ce qui est *en dehors d'elle*, ce qu'on ne peut motiver par la raison. Tels seraient les faits élémentaires ; par exemple la lune est satellite de la terre. » (*Types psychologiques*, p. 455, Librairie de l'Université Georg et Cie, Genève.)

◆ **3.** *Expressions et termes liés ou dérivés*

Nombre irrationnel

Nombre qui ne peut être mis sous la forme d'un rapport entre deux nombres entiers.

Irrationalisme

(n. m.) Attitude ou doctrine n'admettant pas la rationalité des choses ou ne faisant pas de la raison l'instrument essentiel de la connaissance ou de l'action.

4. *Termes et expressions connexes*

Relation de voisinage

• absurde • illogique.

Relation de dépendance

• existence • folie • inconscient • raison • univers.

Relation d'opposition

• rationnel.

Irréversibilité

(n. f.) Étym. : de *in*, privatif, et de réversibilité, qui vient du latin *reversus*, retourné.
Caractère de ce qui ne se produit que dans un sens, sans pouvoir être renversé.

J

Jalousie

(n. f.) Étym. : lat. *zelus*, zèle, émulation, jalousie.
A. Sentiment de dépit éprouvé en voyant autrui posséder des objets ou avantages qu'on ne possède pas ou que l'on voudrait détenir de manière exclusive.
B. État affectif de celui qui veut posséder de manière exclusive la personne aimée ; disposition accompagnée d'inquiétude et de soupçon.

Je

◆ 1. *Définitions générales*

(n.-pron. pers.) Étym. : dérivé du lat. *ego*, je, moi.
Employé substantivement : principe auquel l'individu attribue ses états, le sujet pensant et prenant conscience de lui-même (avec l'*unité*, et l'*identité* qu'implique cette conscience).

◆ 2. *Définitions particulières de philosophes*

KANT

« Posséder le Je dans sa représentation : ce pouvoir élève l'homme infiniment au-dessus de tous les autres êtres vivants sur la terre. Par là, il est une personne. » (*Anthropologie du point de vue pragmatique*, 1re partie, p. 17, Vrin.)

HEGEL

« Absolument parlant, le Je signifie *pensée*. Lorsque je dis : Je pense, j'énonce une tautologie. Le Je est parfaitement simple. Je *suis pensant*, et *toujours* pensant. » (*Propédeutique philosophique*, « Logique », § 4, p. 105, Éditions de Minuit.)
Voir aussi PERSONNE, p. 210.

JAMES

Voir MOI, p. 180.

Jeu

◆ 1. *Définitions générales*

(n. m.) Étym. : lat. *jocus*, plaisanterie ; pluriel *joci*, les jeux.
Activité se dépensant, de manière spontanée, pour le seul plaisir de celui qui s'y livre.

◆ 2. *Définitions particulières de philosophes*

HUIZINGUA

« On peut [...] définir le jeu comme une action libre, sentie comme "fictive" et située en dehors de la vie courante, capable néanmoins d'absorber totalement le joueur ; une action dénuée de tout intérêt matériel et de toute utilité. » (*Homo ludens*, pp. 34, 35, Gallimard.)

Joie

◆ 1. *Définitions générales*

(n. f.) Étym. : lat. *gaudium*, joie.
État de satisfaction, n'ayant pas la permanence du bonheur : elle correspond à un sentiment de plénitude profonde ou de satisfaction totale du sujet.

◆ 2. *Définitions particulières de philosophes*

DESCARTES

« La joie est une agréable émotion de l'âme, en laquelle consiste la jouissance qu'elle a du bien que les impressions du cerveau lui représentent comme sien. » (*Les Passions de l'âme*, 2e partie, Article 91, in *Descartes, Œuvres, lettres*, p. 738, La Pléiade, Gallimard.)

SPINOZA

« La *Joie* est le passage de l'homme d'une moindre à une plus grande perfection. » (*Éthique*, 3e partie, « Définitions des affections », Définition 2, in *Œuvres de Spinoza*, t. 3, p. 197, Garnier-Flammarion.)

LEIBNIZ

« La *joie* est un plaisir que l'âme ressent lorsqu'elle considère la possession d'un bien présent ou futur comme assurée. » (*Nouveaux Essais sur l'entendement humain*, liv. 2, chap. 20, § 6, p. 131, Garnier-Flammarion.)

SARTRE

« La joie est une conduite magique qui tend à réaliser par incantation la possession de l'objet désiré comme totalité instantanée. » (*Esquisse d'une théorie des émotions*, p. 38, Hermann.)

Jugement

◆ 1. *Définitions générales*

(n. m.) Étym. : lat. *judicium*, jugement, opinion, faculté de juger.

A. *Psychologie* :

a) acte mental par lequel on affirme ou nie, en arrêtant le contenu d'une assertion et en le posant comme vrai.

b) qualité par laquelle on juge *bien* (avoir du jugement).

B. *Logique* : acte par lequel on pose une *relation* déterminée entre deux ou plusieurs termes (le sujet étant relié à un prédicat par l'intermédiaire de la copule). Ex. : A (sujet) est (copule) B (prédicat).

C. Chez *Kant* : faculté de penser le particulier comme contenu dans le général ; pouvoir de subsumer sous des règles, etc.

◆ 2. *Définitions particulières de philosophes*

ARISTOTE

(A-*b*) « Ce qu'on appelle [...] *jugement*, qualité d'après laquelle nous disons des gens qu'ils ont un *bon jugement* ou qu'ils ont *du jugement*, est la correcte discrimination de ce qui est équitable. » (*Éthique à Nicomaque*, liv. 6, § 11, p. 303, Vrin.)

KANT

(C) « Si l'on définit l'entendement en général le pouvoir des règles, le jugement sera le pouvoir de *subsumer* sous des règles, c'est-à-dire de décider si une chose est ou n'est pas soumise à une règle donnée. » (*Critique de la raison pure*, « Analytique transcendantale », p. 148, PUF.)

(C) « Un jugement est la représentation de l'unité de la conscience de différentes représentations, ou la représentation de leurs rapports en tant qu'elles constituent un concept. » (*Logique*, « Doctrine générale des éléments », chap. 2, § 17, p. 110, Vrin.)

(C) « La faculté de trouver le particulier pour l'appliquer au général (la règle) est le *jugement*. » (*Anthropologie du point de vue pragmatique*, 1re partie, p. 71, Vrin.)

HEGEL

(B) « Le jugement contient : 1° le *sujet*, comme l'aspect de la singularité ou de la particularité, — 2° le *prédicat*, comme l'aspect de l'universalité, qui est en même temps une universalité ou aussi une particularité déterminée, — 3° la *copule*, qui est la simple relation sans contenu entre le prédicat et le sujet. » (*Propédeutique philosophique*, « Logique », § 96, p. 132, Éditions de Minuit.)

Voir aussi ESPRIT ABSOLU, p. 93, VÉRITÉ, p. 305.

◆ 3. *Expressions et termes liés ou dérivés*

Jugement...

Voir ANALYTIQUE, p. 19, APODICTIQUE, p. 23, ASSERTORIQUE, p. 27, CATÉGORIQUE, p. 40, ESTHÉTIQUE, p. 94, GOÛT, p. 118, LIMITE, p. 162, MODALITÉ, p. 179, RÉALITÉ, p. 241, VALEUR, p. 303.

Jugement déterminant

Quand l'universel est donné et qu'il s'agit de découvrir l'individuel, le jugement est déterminant.

Jugement réfléchissant

Quand le particulier est donné et qu'il s'agit de découvrir l'universel, le jugement est réfléchissant.

KANT

« Le jugement en général est la faculté de penser le particulier comme contenu dans le général. Si le général (règle, principe, loi) est donné, le jugement qui y subsume le particulier [...] est *déterminant*. Si le particulier seul est donné et si le jugement doit trouver le général, il est [...] *réfléchissant*. » (*Critique du jugement*, Introduction, § 4, p. 20, Vrin.)

Jugement synthétique

Jugement où le prédicat n'est pas contenu dans le sujet (il ajoute quelque chose à l'essence de ce dernier).

KANT

« Ou le prédicat B appartient au sujet A comme quelque chose qui est contenu (implicitement [...]) dans ce concept A, ou B est entièrement en dehors du concept A, quoiqu'il soit, à la vérité, en connexion avec lui. Dans le premier cas, je nomme le jugement *analytique*, dans l'autre *synthétique*. » (*Critique de la raison pure*, Introduction IV, p. 37, PUF.)

Jugement synthétique a priori

Chez *Kant* : jugement opérant une synthèse (« synthétique ») et ne dérivant pas de l'expérience (« a priori ») ; ex. : la proposition : « Tout ce qui arrive a sa cause » est *synthétique* et *a priori*.

KANT

« Il y a des jugements synthétiques *a posteriori*, dont l'origine est empirique ; mais il y en a également qui sont certains *a priori* et qui naissent de l'entendement et de la raison purs. [...] les uns et les autres s'accordent en ce que le principe de l'analyse [...] ne suffit en aucune façon à leur donner naissance. » (*Prolégomènes à toute métaphysique future*, chap. 1, § 2, p. 27, Vrin.)

◆ **4.** *Termes et expressions connexes*

Relation de voisinage
• appréciation • bon sens • discernement • sagacité.
Relation de dépendance
• concept • entendement • esthétique • logique • raison • relation • vérité.
Relation d'opposition
• doute sceptique.

Juger

◆ **1.** *Définitions générales*

(v.) Étym. : lat. *judicare*, dire le droit, juger. Affirmer ou nier un rapport entre un sujet et un prédicat.

◆ **2.** *Définitions particulières de philosophes*

PLATON

« Se tenir discours à soi-même est juger. » (*Théétète*, in *Platon, Œuvres complètes*, t. 8, 2e partie, p. 230, Budé, Belles Lettres.)

ARNAULD et NICOLE

« On appelle *juger*, l'action de notre esprit, par laquelle joignant ensemble diverses idées, il affirme de l'une qu'elle est l'autre, ou nie de l'une qu'elle soit l'autre ; comme lorsque ayant l'idée de la terre, et l'idée de rond, j'affirme de la terre qu'elle est ronde, ou je nie qu'elle soit ronde. » (*La Logique ou l'Art de penser*, p. 59, Champs, Flammarion.)

Voir aussi PROPOSITION, p. 231.

Juste

◆ **1.** *Définitions générales*

(n. m.-adj.) Étym. : lat. *justus*, qui observe le droit, conforme au droit, de *jus*, droit.
A. *Adjectif* :
a) logique : exact ; conforme à la vérité, à la réalité ; qui possède un bon jugement, sûr (ex. : un esprit juste).
b) morale : conforme au droit, au devoir, à la loi ; qui pratique la justice ; qui connaît un ordre véritable.
B. *Nom* :
a) morale : celui qui obéit à la loi morale ; fait conforme au devoir.
b) vocabulaire religieux : celui qui agit conformément à l'esprit de la loi divine et reçoit l'approbation de Dieu.

◆ **2.** *Définitions particulières de philosophes*

PLATON

(A-*b*) « L'homme juste [...] établit un ordre véritable dans son intérieur [...], il harmonise les trois parties [raison, colère (partie impétueuse), désir] de son âme absolument comme les trois termes de l'échelle musicale. » (*La République*, liv. 4, in *Platon, Œuvres complètes*, t. 7, 1re partie, p. 44, Budé, Belles Lettres.)

ARISTOTE

« Ce qui est juste est quelque chose d'égal. » (*Éthique à Eudème*, p. 180, Vrin.)
(A-*b*) « On considère généralement comme étant injuste à la fois celui qui viole la loi, celui qui prend plus que son dû, et enfin celui qui manque à l'égalité, de sorte que de toute évidence l'homme juste sera à la fois celui qui observe la loi et celui qui respecte l'égalité. Le juste, donc, est ce qui est conforme à la loi et ce qui respecte l'égalité, et l'injuste ce qui est contraire à la loi et ce qui manque à l'égalité. » (*Éthique à Nicomaque*, liv. 5, § 2, p. 216, Vrin.)

KANT

(B-*a*) « Le juste ou l'*injuste* [...] est en général un fait conforme ou non-conforme au devoir. » (*Métaphysique des mœurs, Doctrine du droit*, « Introduction à la Métaphysique des mœurs », IV, p. 98, Vrin.)
(A-*b*) « Ce qui est conforme aux lois extérieures s'appelle *juste*, et ce qui ne l'est pas, injuste. » (*Métaphysique des mœurs, Doctrine du droit*, « Introduction à la Métaphysique des mœurs », IV, p. 98, Vrin.)
(A-*b*) « Est *juste* toute action qui permet ou dont la maxime permet à la liberté de l'arbitre de tout un chacun de coexister avec la liberté de tout autre suivant une loi universelle. » (*Métaphysique des mœurs, Doctrine du droit*, Introduction, § C, p. 104, Vrin.)

JAMES

Voir VRAI, p. 313.

◆ **3.** *Expressions et termes liés ou dérivés*

Justesse

(n. f.) Caractère de ce qui est exact, rigoureux ou précis.

Justice

Au XIXe siècle, la théorie de Proudhon dépasse les acquis antérieurs et met — dans une perspective kantienne — l'accent sur le respect de la personne et le devoir de la défendre.

◆ **1.** *Définitions générales*

(n. f.) Étym. : lat. *justitia*, justice, conformité avec le droit, sentiment d'équité.
A. *La justice-idée* : elle désigne la norme du droit, la notion de ce qui est dû.

B. *La justice-devoir* : elle désigne la vertu par laquelle on respecte les droits des personnes en tant qu'elles sont considérées comme égales.
C. *La justice-institution* : ensemble des organisations ou personnes appliquant le droit.

◆ 2. *Définitions particulières de philosophes*

SPINOZA

(A-B) « La justice est une disposition constante de l'âme à attribuer à chacun ce qui d'après le droit civil lui revient. » (*Traité théologico-politique*, chap. 16, in *Œuvres de Spinoza*, t. 2, p. 269, Garnier-Flammarion.)
Voir aussi ÉQUITÉ, p. 90.

PROUDHON

(B) JUSTICE est le produit de cette faculté [de sentir sa dignité dans la personne de son semblable comme dans sa propre personne] : c'est *le respect, spontanément éprouvé et réciproquement garanti, de la dignité humaine, en quelque personne et dans quelque circonstance qu'elle se trouve compromise, et à quelque risque que nous expose sa défense*. » (*De la justice dans la révolution et dans l'Église*, t. 1, p. 224, Marpon et Flammarion.)

ALAIN

(B) « La justice, c'est l'égalité. Je n'entends point par là une chimère, qui sera peut-être quelque jour ; j'entends ce rapport que n'importe quel échange juste établit aussitôt entre le fort et le faible, entre le savant et l'ignorant, et qui consiste en ceci, que, par un échange plus profond et entièrement généreux, le fort et le savant veut supposer dans l'autre une force et une science égale à la sienne, se faisant ainsi conseiller, juge et redresseur. » (*Éléments de philosophie*, p. 305, Gallimard.)

◆ 3. *Expressions et termes liés ou dérivés*

Justice commutative

Justice qui règle les échanges économiques selon le principe de l'égalité de proportion en ce qui concerne les choses échangées.

SAINT THOMAS

« L'objet [de la justice commutative] est constitué par les échanges mutuels entre deux personnes [...]. Dans les échanges, il faut [...] établir une égalité de proportion entre ce que l'on reçoit et ce que l'on donne. La monnaie a été inventée à cette fin. La justice commutative implique donc la réciprocité. » (*Somme théologique*, in J. Rassam, *Saint Thomas, l'être et l'esprit*, pp. 150, 152, PUF.)

Justice distributive

Justice qui répartit honneurs, richesses, dignités, etc., selon les mérites ou qualités de chacun.

SAINT THOMAS

« La justice distributive attribue à chacun une part du bien commun proportionnée à l'importance de chacun à l'intérieur de la communauté. » (*Somme théologique*, in J. Rassam, *Saint Thomas, l'être et l'esprit*, p. 151, PUF.)

◆ 4. *Termes et expressions connexes*

Relation de voisinage

• équité • justesse.

Relation de dépendance

• droit • dignité humaine • égalité • État • harmonie (Platon) • loi • vertu.

Relation d'opposition

• iniquité • injustice.

L

Langage

La réflexion sur le langage est ancienne, mais les définitions classiques du langage restaient très générales (faculté d'expression verbale de la pensée, etc.), et langue et langage demeuraient confondus. C'est avec le *Cours de linguistique générale* (1916) de F. de Saussure, fondateur de la linguistique, que le langage est défini, dans sa spécificité, comme faculté de constituer une langue. Langage et langue sont, dès lors, dissociés et cette rupture a marqué toute la pensée contemporaine.

◆ 1. *Définitions générales*

(n. m.) Étym. : lat. *lingua*, langue, parole, langage.

A. *Sens antérieur à Saussure* (et encore rencontré parfois de nos jours) : synonyme de langue.

B. *Sens moderne, philosophique et linguistique* : faculté de communiquer la pensée par un système de signes (ex. : langage par gestes), et en particulier par le moyen de la langue (ensemble de conventions adoptées par le corps social) associée à la parole (moyen verbal individuel d'expression). Faculté de constituer une langue.

Voir aussi PAROLE, p. 205.

◆ 2. *Définitions particulières de philosophes*

MARX et ENGELS

(B) « Une malédiction pèse sur "l'esprit", celle d'être "entaché" d'une matière qui se présente ici sous forme de couches d'air agitées, de sons, en un mot sous forme du langage [...]. Le langage *est* la conscience réelle, pratique, existant aussi pour d'autres hommes. » (*L'Idéologie allemande*, p. 59, Éditions sociales.)

SAUSSURE

(B) « Évitant de stériles définitions de mots, nous [distinguons], au sein du phénomène total que représente le *langage*, deux facteurs : la *langue* et la *parole*. La langue est pour nous le langage moins la parole. » (*Cours de linguistique générale*, p. 112, Payot.)

Voir LANGUE, p. 158.

BERGSON

(B) [Le] langage [...] fournit à la conscience un corps immatériel où s'incarner. » (*L'Évolution créatrice*, p. 265, PUF.)

WITTGENSTEIN

« La totalité des propositions est le langage. » (*Tractatus logico-philosophicus*, p. 45, Tel, Gallimard.)

BENVÉNISTE

(B) « Le langage est un système symbolique particulier, organisé sur deux plans. D'une part, il est un fait physique : il emprunte le truchement de l'appareil vocal pour se produire, de l'appareil auditif pour être perçu. Sous cet aspect matériel il se prête à l'observation, à la description et à l'enregistrement. D'autre part il est structure immatérielle, communication de signifiés, remplaçant les événements ou les expériences par leur "évocation". Tel est le langage, une entité à double face. » (*Problèmes de linguistique générale*, t. 1, p. 28, Tel, Gallimard.)

(B) « Le langage offre le modèle d'une structure relationnelle, au sens le plus littéral et le plus compréhensif en même temps. Il met en relation dans le discours des mots et des concepts, et il produit ainsi, en représentations d'objets et de situations, des *signes*, distincts de leurs référents matériels. » (*Problèmes de linguistique générale*, t. 1, p. 28, Tel, Gallimard.)

SARTRE

(B) « Par langage nous entendons tous les phénomènes d'expression et non pas la parole articulée qui est un mode dérivé et secondaire. » (*L'Être et le Néant*, 3ᵉ partie, chap. 3, § 1, p. 423, Tel, Gallimard.)

(B) « A un niveau plus primitif encore est le langage, instrument immédiat, fait pour être immédiatement dépassé vers la chose, dont chaque mot est un schème opératoire et l'objet dépassé vers le concept. » (*Cahiers pour une morale*, p. 327, Gallimard.)

DELAY et PICHOT

(B) « Tout langage comporte deux aspects, l'un supra-individuel, *la langue* [...], l'autre individuel, *la parole* [...]. Le langage est fait d'une série de signes perceptibles. Il transmet des messages qui ont trois fonctions : ils signalent l'état ou l'intention de celui qui émet le message (*expression*), ils influencent celui qui les reçoit (*appel*), ils informent sur les objets ou les événements (*représentation*). » (*Abrégé de psychologie*, p. 217, Masson.)

LÉVI-STRAUSS

(B) « Le propre du langage [...] est d'être un système de signes sans rapports matériels avec ce qu'ils ont pour mission de signifier. » (Georges Charbonnier, *Entretiens avec Claude Lévi-Strauss*, p. 131, Agora, Julliard.)

MARTINET

(B) « Dans le parler ordinaire, "le langage" désigne proprement la faculté qu'ont les hommes de s'entendre au moyen de signes vocaux. » (*Éléments de linguistique générale*, p. 7, A. Colin.)

◆ **3.** *Termes et expressions connexes*

Relation de voisinage
• discours • langue.
Relation de dépendance
• communication • échanges • expression • linguistique • pensée • signes • symboles.
Relation d'opposition
• bruit • ineffable.

Langue

◆ **1.** *Définitions générales*

(n. f.) Étym. : lat. *lingua*, langue, parole, langage.
Ensemble de conventions adoptées par le corps social, propre à un peuple ou à une communauté et permettant l'usage de la faculté du langage (au sens B) à l'intérieur de ceux-ci.
Voir aussi PAROLE, p. 205.

◆ **2.** *Définitions particulières de philosophes*

COURNOT

« Une langue est un système de signes, en nombre nécessairement limité, qui doivent s'associer ou se combiner d'après certaines règles, et qui sont destinés à fournir à l'homme les moyens d'exprimer ses sensations, ses idées, ses sentiments et ses passions. » (*Essai sur les fondements de nos connaissances et sur les caractères de la critique philosophique*, t. 2, p. 1, Hachette.)

SAUSSURE

« Qu'est-ce que la langue ? Pour nous elle ne se confond pas avec le langage ; elle n'en est qu'une partie déterminée, essentielle, il est vrai. C'est à la fois un produit social de la faculté du langage et un ensemble de conventions nécessaires, adoptées par le corps social pour permettre l'exercice de cette faculté chez les individus. » (*Cours de linguistique générale*, p. 25, Payot.)
« [La langue] est la partie sociale du langage, extérieure à l'individu, qui à lui seul ne peut ni la créer ni la modifier ; elle n'existe qu'en vertu d'une sorte de contrat passé entre les membres de la communauté. » (*Cours de linguistique générale*, p. 31, Payot.)
« La langue est un système de signes exprimant des idées, et par là, comparable à l'écriture, à l'alphabet des sourds-muets, aux rites symboliques, aux formes de politesse [...]. Elle est seulement le plus important de ces systèmes. » (*Cours de linguistique générale*, p. 33, Payot.)
Voir aussi PAROLE, p. 205.

MARTINET

« Une langue est un instrument de communication selon lequel l'expérience humaine s'analyse, différemment dans chaque communauté, en unités douées d'un contenu sémantique et d'une expression phonique, les monèmes ; cette expression phonique s'articule à son tour en unités distinctives et successives, les phonèmes, en nombre déterminé dans chaque langue, dont la nature et les rapports mutuels diffèrent eux aussi d'une langue à une autre. » (*Éléments de linguistique générale*, p. 20, A. Colin.)

◆ **3.** *Expressions et termes liés ou dérivés*

Langue universelle

Langue artificielle ayant pour but :
a) soit d'exprimer correctement la pensée par des signes correspondant à des éléments logiques (voir CARACTÉRISTIQUE UNIVERSELLE, p. 39) ;
b) soit d'avoir un usage international et universel, au moyen de constructions s'effectuant à partir de racines réelles (ex. : espéranto).

Lapsus

(n. m.) Étym. : lat. *lapsus*, action de glisser, de trébucher.
A. Faute commise, soit en parlant, soit en écrivant, et consistant à dire (ou écrire) un mot à la place d'un autre.
B. *Psychanalyse* : cette faute manifesterait un processus inconscient, par lequel se révéleraient une pulsion ou une intention que la conscience et la censure repousseraient et refouleraient.

Latent

(adj.) Étym. : lat. *latere*, être caché, se cacher.
A. Qui ne se manifeste pas, qui demeure caché.
B. *Psychanalyse* : le *contenu latent* (du rêve) est sa signification inconsciente, dissimulée derrière un contenu manifeste, à savoir le rêve tel qu'il nous apparaît.
Voir RÊVE (CONTENU MANIFESTE DU, INTERPRÉTATION DU), p. 251.

Légalité

◆ 1. *Définitions générales*

(n. f.) Étym. : lat. *legalis*, relatif aux lois, de *lex*, loi.
A. *Épistémologie* : caractère d'un phénomène gouverné par une loi expérimentale.
B. *Droit* : caractère de ce qui est conforme aux lois positives, au droit.
C. *Morale* : par opposition au respect (intérieur) de la loi morale, conformité *extérieure* à la loi.

◆ 2. *Définitions particulières de philosophes*

KANT

(C) « La représentation immédiate de la loi et l'observation objectivement nécessaire de cette loi comme devoir, doivent être représentées comme les mobiles propres des actions ; [...]. [Sans cela] on trouverait la lettre de la loi (la légalité) dans nos actions, on n'en trouverait pas l'esprit dans nos intentions (la moralité). » (*Critique de la raison pratique*, « Méthodologie de la raison pure pratique », p. 161, PUF.)
Voir aussi MORALITÉ, p. 183.

◆ 3. *Expressions et termes liés ou dérivés*

Principe de légalité

Principe selon lequel les phénomènes naturels obéissent à des lois ou relations invariables et nécessaires.

Libéralisme

◆ 1. *Définitions générales*

(n. m.) Étym. : lat. *liberalis*, libéral, généreux.
A. Attitude de tolérance à l'égard d'autrui, avec respect de la liberté des autres.
B. *Économie* : doctrine économique selon laquelle l'État doit laisser jouer le libre jeu de l'entreprise et des échanges et ne pas intervenir dans la sphère économique ; c'est alors la libre concurrence qui possède la primauté par rapport à la réglementation et à l'intervention de l'État (ex. : *Adam Smith*, *Ricardo*, etc.)
C. *Politique* : doctrine préconisant le respect de la liberté individuelle et la nécessité de la garantir et de la protéger en limitant les pouvoirs et les attributions de l'État et en assurant l'indépendance du pouvoir législatif par rapport au pouvoir exécutif (*Montesquieu*, notamment).

◆ 2. *Définitions particulières de philosophes*

FOUCAULT

(C) « Que faut-il entendre par "libéralisme" ? [...] Le libéralisme [...] est traversé par le principe "On gouverne toujours trop" — ou du moins, il faut toujours soupçonner qu'on gouverne trop. » (*Résumé des cours*, 1970-1982, p. 110, 111, Julliard.)

BURDEAU

(C) « Le vocable du libéralisme n'acquiert sa pleine signification qu'accompagné de ses antonymes : despotisme, totalitarisme, autocratie [...]. Tous ces mots qui désignent ce que le libéralisme refuse dessinent en négatif ce point commun par lequel toutes ses formes s'apparentent : le rejet des contraintes par lesquelles une autorité extérieure, quelle qu'en soit l'origine ou la finalité, vise à paralyser les déterminations individuelles. » (*Le Libéralisme*, p. 8, Points-Politique, Le Seuil.)

◆ 3. *Termes et expressions connexes*

Relation de voisinage
- individualisme • libre entreprise
- tolérance.

Relation de dépendance
- économie • État • individu • liberté.

Relation d'opposition
- dirigisme • étatisme • socialisme.

Liberté

Liberté, un mot à multiples sens et qui a « fait tous les métiers » (Valéry) ! Sur le plan philosophique pur, il existe deux orientations principales concernant la liberté : celle qui envisage la liberté comme une faculté liée à l'intelligence et à la raison (le Stoïcisme par exemple) et celle qui la considère comme un pouvoir perpétuel de dire « oui » ou « non » (Sartre, par ex.).

◆ 1. *Définitions générales*

(n. f.) Étym. : lat. *libertas*, liberté, indépendance, libre pouvoir, de *liber*, libre, de condition libre (et non point esclave).
A. *Sens premier* : état de la personne qui n'est pas en état d'esclavage, de servitude, etc.

Cette personne ne subit pas la contrainte d'un autre.
B. *Métaphysique, philosophie* :
a) état de l'individu dont les déterminations sont rationnelles et chez qui l'emportent raison et moralité (*Stoïcisme*, etc.).
b) connaissance des lois de la nature ; nécessité comprise (par ex. Engels).
c) pouvoir spirituel de dire « oui » ou « non », se découvrant dans l'angoisse : conscience et liberté sont une seule et même chose (*Sartre*).
C. *Morale* : obéissance de la volonté à une loi morale qu'elle se prescrit elle-même ; liberté = autonomie (Kant).
D. *Politique* :
a) état d'un groupe humain se gouvernant en toute souveraineté (liberté politique).
b) pouvoir d'agir sous la protection des lois, droit de faire ce que les lois permettent (liberté civile).

◆ 2. *Définitions particulières de philosophes*

ÉPICTÈTE

(B-*a*) « Dépendent de nous l'opinion, la tendance, le désir, l'aversion, en un mot toutes nos œuvres propres ; ne dépendent pas de nous le corps, la richesse, les témoignages de considération, les hautes charges, en un mot toutes les choses qui ne sont pas nos œuvres propres. Les choses qui dépendent de nous sont naturellement libres, sans empêchement, sans entrave. » (*Manuel*, in *Les Stoïciens*, p. 111, La Pléiade, Gallimard.)

SPINOZA

« Les hommes se trompent en ce qu'ils se croient libres ; et cette opinion consiste en cela seul qu'ils ont conscience de leurs actions et sont ignorants des causes par où ils sont déterminés ; ce qui constitue donc leur idée de la liberté, c'est qu'ils ne connaissent aucune cause de leurs actions. » (*Éthique*, 2ᵉ partie, Proposition 35, in *Œuvres de Spinoza*, t. 3, p. 109, Garnier-Flammarion.)

MONTESQUIEU

(D-*b*) « Dans un État, c'est-à-dire dans une société où il y a des lois, la liberté ne peut consister qu'à pouvoir faire ce que l'on doit vouloir, et à n'être point contraint de faire ce que l'on ne doit pas vouloir.
Il faut se mettre dans l'esprit ce que c'est que l'indépendance, et ce que c'est que la liberté. La liberté est le droit de faire tout ce que les lois permettent : et, si un citoyen pouvait faire ce qu'elles défendent, il n'y aurait plus de liberté, parce que les autres auraient tout de même ce pouvoir. » (*De l'esprit des lois*, liv. 11, chap. 3, t. 1, p. 292, Garnier-Flammarion.)

HUME

« Par liberté, [...] nous ne pouvons entendre qu'*un pouvoir d'agir ou de ne pas agir, selon les déterminations de la volonté* : c'est-à-dire que, si nous choisissons de rester en repos, nous le pouvons ; si nous choisissons de nous mouvoir, nous le pouvons aussi. » (*Enquête sur l'entendement humain*, p. 109, Nathan.)

ROUSSEAU

« La liberté consiste moins à faire sa volonté qu'à n'être pas soumis à celle d'autrui ; elle consiste encore à ne pas soumettre la volonté d'autrui à la nôtre. Quiconque est maître ne peut être libre, et régner c'est obéir. » (*Lettres écrites de la montagne*, Lettre 8, in *Rousseau, Œuvres complètes*, t. 3, p. 841, La Pléiade, Gallimard.)
(D) « Il n'y a donc point de liberté sans Lois, ni où quelqu'un est au-dessus des Lois : dans l'état même de nature l'homme n'est libre qu'à la faveur de la Loi naturelle qui commande à tous. Un peuple libre obéit, mais il ne sert pas ; il a des chefs et non pas des maîtres ; il obéit aux Lois, mais il n'obéit qu'aux Lois et c'est par la force des Lois qu'il n'obéit pas aux hommes. » (*Lettres écrites de la montagne*, Lettre 8, in *Rousseau, Œuvres complètes*, t. 3, p. 842, La Pléiade, Gallimard.)

HEGEL

(D) « La liberté *politique* d'un peuple consiste en ce que ce peuple forme un État propre, ce qui vaut comme vouloir national universel étant décidé, soit par le peuple tout entier, soit par des hommes qui appartiennent à ce peuple et que ce peuple, puisque tout autre citoyen possède les mêmes droits qu'eux, peut reconnaître comme siens. » (*Propédeutique philosophique*, Introduction, § 14, p. 31, Éditions de Minuit.)

COMTE

(B-*b*) « La vraie liberté ne peut consister, sans doute, qu'en une soumission rationnelle à la seule prépondérance, convenablement constatée, des lois fondamentales de la nature, à l'abri de tout arbitraire commandement personnel. » (*Cours de philosophie positive*, Leçon 46, p. 71, Hermann.)

ENGELS

(B-*b*) « La liberté n'est pas dans une indépendance rêvée à l'égard des lois de la nature, mais dans la connaissance de ces lois, et dans la possibilité donnée par là même de les mettre en œuvre méthodiquement pour des fins déterminées. [...] La liberté de la volonté ne signifie donc pas autre chose que la faculté de décider en connaissance de cause. » (*Anti-Dühring*, p. 143, Éditions sociales.)

SARTRE

(B-*c*) « Être, pour le pour-soi, c'est néantiser l'en-soi qu'il est. Dans ces conditions, la liberté ne saurait être rien autre que cette néantisation. » (*L'Être et le Néant*, 4e partie, chap. 1, § 1, p. 494, Tel, Gallimard.)

(B-*c*) « La liberté coïncide en son fond avec le néant qui est au cœur de l'homme. » (*L'Être et le Néant*, 4e partie, chap. 1, § 1, p. 495, Tel, Gallimard.)

(B-*c*) « La liberté n'est rien autre que l'*existence* de notre volonté ou de nos passions, en tant que cette existence est néantisation de la facticité. » (*L'Être et le Néant*, 4e partie, chap. 1, § 1, p. 499, Tel, Gallimard.)

◆ 3. *Expressions et termes liés ou dérivés*

Liberté d'indifférence

Voir INDIFFÉRENCE, p. 140.

◆ 4. *Termes et expressions connexes*

Relation de voisinage
• individualisme • libre entreprise
• tolérance.
Relation de dépendance
• économie • État • individu • liberté.
Relation d'opposition
• dirigisme • étatisme • socialisme.

Libido

◆ 1. *Définitions générales*

(n. f.) Étym. : lat. *libido*, envie, désir, sensualité, désir amoureux.
Psychanalyse : énergie de la pulsion sexuelle.

◆ 2. *Définitions particulières de philosophes*

FREUD

« *Libido* est un terme emprunté à la théorie de l'affectivité. Nous désignons ainsi l'énergie (considérée comme une grandeur quantitative, mais non encore mesurable) des tendances se rattachant à ce que nous résumons dans le mot *amour*. » (*Essais de psychanalyse*, liv. 2, « Psychologie collective et analyse du moi », p. 100, Payot.)

JUNG

« J'entends par libido l'*énergie psychique*. L'énergie psychique est l'intensité du processus psychique, sa *valeur psychologique*. » (*Types psychologiques*, p. 456, Librairie de l'Université Georg et Cie, Genève.)

Libre

◆ 1. *Définitions générales*

(adj.) Étym. : lat. : *liber*, libre, de condition libre.
Qui jouit de la liberté (en ses différentes significations).

◆ 2. *Définitions particulières de philosophes*

HOBBES

« Un *homme libre* est celui qui, s'agissant des choses que sa force et son intelligence lui permettent d'accomplir, n'est pas empêché de faire celles qu'il a *la volonté de faire*. » (*Léviathan*, p. 222, Sirey.)

DESCARTES

« Afin que je sois libre, il n'est pas nécessaire que je sois indifférent à choisir l'un ou l'autre des deux contraires ; mais plutôt, d'autant plus que je penche vers l'un, soit que je connaisse évidemment que le bien et le vrai s'y rencontrent, soit que Dieu dispose ainsi l'intérieur de ma pensée, d'autant plus librement j'en fais choix et je l'embrasse. Et certes la grâce divine et la connaissance naturelle, bien loin de diminuer ma liberté, l'augmentent plutôt, et la fortifient. » (*Méditations métaphysiques*, Méditation 4, in *Descartes, Œuvres, lettres*, p. 305, La Pléiade, Gallimard.)

SPINOZA

« Cette chose est dite libre qui existe par la seule nécessité de sa nature et est déterminée par soi seule à agir » (*Éthique*, 1re partie, Définition 7, in *Œuvres de Spinoza*, t. 3, p. 21, Garnier-Flammarion.)

« Un homme libre, c'est-à-dire qui vit suivant le seul commandement de la Raison. » (*Éthique*, 4e partie, Proposition 67, in *Œuvres de Spinoza*, t. 3, p. 285, Garnier-Flammarion.)

BERGSON

« Nous sommes libres quand nos actes émanent de notre personnalité entière, quand ils l'expriment, quand ils ont avec elle cette indéfinissable ressemblance qu'on trouve parfois entre l'œuvre et l'artiste. » (*Essai sur les données immédiates de la conscience*, p. 129, PUF.)

Libre arbitre

◆ 1. *Définitions générales*

(n. m.) Étym. : lat. *liberum arbitrium*, pouvoir de choisir.
A. *Sens ancien* : synonyme de *liberté*, conçue comme pouvoir en vertu duquel l'homme est en mesure de choisir.
B. *Sens actuel* : pouvoir de choisir impliquant l'égale possibilité des deux contraires.

◆ **2.** *Définitions particulières de philosophes*

KANT

« Dans la mesure où [la faculté de faire ou de ne pas faire suivant son gré] est liée à la conscience de la faculté d'agir pour produire l'objet elle s'appelle *arbitre* [...]. L'arbitre qui peut être déterminé par *raison pure* s'appelle le *libre-arbitre*. » (*Métaphysique des mœurs, Doctrine du droit*, « Introduction à la Métaphysique des mœurs » I, p. 87, Vrin.)

NIETZSCHE

« Ce que l'on appelle le libre arbitre, c'est cet état très complexe de l'homme qui "veut", c'est-à-dire qui commande et qui, exécutant ses propres ordres, jouit de triompher de toutes les résistances et juge que c'est sa volonté qui triomphe de ces résistances. » (*La Volonté de puissance*, trad. Bianquis, liv. 2, t. 1, § 202, p. 261, Gallimard.)

◆ **3.** *Termes et expressions connexes*

Relation de voisinage
• liberté.
Relation de dépendance
• choix • conscience • personne • volonté.
Relation d'opposition
• contrainte • déterminisme.

Lieu

◆ **1.** *Définitions générales*

(n. m.) Étym. : lat. *locus*, lieu, endroit, place.
Situation occupée par un corps dans l'espace.

◆ **2.** *Définitions particulières de philosophes*

PLATON

« Enfin il y a [...] un troisième genre, celui du lieu [...] il fournit un emplacement à tous les objets qui naissent [...]. Nous [l']apercevons comme en un rêve, quand nous affirmons que tout être est forcément quelque part, en un certain lieu, occupe une certaine place. » (*Timée*, in *Platon, Œuvres complètes*, t. 10, p. 171, Budé, Belles Lettres.)

ARISTOTE

« Le lieu est [...] la limite du corps enveloppant. » (*Physique*, liv. 4, § 4, t. 1, p. 132, Budé, Belles Lettres.)

DESCARTES

« Le lieu et l'espace sont différents en leurs noms, parce que le lieu nous marque plus expressément la situation que la grandeur ou la figure ; et qu'au contraire nous pensons plutôt à celles-ci, lorsqu'on nous parle de l'espace. » (*Les Principes de la Philosophie*, 2e partie, § 14, in *Descartes, Œuvres, lettres*, p. 618, La Pléiade, Gallimard.)

Voir aussi ESPACE, p. 91.

ARNAULD et NICOLE

Voir TOPIQUE, p. 294.

Limite

◆ **1.** *Définitions générales*

(n. f.) Étym. : lat. *limes*, sentier, limite, frontière.
A. Ce qui sépare deux régions ou portions d'espace (ou deux périodes temporelles) ; ce qui borne.
B. *Mathématiques* : valeur vers laquelle tend une fonction lorsque la variable tend vers une constante, l'écart pouvant être aussi réduit que l'on veut tant en ce qui concerne la fonction que la variable.

◆ **2.** *Définitions particulières de philosophes*

ARISTOTE

« *Limite* se dit de l'extrémité d'une chose, c'est-à-dire du premier point au-delà duquel il n'est plus possible de rien appréhender de la chose, et du premier point en deçà duquel est son tout. » (*La Métaphysique*, liv. Δ, § 17, t. 1, p. 300, Vrin.)

◆ **3.** *Expressions et termes liés ou dérivés*

Jugement limitatif

Jugement affirmatif dont le prédicat est négatif (ex. : l'âme est non mortelle).

Linguistique

Ferdinand de Saussure (1857-1913), linguiste suisse, est le fondateur d'une linguistique pure, c'est-à-dire d'une science ayant pour objet la langue envisagée en elle-même et pour elle-même.

◆ **1.** *Définitions générales*

(n. f.-adj.) Étym. : lat. *lingua*, langue, façon de parler.
A. *Nom* :
Science des langues (et par suite du langage).
B. *Adjectif* :
Propre à la langue ou relatif à la linguistique.

◆ **2.** *Définitions particulières de philosophes*

SAUSSURE

« La matière de la linguistique est constituée d'abord par toutes les manifestations du langage humain [...]. La tâche de la linguistique sera : a) de faire la description et l'histoire de toutes les langues qu'elle pourra atteindre, ce qui revient à faire l'histoire des

familles de langues et à reconstituer dans la mesure du possible les langues mères de chaque famille ; b) de chercher les forces qui sont en jeu d'une manière permanente et universelle dans toutes les langues. » (*Cours de linguistique générale*, p. 20, Payot.)
Voir aussi SÉMIOLOGIE, p. 262.

BENVÉNISTE

« La linguistique a un double objet, elle est science du langage et science des langues. » (*Problèmes de linguistique générale*, t. 1, p. 19, Tel, Gallimard.)
« [Depuis Saussure], la linguistique prend pour objet non la philosophie du langage ni l'évolution des formes linguistiques, mais d'abord la réalité intrinsèque de la langue. » (*Problèmes de linguistique générale*, t. 1, p. 20, Tel, Gallimard.)

MARTINET

« La linguistique est l'*étude scientifique* du langage humain. » (*Éléments de linguistique générale*, p. 6, Armand Colin.)

APOSTEL

« La linguistique est la science qui, ayant décrit les langues dans leur diversité et dans leur évolution, veut remonter jusqu'à la nature du langage lui-même pour en expliquer la possibilité et la nécessité et pour déduire, à partir de ces bases, l'unité, la variété et le devenir des langues. » (« Épistémologie de la linguistique », in *Logique et connaissance scientifique*, p. 1056, Encyclopédie de La Pléiade, Gallimard.)

◆ 3. *Expressions et termes liés ou dérivés*

Linguistique diachronique, linguistique synchronique

SAUSSURE

« Nous préférons parler de linguistique *synchronique* et de linguistique *diachronique*. Est synchronique tout ce qui se rapporte à l'aspect statique de notre science, diachronique tout ce qui a trait aux évolutions. De même *synchronie* et *diachronie* désigneront respectivement un état de langue et une phase d'évolution. » (*Cours de linguistique générale*, p. 117, Payot.)

◆ 4. *Termes et expressions connexes*

Relation de voisinage

• grammaire comparée • sémiologie • sémiotique.

Relation de dépendance

• communication • langage • langue • mot • signe • signification • sons.

Logique

La fondation de la logique revient à Aristote (384-322 av. J.-C.) Elle se définit, dans la pensée classique, comme la science ayant pour objet de déterminer les règles du jugement et du raisonnement corrects. La logique moderne, née au XIXe siècle, désigne une logique symbolique, une « logistique », utilisant, comme les mathématiques, des symboles, et désormais indépendante de la philosophie.

◆ 1. *Définitions générales*

(n. f.-adj.) Étym. : grec *logiké* (sous-entendu *techné*), la science du raisonnement, la logique.

A. *Adjectif* :

a) qui se rapporte à la logique.
b) conforme aux lois de la pensée et aux règles de la logique (par opposition à illogique).
c) qui concerne l'entendement, l'activité intellectuelle.

B. *Nom* :

a) *sens philosophique, littéraire, etc.* : enchaînement cohérent, régulier, nécessaire (opposé à illogisme). Ex. : la logique de l'histoire.
b) *comme discipline faisant partie de la philosophie et au sens très général du terme* : science prenant comme objet le jugement en tant qu'il s'applique à la distinction du vrai et du faux. Cette science se rattache au travail de la faculté rationnelle de l'homme, à la raison distinguant le vrai du faux.
c) *logique formelle* (ou *classique*) : discipline s'attachant à l'étude des principes généraux d'une pensée valide, c'est-à-dire valable et devant être admise aussi par d'autres sujets ; elle est *formelle* parce qu'elle envisage concepts, jugements et raisonnements en faisant abstraction du contenu et de la matière. Cette logique est *bivalente* (tout énoncé est ou vrai ou non vrai).
d) *logique symbolique moderne* : discipline autonome, utilisant des symboles ; elle n'admet pas seulement le vrai et le non-vrai, mais aussi d'autres valeurs.
e) chez Hegel, la logique désigne la science de la pensée pure.

◆ 2. *Définitions particulières de philosophes*

SAINT THOMAS

(B-*b*) « Art qui dirige l'acte même de la raison, art par lequel nous procédons par ordre, facilement et sans erreur dans cet acte même de la raison. » (*Analytiques postérieurs*, in *Logique et connaissance scientifique*, Encyclopédie de la Pléiade, p. 135, Gallimard.)

ARNAULD et NICOLE

(B-*b*) « La logique est l'Art de bien conduire sa raison dans la connaissance des choses, tant pour s'en instruire soi-même, que pour en instruire les autres.
Cet Art consiste dans les réflexions que les hommes ont faites sur les quatre principales opérations de leur esprit, *concevoir*, *juger*, *raisonner* et *ordonner*. » (*La Logique ou l'Art de penser*, p. 59, Champs, Flammarion.)

KANT

« Une logique, c'est-à-dire un canon pour l'entendement et la raison qui vaut pour toute pensée et qui doit être démontré. » (*Fondements de la métaphysique des mœurs*, Préface, pp. 72, 73, Delagrave.)

HEGEL

(B-*e*) « La logique est la science de l'idée pure, de l'idée dans l'élément abstrait de la pensée.
On peut dire que la logique est la science de la pensée, de ses déterminations et de ses lois, mais ici la pensée n'est que la déterminabilité ou l'élément universel, où l'idée se trouve à l'état d'idée logique. » (*Petite Logique*, in *Hegel, morceaux choisis*, t. 1, p. 130, Idées, Gallimard.)
Voir aussi NATURE, p. 188.

PIAGET

(B-*c*) « La logique est l'étude des conditions formelles de la vérité. » (« L'Épistémologie et ses variétés », article in *Logique et connaissance scientifique*, p. 4, Encyclopédie de La Pléiade, Gallimard.)

BLANCHÉ

(B-*b*) « La logique est l'étude des raisonnements ou inférences, considérés du point de vue de leur validité. » (*Introduction à la logique contemporaine*, p. 9, A. Colin.)
(B-*d*) « Dans la logique contemporaine, toutes [les] locutions [...] sont remplacées par des symboles *ad hoc* [...]. La logique contemporaine, formelle comme la logique classique, est, de plus, systématiquement symbolique. » (*Introduction à la logique contemporaine*, p. 14, A. Colin.)

ALAIN

(B-*b*) « Science qui enseigne à l'esprit ce qu'il doit à lui-même quel que soit l'objet qu'il considère. Il se doit de penser universellement, c'est-à-dire par preuves indépendantes de l'expérience. » (*Définitions*, in *Alain, les Arts et les Dieux*, p. 1068, La Pléiade, Gallimard.)

◆ 3. *Expressions et termes liés ou dérivés*

Logique transcendantale

KANT

« Nous nous faisons [...] l'idée d'une science de l'entendement pur et de la connaissance de raison par laquelle nous pensons des objets complètement *a priori*. Une telle science, qui déterminerait l'origine, l'étendue et la valeur objective de ces connaissances devrait être appelée *Logique transcendantale*. » (*Critique de la raison pure*, « Logique transcendantale », p. 80, PUF.)

Principes de la logique

LAPORTE

« Par *principes de la logique*, les logiciens modernes entendent souvent des propositions premières, admises sans démonstration, et à l'aide desquelles on peut démontrer toutes les autres propositions de la logique formelle [...]. Tout ce qu'on leur demande [...], c'est d'être non seulement explicites, compatibles et indépendantes, mais aussi peu nombreuses que possible. » (*L'Idée de nécessité*, p. 119, PUF.)

◆ 4. *Termes et expressions connexes*

— Pour *logique* nom :

Relation de voisinage

• logistique • raisonnement.

Relation de dépendance

• concept • connaissance • dialectique (Hegel) • faux • formalisation • idée (Hegel) • pensée • raison • vérité • vrai.

Relation d'opposition

• illogisme.

Logistique

◆ 1. *Définitions générales*

(n. f.) Étym. : grec *logistikos*, qui concerne le calcul, *logistikê* (sous-entendu *technè*), la science pratique du calcul.
A. *Grecs anciens* : art du calcul.
B. *Moderne* : logique symbolique.

◆ 2. *Définitions particulières de philosophes*

PIAGET

« [Le] rôle [de la logistique] est d'axiomatiser les processus réels de la pensée [...] [elle] est une reconstruction axiomatique de la raison. » (*Classes, relations et nombres*, p. 7, Vrin.)

Logos

◆ 1. *Définitions générales*

(n. m.) Étym. : grec *logos*, parole, raison, intelligence, discours.

A. *Philosophie grecque* : raison unificatrice, loi créatrice du devenir (Héraclite) ; principe d'ordre des choses, Divinité (Stoïciens).

B. *Christianisme* : le Verbe.

◆ 2. *Définitions particulières de philosophes*

HÉRACLITE

« L'art est bien d'écouter, non moi, mais la raison [*logos*] pour savoir dire en accord toute chose une. » (« Fragment 50 », in J. Bollack, *Héraclite ou la Séparation*, p. 175, Éditions de Minuit.)

Loi

Un concept polysémique, dont Montesquieu et Rousseau, en particulier, dégagent l'importance dans la sphère politique, mais qui désigne aussi, dans la sphère éthique, un principe universel (cf. Kant) et, en philosophie des sciences, un rapport invariable et nécessaire (cf. Bernard et Duhem).

◆ 1. *Définitions générales*

(n. f.) Étym. : lat. *lex*, motion faite par un magistrat devant le peuple, proposition de loi, projet de loi.

A. *Sens premier* : règle impérative émanant d'une autorité souveraine ; il s'agit de la *loi positive* destinée à régir une société donnée.

B. *Esthétique* : norme énonçant les conditions du beau.

C. *Logique* : norme ou loi universelle de l'esprit, définissant les lois universelles de la pensée (ex. : le principe d'identité).

D. *Morale* : règle normative, à laquelle l'être de raison doit se conformer ; principe universel valable pour la volonté de tout être raisonnable (Kant).

E. *Science* : rapport nécessaire entre les phénomènes, qui s'enchaînent selon un ordre invariable.

◆ 2. *Définitions particulières de philosophes*

MONTESQUIEU

(A) « La loi, en général, est la raison humaine, en tant qu'elle gouverne tous les peuples de la terre ; et les lois politiques et civiles de chaque nation ne doivent être que les cas particuliers où s'applique cette raison humaine. » (*De l'esprit des lois*, liv. 1, chap. 3, t. 1, p. 128, Garnier-Flammarion.)

ROUSSEAU

(A) « Qu'est-ce qu'une Loi ? C'est une déclaration publique et solennelle de la volonté générale, sur un objet d'intérêt commun » (*Lettres écrites de la montagne*, Lettre 6, in *Rousseau, Œuvres complètes*, t. 3, p. 807, La Pléiade, Gallimard.)

KANT

(D) « Des *principes pratiques* sont des propositions renfermant une détermination générale de la volonté, à laquelle sont subordonnées plusieurs règles pratiques. Ils sont subjectifs et forment des *maximes*, quand la condition est considérée par le sujet comme valable seulement pour sa volonté ; mais ils sont objectifs et fournissent des *lois* pratiques, quand la condition est reconnue comme objective, c'est-à-dire comme valable pour la volonté de tout être raisonnable. » (*Critique de la raison pratique*, « Doctrine élémentaire de la raison pure pratique », p. 17, PUF.)

HEGEL

(E) « La loi [est l'] *image constante* du phénomène toujours instable. » (*La Phénoménologie de l'esprit*, « Conscience », t. 1, p. 123, Aubier).

(E) « L'expérience contient avant tout des *lois*, c'est-à-dire une liaison entre deux phénomènes telle que, si l'un est présent, l'autre aussi suit toujours. Mais l'expérience ne contient que l'universalité d'un tel phénomène, non la nécessité de la corrélation. » (*Propédeutique philosophique*, Introduction, § 2, p. 20, Éditions de Minuit.)

COMTE

(E) « [Les] lois effectives, c'est-à-dire [les] relations invariables de succession et de similitude. » (*Cours de philosophie positive*, Leçon 1, t. 1, p. 8, Garnier.)

(E) « La révolution fondamentale qui caractérise la virilité de notre intelligence consiste essentiellement à substituer partout, à l'inaccessible détermination des causes proprement dites, la simple recherche des *lois*, c'est-à-dire des relations constantes qui existent entre les phénomènes observés. » (*Discours sur l'esprit positif*, 1re partie, § 3, cité in *Cours de philosophie positive*, t. 2, p. 33, Garnier.)

BERNARD

(E) « Nous ne connaissons les phénomènes de la nature que par leur relation avec les causes qui les produisent. Or la *loi* des phénomènes n'est rien autre chose que cette relation établie numériquement, de manière à faire prévoir le rapport de la cause à l'effet dans tous les cas donnés. » (*Introduction à l'étude de la médecine expérimentale*, p. 119, Gibert.)

BERGSON

(E) « La "loi", au sens moderne du mot, est [...] l'expression d'une relation constante entre des grandeurs qui varient. » (*L'Énergie spirituelle*, p. 70, Quadrige, PUF.)

DUHEM
(E) « *Une loi de Physique est une relation symbolique dont l'application à la réalité concrète exige que l'on connaisse et que l'on accepte tout un ensemble de théories.* » (*La Théorie physique. Son objet et sa structure*, p. 274, Chevalier et Rivière Éd., 1906.)

◆ **3.** *Expressions et termes liés ou dérivés*

Loi naturelle

Règle impérative, constitutive de la nature des choses, correspondant à cette nature. Il peut s'agir, soit d'une prescription du droit naturel ou de la morale, soit d'une loi scientifique de la nature.

COMTE
« Même envers les phénomènes les plus simples et les plus fixes, la notion philosophique de *loi* naturelle consiste toujours à saisir la constance dans la variété. » (*Système de politique positive*, liv. 2, cité in *Cours de philosophie positive, Discours sur l'esprit positif*, t. 2, p. 34, Garnier.)

ULLMO
« Une *loi naturelle*, c'est-à-dire la possibilité de prévoir la valeur mesurée des éléments physiques en calculant la valeur des symboles correspondants [...]. Il y a loi naturelle dès qu'il y a prévision possible. » (*La Pensée scientifique moderne*, p. 52, Flammarion.)

Loi positive

Règle impérative, prescrite par l'autorité souveraine d'une société ou d'un pays. Il s'agit de la loi en sa signification juridique, procédant du pouvoir politique.

Loi de la raison pure pratique

KANT
« *Loi fondamentale de la raison pure pratique.*
Agis de telle sorte que la maxime de ta volonté puisse toujours valoir en même temps comme principe d'une législation universelle. » (*Critique de la raison pratique*, « Doctrine élémentaire de la raison pure pratique », p. 30, PUF.)

Loi des trois états

COMTE
« Je crois avoir découvert une grande loi fondamentale, à laquelle il [le développement de l'intelligence humaine] est assujetti par une nécessité invariable, et qui me semble pouvoir être solidement établie, soit sur les preuves rationnelles fournies par la connaissance de notre organisation, soit sur les vérifications historiques résultant d'un examen attentif du passé. Cette loi consiste en ce que chacune de nos conceptions principales, chaque branche de nos connaissances, passe successivement par trois états théoriques différents : l'état théologique [1], ou fictif ; l'état métaphysique [2], ou abstrait ; l'état scientifique [3], ou positif. » (*Cours de philosophie positive*, 1re Leçon, t. 1, pp. 4, 5, Garnier.)

◆ **4.** *Termes et expressions connexes*

— Pour *loi positive ou juridique* :
Relation de voisinage
• droit positif • législation.
Relation de dépendance
• État • gouvernement • société.
Relation d'opposition
• Arbitraire.

— Pour *loi morale* :
Relation de voisinage
• devoir • obligation.
Relation de dépendance
• éthique • liberté • personne.
Relation d'opposition
• maxime (Kant).

— Pour *loi scientifique* :
Relation de voisinage
• relation nécessaire.
Relation de dépendance
• déterminisme • nature • phénomènes • science • théorie.
Relation d'opposition
• contingence • désordre.

Loisir

◆ **1.** *Définitions générales*

(n. m.) Étym. : dérivé du latin *licere*, être permis.
Temps étranger aux occupations habituelles et dont on peut disposer librement, sans contraintes, pour faire ce que l'on veut et épanouir sa personnalité.

◆ **2.** *Définitions particulières de philosophes*

LAVELLE
« Dans le loisir, l'activité [...] n'a plus sa source dans une sollicitation qui la presse, mais dans une invention qui lui est propre. Elle est affranchie de toute préoccupation ;

1. État théologique : voir THÉOLOGIQUE, p. 292.
2. État métaphysique : voir ENTITÉ, p. 88.
3. État scientifique : voir SCIENTIFIQUE, p. 261.

elle est disponible. » (*La Conscience de soi*, p. 112, Grasset.)

DUMAZEDIER

« Le loisir est un ensemble d'occupations auxquelles l'individu peut s'adonner de plein gré, soit pour se reposer, soit pour se divertir, soit pour développer son information ou sa formation désintéressée, sa participation sociale volontaire ou sa libre capacité créatrice après s'être dégagé de ses obligations professionnelles, familiales et sociales. » (*Vers une civilisation du loisir* ? p. 28, Le Seuil.)

Lumière naturelle

◆ **1.** *Définitions générales*

(n. f.) Étym. : lat. *luminare*, qui produit de la lumière, astre.
Désigne la Raison comme faculté de discerner immédiatement le vrai du faux, comme ensemble de vérités immédiatement présentes à l'esprit.

◆ **2.** *Définitions particulières de philosophes*

DESCARTES

« La faculté de connaître que [Dieu] nous a donnée, que nous appelons lumière naturelle, n'aperçoit jamais aucun objet qui ne soit vrai en ce qu'elle l'aperçoit, c'est-à-dire en ce qu'elle connaît clairement et distinctement. » (*Les Principes de la Philosophie*, 1re partie, § 30, in *Descartes, Œuvres, lettres*, p. 584, La Pléiade, Gallimard.)

◆ **3.** *Expressions et termes liés ou dérivés*

Lumières

Mouvement philosophique européen du XVIIIe siècle, caractérisé par l'idée que les lumières de la raison conduiront l'humanité au bonheur (en Allemagne, connu sous le terme d'*Aufklärung*).

KANT

« Qu'est-ce que les Lumières ? *La sortie de l'homme de sa Minorité, dont il est lui-même responsable*. [...]. Aie le courage de te servir de ton propre entendement ! Voilà la devise des lumières. » (*Réponse à la question : qu'est-ce que les Lumières* ? in Kant, *La Philosophie de l'histoire*, p. 83, Aubier.)

Luxe

◆ **1.** *Définitions générales*

(n. m.) Étym. : lat. *luxus*, splendeur, faste, luxe.
Mode de vie où des biens superflus sont acquis au moyen de grandes dépenses.

◆ **2.** *Définitions particulières de philosophes*

KANT

« Le *luxe* (luxus) associe le goût à l'exagération du confort dans la vie sociale à l'intérieur d'une communauté. » (*Anthropologie du point de vue pragmatique*, 1re partie, p. 107, Vrin.)

M

Machiavélisme

(n. m.) Du nom de Machiavel, homme d'État florentin (1469-1527).

A. *Doctrine politique de Machiavel* : elle analyse les mécanismes et les techniques du pouvoir : l'art de gouverner en exploitant la *fortune* (c'est-à-dire les circonstances fortuites) grâce à la *virtu*, le « génie politique ».

B. *Sens courant* : politique (ou attitude individuelle) s'appuyant sur la ruse et la duplicité pour parvenir à ses fins.

Machine

◆ 1. *Définitions générales*

(n. f.) Étym. : lat. *machina*, machine, grec *mèchanè*, engin, machine, ruse.

Ensemble de pièces organisées pour produire une fonction transformatrice dans la matière.

◆ 2. *Définitions particulières de philosophes*

RUSSELL

« La plupart des machines, au sens le plus étroit de ce mot, ne comportent rien qui mérite d'être appelé science. Les machines ont été, à l'origine, de simples moyens de faire exécuter à des objets inanimés des mouvements réguliers qui ont été exécutés précédemment par les corps et plus spécialement par les doigts des hommes. » (*L'Esprit scientifique et la Science dans le monde moderne*, p. 137, éd. J.-B. Janin.)

SARTRE

« Une *machine*, c'est-à-dire un ensemble organisé de moyens se commandant les uns les autres en vue d'une fin. » (*Cahiers pour une morale*, p. 556, Gallimard.)

◆ 3. *Termes et expressions connexes*

Relation de voisinage

• automate • mécanisme • robot.

Relation de dépendance

• activité humaine • énergie • industrie • technique • travail.

Relation d'opposition

• travail manuel.

Machinisme

◆ 1. *Définitions générales*

(n. m.) Généralisation de l'emploi de machines utilisant des énergies matérielles (autres que la force animale ou humaine), telle la vapeur ; cette généralisation s'est faite au XIXe siècle. Le machinisme est la base de la grande industrie.

◆ 2. *Définitions particulières de philosophes*

GRAWITZ

« Stade du développement industriel impliquant la généralisation de l'emploi de machines, en remplacement de l'outil manié par des hommes. » (*Lexique des sciences sociales*, p. 241, Dalloz.)

Magie

◆ 1. *Définitions générales*

(n. f.) Étym. : grec *magos*, mage, magicien, sorcier.

A. *Sens premier* : science et art des Mages, c'est-à-dire des prêtres et astrologues, dans la Babylone antique — en Mésopotamie — et en Assyrie.

B. Dans les sociétés « primitives » ou archaïques, pratiques et savoir-faire secrets destinés à agir sur les forces naturelles et les puissances occultes ; par les mots, la parole, les gestes, etc., la pensée exercerait une action directe sur les êtres, action supposant une croyance en un rapport de causalité (allant de l'esprit aux effets extraordinaires sur les choses).

◆ 2. *Définitions particulières de philosophes*

BERGSON

« La magie nous paraît [...] se résoudre en deux éléments : le désir d'agir sur n'importe quoi, même sur ce qu'on ne peut atteindre, et l'idée que les choses sont chargées, ou se laissent charger, de ce que nous appellerions un fluide humain. » (*Les Deux Sources de la morale et de la religion*, p. 179, PUF.)

MAUSS

« La magie est essentiellement un art de faire [...]. Elle est le domaine de la production pure, *ex nihilo* ; elle fait avec des mots et des gestes ce que les techniques font avec du travail. [...]. [Elle est] la technique la plus facile, [qui] réussit à remplacer la réalité par des images. » (*Esquisse d'une théorie générale de la magie*, in *Sociologie et anthropologie*, p. 134, PUF.)

MORIN

« La magie est la croyance en la toute-puissance des idées. C'est le "je veux" et le "je pense, donc cela est". » (*L'Homme et la Mort dans l'histoire*, p. 90, Corrêa.)

◆ **3.** *Expressions et termes liés ou dérivés*

Magie blanche

Magie qui se donne pour but d'écarter les esprits[1], de guérir les maladies, etc.

Magie noire

Magie qui prétend subjuguer les esprits[1] pour réaliser des entreprises de destruction, homicides, etc.

◆ **4.** *Termes et expressions connexes*

Relation de voisinage
• envoûtement • sorcellerie.
Relation de dépendance
• irrationnel • nature • surnaturel.
Relation d'opposition
• science.

Maïeutique

◆ **1.** *Définitions générales*

(n. f.) Étym. : grec *maieutikè* (sous-entendu *technè*), l'art de faire accoucher.
Art d'accoucher les esprits : la maïeutique désigne la méthode par laquelle Socrate amenait ses interlocuteurs à découvrir la vérité qu'ils portaient eux-mêmes en eux, sans le savoir.

◆ **2.** *Définitions particulières de philosophes*

PLATON

« Socrate. — Mon art de maïeutique a mêmes attributions générales que [celui des sages-femmes]. La différence est qu'il délivre les hommes et non les femmes et que c'est les âmes qu'il surveille en leur travail d'enfantement, non point les corps. » (*Théétète*, in *Platon, Œuvres complètes*, t. 8, 2e partie, p. 168, Budé, Belles Lettres.)

1. Êtres immatériels, incorporels, supposés se manifester sur la terre.

Maître

◆ **1.** *Définitions générales*

(n. m.) Étym. : lat. *magister*, celui qui commande ; maître qui enseigne.
Personne qui exerce une domination. Personne qualifiée pour exercer une fonction de direction. Celui qui possède une chose et en dispose.

◆ **2.** *Expressions et termes liés ou dérivés*

Dialectique du maître et de l'esclave

Chez *Hegel* : expression par laquelle on désigne les relations qui se nouent entre la « conscience du maître » et celle de l'esclave ; la première se fait « reconnaître » mais l'esclave, en travaillant, se libère (analyse conduite dans *La Phénoménologie de l'esprit*, t. 1, p. 155 sqq. et tout particulièrement p. 161 sqq., Aubier).

Majeur

◆ **1.** *Définitions générales*

(n. m.) Étym. : lat. *major*, plus grand.
Désigne, dans le syllogisme catégorique (composé de trois jugements ne contenant ni alternative ni condition) le terme ayant la plus grande extension et servant de prédicat à la conclusion. Majeur est synonyme de Grand terme.
Voir SYLLOGISME, p. 281.

◆ **2.** *Expressions et termes liés ou dérivés*

Majeure

(n. f.) Étym. : lat. *major*, plus grand.
Dans le syllogisme catégorique, *la* majeure désigne la prémisse contenant *le* majeur ou grand terme.

Mal

◆ **1.** *Définitions générales*

(n. m.) Étym. : lat. *malum*, mal, souffrance.
A. *Sens général* : tout ce qui est objet d'un jugement de désapprobation ou fait obstacle à la perfection même de l'homme.
B. *Métaphysique* : l'imperfection.
C. *Morale* : ce qui s'oppose au bien et aux normes et valeurs morales, en tant qu'il résulte de la personne responsable et coupable ; désigne parfois le péché.

◆ **2.** *Définitions particulières de philosophes*

SAINT THOMAS

(B) « Puisque tout être, en tant que tel, est bon, le mal, dans la mesure où il existe, est du non-être. » (*Contre les Gentils*, in J. Rassam, *Saint Thomas, l'être et l'esprit*, p. 21, PUF.)

DESCARTES

« Selon la philosophie, le mal n'est rien de réel, mais seulement une privation. » (*Lettre à Elisabeth, 6 octobre 1645*, in Descartes, *Œuvres-lettres*, p. 1211, La Pléiade, Gallimard.)

SPINOZA

(A-B) « Par *mal* j'entends tout genre de Tristesse et principalement ce qui frustre l'attente. » (*Éthique*, 3e partie, Proposition 39, in *Œuvres de Spinoza*, t. 3, p. 173, Garnier-Flammarion.)

MALEBRANCHE

« Le mal [...] se peut prendre en trois manières, ou pour la privation du bien, ou pour la douleur, ou enfin pour la chose qui cause la privation du bien ou qui produit la douleur. » (*De la recherche de la vérité*, in Malebranche, *Œuvres*, t. 1, p. 567, La Pléiade, Gallimard.)

LEIBNIZ

(B-C) « On peut prendre le mal métaphysiquement, physiquement et moralement. Le *mal métaphysique* consiste dans la simple imperfection, le *mal physique* dans la souffrance, et le *mal moral* dans le péché. » (*Essais de Théodicée*, 1re partie, § 21, p. 116, Garnier-Flammarion.)

SARTRE

« Le Mal c'est l'Autre [...]. Issu de la peur que l'honnête homme a devant sa liberté, [il] est une projection et une catharsis [...] l'Autre que l'Être, l'Autre que le Bien, l'Autre que soi. » (*Saint Genet, comédien et martyr*, pp. 31, 39, 40, Gallimard.)

◆ **3.** *Termes et expressions connexes*

Relation de voisinage

• imperfection • malheur • souffrance.

Relation de dépendance

• manichéisme • méchanceté • morale • mort • théodicée • volonté.

Relation d'opposition

• bien.

Maladie

◆ **1.** *Définitions générales*

(n. f.) Étym. : lat. *male habitus*, qui se trouve en mauvais état.
Altération soit organique, soit fonctionnelle de l'organisme.

◆ **2.** *Définitions particulières de philosophes*

HEGEL

« L'organisme se trouve en état de *maladie* lorsqu'il ne réussit pas à se rendre maître d'une puissance posée en lui et que cette puissance se durcit, constituant un système qui, de la sorte, s'isole, se fixe en sa propre activité et ne passe plus dans la fluide activité du tout, faisant ainsi du processus organique, absolument parlant, un processus interrompu. » (*Propédeutique philosophique*, « Encyclopédie philosophique », § 125, p. 196, Éditions de Minuit.)

Malthusianisme

(n. m.)
A. *Doctrine de Malthus* (1766-1834), selon laquelle la population croît géométriquement alors que les ressources et moyens de subsistance progressent arithmétiquement ; pour éviter surpopulation et pénurie, il faut donc limiter volontairement les naissances (continence, mariage tardif, etc.).
B. *Économie* : restriction systématique de la production, dans le but de soutenir ou de maintenir les prix (malthusianisme économique).
C. *Démographie* : limitation et restriction systématiques des naissances (malthusianisme démographique).

Mana

◆ **1.** *Définitions générales*

(n. m.) Étym. : mot mélanésien.
Ethnologie : dans certaines sociétés archaïques (Polynésie, notamment), puissance surnaturelle qui serait détenue par certains êtres humains ou objets inanimés.

◆ **2.** *Définitions particulières de philosophes*

MAUSS

« Le *mana* est la force par excellence, l'efficacité véritable des choses, qui corrobore leur action mécanique sans l'annihiler [...]. [Il est] l'action spirituelle à distance [...]. C'est également une sorte d'éther, impondérable, communicable, et qui se répand de lui-même. » (*Esquisse d'une théorie générale de la magie*, in *Sociologie et anthropologie*, pp. 104, 105, PUF.)

Manichéisme

(n. m.)
A. Doctrine et religion du Persan *Manes* (IIIe siècle ap. J.-C.), selon laquelle le Bien et le

Mal seraient deux principes antagonistes, qui gouverneraient le monde.
B. *Par extension* : toute conception dualiste du bien et du mal, conçus comme principes opposés, complémentaires et éternels.

Manie

(n. f.) Étym. : grec *mania*, folie, démence.
A. *Sens ordinaire* : idée fixe, habitude déraisonnable, etc.
B. *Psychiatrie* : psychose caractérisée par une exaltation de l'humeur, une agitation motrice, etc.

Marxisme

(n. m.) Étym. : du nom de Karl Marx (1818-1883).
Conception matérialiste et dialectique de l'histoire, liée aux principes d'une praxis révolutionnaire, qui fut développée par *Karl Marx* et son collaborateur *Friedrich Engels*. Elle est constituée par le matérialisme historique ainsi que par une analyse économique du capitalisme. La théorie de la plus-value constitue une des pierres angulaires de cet ensemble.
Voir CLASSES (LUTTE DE), p. 46, HISTOIRE (SENS DE), p. 124, MATÉRIALISME DIALECTIQUE, MATÉRIALISME HISTORIQUE, p. 171, PLUS-VALUE, p. 218, PRAXIS, p. 223, PROLÉTARIAT, p. 230.

Masochisme

◆ 1. *Définitions générales*

(n. m.) Étym. : de Sacher-Masoch, écrivain autrichien (1836-1895).
Perversion du sujet ne pouvant satisfaire son désir et parvenir à la jouissance sexuelle qu'à travers sa propre souffrance physique ou son humiliation.

◆ 2. *Définitions particulières de philosophes*

FREUD

« Le masochisme est [...] un sadisme retourné sur le moi propre. » (*Métapsychologie*, « Pulsions et destin des pulsions », p. 25, Folio Essais, Gallimard.)
Voir aussi SADISME, p. 254.

SARTRE

« Le masochisme est un perpétuel effort pour anéantir la subjectivité du sujet en la faisant réassimiler par l'autre [...]. Cet effort est accompagné de l'épuisante et délicieuse conscience de l'échec, au point que c'est l'échec lui-même que le sujet finit par rechercher comme son but principal. » (*L'Être et le Néant*, 3e partie, chap. 3, § 1, p. 429, Tel, Gallimard.)

Matérialisme

◆ 1. *Définitions générales*

(n. m.) Étym. : lat. *materia*, matière.
A. *Sens courant* : attitude ou doctrine orientées vers la recherche des biens matériels (richesse, bien-être, etc.).
B. *Philosophie* : théorie selon laquelle la matière constitue la réalité fondamentale et première ; dans cette perspective, il n'existe pas d'êtres immatériels.

◆ 2. *Définitions particulières de philosophes*

SCHOPENHAUER

(B) « Le matérialisme est un effort pour expliquer par des données médiates ce qui est donné immédiatement. Il considère la réalité objective, étendue, active, en un mot matérielle, comme un fondement si solide, que ses explications ne laissent rien à désirer. » (*Le Monde comme volonté et comme représentation*, liv. 1, § 7, t. 1, p. 30, Alcan.)

MARX et ENGELS

Voir PRATIQUE, p. 222.

ALAIN

« C'est une conception des choses et de l'homme qui explique tout par un aveugle mouvement et enchevêtrement de choses inertes et balancées au hasard. C'est aussi une disposition à expliquer toujours le supérieur par l'inférieur. » (*Définitions*, in *Alain, les Arts et les Dieux*, p. 1071, La Pléiade, Gallimard.)

◆ 3. *Expressions et termes liés ou dérivés*

Matérialisme dialectique

Chez les successeurs de Marx et chez Lénine en particulier, conception selon laquelle l'univers serait une totalité matérielle et contradictoire, où interviendraient des processus dialectiques.

Matérialisme historique

MARX

« Le mode de production de la vie matérielle conditionne le processus de vie social, politique et intellectuel en général. Ce n'est pas la conscience des hommes qui détermine leur être ; c'est inversement leur être social qui détermine leur conscience. » (*Contribution à la critique de l'économie politique*, préface à la *Critique de l'économie politique*, p. 4, Éditions sociales.)

MERLEAU-PONTY

« Le matérialisme marxiste consiste à admettre que les phénomènes de civilisation, les conceptions du droit trouvent dans les phénomènes économiques un *ancrage historique*, par lequel ils échappent à la nature transitive des phénomènes intérieurs et se sédimentent au dehors en Esprit Objectif. » (*Sens et non-sens*, p. 189, Nagel.)

◆ **4.** *Termes et expressions connexes*

Relation de voisinage
- atomisme • épiphénoménisme.

Relation de dépendance
- corps • dialectique • matière.

Relation d'opposition
- idéalisme • immatérialisme
- spiritualisme.

Mathématique

◆ **1.** *Définitions générales*

(n. f.) Étym. : grec *mathèma*, étude, science, connaissance, au pluriel sciences mathématiques.
Ensemble des sciences ayant pour objet le nombre, la quantité, l'étendue et l'ordre.

◆ **2.** *Définitions particulières de philosophes*

DESCARTES

« On remarque enfin que seules toutes les choses où l'on étudie l'ordre et la mesure se rattachent à la mathématique, sans qu'il importe que cette mesure soit cherchée dans des nombres, des figures, des astres, des sons, ou quelque autre objet. » (*Règles pour la direction de l'esprit*, Règle 4, in Descartes, *Œuvres, lettres*, p. 50, La Pléiade, Gallimard.)

COURNOT

« Sous le nom collectif de *Mathématiques*, on désigne un système de connaissances scientifiques, étroitement liées les unes aux autres, fondées sur des notions qui se trouvent dans tous les esprits, portant sur des vérités rigoureuses que la raison est capable de découvrir sans le secours de l'expérience, et qui néanmoins peuvent toujours se confirmer par l'expérience, dans les limites d'approximation que l'expérience comporte » (*De l'origine et des limites de la correspondance entre l'algèbre et la géométrie*, p. 355, Hachette, 1847.)

◆ **3.** *Expressions et termes liés ou dérivés*

Mathématique universelle

DESCARTES

« On remarque ainsi qu'il doit y avoir quelque science générale expliquant tout ce qu'on peut chercher touchant l'ordre et la mesure sans application à une matière particulière, et que cette science est appelée [...] mathématique universelle, parce qu'elle renferme tout ce pourquoi les autres sciences sont dites des parties de la mathématique. » (*Règles pour la direction de l'esprit*, Règle 4, in Descartes, *Œuvres, lettres*, pp. 50, 51, La Pléiade, Gallimard.)

Science mathématique

COMTE

« Nous [...] [parvenons] maintenant à définir avec exactitude la science mathématique, en lui assignant pour but la mesure *indirecte* des grandeurs, et disant qu'on s'y propose constamment de *déterminer les grandeurs les unes par les autres, d'après les relations précises qui existent entre elles.* » (*Cours de philosophie positive*, Leçon 3, p. 70, Hermann.)

Matière

La conception aristotélicienne de la matière (liée à la puissance) a longtemps dominé, jusqu'à Galilée et Descartes. Avec la science moderne se fera jour l'idée de matière au sens F[1].

◆ **1.** *Définitions générales*

(n. f.) Étym. : lat. *materia*, matière, de *mater*, souche des arbres, mère, cause, origine.

A. *Sens généraux* :

a) tout ce que nous percevons hors de nous et qui agit sur nos sens (opposé à esprit).

b) ce qui est destiné à être transformé par l'activité technique ou le travail humain.

B. *Sens aristotélicien et scolastique* : ce qui est opposé à la forme (matière = puissance, potentialité).

C. *Sens kantien* : donnée de l'expérience sensible, ce qui correspond à la sensation.

D. *Logique* : termes dont se composent un jugement ou un raisonnement, indépendamment des rapports constituant la forme.

E. *Morale* : l'acte effectivement accompli par le sujet, par opposition à l'intention de l'agent ou abstraction faite de cette intention.

F. *Science et épistémologie* : réalité constitutive des corps (molécules, atomes, etc.).

1. Cette idée de matière (au sens F) se comprend également à partir du courant matérialiste (voir MATÉRIALISME).

◆ **2.** *Définitions particulières de philosophes*

ARISTOTE

Voir FORME, p. 113.

DESCARTES

Voir CORPS, p. 59.

KANT

« Toutes les maximes ont : 1° Une *forme*, qui consiste dans l'universalité [...] 2° Une *matière*, c'est-à-dire une fin. » (*Fondements de la métaphysique des mœurs*, 2e section, p. 163, Delagrave.)

Voir aussi CONNAISSANCE, p. 53, FORME, p. 113.

HEGEL

Voir FORME, p. 113.

◆ **3.** *Termes et expressions connexes*

Relation de voisinage

• corps • puissance (Aristote).

Relation de dépendance

• activité • étendue • physique • sensation • travail.

Relation d'opposition

• acte (Aristote) • esprit • forme.

Mauvais

◆ **1.** *Définitions générales*

(adj.) Étym. : lat. populaire *malifatius*, qui a un mauvais sort, de *fatum*, destinée.

Qui cause du mal ou peut en causer (opposé à bon).

◆ **2.** *Définitions particulières de philosophes*

HOBBES

Voir BON, p. 35.

SPINOZA

« J'entendrai par mauvais [...] ce que nous savons avec certitude empêcher que nous ne possédions un bien. » (*Éthique*, 4e partie, Définition 2, in *Œuvres de Spinoza*, t. 3, p. 220, Garnier-Flammarion.)

Maxime

◆ **1.** *Définitions générales*

(n. f.) Étym. : lat. médiéval *maxima* (sous-entendu *sententia*), sentence de grande portée.

A. *Sens courants* :

a) formule succincte, exprimant avec concision une vérité générale (ex. : les maximes de La *Rochefoucauld*).

b) règle de conduite.

B. Chez *Kant* : principe pratique subjectif (par opposition à la loi, principe objectif).

◆ **2.** *Définitions particulières de philosophes*

KANT

(B) « On entend par *Maxime* le principe subjectif du vouloir ; le principe objectif [...] est la *loi* pratique. » (*Fondements de la métaphysique des mœurs*, 1re section, note, p. 101, Delagrave.)

Mécanique

◆ **1.** *Définitions générales*

A. *Adjectif* :

Étym. : grec *mèchanikos*, construit par le mécanicien.

Qui concerne les machines, ou s'exerce par elles, ou imite la machine ; désigne également ce qui se ramène au seul mouvement (opposé à dynamique).

B. *Nom* :

(n. f.) Étym. : grec *mèchanikè* (sous-entendu *technè*), art de la construction des machines.

a) sens ordinaire : art de la construction des machines.

b) physique : science et théorie du mouvement et de ses causes.

◆ **2.** *Expressions et termes liés ou dérivés*

Mécanique ondulatoire

Théorie formulée, en 1924, par *Louis de Broglie*, et selon laquelle la matière aurait un double aspect, celui d'un corpuscule et celui d'une onde.

DE BROGLIE

« Il me parut dès lors certain qu'au mouvement d'un corpuscule quelconque, qu'il soit photon, électron, proton ou autre, est associée la propagation d'une onde [...] la "Mécanique ondulatoire", en généralisant à la réalité physique tout entière le redoutable dualisme des ondes et des corpuscules, [...] allait ouvrir à la Physique atomique des horizons entièrement nouveaux. » (*Nouvelles Perspectives en microphysique*, pp. 181, 182, Albin Michel.)

Mécanisme

◆ **1.** *Définitions générales*

A. *Sens général* : ensemble de pièces agencées pour produire ou transmettre un mouvement (ex. : le mécanisme d'une montre).

B. *Philosophie* : conception selon laquelle les phénomènes physiques s'expliquent par le mouvement (par opposition au dynamisme).

C. *Biologie* : doctrine selon laquelle le vivant ou les phénomènes vitaux s'expliqueraient, sans intervention de la finalité, par des causes efficientes ou des propriétés physico-chimiques (par opposition au finalisme et au vitalisme).

◆ **2.** *Définitions particulières de philosophes*

DESCARTES

(C) « Jugeons que le corps d'un homme vivant diffère autant de celui d'un homme mort que fait une montre, ou autre automate [...], lorsqu'elle est montée et qu'elle a en soi le principe corporel des mouvements pour lesquels elle est instituée, avec tout ce qui est requis pour son action, et la même montre ou autre machine, lorsqu'elle est rompue et que le principe de son mouvement cesse d'agir. » (*Les Passions de l'âme*, 1re partie, article 6, in *Descartes, Œuvres, lettres*, p. 697, La Pléiade, Gallimard.)

ALAIN

(B) « Le mécanisme est cette doctrine de l'univers d'après laquelle tous les changements sont des mouvements. Par exemple la pression des gaz s'explique par un mouvement vif de leurs particules. La lumière est une vibration. » (*Éléments de philosophie*, p. 143, Gallimard.)

JACOB

(C) « La biologie moderne a l'ambition d'interpréter les propriétés de l'organisme par la structure des molécules qui le constituent. En ce sens, elle correspond à un nouvel âge du mécanisme. Le programme [génétique] représente un modèle emprunté aux calculatrices électroniques. » (*La Logique du vivant*, p. 17, Tel, Gallimard.)

CAULLERY

(C) « [Le mécanisme ramène] intégralement le fonctionnement de la matière vivante à l'action des forces qui agissent sur la matière non vivante. » (*Les Sciences biologiques*, in *Histoire de la science*, p. 1199, Encyclopédie de La Pléiade, Gallimard.)

◆ **3.** *Termes et expressions connexes*

Relation de voisinage

• machine • mécanique.

Relation de dépendance

• animal-machine • biologie • corps • organisme • mouvement • physique • vie • vivant.

Relation d'opposition

• dynamisme • finalisme • vitalisme.

Méchanceté

◆ **1.** *Définitions générales*

(n. f.) Caractère de ce qui est méchant.

◆ **2.** *Définitions particulières de philosophes*

KANT

« la *Méchanceté* [...] ou si l'on préfère, la *corruption* [...] du cœur humain, est le penchant du libre-arbitre à des maximes qui font passer le motif de la loi morale après d'autres (qui ne sont pas moraux) » (*La Religion dans les limites de la simple raison*, 1re partie, § 2, p. 50, Vrin.)

Méchant

◆ **1.** *Définitions générales*

(n.m. - adj.) Étym. : ancien français *meschoir*, « tomber mal ».
Qui fait délibérément du mal.

◆ **2.** *Définitions particulières de philosophes*

HEGEL

« *Méchante* est la disposition d'esprit qui consiste à nuire à autrui *sciemment* et *volontairement* [...]. Ce qui est méchant implique d'être accompli avec décision résolue du vouloir. » (*Propédeutique philosophique*, « Doctrine des devoirs ou Morale », § 65, p. 79, Éditions de Minuit.)

Médiat

(adj.) Étym. : lat. *medius*, qui est au milieu.
Qui est en relation avec un autre terme ou une autre chose au moyen d'un intermédiaire.

Médiation

◆ **1.** *Définitions générales*

(n. f.) Étym. : lat. *mediare*, partager en deux, être au milieu.

A. *Sens philosophique général* : processus par lequel on établit un intermédiaire entre des êtres ou des termes.

B. *Philosophie (spécialement chez Hegel)* : moment de la dialectique où l'être revient à soi à travers la négation.

◆ **2.** *Définitions particulières de philosophes*

HEGEL

(B) « En tant qu'Esprit l'homme n'est pas un immédiat mais essentiellement un être qui retourne à soi. Ce mouvement de médiation est un moment essentiel de l'Esprit. Son activité consiste à sortir de l'immédiateté, à la nier et à revenir ainsi à soi. » (*La Raison dans l'histoire*, chap. 2, § 1, p. 78, 10/18, UGE.)

◆ **3.** *Termes et expressions connexes*

Relation de voisinage
• intermédiaire • moyen terme.
Relation de dépendance
• autrui • développement • dialectique • langage • processus.
Relation d'opposition
• données • immédiat.

Méditation

◆ **1.** *Définitions générales*

(n. f.) Étym. : lat. *meditatio*, réflexion, méditation.
A. Exercice religieux de recueillement par lequel on concentre sa pensée sur Dieu.
B. Chez *Descartes* : réflexion du sujet pensant, lui permettant de se débarrasser des fausses opinions et de parvenir à une vérité (cf. les *Méditations métaphysiques*, de Descartes).

◆ **2.** *Expressions et termes liés ou dérivés*

Méditer

KANT

« Par méditer, il faut entendre réfléchir ou *penser méthodiquement*. » (*Logique*, « Doctrine générale de la méthode », § 120, p. 161, Vrin.)

Mélancolie

(n. f.) Étym. : grec *melagcholia*, bile noire.
A. Sens courant moderne : état d'abattement, accompagné de rêverie.
B. *Médecine ancienne* : bile noire, dont l'excès était censé pousser à la tristesse.
C. *Médecine moderne* : état pathologique, caractérisé par une profonde tristesse, un pessimisme généralisé, etc.

Même

Voir IDENTIQUE, p. 132.

Mémoire

Les analyses de Bergson, dans *Matière et Mémoire* (1896) nous apportent, dans ce domaine, des définitions capitales : il a distingué la mémoire-habitude — ensemble de mécanismes moteurs — de la mémoire vraie, liée au souvenir en tant que tel.

◆ **1.** *Définitions générales*

(n. f.) Étym. : *memoria*, mémoire.
Fonction ou faculté psychique, par laquelle nous nous souvenons, reconnaissant et représentant le passé comme passé.

◆ **2.** *Définitions particulières de philosophes*

ARISTOTE

« Il faut, lorsqu'on fait acte de mémoire, se dire en son âme que l'on a auparavant déjà entendu, déjà senti ou déjà conçu telle chose. La mémoire n'est donc ni une sensation ni une conception, mais une disposition ou une affection de l'une des deux, lorsque survient le temps [...]. Ainsi toute mémoire est-elle liée au temps. » (*De la mémoire*, liv. 1, in J.-C. Fraisse, *Aristote, Anthropologie*, p. 73, PUF.)

LOCKE

« Lorsque la même idée revient dans l'esprit, sans que l'objet extérieur qui l'a d'abord fait naître, agisse sur nos sens, cet Acte de l'esprit se nomme *Mémoire*. Si l'esprit tâche de la rappeler, et qu'enfin après quelques efforts il la trouve et se la rende présente, c'est *Réminiscence*. » (*Essai philosophique concernant l'entendement humain*, p. 174, Vrin.)

KANT

« La mémoire diffère de l'imagination purement reproductrice en ce qu'elle a le pouvoir de reproduire volontairement la représentation antérieure : l'esprit par conséquent n'est pas un simple jouet. » (*Anthropologie du point de vue pragmatique*, 1re partie, p. 58, Vrin.)

BERGSON

« Il y a [...] deux mémoires profondément distinctes : l'une, fixée dans l'organisme, n'est point autre chose que l'ensemble des mécanismes intelligemment montés qui assurent une réplique convenable aux diverses interpellations possibles [...]. Habitude plutôt que mémoire, elle joue notre expérience passée, mais n'en évoque pas l'image. L'autre est la mémoire vraie. Coextensive à la conscience, elle retient et aligne à la suite les uns des autres tous nos états au fur et à mesure qu'ils se produisent, laissant à chaque fait sa place, et par conséquent lui marquant sa date, se mouvant bien réellement dans le passé définitif, et non pas, comme la première, dans un présent qui recommence sans cesse. » (*Matière et mémoire*, pp. 167, 168, PUF.)

◆ **3.** *Expressions et termes liés ou dérivés*

Mémoire affective

Reproduction actuelle d'un état affectif ancien, avec reviviscence de cet état (mais l'existence d'un souvenir affectif pur n'est pas toujours admise).

Mémoire sensori-motrice

Mémoire concernant la sensation et la motricité (proche de l'habitude).

DELAY et PICHOT

« La mémoire sensori-motrice ou biologique est celle des sensations ou des mouvements [...] elle comporte dans une certaine mesure la reconnaissance, celle du stimulus qui déclenche l'action. Mais la reconnaissance est agie, et non pensée, elle se ramène à un phénomène d'ordre moteur » (*Abrégé de psychologie*, p. 186, Masson.)

◆ **4.** *Termes et expressions connexes*

Relation de voisinage
- souvenir.

Relation de dépendance
- conscience • habitude • histoire • passé • temps.

Relation d'opposition
- amnésie • oubli.

Mensonge

◆ **1.** *Définitions générales*

(n. m.) Étym. : lat. *mentiri*, mentir, de *mens*, intelligence.
Assertion sciemment contraire à la vérité, énoncée avec intention de tromper l'interlocuteur.

◆ **2.** *Définitions particulières de philosophes*

KANT

« La plus grande transgression du devoir de l'homme envers lui-même considéré comme être moral (envers l'humanité en sa personne), est le contraire de la véracité : le *mensonge*. » (*Métaphysique des mœurs, Doctrine de la vertu*, « Doctrine élémentaire de l'éthique », p. 103, Vrin.)

Mental

◆ **1.** *Définitions générales*

(adj.) Étym. : lat. *mens*, esprit.
Qui concerne l'esprit, psychique. Qui a trait aux fonctions intellectuelles.

◆ **2.** *Expressions et termes liés ou dérivés*

Mentalité

(n. f.) Ensemble d'opinions, d'idées ou de croyances caractérisant un individu ou un groupe.

Mérite

◆ **1.** *Définitions générales*

(n. m.) Étym. : lat. *meritum*, acte qui mérite ou justifie quelque chose.
Valeur morale, considérée en fonction des efforts déployés par le sujet pour surmonter des difficultés ou vaincre des obstacles. Ces efforts rendraient la personne estimable.

◆ **2.** *Définitions particulières de philosophes*

KANT

« Le mérite est cette qualité d'une personne qui repose sur le vouloir propre du sujet, conformément à laquelle une raison législatrice universelle (de la nature aussi bien que du libre vouloir) s'accorderait à toutes les fins de cette personne. Il est donc tout à fait distinct de l'habileté à se procurer un bonheur. » (*Théorie et pratique*, note p. 15, Vrin.)

Mesure

◆ **1.** *Définitions générales*

(n. f.) Étym. : lat. *mensura*, mesure, quantité.
A. *Éthique* : attitude de modération.
B. *Sciences* : unité ; comparaison avec la grandeur considérée d'une grandeur de nature identique, prise comme unité. Résultat de cette comparaison.

◆ **2.** *Définitions particulières de philosophes*

MALEBRANCHE

« Pour comparer les choses entre elles, ou plutôt pour mesurer exactement les rapports d'inégalité, il faut une mesure exacte : [...] une idée simple et parfaitement intelligible [...] cette mesure est l'unité. On prend donc, dans chaque espèce de grandeur, telle partie déterminée que l'on veut, pour l'unité ou la mesure commune : par exemple [...] une heure dans les temps, une livre dans les poids, etc. » (*De la recherche de la vérité*, in *Malebranche, Œuvres*, t. 1, p. 627, La Pléiade, Gallimard.)

◆ **3.** *Expressions et termes liés ou dérivés*

Mesurer

COMTE

« La question de *mesurer* une grandeur ne présente par elle-même à l'esprit d'autre idée que celle de la simple comparaison immédiate de cette grandeur avec une autre grandeur semblable supposée connue, qu'on prend pour *unité* entre toutes celles de la même espèce. » (*Cours de philosophie positive*, Leçon 3, p. 66, Hermann.)

◆ **4.** *Termes et expressions connexes*

Relation de voisinage
• modération.
Relation de dépendance
• expérience • grandeur • morale • science • unité.
Relation d'opposition
• démesure • excès.

Métaphysique

La métaphysique, science de l'Être en tant qu'Être dans la réflexion hellénique de l'Antiquité (Aristote), a subi, au XVIIIe siècle, l'assaut de la critique kantienne : elle ne constitue pas, montre Kant, une connaissance à proprement parler. Dans la pensée moderne existentialiste, elle désigne, en un sens très général, une quête portant sur la condition humaine.

◆ **1.** *Définitions générales*

(n. f.-adj.) Étym. : du grec *ta meta ta phusika* (sous-entendu *biblia*, livres), les livres venant après les livres de *Physique* ; titre donné par Andronicos de Rhodes, au Ier siècle av. J.-C., aux ouvrages d'Aristote venant après la *Physique*.
A. *Nom* :
a) science de l'être en tant qu'être (*Aristote*).
b) connaissance prétendant s'élever au-dessus de l'expérience (*Kant*).
c) connaissance et saisie absolues, s'effectuant par une intuition immédiate et directe, une coïncidence avec les choses (Bergson).
d) *existentialisme* : recherche du sens de l'existence humaine ; quête portant sur la condition humaine en général.
B. *Adjectif* :
a) qui concerne la métaphysique ou relève d'elle.
b) qui dépasse le domaine de l'expérience et ne peut être l'objet d'une connaissance scientifique.
c) qui existe ou est vrai non seulement comme un fait, mais en droit (ex. : nécessité métaphysique).

◆ **2.** *Définitions particulières de philosophes*

ARISTOTE
(A-*a*) « Il y a une science qui étudie l'Être en tant qu'être et les attributs qui lui appartiennent essentiellement. » (*La Métaphysique*, liv. Γ, § 1, t. 1, p. 171, Vrin.)

BACON
« La recherche des formes, qui (par leur nature assurément et conformément à leur loi propre) sont éternelles et immobiles, constituera la métaphysique. » (*Novum Organum*, p. 194, PUF.)

KANT
(A-*b*) « Le terrain où se livrent ces combats sans fin [de la raison], se nomme la Métaphysique. » (*Critique de la raison pure*, Préface, 1re édition, p. 5, PUF.)
« [La métaphysique] n'est [...] que l'*inventaire*, systématiquement ordonné, de tout ce que nous possédons par la raison pure. » (*Critique de la raison pure*, Préface, 1re édition, p. 10, PUF.)

SCHOPENHAUER
(A-*b*) « Par métaphysique, j'entends tout ce qui a la prétention d'être une connaissance dépassant l'expérience, c'est-à-dire les phénomènes donnés, et qui tend à expliquer par quoi la nature est conditionnée dans un sens ou dans l'autre, ou, pour parler vulgairement, à montrer ce qu'il y a derrière la nature et qui la rend possible. » (*Le Monde comme volonté et comme représentation*, Suppléments au livre I, § 8-9, t. 2, p. 298, Alcan.)

BERGSON
(A-*c*) « S'il existe un moyen de posséder une réalité absolument au lieu de la connaître relativement, de se placer en elle au lieu d'adopter des points de vue sur elle, d'en avoir l'intuition au lieu d'en faire l'analyse, enfin de la saisir en dehors de toute expression, traduction ou représentation symbolique, la métaphysique est cela même. *La métaphysique est donc la science qui prétend se passer de symboles.* » (*La Pensée et le Mouvant*, p. 181, PUF.)

SARTRE
(A-*d*) « La métaphysique n'est pas une discussion stérile sur des notions abstraites qui échappent à l'expérience, c'est un effort vivant pour embrasser du dedans la condition humaine dans sa totalité. » (*Situations II*, p. 251, Gallimard.)
Voir ONTOLOGIE, p. 198.

MERLEAU-PONTY
(A-*d*) « Il y a métaphysique à partir du moment où, cessant de vivre dans l'évidence de l'objet — qu'il s'agisse de l'objet sensoriel ou de l'objet de science — nous apercevons indissolublement la subjectivité radicale de toute notre expérience et sa valeur de vérité. » (*Sens et non-sens*, p. 163, Nagel.)

◆ **3.** *Expressions et termes liés ou dérivés*

Animal métaphysique

SCHOPENHAUER
« L'homme est un animal métaphysique. Sans doute, quand sa conscience ne fait encore que s'éveiller, il se figure être intelligible sans

effort ; mais cela ne dure pas longtemps : avec la première réflexion, se produit déjà cet étonnement [devant sa propre existence], qui fut [...] le père de la métaphysique. » (*Le Monde comme volonté et comme représentation*, Suppléments au livre I, § 8-9, t. 2, p. 294, Alcan.)

État métaphysique

Chez *Comte*, il se caractérise par une explication recourant à de véritables entités et s'oppose à l'état théologique ainsi qu'à l'état scientifique (ou positif).

COMTE

Voir ENTITÉ, p. 88.

◆ **4.** *Termes et expressions connexes*

Relation de voisinage
• ontologie.
Relation de dépendance
• âme • condition humaine • Être • monde • raison • transcendance.
Relation d'opposition
• positivisme.

Métapsychologie

(n. f.) Néologisme créé par *Freud*, pour désigner la psychologie fondée par lui, envisagée sous un angle *théorique* et en tant qu'elle recourt à des modèles « distants de l'expérience » (théorie des pulsions, etc.).

Méthode

Un terme lié à la philosophie de Descartes, qui a souligné, dans toute son œuvre, la nécessité de procéder dans une recherche par ordre, et non point au hasard.

◆ **1.** *Définitions générales*

(n. f.) Étym. : grec *methodos*, recherche, méthode, de *odos*, chemin, et *meta*, vers.
Ensemble de procédés et de règles pour parvenir au résultat souhaité (généralement : la connaissance vraie).

◆ **2.** *Définitions particulières de philosophes*

DESCARTES

« Par méthode, j'entends des règles certaines et faciles, grâce auxquelles tous ceux qui les observent exactement ne supposeront jamais vrai ce qui est faux, et parviendront, sans se fatiguer en efforts inutiles mais en accroissant progressivement leur science, à la connaissance vraie de tout ce qu'ils peuvent atteindre. » (*Règles pour la direction de l'esprit*, Règle 4, in Descartes, *Œuvres, lettres*, p. 46, La Pléiade, Gallimard.)

ARNAULD et NICOLE

Voir ORDONNER, p. 199.

SPINOZA

« La vraie méthode est la voie par laquelle la vérité elle-même, ou les essences objectives des choses, ou leurs idées [...] sont cherchées dans l'ordre dû. » (*Traité de la réforme de l'entendement*, in *Œuvres de Spinoza*, t. 1, p. 239, Garnier.)

◆ **3.** *Expressions et termes liés ou dérivés*

Méthode expérimentale, méthode scientifique

Ensemble de procédés rationnels au moyen desquels on tire, des faits particuliers, des lois scientifiques.

BERNARD

« Les théories, par elles-mêmes, ne disent rien si elles ne sont pas soutenues par les faits ; les faits par eux-mêmes ne signifient rien s'ils ne sont pas éclairés par le raisonnement et la théorie. La méthode expérimentale n'est que la pondération de ces deux éléments dans le raisonnement. » (*Principes de médecine expérimentale*, p. 299, Quadrige, PUF.)

BERGSON

« La méthode scientifique, telle que les modernes l'entendent, comprend trois procédés, l'observation, l'hypothèse et l'expérimentation. » (Introduction aux *Extraits de Lucrèce*, p. XXV, Delagrave.)

RUSSELL

« La méthode scientifique [...] consiste à observer des faits permettant à l'observateur de découvrir les lois générales qui président à ces faits. » (*L'Esprit scientifique et la Science dans le monde moderne*, p. 19, éd. J.-B. Janin.)

Méthodologie

(n. f.) Étym. : composé du grec *methodos*, recherche, méthode, et *logos*, étude.
Partie de la logique qui étudie les méthodes des diverses disciplines scientifiques (à distinguer de l'épistémologie).

◆ **4.** *Termes et expressions connexes*

Relation de voisinage
• démarche • processus.
Relation de dépendance
• analyse • connaissance • ordre • procédés • règles • raisonnement • science • synthèse • vérité.
Relation d'opposition
• empirisme • hasard.

Milieu

◆ **1.** *Définitions générales*

(n. m.) Étym. : composé de mi (dérivé du latin *medius*, qui est au milieu, central) et de lieu.
A. *Sens général* : ce qui est placé à mi-chemin ou à égale distance de deux ou plusieurs choses.
B. *Sociologie* : ensemble des conditions extérieures dans lesquelles s'insèrent un individu, une réalité, etc. (ex. : milieu social).
C. *Biologie* : ensemble des phénomènes avec lesquels un être vivant est en relation ; ensemble de facteurs jouant un rôle dans les conditions d'existence de ce vivant.

◆ **2.** *Définitions particulières de philosophes*

COMTE

(C) « Je ferai désormais, en biologie, [usage] du mot *milieu*, pour désigner spécialement, d'une manière nette et rapide, non seulement le fluide où l'organisme est plongé, mais, en général, l'ensemble total des circonstances extérieures, d'un genre quelconque, nécessaires à l'existence de chaque organisme déterminé. » (*Cours de philosophie positive*, Leçon 40, p. 682, Hermann.)

Mineur

◆ **1.** *Définitions générales*

(n. m.) Étym. : lat. *minor*, plus petit.
Désigne, dans le syllogisme catégorique, le petit terme, c'est-à-dire le sujet de la conclusion.

◆ **2.** *Expressions et termes liés ou dérivés*

Mineure

(n. f.) Prémisse contenant le petit terme, le mineur. La mineure est la seconde des prémisses.

Miracle

◆ **1.** *Définitions générales*

(n. m.) Étym. : lat. *miraculum*, prodige, merveille.
Fait imprévisible, inhabituel, ne dépendant d'aucune loi de la nature et pouvant être attribué à la divinité.

◆ **2.** *Définitions particulières de philosophes*

MALEBRANCHE

« Miracle est un terme équivoque. Ou il se prend pour marquer un effet qui ne dépend point des lois générales connues aux hommes, ou, plus généralement, pour un effet qui ne dépend d'aucunes lois, ni connues ni inconnues. » (*Méditations chrétiennes*, pp. 157, 158, Aubier.)

ALAIN

« On appelle miracle un événement imprévisible selon la coutume, inexplicable selon l'entendement, qui achève l'action héroïque par une sorte de réponse de la nature. Les vrais miracles sont de l'homme. » (*Définitions*, in *Alain, les Arts et les Dieux*, p. 1072, La Pléiade, Gallimard.)

Mobile

◆ **1.** *Définitions générales*

(n. m.) Étym. : lat. *mobilis*, qui peut être déplacé, mû.
A. *Aristote, Scolastique* : la chose en tant qu'elle change et subit l'action du moteur.
B. *Psychologie* : principe subjectif (formé d'éléments affectifs, irrationnels, etc.) portant à l'action.

◆ **2.** *Définitions particulières de philosophes*

KANT

« Le principe subjectif du désir est le *mobile*. » (*Fondements de la métaphysique des mœurs*, 2ᵉ section, p. 148, Delagrave.)

Modalité

◆ **1.** *Définitions générales*

(n. f.) *Logique* : caractère des propositions modales, à savoir du mode selon lequel, dans une proposition, est énoncée la relation exprimée. La *logique formelle classique* distingue quatre modalités : possibilité, impossibilité, nécessité, contingence ; *Kant* distingue trois modalités : possibilité (contradictoire : impossibilité), existence (contradictoire : non-existence), nécessité (contradictoire : contingence).

◆ **2.** *Définitions particulières de philosophes*

KANT

« La modalité des jugements en est une fonction tout à fait spéciale qui a ce caractère de ne contribuer en rien au contenu du jugement [...] mais de ne concerner que la valeur de la copule par rapport à la pensée en général. Les jugements sont *problématiques* lorsqu'on admet l'affirmation ou la négation comme simplement *possibles* (arbitraires), *assertoriques* quand on les y considère comme *réelles* (vraies) ; *apodictiques* quand on les y regarde comme nécessaires. » (*Critique de la raison pure*, « Analytique transcendantale », p. 91, PUF.)

Mode

◆ **1.** *Définitions générales*

(n. m.-n. f.) Étym. : lat. *modus*, mesure, étendue, manière, façon.

A. *Masculin* :

a) *sens général* : manière d'être (ex. : un mode de vie).

b) *logique formelle* : forme que peut prendre le syllogisme suivant la qualité (affirmative ou négative) et la quantité (universelle ou particulière) de ses propositions.

c) *métaphysique* : détermination ou affection de la substance (*scolastique*, *Spinoza*, etc.).

B. *Féminin* : ensemble de comportements, de conduites, etc., régnant dans un groupe, de manière non durable (et paraissant indiquer un privilège social dans un milieu déterminé).

◆ **2.** *Définitions particulières de philosophes*

SPINOZA

(A-*c*) « J'entends par mode les affections d'une substance, autrement dit ce qui est dans une autre chose, par le moyen de laquelle il est aussi conçu. » (*Éthique*, 1re partie, Définition 5, in *Œuvres de Spinoza*, t. 3, p. 21, Garnier-Flammarion.)

MORIN

(B) « La mode est ce qui permet à l'élite de se différencier du commun, d'où son mouvement perpétuel, ce qui permet au commun de ressembler à l'élite, d'où sa diffusion incessante. » (*Les Stars*, p. 123, Le Seuil.)

Modèle

◆ **1.** *Définitions générales*

(n. m.) Étym. : lat. *modulus*, mesure, diminutif de *modus*, mesure.

A. Ce qui sert d'original, à partir duquel on peut reproduire quelque chose.

B. *Science* : interprétation ou représentation symbolique et schématique permettant de rendre compte d'un ensemble de phénomènes.

◆ **2.** *Définitions particulières de philosophes*

GRANGER

« Les sciences physiques construisent [...] des modèles, c'est-à-dire des représentations schématiques du mécanisme des phénomènes. » (*La Raison*, p. 85, PUF.)

Mœurs

(n. f.) Étym. : lat. *mores*, mœurs, pluriel de *mos*, usage, coutume.

A. *Morale* : manières de se comporter (envisagées sous l'angle du jugement moral), dans un milieu social. Ex. : des mœurs dissolues.

B. *Sociologie* : ensemble des pratiques ou manières de se comporter que l'on peut observer dans une société donnée.

Moi

◆ **1.** *Définitions générales*

(pron. pers. employé substantivement.) Étym. : dérivé du lat. *me*, accusatif de *ego*, moi, je.

A. *Métaphysique* : principe métaphysique permanent, supportant les accidents successifs du moi empirique, vécu, de l'individualité psychologique.

B. *Psychologie* : conscience, que possède le sujet, de son individualité.

◆ **2.** *Définitions particulières de philosophes*

DESCARTES

Voir ÂME, p. 16.

HEGEL

« Le Moi est le *penser* comme sujet. » (*Précis de l'Encyclopédie des sciences philosophiques*, « La Science de la logique », § 20, p. 45, Vrin.)

STIRNER

Voir UNIQUE, p. 300.

JAMES

(B) « En même temps que je pense, j'ai plus ou moins conscience de *moi*, de mon *existence personnelle*. Et c'est le Je qui a conscience de ce Moi, si bien que ma personnalité totale est alors comme double, étant à la fois le sujet connaisseur et l'objet connu. » (*Précis de psychologie*, p. 227, Marcel Rivière et Cie.)

NIETZSCHE

« Le moi ne consiste pas dans l'attitude d'un seul être vis-à-vis de plusieurs entités (instincts, pensées, etc.) ; au contraire, le moi est une pluralité de forces quasi personnifiées, dont tantôt l'une, tantôt l'autre se situe à l'avant-scène et prend l'aspect du moi ; de cette place il contemple les autres forces. » (*Œuvres posthumes*, in J. Granier, *Nietzsche, vie et vérité, textes choisis*, § 486, p. 53.)

LAGNEAU

(A) « Le moi c'est le sujet pensant qui, s'opposant à ses objets et à ses pensées, se connaît comme le principe un et identique de ses manifestations indéfinies, et se distingue de tous les autres sujets possibles. » (*Célèbres Leçons et Fragments*, p. 80, PUF.)

FREUD

« Nous donnons à la plus ancienne [des] [...] instances psychiques le nom de *ça* ; son contenu comprend tout ce que l'être apporte en naissant [...]. Sous l'influence du monde extérieur réel qui nous environne, une fraction du ça subit une évolution particulière [...]. Une organisation spéciale s'établit qui, dès lors, va servir d'intermédiaire entre le ça et l'extérieur. C'est à cette fraction de notre psychisme que nous donnons le nom de *moi*. » (*Abrégé de psychanalyse*, 1re partie, pp. 3, 4, PUF.)

◆ **3.** *Expressions et termes liés ou dérivés*

Moi transcendantal

Chez *Kant* : fonction unifiant, sous le « je pense », le divers des intuitions empiriques.

◆ **4.** *Termes et expressions connexes*

Relation de voisinage
• sujet.
Relation de dépendance
• conscience • identité • individu • Je • pensée • unité.
Relation d'opposition
• autrui.

Monade

◆ **1.** *Définitions générales*

(n. f.) Étym. : grec *monas*, unité.
Terme désignant, chez *Leibniz*, les éléments de toutes choses, les substances simples entrant dans les composés.

◆ **2.** *Définitions particulières de philosophes*

LEIBNIZ

« La Monade [...] n'est autre chose qu'une substance *simple* qui entre dans les composés ; simple, c'est-à-dire sans parties. » (*La Monadologie*, § 1, pp. 141, 142, Delagrave.)

◆ **3.** *Expressions et termes liés ou dérivés*

Monadologie

(n. f.) Science ou théorie des monades.

Monarchie

◆ **1.** *Définitions générales*

(n. f.) Étym. : grec *monarchia*, commandement d'un seul, monarchie.
Régime dans lequel l'autorité politique est exercée par un seul individu, en général dans un cadre légal ou constitutionnel ; régime dans lequel l'État est gouverné par un roi héréditaire.

◆ **2.** *Définitions particulières de philosophes*

ARISTOTE

« Nous appelons *monarchie*, l'État où le commandement, dirigé [dans l']intérêt commun, n'appartient qu'à un seul. » (*Politique d'Aristote*, liv. 3, p. 85, PUF.)

MONTESQUIEU

« Le [gouvernement] monarchique [est] celui où un seul gouverne, mais par des lois fixes et établies ; au lieu que dans le despotique, un seul, sans loi et sans règle, entraîne tout par sa volonté et par ses caprices. » (*De l'esprit des lois*, liv. 2, chap. 1, t. 1, p. 131, Garnier-Flammarion.)

Monde

◆ **1.** *Définitions générales*

(n. m.) Étym. : lat. *mundus*, le monde, l'univers, correspondant au grec *kosmos*.
Parfois synonyme d'univers, c'est-à-dire de l'ensemble des réalités matérielles données dans l'espace ; ensemble de tout ce qui existe. En une signification restreinte : la Terre, le globe terrestre.

◆ **2.** *Définitions particulières de philosophes*

ÉPICURE

« Le monde est une portion déterminée de l'univers qui contient les astres, la terre et tous les phénomènes. » (*Lettre à Pythoclès*, in *Épicure, Doctrines et maximes*, p. 53, Hermann.)

HUSSERL

« Le monde est la somme des objets d'une expérience possible et d'une connaissance possible par expérience, la somme des objets qui, sur le fondement de l'expérience actuelle [...], peuvent être connus dans le cadre d'une pensée théorique correcte. » (*Idées directrices pour une phénoménologie*, p. 15, Gallimard.)

WITTGENSTEIN

« 1. — Le monde est tout ce qui arrive.
1.1 — Le monde est l'ensemble des faits, non pas des choses. » (*Tractatus logico-philosophicus*, p. 29, Tel, Gallimard).

◆ **3.** *Expressions et termes liés ou dérivés*

Monde intérieur, monde extérieur

Données et phénomènes de la conscience (monde intérieur) par opposition aux objets sensibles (monde extérieur).

Monisme

(n. m.) Étym. : grec *monos*, seul.
Doctrine selon laquelle il n'est qu'une réalité

fondamentale, la multiplicité se ramenant à un unique principe (la matière, etc.).

Monothéisme

(n. m.) Étym. : composé du grec *monos*, seul, unique, et *theos*, Dieu.
Doctrine selon laquelle existe un Dieu unique (opposition au polythéisme) et distinct du monde (opposition au panthéisme).
Voir aussi THÉISME, p. 291.

Moral

(adj.) Étym. : lat. *moralis*, relatif aux mœurs.
A. Relatif à l'esprit et non au corps. Ex. : « sciences morales », les disciplines étudiant le « moral » de l'homme, c'est-à-dire l'ensemble de la vie psychique ou des facultés psychiques. On dit aujourd'hui « sciences humaines » (ex. : psychologie, histoire).
B. Relatif à l'idéal et aux règles éthiques s'appliquant à la conduite.

Morale

Alors que la tradition classique (dont hérite Alain) voit dans la morale un ensemble de règles universelles, Nietzsche la relie à nos conditions d'existence concrètes et particulières, au ressentiment (« morale des esclaves ») ou à la volonté de puissance (« morale aristocratique »).

◆ 1. *Définitions générales*

(n. f.) Étym. : lat. *moralis*, relatif aux mœurs.
A. *Philosophie* :
a) presque synonyme d'éthique : théorie philosophique concernant le bien et le mal. Doctrine concernant ce que l'homme doit être (énoncés normatifs).
b) ensemble de règles de conduite tenues comme universellement et inconditionnellement valables.
B. *Sociologie* : ensemble de règles ou normes de conduite propres à une société donnée.
Voir aussi ÉTHIQUE, p. 97, IMPÉRATIF CATÉGORIQUE, p. 137.

◆ 2. *Définitions particulières de philosophes*

D'ALEMBERT

« Ce qui appartient essentiellement et uniquement à la raison, et ce qui en conséquence est uniforme chez tous les peuples, ce sont les devoirs dont nous sommes tenus envers nos semblables. La connaissance de ces devoirs est ce qu'on appelle *Morale*. » (*Éléments de philosophie*, in *Corpus des œuvres de philosophie en langue française*, p. 57, Fayard.)

NIETZSCHE

« J'appelle "morale" un système de jugements de valeur qui est en relation avec les conditions d'existence d'un être. » (*La Volonté de puissance*, trad. Bianquis, liv. 2, t. 1, § 136, p. 240, Gallimard.)

ALAIN

(A) « La morale consiste à se savoir esprit et, à ce titre, obligé absolument ; car noblesse oblige. Il n'y a rien d'autre dans la morale que le sentiment de la dignité. » (*Lettres sur Kant*, p. 63, Hartmann.)

◆ 3. *Expressions et termes liés ou dérivés*

Morale aristocratique, morale des esclaves

NIETZSCHE

« La révolte des esclaves dans la morale commence lorsque le *ressentiment* lui-même devient créateur et enfante des valeurs [...]. Tandis que toute morale aristocratique naît d'une triomphale affirmation d'elle-même, la morale des esclaves oppose dès l'abord un "non" à ce qui ne fait pas partie d'elle-même, à ce qui est "différent" d'elle, à ce qui est son "non-moi" : et ce non est son acte créateur. » (*La Généalogie de la morale*, Dissertation 1, § 10, p. 45, Idées, Gallimard.)

Morale ouverte

BERGSON

Voir OUVERT, p. 202.

Morale provisoire

Chez *Descartes* : la *morale provisoire* désigne les règles pratiques (d'inspiration stoïcienne), destinées à permettre l'action en attendant la constitution d'une morale fondée sur la raison.

DESCARTES

« Afin que je ne demeurasse point irrésolu en mes actions, pendant que la raison m'obligerait de l'être en mes jugements, et que je ne laissasse pas de vivre dès lors le plus heureusement que je pourrais, je me formai une morale par provision, qui ne consistait qu'en trois ou quatre maximes. » (*Discours de la méthode*, 3e partie, in *Descartes, Œuvres, lettres*, p. 140, La Pléiade, Gallimard.)

Morale statique

BERGSON

« Il y a une morale statique, qui existe en fait, à un moment donné, dans une société donnée, elle s'est fixée dans les mœurs, les idées, les institutions ; son caractère obligatoire se ramène, en dernière analyse, à l'exigence, par la nature, de la vie en commun. » (*Les Deux Sources de la morale et de la religion*, p. 290, PUF.)

Moralisme

(n. m.)

a) toute doctrine accordant une place dominante à la morale.

b) attachement excessif à la lettre des règles morales, séparée de leur esprit, à la correction de la conduite, séparée du sentiment moral (péjoratif).

◆ 4. *Termes et expressions connexes*

Relation de voisinage

• axiologie • éthique • moralité.

Relation de dépendance

• action • bien • fin • mal • mœurs • pratique • valeurs.

Relation d'opposition

• immoralisme.

Moralité

◆ 1. *Définitions générales*

A. Conformité à l'idéal moral (terme opposé à immoralité).

B. Chez *Kant* : accord intérieur avec la loi du devoir, comportant l'*intention* d'agir par *respect* pour cette loi.

◆ 2. *Définitions particulières de philosophes*

KANT

(B) « L'accord d'une action avec la loi du devoir est la *légalité* — l'accord de la maxime de l'action avec la loi du devoir en est la *moralité*. » (*Métaphysique des mœurs, Doctrine du droit*, Introduction à la Métaphysique des mœurs, IV, p. 100, Vrin.)

Voir aussi LÉGALITÉ, p. 159.

NIETZSCHE

« La moralité c'est l'instinct grégaire chez l'individu. » (*Le Gai Savoir*, liv. 3, § 116, p. 162, Idées, Gallimard).

Mort

Dans l'Antiquité, l'Épicurisme pulvérise littéralement cette notion et l'évacue : la mort n'est rien. La position d'Épicure est réactualisée, à l'époque moderne, par Sartre, qui éconduit l'idée même de mort, tandis que Heidegger s'efforce de la retrouver au plus profond de notre expérience.

◆ 1. *Définitions générales*

(n. f.-adj.) Étym. : lat. *mors*, mort.

A. *Sens courant* : fin de la vie, cessation physique de la vie.

B. *Sens clinique* : fin des fonctions du cerveau, définie par un électro-encéphalogramme plat.

C. *Métaphysique, philosophie* :

a) terme d'une vie terrestre et accès à un monde idéal (*Platon*).

b) dissolution de l'âme et du corps (*Épicure*, *Lucrèce*).

c) forme même de la vie humaine, considérée dans sa finitude ; cette forme, saisie et assumée, permet l'accès à l'authenticité (*Heidegger*).

d) fait sans aucune signification ontologique (*Sartre*).

◆ 2. *Définitions particulières de philosophes*

PLATON

(C-*a*) « [La mort], est-ce autre chose que la séparation de l'âme d'avec le corps ? On est mort, quand le corps, séparé de l'âme, reste seul, à part, avec lui-même, et quand l'âme, séparée du corps, reste seule, à part, avec elle-même. » (*Phédon*, in Platon, *Œuvres complètes*, p. 122, Garnier.)

ÉPICURE

(C-*b*) « Familiarise-toi avec l'idée que la mort n'est rien pour nous, car tout bien et tout mal résident dans la sensation ; or, la mort est la privation complète de cette dernière [...]. Ainsi, celui des maux qui fait le plus frémir n'est rien pour nous, puisque tant que nous existons, la mort n'est pas, et que quand la mort est là nous ne sommes plus. » (*Lettre à Ménécée*, in Épicure, *Doctrines et maximes*, pp. 74, 75, Hermann.)

HEGEL

« La mort, si nous voulons nommer ainsi cette irréalité, est la chose la plus redoutable [...]. Ce n'est pas cette vie qui recule d'horreur devant la mort et se préserve pure de la destruction, mais la vie qui porte la mort, et se maintient dans la mort même, qui est la vie de l'esprit. » (*La Phénoménologie de l'esprit*, Préface II, t. 1, p. 29, Aubier.)

SCHOPENHAUER

« La mort est le moment de l'affranchissement d'une individualité étroite et uniforme, qui, loin de constituer la substance intime de notre être, en représente bien plutôt comme une sorte d'aberration. » (*Le Monde comme volonté et comme représentation*, Supplément au livre 4, t. 3, p. 320, Alcan.)

HEIDEGGER

(C-*c*) « Cette fin que l'on désigne par la mort ne signifie pas, pour la réalité-humaine, être-à-la-fin, "être-finie" ; elle désigne un *être pour la fin*, qui est l'être de cet existant. La mort est une manière d'être que la réalité-humaine assume, dès qu'elle est : ''Dès qu'un humain vient à la vie, déjà il est assez vieux pour mourir''. » (*L'Être et le Temps*, in *Qu'est-ce que la métaphysique* ? p. 131, Gallimard.)

SARTRE

(*C-d*) « [La mort] n'est pas seulement le projet qui détruit tous les projets et qui se détruit lui-même [...]. Elle est le triomphe du point de vue d'autrui sur le point de vue *que je suis* sur moi-même. » (*L'Être et le Néant*, 4e partie, chap. 1, § 2, p. 598, Tel, Gallimard.)

« Mort représente le sens futur de mon pour-soi actuel pour l'autre. » (*L'Être et le Néant*, 4e partie, chap. 1, § 2, p. 605, Tel, Gallimard.)

JACOB

« L'autre condition [1] nécessaire à la possibilité même d'une évolution, c'est la mort. Non pas la mort venue du dehors, comme conséquence de quelque accident. Mais la mort imposée du dedans, comme une nécessité prescrite, dès l'œuf, par le programme génétique même. » (*La Logique du vivant*, p. 331, Tel, Gallimard.)

◆ **3.** *Termes et expressions connexes*

Relation de voisinage
• décès • fin • trépas.
Relation de dépendance
• âme • corps • évolution • individu • religion • temps.
Relation d'opposition
• immortalité • vie.

Mot

◆ **1.** *Définitions générales*

(n. m.) Étym. : lat. *muttum*, grognement du porc.
Son ou groupe de sons constituant une unité sémantique.

◆ **2.** *Définitions particulières de philosophes*

MARTINET

« Un syntagme autonome formé de monèmes [2] non séparables est ce qu'on appelle communément un mot. » (*Éléments de linguistique générale*, p. 114, A. Colin.)

1. La première condition : la sexualité.
2. Monème : unité douée d'un contenu sémantique et d'une expression phonique.

Moteur

◆ **1.** *Définitions générales*

(n. m.) Étym. : lat. *movere*, mouvoir.
Ce qui donne le mouvement ou en est la cause.

◆ **2.** *Expressions et termes liés ou dérivés*

Premier Moteur

Chez *Aristote* : Dieu, en tant que cause du changement dans le monde (il est moteur sans être mobile).

ARISTOTE

« On doit supposer un extrême qui soit moteur sans être mobile, être éternel, substance et acte pur. [...] Le premier Moteur est [...] un être nécessaire, et, en tant que nécessaire, son être est le Bien, et c'est de cette façon qu'il est principe. » (*La Métaphysique*, liv. Λ, § 7, t. 2, pp. 675, 680, Vrin.)

Motif

◆ **1.** *Définitions générales*

(n. m.) Étym. : lat. *movere*, mouvoir, agiter.
Raison d'un acte ; état représentatif, d'ordre intellectuel, expliquant une décision (à bien distinguer du mobile).

◆ **2.** *Définitions particulières de philosophes*

KANT

« Le principe objectif du vouloir est le *motif*. » (*Fondements de la métaphysique des mœurs*, 2e section, p. 148, Delagrave.)

SARTRE

« On entend ordinairement par *motif* la raison d'un acte ; c'est-à-dire l'ensemble des considérations rationnelles qui le justifient. » (*L'Être et le Néant*, 4e partie, chap. 1, § 1, p. 500, Tel, Gallimard.)

Mouvement

◆ **1.** *Définitions générales*

(n. m.) Étym. : lat. *momentum*, mouvement, de *movere*, mouvoir.
A. *Métaphysique* : passage de la puissance à l'acte (dans la philosophie d'*Aristote*).
B. *Physique* : changement continu de position dans l'espace, en fonction du temps et par rapport à un point fixe.
C. *Par extension* : tout changement dans une sphère quelconque (idées, sociétés, etc.).

◆ **2.** *Définitions particulières de philosophes*

ARISTOTE

Voir TEMPS, p. 289.

Moyen

◆ **1.** *Définitions générales*

(n. m.) Étym. : lat. *medianus*, du milieu, et *medianum*, milieu.
Ce qui sert à réaliser une fin.

◆ **2.** *Définitions particulières de philosophes*

KANT

« Ce qui [...] contient simplement le principe de la possibilité de l'action dont l'effet est la fin s'appelle le *moyen*. » (*Fondements de la métaphysique des mœurs*, 2e section, p. 148, Delagrave.)

SCHELER

« On appelle "moyen" d'un "but" tout ce qui, à titre logique de condition ou de fondement, est subordonné à la réalisation de ce but ou pour mieux dire à la réalité de son contenu. » (*Le Formalisme en éthique*, p. 54, Gallimard.)

◆ **3.** *Expressions et termes liés ou dérivés*

Moyen terme

Logique formelle : dans le syllogisme, terme qui figure dans les prémisses et met en rapport le majeur et le mineur. Il ne figure plus dans la conclusion.
Voir SYLLOGISME, p. 281.

Mutation

(n. f.) Étym. : lat. *mutatio*, changement, de *mutare*, changer.
Biologie : dans une espèce, variation brusque d'un caractère héréditaire.

Mystère

◆ **1.** *Définitions générales*

(n. m.) Étym. : grec *musterion*, chose secrète, de *muein*, être fermé.
A. *Antiquité grecque* : cérémonie, rite sacré réservé aux seuls initiés (ex. : Mystères d'Éleusis).
B. *Christianisme* : dogme, vérité révélée, dépassant la raison humaine (ex. : mystère de la Trinité).
C. *Philosophie* : ce que la raison humaine ne peut comprendre (à la différence du problème).

◆ **2.** *Définitions particulières de philosophes*

SCHOPENHAUER

(B) « [Par] *mystères* qu'on rencontre dans presque toutes [les religions], j'entends certains dogmes qui, loin de pouvoir prétendre à être pris à la lettre pour des vérités, ne sauraient même être nettement saisis par la pensée. » (*Le Monde comme volonté et comme représentation*, Suppléments au livre I, § 8, t. 2, p. 300, Alcan.)

MOUNIER

Voir PROBLÈME, p. 228.

JANKÉLÉVITCH

« Le mystère est un secret métempirique[1]. » (*Debussy et le mystère*, p. 11, Éditions de la Baconnière, Neuchâtel).

Mysticisme

◆ **1.** *Définitions générales*

(n. m.) Étym. : grec *mustikos*, qui concerne les mystères.
A. Disposition psychique d'un sujet pensant être en contact direct avec Dieu.
B. Croyance selon laquelle il serait possible d'atteindre un ordre de choses surnaturel, et ce par foi, amour, sentiment, etc.
C. *Péjoratif* : attitude ou doctrine de celui qui repousse le raisonnement ou l'intelligence et accorde la primauté à un sentiment, à une foi aveugle, à une imagination confuse, etc.

◆ **2.** *Définitions particulières de philosophes*

COUSIN

(B) « Le mysticisme consiste à prétendre connaître Dieu sans intermédiaire. » (*Du vrai, du beau et du bien*, p. 105, Didier, 1854.)

BERGSON

(A-B) « Dieu est amour, et il est objet d'amour : tout l'apport du mysticisme est là. » (*Les Deux Sources de la morale et de la religion*, p. 270, PUF.)

◆ **3.** *Termes et expressions connexes*

Relation de voisinage
• extase.
Relation de dépendance
• absolu • divinité • intuition • irrationnel • religion.
Relation d'opposition
• rationalisme • science.

1. Ici, relatif à ce qui dépasse l'expérience sensible.

Mystique

◆ 1. *Définitions générales*

(n. m.-n. f.-adj.) Étym. : grec *mustikos*, qui concerne les mystères.

A. *Nom féminin* :

a) ensemble de processus ou de mouvements spirituels par lesquels l'âme pense atteindre directement le divin.

b) partie de la théologie étudiant les phénomènes mystiques, c'est-à-dire ceux qui prétendent atteindre, par appréhension non rationnelle, un ordre de réalité supérieur.

B. *Nom masculin* : sujet pensant appréhender directement le divin.

C. *Adjectif* : caractérise un état psychique où le sujet a le sentiment d'entrer en rapport direct avec Dieu.

◆ 2. *Définitions particulières de philosophes*

BERGSON

(B) « Le grand mystique serait une individualité qui franchirait les limites assignées à l'espèce par sa matérialité, qui continuerait et prolongerait ainsi l'action divine. » (*Les Deux Sources de la morale et de la religion*, p. 235, PUF.)

Mythe

◆ 1. *Définitions générales*

(n. m.) Étym. : grec *muthos*, fable, légende.

A. *Ethnologie, religion* : récit fabuleux, de caractère religieux, ayant trait à des êtres personnifiant des agents naturels. Le mythe tend à fournir une réponse et une explication satisfaisantes. Il possède également une fonction assurant la cohésion sociale (ex. : mythes de l'Âge d'or, de Prométhée, etc.).

B. *Philosophie* : récit exprimant, sous une forme imagée, une idée ou une conception abstraite (ex. : mythe de la Caverne de Platon).

C. *Sociologie* : représentation collective très simpliste et très stéréotypée, commune à un groupe d'individus.

◆ 2. *Définitions particulières de philosophes*

MORIN

(A) « Le mythe exprime des virtualités humaines, qui n'arrivent pas à la réalisation pratique, mais seulement fantastique [...]. En même temps, les mythes impliquent l'anthropomorphisme ; ce sont des "fables" où bêtes, plantes et choses ont des sentiments humains [...] et expriment des désirs humains. » (*L'Homme et la Mort dans l'histoire*, pp. 87, 88, Corrêa.)

BORNE

(A) « Le mythe est un récit qui mêle dans la même représentation imaginative une histoire de dieux, de demi-dieux, de héros, et remonte à une sorte de temps primitif, archaïque, à un temps originaire avant le temps. » (*Le Problème du mal*, p. 42, PUF.)

◆ 3. *Expressions et termes liés ou dérivés*

Mythe de la Caverne

Voir ALLÉGORIE, p. 16.

Mythologie

(n. f.) Étym. : grec, *muthologia*, mythologie.

a) ensemble de mythes (au sens A et C).

b) étude des mythes, de leurs origines et de leur développement.

◆ 4. *Termes et expressions connexes*

Relation de voisinage

• fable • légende.

Relation de dépendance

• imagination • inconscient • religion • société.

Relation d'opposition

• histoire • science.

N

Narcissisme

◆ **1.** *Définitions générales*

(n. m.) Étym. : dérivé de Narcisse ; selon la mythologie grecque, cet adolescent, épris de lui-même, se contempla dans l'eau d'une fontaine et s'y noya.

A. *Sens courant* : amour, presque excessif, porté à sa propre image. Attention exclusive à l'image de soi-même.

B. *Psychanalyse* : fixation affective et amoureuse à soi-même.

◆ **2.** *Définitions particulières de philosophes*

FREUD

(B) « Nous avons donné à cette nouvelle phase [du développement des tendances sexuelles] le nom de *narcissisme*. La personne se comporte comme si elle était amoureuse d'elle-même. » (*Totem et tabou*, chap. 3, § 3, p. 125, Payot.)

Nation

◆ **1.** *Définitions générales*

(n. f.) Étym. : lat. *natio*, naissance, nation.

A. *Politique* : ensemble des citoyens, détenant l'autorité politique.

B. *Perspective sociale ou sociologique* : communauté sociale déterminée par des conditions naturelles et spirituelles (unité de la langue, etc.). A distinguer de l'État : il peut y avoir organisation étatique sans nation.

◆ **2.** *Définitions particulières de philosophes*

KANT

(B) « Par le terme de *peuple* (populus), on entend la masse des hommes réunis en une contrée, pour autant qu'ils constituent un tout. Cette masse, ou les éléments de cette masse à qui une origine commune permet de se reconnaître comme unie en une totalité civile, s'appelle *nation* (gens). » (*Anthropologie du point de vue pragmatique*, 2e partie, p. 154, Vrin.)

RENAN

(B) « Une nation est une âme, un principe spirituel. Deux choses qui, à vrai dire, n'en font qu'une, constituent cette âme, ce principe spirituel. L'une est dans le passé, l'autre dans le présent. L'une est la possession en commun d'un riche legs de souvenirs ; l'autre est le consentement actuel, le désir de vivre ensemble, la volonté de continuer à faire valoir l'héritage qu'on a reçu indivis. » (*Qu'est-ce qu'une nation ?* in *Discours et conférences*, p. 306, Calmann-Lévy.)

MAUSS

(B) « Nous entendons par nation une société matériellement et moralement intégrée, à pouvoir central stable, permanent, à frontières déterminées, à relative unité morale, mentale et culturelle des habitants qui adhèrent consciemment à l'État et à ses lois. » (Mauss, *Œuvres*, t. 3, p. 584, Éditions de Minuit.)

MARITAIN

(B) « La *Nation* est une communauté, non une société [...]. Une Nation est une communauté d'hommes qui prennent conscience d'eux-mêmes tels que l'histoire les a faits, qui sont attachés au trésor de leur passé et qui s'aiment tels qu'ils se savent ou s'imaginent être, avec une sorte d'inévitable introversion. » (*L'Homme et l'État*, pp. 4, 5, PUF.)

◆ **3.** *Expressions et termes liés ou dérivés*

Nationalisme

(n. m.) Attachement ou préférence pour la nation, conçue comme un absolu ; doctrine fondée sur ce sentiment.

◆ **4.** *Termes et expressions connexes*

Relation de voisinage

• pays • peuple.

Relation de dépendance

• culture • histoire • langue • territoire.

Naturalisme

◆ **1.** *Définitions générales*

(n. m.)

A. *Art* : conception selon laquelle l'artiste devrait prendre la nature pour modèle et montrer les choses comme elles sont (synonyme de réalisme).

B. *Philosophie* : doctrine selon laquelle il

n'existe rien en dehors de la nature (avec négation de l'existence du surnaturel).
C. Chez *Husserl* : représentation de l'existence de la totalité de l'être (conscience, idées, etc.) à l'image de la nature (et de la chose matérielle).

◆ 2. *Définitions particulières de philosophes*

HUSSERL

(C) « Ce qui caractérise toutes les formes du naturalisme extrême et radical [...] c'est, d'une part, qu'elles *réduisent à un fait de nature* la *conscience* et toutes ses données immanentes à l'intentionalité, et, d'autre part, qu'elles *réduisent à des faits de nature* les *idées*, donc toutes les normes et tous les idéaux absolus. » (*La Philosophie comme science rigoureuse*, p. 20, PUF.)

Nature

Un terme polysémique et souvent équivoque. Dans l'Antiquité gréco-latine, d'Aristote jusqu'aux Stoïciens, cette notion joue un rôle extrêmement important (ex. : pour les Stoïciens, il s'agit de se conformer à la nature). Avec le développement de la science moderne, à partir des XVIIe et XVIIIe siècles, la nature en vient à désigner un ensemble de lois (cf. Malebranche et Kant, notamment). Ainsi le sens premier de nature (les plantes, les animaux, etc.) s'efface-t-il souvent, dans la pensée moderne, au profit de l'idée d'ordre et de lois universelles.

◆ 1. *Définitions générales*

(n. f.) Étym. : lat. *natura*, nature, de *nasci*, naître.
A. *Nature d'un être* :
a) chez *Aristote* : principe de production, cause productrice du changement ou du développement d'un être.
b) ensemble des caractères ou propriétés définissant un être.
c) tout de ce qui, dans un être, est inné, par opposition à ce qui est acquis.
B. *Nature en général* :
a) ensemble de tout ce qui existe (règnes minéral, végétal et animal) en tant qu'il obéit à des lois.
b) chez *Spinoza* : Dieu, conçu comme immanent au réel.

◆ 2. *Définitions particulières de philosophes*

ARISTOTE

(A-*a*) « La nature est un principe et une cause de mouvement et de repos pour la chose en laquelle elle réside immédiatement, par essence et non par accident. » (*Physique*, liv. 2, § 1, t. 1, p. 58, Budé, Belles Lettres.)

DIOGÈNE LAËRCE

« Ils[1] entendent par Nature tantôt la force qui contient le monde, tantôt celle qui fait pousser les êtres vivants sur la terre. La Nature est une force stable qui se meut d'elle-même. » (*Vies et opinions des philosophes*, liv. 7, in *Les Stoïciens*, p. 63, La Pléiade, Gallimard.)

DESCARTES

(A-*b*) « Je connus de là que j'étais une substance dont toute l'essence ou la nature n'est que de penser. » (*Discours de la méthode*, 4e partie, in *Descartes, Œuvres, lettres*, p. 148, La Pléiade, Gallimard.)
« Par la nature, considérée en général, je n'entends maintenant autre chose que Dieu même, ou bien l'ordre et la disposition que Dieu a établis dans les choses créées. Et par ma nature en particulier, je n'entends autre chose que la complexion ou l'assemblage de toutes les choses que Dieu m'a données. » (*Méditations métaphysiques*, Méditation 6, in *Descartes, Œuvres, lettres*, p. 326, La Pléiade, Gallimard.)

SPINOZA

(B-*b*) « La Nature, bien qu'ayant divers attributs, n'en est pas moins un seul Être duquel tous ces attributs sont affirmés. » (*Court Traité*, in *Œuvres de Spinoza*, t. 1, p. 169, Garnier.)
(B-*b*) « Cet Être éternel et infini que nous appelons Dieu ou la Nature » (*Éthique*, 4e partie, Préface, in *Œuvres de Spinoza*, t. 3, p. 218, Garnier-Flammarion.)

MALEBRANCHE

(B) « A proprement parler ce qu'on appelle *Nature*, n'est rien autre chose que les lois générales que Dieu a établies pour construire ou conserver son ouvrage. » (*Traité de la nature et de la grâce*, in *Malebranche, Œuvres complètes*, t. 5, p. 148, Vrin.)

KANT

(B) « Par nature (au sens empirique), nous entendons l'enchaînement des phénomènes, quant à leur existence, suivant des règles nécessaires, c'est-à-dire suivant des lois. Il y a donc certaines lois, et même des lois *a priori*, qui rendent tout d'abord possible une nature. » (*Critique de la raison pure*, « Analytique transcendantale », p. 198, PUF.)
(B) « La nature, c'est l'*existence des choses*, en tant qu'elle est déterminée selon des lois universelles. » (*Prolégomènes à toute métaphysique future*, § 14, p. 61, Vrin.)

HEGEL

« La nature et l'esprit constituent la réalité de l'idée, l'une comme présence extérieure,

1. Il s'agit des Stoïciens.

l'autre comme savoir de soi. (En d'autres termes, la logique est l'essence éternellement simple en elle-même ; la nature est cette essence sortie d'elle-même.) » (*Propédeutique philosophique*, « Encyclopédie philosophique », § 10, p. 165, Éditions de Minuit.)

COMTE

« Le dernier terme du système métaphysique consiste à concevoir, au lieu des différentes entités particulières, une seule grande entité générale, la *nature*, envisagée comme la source unique de tous les phénomènes. » (*Cours de philosophie positive*, Leçon 1, p. 22, Hermann.)

SARTRE

« La nature c'est le choix de soi-même en face de la liberté oppressive des autres. » (*Cahiers pour une morale*, p. 13, Gallimard.)

LÉVI-STRAUSS

(A-*c*) « La nature, c'est tout ce qui est en nous par hérédité biologique. » (in Georges Charbonnier, *Entretiens avec Claude Lévi-Strauss*, p. 180, Agora, Julliard.)

◆ 3. *Expressions et termes liés ou dérivés*

Nature humaine

Cette expression de « nature humaine » se rattache au sens (A-*b*) de « nature ». La nature humaine désigne ce qui serait présent en tout homme, commun à tous les hommes (abstraction faite de déterminations contingentes).

Nature naturante

Chez *Spinoza*, tout particulièrement, Dieu en tant que substance infinie et cause libre.

SPINOZA

« On doit entendre par Nature Naturante, ce qui est en soi et est conçu par soi, autrement dit ces attributs de la substance qui expriment une essence éternelle et infinie, ou encore [...] Dieu en tant qu'il est considéré comme cause libre. » (*Éthique*, 1re partie, Proposition 29, in *Œuvres de Spinoza*, t. 3, p. 53, Garnier-Flammarion.)

Nature naturée

Chez *Spinoza*, tout particulièrement, ensemble des modes qui sont en Dieu.

SPINOZA

« Par Nature Naturée, j'entends tout ce qui suit de la nécessité de la nature de Dieu, autrement dit de celle de chacun de ses attributs, ou encore tous les modes des attributs de Dieu, en tant qu'on les considère comme des choses qui sont en Dieu et ne peuvent sans Dieu ni être ni être conçues. » (*Éthique*, 1re partie, Proposition 29, in *Œuvres de Spinoza*, t. 3, p. 53, Garnier-Flammarion.)

État de nature

Voir ÉTAT, p. 95.

Naturel

(adj.) Étym. : lat. *naturalis*, naturel.
Qui concerne la nature, se rapporte à elle ou lui est conforme (ce qui est naturel s'oppose à ce qui est acquis, artificiel, etc.)

◆ 4. *Termes et expressions connexes*

— Pour *nature* au sens A-*b* :

Relation de voisinage

• essence.

Relation de dépendance

• être.

Relation d'opposition

• liberté • pour-soi.

— Pour *nature* au sens A-*c* :

Relation de voisinage

• inné • spontané • tempérament.

Relation de dépendance

• hérédité • instinct.

Relation d'opposition

• acquis • culture • institutions.

— Pour *nature* au sens B :

Relation de voisinage

• cosmos • monde • univers.

Relation de dépendance

• causalité • chose • loi expérimentale • matière.

Relation d'opposition

• esprit • surnaturel.

Nausée

(n. f.) Chez *Sartre* : sentiment ontologique révélant la contingence et le caractère injustifiable de l'existence.

Néant

Le néant, une pseudo-idée ou une réalité constitutive de l'être ? Au XIXe siècle, Hegel, penchant pour la seconde solution, lie néant et dialectique. Au contraire, Bergson expulse cette idée négative, que Heidegger et Sartre, en notre siècle, réhabilitent : l'angoisse se détache sur le Néant (Heidegger) ; c'est une saisie du néant, liée à notre infinie liberté (Sartre).

◆ **1.** *Définitions générales*

(n. m.) Étym. : lat. scolastique *non ens*, non étant, non-être.
Ce qui n'a pas d'être ou de réalité ; absence d'être, soit absolue, soit relative. Non-être.

◆ **2.** *Définitions particulières de philosophes*

DESCARTES

« Une certaine idée négative du néant, c'est-à-dire de ce qui est infiniment éloigné de toute sorte de perfection. » (*Méditations métaphysiques*, Méditation 4, in *Descartes, Œuvres, lettres*, p. 302, La Pléiade, Gallimard.)

HEGEL

« *Néant, le pur Néant* ; c'est la simple égalité avec soi-même, le vide parfait, l'absence de détermination et de contenu ; l'indifférenciation au sein de lui-même. » (*Science de la logique*, trad. Jankélévitch, liv. 1, t. 1, p. 72, Aubier.)
Voir aussi ÊTRE, p. 98.

BERGSON

« L'idée du néant absolu, entendu au sens d'une abolition de tout, est une idée destructive d'elle-même, une pseudo-idée, un simple mot [...]. L'idée d'une "abolition de tout" est aussi absurde que celle d'un cercle carré. » (*L'Évolution créatrice*, p. 283, PUF.)

HEIDEGGER

« Le Néant est la négation radicale de la totalité de l'existant. » (*Qu'est-ce que la métaphysique* ? p. 28, Gallimard.)

SARTRE

« Le néant est ce trou d'être, cette chute de l'en-soi vers le soi par quoi se constitue le pour-soi [...]. Le néant est la mise en question de l'être par l'être, c'est-à-dire justement la conscience ou pour-soi. » (*L'Être et le Néant*, 2e partie, chap. 1, § 1, p. 117, Tel, Gallimard.)

◆ **3.** *Expressions et termes liés ou dérivés*

Néantiser

(v.) Chez *Sartre* : « sécréter » du néant dans les parties du monde étrangères à l'intention du sujet, les « vider », les « supprimer » et les « éliminer », en quelque sorte (ex. : je cherche un ami dans un café ; je « néantise » le café, qui devient simple fond vide).

◆ **4.** *Termes et expressions connexes*

Relation de voisinage
• non-être • rien.
Relation de dépendance
• altérité (Platon) • conscience • existant.
Relation d'opposition
• Être • réalité.

Nécessaire

◆ **1.** *Définitions générales*

(n. m.-adj.) Étym. : lat. *necessarius*, inéluctable, nécessaire.
A. *Sens général* : qui ne peut pas ne pas être ; qui ne peut être autrement.
B. *Logique* :
a) qui ne peut être conçu autrement selon les lois de la pensée (principes d'identité, de non-contradiction, etc.) ;
b) qui, une hypothèse, une condition ou une proposition étant admises, ne peut pas ne pas suivre (ex. : dans un syllogisme, la conclusion des prémisses).
C. *Métaphysique* : s'applique, selon le rationalisme, à l'ordre et à l'enchaînement des causes et des effets dans le monde ou bien à Dieu, en tant qu'il ne dépend pour exister d'aucune autre cause ou condition (ex. : Dieu de *Spinoza*).
D. *Morale* : obligatoire, du point de vue moral.
E. *Physique, sciences de la nature* : qui découle de lois et relations invariables.

◆ **2.** *Définitions particulières de philosophes*

ARISTOTE

Voir SCIENCE, p. 259.

DIOGÈNE LAËRCE (exposant la doctrine des Stoïciens)

(A-B) « Est nécessaire [la proposition] qui, étant vraie, n'est pas capable d'être fausse, ou bien celle qui en est capable, mais qui est telle que les circonstances extérieures s'opposent à ce qu'elle soit fausse. » (*Vies et doctrines des philosophes*, in *Les Stoïciens*, p. 40, La Pléiade, Gallimard.)

ALAIN

(A-B) « Est nécessaire ce dont le contraire est inconcevable ; par exemple la somme de plusieurs nombres est nécessaire dès que les nombres sont posés. Il ne peut en être autrement. » (*Définitions*, in *Alain, les Arts et les Dieux*, p. 1074, La Pléiade, Gallimard.)

◆ **3.** *Termes et expressions connexes*

Relation de voisinage
• apodictique • indispensable
• inéluctable.
Relation de dépendance
• causalité • déterminisme
• lois de la nature • vérité.

Relation d'opposition
• contingent • libre.

Nécessité

◆ **1.** *Définitions générales*

(n. f.) Étym. : lat. *necessitas*, nécessité.
Caractère de ce qui est nécessaire dans les différentes significations de ce terme.

◆ **2.** *Définitions particulières de philosophes*

ARISTOTE

« La nécessité présente l'idée de quelque chose d'inflexible ; et c'est à juste titre, car elle est le contraire du mouvement résultant du choix et du calcul.
Autre sens. Quand une chose ne peut pas être autrement qu'elle n'est, nous disons qu'il est nécessaire qu'il en soit ainsi. » (*La Métaphysique*, liv. Δ, § 5, t. I, p. 259, Vrin.)

HUME

« Je définis la nécessité de deux manières d'après les deux définitions de la *cause* dont elle constitue une partie essentielle. Je la place soit dans l'union et la conjonction constantes d'objets semblables, soit dans l'inférence de l'esprit d'un objet à un autre. » (*Traité de la nature humaine*, p. 518, Aubier.)

KANT

« La nécessité ne concerne [...] que les rapports des phénomènes, suivant la loi dynamique de la causalité, et que la possibilité, qui s'y fonde, de conclure *a priori* d'une existence quelconque donnée (d'une cause) à une autre existence (à l'effet). » (*Critique de la raison pure*, « Analytique transcendantale », p. 208, PUF.)

◆ **3.** *Expressions et termes liés ou dérivés*

Nécessité absolue

Nécessité inconditionnelle.

Nécessité hypothétique

Nécessité subordonnée à des présuppositions ; elle régit les sciences mathématiques et expérimentales (opposé à nécessité catégorique ou absolue).

Négatif

Au XIXe siècle, Hegel est le penseur par excellence du négatif et de la négativité : le mouvement de la négativité est au centre de notre esprit, qui, procédant par le « travail du négatif », passe, sans cesse, de la thèse (« positif ») à l'antithèse (« négatif »), réunifiées toutes deux dans la synthèse (conservation du « positif » nié par le « négatif »).

◆ **1.** *Définitions générales*

(n. m.-adj.) Étym. : lat. *negativus*, négatif, de *negare*, dire non, nier.
A. *Sens courant* : se dit de ce qui est dépourvu d'élément constructif, ou de ce qui est critique, sans rien apporter de constructif.
B. *Logique* : qui a la forme d'une négation (acte de nier une proposition).
C. *Mathématiques* : qualifie un nombre ou une grandeur affectés du signe moins.

◆ **2.** *Définitions particulières de philosophes*

HEGEL

« Le négatif est également positif, autrement dit ce qui se contredit ne se résout pas en zéro, en néant abstrait, mais essentiellement en la négation de son contenu particulier. » (*Science de la logique*, Introduction, in *Hegel, morceaux choisis*, t. I, p. 125, Idées, Gallimard.)

◆ **3.** *Expressions et termes liés ou dérivés*

Travail du négatif

MERLEAU-PONTY

« L'idée d'un *travail du négatif*, d'une négation qui ne s'épuise pas à exclure le positif, ou à susciter en face de lui un terme qui l'annule, mais qui le reconstruit au-delà de ses limitations, le détruit et le sauve, est [...] le ressort primordial [de la pensée dialectique]. » (*Résumés de cours, Collège de France, 1952-1960*, p. 79, Gallimard.)

Négativisme

(n. m.) Tendance à une attitude non constructive ; attitude où l'on dit non, de manière systématique.

Négativité

(n. f.) chez *Hegel* : activité de la négation s'enrichissant du terme opposé qu'elle nie et apportant un concept nouveau.

◆ **4.** *Termes et expressions connexes*

Relation de voisinage
• négation • non.
Relation de dépendance
• dialectique • jugement • relatif.
Relation d'opposition
• affirmatif • positif.

Négation

◆ **1.** *Définitions générales*

(n. f.) Étym. : lat. *negatio*, négation, dénégation.
Acte de nier une proposition ou un produit de cet acte.

◆ **2.** *Définitions particulières de philosophes*

ARISTOTE

« Une négation est la déclaration qu'une chose est séparée d'une autre chose. » (*Organon*, *De l'interprétation*, § 6, p. 86, Vrin.)

ARNAULD et NICOLE

Voir PROPOSITION, p. 231.

KANT

« La négation logique, uniquement marquée par le petit mot : non, ne porte jamais proprement sur un concept, mais seulement sur le rapport de ce concept à un autre dans le jugement. » (*Critique de la raison pure*, « Dialectique transcendantale », p. 416, PUF.)

Négativisme, négativité

Voir NÉGATIF, p. 191.

Névrose

(n. f.) Étym. : grec *neuron*, nerf.
Affection nerveuse, sans lésion organique reconnue, n'altérant pas gravement la personnalité, comme le fait la psychose ; elle s'accompagne d'une conscience pénible de la maladie (ex. : obsession, phobie, névrose d'angoisse).

Nihilisme

◆ **1.** *Définitions générales*

(n. m.) Étym. : lat. *nihil*, rien.
A. *Au sens large* : doctrine niant l'existence d'un absolu.
B. *Politique* : doctrine qui, au cours du XIXe siècle, a particulièrement marqué la pensée russe ; il s'agissait d'une critique des valeurs traditionnelles et d'un projet de transformation du monde social (allant dans le sens d'une *émancipation*) : ne s'incliner devant aucune autorité, etc.
C. Chez *Nietzsche* : aux yeux de ce penseur, le nihilisme caractérise une période de la civilisation occidentale et désigne le phénomène spirituel lié à la mort de Dieu et des valeurs morales, ainsi qu'à l'idée que le devenir est sans but.

◆ **2.** *Définitions particulières de philosophes*

NIETZSCHE

(C) « Que signifie le nihilisme ? *Que les valeurs supérieures se déprécient*. Les fins manquent ; il n'est pas de réponse à cette question : "A quoi bon ?" » (*La Volonté de puissance*, trad. Bianquis, liv. 3, t. 2, § 100, p. 43, Gallimard.)

◆ **3.** *Termes et expressions connexes*

Relation de voisinage
• anarchisme • pessimisme.
Relation de dépendance
• absurde • métaphysique.
Relation d'opposition
• absolu • sens.

Nirvana

◆ **1.** *Définitions générales*

(n. m.) Étym. : sanscrit *nirvana*, extinction, de *nir*, négation, et *vâ*, souffle.
Bouddhisme : extinction du désir humain de vivre, entraînant la fin du cycle des naissances et renaissances ; cessation des transmigrations possibles.

◆ **2.** *Définitions particulières de philosophes*

SCHOPENHAUER

« L'existence que nous connaissons, [celui qui renonce à la volonté de vivre] la quitte sans peine ; ce qui la remplace est *néant* à nos yeux, parce que justement notre existence, comparée à celle-là, n'est qu'un *néant*. La foi bouddhiste nomme cette existence *nirwana*, c'est-à-dire extinction » (*Le Monde comme volonté et comme représentation*, Supplément au livre 4, t. 3, p. 320, Alcan.)

Nom

◆ **1.** *Définitions générales*

(n. m.) Étym. : lat. *nomen*, nom, dénomination.
Mot ou groupe de mots servant à désigner une réalité ou un être quelconque et permettant de les distinguer.

◆ **2.** *Définitions particulières de philosophes*

ARISTOTE

« Le nom est un son vocal, possédant une signification conventionnelle, sans référence au temps et dont aucune partie ne présente de signification quand elle est prise séparément. » (*Organon*, *De l'interprétation*, § 2, p. 79, Vrin.)

ARNAULD et NICOLE

« Les objets de nos pensées étant [...] ou des choses, ou des manières de choses : les mots destinés à signifier tant les choses que les manières, s'appellent *Noms*. » (*La Logique ou l'Art de penser*, p. 144, Champs, Flammarion.)

◆ **3.** *Termes et expressions connexes*

Relation de voisinage

• appellation • dénomination.

Relation de dépendance

• discours • idée générale • langage • mot • nominalisme • pensée.

Relation d'opposition

• innommé.

Nombre

◆ **1.** *Définitions générales*

(n. m.) Étym. : lat. *numerus*, nombre.
Une des catégories essentielles de l'intelligence, qui n'a pas à proprement parler de définition rigoureuse. Elle désignerait le rapport d'une grandeur à une autre de même espèce considérée comme unité.

◆ **2.** *Définitions particulières de philosophes*

KANT

« Le schème pur de la quantité [...], considérée comme un concept de l'entendement, est le *nombre* qui est une représentation embrassant l'addition successive de l'unité [...]. Ainsi le nombre n'est autre chose que l'unité de la synthèse opérée dans le divers d'une intuition homogène en général. » (*Critique de la raison pure*, « Analytique transcendantale », p. 153, PUF.)

BERGSON

« Tout nombre est une collection d'unités [...] et d'autre part tout nombre est une unité lui-même, en tant que synthèse des unités qui le composent. » (*Essai sur les données immédiates de la conscience*, p. 59, PUF.)

Nominalisme

◆ **1.** *Définitions générales*

(n. m.) Étym. : lat. scolastique *nominalismus*, de *nomen*, nom.
Doctrine selon laquelle il n'y a pas d'idées générales, mais seulement des signes, des noms ou des mots. Ainsi, les essences sont seulement des mots (théorie surtout développée au Moyen Âge).

◆ **2.** *Définitions particulières de philosophes*

BERGSON

« Les nominalistes [...] ne retenant de l'idée générale que son extension, voient simplement en elle une série ouverte et indéfinie d'objets individuels. L'unité de l'idée ne pourra donc consister pour eux que dans l'identité du symbole par lequel nous désignons indifféremment tous ces objets distincts » (*Matière et mémoire*, p. 174, PUF.)

◆ **3.** *Expressions et termes liés ou dérivés*

Nominalisme scientifique

Doctrine selon laquelle les lois et théories ne seraient pas des connaissances ou représentations réelles et objectives des choses mais des constructions de l'esprit.

Non

◆ **1.** *Définitions générales*

Adverbe de négation.

◆ **2.** *Expressions et termes liés ou dérivés*

Non-être

(n. m.) Étym. : de « non » et « être ».
Fait de ne pas être ou état de ce qui n'est pas. Cette idée de non-être a paru à certains philosophes une pseudo-idée.
Platon, pour sa part, a soutenu que le non-être est.

PLATON

« Quand nous énonçons le non-être, ce n'est point là, ce semble, énoncer quelque chose de contraire à l'être, mais seulement quelque chose d'autre. » (*Le Sophiste*, in *Platon*, *Œuvres complètes*, t. 8, 3e partie, p. 371, Budé, Belles Lettres.)

Non euclidien

Qui n'obéit pas au postulat d'Euclide concernant les parallèles.

Non-moi

Tout ce qui n'est pas le moi ou s'oppose à lui. La réalité, en tant que distincte du sujet.

Non-être

Voir NON.

Noologique

Voir SCIENCE, p. 259.

Normal

◆ **1.** *Définitions générales*

(adj.) Étym. : lat. *normalis*, fait à l'équerre.
A. *Avec un jugement de valeur* : conforme à la

norme (sociale, etc.), à la règle considérée comme valable, à un état jugé « sain » (ex. : une « sexualité normale »).
B. *Sans jugement de valeur* : conforme à la moyenne.

◆ **2.** *Définitions particulières de philosophes*

CANGUILHEM

(B) « Le normal signifie tantôt le caractère moyen dont l'écart est d'autant plus rare qu'il est plus sensible et tantôt le caractère dont la reproduction, c'est-à-dire à la fois le maintien et la multiplication, révélera l'importance et la valeur vitales. A ce deuxième sens, le normal doit être dit instituteur de la norme ou normatif [...]. C'est ce deuxième sens qui doit normalement sous-tendre le premier. » (*La Connaissance de la vie*, p. 162, Vrin.)

◆ **3.** *Expressions et termes liés ou dérivés*

Normatif

(adj.) Qui constitue, prescrit ou énonce une norme.

Norme

(n. f.) Étym. : lat. *norma*, équerre, règle, loi. Règle ou modèle décrivant ce qui doit être et par rapport auxquels sont formulés des jugements de valeur.

◆ **4.** *Termes et expressions connexes*

— Pour *normal* :

Relation de voisinage

• normatif.

Relation de dépendance

• maladie • norme • psychiatrie • règle • société.

Relation d'opposition

• anormal • exceptionnel • pathologique.

— Pour *norme* :

Relation de voisinage

• canon • modèle • règle.

Relation de dépendance

• conformité • morale • pathologie • technique.

Relation d'opposition

• exception.

Notion

◆ **1.** *Définitions générales*

(n. f.) Étym. : lat. *notio*, action de connaître, d'apprendre.
A. Représentation élémentaire, superficielle, vue générale (ex. : avoir des notions de physique).
B. Représentation marquée par des déterminations idéologiques ou génératrices d'illusion.
C. Parfois synonyme de concept ou d'idée.

◆ **2.** *Définitions particulières de philosophes*

KANT

« Le concept est ou empirique ou pur, et le concept pur, en tant qu'il a uniquement son origine dans l'entendement (et non dans une image pure de la sensibilité), s'appelle *notion*. » (*Critique de la raison pure*, « Dialectique transcendantale, p. 266, PUF.)

◆ **3.** *Expressions et termes liés ou dérivés*

Notion commune

Principe rationnel, principe premier appartenant à tous les hommes, axiome (en mathématiques).

DESCARTES

« Par exemple, lorsque nous pensons qu'on ne saurait faire quelque chose de rien, nous ne croyons point que cette proposition soit une chose qui existe ou la propriété de quelque chose, mais nous la prenons pour une certaine vérité éternelle qui a son siège en notre pensée, et que l'on nomme une notion commune ou une maxime. » (*Les Principes de la philosophie*, liv. I, § 49, in *Descartes, Œuvres, lettres*, p. 593, La Pléiade, Gallimard.)

Noumène

◆ **1.** *Définitions générales*

(n. m.) Terme kantien transcrit du grec *nooumenon*, chose pensée.
Chose en soi, réalité intelligible, dont nous n'avons aucune connaissance.

◆ **2.** *Définitions particulières de philosophes*

KANT

« Si nous entendons par noumène une chose *en tant qu'elle n'est pas un objet de notre intuition sensible*, en faisant abstraction de la manière dont nous l'intuitionnons, cette chose est alors un noumène dans le sens *négatif*. Mais si nous entendons par là l'*objet d'une intuition non sensible*, nous admettons un mode particulier d'intuition, à savoir l'intuition intellectuelle qui, cependant, n'est pas la nôtre et dont nous ne pouvons pas même envisager la possibilité ; et ce serait là le noumène dans le sens *positif*. » (*Critique de la raison pure*, « Analytique transcendantale », p. 226, PUF.)

O

Obéissance

(n. f.) Étym. : lat. *oboedientia*, obéissance, soumission.
État de celui qui modifie son comportement et se soumet en se conformant à ce qui est ordonné.

Objectal

(adj.) *Psychanalyse* : qui concerne l'investissement de la libido dans un objet autre que soi-même (par opposition à un investissement narcissique).

Objectif

◆ **1.** *Définitions générales*

(n. m.-adj.)
A. *Nom* : but.
B. *Adjectif* :
a) sens courant : impartial, indépendant des intérêts et des goûts du sujet.
b) scolastique, Descartes, etc. : qui concerne une représentation de l'esprit et un objet de pensée, abstraction faite de la réalité correspondant à cet objet.
c) sens moderne (depuis Kant) : qui existe en dehors de l'esprit et indépendamment de la connaissance qu'en a le sujet pensant ; qui est valable pour tout être raisonnable.

◆ **2.** *Définitions particulières de philosophes*

KANT

(B-*c*) « Des *principes pratiques* [...] sont objectifs et fournissent des lois pratiques, quand la condition est reconnue comme objective, c'est-à-dire comme valable pour la volonté de tout être raisonnable. » (*Critique de la raison pratique*, « Doctrine élémentaire de la raison pure pratique », p. 17, PUF.)

HENRY

(B-*c*) « Le savoir scientifique est objectif par principe [...]. "Objectif" veut dire d'abord que le savoir de la science est rationnel, universellement valable et comme tel reconnu par tous. » (*La Barbarie*, p. 16, Grasset.)

Objectivation

◆ **1.** *Définitions générales*

(n. f.) Processus par lequel la conscience transforme ses impressions subjectives et ses sensations en objets extériorisés.

◆ **2.** *Définitions particulières de philosophes*

SCHOPENHAUER

« Par objectivation j'entends l'action de se représenter dans le monde réel des corps » (*Le Monde comme volonté et comme représentation*, Supplément au livre 2, t. 3, p. 59, Alcan.)

Objectivité

◆ **1.** *Définitions générales*

(n. f.)
A. *Sens général* : caractère de ce qui est objectif.
B. *Sens du langage courant* : impartialité du sujet connaissant.
C. *Épistémologie* : caractère de la démarche de rationalisation scientifique, recourant à l'observation, l'expérimentation, la mesure, etc., de manière à dépasser la sensibilité subjective individuelle pour recueillir un assentiment universel.
D. *Métaphysique* : désigne ce qui existe en dehors de notre pensée et indépendamment d'elle.

◆ **2.** *Définitions particulières de philosophes*

POINCARÉ

« Telle est [...] la première condition de l'objectivité : ce qui est objectif doit être commun à plusieurs esprits, et par conséquent pouvoir être transmis de l'un à l'autre. » (*La Valeur de la science*, p. 282, A l'enseigne du cheval ailé, Constant Bourquin éd., Genève.)

PIAGET

(C) « Le caractère propre de la connaissance scientifique est de parvenir à une certaine objectivité, en ce sens que moyennant l'emploi de certaines méthodes, soit déductives (logico-mathématiques), soit expérimentales, il y a finalement accord entre tous les sujets sur un secteur donné de connaissances » (« L'Épistémologie et ses variétés », in *Logique et connaissance scientifique*, p. 14, Encyclopédie de la Pléiade, Gallimard.)

◆ **3.** *Termes et expressions connexes*

Relation de voisinage
• impartialité • impersonnalité.
Relation de dépendance
• connaissance • jugement • raison • science • universalité.
Relation d'opposition
• partialité • subjectivité.

Objet

◆ **1.** *Définitions générales*

(n. m.) Étym. : lat. *objectum*, ce qui est placé ou jeté devant.
A. *Sens courants* :
a) réalité matérielle, s'offrant à la vue, tangible, maniable.
b) matière d'une pensée, d'une réflexion, etc. (ex. : l'objet d'une science).
B. *Philosophie* : ce qui est pensé, représenté en tant que distinct de l'acte par lequel il est pensé.

◆ **2.** *Définitions particulières de philosophes*

KANT

« L'*objet* (object) est ce dans le concept de quoi est *réuni* le divers d'une intuition donnée. » (*Critique de la raison pure*, « Analytique transcendantale », 2e édition, p. 115, PUF.)

JASPERS

(A) « Nous appelons *objet* au sens large tout ce qui se trouve en face de nous, tout ce que nous voyons par le regard intérieur, spirituel, ou par le regard extérieur grâce aux organes des sens, tout ce que nous saisissons et pensons. » (*Psychopathologie générale*, pp. 50, 51, Alcan.)

ULLMO

« Nous appelons *objet* une partie des phénomènes observables qui donne lieu à la manifestation, dans des relations répétables, de la valeur constante d'un certain nombre de paramètres. » (*La Pensée scientifique moderne*, p. 49, Flammarion.)

◆ **3.** *Termes et expressions connexes*

Relation de voisinage
• chose.
Relation de dépendance
• perception • pensée • réalité • représentation • science.
Relation d'opposition
• sujet.

Obligation

◆ **1.** *Définitions générales*

(n. f.) Étym. : lat. *obligatio*, action de répondre de.
A. *Droit* : lien juridique par lequel une personne est astreinte (envers une autre) à faire ou à ne pas faire quelque chose, à certaines prestations, etc.
B. *Morale* : caractère impératif constituant la forme de la loi morale (l'obligation suppose la liberté et s'oppose à la contrainte).

◆ **2.** *Définitions particulières de philosophes*

KANT

(B) « L'*obligation* est la nécessité d'une action libre sous un impératif catégorique de la raison. » (*Métaphysique des mœurs, Doctrine du droit*, « Introduction à la Métaphysique des mœurs », IV, p. 96, Vrin.)

HEGEL

(A) « Ce qui peut être juridiquement exigé est une *obligation*. » (*Propédeutique philosophique*, « Doctrine des devoirs ou Morale », § 32, p. 61, Éditions de Minuit.)

BERGSON

(B) « L'essence de l'obligation est autre chose qu'une exigence de la raison [...]. Au fond de l'obligation morale il y a l'exigence sociale » (*Les Deux Sources de la morale et de la religion*, pp. 18, 25, PUF.)

◆ **3.** *Termes et expressions connexes*

Relation de voisinage
• devoir • impératif.
Relation de dépendance
• autonomie • droit • liberté • morale.
Relation d'opposition
• contrainte • nécessité.

Obscur

◆ **1.** *Définitions générales*

(adj.) Étym. : lat. *obscurus*, sombre, obscur, difficile à comprendre.
Désigne ce qui s'oppose à clair ; ce qui n'est pas défini avec précision ; ce qui est très imprécis et équivoque.

◆ **2.** *Définitions particulières de philosophes*

LEIBNIZ

Voir CLAIR, p. 45.

Observation

◆ **1.** *Définitions générales*

(n. f.) Étym. : lat. *observatio*, observation, attention.

Constatation attentive, examen direct des phénomènes et données de l'expérience, afin d'énoncer une loi.

◆ **2.** *Définitions particulières de philosophes*

COMTE

« L'observation [...], c'est-à-dire l'examen direct du phénomène tel qu'il se présente naturellement. » (*Cours de philosophie positive*, Leçon 19, in *Auguste Comte, Philosophie des sciences, textes choisis*, p. 156, PUF.)

◆ **3.** *Expressions et termes liés ou dérivés*

Observation empirique, observation scientifique

Selon *Claude Bernard*, la première constate ; la seconde, active et complexe, forme des hypothèses qu'il s'agit de vérifier.

BERNARD

« Les *observations empiriques* sont les observations faites sans aucune idée préconçue et dans le seul but de constater le fait sans chercher à le comprendre [...]. [Les observations scientifiques] sont nécessairement faites en vue d'une idée préconçue qu'il s'agit de vérifier. » (*Principes de médecine expérimentale*, p. 3, Quadrige, PUF.)

BACHELARD

« L'observation scientifique est toujours une observation polémique ; elle confirme ou infirme une thèse antérieure, un schéma préalable, un plan d'observation ; elle montre en démontrant ; elle hiérarchise les apparences ; elle transcende l'immédiat ; elle reconstruit le réel après avoir reconstruit ses schémas. » (*Le Nouvel Esprit scientifique*, p. 12, PUF.)

◆ **4.** *Termes et expressions connexes*

Relation de voisinage
• constatation • examen.

Relation de dépendance
• fait • hypothèse • loi scientifique • méthode • phénomène • raisonnement.

Relation d'opposition
• expérimentation • imagination.

Occasionalisme[1]

◆ **1.** *Définitions générales*

(n. m.) Chez *Malebranche*, doctrine des causes occasionnelles (selon laquelle Dieu est la seule cause efficiente, efficace, dans le monde).

◆ **2.** *Expressions et termes liés ou dérivés*

Cause occasionnelle

Chez *Malebranche*, cause naturelle qui n'est point la véritable cause (efficiente), mais la circonstance permettant l'exercice de la volonté divine, seule cause véritable.

MALEBRANCHE

« Je crois avoir démontré dans la *Recherche de la vérité*, qu'il n'y a que Dieu qui soit cause *véritable*, ou qui agisse par son efficace propre, et qu'il ne communique sa puissance aux créatures, qu'en les établissant causes occasionnelles pour produire quelques effets. J'ai prouvé, par exemple, que les hommes n'ont la puissance de produire quelque mouvement dans leurs corps, que parce que Dieu a établi leurs volontés causes occasionnelles de ces mouvements. » (*Traité de la nature et de la grâce*, in *Malebranche, Œuvres complètes*, t. 5, p. 155, Vrin.)

Œdipe (complexe d')

Voir COMPLEXE, p. 49.

Œuvre d'art

Voir ART, p. 26.

On

◆ **1.** *Définitions générales*

(pr. indéfini) Étym. : lat. *homo*, homme.

A. *Philosophie* : pronom indéfini désignant une puissance sociale stéréotypée et anonyme, dépourvue d'originalité.

B. Chez *Heidegger* : forme de l'existence en commun, vouée à l'inauthenticité et à la banalité ; cette forme exerce une force puissante dans la vie quotidienne.

1. ou *occasionnalisme*.

◆ **2.** *Définitions particulières de philosophes*

HEIDEGGER

« Le "on" qui n'est personne de déterminé et qui est tout le monde, bien qu'il ne soit pas la somme de tous, prescrit à la réalité quotidienne son mode d'être [...]. Le "on" est [...] celui qui, dans l'existence quotidienne, *décharge* l'être-là. » (*L'Être et le Temps*, § 27, t. I, pp. 159, 160, Gallimard.)

« Le Soi de la banalité quotidienne, c'est le "On" se constituant dans et par les interprétations qui ont cours publiquement. Le cours de ces interprétations s'exprime dans les bavardages et *parleries* » (*L'Être et le Temps*, § 51, in *Qu'est-ce que la métaphysique ?* p. 143, Gallimard.)

Onirique

(adj.) Étym. : grec *onar*, songe, rêve.
Qui se rapporte au rêve.

Ontique

Voir ONTOLOGIE.

Ontologie

◆ **1.** *Définitions générales*

(n. f.) Étym. : lat. scolastique *ontologia*, composé du grec *on*, *ontos*, participe de *einai* (être), et de *logos*, science, discours, étude.

A. *Philosophie classique* : étude de l'« être en tant qu'être » (*Aristote*). Le terme d'ontologie lui-même date du XVIIe siècle.

B. *Philosophie contemporaine* : partie de la philosophie étudiant les êtres en eux-mêmes ou bien étude de l'existence en général. Désigne aussi une compréhension de l'être. (Voir EXISTENTIALISME, p. 101.)

◆ **2.** *Définitions particulières de philosophes*

HEIDEGGER

« [...] une ontologie, c'est-à-dire une compréhension de l'être. » (*Kant et le problème de la métaphysique*, § 45, in *Qu'est-ce que la métaphysique ?* p. 301, Gallimard.)

SARTRE

(B) « L'ontologie nous paraît pouvoir se définir comme l'explicitation des structures d'être de l'existant pris comme totalité et nous définirons plutôt la métaphysique comme la mise en question de l'existence de l'existant. » (*L'Être et le Néant*, 3e partie, p. 358, Gallimard.)

◆ **3.** *Expressions et termes liés ou dérivés*

Ontique

(adj.) Étym. : créé par Heidegger à partir du grec *on*, participe de *einai*, être.
Désigne ce qui se rapporte à l'étant (opposé à ontologique).

Ontologique

◆ **1.** *Définitions générales*

(adj.) Qui concerne l'ontologie dans les deux sens du terme.

◆ **2.** *Expressions et termes liés ou dérivés*

Preuve ontologique

Argument selon lequel l'existence de Dieu serait contenue dans son être, son essence : en effet, l'essence de Dieu contient toutes les perfections ; or l'existence est une perfection ; donc Dieu existe. (L'expression « preuve ontologique » ne se trouve pas dans la philosophie de Descartes. Kant a baptisé ainsi un argument cartésien, remontant à saint Anselme.)

DESCARTES

« Encore qu'il ne soit pas nécessaire que je tombe jamais dans aucune pensée de Dieu, néanmoins, toutes les fois qu'il m'arrive de penser à un être premier et souverain, et de tirer, pour ainsi dire, son idée du trésor de mon esprit, il est nécessaire que je lui attribue toutes sortes de perfections [...]. Et cette nécessité est suffisante pour me faire conclure (après que j'ai reconnu que l'existence est une perfection), que cet être premier et souverain existe véritablement. » (*Méditations métaphysiques*, Méditation 5, in *Descartes, Œuvres, lettres*, pp. 313, 314, La Pléiade, Gallimard.)

Opinion

Dans l'Antiquité grecque, Platon, opposant opinion et science, établit le statut de l'opinion, cet intermédiaire entre la connaissance et l'ignorance, statut qui marque encore notre pensée.

◆ **1.** *Définitions générales*

(n. f.) Étym. : lat. *opinio*, opinion, conjecture, croyance.

A. *Du point de vue de la connaissance* : connaissance du vraisemblable ; type de connaissance inférieur (par opposition à la science).

B. *Du point de vue de la conscience* : croyance adoptée avec la conscience d'une insuffisance.

◆ **2.** *Définitions particulières de philosophes*

PLATON

(A) « L'opinion est quelque chose d'intermédiaire entre [la connaissance et l'ignorance]. » (*La République*, liv. 5, in *Platon, Œuvres complètes*, t. 7, 1re partie, p. 96, Budé, Belles Lettres.)
« L'opinion [...] est la faculté intermédiaire qui saisit les choses qui flottent entre les deux extrêmes [le néant et l'être absolu]. » (*La République*, liv. 5, in *Platon, Œuvres complètes*, t. 7, 1re partie, p. 98, Budé, Belles Lettres.)

ARISTOTE

« L'opinion s'applique à ce qui, étant vrai ou faux, peut être autrement qu'il n'est : en fait, l'opinion est l'appréhension d'une prémisse immédiate et non nécessaire » (*Organon, Seconds Analytiques*, liv. 1, § 33, p. 155, Vrin.) Voir aussi SCIENCE, p. 259.

HOBBES

« Une *opinion* [...] donne pour vrai quelque chose qui a été dit, bien qu'il s'agisse parfois de mots absurdes, qui ne veulent rien dire, impossibles à comprendre. » (*Léviathan*, p. 60, Sirey.)

LEIBNIZ

(A) « L'*opinion*, fondée dans le vraisemblable, mérite peut-être aussi le nom de connaissance. » (*Nouveaux Essais sur l'entendement humain*, liv. 4, chap. 2, § 14, p. 293, Garnier-Flammarion.)

KANT

(B) « L'*opinion* est une croyance qui a conscience d'être insuffisante *aussi bien* subjectivement qu'objectivement. » (*Critique de la raison pure*, « Théorie transcendantale de la méthode », p. 552, PUF.)
(B) « L'opinion ou l'assentiment fondé sur une connaissance qui n'est suffisante ni subjectivement ni objectivement peut être considérée comme un jugement *provisionnel* [...] dont il n'est pas facile de se passer. » (*Logique*, Introduction IX, p. 74, Vrin.)

◆ **3.** *Expressions et termes liés ou dérivés*

Opinion droite

Connaissance vraie, mais non justifiée (Platon).

Opinion publique

Pensée dominante au sein d'une communauté sociale, d'un groupe, etc.

FREUND

« Nous entendons par opinion publique la convergence des appréciations du plus grand nombre de personnes d'une collectivité, de telle sorte qu'il se forme un sentiment commun et dominant, exerçant une pression diffuse. » (*L'Essence du politique*, p. 392, Sirey.)

◆ **4.** *Termes et expressions connexes*

Relation de voisinage
• conviction • croyance • sentiment.
Relation de dépendance
• choix • illusion • jugement • réalité empirique • sensible • vérité • vraisemblance.
Relation d'opposition
• science.

Opposition

(n. f.) Étym. : lat. *oppositio*, opposition, contraste, antithèse.
Logique :
A. Caractère de propositions ayant même sujet et même prédicat, mais différant soit par la quantité et la qualité (voir CONTRADICTOIRE, p. 57), soit par la qualité seule (voir CONTRAIRE, p. 57, et SUBCONTRAIRE, p. 277), soit par la quantité seule (voir SUBALTERNE, p. 277).
B. Caractère de deux termes qui sont soit contraires, soit contradictoires.

Optimisme

◆ **1.** *Définitions générales*

(n. m.) Étym. : lat. *optimum*, le meilleur.
A. *Sens courant* : tendance à voir seulement le bon côté du réel.
B. *Philosophie* : conception selon laquelle le monde est le meilleur des mondes possibles (*Leibniz*) ou selon laquelle le bien l'emporte sur le mal.

◆ **2.** *Définitions particulières de philosophes*

LEIBNIZ

« Entre une infinité de mondes possibles, il y a le meilleur de tous, autrement Dieu ne se serait point déterminé à en créer aucun [...]. [C'est] le vrai monde actuel [...] et vous y êtes à la source du bonheur. » (*Essais de Théodicée*, 2e partie, § 416, pp. 361, 362, Garnier-Flammarion.)

Ordonner

◆ **1.** *Définitions générales*

(v.) Étym. : lat. *ordinare*, mettre en ordre, arranger. Disposer selon l'ordre.

◆ **2.** *Définitions particulières de philosophes*

ARNAULD et NICOLE

« On appelle ici *ordonner* l'action de l'esprit par laquelle ayant sur un même sujet, comme sur le corps humain, diverses idées, divers jugements, et divers raisonnements, il les dispose en la manière la plus propre pour faire connaître ce sujet. C'est ce qu'on appelle encore *méthode*. » (*La Logique ou l'Art de penser*, p. 59, Champs, Flammarion.)

Ordre

Alors que l'Antiquité grecque est dominée par l'idée d'un ordre immanent au réel, Descartes lie cette notion à l'activité de l'esprit : le *Discours de la méthode* énonce le précepte selon lequel il faut établir un ordre dans les pensées (3e règle du *Discours*).

◆ **1.** *Définitions générales*

(n. m.) Étym. : lat. *ordo*, rang, ordre, arrangement.

A. *Sens général* : arrangement ou disposition rationnels, conformes à la raison et satisfaisants pour l'esprit.

B. *Ordre logique* : enchaînement de propositions obéissant aux règles qui commandent la déduction.

C. *Ordre de la méthode* : passage régulier, par degrés, du simple au complexe (*Descartes*).

D. *Ordre de la nature* : ensemble des répétitions manifestées sous forme de lois ; régularité et constance des phénomènes.

E. *Ordre social* : ensemble de règles, institutions, lois, etc., assurant la stabilité d'un groupe social.

◆ **2.** *Définitions particulières de philosophes*

DESCARTES

(C) « Le troisième [précepte était] de conduire par ordre mes pensées, en commençant par les objets les plus simples et les plus aisés à connaître, pour monter peu à peu, comme par degrés, jusques à la connaissance des plus composés. » (*Discours de la méthode*, 2e partie, in *Descartes, Œuvres, lettres*, p. 138, La Pléiade, Gallimard.)

BERGSON

(A) « Le mot "ordre" ne signifie-t-il pas, tout à la fois, arrangement et commandement ? » (*Les Deux Sources de la morale et de la religion*, p. 130, PUF.)

◆ **3.** *Termes et expressions connexes*

Relation de voisinage
• arrangement • harmonie • régularité.
Relation de dépendance
• mathématiques • méthode • nature • raison • règles.

Relation d'opposition
• anarchie • chaos • désordre.

Organe

◆ **1.** *Définitions générales*

(n. m.) Étym. : grec *organon*, instrument. Élément ou partie d'un corps vivant, accomplissant une fonction déterminée. Désigne aussi une partie d'un mécanisme jouant un rôle dans son fonctionnement.

◆ **2.** *Termes et expressions connexes*

Relation de voisinage
• instrument.
Relation de dépendance
• fonction • organisation • partie • vivant.

Organicisme, organique

Voir ORGANISATION.

Organisation

◆ **1.** *Définitions générales*

(n. f.)

A. Caractère de tout ce qui forme un ensemble complexe, où des parties ou organes différents remplissent des fonctions coordonnées.

B. L'ensemble lui-même défini en A.

◆ **2.** *Définitions particulières de philosophes*

BERNARD

« Les phénomènes de *création organique* ou d'*organisation* sont les actes plastiques qui s'accomplissent dans les organes au repos et les régénèrent. » (*Leçons sur les phénomènes de la vie*, t. 1, p. 347, Librairie Baillère et fils.)

JACOB

(A-B) « [C'est l'organisation] qui assemble en un tout les parties de l'organisme, qui permet à celui-ci de faire face aux exigences de la vie [...]. L'organisation constitue en quelque sorte une structure d'ordre supérieur à quoi se réfère tout ce qui se perçoit des êtres. » (*La Logique du vivant*, p. 87, Tel, Gallimard.)[1]

MORIN

(A) « L'organisation est l'agencement de relations entre composants ou individus qui

1. François Jacob étudie ici la notion d'organisation à la fin du XVIIIe siècle.

produit une unité complexe ou système, dotée de qualités inconnues au niveau des composants ou individus [...] l'organisation [...] : *transforme, produit, relie, maintient.* » (*La Méthode, tome* 1 : « La Nature de la nature », pp. 103, 104, Le Seuil.)

◆ **3.** *Expressions et termes liés ou dérivés*

Organicisme

(n. m.)
a) biologie : doctrine voyant dans la vie le résultat de l'organisation.
b) sociologie : doctrine selon laquelle les sociétés sont comparables à des organismes (les lois biologiques leur étant, dès lors, applicables).

Organique

(adj.) Étym. : grec *organikos*, qui concerne les instruments, qui agit comme un instrument.
a) qui concerne l'organisation des êtres vivants.
b) par extension : désigne ce qui, dans les créations humaines, les faits sociaux, etc., présente une organisation, une unité et une solidarité, un principe immanent d'unité.

◆ **4.** *Termes et expressions connexes*

Relation de voisinage
• arrangement • structure.
Relation de dépendance
• fonction • société • système • vivant.
Relation d'opposition
• anarchie • chaos • désorganisation • entropie.

Organisé

◆ **1.** *Définitions générales*

(part. passé.) Composé de parties accomplissant des fonctions diverses et coordonnées.

◆ **2.** *Définitions particulières de philosophes*

KANT

« Un être organisé n'est pas seulement une machine ; car celle-ci ne détient qu'une force *motrice*, mais il possède une énergie *formatrice* qu'il communique même aux matières qui ne la possèdent pas (il les organise) ; énergie formatrice qui se propage et qu'on ne peut expliquer uniquement par la puissance motrice (le mécanisme). » (*Critique du jugement*, « Critique du jugement téléologique », § 65, p. 181, Vrin.)
« Un produit organisé de la nature est un produit où tout est fin et moyen réciproquement. » (*Critique du jugement*, « Critique du jugement téléologique », § 66, p. 182, Vrin.)

Organisme

◆ **1.** *Définitions générales*

(n. m.)
A. *Biologie* : ensemble vivant constitué par des éléments ou organes remplissant des fonctions différentes et coordonnées.
B. *Sociologie* : toute forme d'organisation comparable à A.

◆ **2.** *Termes et expressions connexes*

Relation de voisinage
• être vivant • organisation.
Relation de dépendance
• biologie • finalité • fonction.
Relation d'opposition
• minéral.

Organon

Ce nom a été donné à l'ensemble des ouvrages d'*Aristote* consacrés à la logique.

Orgueil

◆ **1.** *Définitions générales*

(n. m.) Étym. : francique *urgôli*, fierté.
Opinion très avantageuse concernant sa valeur personnelle, par laquelle on se place au-dessus des autres.

◆ **2.** *Définitions particulières de philosophes*

SPINOZA

« L'*Orgueil* consiste à faire de soi-même par Amour plus de cas qu'il n'est juste. » (*Éthique*, 3e partie, « Définitions des affections », Définition 28, in *Œuvres de Spinoza*, t. 3, p. 207, Garnier-Flammarion.)

Originaire

Voir ORIGINE.

Origine

◆ **1.** *Définitions générales*

(n. f.) Étym. : lat. *origo*, provenance, naissance, origine.
A. *Du point de vue temporel* : commencement (ex. : l'origine de l'univers).
B. *Du point de vue explicatif* : principe d'une

réalité ; ce qui la produit et représente sa raison d'être (ex. : l'origine du mal).

◆ **2.** *Expressions et termes liés ou dérivés*

Originaire

(adj.) Étym. : lat. *originarius*, originaire.
Qui est la source de ; qui tire son origine de.

Originel

(adj.) Remontant à l'origine (ex. : péché originel).

Oubli

◆ **1.** *Définitions générales*

(n. m.) Étym. : lat. *oblivio*, action d'oublier, oubli.
A. *Psychologie* : fait que des souvenirs ne puissent plus être rappelés ; défaillance de la mémoire.
B. *Pathologie* : défaillance (pathologique) de la mémoire, se rattachant à une destruction du souvenir. Il s'agit d'amnésies à proprement parler.

◆ **2.** *Termes et expressions connexes*

Relation de voisinage
• absence • amnésie.
Relation de dépendance
• inconscient • mémoire • temps.
Relation d'opposition
• mémoire • souvenir.

Outil

◆ **1.** *Définitions générales*

(n. m.) Étym. : lat. *utilis*, qui sert, utile.
Instrument permettant l'accomplissement de tâches et, d'une manière générale, l'action sur la matière.

◆ **2.** *Définitions particulières de philosophes*

HEGEL

« L'outil est la ruse de la Raison par laquelle la nature est tournée contre la nature, si bien que l'homme n'est pas subjugué par l'extériorité inerte. Ces découvertes humaines appartiennent à l'Esprit ; un instrument inventé par l'homme est plus haut qu'une chose de la nature ; car il est une production de l'Esprit. » (*Leçons sur la philosophie de l'histoire*, in *Hegel, morceaux choisis*, t. 2, § 156, p. 127, Idées, Gallimard.)

HEIDEGGER

« Nous nommons *outil* l'étant que rencontre la préoccupation [...]. L'outil est essentiellement "quelque chose pour...". Les divers modes de ce "pour...", tels que le service, l'utilité, l'applicabilité ou la maniabilité, constituent un complexe d'outils. » (*L'Être et le Temps*, § 15, t. 1, p. 92, Gallimard.)

◆ **3.** *Termes et expressions connexes*

Relation de voisinage
• instrument.
Relation de dépendance
• homme • intelligence • main • technique.
Relation d'opposition
• nature.

Ouvert

◆ **1.** *Définitions générales*

(adj.) Étym. : lat. *aperire*, ouvrir.
A. *Sens courant* : qui admet sans préjugés ; qui est accessible aux idées nouvelles (ex. : un esprit ouvert).
B. *Sens bergsonien* : est ouvert tout ensemble (morale, société, etc.) qui échappe à l'étouffement d'un cercle de règles fermées et rigides et qui s'ouvre à l'élan de la vie et de la création.

◆ **2.** *Expressions et termes liés ou dérivés*

Morale ouverte

BERGSON

« [La morale ouverte] est une poussée, une exigence de mouvement ; elle est mobilité en principe [...]. La morale de l'Évangile est essentiellement celle de l'âme ouverte [...]. L'acte par lequel l'âme s'ouvre a pour effet d'élargir et d'élever à la pure spiritualité une morale emprisonnée et matérialisée dans des formules. » (*Les Deux Sources de la morale et de la religion*, pp. 56, 57, PUF.)

Société ouverte

BERGSON

« La société ouverte est celle qui embrasserait en principe l'humanité entière. » (*Les Deux Sources de la morale et de la religion*, p. 288, PUF.)

P

Pacte

◆ **1.** *Définitions générales*

(n. m.) Étym. : lat. *pactum*, pacte, convention. Convention solennelle entre plusieurs parties.

◆ **2.** *Expressions et termes liés ou dérivés*

Pacte social

Contrat social. Voir cette expression, p. 58.

ROUSSEAU

« Si donc on écarte du pacte social ce qui n'est pas de son essence, on trouvera qu'il se réduit aux termes suivants : *chacun de nous met en commun sa personne et toute sa puissance sous la suprême direction de la volonté générale ; et nous recevons en corps chaque membre comme partie indivisible du tout.* » (*Du contrat social*, liv. 1, chap. 6, in *Rousseau, Œuvres complètes*, t. 3, p. 361, La Pléiade, Gallimard.)

Voir aussi CONTRAT SOCIAL, p. 58.

Panlogisme

(n. m.) Étym. : mot composé à partir du grec *pan*, tout, et *logos*, raison.

Doctrine selon laquelle ce qui est réel serait entièrement intelligible ; terme créé par *Erdmann* : il désigne la doctrine de *Hegel* (selon laquelle tout ce qui est réel est rationnel et tout ce qui est rationnel est réel).

Panpsychisme

(n. m.) Étym. : composé du grec *pan*, tout, et *psuchè*, âme.

Doctrine selon laquelle toute matière est non seulement vivante, mais dotée d'une nature psychique analogue à celle de l'esprit humain.

Panthéisme

◆ **1.** *Définitions générales*

(n. m.) Étym. : composé à partir du grec *pan*, tout, et *theos*, dieu.

Doctrine selon laquelle tout est Dieu : Dieu, la Nature, le monde ne font qu'un. Dieu ne désigne donc pas un être personnel distinct du monde (ex. : doctrine de *Spinoza*, de *Hegel*). Voir THÉISME, p. 291.

◆ **2.** *Définitions particulières de philosophes*

ALAIN

« C'est la religion de la nature, qui prend pour objets du culte toutes les forces, l'arbre, l'épi [...] qui sont alors considérées comme des manifestations d'un dieu unique, qui est le monde. Panthéisme veut dire à la fois que tout est dieu et que c'est le tout qui est dieu. » (*Définitions*, in *Alain, les Arts et les Dieux*, p. 1076, La Pléiade, Gallimard.)

Paradigme

(n. m.) Étym. : grec *paradeigma*, modèle, exemple.

Exemple, type exemplaire : ainsi, l'Idée platonicienne est un paradigme, auquel participent les choses sensibles.

Paradoxe

(n. m.) Étym. : grec *paradoxos*, contraire à l'opinion commune.

Affirmation ou proposition contraire à l'opinion commune généralement admise, heurtant la pensée courante, et qui, en nous décontenançant, permet de mieux réveiller l'attention et de mettre ainsi en relief une idée ou un point de vue.

Parallélisme

◆ **1.** *Définitions générales*

(n. m.) Étym. : grec *parallèlos*, placé en regard, parallèle.

A. *Parallélisme psycho-physique* (*ou psycho-physiologique*) : doctrine d'après laquelle les phénomènes physiologiques et psychologiques constitueraient deux séries telles qu'à un phénomène physiologique correspondrait un phénomène psychique (sans qu'aucune action s'exerce à partir du physiologique sur le psychique ni à partir de ce dernier sur le premier).

B. Chez *Spinoza* : à toute détermination de

l'étendue correspond une détermination de la pensée, à tout phénomène physique, un fait psychique ; pensée et étendue expriment deux aspects de Dieu.

◆ **2.** *Définitions particulières de philosophes*

SPINOZA

(B) « Substance pensante et substance étendue, c'est une seule et même substance comprise tantôt sous un attribut, tantôt sous l'autre. De même aussi un mode de l'étendue et l'idée de ce mode, c'est une seule et même chose, mais exprimée en deux manières. » (*Éthique*, 2e partie, Proposition 7, in *Œuvres de Spinoza*, p. 76, Garnier-Flammarion.)

Paralogisme

◆ **1.** *Définitions générales*

(n. m.) Étym. : grec *paralogismos*, faux raisonnement, argumentation captieuse.
Raisonnement faux, fait de bonne foi, auquel on se laisse prendre soi-même (il a l'apparence du vrai).

◆ **2.** *Définitions particulières de philosophes*

KANT

« Un raisonnement de la raison qui est faux selon la forme, bien qu'il ait pour lui l'apparence d'un raisonnement correct, s'appelle un raisonnement trompeur. Un tel raisonnement est un *paralogisme* si l'on s'y laisse prendre soi-même, un *sophisme* si on cherche à s'en servir pour tromper autrui. » (*Logique*, « Doctrine générale des éléments », chap. 3, § 90, p. 146, Vrin.)

◆ **3.** *Expressions et termes liés ou dérivés*

Paralogisme transcendantal

Chez *Kant*, raisonnement faux, par lequel la « psychologie rationnelle » (celle qui s'efforce d'atteindre la réalité substantielle de l'âme) prétend démontrer la substantialité de l'âme et sa simplicité (en passant de manière illégitime du « Je pense » au « moi-substance »).

Parfait

◆ **1.** *Définitions générales*

(adj.) Étym. : lat. *perfectum*, achevé.
Complet, achevé ; qui est tel qu'il ne puisse être surpassé sous le rapport de la qualité et du bien ; qui possède toutes les qualités concevables.

◆ **2.** *Définitions particulières de philosophes*

ARISTOTE

« Parfait se dit [...] de ce qui, sous le rapport de la qualité propre et du bien, n'est pas surpassé dans son genre [...]. Les choses qui ont atteint leur fin, cette fin étant bonne, sont aussi appelées parfaites, car avoir atteint sa fin, c'est être parfait. » (*La Métaphysique*, liv. Δ, § 16, t. 1, p. 299, Vrin.)

DESCARTES

Voir DIEU, p. 73.

◆ **3.** *Expressions et termes liés ou dérivés*

Preuve par l'idée de parfait

Cette preuve se présente sous deux formes ; tout d'abord, sous celle de l'argument ontologique (voir ONTOLOGIQUE, p. 198), et, en second lieu, sous une forme proprement cartésienne : l'homme possède, en lui, l'idée de parfait, idée qui ne peut avoir été mise en lui que par un être parfait.

DESCARTES

« Parce que nous trouvons en nous l'idée d'un Dieu, ou d'un être tout parfait, nous pouvons rechercher la cause qui fait que cette idée est en nous [...]. Nous sommes contraints d'avouer que nous ne saurions la tenir que d'un être très parfait, c'est-à-dire d'un Dieu qui est véritablement ou qui existe. » (*Les Principes de la philosophie*, 1re partie, § 18, in *Descartes, Œuvres, lettres*, p. 579, La Pléiade, Gallimard.)

◆ **4.** *Termes et expressions connexes*

Relation de voisinage
• achevé • accompli • exemplaire.
Relation de dépendance
• beauté • Dieu • qualité.
Relation d'opposition
• approximatif • imparfait.

Pari

◆ **1.** *Définitions générales*

(n. m.) Étym. : lat. *pariare*, rendre égal.
Dans une alternative, choix arbitraire d'une issue, dont le dénouement, incertain, ne peut être maîtrisé par le parieur.

◆ **2.** *Expressions et termes liés ou dérivés*

Pari pascalien

Argument par lequel *Pascal* veut convaincre l'incroyant : en pariant pour l'existence de Dieu, il a tout à gagner.

PASCAL

« Votre raison n'est pas plus blessée, en choisissant l'un que l'autre [l'existence de Dieu ou sa non-existence], puisqu'il faut nécessairement choisir [...]. Mais votre béatitude ? Pesons le gain et la perte, en prenant choix que Dieu est [...]. Si vous gagnez, vous gagnez tout ; si vous perdez, vous ne perdez rien. » (*Pensées et Opuscules*, Pensée 233, pp. 439, Hachette.)

◆ **3.** *Termes et expressions connexes*

Relation de voisinage

• langage • langue • mot.

Relation de dépendance

• autrui • communication • homme • linguistique • pensée • société.

Relation d'opposition

• ineffable • silence.

Parole

◆ **1.** *Définitions générales*

(n. f.) Étym. : lat. *parabola*, comparaison. Mode de réalisation *individuel* et *physique* de la langue ; la parole n'est pas collective, à la différence de la langue.

Voir LANGAGE, p. 157, LANGUE, p. 158.

◆ **2.** *Définitions particulières de philosophes*

HOBBES

« L'invention la plus noble [...], ce fut celle de la *Parole*, consistant en des *dénominations* ou *appellations* et dans leur mise en relation [connexion], invention grâce à laquelle les hommes enregistrent leurs pensées, les rappellent quand elles sont passées et aussi se les déclarent l'un à l'autre. » (*Léviathan*, p. 27, Sirey.)

ENCYCLOPÉDIE

« La parole est une sorte de tableau dont la pensée est l'original ; elle doit en être une fidèle imitation autant que cette fidélité peut se trouver dans la représentation sensible d'une chose purement spirituelle. » (*Encyclopédie ou Dictionnaire raisonné des sciences, des arts et des métiers*, t. 7, 1757, article « Grammaire », in *Panorama des sciences humaines*, p. 476, Gallimard.)

SAUSSURE

« La langue n'est pas une fonction du sujet parlant, elle est le produit que l'individu enregistre passivement [...]. La *parole* est au contraire un acte individuel de volonté et d'intelligence, dans lequel il convient de distinguer : 1° les combinaisons par lesquelles le sujet parlant utilise le code de la langue en vue d'exprimer sa pensée personnelle ; 2° le mécanisme psycho-physique qui lui permet d'extérioriser ces combinaisons. » (*Cours de linguistique générale*, pp. 30, 31, Payot.)

« Par la *parole* on désigne l'acte de l'individu réalisant sa faculté [du langage] au moyen de la convention sociale qui est la langue. » (*Cours de linguistique générale*, p. 419, Payot.)

Voir aussi LANGAGE, p. 157.

Par soi

Voir SOI, p. 271.

Participation

(n. f.) Étym. : lat. *participatio*, participation.

A. *Ethnologie* (en particulier, chez le sociologue français *Lévy-Bruhl*) : la participation désigne le mode de pensée des primitifs, chez qui une communauté de nature mystique peut réunir des réalités très différentes, comme un individu et son totem. Un être peut être à la fois lui-même et *autre chose* que lui-même.

B. *Philosophie* : rapport des choses et réalités sensibles aux Idées et des Idées entre elles. Le monde intelligible communique sa vérité au monde de l'expérience (Platon).

Particulier

◆ **1.** *Définitions générales*

(n. m.-adj.) Étym. : lat. *particularis*, particulier. Par opposition à ce qui est universel, ce qui appartient à un individu ou bien à quelques-uns.

◆ **2.** *Expressions et termes liés ou dérivés*

Proposition particulière

Proposition où le prédicat est affirmé ou nié seulement d'une partie de l'extension du sujet (la proposition particulière concerne quelques individus indéterminés d'une classe ; ex. : « quelques hommes sont heureux »).

◆ **3.** *Termes et expressions connexes*

Relation de voisinage

• individuel • singulier.

Relation de dépendance

• jugement • proposition • sujet.

Relation d'oppostion
• général • universel.

Partie

◆ **1.** *Définitions générales*
(n. f.) Étym. : lat. *pars*, partie.
Fraction d'un tout, qui peut elle-même être divisée.

◆ **2.** *Définitions particulières de philosophes*

ARISTOTE
« Partie se dit, en un premier sens, de ce en quoi une quantité peut, d'une manière quelconque, être divisée [...]. « Partie se dit aussi de ce en quoi se divise un tout, ou de ce qui constitue le tout. » (*La Métaphysique*, liv. Δ, § 25, t. 1, p. 311, Vrin.)

Passé

◆ **1.** *Définitions générales*
(n. m.) Étym. : lat. *passus*, pas.
Dimension du temps écoulé, en tant qu'il n'est plus là et qu'il exprime une irréversibilité absolue.

◆ **2.** *Définitions particulières de philosophes*

HEGEL
Voir TEMPS, p. 289.

LAVELLE
« [Le] passé [est] l'intervalle qui sépare la perception du souvenir. » (*Du temps et de l'éternité*, p. 298, Aubier.)

SARTRE
« Le Passé est un Pour-soi ressaisi et noyé par l'En-soi. » (*L'Être et le Néant*, 2e partie, chap. 2, § 1, p. 159, Tel, Gallimard.)

◆ **3.** *Termes et expressions connexes*

Relation de dépendance
• histoire • mémoire • oubli • souvenir • temps.
Relation d'opposition
• avenir • futur.

Passif

◆ **1.** *Définitions générales*
(adj.)
A. Qui a le caractère d'une passion, au sens A de ce terme.
B. Qui subit l'action sans aucune réaction ; inerte.

◆ **2.** *Définitions particulières de philosophes*

SPINOZA
« Nous sommes dits passifs quand quelque chose se produit en nous de quoi nous ne sommes cause que partiellement, c'est-à-dire quelque chose qui ne peut être déduit des seules lois de notre nature. Nous pâtissons donc en tant que nous sommes une partie de la Nature qui ne peut se concevoir par soi sans les autres parties. » (*Éthique*, 4e partie, Proposition 2, in *Œuvres de Spinoza*, t. 3, p. 223, Garnier-Flammarion.)

Passion

Si la tradition philosophique classique (cf Descartes) considère la passion comme un phénomène subi et passif, Hegel, dans le premier tiers du XIXe siècle, définit la passion comme énergie du vouloir et mouvement interne poussant à l'action : comme un instrument par lequel l'Esprit étend sa rationalité dans le monde et les choses.

◆ **1.** *Définitions générales*
(n. f.) Étym. : lat. *passio*, action de supporter, de souffrir, de *pati*, subir, supporter, souffrir.
A. *Sens ancien* : tous les phénomènes passifs de l'âme, c'est-à-dire tout ce qui est subi (chez les cartésiens, tout particulièrement).
B. *Sens moderne* : inclination non maîtrisable ; inclination dominante conduisant à une rupture de l'équilibre psychologique.
C. Chez *Hegel*, tout particulièrement : tendance puissante permettant d'unifier toutes les énergies spirituelles et de mener à bien une œuvre, un projet, une réalisation historique.

◆ **2.** *Définitions particulières de philosophes*

CICÉRON
« Zénon [1] donne cette définition de la passion : la passion [...] est un ébranlement de l'âme opposé à la droite raison et contre nature » (*Tusculanes*, in *Les Stoïciens, textes choisis*, p. 101, Les Grands Textes, PUF.)

DESCARTES
(A) « On peut généralement nommer passions toutes les pensées qui sont [...] excitées en l'âme sans le secours de sa volonté, et par conséquent, sans aucune action qui vienne d'elle, par les seules impressions qui sont dans le cerveau, car tout ce qui n'est point action est passion. » (*Lettre à Élisabeth, 6 octobre 1645*, in *Descartes, Œuvres, lettres*, p. 1212, La Pléiade, Gallimard.)

1. Il s'agit de Zénon de Cittium, fondateur du stoïcisme.

SPINOZA

(A) « J'entends par Affections les affections du Corps par lesquelles la puissance d'agir de ce Corps est accrue ou diminuée, secondée ou réduite, et en même temps, les idées de ces affections.
Quand nous pouvons être la cause adéquate de quelqu'une de ces affections, j'entends donc par affection une action ; dans les autres cas une passion. » (*Éthique*, 3e partie, Définition 3, in *Œuvres de Spinoza*, t. 3, p. 135, Garnier-Flammarion.)

MALEBRANCHE

(A) « J'appelle ici *passions* toutes les émotions que l'âme ressent naturellement à l'occasion des mouvements extraordinaires des esprits animaux. » (*De la recherche de la vérité*, in *Malebranche, Œuvres*, t. 1, p. 488, La Pléiade, Gallimard.)

HUME

« Ce que nous entendons couramment par *passion* est une émotion violente et sensible de l'esprit à l'apparition d'un bien ou d'un mal, ou d'un objet, qui, par suite de la constitution primitive de nos facultés, est propre à exciter un appétit. » (*Traité de la nature humaine*, p. 548, Aubier.)

KANT

(B) « L'inclination que la raison du sujet ne peut pas maîtriser ou n'y parvient qu'avec peine est la passion. » (*Anthropologie du point de vue pragmatique*, 1re partie, p. 109, Vrin.)
(B) « La passion [...] (en tant que disposition de l'esprit relevant de la faculté de désirer) se donne le temps et, aussi puissante qu'elle soit, elle réfléchit pour atteindre son but. L'émotion agit comme une eau qui rompt la digue ; la passion comme un courant qui creuse toujours plus profondément son lit [...]. La passion [est] comme un poison avalé ou une infirmité contractée ; elle a besoin d'un médecin qui soigne l'âme de l'intérieur ou de l'extérieur, qui sache pourtant prescrire le plus souvent [...] des médicaments palliatifs. » (*Anthropologie du point de vue pragmatique*, 1re partie, p. 110, Vrin.)

HEGEL

(C) « Nous disons donc que rien ne s'est fait sans être soutenu par l'intérêt de ceux qui y ont collaboré. Cet intérêt, nous l'appelons passion lorsque, refoulant tous les autres intérêts ou buts, l'individualité tout entière se projette sur un objectif avec toutes les fibres intérieures de son vouloir et concentre dans ce but ses forces et tous ses besoins. » (*La Raison dans l'histoire*, chap. 2, § 2, p. 108, 10/18, UGE.)

◆ **3.** *Expressions et termes liés ou dérivés*

Pâtir

(v.) Subir l'action de.

◆ **4.** *Termes et expressions connexes*

Relation de voisinage
• émotion • inclination • tendance.
Relation de dépendance
• âme • corps • exprits animaux • morale • raison • volonté.
Relation d'opposition
• action • ataraxie • sagesse.

Pathologique

◆ **1.** *Définitions générales*

(adj.) Étym. : composé du grec *pathos*, ce qu'on éprouve, disposition agitée, et *logos*, science, étude.
A. *Médecine* : ce qui correspond à un état de maladie, à un état morbide.
B. *Chez Kant* : qui provient des inclinations sensibles, qui dépend de notre sensibilité.

◆ **2.** *Définitions particulières de philosophes*

KANT

(B) « Une volonté *simplement animale* est celle qui ne peut être déterminée que par des impulsions sensibles, c'est-à-dire *pathologiquement*. » (*Critique de la raison pure*, « Théorie transcendantale de la méthode », p. 541, PUF.)

CANGUILHEM

(A) « "Pathologique" est le contraire vital de "sain" et non le contradictoire logique de normal [...]. L'état pathologique [n'est] pas perte d'une norme mais allure de la vie réglée par des normes vitalement inférieures ou dépréciées du fait qu'elles interdisent au vivant la participation active et aisée [...] à un genre de vie qui était antérieurement le sien. » (*La Connaissance de la vie*, pp. 166, 167, Vrin.)

Péché

◆ **1.** *Définitions générales*

(n. m.) Étym. : lat. *peccatum*, faute.
Religions judéo-chrétiennes : faute morale, conçue comme acte de désobéissance volontaire ou involontaire aux prescriptions de Dieu.

◆ **2.** *Définitions particulières de philosophes*

NIETZSCHE

« Le "péché" — car tel est le nom donné par le prêtre à la "mauvaise conscience" animale (de la cruauté tournée à rebours) — le péché est resté jusqu'à présent l'événement capital dans l'histoire de l'âme malade. » (*La Généalogie de la morale*, Dissertation 3, § 20, p. 213, Idées, Gallimard.)

RICŒUR

« Le péché [...] est le moment *ontologique* [de la faute] ; le péché désigne la situation réelle de l'homme devant Dieu, quelque conscience qu'il en ait. » (*Philosophie de la volonté*, t. 2, p. 100, Aubier.)

Pédagogie

(n. f.) Étym. : grec *paidagôgia*, éducation des enfants, de *paidagôgos*, esclave conduisant les enfants à l'école.
Science de l'éducation ; qualité du bon éducateur.

Penchant

◆ **1.** *Définitions générales*

(n. m.) Étym. : lat. *pendere*, être suspendu, être pesant, peser.
Tendance, inclination (avec un sens souvent péjoratif ; ex. : « mauvais penchants »).

◆ **2.** *Définitions particulières de philosophes*

KANT

« Par *penchant* (*propensio*) j'entends le fondement subjectif de la possibilité d'une inclination (appétit habituel, *concupiscentia*) en tant que contingente pour l'humanité en général » (*La Religion dans les limites de la simple raison*, 1re partie, § 2, p. 48, Vrin.)

Pensée

◆ **1.** *Définitions générales*

(n. f.) Étym. : lat. *pensare*, peser.
A. *Sens large* : toute activité mentale d'un sujet ; tout ce qui est connu ou aperçu immédiatement en nous (*Descartes*).
B. *Sens plus restreint* : connaissance par concepts ; activité cognitive, rationnelle.

◆ **2.** *Définitions particulières de philosophes*

PLATON

« C'est le dialogue intérieur et silencieux de l'âme avec elle-même que nous [appelons] de ce nom de pensée. » (*Le Sophiste*, in *Platon, Œuvres complètes*, t. 8, 3e partie, p. 383, Budé, Belles Lettres.)

DESCARTES

(A) « Par le nom de *pensée*, je comprends tout ce qui est tellement en nous que nous en sommes immédiatement connaissants. Ainsi toutes les opérations de la volonté, de l'entendement, de l'imagination et des sens sont des pensées. Mais j'ai ajouté *immédiatement*, pour exclure les choses qui suivent et dépendent de nos pensées. » (*Réponses aux secondes objections*, in *Descartes, Œuvres, lettres*, p. 390, La Pléiade, Gallimard.)

KANT

(B) « La connaissance par concept s'appelle la *pensée*. » (*Logique*, « Doctrine générale des éléments », chap. 1, § 1, p. 99, Vrin.)

HEGEL

« Absolument parlant, la pensée est la saisie et compréhension du *varié dans l'unité*. [...] La pensée est ce qui ramène tout divers à l'unité. En exerçant sur les choses son activité pensante, l'esprit les réduit aux formes simples qui sont les pures déterminations de l'esprit. » (*Propédeutique philosophique*, « Logique », § 2, p. 104, Éditions de Minuit.)
Voir aussi ABSTRACTION, p. 9.

WITTGENSTEIN

« La pensée est la proposition ayant un sens. » (*Tractatus logico-philosophicus*, p. 45, Tel, Gallimard.)

◆ **3.** *Termes et expressions connexes*

Relation de voisinage
• conscience • esprit.

Relation de dépendance
• homme • jugement • langage
• représentation.

Relation d'opposition
• corps • matière.

Penser

◆ **1.** *Définitions générales*

(v.)
A. *Sens large* : exercer une activité de l'esprit ; avoir une représentation mentale.
B. *Sens restreint* : exercer une activité intellectuelle ou rationnelle.

◆ **2.** *Définitions particulières de philosophes*

PLATON

« [Penser est] un discours que l'âme se tient tout au long à elle-même sur les objets qu'elle examine. [...]. C'est ainsi, en effet, que je me figure l'âme en son acte de penser ; ce n'est pas autre chose, pour elle, que dialoguer, s'adresser à elle-même les questions et les réponses, passant de l'affirmation à la négation. » (*Théétète*, in *Platon*, *Œuvres complètes*, t. 8, 2ᵉ partie, p. 229, Budé, Belles Lettres.)

KANT

« Penser, c'est unifier des représentations en une conscience » (*Prolégomènes à toute métaphysique future*, 2ᵉ partie, § 22, p. 73, Vrin.)

« Le *je pense* doit *pouvoir* accompagner toutes mes représentations ; car autrement serait représenté en moi quelque chose qui ne pourrait pas du tout être pensé, ce qui revient à dire ou que la représentation serait impossible, ou que, du moins, elle ne serait rien pour moi. » (*Critique de la raison pure*, « Analytique transcendantale », 2ᵉ édition, p. 110, PUF.)

HEGEL

Voir CONSCIENCE, p. 54.

ALAIN

(B) « C'est peser ce qui vient à l'esprit, suspendre son jugement, se contrôler soi-même et ne pas se complaire. Penser c'est passer d'une idée à tout ce qui s'y oppose, de façon à accorder toutes les pensées à l'actuelle pensée. » (*Définitions*, in *Alain*, *les Arts et les Dieux*, p. 1078, La Pléiade, Gallimard.)

Perception

◆ 1. *Définitions générales*

(n. f.) Étym. : lat. *perceptio*, action de recueillir, récolte.

A. *Philosophie* : chez *Leibniz*, représentation du multiple dans l'unité.

B. *Psychologie* : fonction par laquelle l'esprit organise ses sensations et se forme une représentation des objets externes. Résultat de l'activité de cette fonction.

◆ 2. *Définitions particulières de philosophes*

LEIBNIZ

(A) « L'état passager, qui enveloppe et représente une multitude dans l'unité ou dans la substance simple, n'est autre chose que ce qu'on appelle la *Perception*. » (*La Monadologie*, § 4, p. 146, Delagrave.)

KANT

« La perception est la conscience empirique, c'est-à-dire une conscience accompagnée de sensation. » (*Critique de la raison pure*, « Analytique transcendantale », p. 167, PUF.)

« Représentation accompagnée de conscience. » (*Critique de la raison pure*, « Analytique transcendantale », p. 266, PUF.)

Voir aussi SENSATION, p. 263.

HEGEL

(B) « La perception a pour objet le sensible, dans la mesure, non plus où il est immédiat, mais où il est en même temps à titre d'universel. Elle est un mélange de déterminations sensibles et de déterminations réflexives. » (*Propédeutique philosophique*, « Encyclopédie philosophique », § 13, p. 92, Éditions de Minuit.)

JAMES

(B) « On convient aujourd'hui de définir la perception *la conscience de l'objet immédiatement présent à l'organe sensoriel*. » (*Précis de psychologie*, p. 411, Marcel Rivière et Cⁱᵉ.)

LAGNEAU

(B) « La perception est l'achèvement de la représentaton et la rectification des données sensibles, qui résultent l'une et l'autre d'un jugement [...] par lequel nous déterminons en essence, en quantité et en qualité un objet auquel les qualités sensibles se rapportent, en une réalité qui les constitue. » (*Célèbres Leçons et Fragments*, p. 63, PUF.)

◆ 3. *Expressions et termes liés ou dérivés*

Perception externe

DILTHEY

« Par *perception externe ou sensible*, j'entends le processus par lequel les impressions sensorielles sont combinées en un tout distinct de moi. » (*Le Monde de l'esprit*, t. 1, p. 249, Aubier.)

Perception interne

Connaissance que le moi prend de ses états et de ses actes.

◆ 4. *Termes et expressions connexes*

Relation de voisinage

• impression • représentation • sensation.

Relation de dépendance

• chose • empirisme • espace • expérience • monde • sens • sensibilité.

Relation d'opposition

• idée.

Perfection

◆ 1. *Définitions générales*

(n. f.) Étym. : lat. *perfectio*, complet achèvement.

Caractère de ce qui est parfait.

◆ 2. *Définitions particulières de philosophes*

SPINOZA

« Par perfection en général [...] j'entendrai [...] la réalité, c'est-à-dire l'essence d'une chose quelconque en tant qu'elle existe et produit quelque effet en une certaine manière, n'ayant nul égard à sa durée. »

(*Éthique*, 4e partie, Préface, in *Œuvres de Spinoza*, t. 3, p. 220, Garnier-Flammarion.)

LEIBNIZ

« La *perfection* [n'est] autre chose que la grandeur de la réalité positive prise précisément, en mettant à part les limites ou bornes dans les choses qui en ont. » (*La Monadologie*, § 41, p. 162, Delagrave.)

◆ **3.** *Termes et expressions connexes*

Relation de voisinage
• absolu • achèvement • idéal • réalité (Spinoza).
Relation de dépendance
• bien • Dieu • qualité.
Relation d'opposition
• défaut • imperfection • inachèvement.

Permanence

◆ **1.** *Définitions générales*

(n. f.) Étym. : lat. *permanens*, permanent.
Caractère de ce qui demeure identique et semblable à lui-même à travers le temps.

◆ **2.** *Expressions et termes liés ou dérivés*

Principes de permanence

Ils expriment le caractère invariable d'une grandeur à travers des transformations (ex. : principe de la conservation de l'énergie).

KANT

« *Principe de la permanence de la substance.*
La substance persiste dans tout le changement des phénomènes et sa quantité n'augmente ni ne diminue dans la nature. » (*Critique de la raison pure*, « Analytique transcendantale », 2e édition, p. 177, PUF.)

Personnalisme

◆ **1.** *Définitions générales*

(n. m.) Étym. : néologisme de *Renouvier* (philosophe français, 1815-1903) ; philosophie prêchant le relèvement de la personne humaine par le culte de la justice.
Philosophie affirmant la primauté de la personne humaine.

◆ **2.** *Définitions particulières de philosophes*

MOUNIER

« Le personnalisme est une philosophie [...] son affirmation centrale [est] l'existence de personnes libres et créatrices. » (*Le Personnalisme*, p. 6, Que sais-je ? PUF.)

Personnalité

◆ **1.** *Définitions générales*

(n. f.)
A. *Sens courant* : originalité ; caractère ou qualité d'un individu dépassant la moyenne (une « forte personnalité »).
B. *Psychologie* : fonction par laquelle un individu se considère comme identique et un à travers différents états.

◆ **2.** *Définitions particulières de philosophes*

KANT

(B) « La personnalité *morale* n'est rien d'autre que la liberté d'un être raisonnable sous des lois morales. En revanche la personnalité psychologique n'est que la faculté d'être conscient de son existence comme identique à travers différents états. » (*Métaphysique des mœurs, Doctrine du droit*, « Introduction à la Métaphysique des mœurs », IV, p. 98, Vrin.)

HEGEL

(B) « La personnalité commence seulement lorsque le sujet a conscience de soi, non comme d'un moi simplement concret et déterminé d'une manière quelconque, mais comme d'un moi purement abstrait. » (*Principes de la philosophie du droit*, 1re partie, p. 84, Idées, Gallimard.)

GOBRY

(B) « La personnalité au sens usuel du terme [signifie] [...] l'individualité somato-psychique. » (*La Personne*, p. 94, PUF.)

LEIRIS

(B) « La personnalité [s'identifie] objectivement à l'ensemble des activités et des attitudes psychologiques propres à un individu — ensemble organisé en un tout original qui exprime la *singularité* de cet individu » (*Racisme et civilisation*, in *Le Racisme devant la science*, p. 216, Unesco-Gallimard.)

◆ **3.** *Expressions et termes liés ou dérivés*

Personnalité de base

Configuration psychologique commune, propre aux membres d'une société donnée.

DUFRENNE

« [La personnalité de base] est une norme, en ce qu'elle exprime la personnalité approuvée, l'homme idéal d'une société donnée. » (*La Personnalité de base*, p. 322, PUF.)

Personne

La personne comme sujet moral et responsable est le fruit d'un long parcours historique. Avec le christianisme, cette notion commence à se dégager. Mais c'est Kant qui a fait de la personne une notion philosophique à proprement parler.

◆ **1.** *Définitions générales*

(n. f.) Étym. : lat. *persona*, masque de théâtre.

A. *Sens général* : être humain conscient de lui-même et des valeurs morales et responsable de lui-même.

B. *Droit* : sujet juridique, auquel s'attachent des droits et des devoirs relevant de la loi.

C. Chez *Kant* : sujet moral, fin en soi, par opposition à la chose.

◆ **2.** *Définitions particulières de philosophes*

HOBBES

(A) « Est une *Personne*, celui dont les paroles ou les actions sont considérées, soit comme lui appartenant, soit comme représentant les paroles ou actions d'un autre, ou de quelque autre réalité à laquelle on les attribue par une attribution vraie ou fictive. » (*Léviathan*, p. 161, Sirey.)

KANT

« Une *personne* est ce sujet, dont les actions sont susceptibles d'imputation. » (*Métaphysique des mœurs, Doctrine de droit*, « Introduction à la Métaphysique des mœurs », IV, p. 98, Vrin.)

HEGEL

(A-B) « Dans la mesure où chacun est reconnu comme une essence libre, il est une personne. C'est pourquoi le principe du droit peut s'énoncer aussi de cette manière : chacun doit être traité par autrui comme une personne. » (*Propédeutique philosophique*, « Doctrine du droit », § 4, p. 42, Éditions de Minuit.)

DURKHEIM

(A) « Une personne, ce n'est pas seulement un sujet singulier, qui se distingue de tous les autres. C'est, en outre et surtout, un être auquel est attribuée une autonomie relative par rapport au milieu avec lequel il est le plus immédiatement en contact. On se le représente comme capable, dans une certaine mesure, de se mouvoir lui-même. » (*Les Formes élémentaires de la vie religieuse*, p. 388, Alcan.)

MOUNIER

(A) « La personne est une existence capable de se détacher d'elle-même, de se déposséder, de se décentrer pour devenir disponible à autrui. » (*Le Personnalisme*, p. 39, Que sais-je ? PUF.)

◆ **3.** *Termes et expressions connexes*

Relation de voisinage

• individu • personnalité • sujet moral.

Relation de dépendance

• autonomie • devoir • dignité • droit • fins • impératif catégorique • morale • société • valeurs.

Relation d'opposition

• chose (Kant) • moyen • « On ».

Persuader

Voir PERSUASION.

Persuasion

◆ **1.** *Définitions générales*

(n. f.) Étym. : lat. *persuasio*, persuasion.

Action par laquelle on amène quelqu'un à croire quelque chose, par une adhésion complète, en touchant sa sensibilité (à la différence de la *conviction*, obtenue, au contraire, de manière rationnelle).

◆ **2.** *Définitions particulières de philosophes*

KANT

« A la conviction est opposée la *persuasion* ; assentiment fondé sur des raisons suffisantes, dont on ne sait pas si elles sont simplement subjectives ou également objectives. » (*Logique*, Introduction IX, p. 81.)

◆ **3.** *Expressions et termes liés ou dérivés*

Persuader

PASCAL

« L'art de persuader consiste autant en celui d'agréer qu'en celui de convaincre. » (*De l'esprit géométrique*, in *Pascal, Pensées et Opuscules*, p. 187, Hachette.)

Pessimisme

(n. m.) Étym. : lat. *pessimus*, superlatif de *malus*, mauvais.

A. Tendance ou disposition d'esprit portant à soutenir que tout est mauvais, à voir le mauvais côté des choses.

B. *Métaphysique, philosophie* : doctrine selon laquelle le mal l'emporte sur le bien.

Pétition de principe

KANT

« Par [pétition de principe] on entend l'admission d'une proposition comme principe de preuve à titre de proposition immédiatement certaine, bien qu'elle ait encore besoin d'une preuve. » (*Logique*, « Doctrine générale des éléments », chap. 3, § 92, p. 147, Vrin.)

Peuple

◆ 1. *Définitions générales*

(n. m.) Étym. : lat. *populus*, ensemble des citoyens de tout ordre.

A. *Histoire, sociologie* :

a) ensemble composé de groupes associés de manière étroite, ayant des traditions et un passé communs, et occupant un pays ou un territoire déterminés ;

b) partie modeste d'une nation (ex. : un homme du peuple).

B. *Politique* :

a) *au sens actif* : substance même du corps politique ; personnes constituant une société politique ou vivant unies sous des lois ;

b) *au sens passif* : multitude régie et gouvernée.

◆ 2. *Définitions particulières de philosophes*

HOBBES

(B-*b*) « Sous ce nom de peuple [...] je n'entends point une certaine personne civile, à savoir l'État qui gouverne, mais la *multitude* qui est régie. » (*Le Citoyen*, p. 230, Garnier-Flammarion.)

ROUSSEAU

Voir SOUVERAIN, p. 273.

KANT

Voir NATION, p. 187.

MARITAIN

(B-*a*) « Pour s'en tenir à la signification politique du mot, qu'il suffise de dire que le peuple est la multitude des personnes humaines qui, unies sous de justes lois, par une amitié réciproque, et pour le bien commun de leur existence humaine, constituent une société politique ou un corps politique. » (*L'Homme et l'État*, p. 24, PUF.)

Peur

(n. f.) Étym. : lat. *pavor*, crainte, effroi. Phénomène psychologique à fort caractère affectif, marqué par la conscience d'un danger et d'un mal déterminés (à bien distinguer de l'angoisse, très indéterminée).

Phénomène

Kant est le penseur par excellence du « phénomène » — défini comme ce qui est objet d'une expérience sensible, dans l'espace et dans le temps, par opposition au « noumène » (chose en soi). Au XXe siècle, Sartre, se référant à Nietzsche, répudie ce dualisme : le phénomène se dévoile comme il est.

◆ 1. *Définitions générales*

(n. m.) Étym. : grec *phainomenon*, part. passé de *phainestai*, être visible, briller.

A. *Sens général* : ce qui se manifeste ou apparaît aux sens ou à la conscience.

B. *Épistémologie* : données de l'expérience appréhendées objectivement et construites par l'expérimentation et les instruments.

C. Chez *Kant* : opposé à la chose en soi, au noumène ; donné saisi et appréhendé à travers les formes a priori de l'espace et du temps, et ensuite, à travers les catégories.

◆ 2. *Définitions particulières de philosophes*

KANT

(C) « Les images sensibles, en tant qu'on les pense à titre d'objets suivant l'unité des catégories, s'appellent phénomènes. » (*Critique de la raison pure*, « Analytique transcendantale», p. 223, PUF.)

BACHELARD

(B) « Il faut que le phénomène soit trié, filtré, épuré, coulé dans le moule des instruments, produit sur le plan des instruments. Or les instruments ne sont que des théories matérialisées. Il en sort des phénomènes qui portent de toutes parts la marque théorique. » (*Le Nouvel Esprit scientifique*, p. 12, PUF.)

SARTRE

(A) « [Le phénomène] n'indique pas, par-dessus son épaule, un être véritable qui serait, lui, l'absolu. Ce qu'il est, il l'est absolument, car il se dévoile *comme il est.* » (*L'Être et le Néant*, Introduction I, p. 12, Tel, Gallimard.)

(A) « Le phénomène est ce qui se manifeste. » (*L'Être et le Néant*, Introduction II, p. 14, Tel, Gallimard.)

◆ 3. *Expressions et termes liés ou dérivés*

Phénoménisme

(n. m.) Doctrine selon laquelle il n'y aurait comme seule réalité que les phénomènes.

◆ 4. *Termes et expressions connexes*

Relation de voisinage

• donné • fait • manifestation.

Relation de dépendance
• connaissance • espace • expérience • phénoménologie • réalité • science • temps.
Relation d'opposition
• idée • noumène.

Phénoménologie

◆ **1.** *Définitions générales*
(n. f.) Étym. : composé à partir du grec *phainomenon*, phénomène, et *logos*, étude, science.
Étude des phénomènes ou d'un ensemble de phénomènes ; *Husserl* développa pleinement cette discipline, comme science rigoureuse, opérant un retour aux choses mêmes.

◆ **2.** *Définitions particulières de philosophes*

HUSSERL

« La Phénoménologie pure [...] se nomme une science des phénomènes. » (*Idées directrices pour une phénoménologie*, p. 3, Gallimard.)
« La phénoménologie [doit] être établie comme une science de l'essence, une science a priori, ou, comme nous le dirons aussi, une science eidétique. » (*Idées directrices pour une phénoménologie*, p. 9, Gallimard.)
Voir aussi EIDÉTIQUE, p. 84.

MERLEAU-PONTY

« Qu'est-ce que la phénoménologie ? [...]. La phénoménologie, c'est l'étude des essences, et tous les problèmes, selon elle, reviennent à définir des essences : l'essence de la perception, l'essence de la conscience, par exemple. Mais la phénoménologie, c'est aussi une philosophie qui replace les essences dans l'existence. » (*Phénoménologie de la perception*, p. I, Gallimard.)

◆ **3.** *Expressions et termes liés ou dérivés*

Phénoménologie de l'esprit

Chez *Hegel*, étude du devenir et du déploiement de la conscience à partir de ses manifestations immédiates et sensibles, jusqu'au savoir absolu.

HEGEL

« J'ai suivi dans la *Phénoménologie de l'Esprit*, l'évolution de la conscience, sa marche progressive, depuis la première opposition immédiate entre elle et l'objet jusqu'au savoir absolu. Le chemin qu'elle a suivi passe par toutes les formes du rapport entre la conscience et l'objet et a pour aboutissement le concept de science. » (*Science de la logique*, trad. Jankélévitch, Introduction, t. 1, p. 33, Aubier.)

Épochè phénoménologique

HUSSERL

Voir ÉPOCHÈ, p. 89.

Philosophie

Historiquement, terme longtemps synonyme de savoir rationnel et de science (cf. Aristote et Descartes). Employé encore chez Hegel en une acception proche (système unifiant l'ensemble du réel). Ce sens n'existe plus de nos jours (les sciences se sont séparées de la philosophie).

◆ **1.** *Définitions générales*
(n. f.) Étym. : grec *philosophia*, de *philein*, aimer, et *sophia*, sagesse, savoir.
A. *Sens courant* : conception de celui qui accepte les choses comme elles sont (« être philosophe »).
B. *Sens ancien* : connaissance, savoir rationnel, science, système de la connaissance.
C. *Sens moral* : sagesse ; règle pratique d'action.
D. Chez *Hegel* : système unifiant l'ensemble du réel, renfermant tout dans son unité.

◆ **2.** *Définitions particulières de philosophes*

ARISTOTE

(B)« C'est [...] à bon droit que la Philosophie est appelée la science de la vérité. » (*La Métaphysique*, liv. α, § 1, t. 1, p. 108, Vrin.)

SEXTUS EMPIRICUS (exposant des maximes d'ÉPICURE)

(C) « La philosophie n'est pas une science pure et théorique, c'est une règle pratique d'action ; bien plus, elle est elle-même une action, une *énergie* qui procure, par des discours et des raisonnements, la vie bienheureuse » (Épicure, cité in *Apophtegmes et maximes d'Épicure*, p. 118, Pot cassé.)

MARC-AURÈLE

(C) « Elle [la philosophie] consiste à garder son démon intérieur à l'abri des outrages, innocent, supérieur aux plaisirs et aux peines, ne laissant rien au hasard [...] et surtout attendant une mort propice à la pensée puisqu'elle n'est rien que la dissolution des éléments dont tout être vivant se compose. » (*Pensées*, in *Les Stoïciens*, p. 1150, La Pléiade, Gallimard.)

DESCARTES

(B-C) « Ce mot de *philosophie* signifie l'étude de la sagesse, et [...] par la sagesse on n'entend pas seulement la prudence dans les affaires, mais une parfaite connaissance de toutes les choses que l'homme peut savoir, tant pour la conduite de sa vie

que pour la conservation de sa santé et l'invention de tous les arts. » (*Les Principes de la philosophie*, Lettre préface, in *Descartes, Œuvres, lettres*, p. 557, La Pléiade, Gallimard.)
(B) « Toute la philosophie est comme un arbre, dont les racines sont la métaphysique, le tronc est la physique, et les branches qui sortent de ce tronc sont toutes les autres sciences, qui se réduisent à trois principales, à savoir la médecine, la mécanique et la morale. » (*Les Principes de la philosophie*, Lettre préface, in *Descartes, Œuvres, lettres*, p. 566, La Pléiade, Gallimard.)

D'ALEMBERT

« La philosophie n'est autre chose que l'application de la raison aux différents objets sur lesquels elle peut s'exercer. » (*Éléments de philosophie*, in *Corpus des œuvres de philosophie en langue française*, p. 19, Fayard.)

KANT

« La philosophie [...] est [...] la science du rapport de toute connaissance et de tout usage de la raison à la fin ultime de la raison humaine, fin à laquelle, en tant que suprême, toutes les autres fins sont subordonnées et dans laquelle elles doivent être toutes unifiées. » (*Logique*, Introduction III, p. 25, PUF.)
« Une *philosophie* (un système de connaissance rationnelle à partir de concepts). » (*Métaphysique des mœurs, Doctrine de la vertu*, Préface, p. 43, Vrin.)

HEGEL

(D) « La philosophie est le fondement du rationnel, elle est l'intelligence du présent et du réel et non la construction d'un au-delà qui se trouverait Dieu sait où. » (*Principes de la philosophie du droit*, Préface, p. 41, Idées, Gallimard.)
(D) « Concevoir ce qui est, est la tâche de la philosophie, car ce qui est, c'est la raison. En ce qui concerne l'individu, chacun est le fils de son temps ; de même aussi la philosophie, elle résume son temps dans la pensée. » (*Principes de la philosophie du droit*, Préface, p. 43, Idées, Gallimard.)
« La philosophie vient toujours trop tard. En tant que pensée du monde, elle apparaît seulement lorsque la réalité a accompli et terminé son processus de formation [...]. Ce n'est qu'au début du crépuscule que la chouette de Minerve prend son vol. » (*Principes de la philosophie du droit*, Préface, p. 45, Idées, Gallimard.)

SCHOPENHAUER

« La philosophie naît de notre *étonnement* au sujet du monde et de notre propre existence, qui s'imposent à notre intellect comme une énigme dont la solution ne cesse dès lors de préoccuper l'humanité. » (*Le Monde comme volonté et comme représentation*, Suppléments au livre I, t. 2, p. 304, Alcan.)
(B) « La philosophie est essentiellement la *science du monde* » (*Le Monde comme volonté et comme représentation*, Suppléments au livre I, t. 2, p. 322, Alcan.)

DILTHEY

« La philosophie est une fonction qui naît du besoin qu'a l'esprit individuel de réfléchir sur ce qu'il fait, de donner à son action une forme intérieure solide et de se sentir uni par des rapports bien arrêtés au tout que constitue la société humaine. » (*Le Monde de l'esprit*, t. 1, p. 412, Aubier.)

HUSSERL

(C) « Quiconque veut vraiment devenir philosophe devra "une fois en sa vie" se replier sur soi-même [...]. La philosophie — la sagesse — est en quelque sorte une affaire personnelle du philosophe. Elle doit se constituer en tant que *sienne*,... » (*Méditations cartésiennes*, Méditation 1, p. 2, Vrin.)

ALAIN

(C) « C'est une disposition de l'âme qui d'abord se met en garde contre les déceptions et humiliations, par la considération de la vanité de presque tous les biens et de presque tous les désirs. » (*Définitions*, in *Alain, les Arts et les Dieux*, p. 1078, La Pléiade, Gallimard.)

WITTGENSTEIN

« La philosophie n'est aucune des sciences de la nature. » (*Tractatus logico-philosophicus*, § 4.111, p. 52, Tel, Gallimard.)
« Le but de la philosophie est la clarification logique de la pensée [...]. La philosophie a pour but de rendre claires et de délimiter rigoureusement les pensées qui autrement, pour ainsi dire, sont troubles et floues. » (*Tractatus logico-philosophicus*, § 4.112, p. 52, Tel, Gallimard.)

◆ **3.** *Expressions et termes liés ou dérivés*

Philosophie générale

Discipline traitant des problèmes relatifs à la nature de la connaissance, à Dieu, à l'Esprit, etc. Terme devenu à peu près synonyme de métaphysique.

Philosophie positive

Chez *Auguste Comte*, manière de philosopher tendant à faire la synthèse des faits observés et des lois de la science positive (sans recherche métaphysique).
Voir POSITIVISME, p. 219.

Philosophie première

Chez *Aristote*, *Descartes*, etc. : science dont l'objet est constitué par les premières causes et les premiers principes.

Philosopher

KANT

« Jusqu'ici on ne peut apprendre aucune philosophie [...] on ne peut qu'apprendre à philosopher, c'est-à-dire à exercer le talent de la raison dans l'application de ses principes généraux à certaines tentatives qui se présentent, mais toujours avec la réserve du droit qu'a la raison de rechercher ces principes eux-mêmes à leurs sources et de les confirmer ou de les rejeter. » (*Critique de la raison pure*, « Théorie transcendantale de la méthode », chap. 3, p. 561, PUF.)

BERGSON

« Philosopher consiste à se placer dans l'objet même par un effort d'intuition. » (*La Pensée et le Mouvant*, p. 200, PUF.)

Esprit philosophique

SCHOPENHAUER

« Avoir l'esprit philosophique, c'est être capable de s'étonner des événements habituels et des choses de tous les jours, de se poser comme sujet d'étude ce qu'il y a de plus général et de plus ordinaire. » (*Le Monde comme volonté et comme représentation*, Suppléments au livre 1, t. 2, p. 294, Alcan.)

◆ **4.** *Termes et expressions connexes*

Relation de voisinage
• sagesse • science.
Relation de dépendance
• action • condition humaine • esprit • explication • interrogation • monde • pensée • système.
Relation d'opposition
• sens commun.

Phonème

◆ **1.** *Définitions générales*

(n. m.) Étym. grec *phônèma*, son de voix, parole, discours.
Constituant élémentaire phonique d'une langue (correspondant à un son en tant que tel).

◆ **2.** *Définitions particulières de philosophes*

MARTINET

Voir LANGUE, p. 158.

Phrénologie

(n. f.) Étym. : composé du grec *phrèn*, diaphragme, cœur, et *logos*, science.
Théorie (créée par Gall, 1758-1828), aujourd'hui abandonnée, selon laquelle le développement des facultés mentales dépendrait de circonvolutions cérébrales ainsi que des bosses du crâne correspondantes (ex. : « avoir la bosse des maths »).

Physiognomonie

◆ **1.** *Définitions générales*

(n. f.) Étym. : grec *phusiognômonia*, art de juger quelqu'un d'après son air, sa physionomie.

◆ **2.** *Définitions particulières de philosophes*

KANT

« C'est l'art de juger un homme d'après ce qu'on peut voir de son physique, et par conséquent de juger l'intérieur par l'extérieur. » (*Anthropologie du point de vue pragmatique*, 2e partie, p. 142, Vrin.)

Physiologie

◆ **1.** *Définitions générales*

(n. f.) Étym. : grec *phusiologia*, recherche ou dissertation sur les choses de la nature.
Étude des fonctions des organismes vivants, science du fonctionnement de l'être vivant.

◆ **2.** *Définitions particulières de philosophes*

HEGEL

« La physiologie de l'organisme animal considère les *fonctions* des parties qui collaborent à la production permanente du tout et qui, elles-mêmes, ne sont pas moins produites et conservées par ce processus. » (*Propédeutique philosophique*, « Encyclopédie philosophique », § 123, p. 195, Éditions de Minuit.)

BERNARD

« La physiologie [est] la science des phénomènes de la vie. » (*Leçons sur les phénomènes de la vie*, t. 1, p. 22, Librairie Baillère et fils.)

Physique

◆ **1.** *Définitions générales*

A. *Adjectif* (étym. : grec *phusikos*, qui concerne la nature, *phusis*).
a) opposé à chimique : qui se rapporte à la physique.
b) opposé à métaphysique ou mathématique : qualifie ce qui est matériel, objet d'expérience, perceptible par les sens, etc. (ex. : une présence physique).
c) opposé à moral, c'est-à-dire à ce qui concerne l'esprit : qualifie ce qui résulte d'un fait organique, tout en étant psychique (ex. : un plaisir physique).

d) opposé à psychique : qui concerne le corps et non pas la conscience (ex. : l'état physique d'un patient).
B. *Nom* (Étym. : grec *ta phusika*, livres traitant de la nature)
a) philosophie : étude de la nature ;
b) science : science étudiant les propriétés de la matière et établissant les lois rendant compte des phénomènes matériels (à la différence de la chimie, qui étudie les transformations de la matière et des corps).

◆ 2. *Définitions particulières de philosophes*

ARISTOTE

(B) « La Physique [est] la science d'un genre d'être déterminé (à savoir de cette sorte de substance qui possède en elle le principe de son mouvement et de son repos) (*La Métaphysique*, liv. E, § 1, t. 1, p. 328, Vrin.)

BACON

(B) « La recherche de la cause efficiente, de la matière, du progrès latent, du schématisme latent (toutes choses qui concernent le cours commun et ordinaire de la nature et non les lois fondamentales et éternelles), constituera la physique. » (*Novum Organum*, p. 194, PUF.)

COMTE

(B-*b*) « [La physique] consiste à étudier les lois qui régissent les propriétés générales des corps, ordinairement envisagés en masse, et constamment placés dans des circonstances susceptibles de maintenir intacte la composition de leurs molécules, et même, le plus souvent, leur état d'agrégation. » (*Cours de philosophie positive*, Leçon 28, p. 446, Hermann.)

◆ 3. *Expressions et termes liés ou dérivés*

Physique sociale

Étude des phénomènes sociaux ; expression utilisée par *Auguste Comte*, jusqu'à ce qu'il la remplace par le terme de *sociologie*.

COMTE

« J'entends par physique sociale la science qui a pour objet propre l'étude des phénomènes sociaux, considérés dans le même esprit que les phénomènes astronomiques, physiques, chimiques et physiologiques. » (*Considérations philosophiques sur les sciences et les savants*, in *Auguste Comte*, *Textes*, p. 105, Bordas.)
Voir aussi SOCIOLOGIE, p. 270.

Preuve physico-théologique

Cette preuve (de l'existence de Dieu) voit dans l'ordre du monde et sa finalité des caractères ou effets qui ne sauraient être attribués au hasard. Cet argument est réfuté par *Kant*, qui néanmoins le respecte.

KANT

« [Il s'agit] de chercher si une *expérience déterminée*, par conséquent celle des choses de ce monde, sa nature et son ordonnance ne fournissent pas une preuve qui puisse nous conduire sûrement à la conviction de l'existence d'un Être suprême. Nous appellerions une preuve de ce genre la preuve *physico-théologique*. » (*Critique de la raison pure*, « Dialectique transcendantale », p. 440, PUF.)

◆ 4. *Termes et expressions connexes*

— Pour *physique* adjectif :

Relation de voisinage

- corporel • matériel • organique
- physiologique.

Relation de dépendance

- nature • réalité matérielle.

Relation d'opposition

- mental • métaphysique • moral
- psychique.

Pitié

◆ 1. *Définitions générales*

(n. f.) Étym. : lat. *pietas*, piété, pieuse affection.
Sympathie naissant au spectacle des souffrances d'autrui.

◆ 2. *Définitions particulières de philosophes*

ARISTOTE

« La pitié est une sorte de peine à propos d'un mal destructeur ou douloureux qui paraît accabler quelqu'un ne le méritant pas, mal dont on envisage que soi-même ou l'un des siens pourraient le subir. » (*Rhétorique*, liv. 2, § 8, in J.-C. Fraisse, *Aristote*, *Anthropologie*, p. 144, PUF.)

DESCARTES

« La pitié est une espèce de tristesse mêlée d'amour ou de bonne volonté envers ceux à qui nous voyons souffrir quelque mal duquel nous les estimons indignes. » (*Les Passions de l'âme*, 3e partie, Article 185, in *Descartes*, *Œuvres, lettres*, p. 783, La Pléiade, Gallimard.)

ROUSSEAU

« La pitié est un sentiment naturel, qui, modérant dans chaque individu l'activité de l'amour de soi-même, concourt à la conservation mutuelle de toute l'espèce. C'est elle qui nous porte sans réflexion au secours de ceux que nous voyons souffrir. » (*Discours sur l'origine et les fondements de l'inégalité parmi les hommes*, 1re partie, in *Rousseau*, *Œuvres complètes*, t. 3, p. 156, La Pléiade, Gallimard.)

Plaisir

◆ 1. *Définitions générales*

(n. m.) Étym. : lat. *placere*, plaire.
A. Satisfaction sensuelle.
B. État de bien-être sensible ; état affectif agréable.

◆ 2. *Définitions particulières de philosophes*

ARISTOTE

« Le plaisir achève l'acte, non pas comme le ferait une disposition immanente au sujet, mais comme une sorte de fin survenue par surcroît, de même qu'aux hommes dans la force de l'âge vient s'ajouter la fleur de la jeunesse [...]. Le plaisir [réside] dans l'acte. » (*Éthique à Nicomaque*, liv. 10, § 4, pp. 496, 497, Vrin.)

ÉPICURE

« Quand donc nous disons que le plaisir est notre but ultime, nous n'entendons pas par là les plaisirs des débauchés ni ceux qui se rattachent à la jouissance matérielle [...]. Le plaisir que nous avons en vue est caractérisé par l'absence de souffrances corporelles et de troubles de l'âme. » (*Lettre à Ménécée*, in *Épicure, Doctrines et maximes*, p. 79, Hermann.)

HOBBES

« Le plaisir ou volupté est [...] l'apparition, la sensation, de ce qui est bon. » (*Léviathan*, p. 50, Sirey.)

LEIBNIZ

« Je crois que dans le fond le plaisir est un sentiment de perfection et la douleur un sentiment d'imperfection, pourvu qu'il soit assez notable pour faire qu'on s'en puisse apercevoir. » (*Nouveaux Essais sur l'entendement humain*, liv. 2, chap. 21, § 41, p. 152, Garnier-Flammarion.)

NIETZSCHE

« Le plaisir : sensation d'un accroissement de puissance. » (*La Volonté de puissance*, trad. Bianquis, liv. 2, t. 1, § 398, p. 320, Gallimard.)

« Le plaisir, chatouillement de la sensation de puissance, supposant toujours une chose qui résiste et qu'il faut surmonter. » (*La Volonté de puissance*, trad. Bianquis, liv. 2, t. 1, § 399, p. 320, Gallimard.)

FREUD

« Le plaisir est en rapport avec la diminution, l'atténuation ou l'extinction des masses d'excitation accumulées dans l'appareil psychique. » (*Introduction à la psychanalyse*, 3e partie, p. 383, Bibliothèque scientifique, Payot.)

◆ 3. *Expressions et termes liés ou dérivés*

Principe de plaisir

FREUD

« L'ensemble de notre activité psychique a pour but de nous procurer du plaisir et de nous faire éviter le déplaisir [...], elle est régie automatiquement par le *principe de plaisir*. » (*Introduction à la psychanalyse*, 3e partie, p. 383, Bibliothèque scientifique, Payot.)

◆ 4. *Termes et expressions connexes*

Relation de voisinage
• agrément • bien-être • contentement • jouissance • satisfaction • volupté.

Relation de dépendance
• âme • besoin • corps • désir • épicurisme • hédonisme • morale • sensation • tendance.

Relation d'opposition
• douleur • peine.

Platonisme

◆ 1. *Définitions générales*

(n. m.) Étym. : de Platon.
A. Philosophie de Platon.
B. Caractères de l'amour platonicien.

◆ 2. *Définitions particulières de philosophes*

ALAIN

« Un caractère de l'amour qui fait qu'il ne prend la beauté du corps que comme un signe des perfections de l'âme, auxquelles il veut principalement s'attacher. » (*Définitions*, in *Alain, les Arts et les Dieux*, p. 1079, La Pléiade, Gallimard.)

Ploutocratie

◆ 1. *Définitions générales*

(n. f.) Étym. : grec *ploutokratia*, gouvernement ou domination des riches.
Régime où les riches exercent le pouvoir.

◆ 2. *Définitions particulières de philosophes*

RENAN

« J'appelle ploutocratie un état de société où la richesse est le nerf principal des choses, où l'on ne peut rien faire sans être riche, où l'objet principal de l'ambition est de devenir riche, où la capacité et la moralité s'évaluent généralement [...] par la fortune. » (*L'Avenir de la science, Pensées de 1848*, p. 415, Calmann-Lévy, 1890.)

Plus-value

◆ **1.** *Définitions générales*

Désigne, chez *Marx*, la valeur supplémentaire produite par le travail de l'ouvrier salarié et que le capitaliste s'approprie sans la payer.

◆ **2.** *Définitions particulières de philosophes*

MARX

« La plus-value [est] cette partie de la valeur totale des marchandises dans laquelle est incorporé le *surtravail* ou le *travail impayé.* » (*Plus-value*, in *Pages de Karl Marx pour une éthique socialiste*, t. 1, p. 206, Petite Bibliothèque, Payot.)

Politesse

◆ **1.** *Définitions générales*

(n. f.) lat. *polire*, rendre uni, aplanir, polir. Manières d'agir ou de parler, d'observer des usages, tendant à ménager la sensibilité d'autrui.

◆ **2.** *Définitions particulières de philosophes*

BERGSON

« La politesse [est] la grâce de l'esprit. » (*La Politesse*, in *Bergson, Écrits et paroles*, p. 61, PUF.)
« Nous pouvons [...] donner une définition générale de la politesse ; elle consiste à ménager la sensibilité des autres hommes, à faire "qu'ils soient contents d'eux et de nous." » (*La Politesse*, in *Bergson, Écrits et paroles*, p. 63, PUF.)

Politique

Dans l'Antiquité grecque, Platon et surtout Aristote fixent le statut de la science politique, définie comme science de la cité (*polis*), destinée à prendre en charge cet « animal politique » (Aristote), c'est-à-dire cet être social et collectif qu'est l'homme. Marx sera fidèle à la tradition issue d'Aristote.

◆ **1.** *Définitions générales*

A. *Adjectif*. Étym. : grec *politikos*, qui concerne la cité.
a) qui concerne la cité, l'ensemble des citoyens (ex. : économie politique) ;
b) qui concerne l'État, le gouvernement de la cité (ex. : un régime politique, un parti politique).
B. *Nom masculin* :
a) la chose politique, le fait politique ;
b) celui qui s'occupe du gouvernement d'un pays.
C. *Nom féminin*. Étym. : grec *politikè* (sous-entendu *technè*), art ou science de la cité. Théorie du gouvernement des États ; action de gouverner l'État.

◆ **2.** *Définitions particulières de philosophes*

PLATON

(A) « [L'art politique] [...] réalisant le plus magnifique et le plus excellent de tous les tissus, en enveloppe, dans chaque cité, tout le peuple, esclaves ou hommes libres, les serre ensemble dans sa trame et, assurant à la cité, sans manque ni défaillance, tout le bonheur dont elle peut jouir, commande et dirige. » (*Le Politique*, in *Platon, Œuvres complètes*, t. 9, 1re partie, p. 88, Budé, Belles Lettres.)

ARISTOTE

(A) « La science souveraine et au plus haut point organisatrice [...], c'est la science politique. Elle détermine quelles sont les sciences indispensables dans les États, fixe celles que chaque citoyen doit apprendre et dans quelle mesure. » (*Éthique de Nicomaque*, liv. I, p. 5, Garnier-Flammarion.)

WEBER

(C) « Nous entendrons par politique l'ensemble des efforts que l'on fait en vue de participer au pouvoir ou d'influencer la répartition du pouvoir, soit entre les États, soit entre les divers groupes à l'intérieur d'un même État. » (*Le Savant et le Politique*, p. 101, 10/18, UGE.)

ELLUL

(B-*a* ; C) « Pour moi *le* politique est le domaine, la sphère des intérêts publics gérés et représentés par l'État. *La* politique est l'action relative à ce domaine, la direction du groupement politique, l'influence que l'on exerce sur cette direction. J'englobe ainsi dans ce dernier terme la direction de la "chose publique" comme la compétition entre les groupes prétendant apporter des solutions aux questions soulevées dans la société. » (*L'Illusion politique*, p. 13, Pluriel, Laffont.)

FREUND

(C) « [La politique] est l'activité sociale qui se propose d'assurer par la force, généralement fondée sur le droit, la sécurité extérieure et la concorde intérieure d'une unité politique particulière en garantissant l'ordre au milieu de luttes qui naissent de la diversité et de la divergence des opinions et des intérêts. » (*L'Essence du politique*, p. 751, Sirey.)

WEIL

(C) « [La politique] est pensée de l'action raisonnable [...]. *La politique, science philosophique de l'action raisonnable, a affaire à l'action universelle, laquelle, tout en étant, de par son origine empirique, action d'un individu ou d'un groupe, ne vise pas l'individu ou le groupe en tant que tel, mais la totalité du genre humain.* » (*Philosophie politique*, p. 11, Vrin.)

◆ **3.** *Expressions et termes liés ou dérivés*

Animal politique

Cette expression signifie littéralement : animal fait pour la cité, animal social.

ARISTOTE

« L'homme est par nature un animal politique ; si bien que celui qui vit hors cité, naturellement bien sûr et non par le hasard des circonstances, est soit un être dégradé, soit un être surhumain. » (*La Politique*, liv. 1, p. 40, Nathan.)

MARX

« L'homme est, au sens le plus littéral, un ζῶον πολιτιχόν [1], non seulement un animal sociable, mais un animal qui ne peut s'isoler que dans la société. » (*Contribution à la critique de l'économie politique*, « Introduction à la critique de l'économie politique », p. 150, Éditions sociales.)

◆ **4.** *Termes et expressions connexes*

— Pour *politique* adjectif :

Relation de voisinage

• civil.

Relation de dépendance

• cité • citoyen • État • gouvernement • morale • pouvoir • société.

Relation d'opposition

• naturel.

Polythéisme

(n. m.) Étym. : composé du grec *polus*, nombreux, et *theos*, dieu.
Religion admettant l'existence de plusieurs dieux (opposé à monothéisme).
Voir THÉISME, p. 291.

Positif

◆ **1.** *Définitions générales*

(adj.) Étym. : lat. *positus*, posé.
A. *Sens rare ou archaïque* : établi par institution, divine ou humaine, par opposition à ce qui est naturel (ex. : le droit positif).
B. Chez *Auguste Comte* : réel, s'en tenant aux faits, palpable, etc. (par opposition à chimérique, imaginaire, métaphysique, etc.).
C. *Mathématiques* : qualifie les grandeurs comportant le signe plus.

1. Animal social.

◆ **2.** *Définitions particulières de philosophes*

HEGEL

Voir NÉGATIF, p. 191.

COMTE

(B) « Le mot positif désigne le *réel*, par opposition au chimérique [...]. En un second sens [...] ce terme fondamental indique le contraste de l'*utile* à l'oiseux [...]. Suivant une troisième signification usuelle, cette heureuse expression est fréquemment employée à qualifier l'opposition entre la *certitude* et l'indécision [...]. Une quatrième acception [...] consiste à opposer le *précis* au vague. » (*Cours de philosophie positive*, t. 2, p. 92, Garnier.)
(B) « *Positif* [devrait devenir] partout inséparable de *relatif*, comme il l'est aujourd'hui d'*organique*, de *précis*, de *certain*, d'*utile* et de *réel* » (*Discours sur l'ensemble du positivisme*, in *Auguste Comte, Philosophie des sciences*, p. 14, PUF.)

Positivisme

◆ **1.** *Définitions générales*

(n. m.)
A. *Sens strict* : doctrine philosophique d'Auguste Comte, selon laquelle ne serait féconde que la méthode des sciences positives, attachées à la recherche des lois. Ainsi serait exclue — comme étant sans valeur — la recherche métaphysique, en quête de la nature intime des choses.
Voir aussi SCIENTIFIQUE (ÉTAT), p. 261.
B. *Sens large* : toute doctrine posant que seule la connaissance des faits est féconde et admettant uniquement une certitude de type expérimental.

◆ **2.** *Définitions particulières de philosophes*

ALAIN

« C'est le nom qu'Auguste Comte a donné à son système et qui signifie dans le commun langage l'impartialité, la logique dans les préparations, et des conclusions toujours fondées sur l'expérience. » (*Définitions*, in *Alain, les Arts et les Dieux*, p. 1080, La Pléiade, Gallimard.)

BLANCHÉ

« Le positivisme [...] est surtout fait de négations ; et la négation fondamentale, celle qui assure, sous toutes ses variétés, l'unité de la doctrine, c'est celle de la métaphysique. » (*La Science physique et la Réalité*, p. 181, PUF.)

ULLMO

« [Le positivisme] a été institué pour chasser de la science les causes premières ou finales de la métaphysique, pour affirmer le primat de l'observation et la soumission aux faits, l'origine expérimentale de toute science [...], toutes attitudes qui font partie de l'acquis définitif de la philosophie scientifique. » (*La Pensée scientifique moderne*, p. 85, Flammarion.)

◆ **3.** *Expressions et termes liés ou dérivés*

Positivisme logique ou néo-positivisme

Conception du cercle de Vienne (1929), qui réunit les philosophes *Carnap* (1891-1970), *Reichenbach* (1891-1953), etc. : les propositions et questions métaphysiques seraient dépourvues de sens.
Voir EMPIRISME LOGIQUE, p. 86.

Positiviste

(adj.)

HUSSERL

« Le concept positiviste de la science à notre époque [...] a laissé tomber toutes les questions que l'on avait incluses dans le concept de métaphysique [...] et parmi elles toutes ces questions que l'on appelle [...] les questions "ultimes et les plus hautes". » (*La Crise des sciences européennes et la Phénoménologie transcendantale*, p. 13, Gallimard.)

◆ **4.** *Termes et expressions connexes*

Relation de voisinage
• philosophie positive • scientisme.
Relation de dépendance
• expérience • faits • réalité • science.
Relation d'opposition
• métaphysique.

Possession

◆ **1.** *Définitions générales*

(n. f.) Étym. : lat. *possessio*, fait d'être en possession, jouissance.
« La possession est la détention ou la jouissance d'une chose ou d'un droit que nous tenons ou que nous exerçons par nous-mêmes, ou par un autre qui la tient ou qui l'exerce en notre nom. » (Code civil, art. 2228.)

◆ **2.** *Définitions particulières de philosophes*

HEGEL

« En subsumant une chose sous lui, le vouloir la fait *sienne*. La *possession* est ce fait qu'une chose soit subsumée sous mon vouloir. » (*Propédeutique philosophique*, « Doctrine du droit », § 8, p. 44, Éditions de Minuit.)
Voir aussi PROPRIÉTÉ, p. 231.

ALAIN

« Le fait, par opposition au droit de propriété. La possession est le fait d'user de quelque objet ; la propriété est le droit d'user, reconnu par l'arbitre » (*Définitions*, in *Alain, les Arts et les Dieux*, p. 1080, La Pléiade, Gallimard.)

Possibilité

Voir POSSIBLE.

Possible

◆ **1.** *Définitions générales*

(n. m.-adj.) Étym. : lat. *possibilis*, possible.
A. *Adjectif* :
a) sens général philosophique : qui n'est pas, mais qui pourrait être ;
b) logique : qui est non contradictoire, qui n'implique pas de contradiction ;
c) physique : qui n'est pas en contradiction avec les lois de la nature ;
d) chez *Kant* : ce qui est en accord avec l'intuition a priori et les catégories de l'entendement.
B. *Nom* : ce qui est possible.

◆ **2.** *Définitions particulières de philosophes*

ARISTOTE

« Une chose est possible si son passage à l'acte dont elle est dite avoir la puissance, n'entraîne aucune impossibilité. » (*La Métaphysique*, liv. θ, § 3, t. 2, p. 492, Vrin.)

SPINOZA

« J'appelle les [...] choses singulières possibles, en tant qu'ayant égard aux causes par où elles doivent être produites, nous ne savons si ces causes sont déterminées de façon à les produire. » (*Éthique*, 4ᵉ partie, Définition 4, in *Œuvres de Spinoza*, t. 3, p. 220, Garnier-Flammarion.)

KANT

(A-*d*) « Ce qui s'accorde avec les conditions formelles de l'expérience (quant à l'intuition et aux concepts) est *possible*. » (*Critique de la raison pure*, « Analytique transcendantale », p. 200, PUF.)

HEGEL

(A-*b*) « Lorsqu'une chose, quelle qu'elle soit, est simplement pensée [...] comme non-contradictoire avec elle-même, on l'appelle possible. » (*Propédeutique philosophique*, « Logique », § 59, p. 119, Éditions de Minuit.)

◆ **3.** *Expressions et termes liés ou dérivés*

Possibilité

(n.f.) Caractère de ce qui n'est pas, mais pourrait être.

◆ **4.** *Termes et expressions connexes*

— Pour *possible* adjectif :

Relation de voisinage

• éventuel • en puissance.

Relation de dépendance

• modalité • lois de l'expérience
• non-contradiction • réalité.

Relation d'opposition

• existant • impossible • irréalisable • réel.

Postulat

◆ **1.** *Définitions générales*

(n. m.) Étym. : lat. *postulatum*, part. passé de *postulare*, demander.

A. *Sens courant* : prise de position, implicite ou explicite, adoptée comme principe d'une argumentation.

B. *Mathématiques* : proposition que l'on demande d'admettre, mais qui n'est ni évidente par elle-même ni démontrable ; en mathématiques modernes, le postulat ne se distingue plus de l'axiome.

◆ **2.** *Définitions particulières de philosophes*

ULLMO

« A ce moment [le début du siècle dernier], le *postulat* se distingue de l'axiome en ce que son évidence n'est pas reconnue ; il n'est qu'une hypothèse. [Mais, progressivement], axiomes et postulats se confondent. » (*La Pensée scientifique moderne*, p. 210, Flammarion.)

◆ **3.** *Expressions et termes liés ou dérivés*

Postulats de la raison pratique

Chez Kant, désignent trois énoncés ou propositions (concernant la liberté, l'immortalité de l'âme et l'existence de Dieu) : on ne saurait les démontrer, mais ils sont requis du point de vue de l'existence morale.

KANT

« Ils [les postulats de la raison pure pratique] partent tous du principe fondamental de la moralité. [...]. Ces postulats ne sont pas des dogmes théoriques, mais des *hypothèses* dans un point de vue nécessairement pratique, ils n'élargissent donc pas la connaissance spéculative, mais ils donnent aux idées de la raison spéculative *en général* [...] de la réalité objective [...]. Ces postulats sont ceux de l'*immortalité*, de la *liberté* [...] et de l'*existence de Dieu*. » (*Critique de la raison pratique*, « Doctrine élémentaire de la raison pure pratique », pp. 141, 142, PUF.)

Potlatch

(n. m.) Système d'échanges institutionnalisés présent dans les tribus indiennes de la côte pacifique d'Amérique du Nord. Ces tribus s'affrontent et détruisent, au cours de fêtes, les richesses et biens, pour conquérir le plus grand prestige et le plus grand pouvoir symbolique (système d'échange étudié par Marcel Mauss : *potlatch* veut dire, selon cet ethnologue, « nourrir » et « consommer »).

Pour soi

Voir SOI, p. 271.

Pouvoir

Longtemps considéré comme une idée essentiellement politique (le « pouvoir de l'État », etc.), le pouvoir en est venu, de nos jours, à désigner tout autant une institution ou une puissance qu'une stratégie complexe et multiforme débordant la sphère politique (Foucault).

◆ **1.** *Définitions générales*

(n. m.-v.) Étym. : lat. *posse*, pouvoir, être capable de.

A. *Verbe* :

a) avoir la possibilité de.

b) avoir le droit, la permission.

B. *Nom* :

a) *sens général* : capacité effective de réaliser quelque chose (ex. : le pouvoir de l'énergie nucléaire).

b) *politique, sociologie* :

1) droit d'exiger quelque chose, capacité effective d'exercer une autorité, sous peine de sanction (ex. : le directeur exerce le pouvoir) ;

2) institutions ou personnes exerçant l'autorité politique, publique, etc.

◆ **2.** *Définitions particulières de philosophes*

HOBBES

(B-*a*) « Le POUVOIR d'un homme (si l'on prend le mot dans son sens universel) consiste dans ses moyens présents d'obtenir quelque bien apparent futur. » (*Léviathan*, p. 81, Sirey.)

KANT

(B-*b*) « Tout État contient en soi trois *pouvoirs*, c'est-à-dire la volonté générale unie en trois personnes [...] : le *pouvoir souverain* (souveraineté), qui réside en la personne du législateur, le *pouvoir exécutif*, en la personne qui gouverne (conformément à la loi), et le *pouvoir judiciaire* (qui attribue à chacun le sien suivant la loi) en la personne du juge. » (*Métaphysique des mœurs, Doctrine du droit*, 2e partie, p. 195, Vrin.)

FOUCAULT

(B) « Le pouvoir, au fond, est moins de l'ordre de l'affrontement entre deux adversaires, ou de l'engagement de l'un à l'égard de l'autre, que de l'ordre du "gouvernement". » (*Deux Essais sur le sujet et le pouvoir*, in H. Dreyfus et P. Rabinow, *Michel Foucault, un parcours philosophique*, p. 314, Gallimard.)

FREUND

(B-*b*) « [Le] concept [de pouvoir] peut se prendre en un sens restreint, celui de gouvernement ou pouvoirs publics, c'est-à-dire l'ensemble des organes étatiques (pouvoirs exécutif, législatif, judiciaire...), et en un sens large, en tant qu'il constitue la puissance aux frontières indistinctes et variables qui exerce la domination politique dans une collectivité. » (*L'Essence du politique*, p. 247, Sirey.)

◆ 3. *Expressions et termes liés ou dérivés*

Principe de la séparation des pouvoirs

Principe selon lequel les trois pouvoirs législatif, exécutif et judiciaire doivent avoir des titulaires distincts.

◆ 4. *Termes et expressions connexes*

— Pour *pouvoir* nom :

Relation de voisinage

• autorité • capacité • faculté • force • puissance.

Relation de dépendance

• autrui • citoyen • droit • État • histoire • gouvernement • justice • lois • politique • sanctions • violence.

Relation d'opposition

• impuissance.

Pragmatique

◆ 1. *Définitions générales*

(adj.) Étym. : grec *pragmatikos*, qui concerne les affaires.

A. *Sens général* : qui concerne l'action.

B. *Philosophie* : qui se rattache au pragmatisme.

C. *Chez Kant* : qui concerne l'impératif hypothétique se rapportant au bien-être, par opposition à ce qui est moral et concerne l'impératif catégorique.

◆ 2. *Définitions particulières de philosophes*

KANT

(C) « [Impératifs] *pragmatiques* [:] se rapportant au bien-être. » (*Fondements de la métaphysique des mœurs*, 2e section, p. 129, Delagrave.)

(C) « J'appelle pragmatique (règle de prudence) la loi pratique qui a pour motif le *bonheur*, et morale (ou loi des mœurs) [...] la loi qui n'a pour mobile que d'indiquer *comment on peut se rendre digne d'être heureux*. » (*Critique de la raison pure*, « Théorie transcendantale de la méthode », p. 544, PUF.)

Pragmatisme

◆ 1. *Définitions générales*

(n. m.) Étym. : du grec *pragma*, action (terme employé d'abord par William James, en 1898).

A. *Pragmatisme américain* (Peirce, James, notamment) : doctrine selon laquelle la vérité d'une proposition se définit par sa réussite. Le vrai, c'est ce qui réussit.

B. Doctrine selon laquelle pensée et action sont inséparables (« pragmatisme français »).

◆ 2. *Définitions particulières de philosophes*

JAMES

(A) « Le pragmatisme [...] se détourne de l'abstraction ; de tout ce qui rend la pensée inadéquate, — solutions toutes verbales, mauvaises raisons *a priori*, systèmes clos et fermés ; — de tout ce qui est un soi-disant absolu ou une prétendue origine, pour se tourner vers la pensée concrète et adéquate, vers les faits, vers l'action efficace. » (*Le Pragmatisme*, p. 61, Flammarion.)

GOBLOT

« On peut être conduit à définir le vrai comme un moyen par rapport aux fins de l'action, de telle sorte que sa qualité de moyen lui soit essentielle ; en ce sens une pensée vraie serait une pensée qui, prise comme règle, détermine des actions qui réussissent. C'est la thèse même du *pragmatisme*. » (*Traité de logique*, p. 9, Armand Colin.)

Pratique

◆ 1. *Définitions générales*

(n. f.-adj.) Étym. : grec *praktikè* (sous-entendu *épistèmè*), la science pratique, par opposition à la science spéculative.

A. *Adjectif* :
a) sens général : qui concerne l'action ou est orienté vers l'action (ex. : un esprit pratique) ; s'oppose à théorique.
b) chez Kant : qui concerne la prescription de ce qui doit être, la détermination de l'action.
B. *Nom* :
a) sens général : activité mettant en œuvre les principes ou lois d'une connaissance, d'une science, d'un art (ex. : la pratique médicale) ; savoir-faire.
b) marxisme : processus de mise en forme, grâce au travail humain, d'une matière.

◆ **2.** *Définitions particulières de philosophes*

KANT

(A-*b*) « Je me contenterai ici de définir la connaissance [...] pratique : celle par laquelle je me représente *ce qui doit être.* » (*Critique de la raison pure*, « Dialectique transcendantale », p. 447, PUF.)

« On appelle : *pratique* non pas toute opération, mais uniquement la mise en œuvre d'une fin, conçue comme observation de certains principes de conduite représentés dans leur généralité. » (*Théorie et pratique*, Introduction, p. 11, Vrin.)

MARX et ENGELS

(B-*b*) « Le principal défaut, jusqu'ici, du matérialisme de tous les philosophes [...] est que l'objet, la réalité, le monde sensible n'y sont saisis que sous la forme d'*objet* ou d'intuition, mais non en tant qu'*activité humaine concrète*, non en tant que pratique » (in *L'Idéologie allemande*, « Thèses sur Feuerbach », p. 31, Éditions sociales.)

◆ **3.** *Termes et expressions connexes*

— Pour *pratique* nom :
Relation de voisinage
• activité • savoir-faire.
Relation de dépendance
• fin • production • travail.
Relation d'opposition
• spéculation • théorie.

Praxis

◆ **1.** *Définitions générales*

(n. f.) Étym. : grec *praxis*, action.
Vocabulaire marxiste : énergie pratique humaine et sociale.

◆ **2.** *Définitions particulières de philosophes*

SARTRE

« La *praxis* comme action dans l'histoire et sur l'histoire [...] voilà notre sujet. » (*Situations II*, p. 265, Gallimard.)

« On définit la *praxis* comme projet organisateur dépassant des conditions matérielles vers une fin et s'inscrivant par le travail dans la matière inorganique comme remaniement du champ pratique et réunification des moyens en vue d'atteindre la fin » (*Critique de la raison dialectique*, t. 1, p. 687, Gallimard.)

MORIN

« J'appelle *praxis* l'ensemble des activités qui effectuent transformations, productions, performances à partir d'une *compétence.* » (*La Méthode*, t. 1 : « La Nature de la nature », p. 157, Le Seuil.)

Préconscient

◆ **1.** *Définitions générales*

(n. m.-adj.) Étym. : formé à partir de « pré- » et « conscient », donc à partir du latin *prae*, en avant, et *conscientia*, sentiment intime.
A. *Adjectif* : qui échappe à la conscience actuelle sans être strictement inconscient.
B. *Nom* : système de l'appareil psychique distinct du système inconscient. Les contenus de ce système (préconscient), sans être présents dans le champ actuel de la conscience, peuvent, en droit, accéder à la conscience.
Voir CONSCIENT, p. 55.

◆ **2.** *Définitions particulières de philosophes*

FREUD

« De [la] partie d'inconscient qui tantôt reste inconsciente, tantôt devient consciente, nous dirons qu'elle est "capable de devenir consciente" et nous lui donnerons le nom de *préconscient.* » (*Abrégé de psychanalyse*, 1re partie, p. 22, PUF.)

Prédestination

◆ **1.** *Définitions générales*

(n. f.) Étym. : lat. *praedestinatio*, prédestination.
Doctrine selon laquelle l'avenir de chaque individu est déterminé à l'avance : chacun est destiné par Dieu, de toute éternité, à être sauvé ou damné.

◆ **2.** *Définitions particulières de philosophes*

LEIBNIZ

« L'on peut distinguer entre destination et prédestination, car la prédestination paraît renfermer en soi une destination absolue et antérieure à la considération des bonnes ou des mauvaises actions de ceux qu'elle regarde. » (*Essais de Théodicée*, 1re partie, § 81, p. 148, Garnier-Flammarion.)

ALAIN

« C'est l'idée que l'avenir d'un être est fixé pour le principal, quels que soient les événements. » (*Définitions*, in *Alain, les Arts et les Dieux*, p. 1080, La Pléiade, Gallimard.)

Prédicat

◆ **1.** *Définitions générales*

(n. m.) Étym. : lat. *praedicatum*, part. passé de *praedicare*, attribuer.

Terme essentiellement logique : ce qui est dit, affirmé ou nié d'un sujet déterminé ; synonyme d'attribut.

◆ **2.** *Définitions particulières de philosophes*

HEGEL

Voir JUGEMENT, p. 154.

Préjugé

◆ **1.** *Définitions générales*

(n. m.) Étym. : lat. *praejudicium*, jugement préalable, action de préjuger.

A. *Sens courant* : opinion erronée, d'origine culturelle, sociale, etc.

B. *Philosophie* : opinion admise sans critique, sans examen *rationnel*, s'enracinant dans l'expérience de l'enfance, du milieu social, etc.

◆ **2.** *Définitions particulières de philosophes*

MONTESQUIEU

(B) « J'appelle ici préjugés, non pas ce qui fait qu'on ignore de certaines choses, mais ce qui fait qu'on s'ignore soi-même. » (*De l'esprit des lois*, Préface, t. 1, p. 116, Garnier-Flammarion.)

KANT

(B) « Le penchant à la passivité, par conséquent l'hétéronomie de la raison, c'est le préjugé. » (*Critique du jugement*, « Critique du jugement esthétique », § 40, p. 117, Vrin.)

« Il faut distinguer les *préjugés* des jugements provisoires. Les préjugés sont des jugements provisoires *acceptés comme principes*. » (*Logique*, Introduction IX, p. 84, Vrin.)

ALAIN

« Ce qui est jugé d'avance, c'est-à-dire avant qu'on se soit instruit. Le préjugé fait qu'on s'instruit mal. » (*Définitions*, in *les Arts et les Dieux*, p. 1081, La Pléiade, Gallimard.)

LEIRIS

« Un "préjugé", c'est-à-dire un jugement de valeur non fondé objectivement et d'origine culturelle. » (*Race et civilisation*, in *Le Racisme devant la science*, p. 238, Unesco-Gallimard.)

Prélogique

◆ **1.** *Définitions générales*

(adj.) Terme créé par le sociologue français *Lucien Lévy-Bruhl* (1857-1939), pour désigner un type de pensée caractérisant la mentalité primitive, indépendante, selon lui, des principes rationnels et étrangère, en particulier, au principe de non-contradiction. Par la suite, *Lévy-Bruhl* nuancera cette thèse (et abandonnera l'idée d'une opposition radicale entre pensée des « primitifs » et pensée des « civilisés »).

◆ **2.** *Définitions particulières de philosophes*

LÉVY-BRUHL

« La mentalité des sociétés de type inférieur, que j'appelle *prélogique* [...] n'est pas *antilogique* ; elle n'est pas non plus *alogique*. En l'appelant prélogique, je veux seulement dire qu'elle ne s'astreint pas avant tout, comme notre pensée, à s'abstenir de la contradiction. Elle obéit d'abord à la loi de participation[1]. » (*Les Fonctions mentales dans les sociétés primitives*, in L. *Lévy-Bruhl, Morceaux choisis*, pp. 25, 26, Gallimard.)

Premier

(n. m.-adj.) Étym. : lat. *primus*, le premier.

A. *Chronologie, position* : qui précède les autres éléments, qui est le plus ancien dans une succession (ex. : le premier homme).

B. *Logique* : qui n'est précédé par rien dans l'ordre logique et se trouve au point de départ de l'activité rationnelle : commandant la relation de principe à conséquence (ex. : un principe premier).

C. *Métaphysique, ontologie* : qui constitue la raison ou la cause en deçà de laquelle il est impossible de remonter (ex. : Dieu, cause première).

Prémisse

◆ **1.** *Définitions générales*

(n. f.) Étym. : lat. *praemissus*, part. passé de *praemittere*, envoyer préalablement, placer devant.

Logique : dans un syllogisme, les prémisses sont les deux premières propositions, dont on tire la conclusion. Se dit des principes

1. Voir PARTICIPATION, p. 205.

premiers d'un raisonnement ou d'une déduction.
Voir SYLLOGISME, p. 281.

◆ **2.** *Définitions particulières de philosophes*

ARISTOTE

« La prémisse est le discours qui affirme ou qui nie quelque chose de quelque chose, et ce discours est soit universel, soit particulier, soit indéfini. » (*Organon, Premiers Analytiques*, liv. 1, § 1, p. 2, Vrin.)

Prénotion

◆ **1.** *Définitions générales*

(n. f.) Étym. : lat. *praenotio*, connaissance anticipée, traduit du grec *prolèpsis*, opinion qu'on se fait d'avance.
A. *Vocabulaire épicurien et stoïcien* : connaissance antérieure à la réflexion ; anticipation permettant de devancer les sensations futures.
B. *Sociologie* : concept formé préalablement à l'étude scientifique des faits, et considéré comme un résultat de l'expérience vulgaire.

◆ **2.** *Définitions particulières de philosophes*

DIOGÈNE LAËRCE

(A) « Quant à l'anticipation [ou prénotion], ils [les Épicuriens] la considèrent comme appréhension, ou comme opinion juste, ou comme idée, ou comme conception générale qui se trouve en nous, c'est-à-dire comme souvenir de ce qui est souvent apparu au dehors. » (cité in Jean Brun, *Épicure et les Épicuriens, textes choisis*, p. 26, PUF.)

DURKHEIM

(B) « *Il faut écarter systématiquement toutes les prénotions* [...]. Il faut [...] que le sociologue [...] s'interdise résolument l'emploi de ces concepts qui se sont formés en dehors de la science et pour des besoins qui n'ont rien de scientifique. Il faut qu'il s'affranchisse de ces fausses évidences qui dominent l'esprit du vulgaire [...] [il faut] qu'il secoue [...] le joug de ces catégories empiriques qu'une longue accoutumance finit souvent par rendre dynamiques. » (*Les Règles de la méthode sociologique*, pp. 40, 41, Alcan.)

Présence

◆ **1.** *Définitions générales*

(n. f.) Étym. : lat. *praesentia*, présence.
A. *Sens général* : fait d'être présent.
B. Fait, *pour l'esprit*, d'être là.
C. *Présence (avec majuscule)* : manifestation de la réalité religieuse.
D. Chez *Plotin* : union de l'être avec l'Un dans l'extase.

◆ **2.** *Définitions particulières de philosophes*

SARTRE

« La loi d'être du *pour-soi* [...] c'est d'être lui-même sous la forme de présence à soi. Cette présence à soi, on l'a prise souvent pour une plénitude d'existence [...] toute "*présence à*" implique dualité, donc séparation au moins virtuelle. La présence de l'être à soi implique un décollement de l'être par rapport à soi. » (*L'Être et le Néant*, 2ᵉ partie, chap. 1, § 1, p. 115, Tel, Gallimard.)

Présent

◆ **1.** *Définitions générales*

(n. m.-adj.) Étym. : lat. *praesens*, présent, actuel.
A. *Adjectif* :
a) opposé à absent : qui est actuellement appréhendé par une conscience ;
b) opposé à passé et futur : existant dans le moment où l'on parle.
B. *Nom* : moment, actuellement donné, entre le passé et le futur.

◆ **2.** *Définitions particulières de philosophes*

HEGEL

Voir TEMPS, p. 289.

BERGSON

« Sans doute il y a un présent idéal, purement conçu, limite indivisible qui séparerait le passé de l'avenir. Mais le présent réel, concret, vécu, celui dont je parle quand je parle de ma perception présente, celui-là occupe nécessairement une durée [...] ce que j'appelle "mon présent" empiète tout à la fois sur mon passé et sur mon avenir. » (*Matière et mémoire*, p. 152, 153, PUF.)
« Vous définissez arbitrairement le présent *ce qui est*, alors que le présent est simplement *ce qui se fait*. » (*Matière et mémoire*, p. 166, PUF.)

SARTRE

« Le Présent est une fuite perpétuelle en face de l'être [...] le Présent *n'est pas* [...] il se présentifie sous forme de fuite. » (*L'Être et le Néant*, 2ᵉ partie, chap. 2, § 1, p. 162, Tel, Gallimard.)
« Ce qu'on nomme le présent, c'est-à-dire l'événement en simultanéité, n'a jamais de consistance, il est pour s'évanouir, son être coïncide avec son évanescence [...] tout présent se donne comme *passé nié*, mon présent c'est la négation de ce que je suis. » (*Cahiers pour une morale*, p. 261, Gallimard.)

◆ **3.** *Termes et expressions connexes*

— Pour *présent* nom :
Relation de voisinage
• instant • maintenant (le).
Relation de dépendance
• conscience • durée • être • temporalité • temps.
Relation d'opposition
• avenir • futur • passé.

Preuve

◆ **1.** *Définitions générales*

(n. f.) Étym. : lat. *probatio*, épreuve, essai, examen.
A. Démonstration.
B. Processus intellectuel, opération (raisonnement, fait, vérification, etc.) par lesquels on établit la vérité d'une proposition.

◆ **2.** *Définitions particulières de philosophes*

HUME

« Par preuves [j'entends] les arguments tirés de la relation de la cause à l'effet, complètement délivrés du doute et de l'incertitude. » (*Traité de la nature humaine*, p. 205, Aubier.)

◆ **3.** *Expressions et termes liés ou dérivés*

Preuve...

Voir COSMOS, p. 60, ONTOLOGIQUE, p. 198, PARFAIT, p. 204, PHYSICO-THÉOLOGIQUE, p. 216.

Prévention

(n. f.) Étym. : lat. *praevenire*, devancer.
Préjugé ; opinion ou jugement non validés et non fondés rationnellement, antérieurs à tout examen. Chez Descartes, la prévention désigne la persistance, dans la pensée, de jugements irréfléchis portés durant l'enfance et s'imposant encore à nous.

Prévision

◆ **1.** *Définitions générales*

(n. f.) Étym. : lat. *praevisio*, prévision.
Action de déterminer ou de se représenter ce qui sera, les événements futurs, à partir des lois et des théories scientifiques.

◆ **2.** *Définitions particulières de philosophes*

COMTE

« [La] prévision [est la] suite nécessaire des relations constantes découvertes entre les phénomènes [...]. Le véritable esprit positif consiste surtout à *voir pour prévoir*, à étudier ce qui est afin d'en conclure ce qui sera, d'après le dogme général de l'invariabilité des lois naturelles. » (*Discours sur l'esprit positif*, § 15, p. 25, Vrin.)

Primitif

◆ **1.** *Définitions générales*

(n. m.-adj.) Étym. : lat. *primitivus*, premier en date.
A. *Adjectif* :
a) *chronologie* : correspond à l'état premier d'une réalité (ex. : l'Église primitive).
b) *logique* : qui n'est pas dérivé d'autres notions, mais constitue, au contraire, une base pour le reste, un fait premier ou un fondement d'où dérivent les autres vérités (ex. : le cogito de Descartes, vérité primitive) ;
c) *sociologie, anthropologie* : caractérise l'état jugé avoir été celui des premiers hommes (ou des sociétés les plus simples que nous connaissions).
B. *Nom* : celui qui est primitif, au sens A-*c*.

◆ **2.** *Définitions particulières de philosophes*

LEIBNIZ

(A-*b*) « Toutes les *vérités primitives* de raison ou de fait ont cela de commun, qu'on ne saurait les prouver par quelque chose de plus certain. » (*Nouveaux Essais sur l'entendement humain*, liv. 4, chap. 2, § 1, p. 289, Garnier-Flammarion.)

Principe

◆ **1.** *Définitions générales*

(n. m.) Étym. : lat. *principium*, commencement, de *princeps*, le premier.
A. *Du point de vue temporel* : commencement, point de départ.
B. *Du point de vue causal* : cause ou source d'action.
C. *Du point de vue épistémologique* : proposition commandant un secteur de la science (ex. : principe d'Archimède) ou une théorie (ex. : principe de la gravitation universelle).
D. *Logique* : proposition initiale d'une déduction.
E. *Du point de vue normatif* : règle ou norme d'action (ex. : « J'ai pour principe de »).

◆ **2.** *Définitions particulières de philosophes*

ARISTOTE

(D) « Le point de départ de la connaissance d'une chose est aussi nommé le principe de cette chose : les prémisses sont les principes des démonstrations. » (*La Métaphysique*, liv. Δ, § 1, t. 1, p. 247, Vrin.)

DESCARTES

« Mais encore que toutes les vérités que je mets entre mes principes aient été connues de tout temps de tout le monde, il n'y a toutefois eu personne jusqu'à présent [...] qui les aient reconnues pour les principes de la philosophie, c'est-à-dire pour telles qu'on en peut déduire la connaissance de toutes les autres choses qui sont au monde » (*Les Principes de la philosophie*, Lettre préface, in *Descartes, Œuvres, lettres*, p. 563, La Pléiade, Gallimard.)

MONTESQUIEU

(B) « Il y a cette différence entre la nature du gouvernement et son principe, que sa nature est ce qui le fait être tel ; et son principe, ce qui le fait agir. L'une est la structure particulière, et l'autre les passions humaines qui le font mouvoir. » (*De l'esprit des lois*, liv. 3, chap. 1, t. 1, p. 143, Garnier-Flammarion.)

ENCYCLOPÉDIE

Voir SYSTÈME, p. 284.

KANT

« [Les] principes ne sont autre chose que les règles de l'usage objectif des catégories. » (*Critique de la raison pure*, « Analytique transcendantale », p. 163, PUF.)

(D) « Des jugements *a priori* immédiatement certains peuvent être appelés *principes*, en tant qu'ils servent à prouver d'autres jugements sans être eux-mêmes subordonnés à aucun autre. Pour cette raison, ils sont également nommés *propositions premières*. » (*Logique*, « Doctrine générale des éléments », chap. 2, § 34, p. 121, Vrin.)

◆ **3.** *Expressions et termes liés ou dérivés*

Principe...

Voir CAUSALITÉ, p. 40, COMMUNAUTÉ, p. 48, INDIVIDU (PRINCIPE D'INDIVIDUATION), p. 141, INERTIE, p. 143, LÉGALITÉ, p. 159, LOGIQUE, p. 163, PERMANENCE, p. 210, PLAISIR, p. 217, POUVOIR (PRINCIPE DE LA SÉPARATION DES POUVOIRS), p. 222, RÉALITÉ, p. 242.

Principes rationnels de la connaissance

Lois générales de la pensée :

a) principe de contradiction (voir CONTRADICTION, p. 56) ;

b) principe d'identité (voir IDENTITÉ, p. 133) ;

c) principe de raison suffisante (voir RAISON SUFFISANTE, p. 239) ;

d) principe du tiers exclu (voir TIERS EXCLU, p. 294).

Principe pratique

KANT

Voir LOI, p. 165.

◆ **4.** *Termes et expressions connexes*

Relation de voisinage
• cause première • commencement
• origine.

Relation de dépendance
• connaissance • démonstration
• philosophie • métaphysique • science.

Relation d'opposition
• conséquence.

Privation

◆ **1.** *Définitions générales*

(n. f.) Étym. : lat. *privatio*, absence d'une chose, suppression.

Manque d'une chose ou d'un bien qui devraient être possédés.

◆ **2.** *Définitions particulières de philosophes*

ARISTOTE

« *Privation* se dit, en un sens, quand un être n'a pas un des attributs qu'il est naturel de posséder, même sans que le sujet lui-même soit fait pour le posséder [...]. En un autre sens, il y a privation pour un être, lorsqu'une qualité devant naturellement se trouver en lui, ou dans son genre, il ne la possède cependant pas. » (*La Métaphysique*, liv. Δ, § 22, t. 1, p. 306, Vrin.)

Probabilisme

Voir PROBABILITÉ.

Probabilité

◆ **1.** *Définitions générales*

(n. f.) Étym. : lat. *probabilitas*, vraisemblance, probabilité.

A. *Sens général* : évaluation, fondée sur la vraisemblance, des chances qu'a un événement de se produire.

B. *Mathématiques* : rapport du nombre de cas favorables à un événement au nombre total de cas possibles de cet événement.

◆ **2.** *Définitions particulières de philosophes*

LOCKE

(A) « La *Probabilité* est la vraisemblance qu'il y a qu'une chose est véritable, ce terme même désignant une Proposition pour la confirmation de laquelle il y a des *preuves* propres à la faire passer ou recevoir pour véritable [...]. La Probabilité [est] destinée à suppléer au défaut de notre connaissance, et à nous servir de guide dans les endroits où la connaissance nous manque. » (*Essai philosophique concernant l'entendement humain*, pp. 546, 547, Vrin.)

KANT

(A) « Par probabilité il faut entendre un assentiment fondé sur des raisons insuffisantes, mais qui ont un plus grand rapport avec les raisons suffisantes que les raisons du contraire [...] le fondement de l'assentiment est [...] *objectivement valable.* » (*Logique*, Introduction X, p. 91, Vrin.)

BOREL

(B) « La probabilité est le rapport du nombre de cas favorables au nombre total des événements. » (*Le Hasard*, § 5, p. 8, PUF.)

◆ **3.** *Expressions et termes liés ou dérivés*

Probabilisme

(n. m.) Doctrine selon laquelle il n'est pas de connaissance des vérités absolues : nous ne pourrions accéder qu'à des opinions probables (Nouvelle Académie ; philosophie de Cournot).

Probable

◆ **1.** *Définitions générales*

(adj.) Étym. : lat. *probabilis*, probable, vraisemblable.

Qui mérite davantage d'être cru que l'opinion contraire ; vraisemblable.

◆ **2.** *Définitions particulières de philosophes*

KANT

« Est probable (*probabile*) ce qui comporte une raison d'assentiment supérieure à la moitié de la raison suffisante ; il s'agit donc d'une détermination mathématique de la modalité de l'assentiment [...], où une approximation de la certitude est possible. » (*Les Progrès de la métaphysique depuis le temps de Leibniz et Wolf*, cité in *Logique*, Note 60, p. 181, Vrin.)

Problématique

◆ **1.** *Définitions générales*

(n. f.-adj.) Étym. : grec *problèmatikos*, problématique.

A. *Nom* :

a) ensemble des problèmes sous-jacents à une recherche scientifique ou philosophique.

b) ensemble de présupposés conduisant un philosophe à poser un problème sous un certain angle, d'une certaine manière.

c) *dans une dissertation philosophique* : constitution d'une série de questions ordonnées, devant déboucher sur un problème, une difficulté fondamentale immanente aux questions.

B. *Adjectif* : caractère d'un jugement pouvant être vrai, exprimant donc une simple possibilité.

◆ **2.** *Expressions et termes liés ou dérivés*

Jugement problématique

KANT

Voir MODALITÉ, p. 179.

Problème

◆ **1.** *Définitions générales*

(n. m.) Étym. : grec *problèma*, question, problème.

A. *Philosophie* : question fondamentale, difficulté théorique dont la solution est incertaine.

B. *Science* : énoncé d'une question à résoudre, portant soit sur un résultat inconnu à trouver, soit sur la démonstration possible d'un résultat connu.

◆ **2.** *Définitions particulières de philosophes*

LEIBNIZ

(B) « Ce sont [...] ces questions, qui laissent une partie de la proposition en blanc, que les mathématiciens appellent *problèmes*, comme lorsqu'on demande de trouver un miroir qui ramasse tous les rayons du soleil en un point, c'est-à-dire, on en demande la figure ou comment il est fait. » (*Nouveaux Essais sur l'entendement humain*, liv. 4, chap. 2, § 2, p. 290, Garnier-Flammarion.)

MOUNIER

« Le problème, c'est la difficulté qui est *devant moi*, qui me barre la route. Je l'affronte et me distingue de lui, je puis le cerner. Le mystère est le problème où je me trouve engagé, où je suis en question, moi dans ma totalité et mon être. » (*Introduction aux existentialismes*, p. 30, Idées, Gallimard.)

◆ **3.** *Termes et expressions connexes*

Relation de voisinage

• aporie • question.

Relation de dépendance

• démonstration • esprit scientifique
• philosophie • résultat • science • solution

Relation d'opposition
- mystère.

Procès

◆ **1.** *Définitions générales*

(n. m.) Étym. : lat. *processus*, action de s'avancer, progression, progrès.
A. *Droit* : litige soumis à un tribunal.
B. *Philosophie* : parfois équivalent de processus (voir ce terme).

◆ **2.** *Expressions et termes liés ou dérivés*

Procès de travail

MARX

« Voici les éléments simples dans lesquels le *procès de travail* (a) se décompose : 1° activité personnelle de l'homme, ou travail proprement dit ; 2° objet sur lequel le travail agit ; 3° moyen par lequel il agit.
Note (a). Le mot "procès" exprime un développement considéré dans l'ensemble de ses conditions réelles. » (*Le Capital*, in *Karl Marx, Œuvres, Économie I*, p. 728, La Pléiade, Gallimard.)

Processus

(n. m.) Succession ou série de phénomènes ou d'opérations envisagés comme un tout et allant vers un résultat déterminé (ex. : un processus pathologique, un processus de production.)

Production

◆ **1.** *Définitions générales*

(n. f.) Étym. : lat. *productio*, allongement, prolongation.
Activité par laquelle on modèle et transforme une matière, de l'information, etc., pour créer et fabriquer des biens, matériels, intellectuels, ou autres ; production, distribution, consommation sont les fonctions fondamentales de l'économie ; ce concept joue, dans la pensée marxiste, un rôle considérable ; cette pensée étudie la production dans le cadre d'une organisation sociale déterminée, avec rapports et luttes de classes.

◆ **2.** *Définitions particulières de philosophes*

MARX

« Toute production est appropriation de la nature par l'individu dans le cadre et par l'intermédiaire d'une forme de société déterminée. » (*Contribution à la critique de l'économie politique*, « Introduction à la critique de l'économie politique », p. 153, Éditions sociales.)

MORIN

« Produire [...] signifie fondamentalement [...] conduire à l'être ou à l'existence [...]. Aussi l'idée de production ne peut être seulement identifiée à l'idée industrielle de fabrication standard [...]. L'idée de production doit prendre racine en celles de genèse et de générativité. » (*La Méthode*, t. 1 : « La Nature de la nature », p. 158, Le Seuil.)

◆ **3.** *Expressions et termes liés ou dérivés*

Forces de production

Ensemble des moyens dont dispose la société humaine pour produire.

Rapports de production

Relations sociales nouées dans le processus de production.

MARX

« Dans la production sociale de leur existence, les hommes entrent en des rapports déterminés, nécessaires, indépendants de leur volonté, rapports de production qui correspondent à un degré de développement déterminé de leurs forces productives matérielles. L'ensemble de ces rapports de production constitue la structure économique de la société. » (*Critique de l'économie politique*, in *Contribution à la critique de l'économie politique*, Préface, p. 4, Éditions sociales.)

Profane

◆ **1.** *Définitions générales*

(n. m.-adj.) Étym. : lat. *profanus*, qui est devant le temple (et non pas à l'intérieur), profane, qui n'est pas consacré.
A. *Adjectif* : étranger à la sphère de la religion et du culte.
B. *Nom* : domaine de l'activité humaine ne possédant pas de caractère religieux, étranger à la sphère du culte.

◆ **2.** *Définitions particulières de philosophes*

DURKHEIM

Voir SACRÉ, p. 254.

CAILLOIS

(B) « Toute conception religieuse du monde implique la distinction du sacré et du profane, oppose au monde où le fidèle vaque librement à ses occupations, exerce une activité sans conséquence pour son salut, un domaine où la crainte et l'espoir le paralysent tour à tour [...]. Ces deux mondes, celui du sacré et du profane, ne se définissent rigoureusement que l'un par l'autre. Ils s'excluent et ils se supposent. » (*L'Homme et le Sacré*, p. 17, Gallimard.)

Progrès

Au XIXe siècle, le progrès, souvent conçu comme un absolu, semble généralement indissociable d'une philosophie de l'histoire (cf. *Hegel*). Le XXe siècle relativise volontiers ce terme, le liant aux valeurs et à l'action d'une volonté (*Alain*).

◆ 1. *Définitions générales*

(n. m.) Étym. : lat. *progressus*, marche, accroissement.

A. *Sans jugement de valeur* : mouvement, marche vers l'avant (ex. : progrès de la maladie).

B. *Avec jugement de valeur* : passage graduel du moins bien vers le mieux, selon une transformation positive.

C. Le *Progrès* (avec majuscule) : mouvement en avant de notre civilisation (grâce aux acquis de la science et de la technique).

◆ 2. *Définitions particulières de philosophes*

HEGEL

« La définition générale du progrès est que celui-ci constitue une succession d'étapes de la conscience [...]. Comme le progrès est une formation de la conscience, il s'ensuit qu'il n'est pas simplement quantitatif, mais une série ascendante de relations diverses avec ce qui est essentiel. » (*La Raison dans l'histoire*, chap. 3, § 1, pp. 183, 184, 10/18, UGE.)

COMTE

« Le progrès est le développement de l'ordre. » (*Système de politique positive ou traité de sociologie*, in *Auguste Comte, Œuvres*, t. 8, p. 180, Anthropos.)

ALAIN

« Changement lent, longtemps imperceptible, et qui consacre une victoire de la volonté contre les forces extérieures. » (*Définitions*, in *Alain, les Arts et les Dieux*, p. 1083, La Pléiade, Gallimard.)

Projet

La *réflexion moderne* souligne (cf. *Sartre*) que l'existence n'est jamais quelque chose de donné, mais une réalité sur le point d'être : un « pro-jet » vers l'avenir.

◆ 1. *Définitions générales*

(n. m.) Étym. : lat. *projicere*, jeter en avant, projeter.

A. *Sens courant* : ce que l'on se propose de faire, comme production d'une fin.

B. *Existentialisme* : aspect fondamental ou propriété de la conscience humaine, en tant qu'elle est toujours en avant d'elle-même vers l'avenir (pro-jet).

◆ 2. *Définitions particulières de philosophes*

SARTRE

« Mon projet, c'est-à-dire la libre production de la fin et de l'acte connu à réaliser. » (*L'Être et le Néant*, 4e partie, chap. 1, § 1, p. 505, Tel, Gallimard.)

« La conduite la plus rudimentaire doit se déterminer à la fois par rapport aux facteurs réels et présents qui la conditionnent et par rapport à un certain objet à venir qu'elle tente de faire naître. C'est ce que nous nommons *le projet*. » (*Question de méthode*, in *Critique de la raison dialectique*, t. 1, p. 63, Gallimard.)

Voir aussi HOMME, p. 125.

Prolégomènes

◆ 1. *Définitions générales*

(n. m.) Étym. : grec *prolegomena*, de *prolegein*, dire auparavant.

Exposé préliminaire servant d'introduction ou de préface à une théorie, un écrit, etc., et contenant les notions (préliminaires) nécessaires à l'intelligence de cet écrit.

◆ 2. *Définitions particulières de philosophes*

KANT

« Les *Prolégomènes* [...] doivent être des exercices préparatoires ; plutôt que d'exposer la science elle-même, ils doivent indiquer ce qu'il faut pour la constituer si possible. » (*Prolégomènes à toute métaphysique future*, § 4, pp. 35, Vrin.)

Prolétariat

◆ 1. *Définitions générales*

(n. m.) Étym. : lat. *proletarius*, prolétaire, citoyen pauvre des dernières classes.

Classe sociale (appartenant essentiellement à la classe ouvrière) vendant sa force de travail pour vivre et qui, consciente d'être exploitée, est destinée à s'affranchir et à affranchir l'humanité (théorie marxiste).

◆ 2. *Définitions particulières de philosophes*

ENGELS

« Par prolétariat [on entend] la classe des travailleurs salariés modernes qui, ne possédant pas en propre leurs moyens de production, sont réduits à vendre leur force de travail pour vivre », (*Le Capital*, in *Karl Marx, Œuvres, Économie* I, note de Engels, p. 1574, La Pléiade, Gallimard.)

Proposition

◆ **1.** *Définitions générales*

(n. f.) Étym. : lat. *propositio*, action de mettre sous les yeux, présentation, proposition.
Énoncé susceptible d'être dit vrai ou faux.

◆ **2.** *Définitions particulières de philosophes*

ARNAULD et NICOLE

« Nous comparons [les] idées ensemble ; [...] nous les lions ou délions, ce qui s'appelle *affirmer* ou *nier*, et généralement *juger*. Ce jugement s'appelle aussi *proposition* » (*La Logique ou l'Art de penser*, p. 156, Champs, Flammarion.)

◆ **3.** *Expressions et termes liés ou dérivés*

Proposition...

Voir ANALYTIQUE, p. 19, CATÉGORIQUE, p. 40, IDENTIQUE, p. 132, IMMÉDIAT, p. 136, DISJONCTIF, p. 76, PARTICULIER, p. 205, SUBCONTRAIRE, p. 277, SYNTHÉTIQUE, p. 284.

Propre

◆ **1.** *Définitions générales*

(n. m.-adj.) Étym. : lat. *proprius*, qui appartient en propre.
A. *Adjectif* : qui appartient seulement à l'objet considéré (ex. : la signification propre d'un terme).
B. *Nom* : ce qui, sans exprimer l'essence de la chose, lui appartient cependant de manière nécessaire (ex. : le rire est le propre de l'homme).

◆ **2.** *Définitions particulières de philosophes*

ARISTOTE

(B) « Le *propre*, c'est ce qui, tout en n'exprimant pas la quiddité de la chose, appartient pourtant à cette chose seule et peut se réciproquer avec elle. » (*Organon*, *Les Topiques*, liv. 1, § 5, p. 11, Vrin.)

Propriété

◆ **1.** *Définitions générales*

(n. f.) Étym. : lat. *proprietas*, propriété, caractère propre, caractère spécifique.
A. *Sens général* : caractère propre d'une réalité (ex. : la propriété d'un médicament).
B. *Sens juridique* : droit de jouir et de disposer des choses de la manière la plus absolue, pourvu qu'on n'en fasse pas un usage prohibé par les lois ou par les règlements (Code civil, art. 544). Ce terme désigne également ce que l'on possède, c'est-à-dire ce dont on peut disposer librement et absolument.

◆ **2.** *Définitions particulières de philosophes*

ROUSSEAU

(B) « Le *premier* qui, ayant enclos un terrain, s'avisa de dire, *Ceci est à moi*, et trouva des gens assez simples pour le croire, fut le vrai fondateur de la société civile. [...] cette idée de propriété, dépendant de beaucoup d'idées antérieures [...] ne se forma pas tout d'un coup dans l'esprit humain. » (*Discours sur l'origine et les fondements de l'inégalité parmi les hommes*, 2e partie, in *Rousseau, Œuvres complètes*, t. 3, p. 164, La Pléiade, Gallimard.)

HEGEL

(B) « La possession devient *propriété* et prend un caractère *de droit* dans la mesure où tous les autres reconnaissent que la chose que j'ai faite mienne est mienne, de même exactement que je reconnais comme leur la possession des autres. » (*Propédeutique philosophique*, « Doctrine du droit », § 11, p. 46, Éditions de Minuit.)

PROUDHON

(B) « Je prétends que ni le travail, ni l'occupation, ni la loi ne peuvent créer la propriété ; qu'elle est un effet sans cause [...]. La propriété, c'est le vol » (*Qu'est-ce que la propriété* ? p. 57, Garnier-Flammarion.)

ALAIN

Voir POSSESSION, p. 220.

Providence

◆ **1.** *Définitions générales*

(n. f.) Étym. : lat. *providentia*, prévision, prévoyance.
Sage action et gouvernement de Dieu sur le monde et l'ensemble de la création.

◆ **2.** *Définitions particulières de philosophes*

SPINOZA

« La Providence [...] n'est pas autre chose pour nous que la tendance, que nous trouvons dans la nature entière, et dans les choses particulières, ayant pour objet le maintien et la conservation de leur être propre. » (*Court Traité*, 1re partie, in *Œuvres de Spinoza*, t. 1, p. 79, Garnier.)

MALEBRANCHE

« La providence de Dieu consiste principalement en deux choses. La première [...], en ce qu'il a commencé en créant le monde et tout ce qu'il renferme, à mouvoir la matière, par exemple, d'une manière qu'il y a le moins qu'il se puisse de désordres dans la nature [...]. La deuxième, en ce que Dieu remédie par des miracles aux désordres qui arrivent en conséquence de la simplicité des lois naturelles. » (*Méditations chrétiennes*, pp. 129, 130, Aubier.)

Psychanalyse

Méthode de traitement des maladies mentales et, pour l'essentiel, des névroses, que Freud, son inventeur, lie à une théorie de l'inconscient. A ne pas confondre avec la psychanalyse existentielle, élaborée par Sartre, qui accorde à la conscience une place primordiale.

◆ **1.** *Définitions générales*

(n. f.) Étym. : composé à partir du grec *psuchè*, âme, et *analusis*, analyse.
Méthode d'investigation, créée par Freud, mettant en évidence des significations inconscientes ; elle permet le traitement de certaines affections mentales.

◆ **2.** *Définitions particulières de philosophes*

FREUD

« Ce qui caractérise la psychanalyse, en tant que science, c'est moins la matière sur laquelle elle travaille que la technique dont elle se sert [...]. Son seul but et sa seule contribution consistent à découvrir l'inconscient dans la vie psychique » (*Introduction à la psychanalyse*, 3ᵉ partie, p. 416, Bibliothèque scientifique, Payot.)
« Nous donnons le nom de psychanalyse au travail qui consiste à ramener jusqu'au conscient du malade les éléments psychiques refoulés. » (*La Technique psychanalytique*, in Freud, *Psychanalyse, textes choisis*, p. 10, PUF.)

◆ **3.** *Expressions et termes liés ou dérivés*

Psychanalyse existentielle

Expression créée par *Sartre* ; elle désigne sa propre méthode, destinée à mettre en évidence le libre projet — choix originel — par lequel chacun se fait personne ; ce libre projet unifie nos différents choix particuliers.

SARTRE

« [La psychanalyse existentielle] est une méthode destinée à mettre en lumière, sous une forme rigoureusement objective, le choix subjectif par lequel chaque personne se fait personne, c'est-à-dire se fait annoncer à elle-même ce qu'elle est. » (*L'Être et le Néant*, 4ᵉ partie, chap. 2, § 1, p. 634, Tel, Gallimard.)

Psyché

◆ **1.** *Définitions générales*

(n. f.) Étym. : grec *psuchè*, souffle, âme, vie.
Totalité ou ensemble des processus psychiques.

◆ **2.** *Définitions particulières de philosophes*

JUNG

« J'entends par "psyché" la totalité des processus psychiques, conscients et inconscients. » (*Types psychologiques*, p. 405, Librairie de l'Université Georg et Cᶦᵉ, Genève.)

SARTRE

« *La vie psychique* ou *psychè*, en-soi virtuel et transcendant qui sous-tend la temporalisation du pour-soi. » (*L'Être et le Néant*, 2ᵉ partie, chap. 2, § 3, p. 201, Tel, Gallimard.)

◆ **3.** *Expressions et termes liés ou dérivés*

Psychique

(adj.) Étym. : grec *psuchikos*, qui concerne l'âme, le souffle, la vie.
Qui concerne la pensée ou l'âme considérées du point de vue de l'expérience (ex. : l'activité psychique).

Psychisme

(n. m.) Ensemble des phénomènes psychiques d'un individu.

◆ **4.** *Termes et expressions connexes*

— Pour *psychique* :
Relation de voisinage
• mental • psychologique.
Relation de dépendance
• âme • conscience • esprit • expérience • pensée.
Relation d'opposition
• physiologique • somatique.

Psychiatrie

(n. f.) Étym. : formé à partir du grec *psuchè*, âme, et *iatreia*, médecine.
Partie de la médecine consacrée à l'étude et à la thérapeutique des maladies mentales.

Psychique, psychisme

Voir PSYCHÉ.

Psychodrame

◆ **1.** *Définitions générales*

(n. m.) Néologisme créé par J.-L. Moreno, psychosociologue américain d'origine roumaine (1892-1974).
Méthode thérapeutique créée par Moreno : elle consiste à faire jouer un rôle à un sujet (ou à des sujets), au sein d'une représentation théâtrale (thérapeutique), pour qu'il(s) puisse(nt) exprimer des conflits internes et ainsi s'en délivrer.

◆ **2.** *Définitions particulières de philosophes*

MORENO

« Le psychodrame est une thérapie en profondeur du groupe [...]. Le psychodrame peut [...] être défini comme la méthode qui donne par l'action son authenticité à l'âme. La catharsis qu'elle provoque est par là une catharsis d'action. » (*Psychothérapie de groupe et psychodrame*, pp. 157, 158, PUF.)

Psychologie

Définie, dans la philosophie classique, comme une science de l'âme ou de l'esprit, la psychologie s'est efforcée, à l'époque moderne, d'atteindre l'objectivité et de formuler des lois établissant des relations invariables entre les phénomènes. Elle se veut, de nos jours, une discipline positive et expérimentale.

◆ **1.** *Définitions générales*

(n. f.) Étym. : composé à partir du grec *psuchè*, âme, et *logos*, science. Mot apparu à la fin du XVIe siècle.
A. *Sens ancien* : science ou étude de l'âme ou de l'esprit.
B. *Sens moderne* (depuis le XIXe siècle) : étude positive ou science des faits psychiques, de leurs lois, etc., et ce au moyen de méthodes objectives (mesures, tests, notamment).
C. D'*un point de vue concret* : ensemble des traits de caractère d'un individu ou d'un groupe (ex. : la psychologie des femmes).

◆ **2.** *Définitions particulières de philosophes*

HEGEL

(A) « Dans son activité autonome, *au-dedans de lui-même*, et dans sa relation à lui-même, indépendamment de sa relation à autre chose, l'esprit ressortit à ce qui est proprement la science de l'esprit, c'est-à-dire la *psychologie*. » (*Propédeutique philosophique*, « Phénoménologie de l'esprit », § 5, p. 90, Éditions de Minuit.)

LAGNEAU

Voir RÉFLEXIF (ANALYSE RÉFLEXIVE), p. 243.

DELAY et PICHOT

(B) « La psychologie humaine a pour objet d'étude l'homme dans la double perspective de ses comportements et de ses conduites d'une part, de ses états de conscience d'autre part, elle cherche à formuler les lois de ces phénomènes, à en expliquer la genèse, afin de pouvoir éventuellement les modifier. » (*Abrégé de psychologie*, p. 1, Masson et Cie.)

◆ **3.** *Expressions et termes liés ou dérivés*

Psychologie en première, deuxième et troisième personne

— En *première* personne : celle qui recourt à la conscience individuelle.
— En *deuxième* personne : celle qui s'appuie sur le « Tu ».
— En *troisième* personne : celle qui s'efforce de faire abstraction du sujet et qui considère les êtres psychiques comme des objets.

Psychologisme

◆ **1.** *Définitions générales*

(n. m.) Tendance à considérer que la psychologie doit fonder les autres disciplines (logique, métaphysique, etc.) et même les absorber, le point de vue psychologique étant ainsi prédominant. Concepts et jugements sont alors considérés comme des événements psychiques. Husserl a critiqué cette tendance.

◆ **2.** *Définitions particulières de philosophes*

HUSSERL

« Les concepts, les jugements, les démonstrations, les théories seraient des événements psychiques et la logique, comme l'avait dit John Stuart Mill, serait une "partie ou une branche de la psychologie". C'est précisément dans cette conception en apparence si évidente que réside le *psychologisme logique*. » (*Logique formelle et logique transcendantale*, p. 210, Épiméthée, PUF.)

PIAGET

« On appellera [...] "psychologisme" le passage illégitime des faits psychologiques aux normes, tel que la pseudo-explication d'une loi logique (normative) par une loi psychologique (causale ou de fait). » (*Logique et connaissance scientifique*, article « L'Épistémologie et ses variétés », in Encyclopédie de la Pléiade, p. 38, Gallimard.)

Psychopathologie

(n. f.) Étym. : composé du grec *psuchè*, âme, et de *pathologikè* (sous-entendu *technè*), pathologie, partie de la médecine qui traite de la connaissance des maladies.
Étude décrivant et classant les troubles mentaux et maladies mentales, les manifestations morbides du psychisme (à ne pas confondre avec la psychiatrie).

Psychose

◆ **1.** *Définitions générales*

(n. f.) Maladie mentale affectant gravement la personnalité globale et l'aliénant, par opposition à la névrose (la psychose se caractérise, en particulier, par une perte du contact avec le réel).

◆ **2.** *Définitions particulières de philosophes*

FOUCAULT

« On s'est efforcé de définir les maladies mentales, d'après l'ampleur des perturbations de la personnalité [...]. Les *psychoses* [sont des] perturbations de la personnalité globale [...]. Dans les *névroses*, au contraire, c'est un secteur seulement de la personnalité qui est atteint. » (*Maladie mentale et psychologie*, p. 9, Initiation philosophique, PUF.)

Psychosomatique

(n. f.-adj.) Étym. : néologisme formé à partir du grec *psuchè*, âme, et *sômatikos*, du corps, corporel.
A. *Nom* : médecine étudiant l'âme et le corps, le psychisme et le physique dans leur unité indissoluble et en tant qu'ils se conditionnent l'un l'autre.
B. *Adjectif* : qualifie les phénomènes où se manifeste l'unité du psychisme et du corps.

Psychothérapie

(n. f.) Étym. : composé à partir du grec *psuchè*, âme, et *therapeia*, soins.
Traitement des troubles et affections psychiques par des méthodes de nature psychologique (dialogues, entretiens, etc.)

Puissance

◆ **1.** *Définitions générales*

(n. f.) Étym. : lat. *potens*, qui peut, puissant.
A. *Sens courant* : pouvoir, fait de pouvoir ; faculté, force.
B. *Par opposition à l'acte* : chez Aristote, les Scolastiques, Descartes, Leibniz, etc., désigne la virtualité (l'être à l'état virtuel).

◆ **2.** *Définitions particulières de philosophes*

ARISTOTE

(B) Voir ACTE, p. 11.

SPINOZA

« La puissance de l'Âme se définit [...] par la science seule qui est en elle. » (*Éthique*, 5e partie, Préface, in *Œuvres de Spinoza*, t. 3, p. 305, Garnier-Flammarion.)
Voir aussi VERTU, p. 307.

LEIBNIZ

(B) « La puissance en général est la possibilité du changement. » (*Nouveaux Essais sur l'entendement humain*, liv. 2, chap. 21, § 1, p. 133, Garnier-Flammarion.)

Pulsion

◆ **1.** *Définitions générales*

(n. f.) Étym. : lat. *pulsio*, action de repousser. Chez *Freud*, processus dynamique, issu de l'inconscient, et consistant dans une poussée, une force, faisant tendre l'organisme vers un but, de manière à supprimer un état de tension organique.

◆ **2.** *Définitions particulières de philosophes*

FREUD

« Le concept de "pulsion" nous apparaît comme un concept limite entre le psychique et le somatique, comme le représentant psychique des excitations, issues de l'intérieur du corps et parvenant au psychisme, comme une mesure de l'exigence de travail qui est imposée au psychique en conséquence de sa liaison au corporel. » (*Métapsychologie*, « Pulsions et destins des pulsions », pp. 17, 18, Folio Essais, Gallimard.)

Pur

◆ **1.** *Définitions générales*

(adj.) Étym. : lat. *purus*, sans tache, pur.
A. *Sens ordinaire, philosophie* : sans mélange.
B. *Morale* : sans tache ou défaut d'ordre moral.
C. Chez *Kant* : ne devant rien à l'expérience sensible.

◆ **2.** *Définitions particulières de philosophes*

KANT

(C) « On appelle *pure* toute connaissance à laquelle n'est mêlé rien d'étranger. Mais une connaissance est surtout dite absolument pure, quand on n'y trouve, en général, aucune expérience ou sensation, quand elle est, par suite, possible complètement *a priori*. » (*Critique de la raison pure*, Introduction VII, p. 46, PUF.)

Q

Qualité

Dans l'Antiquité grecque, Aristote, l'un des premiers, voit dans la qualité une catégorie essentielle de l'esprit. Au XVIIe siècle, Descartes distinguera qualités premières et qualités secondes, distinction qui prendra une forme achevée chez Locke (cf. la citation de Leibniz : sous le nom fictif de Philalèthe, ce sont les thèses de Locke qui s'expriment).

◆ **1.** *Définitions générales*

(n. f.) Étym. : lat. *qualitas*, qualité, manière d'être.

A. *Sens courant* : condition sociale, valeur (ex. : objet de qualité).

B. *Logique* : voir QUALITÉ D'UN JUGEMENT.

C. *Philosophie* (sens général) : propriété.

D. *Philosophie* (sens aristotélicien) : une des dix catégories d'*Aristote*. Manière d'être pouvant être affirmée (ou niée) à propos d'une réalité (doux, amer, etc.). Ce qui répond à la question : « Quel ? »

E. *Philosophie, psychologie de la perception* : aspect sensible de la perception, ne consistant pas en déterminations géométriques, non mesurable, etc. (par opposition à la quantité).

◆ **2.** *Définitions particulières de philosophes*

ARISTOTE

(D) « J'appelle *qualité* ce en vertu de quoi on est dit être tel. » (*Organon, Catégories*, § 8, p. 42, Vrin.)

DESCARTES

(C) « J'ai pensé que je ne ferais pas peu, si je montrais comment il faut distinguer les propriétés ou qualités de l'esprit, des propriétés ou qualités du corps. » (*Réponses aux secondes objections*, in *Descartes, Œuvres, lettres*, p. 368, La Pléiade, Gallimard.)

BERGSON

(E) « Dès le premier coup d'œil jeté sur le monde [...], nous y distinguons des *qualités*. Une couleur succède à une couleur, un son à un son, une résistance à une résistance, etc. Chacune de ces qualités, prise à part, est un état qui semble persister tel quel, immobile [...]. Pourtant chacune de ces qualités se résout, à l'analyse, en un nombre énorme de mouvements élémentaires. » (*L'Évolution créatrice*, p. 300, PUF.)

◆ **3.** *Expressions et termes liés ou dérivés*

Qualité d'un jugement

Propriété formelle qu'a un jugement d'être affirmatif ou négatif.

Qualités premières, qualités secondes

Qualités premières : elles sont consubstantielles à la matière et inséparables d'elle ; elles sont essentielles aux objets matériels (étendue, mouvement, etc.).

Qualités secondes : elles ne sont pas constitutives du réel et sont subjectives (couleurs, odeurs, sons, etc.).

LEIBNIZ

PHILATÈTHE. — Les *qualités* des choses étant les facultés qu'elles ont de produire en nous la perception des idées, il est bon de distinguer ces qualités : il y en a des premières et des secondes. L'étendue, la solidité, la figure, le nombre [...] sont des qualités originales et inséparables du corps que j'appelle *premières*. Mais j'appelle *qualités secondes* les facultés ou puissances des corps à produire certaines sensations en nous, ou certains effets dans les autres corps, comme le feu, par exemple, en produit dans la cire en la fondant. » (*Nouveaux Essais sur l'entendement humain*. liv. 2, chap. 8, § 9 et 10, p. 102, Garnier-Flammarion.)

Quantification

Voir QUANTITÉ.

Quantité

◆ **1.** *Définitions générales*

(n. f.) Étym. : lat. *quantitas*, quantité.

A. *Sens général, philosophie* : grandeur envisagée en tant que mesurable, indépendamment de la qualité ; tout ce qui peut être augmenté ou diminué.

B. *Logique formelle* : désigne, en logique classique, le fait que le sujet d'une proposition y est pris dans toute son extension (proposition universelle) ou seulement dans une partie de cette extension (proposition particulière).

◆ **2.** *Définitions particulières de philosophes*

ARISTOTE

(A) « *Quantité* se dit de ce qui est divisible en deux ou plusieurs éléments intégrants, dont chacun est, par nature, une chose une et individuelle. Une multiplicité est une quantité, si elle est nombrable, une grandeur, si elle est mesurable. » (*La Métaphysique*, liv. Δ, § 13, t. 1, pp. 288, 289, Vrin.)

◆ **3.** *Expressions et termes liés ou dérivés*

Quantification

(n. f.) Fait d'attribuer à une réalité une certaine quantité.

◆ **4.** *Termes et expressions connexes*

Relation de voisinage
• grandeur.
Relation de dépendance
• catégorie • divisibilité • logique • mathématiques • mesure • unité.
Relation d'opposition
• qualité.

Quantum

◆ **1.** *Définitions générales*

(n. m.) Étym. : lat. *quantum*, combien.
A. Quantité finie et déterminée.
B. *Épistémologie* : nom donné à la quantité d'énergie discrète et déterminée par laquelle se font les échanges d'énergie en microphysique.

◆ **2.** *Définitions particulières de philosophes*

HEGEL

« La grandeur ou quantité est, en tant que quantité limitée, un *quantum*. Comme cette limite n'est, en elle-même et pour elle-même, rien de déterminé, on peut toujours *accroître* ou *diminuer* un quantum *dans une proportion indéterminée*. » (*Propédeutique philosophique*, « Logique », § 24, p. 111, Éditions de Minuit.)

Question

◆ **1.** *Définitions générales*

(n. f.) Étym. : lat. *quaestio*, *recherche*.
Recherche s'appliquant à un domaine de connaissance, impliquant une difficulté théorique ou pratique et mis en interrogation.

◆ **2.** *Définitions particulières de philosophes*

HEIDEGGER

« Une question est une recherche qui s'efforce de connaître l'étant selon son existence et son essence. » (*L'Être et le Temps*, t. 1, p. 20, Gallimard.)

Quiddité

◆ **1.** *Définitions générales*

(n. f.) Étym. : lat. scolastique *quidditas*, dérivé de *quid*, ce que.
Chez *Aristote*, les *Scolastiques* : ce qu'est une chose, son essence exprimée dans la définition.

◆ **2.** *Définitions générales de philosophes*

ARISTOTE

« La quiddité de chaque être, c'est ce qu'il est dit être par soi. » (*La Métaphysique*, liv. Z, § 4, t. 1, pp. 357, 358, Vrin.)
« On appelle quiddité la substance de chaque chose. » (*La Métaphysique*, liv. Z, § 6, t. 1, p. 371, Vrin.)

Quiétisme

(n. m.) Étym. : lat. *quies*, repos, tranquillité.
A. Doctrine chrétienne mystique (Molinos, Mme Guyon, etc.) selon laquelle un état d'« amour pur » et d'union de l'âme à Dieu représente l'idéal à atteindre, et ce au sein d'une passivité complète. Dès lors, toute vie active devient inutile. L'Église catholique a condamné cette doctrine.
B. *Par analogie* : toute doctrine privilégiant la passivité ou l'inaction.

Quintessence

(n. f.) Étym. : lat. *quinta essentia*, la cinquième essence.
A. *Philosophie grecque* : cinquième essence (éther) ajoutée par certains penseurs aux quatre éléments d'Empédocle (terre, eau, air, feu).
B. *Au Moyen Âge* : essence la plus pure.

R

Race

◆ **1.** *Définitions générales*

(n. f.) Étym. : italien *razza*, sorte, espèce.
Biologie : ensemble des traits caractéristiques héréditaires communs distinguant un type particulier au sein d'une espèce ; groupe commun défini biologiquement par cet ensemble de caractères héréditaires ; notion difficilement applicable à l'homme en raison des croisements.

◆ **2.** *Définitions particulières de philosophes*

LEIRIS

« La notion de "race" [...] repose sur l'idée de caractères physiques transmissibles permettant de répartir l'espèce *Homo Sapiens* en plusieurs groupes [...]. Pratiquement, une race — ou sous-race — se définira comme un groupe dont les membres se tiennent, *en moyenne*, dans [des] limites arbitrairement choisies quant aux divers caractères physiques retenus comme différentiels. » (*Race et civilisation*, in *Le Racisme devant la science*, pp. 205, 206, Unesco-Gallimard.)

◆ **3.** *Termes et expressions connexes*

Relation de voisinage
• ethnie.
Relation de dépendance
• biologie • caractères physiques
• croisement • ethnocentrisme
• géographie.
Relation d'opposition
•espèce • humanité.

Racisme

◆ **1.** *Définitions générales*

(n. m.) Doctrine posant la réalité des races (considérées indépendamment des croisements) et affirmant la supériorité de certaines races (inégalité des races humaines).

◆ **2.** *Définitions particulières de philosophes*

ROSE

« Le racisme est un ensemble de croyances populaires où entrent les éléments suivants :
1) Les différences d'ordre physique et d'ordre intellectuel que l'on constate entre les groupes humains s'expliquent toutes par la biologie et par l'hérédité, et elles sont immuables [...].
2) Nos habitudes, nos attitudes, nos croyances [...] sont déterminées avant notre naissance. » (*L'Origine des préjugés*, in *Le Racisme devant la science*, p. 437, Unesco-Gallimard.)

Radical

(n. m.-adj.) Étym. : lat. *radix*, racine.
Qui va jusqu'à la racine des choses (ex. : mal radical).

Raison

Longtemps définie comme un ensemble de principes, considérée comme absolue et immuable, la raison est, de nos jours, relativisée : elle désigne maintenant un centre actif nouant un dialogue avec les choses sans pour cela les régenter (cf. Ullmo).

◆ **1.** *Définitions générales*

(n. f.) Étym. : lat. *ratio*, calcul, compte, système, procédé, méthode, plan, faculté de raisonner, de calculer ; raison, jugement, intelligence.
A. *La raison-outil* :
a) *sens originaire* : faculté de calculer, puis d'analyser, d'élaborer.
b) faculté de bien juger, de distinguer le bien du mal et le vrai du faux (*Descartes*, etc.).
c) faculté de raisonner, c'est-à-dire de former des concepts abstraits et de les enchaîner logiquement, de manière discursive ; faculté percevant la liaison des vérités (*Leibniz*).
d) enchaînement des vérités, connaissance que l'esprit humain peut atteindre naturellement, par ses propres forces, sans l'aide des lumières de la foi (*Leibniz*).
e) faculté des principes (*Kant*) ; ensemble des principes a priori dirigeant la connaissance.
f) tout ce qui est a priori dans la pensée (*Kant*).
g) substance spirituelle infinie donnant forme au réel (*Hegel*).

B. *La raison-contenu* :
a) explication, principe d'explication, cause (la raison d'une décision).
b) *mathématiques* : rapport de plusieurs quantités.

◆ 2. *Définitions particulières de philosophes*

EPICTÈTE
(A-*a*) « La raison consiste à analyser les choses et à les élaborer. » (*Entretiens*, in *Les Stoïciens*, p. 847, La Pléiade, Gallimard.)

SAINT THOMAS
Voir BEAUTÉ, p. 33.

HOBBES
(A-*a*) « La *Raison* n'est que le calcul (c'est-à-dire l'addition et la soustraction) des conséquences des dénominations générales dont nous avons convenu pour *noter* et *signifier* nos pensées. » (*Léviathan*, p. 38, Sirey.)

DESCARTES
(A-*b*) « La puissance de bien juger et distinguer le vrai d'avec le faux, qui est proprement ce qu'on nomme le bon sens ou la raison, est naturellement égale en tous les hommes. » (*Discours de la méthode*, 1re partie, in *Descartes, Œuvres, lettres*, p. 126, La Pléiade, Gallimard.)

LOCKE
(A-*c*) « Nous pouvons fort bien considérer dans la Raison ces quatre degrés ; le premier et le plus important consiste à découvrir des preuves ; le second à les ranger régulièrement, et dans un ordre clair et convenable qui fasse voir nettement et facilement la connexion et la force de ces preuves ; le troisième à apercevoir leur connexion dans chaque partie de la déduction ; et le quatrième à tirer une juste conclusion de tout. » (*Essai philosophique concernant l'entendement humain*, p. 559, Vrin.)

LEIBNIZ
(A-*c*) « La raison est la vérité connue dont la liaison avec une autre moins connue fait donner notre assentiment à la dernière [...] la faculté qui s'aperçoit de cette liaison des vérités, ou la faculté de raisonner, est aussi appelée *raison*. » (*Nouveaux Essais sur l'entendement humain*, liv. 4, chap. 17, § 3, p. 375, Garnier-Flammarion.)
(A-*d*) « La raison est l'enchaînement des vérités, mais particulièrement [...] de celles où l'esprit humain peut atteindre naturellement, sans être aidé des lumières de la foi. » (*Essais de Théodicée*, § 1, p. 50, Garnier-Flammarion.)

ROUSSEAU
« La raison est la faculté d'ordonner toutes les facultés de notre âme convenablement à la nature des choses et à leurs rapports avec nous. » (*Lettres morales*, in *Rousseau, Œuvres complètes*, t. 4, p. 1090, La Pléiade, Gallimard.)

KANT
(A-*e*) « Nous distinguerons ici la raison de l'entendement en la nommant *le pouvoir des principes* [...]. Si nous disons de l'entendement qu'il est le pouvoir de ramener les phénomènes à l'unité au moyen des règles, il faut dire de la raison qu'elle est la faculté de ramener à l'unité les règles de l'entendement au moyen de principes. Elle ne se rapporte donc jamais immédiatement ni à l'expérience ni à un objet quelconque, mais à l'entendement, afin de procurer *a priori* et par concepts aux connaissances variées de cette faculté une unité qu'on peut appeler rationnelle. » (*Critique de la raison pure*, « Dialectique transcendantale », pp. 255, 256, PUF.)

HEGEL
(A-*g*) « La Raison [...] est la *substance*, c'est-à-dire ce par quoi et en quoi toute réalité trouve son être et sa consistance. » (*La Raison dans l'histoire*, chap. I, « L'Idée de la Raison », pp. 47, 48, 10/18, UGE.)

SCHOPENHAUER
(A-*c*) « Cette faculté que [l'homme] possède de former des notions abstraites, et qui le distingue du reste des animaux, est ce qu'on a de tout temps appelé *raison*. » (*Le Monde comme volonté et comme représentation*, liv. 1, § 3, t. 1, p. 7, Alcan.)

HUSSERL
« [La raison] est *une forme de structure universelle et essentielle de la subjectivité transcendantale en général*. "Raison" renvoie à des possibilités de confirmation et "vérification", et, celles-ci, en fin de compte, renvoient à l'évidence. » (*Méditations cartésiennes*, Méditation 3, p. 48, Vrin.)

SARTRE
Voir MOTIF, p. 184.

ULLMO
« Ce n'est [...] pas *un système* de règles qui définit la raison, mais sa capacité d'en instituer un *nombre indéfini*. » (*La Pensée scientifique moderne*, pp. 227, 228, Flammarion.)
« La raison ne se définit pas comme un ensemble de principes ; elle est la *puissance d'opérer selon des règles* ; elle est essentiellement une *activité*. » (*La Pensée scientifique moderne*, p. 253, Flammarion.)

◆ 3. *Expressions et termes liés ou dérivés*

Raison constituante, raison constituée

Expressions créées par A. Lalande : la *raison constituante* désigne la faculté active, inventive, dynamique, de ramener le divers à l'unité et d'engendrer des principes ; la *raison constituée* représente ce corps de principes, tel qu'il existe à un moment donné.

LALANDE

« Il y a [dans l'intelligence] une tendance active, personnelle, inventive, qui est la raison même dans ce qu'elle a de plus essentiel. C'est ce que nous avons appelé la ''raison constituante'' par opposition à ce code public de règles constituées et de vérités reconnues qui, si précieux qu'il soit, n'exprime à chaque instant que l'acquis imparfait de la civilisation. » (*La Raison et les Normes*, p. 228, Hachette.)

Raison dialectique

HEGEL

« La raison est *négative* ou *dialectique*, lorsqu'elle indique le passage d'une détermination de l'être (sur le plan de l'entendement) à la détermination opposée. » (*Propédeutique philosophique*, « Encyclopédie philosophique », §170, p. 210, Éditions de Minuit.)

Raison d'État

Considérations relatives aux intérêts communs et généraux, invoquées par un État, une nation, un gouvernement, etc., pour justifier des décisions contraires à l'Éthique, mais leur permettant d'assurer leur fonctionnement.

Raison pure

Chez *Kant* : faculté correspondant à l'exercice a priori de la pensée, sans aucun emprunt à l'expérience. Cette raison peut être *spéculative* et concerner le pouvoir de connaître a priori les objets ou bien *pratique* et concerner la règle de la moralité (voir RAISON PURE PRATIQUE).

KANT

« La raison est le pouvoir qui nous fournit les principes de la connaissance *a priori*. Aussi la raison pure est-elle celle qui contient les principes qui servent à connaître quelque chose absolument *a priori*. » (*Critique de la raison pure*, Introduction VII, p. 46, PUF.)

Raison pure pratique (ou Raison pratique)

Chez *Kant*, faculté a priori, ne provenant pas de l'expérience et considérée comme contenant la règle de la moralité, l'impératif catégorique. Elle détermine la volonté indépendamment des éléments empiriques.

Voir aussi LOI DE LA RAISON PURE PRATIQUE, p. 166.

KANT

« La raison pure peut être pratique, c'est-à-dire déterminer la volonté par elle-même, indépendamment de tout élément empirique. » (*Critique de la raison pratique*, « Doctrine élémentaire de la raison pure pratique », liv 1, p. 41, PUF.)

Raison suffisante (Principe de)

Le *principe de raison suffisante* désigne un principe directeur de la connaissance humaine : tout ce qui est a sa raison d'être, rien n'arrive sans raison.

LEIBNIZ

« Nos raisonnements sont fondés sur *deux grands principes, celui de contradiction* [...]. Et *celui de la raison suffisante*, en vertu duquel nous considérons qu'aucun fait ne saurait se trouver vrai, ou existant, aucune énonciation véritable sans qu'il y ait une raison suffisante, pourquoi il en soit ainsi et non pas autrement. » (*La Monadologie*, § 31 et 32, pp. 157, 158, Delagrave.)

Voir aussi CONTRADICTION (PRINCIPE DE), p. 56.

Raisonnable

(adj.)

a) doué de raison.

b) qui agit conformément à la raison (en tant qu'elle s'applique au domaine de l'action ; en général, le terme de *raisonnable* concerne la conduite et celui de *rationnel*, la connaissance).

◆ 4. *Termes et expressions connexes*

— Pour *raison* au sens A :

Relation de voisinage

• bon sens • jugement • lumière naturelle.

Relation de dépendance

• abstraction • certitude • concept • connaissance • entendement • esprit scientifique • homme • pensée • principes • rationalisme • vérité • volonté (Kant).

Relation d'opposition

• cœur • déraison • foi • instinct • lumière surnaturelle.

— Pour *raison* au sens B :

Relation de voisinage

• cause • principe.

Relation de dépendance

• causalité • connaissance.

Relation d'opposition

• effet.

— Pour *raisonnable* :

Relation de voisinage

• prudent • rationnel • sage • sensé.

Relation de dépendance

• conduite • homme • humanité • personne.

Relation d'opposition

• absurde • déraisonnable • insensé.

Raisonnement

◆ **1.** *Définitions générales*

(n. m.) Étym. : lat. *ratiocinatio*, raisonnement, calcul raisonné.
Opération discursive de l'esprit, par laquelle on passe de jugements donnés à un autre ou plusieurs autres (par déduction logique, etc.).
Voir aussi PARALOGISME, p. 204, SOPHISME, p. 272.

◆ **2.** *Définitions particulières de philosophes*

ROUSSEAU

« Le raisonnement est l'art de comparer les vérités connues pour en composer d'autres vérités qu'on ignorait et que cet art nous fait découvrir. Mais il ne nous apprend point à connaître ces vérités primitives qui servent d'éléments aux autres. » (*Lettres morales*, in *Rousseau*, *Œuvres complètes*, t. 4, p. 1090, La Pléiade, Gallimard.)

KANT

« Par *raisonnement* il faut entendre cette fonction de la pensée qui permet de dériver un jugement d'un autre. Un raisonnement en général est donc la dérivation d'un jugement à partir d'un autre jugement. » (*Logique*, « Doctrine générale des éléments », chap. 3, § 41, p. 124, Vrin.)

LAGNEAU

« Le raisonnement, c'est le mouvement de la pensée à travers ses actes successifs, l'action par laquelle l'entendement cherche à justifier ses actes présents en les mettant d'accord avec tous les autres. » (*Célèbres Leçons et Fragments*, p. 190, PUF.)

◆ **3.** *Expressions et termes liés ou dérivés*

Raisonnement par récurrence

Voir RÉCURRENCE, p. 243.

◆ **4.** *Termes et expressions connexes*

Relation de voisinage
• déduction.
Relation de dépendance
• argument • conclusion • connaissance • entendement • logique • preuve • vérité.
Relation d'opposition
• intuition • sentiment.

Raisonner

◆ **1.** *Définitions générales*

(v.) Faire usage de sa raison ou conduire un raisonnement.

◆ **2.** *Définitions particulières de philosophes*

ARNAULD et NICOLE

« On appelle *raisonner*, l'action de notre esprit, par laquelle il forme un jugement de plusieurs autres. » (*La Logique ou l'Art de penser*, p. 59, Champs, Flammarion.)

Rapport

◆ **1.** *Définitions générales*

(n. m.) Étym. : lat. *reportare*, reporter.
Désigne un lien s'établissant entre deux ou plusieurs termes ou objets de pensée.

◆ **2.** *Définitions particulières de philosophes*

HEGEL

« Le rapport est une relation entre deux aspects, qui ont, d'une part, une subsistance indifférente, mais qui sont tels, d'autre part, que chacun ne soit que par l'autre et dans l'unité de la détermination qu'ils reçoivent. » (*Propédeutique philosophique*, « Logique », § 49, p. 117, Éditions de Minuit.)

Rationalisme

Le *rationalisme contemporain* abandonne l'idée d'un contenu permanent et absolu de la raison, pour voir, en cette dernière, une activité de construction et un dynamisme à l'œuvre dans les phénomènes (cf. *Ullmo*).

◆ **1.** *Définitions générales*

(n. m.) Étym. : lat. *rationalis*, doué de raison, raisonnable.
A. Doctrine posant la primauté de la raison.
B. Conception ou doctrine selon laquelle la raison humaine pourrait nous faire accéder à la vérité.
C. Doctrine selon laquelle l'esprit humain posséderait des principes ou connaissances a priori, indépendants de l'expérience, qui commanderaient la connaissance (Descartes, Kant, etc.).
D. *Théologie* : doctrine d'après laquelle on ne devrait admettre, dans les dogmes religieux, que ce qui est reconnu comme satisfaisant la *raison* ou *lumière naturelle* (le terme de rationalisme est dans ce cas plutôt péjoratif).

◆ **2.** *Définitions particulières de philosophes*

ULLMO

« Pour la science moderne, la raison n'a pas de contenu permanent [...]. Le rationalisme est alors la conviction que l'activité rationnelle saura *construire des systèmes* qui s'égaleront au divers des phénomènes. » (*La Pensée scientifique moderne*, p. 253, Flammarion.)

◆ **3.** *Expressions et termes liés ou dérivés*

Rationalité

(n. f.) Caractère de ce qui est rationnel.

◆ **4.** *Termes et expressions connexes*

Relation de voisinage
• a priorisme.
Relation de dépendance
• expérience • idée innée • principe a priori • raison • vérité.
Relation d'opposition
• empirisme • irrationalisme • mysticisme.

Rationnel

◆ **1.** *Définitions générales*

(n. m.-adj.) Étym. : lat. *rationalis*, doué de raison.
Ce terme concerne essentiellement la connaissance (voir RAISONNABLE p. 239).
A. *Épistémologie* : qui procède par des opérations de la raison indépendantes de l'expérience (ex. : les mathématiques sont des « sciences rationnelles »).
B. *Philosophie* : qui appartient à la nature de la raison ; qui lui est conforme.

◆ **2.** *Définitions particulières de philosophes*

HEGEL
« Le rationnel [...] est synonyme avec l'idée. » (*Principes de la philosophie du droit*, Préface, p. 42, Idées, Gallimard.)

JUNG
« Rationnel veut dire raisonnable, conforme à la raison. » (*Types psychologiques*, p. 461, Librairie de l'Université Georg et Cie Genève.)

◆ **3.** *Termes et expressions connexes*

Relation de voisinage
• logique • raisonnable.
Relation de dépendance
• connaissance • conduite • homme • mathématiques • méthode • monde • principes • raison • réel (Hegel) • science.
Relation d'opposition
• expérimental • irrationnel • mystique.

Réalisme

◆ **1.** *Définitions générales*

(n. m.) Étym. : dérivé du latin *res*, chose, objet.
A. *Sens courant* : attitude de celui qui tient compte de la réalité et sait l'apprécier avec justesse.
B. *Esthétique* : conception selon laquelle l'art devrait reproduire le réel.
C. *Mathématiques* : doctrine selon laquelle les objets et êtres mathématiques ne sont pas créés par le mathématicien mais sont découverts par lui.
D. *Métaphysique, philosophie* : toute doctrine affirmant que l'être a une existence indépendante de celui qui le conçoit ou de toute représentation de l'esprit.

◆ **2.** *Définitions particulières de philosophes*

HEGEL
Voir IDÉALISME, p. 129.

D'ESPAGNAT
(D) « *Réalisme* : c'est l'idée que d'une manière ou d'une autre il doit exister "quelque chose" qui ne dépend ni des capacités cognitives de l'homme ni de ce qu'on décide de mesurer, tout en influençant le résultat de nos mesures. C'est ce "quelque chose" que, comme l'homme de la rue, j'appelle *réalité indépendante* ou plus brièvement *réalité* » (*Physique et philosophie : la notion de réalité*, in *L'Enseignement philosophique*, janv.-fév. 1990, p. 90.)

◆ **3.** *Expressions et termes liés ou dérivés*

Réalisme critique

Chez *Kant* : doctrine selon laquelle nous connaissons le monde externe en tant qu'ensemble de phénomènes, mais non tel qu'il est en soi.
Voir IDÉALISME TRANSCENDANTAL, p. 130.

Réaliste

◆ **1.** *Définitions générales*

(n. m.-adj.) Reproduisant la réalité ; professant le réalisme dans les différentes significations de ce terme.

◆ **2.** *Définitions particulières de philosophes*

SIMMEL
« Les œuvres d'art sont "réalistes", dans la mesure où les impressions et les réactions subjectives qu'elles provoquent ressemblent à celles qu'évoque en nous la réalité. » (*Du réalisme dans l'art*, in *Mélanges de philosophie relativiste*, p. 97, Alcan.)

Réalité

◆ **1.** *Définitions générales*

(n. f.) Étym. : lat. scolastique *realitas*, dérivé de *res*, chose, objet.
A. Caractère de ce qui est réel.

B. Ce qui est réel.

◆ **2.** *Définitions particulières de philosophes*

SPINOZA
Voir PERFECTION, p. 209.

KANT
« La *réalité*, c'est-à-dire la valeur objective. » (*Critique de la raison pure*, « Esthétique transcendantale », 1re section, § 3, p. 59, PUF.)

◆ **3.** *Expressions et termes liés ou dérivés*

Jugement de réalité

Jugement énonçant soit des faits, soit des rapports entre des faits, par opposition au jugement de valeur.
Voir VALEUR (JUGEMENT DE), p. 304.

DURKHEIM
« Quand nous disons que les corps sont pesants, que le volume des gaz varie en raison inverse de la pression qu'ils subissent, nous formulons des jugements qui se bornent à exprimer des faits donnés. Ils énoncent ce qui est et, pour cette raison, on les appelle jugements d'existence ou de réalité. D'autres jugements ont pour objet de dire non ce que sont les choses, mais ce qu'elles valent par rapport à un sujet conscient, le prix que ce dernier y attache : on leur donne le nom de jugements de valeur. » (*Sociologie et philosophie*, p. 117, Alcan.)

Principe de réalité

Chez *Freud* : principe selon lequel la recherche de la satisfaction doit tenir compte des conditions imposées par le monde extérieur ; il forme couple avec le principe de plaisir.
Voir PLAISIR (PRINCIPE DE), p. 217.

FREUD
« Sous l'influence de l'instinct de conservation du *moi*, le principe du plaisir s'efface et cède la place au principe de la réalité qui fait que, sans renoncer au but final que constitue le plaisir, nous consentons à en différer la réalisation [...], à supporter même, à la faveur du long détour que nous empruntons pour arriver au plaisir, un déplaisir momentané. » (*Essais de psychanalyse*, « Au-delà du principe du plaisir », p. 8, Payot.)

◆ **4.** *Termes et expressions connexes*

Relation de voisinage
• actualité • matérialité • réel.

Relation de dépendance
• chose • essence • existence • perception • raison (Hegel) • univers.

Relation d'opposition
• abstraction • apparence • idéalité • illusion • irréalité • rêve.

Réceptivité

◆ **1.** *Définitions générales*

(n. f.) Étym. : lat. *receptio*, action de recevoir. Faculté de recevoir des impressions sensibles.

◆ **2.** *Définitions particulières de philosophes*

KANT
Voir SENSIBILITÉ, p. 264.

Réciproque

(n. f.-adj.) Étym. : lat. *reciprocus*, qui revient au point de départ.
A. *Adjectif* : désigne un type de rapport s'effectuant de A en B et de B en A (si A et B sont donnés).
B. *Nom* : en logique, proposition inverse.

Reconnaissance

◆ **1.** *Définitions générales*

(n. f.) Étym. : lat. *recognitio*, revue, examen.
A. *Psychologie* : processus — relevant de la mémoire — par lequel une représentation actuelle est identifiée comme se référant au passé (avec sentiment de « déjà vu »).
B. *Morale* : sentiment de gratitude à l'égard d'une personne.
C. Chez *Hegel* : acte par lequel une conscience pose une autre conscience comme sujet autonome et humain (comme « Maître »). Cette « reconnaissance » est obtenue au terme d'une lutte à mort de pur prestige entre les consciences. Seule celle qui accepte de risquer sa vie peut être « reconnue ».

◆ **2.** *Définitions particulières de philosophes*

SPINOZA
(B) « La *Reconnaissance* ou *Gratitude* est un Désir ou un empressement d'Amour par lequel nous nous efforçons de faire du bien à qui nous en a fait affecté pareillement d'amour à notre égard. » (*Éthique*, 3e partie, « Définitions des affections », Définition 34, in *Œuvres de Spinoza*, t. 3, p. 210, Garnier-Flammarion.)

◆ **3.** *Expressions et termes liés ou dérivés*

Reconnaître

(v.) Étym. : lat. *recognoscere*, reconnaître, examiner.
a) psychologie : identifier un objet en le rattachant à ce qui a été perçu antérieurement.
b) sens hégélien : voir RECONNAISSANCE, sens C.

Récurrence

◆ **1.** *Définitions générales*

(n. f.) Étym. : lat. *recurrere*, courir en arrière.
Caractère de ce qui se répète ou revient sur soi-même.

◆ **2.** *Expressions et termes liés ou dérivés*

Raisonnement par récurrence

Procédé de démonstration par lequel on étend à tous les termes d'une série ce qui est vrai pour deux termes particuliers consécutifs : on démontre pour cela que la relation est vraie pour deux termes consécutifs quelconques, et l'on passe ensuite (par la pensée) à tous les termes à partir des deux premiers, en les prenant successivement deux par deux.

Réduction

◆ **1.** *Définitions générales*

(n. f.) Étym. : lat. *réductio*, action de ramener.
A. Acte par lequel on élimine l'inessentiel pour ne conserver que le noyau ou l'essentiel.
B. Appauvrissement.

◆ **2.** *Expressions et termes liés ou dérivés*

Réduction eidétique

Voir EIDÉTIQUE, p. 84.

Réduction phénoménologique

Synonyme de épochè.
Chez *Husserl* : acte par lequel on met entre parenthèses le monde, lequel reste, néanmoins, là, dans la réduction. Tout, alors, renvoie à un sujet (voir EGO TRANSCENDANTAL, p. 83.)

HUSSERL

Voir ÉPOCHÈ PHÉNOMÉNOLOGIQUE, p. 89.

Réel

◆ **1.** *Définitions générales*

(n. m.-adj.) Étym. : lat. scolastique, *realis*, de *res*, chose.
A. *Adjectif* :
a) opposé à illusoire et apparent : qui est donné et n'est pas seulement à l'état imaginaire (ex. : un mérite réel, un pouvoir réel).
b) opposé à possible : actuel.
c) opposé à abstrait, intelligible : donné dans une expérience.
d) opposé à nominal : qui concerne les choses et non pas les mots ou termes (ex. : une définition réelle).
B. *Nom* :
Les choses elles-mêmes ; ce qui est ; ensemble des choses.

◆ **2.** *Définitions particulières de philosophes*

HEGEL

Voir SUBSTANCE, p. 278.

Réfléchir

(v.) Étym. : lat. *reflectere*, courber en arrière, retourner.
A. *Sens propre* : renvoyer vers l'origine (réfléchir une image, un son, etc.).
B. *Sens figuré* : se concentrer et arrêter sa pensée sur un objet.

Réflexe

◆ **1.** *Définitions générales*

(n. m.) Étym. : lat. *reflexus*, part. passé de *reflectere*, courber en arrière, retourner.
Réaction involontaire de l'organisme, une stimulation aboutissant automatiquement à une réponse déterminée, sans intervention de la volonté.

◆ **2.** *Définitions particulières de philosophes*

ALAIN

« On nomme réflexe un mouvement instinctif souvent très compliqué par lequel notre corps répond sans nous et malgré nous à une excitation déterminée. » (*Définitions*, in *Alain, les Arts et les Dieux*, p. 1083, La Pléiade, Gallimard.)

◆ **3.** *Expressions et termes liés ou dérivés*

Réflexe conditionné

Réflexe provoqué — l'excitant normal étant absent — par un excitant qui lui a été associé (ex. : un chien salive quand il entend le son d'une cloche préalablement associé à la nourriture).

Réflexif

◆ **1.** *Définitions générales*

(adj.) Qui concerne la réflexion ou consiste dans une réflexion.

◆ **2.** *Expressions et termes liés ou dérivés*

Analyse réflexive

LAGNEAU

« [La] méthode [de la psychologie] est l'analyse réflexive, c'est-à-dire la recherche de la nature intérieure des pensées et de la raison de cette nature. » (*Célèbres Leçons et Fragments*, p. 57, PUF.)

Réflexion

◆ 1. *Définitions générales*

(n. f.) Étym. : lat. *reflexio*, action de tourner en arrière.
Retour de la pensée ou de l'esprit sur eux-mêmes et leurs actes. Parfois synonyme d'introspection.

◆ 2. *Définitions particulières de philosophes*

LOCKE

« J'entends par *Réflexion* la connaissance que l'âme prend de ses différentes opérations, par où l'entendement vient à s'en former des idées. » (*Essai philosophique concernant l'entendement humain*, p. 61, Vrin.)

LEIBNIZ

« La réflexion n'est autre chose qu'une attention à ce qui est en nous, et les sens ne nous donnent point ce que nous portons déjà avec nous. » (*Nouveaux Essais sur l'entendement humain*, Préface, p. 40, Garnier-Flammarion.)

KANT

« La *réflexion* (*reflexio*) ne s'occupe pas des objets mêmes pour en acquérir directement des concepts, mais elle est l'état d'esprit où nous nous préparons d'abord à découvrir les conditions subjectives qui nous permettent d'arriver à des concepts. Elle est la conscience du rapport de représentations données à nos différentes sources de connaissance, rapport qui seul peut déterminer leur relation les unes aux autres. »
(*Critique de la raison pure*, « Analytique transcendantale », liv. 2, Appendice, p. 232, PUF.)

SARTRE

« La réflexion, c'est le pour-soi conscient de lui-même ». (*L'Être et le Néant*, 2e partie, chap. 2, § 3, p. 190, Tel, Gallimard.)
« La réflexion [...] est un type d'être où le pour-soi est pour être à lui-même ce qu'il est. » (*L'Être et le Néant*, 2e partie, chap. 2, § 3, p. 199, Tel, Gallimard.)

◆ 3. *Termes et expressions connexes*

Relation de voisinage
• examen • introspection • méditation.
Relation de dépendance
• attention • connaissance • conscience • entendement • esprit • intériorité • pensée • philosophie • représentation.
Relation d'opposition
• intuition • irréflexion.

Refoulement

◆ 1. *Définitions générales*

(n. m.) Étym. : lat. *fullo*, foulon, qui presse les étoffes, dégraisseur.
Psychanalyse : acte par lequel une représentation est maintenue à l'écart du champ de la conscience et même du préconscient, sous l'effet d'une résistance issue de la censure ; sont repoussées ainsi dans l'inconscient des représentations susceptibles de provoquer du déplaisir à l'égard d'exigences créées par notre formation première et par l'action de notre surmoi.

◆ 2. *Définitions particulières de philosophes*

FREUD

« Il y a [...] refoulement, lorsque l'acte psychique inconscient n'est même pas admis dans le système préconscient voisin, la censure l'arrêtant au passage et lui faisant rebrousser chemin. » (*Introduction à la psychanalyse*, 3e partie, p. 368, Bibliothèque scientifique, Payot.)

Règle

◆ 1. *Définitions générales*

(n. f.) Étym. : lat. *regula*, règle servant à mettre droit, étalon.
Dans les domaines logique, moral, esthétique, etc., formule ou proposition indiquant une démarche ou une voie à suivre, une manière de se conduire (ex. : règles de la méthode).

◆ 2. *Définitions particulières de philosophes*

KANT

« Une règle est une assertion soumise à une condition universelle. » (*Logique*, « Doctrine générale des éléments », chap. 3, § 58, p. 131, Vrin.)

Règne

◆ 1. *Définitions générales*

(n. m.) Étym. : lat. *regnum*, autorité royale, de *rex*, roi.
A. *Sens courant* : domination d'une personne, d'un principe, d'une chose (ex. : le règne de la richesse, de l'or, etc.).
B. *Appliqué au monde sensible et naturel* : division de la nature : le règne minéral, végétal et animal.
C. *Politique* : exercice du pouvoir monarchique, de la souveraineté du monarque.
D. Chez *Leibniz* et *Kant* : ensemble d'êtres unis par un principe commun.

◆ **2.** *Expressions et termes liés ou dérivés*

Règne des fins

Chez Kant, désigne le monde éthique, où chacun reconnaît l'autre comme personne et le respecte, voyant en lui une fin en soi.

KANT

« [...] des êtres raisonnables sont tous sujets de la *loi* selon laquelle chacun d'eux ne doit *jamais* se traiter soi-même et traiter tous les autres *simplement comme des moyens*, mais toujours *en même temps comme des fins en soi*. Or de là dérive une liaison systématique d'êtres raisonnables par des lois objectives communes, c'est-à-dire un règne qui, puisque ces lois ont précisément pour but le rapport de ces êtres les uns aux autres, comme fins et moyens, peut être appelé règne des fins [...]. Dans le règne des fins tout a un *prix* ou une *dignité*. » (*Fondements de la métaphysique des mœurs*, 2e section, pp. 158, 159, 160, Delagrave.)

Régression

(n. f.) Étym. : lat. *regressio*, retour.
A. *En un sens courant et large* : mouvement de retour à un stade antérieur (par opposition à progrès).
B. *Logique* : démarche de l'esprit, allant des faits et effets aux causes et des conséquences aux principes.
C. *Psychanalyse* : retour de la libido à des stades antérieurs de son développement.

Regret

◆ **1.** *Définitions générales*

(n. m.) Mécontentement provoqué par un acte passé ayant entraîné un mal. Le regret ne comporte pas, en principe, de connotation morale.

◆ **2.** *Définitions particulières de philosophes*

ALAIN

« C'est un regard à ce qui est passé, qu'on voudrait avoir été autre, ou qu'on voudrait n'être pas passé. Le regret peut se changer en remords ou en repentir. En lui-même, il n'est jamais qu'une tristesse accompagnant le passé, sans qu'il s'y mêle l'idée d'un auteur responsable. » (*Définitions*, in Alain, *les Arts et les Dieux*, p. 1084, La Pléiade, Gallimard.)

Relatif

◆ **1.** *Définitions générales*

(n. m.-adj.) Étym. : lat. *relativus*, relatif.
A. *Adjectif* :
a) sens courant : qui se rapporte (à un objet) ; qui est limité ou imparfait.
b) épistémologie : cet adjectif s'applique à la connaissance scientifique, conçue comme approche mobile, comme représentation symbolique sans cesse modifiée par la recherche.
c) philosophie : qui constitue une relation entre plusieurs termes ; qui dépend d'un autre terme ; qui ne se suffit pas à lui-même.
B. *Nom* : ce qui ne se suffit pas à soi-même et dont l'essence dépend d'autre chose.

◆ **2.** *Définitions particulières de philosophes*

ARISTOTE

(A-*c*) « On appelle *relatives* ces choses dont tout l'être consiste en ce qu'elles sont dites dépendre d'autres choses, ou se rapporter de quelque façon à autre chose. » (*Organon, Les catégories*, § 7, p. 29, Vrin.)

BERGSON

Voir ABSOLU, p. 9.

◆ **3.** *Termes et expressions connexes*

Relation de voisinage
• dépendant.
Relation de dépendance
• jugement • perfection • réalité • relations • science.
Relation d'opposition
• absolu.

Relation

◆ **1.** *Définitions générales*

(n. f.) Étym. : lat. *relatio*, action de porter à nouveau.
A. Lien (quelle que soit sa forme) unissant un objet (intellectuel, matériel, etc.) à un autre.
B. Ensemble constitué par les termes liés et leur lien (ex. : $y = ax$).

◆ **2.** *Expressions et termes liés ou dérivés*

Relations d'incertitude

Voir INCERTITUDE, p. 138.

Relativisme

◆ **1.** *Définitions générales*

(n. m.) Doctrine selon laquelle la connaissance humaine est relative : cette doctrine nie la possibilité d'atteindre une vérité absolue (opposé à dogmatisme et scepticisme).

◆ **2.** *Définitions particulières de philosophes*

COMTE

« Toute étude de la nature intime des êtres, de leurs causes premières et finales, etc., doit, évidemment, être toujours absolue, tandis que toute recherche des seules lois des phénomènes est éminemment relative [...], sans que l'exacte réalité puisse être jamais, en aucun genre, parfaitement dévoilée. » (*Cours de philosophie positive*, leçon 48, in A. *Comte*, *Philosophie des sciences, textes choisis*, p. 12, PUF.)

◆ **3.** *Expressions et termes liés ou dérivés*

Relativisme moral

Doctrine d'après laquelle, les normes morales variant avec les sociétés, il n'y aurait pas de règles universelles.

Relativisme scientifique

Doctrine selon laquelle la vérité scientifique serait construite par approximations successives.

Relativité

◆ **1.** *Définitions générales*

(n. f.) Caractère de ce qui est relatif. On parle en ce sens de la *relativité de la connaissance* (en fonction des cadres spatio-temporels, de la constitution du sujet, etc.).

◆ **2.** *Expressions et termes liés ou dérivés*

Théorie de la Relativité

Théorie créée par A. E*instein*, sous la forme restreinte, puis générale.

a) théorie de la relativité restreinte (1905)

Elle réunit :

— le principe de relativité au sens restreint : selon ce principe, les lois de la nature sont identiques dans deux systèmes en *mouvement uniforme* ;

— la loi de propagation de la lumière dans le vide qui stipule que cette vitesse est limitée et la même dans *tous* les systèmes.

b) théorie de la relativité générale (1913)

Elle diffère de la précédente par l'extension du principe de relativité à tous les types de mouvements des systèmes.

Religion

La religion est souvent conçue, dans des doctrines philosophiques du XIXe et du XXe siècles, comme scission de l'homme d'avec lui-même (Feuerbach), réalisation fantastique de l'être humain (Marx), ou même comme expression « névrotique » (Freud). La religion, soleil illusoire ? C'est la question que posent certaines analyses modernes.

◆ **1.** *Définitions générales*

(n. f.) Étym. (incertaine) : lat. *religio*, pratique religieuse, culte, religion — soit de *relegere*, recueillir de nouveau, rassembler, soit de *religare*, lier, attacher.

A. *Subjectivement* : sentiment intérieur du Sacré, avec croyance en la divinité et foi.

B. *Objectivement* : institution dont l'objet est de rendre à Dieu honneur et hommage. Ensemble de pratiques et de rites relatifs à une réalité sacrée, séparée du profane.

◆ **2.** *Définitions particulières de philosophes*

HOBBES

Voir SUPERSTITION, p. 281.

KANT

(A) « La *religion* (considérée subjectivement) est la connaissance de tous nos devoirs *comme* commandements divins. » (*La Religion dans les limites de la simple raison*, 4e partie, p. 201, Vrin.)

HEGEL

« La religion représente l'esprit absolu non seulement pour l'intuition et la représentation, mais aussi pour la pensée et la connaissance. Sa destination capitale est d'élever l'individu à la pensée de Dieu, de provoquer son union avec lui et de l'assurer de cette unité. La religion est la vérité, telle qu'elle est pour tous les hommes. L'essence de la véritable religion est l'*amour*. » (*Propédeutique philosophique*, « Encyclopédie philosophique », § 207, p. 221, Éditions de Minuit.)

COMTE

« Dans ce traité, la religion sera toujours caractérisée par l'état de pleine harmonie propre à l'existence humaine, tant collective qu'individuelle, quand toutes ses parties quelconques sont dignement coordonnées. » (*Système de politique positive*, in *Auguste Comte, Sociologie, textes choisis*, p. 3, PUF.)

PROUDHON

« J'appelle *Religion* l'expression instinctive, symbolique et sommaire par laquelle une société naissante manifeste son opinion sur l'ordre universel. En d'autres termes, la Religion est l'ensemble des rapports que l'homme, au berceau de la civilisation, imagine exister entre lui, l'Univers et Dieu, l'ordonnateur suprême. » (*De la création de l'ordre dans l'humanité*, in Proudhon *Justice et liberté*, p. 7, PUF.)

FEUERBACH

« La religion est la *scission* de l'homme d'*avec lui-même* : il pose en face de lui Dieu comme être *opposé* à lui : Dieu n'est pas ce qu'est l'homme. » (*L'Essence du christianisme*, p. 153, Maspéro.)

MARX

« La religion est la théorie générale de ce monde, sa somme encyclopédique, sa logique sous forme populaire, son point d'honneur spiritualiste, son enthousiasme, sa sanction morale, son complément solennel, sa consolation et sa justification universelles. Elle est la *réalisation fantastique* de l'être humain, parce que l'*être humain* ne possède pas de vraie réalité. » (*Critique de la philosophie du droit de Hegel*, in *Sur la religion*, p. 41, Éditions sociales.)

« La religion est le soupir de la créature opprimée, l'âme d'un monde sans cœur, comme elle est l'esprit de conditions sociales d'où l'esprit est exclu. Elle est *l'opium* du peuple. » (*Critique de la philosophie du droit de Hegel*, in *Sur la religion*, p. 42, Éditions sociales.)

ENGELS

« Toute religion n'est que le reflet fantastique, dans le cerveau des hommes, des puissances extérieures qui dominent leur existence quotidienne, reflet dans lequel les puissances terrestres prennent la forme de puissances supra-terrestres. » (*Anti-Dühring*, p. 353, Éditions sociales.)

FREUD

« La religion serait la névrose obsessionnelle universelle de l'humanité ; comme celle de l'enfant, elle dérive du complexe d'Œdipe, des rapports de l'enfant au père. » (*L'Avenir d'une illusion*, chap. 8, p. 61, PUF.)

DURKHEIM

« Une religion est un système solidaire de croyances et de pratiques relatives à des choses sacrées, c'est-à-dire séparées, interdites, croyances et pratiques qui unissent en une même communauté morale, appelée Église, tous ceux qui y adhèrent. » (*Les Formes élémentaires de la vie religieuse*, p. 65, Alcan.)

BERGSON

« La religion est une réaction défensive de la nature contre la représentation, par l'intelligence, de l'inévitabilité de la mort. » (*Les Deux Sources de la morale et de la religion*, p. 137, PUF.)

◆ 3. *Expressions et termes liés ou dérivés*

Religion naturelle

Elle ne recourt pas à une révélation divine, mais aux données de la conscience, du sentiment, etc.

CAILLOIS

Voir PROFANE, p. 229.

Religion statique, religion dynamique

Chez *Bergson* : la religion statique désigne l'institution religieuse fermée et close, ayant une fonction essentiellement sociale ; elle s'oppose à la religion dynamique, qui porte l'humanité au-delà d'elle-même et transporte l'âme sur le plan de l'amour.

BERGSON

« La religion statique attache l'homme à la vie, et par conséquent l'individu à la société, en lui racontant des histoires comparables à celles dont on berce les enfants. » (*Les Deux Sources de la morale et de la religion*, p. 225, PUF.)

Religieux

BATAILLE

Voir SACRIFICE, p. 254.

◆ 4. *Termes et expressions connexes*

Relation de voisinage

• culte • rites.

Relation de dépendance

• absolu • Dieu • dogme • foi • mort • mystique • sacré • sainteté • salut • société • survie • théologie.

Relation d'opposition

• athéisme • irréligion.

Réminiscence

◆ 1. *Définitions générales*

(n. f.) Étym. : lat. *reminiscentia*, réminiscence.

A. Ressouvenir incertain, sans reconnaissance du passé à proprement parler.

B. Chez *Platon* : souvenir et retour à l'esprit des Idées contemplées autrefois par l'âme, avant son séjour sur cette terre.

◆ 2. *Définitions particulières de philosophes*

PLATON

(B) « L'âme, immortelle et plusieurs fois renaissante, ayant contemplé toutes choses [...] ne peut manquer d'avoir tout appris. Il n'est donc pas surprenant qu'elle ait [...] des souvenirs de ce qu'elle [...] a su précédemment [...]. La recherche et le savoir ne sont au total que réminiscence. » (*Ménon*, in *Platon*, *Œuvres complètes*, t. 3, 2e partie, p. 250, Budé, Belles Lettres.)

ARISTOTE

« Lorsqu'on réacquiert une science, une sensation, ou ce dont nous appelions la possession mémoire, c'est alors qu'il y a et en cela que consiste la réminiscence de ce que je viens d'indiquer. Le souvenir, alors, se produit et la mémoire l'accompagne. » (*De la mémoire*, § 2, in J.-C. Fraisse, *Aristote, Anthropologie*, pp. 76, 77, PUF.)

LOCKE

Voir MÉMOIRE, p. 175.

LEIBNIZ

(A) « C'est *sensation* lorsqu'on s'aperçoit d'un objet externe, [...] la *réminiscence* en est la répétition sans que l'objet revienne. Mais quand on sait qu'on l'a eue, c'est *souvenir*. » (*Nouveaux Essais sur l'entendement humain*, liv. 2, chap. 19, § 1, p. 127, Garnier-Flammarion.)

Remords

◆ 1. *Définitions générales*

(n. m.) Étym. : lat. *remordere*, mordre à son tour, ronger en retour.
Sentiment moral, douloureux, vif et obsédant, produit par la pensée d'être l'auteur d'une faute irrémédiable.

◆ 2. *Définitions particulières de philosophes*

DESCARTES

« Le remords de conscience est une espèce de tristesse qui vient du doute qu'on a qu'une chose qu'on fait ou qu'on a faite n'est pas bonne, et il présuppose nécessairement le doute [...] si on était assuré que ce qu'on a déjà fait fût mauvais, on en aurait du repentir, non pas seulement du remords. » (*Les Passions de l'âme*, 3ᵉ partie, Article 177, in *Descartes, Œuvres, lettres*, p. 780, La Pléiade, Gallimard.)

Repentir

◆ 1. *Définitions générales*

(n. m.) Étym. : lat. *paenitere*, être mécontent, avoir du repentir.
Sentiment moral où la conscience coupable expie et répare (nuance religieuse).

◆ 2. *Définitions particulières de philosophes*

DESCARTES

« Le repentir est directement contraire à la satisfaction de soi-même, et c'est une espèce de tristesse qui vient de ce qu'on croit avoir fait quelque mauvaise action ; et elle est très amère [...] elle nous incite à mieux faire une autre fois. » (*Les Passions de l'âme*, 3ᵉ partie, Article 191, in *Descartes, Œuvres, lettres*, p. 785, La Pléiade, Gallimard.)
Voir aussi REMORDS.

SPINOZA

« Le *Repentir* est une Tristesse qu'accompagne l'idée d'une chose que nous croyons avoir faite par un libre décret de l'Âme. » (*Éthique*, 3ᵉ partie, « Définitions des affections », Définition 27, in *Œuvres de Spinoza*, t. 3, p. 206, Garnier-Flammarion.)

Représentation

◆ 1. *Définitions générales*

(n. f.) Étym. : lat. *repraesentatio*, action de mettre sous les yeux, représentation.
A. *Philosophie, psychologie* : acte par lequel l'esprit se rend présent quelque chose ; fait ou état résultant de cet acte ; ce qui est présent à l'esprit.
B. *Politique* : le fait de représenter (de tenir la place) d'une nation ou d'un peuple dans l'exercice du pouvoir. Ensemble des personnes ou des corps qui en représentent d'autres (ex. : la représentation parlementaire).

◆ 2. *Définitions particulières de philosophes*

PLUTARQUE

(A) « La représentation est une affection [...] qui se produit au-dedans de l'âme et qui exprime à la fois elle-même et ce qui l'a provoquée. » (Cité in *Des opinions et des philosophes*, in *Les Stoïciens, textes choisis*, p. 15, PUF.)

DIOGÈNE LAËRCE

(A) « La représentation est une empreinte dans l'âme, métaphore empruntée justement aux empreintes qu'une bague produit dans la cire. » (*Vies et opinions des philosophes*, liv. VII, in *Les Stoïciens*, p. 31, La Pléiade, Gallimard.)

◆ 3. *Expressions et termes liés ou dérivés*

Représentatif

(adj.) Étym. : lat. *repraesentare*, rendre présent, mettre devant les yeux.
a) politique : qui s'effectue par le truchement de représentants, c'est-à-dire avec des citoyens à qui ont été délégués des droits.
b) psychologie : présentant à l'esprit un objet de connaissance ; qui fait connaître un objet. Synonyme de cognitif.

Représenter

◆ 1. *Définitions générales*

(v.) Étym. : lat. *repraesentare*, rendre présent.
A. Rendre présent aux sens.
B. Exprimer, être le signe de quelque chose.

◆ **2.** *Définitions particulières de philosophes*

LEIBNIZ

(B) « Chaque monade créée représente tout l'univers. » (*La Monadologie*, § 62, p. 177, Delagrave.)

République

◆ **1.** *Définitions générales*

(n. f.) Étym. : *res publica*, la chose publique, l'État.

A. *Originellement* : la « chose publique », l'État, l'administration de l'État, la société politique.

B. *Aujourd'hui* : tout État non monarchique ; État de type représentatif (avec représentants élus au suffrage universel).

◆ **2.** *Définitions particulières de philosophes*

ARISTOTE

« Nous appelons [...] *république*, [l'État] où la multitude gouverne pour l'utilité publique. » (*Politique d'Aristote*, liv. 3, p. 86, PUF.)

ROUSSEAU

« J'appelle [...] République tout État régi par des lois, sous quelque forme d'administration que ce puisse être : car alors seulement l'intérêt public gouverne. » (*Du contrat social*, liv. 2, chap. 6, in *Rousseau, Œuvres complètes*, t. 3, p. 379, La Pléiade, Gallimard.)

KANT

« Pouvoir avec liberté et loi (République). » (*Anthropologie du point de vue pragmatique*, 2e partie, p. 168, Vrin.)

◆ **3.** *Expressions et termes liés ou dérivés*

Gouvernement républicain

MONTESQUIEU

« *Le gouvernement républicain est celui où le peuple en corps, ou seulement une partie du peuple, a la souveraine puissance.* » (*De l'esprit des lois*, liv. 2, chap. 1, t. 1, p. 131, Garnier-Flammarion.)

Résistance

◆ **1.** *Définitions générales*

(n. f.) Étym. : lat. *resistentia*, résistance.

Psychanalyse : force empêchant les éléments psychiques inconscients de devenir conscients et, sous un angle plus général, s'opposant aux efforts du psychanalyste pendant le déroulement de la cure.

◆ **2.** *Définitions particulières de philosophes*

FREUD

« Les souvenirs oubliés ne sont pas perdus, [...] ils restent en la possession du malade, prêts à surgir [...]. Mais il existe une force qui les empêche de devenir conscients [...]. Cette force, qui maintient l'état morbide, on l'éprouve comme une résistance opposée par le malade. » (*Cinq Leçons sur la psychanalyse*, Leçon 2, p. 26, Petite Bibliothèque Payot.)

Respect

◆ **1.** *Définitions générales*

(n. m.) Étym. : lat. *respectus*, action de regarder en arrière.

A. Sentiment portant à accorder à un sujet de la considération ou de la déférence, en raison de la valeur (sociale, mais aussi morale) qu'on lui reconnaît.

B. Chez *Kant* : le seul sentiment moral et rationnel ; il s'adresse à la personne (et non point aux choses), la personne elle-même exprimant et signifiant cette loi morale universelle que nous respectons en elle.

◆ **2.** *Définitions particulières de philosophes*

KANT

(B) « Ce sentiment [...] est exclusivement produit par la raison [...]. Le *respect* s'applique toujours uniquement aux personnes, jamais aux choses [...]. Le *respect* est un *tribut* que nous ne pouvons refuser au mérite. » (*Critique de la raison pratique*, « Doctrine élémentaire de la raison pure pratique », liv. 1, pp. 80, 81, PUF.)

ALQUIÉ (expliquant KANT)

(B) « Il est un sentiment capable de nous déterminer à agir sans être provoqué par des impressions sensibles, un sentiment causé par la loi, et ayant la loi pour objet. Ce sentiment est le respect [...]. Le respect dérive de la loi. Et son objet est aussi la loi, car ce que nous respectons dans nos semblables n'est pas l'individu, mais la personne, c'est-à-dire le sujet moral lui-même. » (Préface de la *Critique de la raison pratique*, pp. XXI, XXII, PUF.)

◆ **3.** *Termes et expressions connexes*

Relation de voisinage

• considération • déférence.

Relation de dépendance

• dignité • loi morale (Kant) • personne • raison pratique (Kant) • valeur.

Relation d'opposition

• irrespect • mépris.

Responsabilité

◆ **1.** *Définitions générales*

(n. f.) Étym. : lat. *respondere*, répondre, être digne de, égal à, à la hauteur de.

A. *Droit* :

a) responsabilité *civile* : caractère de celui qui doit réparer le tort fait à autrui.

b) responsabilité *pénale* : caractère de celui qui peut être poursuivi et puni pour un délit ou un crime.

B. *Morale, philosophie* : fait de répondre totalement de ses actes, de les assumer et de s'en reconnaître l'auteur.

◆ **2.** *Définitions particulières de philosophes*

HEGEL

(B) « Attribuer à un homme la *responsabilité* d'une conduite, c'est ce qu'on appelle lui *imputer* cette conduite. A des enfants, qui sont encore dans l'état de nature, on ne peut encore imputer aucune conduite ; ils ne sont pas encore responsables ; il en va exactement de même pour les fous ou les idiots. » (*Propédeutique philosophique*, Introduction, § 16, pp. 32, 33, Éditions de Minuit.)

SARTRE

(B) « Nous prenons le mot de "responsabilité" en son sens banal de "conscience [d']être l'auteur incontestable d'un événement ou d'un objet". En ce sens, la responsabilité du pour-soi est accablante, puisqu'il est celui par qui il se fait qu'*il y ait* un monde. » (*L'Être et le Néant*, 4e partie, chap. 1, § 3, p. 612, Tel, Gallimard.)

◆ **3.** *Expressions et termes liés ou dérivés*

Responsable

SARTRE

« L'homme, étant condamné à être libre, porte le poids du monde tout entier sur ses épaules : il est responsable du monde et de lui-même en tant que manière d'être. » (*L'Être et le Néant*, 4e partie, chap. 1, § 3, p. 612, Tel, Gallimard.)

Responsable

Voir RESPONSABILITÉ.

Ressentiment

◆ **1.** *Définitions générales*

(n. m.) Étym. : du préfixe « re- », qui indique un mouvement en arrière vers le passé, et « sentir », qui vient du latin *sentire*, sentir.

A. *Sens général* : fait de se souvenir, avec rancune et animosité, de ce que l'on a subi.

B. Chez *Nietzsche* : sentiment de rancune et d'envie, propre aux faibles, à ceux qui ne créent pas, et par lequel se construisent les valeurs morales des faibles, animés de haine contre les créateurs.

◆ **2.** *Définitions particulières de philosophes*

SCHELER

« Le ressentiment est un *autoempoisonnement psychologique* [...]. C'est une disposition psychologique [...] qui, par un refoulement systématique [...] tend à provoquer une déformation plus ou moins permanente du sens des valeurs. » (*L'Homme du ressentiment*, p. 14, Les Essais, Gallimard.)

Retour éternel

◆ **1.** *Définitions générales*

Selon les Stoïciens, mais aussi Nietzsche : retour cyclique (et sans fin) des mêmes événements et des mêmes êtres.

◆ **2.** *Définitions particulières de philosophes*

CHRYSIPPE [1]

« Il n'y a évidemment rien d'impossible [...] qu'après notre mort, après bien des périodes de temps écoulées, nous soyons rétablis dans la forme même que nous possédons maintenant » (cité par Plutarque, in *Les Stoïciens, textes choisis*, p. 50, Les Grands Textes, PUF.)

NIETZSCHE

« Homme, toute ta vie est un sablier que l'on tourne et que l'on retourne, et son contenu s'écoulera un nombre infini de fois, séparées par l'intervalle d'une longue minute de temps, jusqu'à ce que le cours cyclique de l'univers ramène toutes les conditions dont tu es né. Et tu retrouveras alors chacune de tes douleurs et chacune de tes joies [...]. Et dans chacun des cycles successifs de l'histoire humaine, il y a toujours une heure où, pour un homme isolé, puis pour beaucoup, puis pour tous, se lève la pensée puissante entre toutes, celle du Retour éternel de toute chose. » (*La Volonté de puissance*, trad. Bianquis, liv. 2, t. 1, § 323, p. 296, Gallimard.)

1. Un des représentants de l'ancien stoïcisme (280-210 av. J.-C.).

Rêve

◆ **1.** *Définitions générales*

(n. m.) Étym. incertaine, probablement du gallo-roman *esvo*, vagabond, venant lui-même de l'adjectif latin *vagus*, vagabond, flottant.
A. Activité psychique, avec suite d'images, se produisant pendant le sommeil.
B. Rêverie (voir ci-dessous).
C. Chez *Freud* : réalisation imaginaire d'un désir pendant le sommeil (le rêve est une production psychique ayant une signification).

◆ **2.** *Définitions particulières de philosophes*

HOBBES

« Ce sont les imaginations conçues par les hommes endormis qu'on appelle rêves. » (*Léviathan*, p. 16, Sirey.)

FREUD

(C) « Le rêve est en quelque sorte la décharge psychique d'un désir en état de refoulement, puisqu'il présente ce désir comme réalisé. » (*Le Rêve et son interprétation*, chap. 11, p. 153, Gallimard.)

JUNG

« Le rêve est une porte étroite, dissimulée dans ce que l'âme a de plus obscur et de plus intime ; elle s'ouvre sur cette nuit originelle cosmique qui préformait l'âme bien avant l'existence de la conscience du moi. » (*L'Homme à la découverte de son âme*, in Jung, *Ma vie*, p. 461, Gallimard.)

◆ **3.** *Expressions et termes liés ou dérivés*

Contenu manifeste et latent du rêve

FREUD

« Il nous faut [...] distinguer deux choses : d'une part, le rêve tel qu'il nous apparaît, tel que nous l'évoquons le matin, vague au point que nous avons souvent de la peine à le raconter, à le traduire en mots ; c'est ce que nous appellerons le *contenu manifeste du rêve*. D'autre part, nous avons l'ensemble des *idées oniriques latentes* que nous supposons présider au rêve du fond même de l'inconscient. » (*Cinq Leçons sur la psychanalyse*, Leçon 3, pp. 39, 40, Petite Bibliothèque Payot.)

Interprétation du rêve

Recherche des idées latentes du rêve, et ce par la médiation du contenu onirique manifeste.

FREUD

« Interpréter un rêve consiste à remplacer son contenu manifeste par ses idées latentes, en d'autres termes, à défaire la trame qui a été ourdie par le travail de rêve. » (*Le Rêve et son interprétation*, chap. 13, p. 172, Gallimard.)

Rêver

LEIBNIZ

« Rêver paraît n'être autre chose que suivre certaines pensées par le plaisir qu'on y prend, sans y avoir d'autre but. » (*Nouveaux Essais sur l'entendement humain*, liv. 2, chap. 19, § 1, p. 127, Garnier-Flammarion.)

Rêverie

(n. f.) A l'état de veille, activité mentale où la pensée, non dirigée par l'attention, suit un cours spontané, caractérisé par son naturel et son abandon à lui-même.

Réversibilité

(n. f.) Étym. : lat. *reversio*, action de rebrousser chemin.
Qualité de ce qui peut se faire dans un sens, puis dans le sens inverse, de manière à revenir au point de départ par le même chemin.

Révolte

Le *XXe siècle* privilégie souvent, avec *Albert Camus*, la dimension éthique de ce terme, désormais conçu comme un élan vers plus de justice.

◆ **1.** *Définitions générales*

(n. f.) Étym. : lat. *revolvere*, rouler en arrière.
Soulèvement devant une condition injuste ; attitude de refus devant une autorité, une injustice, etc.

◆ **2.** *Définitions particulières de philosophes*

CAMUS

« La révolte naît du spectacle de la déraison, devant une condition injuste et incompréhensible. Mais son élan aveugle revendique l'ordre au milieu du chaos [...] elle veut que le scandale cesse. » (*L'Homme révolté*, p. 21, Gallimard.)

◆ **3.** *Expressions et termes liés ou dérivés*

Révolté

(n. m.-part. passé)

CAMUS

« Le révolté, au sens étymologique, fait volte-face. Il marchait sous le fouet du maître. Le voilà qui fait face. Il oppose ce qui est préférable à ce qui ne l'est pas. » (*L'Homme révolté*, p. 26, Gallimard.)

◆ **4.** *Termes et expressions connexes*

Relation de voisinage
• refus • soulèvement.
Relation de dépendance
• droit • injustice • liberté • violence.
Relation d'opposition
• soumission.

Révolution

◆ **1.** *Définitions générales*

(n. f.) Étym. : lat. *revolutio*, révolution, retour.
A. *Cosmologie* : retour périodique d'un astre à un même point de son orbite.
B. *Géométrie, mécanique* : rotation complète d'un corps mobile autour de son axe.
C. *Politique* : bouleversement profond, brusque et généralement violent, destiné à instaurer un ordre politique ou social nouveau.

◆ **2.** *Définitions particulières de philosophes*

ARON
(C) « On entend par révolution, dans le langage courant de la sociologie, la substitution soudaine, par la violence, d'un Pouvoir à un autre. » (L'*Opium des intellectuels*, p. 47, Calmann-Lévy.)

CAMUS
(C) « [La révolution] est l'insertion de l'idée dans l'expérience historique quand la révolte est seulement le mouvement qui mène de l'expérience individuelle à l'idée [...] une révolution est une tentative pour modeler l'acte sur une idée, pour façonner le monde dans un cadre théorique. » (L'*Homme révolté*, p. 136, Gallimard.)

◆ **3.** *Termes et expressions connexes*

— Pour *révolution* au sens C :
Relation de voisinage
• bouleversement • renversement
• révolte.
Relation de dépendance
• institutions • histoire • politique.
Relation d'opposition
• contre-révolution • évolution.

Rhétorique

◆ **1.** *Définitions générales*

(n. f.) Étym. : grec *rhètorikè* (sous-entendu *technè*), l'art oratoire, la rhétorique.
Art de bien parler et théorie de cet art ; technique d'utilisation des moyens d'expression divers à l'œuvre dans le discours.

◆ **2.** *Définitions particulières de philosophes*

REBOUL
« La rhétorique est [...] l'art de persuader par le discours ; elle est aussi l'enseignement et enfin la théorie de cet art. » (*La Rhétorique*, p. 8, PUF.)

Rigorisme

◆ **1.** *Définitions générales*

(n. m.) Étym. : lat. *rigor*, raideur, rigueur.
Très grande sévérité, excessive, dans l'application des principes de la morale, de la religion, etc. Terme souvent appliqué à la doctrine morale de Kant (préoccupé d'abord par le respect de la *loi morale universelle*).

◆ **2.** *Expressions et termes liés ou dérivés*

Rigueur
a) dureté extrême.
b) logique inflexible.

Rôle

◆ **1.** *Définitions générales*

(n. m.) Étym. : lat. *rotula*, petite roue.
A. Personnage représenté par l'acteur.
B. Conduite sociale correspondant au personnage que l'on incarne dans l'existence.

◆ **2.** *Définitions particulières de philosophes*

MORENO
« Le "rôle" peut être défini comme la manière d'être réelle et perceptible que prend le Moi. » (*Psychothérapie de groupe et psychodrame*, p. 81, PUF.)

Romantisme

(n. m.) Étym. : de l'anglais *romance*, roman.
A. Mouvement littéraire et artistique européen, né à la fin du XVIIIe siècle (1798 environ) et qui s'est développé dans la première partie du XIXe siècle. Il a souligné le désarroi originel de l'homme dans le monde, conçu l'amour comme une puissance mystérieuse, etc.
B. Doctrine philosophique de la fin du XVIIIe siècle et du début du XIXe siècle, s'attachant essentiellement à réhabiliter l'intuition, la liberté, la passion... (*Schelling*, par exemple).

Rumeur

(n. f.) Étym. : lat. *rumor*, bruits vagues, propos colportés.
Désigne, en sociologie, ces nouvelles et bruits vagues qui se répandent généralement oralement dans une collectivité, un groupe, etc., et qui peuvent exprimer des contenus anonymes et dangereux (stéréotypes racistes, etc.).

S

Sacré

◆ 1. *Définitions générales*

(n. m.-adj.) Étym. : lat. *sacer*, sacré.
A. *Religion* : ce qui a trait au culte et au divin.
B. *Sociologie* : séparé des choses profanes par des interdits et des interdictions.

◆ 2. *Définitions particulières de philosophes*

DURKHEIM

(B) « Le sacré, c'est essentiellement, [...] ce qui est *mis à part*, ce qui est *séparé*. Ce qui le caractérise, c'est qu'il ne peut, sans cesser d'être lui-même, être mêlé au profane. Tout mélange, tout contact même a pour effet de le *profaner*, c'est-à-dire de lui enlever tous ses attributs constitutifs. » (*Sociologie et philosophie*, p. 103, Alcan.)
Voir aussi RELIGION, p. 246.

BATAILLE

« Le sacré est ce bouillonnement prodigue de la vie que, pour durer, l'ordre des choses enchaîne et que l'enchaînement change en déchaînement, en d'autres termes en violence. » (*Théorie de la religion*, p. 71, Tel, Gallimard.)

SARTRE

« Le Sacré se manifeste *à travers les choses* [...]. C'est la liberté revenant à l'homme comme pouvoir surhumain et pétrifié. » (*Critique de la raison dialectique*, t. 1, p. 457, Gallimard.)

CAILLOIS

Voir PROFANE, p. 229.

◆ 3. *Termes et expressions connexes*

Relation de voisinage
• consacré • inviolable • saint • tabou.
Relation de dépendance
• culte • Dieu • divin • interdit • mort • religion • respect.
Relation d'opposition
• profane.

Sacrifice

◆ 1. *Définitions générales*

(n. m.) Étym. : lat. *sacrificium*, sacrifice.
A. *Religion* : offrande rituelle à la divinité : une victime est immolée de manière réelle ou symbolique.
B. *Sens courant* : renoncement volontaire (à des plaisirs, etc.), dans un but moral, religieux, etc.

◆ 2. *Définitions particulières de philosophes*

MAUSS

(A) « Le sacrifice est un moyen pour le profane de communiquer avec le sacré par l'intermédiaire d'une victime. » (*Œuvres*, t. 1, p. 16, Éditions de Minuit.)

BATAILLE

(A) « Le sacrifice qui [...] est, comme la guerre, levée de l'interdit du meurtre, [...] est l'acte religieux par excellence. » (*L'Érotisme*, p. 91, Éditions de Minuit.)
(A) « Le principe du sacrifice est la destruction, mais bien qu'il aille parfois jusqu'à détruire entièrement [...], la destruction que le sacrifice veut opérer n'est pas l'anéantissement. » (*L'Érotisme*, p. 58, Éditions de Minuit.)

Sadisme

◆ 1. *Définitions générales*

(n. m.) Étym. : du nom du marquis de Sade (1740-1814), dont les romans (*Juliette*, *La Philosophie dans le boudoir*, notamment) décrivent souvent des êtres chez qui la jouissance sexuelle est liée à la destruction et à l'érotisation de la douleur.
Perversion sexuelle par laquelle le sujet ne peut satisfaire son désir et atteindre l'orgasme que par une activité de violence, d'agression ou d'humiliation à l'égard du partenaire.

◆ 2. *Définitions particulières de philosophes*

FREUD

« Nous parlons de sadisme quand la satisfaction sexuelle est attachée à la condition que l'objet sexuel subisse des souffrances, des mauvais traitements et des humiliations, de masochisme, quand existe le besoin d'être soi-même cet objet maltraité » (*Nouvelles Conférences d'introduction à la psychanalyse*, Conférence 32, p. 140, Folio Essais, Gallimard.)
« Le sadisme consiste en une activité de violence, une manifestation de puissance à

l'encontre d'une autre personne prise comme objet. » (*Métapsychologie*, « Pulsions et destins des pulsions », p. 26, Folio Essais, Gallimard.)

Sage

◆ 1. *Définitions générales*

(n. m.) Étym. : lat. *sapiens*, sage, raisonnable.
A. *Sens ancien* : savant.
B. *Autre sens ancien, valable de nos jours* : celui qui parvient à la vertu et exprime un modèle moral parfait ; détenteur de la raison totalement maître de lui-même (ex. : le sage stoïcien).

◆ 2. *Définitions particulières de philosophes*

ARISTOTE

(A) « Nous concevons d'abord le sage comme possédant la connaissance de toutes les choses, dans la mesure où cela est possible. » (*La Métaphysique*, liv. A, § 2, t. 1, p. 12, Vrin.)

SAINT THOMAS

« Celui dont l'attention est tournée vers la cause suprême de l'univers, c'est-à-dire Dieu, est le sage par excellence. » (*Somme théologique*, in J. Rassam, *Saint Thomas, l'être et l'esprit*, p. 52, PUF.)

SPINOZA

(B) « Le Sage [...] ne connaît guère le trouble intérieur, mais ayant, par une certaine nécessité éternelle, conscience de lui-même, de Dieu et des choses, ne cesse jamais d'être et possède le vrai contentement. » (*Éthique*, 5e partie, Proposition 42, in *Œuvres de Spinoza*, t. 3, p. 341, Garnier-Flammarion.)

Sagesse

◆ 1. *Définitions générales*

(n. f.) Étym. : lat. *sapientia*, intelligence, jugement, bon sens, prudence, science, savoir, avec idée de sagesse, philosophie.
A. *Sens courant* : caractère de celui qui est raisonnable, ou qui fait preuve de modération dans les désirs.
B. *Tradition classique, de l'Antiquité jusqu'aux cartésiens* : savoir, science, philosophie, connaissance parfaite, englobant généralement l'idée de vertu ; passage progressif au sens C (moral).
C. *Sens fondamentalement moral* : caractère de celui qui est un sage, qui réalise un type moral idéal, qui parvient à la vertu.

◆ 2. *Définitions particulières de philosophes*

HÉRACLITE

(B) « La sagesse est une seule chose. Elle consiste à connaître la pensée par laquelle toutes choses sont dirigées par toutes choses. » (Cité in J. Burnet, L'*Aurore de la philosophie grecque*, p. 150, Payot.)

ARISTOTE

(B) « La sagesse est à la fois science et raison intuitive des choses qui ont par nature la dignité la plus haute. » (*Éthique à Nicomaque*, liv. 6, § 7, p. 291, Vrin.)

DESCARTES

(B) « Par la sagesse, on n'entend pas seulement la prudence dans les affaires, mais une parfaite connaissance de toutes les choses que l'homme peut savoir, tant pour la conduite de sa vie que pour la conservation de sa santé et l'invention de tous les arts » (*Les Principes de la philosophie*, Lettre préface, in *Descartes, Œuvres, lettres*, p. 557, La Pléiade, Gallimard.)

LAVELLE

(B-C) « La sagesse est indivisiblement une vertu de l'intelligence et une vertu de la volonté [...]. La sagesse est la découverte et l'amour de notre propre essence, de l'être qui nous est donné, et de l'univers qui est sous nos yeux, de la situation où nous sommes placés et des obligations où nous sommes tenus » (L'*Erreur de Narcisse*, p. 217, Grasset.)

◆ 3. *Termes et expressions connexes*

Relation de voisinage
• philosophie • prudence • savoir.
Relation de dépendance
• ataraxie • connaissance • Dieu • maîtrise de soi • morale • raison • science • vertu • volonté.
Relation d'opposition
• déraison • folie • ignorance.

Saint

◆ 1. *Définitions générales*

(n. m.-adj.) Étym. : lat. *sanctus*, sacré, inviolable.
A. *adjectif* : divin, parfait, élevé jusqu'à la perfection divine (en parlant d'une personne).
B. *Nom* : celui qui est parvenu au plus haut degré de perfection spirituelle, par un détachement du corps et des réalités matérielles.

2. *Définitions particulières de philosophes*

KANT

« Une volonté *sainte*, c'est-à-dire une volonté qui ne soit capable d'aucune maxime contradictoire avec la loi morale. » (*Critique de la raison pratique*, « Doctrine élémentaire de la raison pure pratique », p. 32, PUF.)

SCHELER

(B) « L'attitude fondamentale du saint est d'être continuellement orienté, par l'amour et la contemplation, vers Dieu et non pas, en tout premier lieu, [...] vers le monde. » (*Le Saint, le Génie, le Héros*, p. 51, É. Vitte éditeur.)

Sainteté

1. *Définitions générales*

(n. f.) Étym. : lat. *sanctitas*, sainteté.
Caractère de ce qui est saint.

2. *Définitions particulières de philosophes*

LEIBNIZ

« [La] sainteté [de Dieu] n'est autre chose que le suprême degré de la bonté. » (*Essais de Théodicée*, 2e partie, § 151, pp. 201, 202, Garnier-Flammarion.)

LAGNEAU

« La sainteté, c'est-à-dire l'égoïsme assujetti et pacifié, la nature assouplie jusqu'au fond par un vouloir supérieur, surnaturel, l'empire de l'esprit manifesté dans un homme. » (*Célèbres Leçons et Fragments*, p. 39, PUF.)

Salaud

1. *Définitions générales*

(n. m.)
A. *Sens courant* : personne moralement méprisable.
B. Chez *Sartre* (Salaud étant écrit parfois avec une majuscule) : celui qui, par mauvaise foi, se dissimule le caractère gratuit et injustifiable de l'existence.

2. *Définitions particulières de philosophes*

SARTRE

« [Ceux] qui essaieront de montrer que leur existence était nécessaire, alors qu'elle est la contingence même de l'apparition de l'homme sur la terre, je les appellerai des salauds. » (*L'existentialisme est un humanisme*, p. 84, Nagel.)

Salut

1. *Définitions générales*

(n. m.) Étym. : lat. *salus*, bon état physique, bon état moral.
A. *Philosophie* : état de celui qui est parvenu au bonheur éternel, à la béatitude.
B. *Religion* : état du chrétien sauvé, préservé de l'enfer et parvenu ainsi, après la mort, au bonheur éternel (ce concept est présent également dans le judaïsme, l'islamisme, le bouddhisme, etc.).

2. *Définitions particulières de philosophes*

SPINOZA

(A) « Notre salut, c'est-à-dire notre Béatitude ou notre Liberté, consiste [...] dans un Amour constant et éternel envers Dieu, ou dans l'Amour de Dieu envers les hommes » (*Éthique*, 5e partie, Proposition 36, in *Œuvres de Spinoza*, t. 3, p. 334, Garnier-Flammarion.)

Sanction

1. *Définitions générales*

(n. f.) Étym. : lat. *sanctio*, sanction.
A. *Droit* : peine établie par la législation pour réprimer un acte se caractérisant par la non-observation de la loi.
B. *Morale* : peine ou récompense attachées à la non-observation d'une règle morale ou au respect de cette règle.

2. *Définitions particulières de philosophes*

DURKHEIM

« La sanction est une conséquence de l'acte qui ne résulte pas du contenu de l'acte, mais de ce que l'acte n'est pas conforme à une règle préétablie. C'est parce qu'il y a une règle, antérieurement posée, et que l'acte est un acte de rébellion contre cette règle, qu'il entraîne une sanction. » (*Sociologie et philosophie*, p. 62, Alcan.)

Sauvage

1. *Définitions générales*

(adj.) Étym. : lat. *silvaticus*, qui est fait pour le bois, sauvage, de *silva*, forêt.
A. S'applique à ce qui serait à l'état de nature, primitif.
B. Qui procède en dehors des règles.

2. *Définitions particulières de philosophes*

KANT

« L'état sauvage est l'indépendance envers les lois. La discipline soumet l'homme aux lois de l'humanité et commence à lui faire sentir la contrainte des lois. » (*Réflexions sur l'éducation*, Introduction, p. 71, Vrin.)

LÉVI-STRAUSS

« [...] sauvage, qui veut dire « de la forêt », évoque [...] un genre de vie animal, par opposition à la culture humaine. » (« Race et histoire », in *Le Racisme devant la science*, p. 246, Unesco-Gallimard.)

Savant

◆ 1. *Définitions générales*

(n. m.) Étym. : lat. populaire *sapere*, goûter, connaître, savoir.
Celui qui contribue à l'élaboration d'une science.

◆ 2. *Définitions particulières de philosophes*

SAINT-SIMON

« Un savant, mes amis, est un homme qui prévoit ; c'est par la raison que la science donne le moyen de prédire qu'elle est utile, et que les savants sont supérieurs à tous les autres hommes. » (*Œuvres*, t. I, p. 36, Anthropos.)

Savoir

◆ 1. *Définitions générales*

(n. m.-v.) Étym. : lat. *sapere*, goûter, connaître, savoir.
Nom : ensemble de connaissances, plus ou moins systématisées. De nos jours, le concept de *savoir* est distinct de celui de *science*.

◆ 2. *Définitions particulières de philosophes*

ARISTOTE

« Ce que nous appelons ici *savoir*, c'est connaître par le moyen de la démonstration. » (*Organon, Seconds Analytiques*, liv. I, § 2, p. 8, Vrin.)

BERGSON

« Savoir, c'est-à-dire prévoir pour agir. » (*L'Évolution créatrice*, p. 329, PUF.)

FOUCAULT

« Entre l'opinion et la connaissance scientifique, on peut reconnaître l'existence d'un niveau particulier, qu'on propose d'appeler celui du savoir [...] il comporte [...] des règles qui lui appartiennent en propre. » (Cité in D. Éribon, *Michel Foucault, titres et travaux*, p. 229, Flammarion.)

◆ 3. *Expressions et termes liés ou dérivés*

Savoir absolu

Chez Hegel, terme ultime de la connaissance, atteint par l'esprit à la fin de son devenir et de son itinéraire.

HEGEL

« Savoir que dans l'unité se trouve la contradiction et dans la contradiction l'unité, c'est cela, le *savoir absolu* ; et la science consiste à connaître par elle-même cette unité dans son développement tout entier » (*Leçons sur la philosophie de l'histoire*, in Hegel, *Philosophie de l'histoire, textes choisis*, p. 102, PUF.)

◆ 4. *Termes et expressions connexes*

Relation de voisinage
• connaissance • sagesse • science.
Relation de dépendance
• abstraction • logique • prévision • raison.
Relation d'opposition
• ignorance.

Scepticisme

◆ 1. *Définitions générales*

(n. m). Étym. : grec *skeptikos*, qui observe, réfléchit.
Doctrine selon laquelle l'esprit humain ne pourrait atteindre avec certitude la vérité ; il serait donc nécessaire de suspendre le jugement et de pratiquer le doute.

◆ 2. *Définitions de philosophes*

KANT

« Il y a un principe du doute consistant dans la maxime de traiter les connaissances de façon à les rendre incertaines et à montrer l'impossibilité d'atteindre à la certitude. Cette méthode de philosophie est la façon de penser *sceptique* ou le *scepticisme*. » (*Logique*, Introduction X, p. 94, Vrin.)

◆ 3. *Termes et expressions connexes*

Relation de voisinage
• incrédulité • pyrrhonisme.
Relation de dépendance
• doute • épochè • jugement • relativité • vérité.
Relation d'opposition
• certitude • dogmatisme • foi.

Sceptique

1. *Définitions générales*

(n. m.) Celui qui pratique le scepticisme.

2. *Définitions particulières de philosophes*

DIOGÈNE LAËRCE

« Tous ces philosophes furent appelés Pyrrhoniens [...] et aussi les ignorants, les Sceptiques, les douteurs [...] ; Sceptiques, parce qu'ils observaient tout sans jamais rien trouver de sûr ; douteurs, parce que le résultat de leurs recherches était le doute. » (*Vie, doctrines et sentences des philosophes illustres*, t. 2, p. 194, Garnier-Flammarion.)

« Les philosophes sceptiques passaient leur temps à détruire les dogmes des autres sectes et n'en établissaient aucun pour leur part. » (*Vie, doctrines et sentences des philosophes illustres*, t. 2, p. 196, Garnier-Flammarion).

DESCARTES

« Non que j'imitasse pour cela les sceptiques, qui ne doutent que pour douter et affectent d'être toujours irrésolus. » (*Discours de la méthode*, 3e partie, in *Descartes, Œuvres, lettres*, p. 145, La Pléiade, Gallimard.)

Schéma

1. *Définitions générales*

(n. m) Étym. : grec *schèma*, manière d'être, forme, figure.

Figure fournissant les éléments essentiels d'un objet, d'un processus, etc., et donnant ainsi d'eux une représentation simplifiée.

2. *Expressions et termes liés ou dérivés*

Schéma corporel

Représentation globale et unitaire, forgée durant l'enfance, des différentes parties de notre corps, ainsi que de leur position.

MERLEAU-PONTY

« Mon corps tout entier n'est pas pour moi un assemblage d'organes juxtaposés dans l'espace. Je le tiens dans une possession indivise et je connais la position de chacun de mes membres par un *schéma corporel* où ils sont tous enveloppés » (*Phénoménologie de la perception*, p. 114, Gallimard.)

Schème

1. *Définitions générales*

(n. m) Étym. : vient de schéma.

Structure organisant des représentations ; forme dynamique d'un acte mental.

2. *Définitions particulières de philosophes*

KANT

« Il faut bien distinguer le schème de l'image. Ainsi, quand je dispose cinq points les uns à la suite des autres : ...., c'est là une image du nombre cinq. Au contraire, quand je ne fais que penser à un nombre en général [...], cette pensée est la représentation d'une méthode pour représenter une multitude (par exemple, mille) dans une image, conformément à un certain concept [...]. C'est [la] représentation d'un procédé général de l'imagination pour procurer à un concept son image que j'appelle le schème de ce concept. » (*Critique de la raison pure*, « Analytique transcendantale », p. 152, PUF.)

Voir aussi SUBSTANCE, p. 278.

3. *Expressions et termes liés ou dérivés*

Schème transcendantal

Chez *Kant*, le schème transcendantal désigne un intermédiaire entre le phénomène sensible et la catégorie, intermédiaire opérant la liaison entre les deux sphères et permettant d'appliquer l'entendement à l'expérience.

KANT

« Il est clair qu'il doit y avoir un troisième terme qui soit homogène, d'un côté, à la catégorie, de l'autre, aux phénomènes, et qui rende possible l'application de la première au second. Cette représentation intermédiaire doit être pure (sans aucun élément empirique) et cependant il faut qu'elle soit, d'un côté, *intellectuelle* et, de l'autre, *sensible*. Tel est le *schème transcendantal*. » (*Critique de la raison pure*, « Analytique transcendantale », p. 151, PUF.)

Schématisme des concepts purs de l'entendement

Chez *Kant* : fonction ou méthode par lesquelles des représentations *intermédiaires* entre les phénomènes et les catégories [schèmes transcendantaux (voir cette expression)] assurent une médiation entre le sensible et l'intelligible.

4. *Termes et expressions connexes*

Relation de voisinage
- schéma.

Relation de dépendance
- entendement • imagination
- représentation • sensibilité • structure.

Science

De l'Antiquité gréco-latine et jusqu'au début du XIXe siècle, la science désigne une connaissance universelle, distincte de l'opinion, ou une saisie conceptuelle de l'Esprit absolu (Hegel). Une mutation de sens s'effectue au XIXe siècle : la science se confond désormais, à l'époque moderne, avec un type de connaissance discursif établissant des relations ou des lois nécessaires.

◆ 1. *Définitions générales*

(n. f.) Étym. : lat. *scientia*, connaissance, science.

A. *Sens courant* : toute sorte de connaissance.

B. *Sens ancien* : connaissance rationnelle portant sur l'essence du réel (par opposition à l'opinion).

C. *Sens hégélien* : système des connaissances.

D. *Sens moderne* : connaissances discursives établissant des relations ou des lois nécessaires entre les phénomènes étudiés et rassemblant dans des théories ces relations ou lois (ex. : la physique, la chimie, etc.).

◆ 2. *Définitions particulières de philosophes*

PLATON

(B) « Ce n'est [...] point dans les impressions que réside la science, mais dans le raisonnement sur les impressions ; car c'est par cette voie, semble-t-il, qu'on peut atteindre l'essence et la vérité. » (*Théétète*, in *Platon, Œuvres complètes*, p. 128, Garnier-Flammarion.)

ARISTOTE

(B) « La science est le concept de l'universel et du nécessaire. » (*Éthique de Nicomaque*, liv. 6, p. 265, Garnier-Flammarion.)

(B) « Nous estimons posséder la science d'une chose d'une manière absolue [...] quand nous croyons que nous connaissons la cause par laquelle la chose est, que nous savons que cette cause est celle de la chose, et qu'en outre il n'est pas possible que la chose soit autre qu'elle n'est. Il est évident que telle est la nature de la connaissance scientifique. » (*Organon, Seconds Analytiques*, liv. 1, § 2, p. 7, Vrin.)

(B) « La science et son objet diffèrent de l'opinion et de son objet, en ce que la science est universelle et procède par des propositions nécessaires, et que le nécessaire ne peut pas être autrement qu'il n'est. » (*Organon, Seconds Analytiques*, liv. 1, § 33, p. 154, Vrin.)

HOBBES

« La *science* est la connaissance des conséculions, de la dépendance d'un fait à l'égard d'un autre [...]. C'est par elle qu'à partir de ce que nous pouvons produire présentement, nous savons comment produire quelque chose d'autre si nous le voulons, ou une chose semblable une autre fois. » (*Léviathan*, p. 43, Sirey.)

DESCARTES

« Toute science est une connaissance certaine et évidente. » (*Règles pour la direction de l'esprit*, Règle 2, in Descartes, *Œuvres, lettres*, p. 39, La Pléiade, Gallimard.)

ARNAULD et NICOLE

« Toute connaissance d'un objet tirée de l'objet même. » (*La Logique ou l'Art de penser*, p. 409, Champs, Flammarion.)

KANT

« La croyance suffisante aussi bien subjectivement qu'objectivement s'appelle science. » (*Critique de la raison pure*, « Théorie transcendantale de la méthode », p. 552, PUF.)

Voir SYSTÈME, p. 284.

CUVIER

« Ne possédant aucun principe démontré, d'où les faits particuliers puissent se déduire comme des conséquences, c'est dans la série de ces faits seulement que la science consiste jusqu'ici » (*Leçons d'anatomie comparée*, t. 1, p. IV, Baudouin, an VIII.)

HEGEL

(C) « La science est la connaissance conceptuelle de l'esprit absolu. Par l'acte qui saisit cet esprit sous la *forme du concept*, tout élément étranger est supprimé dans le savoir et ce dernier a atteint à la parfaite égalité avec lui-même. Il est le concept qui est son propre contenu et se conçoit lui-même. » (*Propédeutique philosophique*, « Encyclopédie philosophique », § 208, p. 223, Éditions de Minuit.)

Voir aussi SAVOIR ABSOLU, p. 257.

COMTE

(D) « Toute *science* consiste dans la coordination des faits ; si les bonnes observations étaient entièrement isolées, il n'y aurait pas de science. On peut même dire généralement que la *science* est essentiellement destinée à dispenser, autant que le comportent les divers phénomènes, de toute observation directe, en permettant de déduire du plus petit nombre possible de données immédiates, le plus grand nombre possible de résultats. » (*Cours de philosophie positive*, Leçon 3, p. 71, Hermann.)

(D) « C'est dans les lois des phénomènes que consiste réellement la *science*, à laquelle les faits proprement dits, quelque exacts et nombreux qu'ils puissent être, ne fournissent jamais que d'indispensables matériaux. » (*Cours de philosophie positive, Discours sur l'esprit positif*, t. 2, p. 40, Garnier.)

BERNARD

(D) « La science [...] consiste à trouver les causes prochaines des phénomènes, c'est-à-dire leurs conditions matérielles d'existence. » (*Principes de médecine expérimentale*, p. 173, Quadrige, PUF.)

NIETZSCHE

(D) « La "science", telle qu'on la pratique de nos jours, est un essai de créer pour tous les phénomènes un langage chiffré commun, qui permette de *calculer*, donc de *dominer* plus aisément la nature. » (*La Volonté de puissance*, trad. Bianquis, liv. 2, t. 1, § 349, p. 305, Gallimard.)

POINCARÉ

(D) « Qu'est-ce que la science ? [...] c'est avant tout une classification, une façon de rapprocher des faits que les apparences séparaient [...]. La science, en d'autres termes, est un système de relations. » (*La Valeur de la science*, p. 285, A l'enseigne du cheval ailé, Constant Bourquin éd., Genève.)

RUSSELL

(D) « Science, comme le mot l'indique, signifie avant tout connaissance ; par convention, on entend par science une connaissance d'une sorte particulière, celle notamment qui recherche les lois générales reliant un certain nombre de faits particuliers. Peu à peu cependant, la conception de la science, en tant que connaissance, a été refoulée à l'arrière-plan, pour céder la place à la conception de la science comme moyen qui confère le pouvoir de manipuler la nature » (*L'Esprit scientifique et la Science dans le monde moderne*, p. 14, J.-B. Janin.)

◆ 3. *Expressions et termes liés ou dérivés*

Science expérimentale

Science fondée sur l'expérimentation (distincte de l'observation), afin de vérifier une hypothèse et de déterminer sa valeur (ex. : physique, chimie, etc.).

Voir EXPÉRIMENTATION, p. 103.

BERNARD

« Une science expérimentale ou *d'expérimentation* sera une science faite avec des expériences, c'est-à-dire dans laquelle on raisonnera sur des faits d'expérimentation obtenus dans des conditions que l'expérimentateur a créées et déterminées lui-même. » (*Introduction à l'étude de la médecine expérimentale*, p. 31, Gibert.)

PIAGET

« Une science expérimentale [...] est une science pour laquelle l'*expérimentation* constitue une condition nécessaire du savoir. Mais cela ne signifie pas que cette condition soit suffisante, car elle peut être combinée avec d'autres procédés cognitifs tels que la déduction mathématique. » (« L'Épistémologie et ses variétés », in *Logique et connaissance scientifique*, p. 37, Encyclopédie de la Pléiade, Gallimard.)

Sciences humaines

Disciplines traitant, par opposition au reste de la nature, de ce qui caractérise l'homme : son comportement psychique, ses œuvres, son langage, son passé, son histoire, son être social, etc. (ex. : histoire, sociologie, psychologie, etc. Au contraire, la biologie ou la physiologie humaine ne figurent pas dans les sciences de l'homme).

Sciences de l'esprit, sciences morales

Ces expressions ont vieilli. Elles désignent les sciences humaines.

Sciences noologiques

Sciences de l'esprit, qui concernent l'esprit.

Sciences d'observation

BERNARD

« Une *science d'observation* sera simplement une science faite avec des observations, c'est-à-dire une science dans laquelle on raisonnera sur des faits d'observation naturelle. » (*Introduction à l'étude de la médecine expérimentale*, p. 31, Gibert.)

Champ d'une science

Ensemble de concepts formant, à une période donnée, le « terrain » dans lequel se construit une science.

Scientificité

(n. f.) Caractère de ce qui est conforme aux exigences d'objectivité et de précision de la science.

◆ 4. *Termes et expressions connexes*

Relation de voisinage

• connaissance théorique • savoir.

Relation de dépendance

• causalité • connaissance • déterminisme
• expérience • loi • méthode • nature
• objectivité • phénomène • raison
• système • théorie • vérité.

Relation d'opposition

• croyance • ignorance • intuition
• opinion.

Scientifique

◆ **1.** *Définitions générales*

(adj.) Étym. : lat. *scientificus*, scientifique.
Qui présente le caractère d'une science (au sens D du terme).

◆ **2.** *Définitions particulières de philosophes*

BERGSON

« L'on appelle "scientifique" ce qui est observé ou observable, démontré ou démontrable. » (L'*Énergie spirituelle*, p. 34, PUF.)

◆ **3.** *Expressions et termes liés ou dérivés*

Esprit scientifique

Ensemble de dispositions intellectuelles (esprit critique,sens du problème, etc.) et de qualités morales (probité, etc.) caractérisant l'homme de science.

BACHELARD

« Avant tout, il faut savoir poser des problèmes. Et quoi qu'on dise, dans la vie scientifique, les problèmes ne se posent pas d'eux-mêmes. C'est précisément ce sens du problème qui donne la marque du véritable esprit scientifique. Pour un esprit scientifique, toute connaissance est une réponse à une question. S'il n'y a pas eu de question, il ne peut y avoir connaissance scientifique. » (*La Formation de l'esprit scientifique*, p. 14, Vrin.)

État scientifique (ou positif)

Selon *Auguste Comte*, il se caractérise par l'abandon de la recherche des causes : l'esprit humain ne s'attache plus qu'à l'établissement des lois, c'est-à-dire des relations invariables entre les phénomènes.
Voir POSITIVISME, p. 219.

Scientisme

◆ **1.** *Définitions générales*

(n. m.) Tendance à considérer que les sciences, et en particulier les sciences physico-chimiques, fournissent le seul modèle de vérité et de connaissance valable.

◆ **2.** *Définitions particulières de philosophes*

VIALATOUX

« Ce qui caractérise la mentalité scientiste (qu'il faut se garder de confondre avec la science), c'est [...] la prétention d'objectiver toute cause, de ne connaître que de l'objectivité, d'intégrer le monde humain dans le monde des objets. » (L'*Intention philosophique*, p. 29, Initiation philosophique, PUF.)

Scolastique

(n. f.-adj.) Étym. : lat. *scholasticus*, d'école.
A. *Nom* :
a) enseignement et doctrine de l'*École* : on désigne ainsi la philosophie et la théologie enseignées au Moyen Âge, en Europe, à partir du IXe siècle (et jusqu'au XVIIe siècle environ). Il s'agissait essentiellement de concilier foi et lumière naturelle (raison). A partir de *saint Thomas* (XIIIe siècle), l'influence d'*Aristote* sera prépondérante.
b) *par extension et péjoratif* : philosophie présentant des caractères formalistes, abstraits, immuables et sclérosés.
B. *Adjectif* : qui appartient à la *Scolastique* en ses deux sens.

Scrupule

◆ **1.** *Définitions générales*

(n. m.) Étym. : lat. *scrupulus*, petite pierre pointue, scrupule.
Morale : appréciation, par une conscience aiguë et délicate, de ses obligations et devoirs, avec une rigueur très grande concernant sa propre conduite et une attention prêtée aux plus petites imperfections qui en émanent.

◆ **2.** *Définitions particulières de philosophes*

KANT

« Une raison qui n'est que subjectivement valable de refuser l'assentiment est un scrupule. » (*Logique*, Introduction X, p. 93, Vrin.)

Sélection

◆ **1.** *Définitions générales*

(n. f.) Étym. : lat. *selectio*, choix, triage.
Choix d'objets ou d'individus convenant le mieux.

◆ **2.** *Expressions et termes liés ou dérivés*

Sélection naturelle

Chez *Darwin*, mécanisme d'élimination naturelle des individus les moins forts ou les moins aptes dans la lutte pour la vie ; les vivants les mieux adaptés à un milieu sont en mesure de survivre. L'élimination des variations nuisibles et la conservation des variations favorables permettraient ainsi à l'espèce de se perfectionner.

DARWIN

« [C'est à la] conservation des variations favorables et à la destruction de celles qui sont nuisibles, [que j'applique le nom de] sélection naturelle ou de survivance du plus apte. » (L'*Origine des espèces*, cité in Fr. Jacob, *La Logique du vivant*, p. 188, Tel, Gallimard.)

Sémantique

(n. f.) Étym. : grec *sèmantikos*, qui signifie, qui indique, qui est un indice de.
A. *Adjectif* : relatif à la signification des mots.
B. *Nom* : partie de la linguistique ayant pour objet le langage considéré du point de vue de la signification des mots.

Sémiologie

◆ 1. *Définitions générales*

(n. f.) Composé à partir du grec *sèmeion*, signe et *logos*, étude, science, discours.
Science étudiant les signes et les lois qui les régissent.

◆ 2. *Définitions particulières de philosophes*

SAUSSURE

« On peut concevoir *une science qui étudie la vie des signes au sein de la vie sociale* ; elle formerait une partie de la psychologie sociale, et par conséquent de la psychologie générale ; nous la nommerons *sémiologie* (du grec sèmeion, "signe"). Elle nous apprendrait en quoi consistent les signes, quelles lois les régissent [...] la linguistique n'est qu'une partie de cette science générale. » (*Cours de linguistique générale*, Introduction, cité in *Panorama des sciences humaines*, p. 566, Gallimard.)

FOUCAULT

« Appelons sémiologie l'ensemble des connaissances et des techniques qui permettent de distinguer où sont les signes, de définir ce qui les institue comme signes, de connaître leurs liens et les lois de leur enchaînement. » (*Les Mots et les Choses*, p. 44, Gallimard.)

◆ 3. *Expressions et termes liés ou dérivés*

Sémiotique

(n. f.) Étym. : du grec *sèmiôtikê* (sous-entendu *technè*), l'observation des symptômes.
Théorie générale des signes.

Sens

Un terme souvent ambigu dont la richesse sémantique est très grande ; à l'époque moderne, la méthode freudienne (qui s'efforce d'élucider le sens des processus psychiques, des rêves, des lapsus, etc.) a renouvelé la réflexion sur cette notion polysémique.

◆ 1. *Définitions générales*

(n. m.) Étym. : lat. *sensus*, action de percevoir par les sens, sentiment, manière de concevoir, etc.
A. *Fonction sensorielle* :
a) fonction ou faculté par laquelle on éprouve une certaine classe de sensations (ex. : le sens du toucher, le sens du goût).
b) organe des sens, c'est-à-dire des appareils permettant la vie de relation (ex. : l'œil est un de nos sens). Cette acception n'est pas toujours admise.
B. *Connaissance intuitive et immédiate* (ex. : bon sens).
C. *Signification*, c'est-à-dire ce que veulent dire les mots qu'on emploie ; ce que signifie (contient) le signe, ce dont le mot est signe.
D. *Direction* ou *orientation* d'un mouvement.

◆ 2. *Définitions particulières de philosophes*

HEGEL

(A-*b* ; C) « Sens est [...] un mot curieux qui est [...] employé dans deux sens opposés. D'une part il désigne en effet les organes qui président à l'appréhension immédiate, d'autre part nous appelons sens la signification d'une chose, son idée, ce qu'elle a d'universel. » (*Leçons d'esthétique*, cité in Jean Hyppolite, *Logique et existence*, p. 28, PUF.)

FONTANIER

« Le *sens* est, relativement à un mot, ce que ce mot nous fait entendre, penser, *sentir* par sa signification ; et sa *signification* est ce qu'il signifie, c'est-à-dire, ce dont il est signe, dont il fait signe. » (*Les Figures du discours*, p. 55, Champs, Flammarion.)
« *Sens* et *signification* ne sont pas parfaitement synonymes. La *signification* se dit du mot considéré en lui-même, considéré comme signe, et le *sens* se dit du mot considéré quant à son effet dans l'esprit, considéré en tant qu'entendu comme il doit l'être. » (*Les Figures du discours*, p. 55, Champs, Flammarion.)

FREUD

« Pour nous, ce "sens" [d'un processus psychique] n'est autre chose que l'intention à laquelle il sert et la place qu'il occupe dans la série psychique. Nous pourrions même, dans la plupart de nos recherches, remplacer le mot "sens" par les mots "intention" ou "tendance". » (*Introduction à la psychanalyse*, 1re partie, p. 50, Bibliothèque scientifique, Payot.)

CANGUILHEM

« Un sens, du point de vue biologique et psychologique, c'est une appréciation de valeurs en rapport avec un besoin. » (*La Connaissance de la vie*, p. 154, Vrin.)

◆ **3.** *Expressions et termes liés ou dérivés*

Sens commun

Étym. : lat. *sensorium commune*, sens commun.
a) scolastique : sens ou organe central coordonnant et réunissant les impressions pour faire un seul objet de ce qui frappe nos sens.
b) sens courant : ensemble d'opinions ou de croyances admises dans une société déterminée ; exercice du jugement dépendant des valeurs traditionnelles.

KANT

Voir BON SENS.

Sens interne

Chez Kant : forme sous laquelle devient possible pour l'esprit l'intuition de son état interne Kant la rapporte au temps.

KANT

« Le sens interne, au moyen duquel l'esprit s'intuitionne lui-même ou intuitionne aussi son état interne, ne donne pas [...] d'intuition de l'âme elle-même comme d'un objet ; c'est cependant une forme déterminée sous laquelle l'intuition de son état interne devient possible. » (*Critique de la raison pure*, « Esthétique transcendantale », p. 55, PUF.)

Sens moral

Conscience morale considérée comme innée et intuitive, sentiment inné du bien et du mal.

Bon sens

a) sens courant : faculté de juger sainement, dans les circonstances ordinaires et pratiques de la vie.
b) chez Descartes, en particulier : synonyme de raison, en tant que faculté de distinguer le vrai du faux.

DESCARTES

Voir RAISON, p. 237.

KANT

« [...] qu'est-ce que le *bon sens* ? C'est le *sens commun*, en tant qu'il juge correctement. Or qu'est-ce que le sens commun ? C'est la faculté de la connaissance et de l'emploi des règles *in concreto*, distinguée de l'*entendement spéculatif*, qui est une faculté de la connaissance des règles *in abstracto*. » (*Prolégomènes à toute métaphysique future*, chap. 6, p. 152, Vrin.)

BERGSON

« Je vois [...] dans le bon sens, l'énergie intérieure d'une intelligence qui se reconquiert à tout moment sur elle-même, éliminant les idées faites pour laisser la place libre aux idées qui se font, et se modelant sur le réel par l'effort continu d'une attention persévérante. » (*Le Bon sens et les études classiques*, in Bergson, *Écrits et paroles*, t. I, p. 88, PUF.)

◆ **4.** *Termes et expressions connexes*

— Pour *sens* :
Relation de voisinage
• direction • signification • tendance (Freud).
Relation de dépendance
• connaissance • corps • expérience • histoire • intuition • psychisme (Freud) • raison • signe.
Relation d'opposition
• esprit • non-sens.

— Pour *bon sens* :
Relation de voisinage
• raison • sens commun.
Relation de dépendance
• connaissance • erreur • esprit • faux • jugement • sagesse • vérité • vrai.
Relation d'opposition
• déraison • folie • passion.

Sensation

◆ **1.** *Définitions générales*

(n. f.) Étym. : lat. *sensus*, sens, sensation.
Fait de conscience élémentaire fourni par les sens, causé par une excitation physiologique ; à distinguer de la perception, dont elle est la condition (bien que la sensation ne soit jamais donnée dans sa « pureté » à la conscience).

◆ **2.** *Définitions particulières de philosophes*

LEIBNIZ

Voir RÉMINISCENCE, p. 247.

KANT

« L'impression d'un objet sur la faculté représentative, en tant que nous en sommes affectés, est la *sensation*. » (*Critique de la raison pure*, « Esthétique transcendantale », p. 53, PUF.)
« Une *perception* qui se rapporte uniquement au sujet, comme modification de son état, est *sensation* (sensatio). » (*Critique de la raison pure*, « Dialectique transcendantale », p. 266, PUF.)

HEGEL

« La sensation est la forme de l'activité obscure de l'esprit dans son individualité privée de conscience et d'entendement, dans laquelle toute détermination concrète est encore *immédiate*, posée comme non développée par rapport à son contenu et à l'opposition de l'objet et du sujet. » (*Précis de l'Encyclopédie des sciences philosophiques*, « La Philosophie de l'esprit », § 400, p. 224, Vrin.)

JUNG

« La sensation est la fonction psychologique qui transmet le stimulus physique à la perception. » (*Types psychologiques*, p. 463, Librairie de l'Université Georg et Cie, Genève.)

SARTRE

« La sensation, notion hybride entre le subjectif et l'objectif, conçue à partir de l'objet, et appliquée ensuite au sujet, existence bâtarde dont on ne saurait dire si elle est de fait ou de droit, la sensation est une pure rêverie de psychologue, il faut la rejeter délibérément de toute théorie sérieuse sur les rapports de la conscience et du monde. » (*L'Être et le Néant*, 3ᵉ partie, chap. 2, § 1, p. 363, Tel, Gallimard.)

◆ 3. *Termes et expressions connexes*

Relation de voisinage
• impression • perception.
Relation de dépendance
• conscience • esprit • objet • sens • sujet.
Relation d'opposition
• idée.

Sensibilité

◆ 1. *Définitions générales*

(n. f.) Étym. : lat. *sensibilitas*, sens, signification, sentiment, sensibilité.
A. *Physiologie* : excitabilité, c'est-à-dire propriété que possèdent les tissus organiques vivants de recevoir des excitations et de réagir en conséquence.
B. *Psychologie* : fonction par laquelle le sujet éprouve des impressions ou des sensations.
C. *Psychologie, étude de l'affectivité* : faculté d'éprouver des sentiments, des émotions, de la sympathie, etc.

◆ 2. *Définitions particulières de philosophes*

KANT

(B) « La capacité de recevoir (réceptivité) des représentations grâce à la manière dont nous sommes affectés par les objets se nomme *sensibilité*. Ainsi, c'est au moyen de la sensibilité que des objets nous sont *donnés*, seule elle nous fournit des *intuitions*. » (*Critique de la raison pure*, « Esthétique transcendantale », p. 53, PUF.)

SCHOPENHAUER

(A-B) « La sensibilité proprement dite ou conscience directe des changements qui se produisent dans le corps et en font un objet immédiat. » (*Le Monde comme volonté et comme représentation*, liv. 1, § 6, p. 21, Alcan.)

LAGNEAU

« La sensibilité est l'esprit considéré dans le pouvoir qu'il a d'être affecté d'une manière agréable ou pénible. » (*Célèbres Leçons et Fragments*, p. 81, PUF.)

Sensible

◆ 1. *Définitions générales*

(n. m.-adj.) Étym. : lat. *sensibilis*, sensible, qui tombe sous les sens.
A. *Adjectif* :
a) *sens passif* : qui peut être atteint, perçu par les sens.
b) *sens actif* :
— capable d'éprouver des sensations ou perceptions ;
— capable d'éprouver des sentiments divers, avec une certaine délicatesse spirituelle.
B. *Nom* : ce qui peut être perçu par les sens (*Aristote*).

◆ 2. *Expressions et termes liés ou dérivés*

Sensible commun

Chez *Aristote* et les *Scolastiques*, ce qui peut être perçu par plusieurs sens.

Sensible propre

ARISTOTE

« J'entends par sensible propre celui qui ne peut être senti par un autre sens et au sujet duquel il est impossible de se tromper : par exemple, la vue est sens de la couleur, l'ouïe, du son [...] le toucher, lui, a pour objet plusieurs différences. » (*De l'âme*, liv. 2, § 6, p. 103, Vrin.)

Sensualisme

(n. m.) Doctrine selon laquelle nos connaissances viennent des seules sensations (ce nom a été donné par ses adversaires, avec une signification péjorative, à l'empirisme de *Condillac*).

Sentiment

◆ 1. *Définitions générales*

(n. m.) Étym. : lat. *sentire*, percevoir par les sens, sentir, juger.
A. *Sens usuel moderne* : état affectif en général ; état affectif ayant une personne pour objet (ex. : un sentiment de jalousie). Passion ou

émotion supérieures, ayant des causes morales (ex. : le sentiment esthétique).
B. *Sens anciens* :
a) connaissance immédiate, intuition (qui ne saurait être justifiée de manière rationnelle).
b) synonyme de sensation.
C. *Sens moral* : inclination altruiste.
D. Chez *Hegel* : disposition immédiate et simple de l'esprit face à un objet.

◆ 2. *Définitions particulières de philosophes*

KANT

(A) « On appelle la capacité d'avoir du plaisir ou de la peine en raison d'une représentation *sentiment*, parce que ces deux états ne contiennent que ce qui est le subjectif simple dans son rapport avec notre représentation et n'ont aucune relation à un objet en vue de sa connaissance possible. » (*Métaphysique des mœurs, Doctrine du droit*, « Introduction à la métaphysique des mœurs », I, p. 85, Vrin.)

HEGEL

(D) « Le sentiment est l'affection simple, et cependant déterminée, du sujet singulier, en qui ne se trouve encore posée aucune différence entre lui et son contenu, c'est-à-dire une détermination en tant que posée dans le sujet qui ne s'est pas encore séparé de l'objet. » (*Propédeutique philosophique*, « Encyclopédie philosophique », § 131, p. 198, Éditions de Minuit.)
(A-D) « Le sentiment est en partie interne, en partie externe, et il est, de façon immédiate, avant toute réflexion, à titre de disposition éprouvée, agréable ou désagréable. » (*Propédeutique philosophique*, « Encyclopédie philosophique », § 132, p. 198, Éditions de Minuit.)
Voir aussi CŒUR, p. 47.

◆ 3. *Expressions et termes liés ou dérivés*

Sentir

(v.) Étym. : lat. *sentire*, percevoir par les sens, sentir.
Éprouver une sensation, un sentiment. Connaître intuitivement.

◆ 4. *Termes et expressions connexes*

Relation de voisinage
• affectivité • cœur • intuition • sensibilité.
Relation de dépendance
• altruisme • conscience • objet • plaisir • subjectivité • vérité.
Relation d'opposition
• raison • connaissance • raisonnement.

Série

◆ 1. *Définitions générales*

(n. f.) Étym. : lat. *series*, file, suite, rangée, enchaînement d'objets, de faits.
A. Suite de termes ordonnés.
B. Chez *Sartre* : mode d'être d'individus juxtaposés sans être unis par un projet commun (opposé à groupe).

◆ 2. *Définitions particulières de philosophes*

ARON (expliquant SARTRE)

(B) « La queue des voyageurs qui attendent l'autobus nous offre [...], symbolisés et simplifiés, les caractères de la série : l'unité vient du dehors, par la *matérialité*, la *structure* moléculaire (ils sont ensemble et ils ne se voient pas), la *rareté* (tout le monde ne trouvera pas de place). » (*Histoire et dialectique de la violence*, p. 73, Gallimard.)

Sérieux

◆ 1. *Définitions générales*

(n. m.) Étym. : lat. *serius*, sérieux.
Comportement et attitude de celui qui agit avec gravité et en s'engageant profondément dans l'action.

◆ 2. *Expressions et termes liés ou dérivés*

Esprit de sérieux

Chez *Sartre*, tout particulièrement : attitude de celui qui bannit l'inquiétude et l'angoisse et préfère se définir à partir de l'objet ; il considère que les valeurs sont données et non pas créées (expression péjorative).

SARTRE

« L'esprit de sérieux a pour double caractéristique [...] de considérer les valeurs comme des données transcendantes, indépendantes de la subjectivité humaine, et de transférer le caractère "désirable", de la structure ontologique des choses à leur simple constitution matérielle. » (*L'Être et le Néant*, Conclusion II, p. 690, Tel, Gallimard.)

BEAUVOIR

« L'esprit de sérieux prétend séparer la fin du projet qui la définit et lui reconnaître une valeur en soi : il croit que les valeurs sont dans le monde, avant l'homme, sans lui ; l'homme n'aurait qu'à les cueillir. » (*Pyrrhus et Cinéas*, p. 29, Gallimard.)

◆ 4. *Termes et expressions connexes*

Relation de voisinage
• gravité.

Relation de dépendance
• action • engagement • liberté • morale.
Relation d'opposition
• frivole • futile.

Servitude

◆ **1.** *Définitions générales*

(n. f.) Étym. : lat. *servitudo*, servitude, esclavage.
A. *Sens courant* : esclavage, création d'un état de dépendance forcé, de soumission.
B. *Philosophie* : impuissance de l'homme soumis à ses manières d'être passives et ne relevant pas de la raison (Spinoza).

◆ **2.** *Définitions particulières de philosophes*

SPINOZA

« J'appelle Servitude l'impuissance de l'homme à gouverner et réduire ses affections ; soumis aux affections, en effet, l'homme ne relève pas de lui-même, mais de la fortune. » (*Éthique*, 4e partie, Préface, in *Œuvres de Spinoza*, t. 3, p. 217, Garnier-Flammarion.)

Sexualité

Voir SEXUEL.

Sexuel

◆ **1.** *Définitions générales*

(adj.) Étym. : lat. *sexualis*, du sexe de la femme, féminin.
A. Qui a trait au sexe ; qui concerne l'appareil génital.
B. Chez *Freud* : est sexuel ce qui permet d'obtenir du plaisir.

◆ **2.** *Définitions particulières de philosophes*

FREUD

(B) « a) La vie sexuelle ne commence pas à la puberté, mais se manifeste très tôt après la naissance.
b) Il convient de différencier les concepts de sexuel et de génital. Le mot sexuel a un sens bien plus étendu et embrasse nombre d'activités sans rapport avec les organes génitaux.
c) La vie sexuelle comprend la fonction qui permet d'obtenir du plaisir à partir de diverses zones du corps. » (*Abrégé de psychanalyse*, 1re partie, p. 13, PUF.)

◆ **3.** *Expressions et termes liés ou dérivés*

Sexualité

(n. f.) Ensemble des phénomènes et activités concernant l'exercice des fonctions sexuelles.

Signal

Voir SIGNE.

Signe

◆ **1.** *Définitions générales*

(n. m.) Étym. : *lat.* signum, marque, signe.
A. *Signe naturel* : tout ce qui évoque un phénomène non perçu et permet de le reconnaître, de le prévoir (ex. : un signe de maladie ; la fumée, signe du feu).
B. *Signe conventionnel* : élément matériel ou représentation sensible permettant d'évoquer un élément absent, une idée, etc. (ex. : π, signe du rapport de la circonférence du cercle à son diamètre).
C. *Linguistique* : élément d'un système de communication, purement conventionnel et ayant un sens (voir SIGNE LINGUISTIQUE, p. 267).

◆ **2.** *Définitions particulières de philosophes*

ARNAULD et NICOLE

(B) « Quand on ne regarde un certain objet que comme en représentant un autre, l'idée qu'on en a est une idée de signe, et ce premier objet s'appelle signe [...]. Ainsi le signe enferme deux idées : l'une de la chose qui représente ; l'autre de la chose représentée ; et sa nature consiste à exciter la seconde par la première. » (*La Logique ou l'Art de penser*, p. 80, Champs, Flammarion.)

HEGEL

(B) « Le *signe en général*. La représentation ayant été libérée de la réalité présente extérieure et rendue subjective, cette réalité et la représentation interne se sont situées face à face comme deux choses distinctes. Une réalité extérieure présente devient *signe* lorsqu'elle est *arbitrairement associée* à une représentation qui ne lui correspond pas et qui s'en distingue même par son contenu, en sorte que cette réalité doive en être la représentation ou *signification*. » (*Propédeutique philosophique*, « Encyclopédie philosophique », § 155, p. 206, Éditions de Minuit.)
« Absolument parlant, le *signe verbal* fait de la représentation concrète une réalité *sans image*, laquelle s'identifie au signe. » (*Propédeutique philosophique*, « Encyclopédie philosophique », § 159, p. 207, Éditions de Minuit.)

HAGÈGE

(C) « Le signe, à la différence du symbole, n'est pas relié au *référent* (monde des objets et notions) par un lien que l'on puisse d'une manière ou d'une autre justifier ou établir en raison. Le signe suppose purement et simplement un consensus. C'est comme convention qu'il est appris. » (*L'Homme de paroles*, p. 132, Folio Essais-Fayard.)

◆ **3.** *Expressions et termes liés ou dérivés*

Signe artificiel

Signe purement conventionnel.

Signe linguistique

Linguistique : entité à deux faces, composée du signifié (concept) et du signifiant (image acoustique, son).

SAUSSURE

« Le signe linguistique unit non une chose et un nom, mais un concept et une image linguistique. Cette dernière n'est pas le son matériel, chose purement physique, mais l'empreinte psychique de ce son, la représentation que nous en donne le témoignage de nos sens [...]. Le signe linguistique est donc une entité psychique à deux faces. » (*Cours de linguistique générale*, pp. 98, 99, Payot.)

MARTINET

« Un énoncé comme *j'ai mal à la tête* ou une partie d'un tel énoncé qui fait un sens, comme *j'ai mal* ou *mal*, s'appelle un signe linguistique. Tout signe linguistique comporte un *signifié*, qui est son sens ou sa valeur [...] et un *signifiant* grâce à quoi le signe se manifeste. » (*Éléments de linguistique générale*, p. 15, Armand Colin.)

Signal

(n. m.) lat. *signalis*, qui sert de signe.
Signe univoque, servant d'avertissement et déclenchant un comportement à finalité pratique, une certaine conduite (ex. : le signal du départ).

◆ **4.** *Termes et expressions connexes*

Relation de voisinage

• indice • marque • signal • symbole.

Relation de dépendance

• concept • convention • image acoustique • langage • linguistique • mot • phénomène • sens • signification.

Relation d'opposition

• réalité.

Signifiant, signifié

◆ **1.** *Définitions générales*

Étym. : lat. *significare*, indiquer par signe.
A. *Signifiant* : dans la linguistique, représentation psychique du son ; image acoustique.
B. *Signifié* : dans la linguistique, ce qu'exprime le mot, le concept.

◆ **2.** *Définitions particulières de philosophes*

SEXTUS EMPIRICUS

« Les Stoïciens ont prétendu que trois choses sont liées : ce qui est signifié, ce qui signifie, et l'objet. Ce qui signifie, c'est la parole, par exemple le mot Dion ; ce qui est signifié, c'est ce qu'exprime le mot, la chose que nous comprenons et que nous pensons. » (in *Les Stoïciens*, textes choisis par Jean Brun, p. 28, Les Grands Textes, PUF.)

SAUSSURE

« Nous appelons *signe* la combinaison du concept et de l'image acoustique [...]. Nous proposons [...] de remplacer *concept* et *image acoustique* respectivement par *signifié* et *signifiant.* » (*Cours de linguistique générale*, p. 99, Payot.)

« Le lien unissant le signifiant au signifié est arbitraire, ou encore, puisque nous entendons par signe le total résultant de l'association d'un signifiant à un signifié, nous pouvons dire plus simplement : *le signe linguistique est arbitraire*. [...]. Le mot *arbitraire* appelle aussi une remarque [...] ; nous voulons dire [que le choix du sujet parlant] est *immotivé*, c'est-à-dire arbitraire par rapport au signifié. » (*Cours de linguistique générale*, in *Panorama des sciences humaines*, p. 498, Gallimard.)

BENVÉNISTE

« Une des composantes du signe, l'image acoustique, en constitue le signifiant ; l'autre, le concept, en est le signifié. Entre le signifiant et le signifié, le lien n'est pas arbitraire ; au contraire, il est *nécessaire*. Le concept (« signifié ») « bœuf » est forcément identique dans ma conscience à l'ensemble phonique (« signifiant ») *böf*. Comment en serait-il autrement ? Ensemble les deux ont été imprimés dans mon esprit ; ensemble ils s'évoquent en toute circonstance. » (*Problèmes de linguistique générale*, t. 1, p. 51, Tel, Gallimard.)

Signification

◆ **1.** *Définitions générales*

(n. f.) Étym. : lat. *significatio*, action d'indiquer, de signaler.
Ce qu'un signe ou un ensemble de signes font connaître ; ce qu'ils signifient.

◆ **2.** *Définitions particulières de philosophes*

HEGEL

Voir SENS, p. 262.

FONTANIER

Voir SENS, p. 262.

Signifié

Voir SIGNIFIANT p. 267.

Signifier

◆ **1.** *Définitions générales*

(v.) Étym. : lat. *significare*, indiquer par signe.
A. Exprimer, vouloir dire.
B. Permettre de prévoir, annoncer.

◆ **2.** *Définitions particulières de philosophes*

SARTRE

« Signifier, c'est indiquer autre chose ; et l'indiquer de telle sorte qu'en développant la signification on trouvera précisément le signifié. » (*Esquisse d'une théorie des émotions*, p. 11, Hermann.)

Silence

◆ **1.** *Définitions générales*

(n. m.) Étym. : lat. : *silentium*, silence.
Absence de parole ou de bruit.

◆ **2.** *Définitions particulières de philosophes*

LAVELLE

« Le silence est un hommage que la parole rend à l'esprit. Aussi, la Parole de Dieu à laquelle il ne manque rien et qui est une révélation totale, ne se distingue-t-elle pas du parfait silence. » (*La Parole et l'Écriture*, p. 130, L'artisan du livre.)

Similitude

(n. f.) Étym. : lat. *similitudo*, ressemblance, analogie, similitude.
A. *Sens général* : caractère de ce qui est semblable ou analogue.
B. Caractère de figures géométriques semblables.

Simple

◆ **1.** *Définitions générales*

(n. m.-adj.) Étym. : lat. *simplex*, simple, seul, isolé.
Qui n'est pas composé, indécomposable.

◆ **2.** *Définitions particulières de philosophes*

DESCARTES

« Ne traitant ici des choses qu'autant qu'elles sont perçues par l'entendement, nous n'appelons simples que celles dont la connaissance est si claire et si distincte que l'esprit ne les puisse diviser en un plus grand nombre dont la connaissance soit plus distincte : telles sont la figure, l'étendue, le mouvement. » (*Règles pour la direction de l'esprit*, Règle 12, in Descartes, *Œuvres, lettres*, p. 81, La Pléiade, Gallimard.)

LEIBNIZ

Voir MONADE, p. 181.

Singularité

◆ **1.** *Définitions générales*

(n. f.) Étym. : lat. *singularitas*, le fait d'être unique.
A. Caractère de ce qui est singulier.
B. Ce qui appartient en propre à un individu, ce qu'il y a d'unique en lui.

◆ **2.** *Expressions et termes liés ou dérivés*

Singulier

(adj.) Étym. : lat. *singularis*, seul, singulier.
a) qui concerne un individu.
b) *logique* : qui s'applique à un individu, à un sujet unique (à distinguer du particulier et de l'universel).

Situation

L'idée de Situation a une grande importance dans les philosophies existentielles. Chez Sartre, elle dépend en grande partie des buts que nous nous proposons, et, par conséquent, de notre liberté.

◆ **1.** *Définitions générales*

(n. f.) Étym. : lat. *situs*, position, situation.
A. *Sens général* : position par rapport à un entourage, un milieu.
B. *Phénoménologie, existentialisme* : ensemble que le sujet forme avec son environnement, avec l'existant brut : interaction du pour-soi et de l'extériorité.

◆ **2.** *Définitions particulières de philosophes*

SARTRE

(B) « Notre être est immédiatement "en situation", c'est-à-dire qu'il *surgit* dans des entreprises et se connaît d'abord en tant qu'il se reflète sur ces entreprises. » (*L'Être et le Néant*, 1re partie, chap. 1, § 5, p. 74, Tel, Gallimard.)
(B) « Nous [appelons] "situations" les diffé-

rents modes immédiats d'appréhension du réel comme monde. » (L'*Imaginaire*, p. 235, Gallimard.)

◆ **3.** *Expressions et termes liés ou dérivés*

Situation-limite

JASPERS

« Il est [des situations] qui subsistent dans leur essence [...] : il me faut mourir, il me faut souffrir, il me faut lutter, je suis soumis au hasard [...]. Ces situations fondamentales qu'implique notre vie, nous les appelons *situations-limites*. » (*Introduction à la philosophie*, p. 19, Plon.)

Sociabilité

Voir SOCIAL.

Social

◆ **1.** *Définitions générales*

(adj.) Étym. : lat. *socialis*, fait pour la société, social.

A. Qui concerne la société.

B. Qui vit en société.

◆ **2.** *Définitions particulières de philosophes*

DURKHEIM

« Voilà donc un ordre de faits qui présentent des caractères très spéciaux : ils consistent en des manières d'agir, de penser et de sentir, extérieures à l'individu, et qui sont douées d'un pouvoir de coercition en vertu duquel ils s'imposent à lui [...]. Ils constituent [...] une espèce nouvelle et c'est à eux que doit être donnée et réservée la qualification de *sociaux*. » (*Les Règles de la méthode sociologique*, p. 8, Alcan.)

◆ **3.** *Expressions et termes liés ou dérivés*

Sociabilité

(n. f.) Aptitude à vivre en société.

Socialisme

◆ **1.** *Définitions générales*

(n. m.) Étym. : de l'italien *socialismo* (1803) et de l'anglais *socialism* (1822).

A. *Sens originel* [on le trouve, par exemple, chez Pierre Leroux (1797-1871)] : doctrine subordonnant l'individu à la société.

B. *Par opposition au libéralisme ou à l'individualisme* : doctrine préconisant que la propriété privée des moyens de production soit subordonnée à l'intérêt général et soumise à une organisation rationnelle. Il s'agirait de mener à bonne fin un idéal de justice.

◆ **2.** *Définitions particulières de philosophes*

DURKHEIM

« On appelle socialiste toute doctrine qui réclame le rattachement de toutes les fonctions économiques, ou de certaines d'entre elles qui sont actuellement diffuses, aux centres directeurs et conscients de la société. » (*Le Socialisme*, p. 49, PUF.)

ALAIN

« Toute doctrine qui prétend construire la société selon la raison. » (*Définitions*, in *Alain, les Arts et les Dieux*, p. 1089, La Pléiade, Gallimard.)

◆ **3.** *Termes et expressions connexes*

Relation de voisinage

• associationnisme • collectivisme.

Relation de dépendance

• économie • État • justice • organisation • propriété • société.

Relation d'opposition

• individualisme • libéralisme.

Société

Aristote remarquait déjà que la société est une réalité naturelle : toute la pensée contemporaine prolonge ces observations et converge vers l'idée que la société désigne une organisation extrêmement répandue dans la nature (cf. Morin).

◆ **1.** *Définitions générales*

(n. f.) Étym. : *societas*, association, société.

A. *Sens concret et large* : ensemble organisé d'individus ayant des relations déterminées et unis par des services réciproques. En ce sens à la fois *concret* et *large*, le terme de société s'applique aux ensembles animaux (ex. : une société d'abeilles).

B. *Sens strict* : milieu humain organisé où est intégré tout homme.

◆ **2.** *Définitions particulières de philosophes*

SAINT-SIMON

« La société n'est point une simple agglomération d'êtres vivants, dont les actions indépendantes de tout but final, n'ont d'autre cause que l'arbitraire des volontés individuelles [...] ; la société, au contraire, est surtout une véritable machine organisée dont toutes les parties contribuent d'une manière différente à la marche de l'ensemble. » (*Œuvres*, t. 5, p. 177, Anthropos.)

ALAIN

(B) « État de solidarité, en partie naturelle, en partie voulue, avec un groupe de nos semblables. » (*Définitions*, in *Alain, les Arts et les Dieux*, p. 1089, La Pléiade, Gallimard.)

MORIN

(A) « La société, conçue comme organisation complexe d'individus divers, fondée à la fois sur la compétition et la solidarité, comportant un système de communications riche, est un phénomène extrêmement répandu dans la nature. » (*Le Paradigme perdu : la nature humaine*, p. 35, Le Seuil.)

◆ **3.** *Expressions et termes liés ou dérivés*

Société civile

a) association fondée ou régie par le contrat social, dans une société organisée (*Hobbes, Rousseau*).
b) ensemble d'êtres humains réunis par des besoins dans un système économique de dépendances réciproques (*Hegel, Marx*).
c) ensemble d'êtres humains réunis par une organisation juridique, professionnelle, etc. (sens moderne).

HEGEL

(*b*) « La personne concrète qui est soi-même une fin particulière comme ensemble de besoins et comme mélange de nécessité naturelle et de volonté arbitraire est le premier principe de la société civile. » (*Principes de la philosophie du droit*, 3e partie, p. 217, Idées, Gallimard.)

MARX et ENGELS

(*b*) « La société civile embrasse l'ensemble des rapports matériels des individus à l'intérieur d'un stade de développement déterminé des forces productives. » (*L'Idéologie allemande*, t. 1, p. 104, Éditions sociales.)

Société industrielle

POLIN

« Une société industrielle peut être définie comme une société qui se voue, en masse, par le moyen d'une organisation qui est celle de la division du travail, à l'amélioration indéfinie des conditions matérielles d'existence des hommes. » (*Le Totalitarisme*, p. 109, PUF.)

Société ouverte

BERGSON

Voir OUVERT, p. 202.

◆ **4.** *Termes et expressions connexes*

Relation de voisinage
• collectivité • communauté.

Relation de dépendance
• autrui • communication • contrat • culture • droit • échanges • homme • individu • institutions • justice • organisation • relation • sociologie.

Relation d'opposition
• isolement.

Sociodrame

◆ **1.** *Définitions générales*

(n. m.) Terme créé par l'Américain *Moreno*.
Représentation théâtrale improvisée à finalité thérapeutique : les tensions interindividuelles sont ainsi réduites (à distinguer du psychodrame : dans ce dernier, la purification ou catharsis est individuelle, alors qu'elle est *collective* dans le sociodrame).
Voir PSYCHODRAME, p. 233.

◆ **2.** *Définitions particulières de philosophes*

MORENO

« Le "sociodrame" est une technique qui permet d'explorer l'image véridique des maux sociaux dans un groupe, c'est-à-dire la vérité effective et souvent camouflée sur la structure sociale réelle et sur les conflits qu'elle provoque ; d'indiquer la direction des transformations désirables au moyen de méthodes dramatiques [...]. Dans un sociodrame, les solutions et les actes jaillissent du groupe même. » (*Méthode expérimentale, sociométrie et marxisme*, in *Panorama des idées contemporaines*, p. 210, Gallimard.)

Sociologie

◆ **1.** *Définitions générales*

(n. f.) Terme créé par *Auguste Comte* à partir du mot latin *socius*, associé, et du mot grec *logos*, étude, science.
Science des phénomènes sociaux.

◆ **2.** *Définitions particulières de philosophes*

COMTE

« *Sociologie* : je crois devoir hasarder, dès à présent, ce terme nouveau, exactement équivalent à mon expression, déjà introduite, de *physique sociale*, afin de pouvoir désigner par un nom unique cette partie complémentaire de la philosophie naturelle qui se rapporte à l'étude positive de l'ensemble des lois fondamentales propres aux phénomènes sociaux. » (*Cours de philosophie positive*, Leçon 47, p. 88, Hermann.)
Voir PHYSIQUE SOCIALE, p. 216.

DURKHEIM

Voir INSTITUTION, p. 146.

ARON

« Nous appelons sociologie la discipline qui dégage des relations générales entre faits historiques. » (*Introduction à la philosophie de l'histoire*, p. 190, Gallimard.)

Sociométrie

◆ 1. *Définitions générales*

Discipline créée par l'Américain *Moreno* (1892-1974), qui s'efforce d'introduire la mesure dans les relations des groupes humains.

◆ 2. *Définitions particulières de philosophes*

MORENO

« La *sociométrie* (du grec metrein, mesurer) est la *science de la mesure des relations entre les hommes*. » (*Psychothérapie de groupe et psychodrame*, p. 25, PUF.)

Soi

◆ 1. *Définitions générales*

(pron. pers. employé substantivement) Ce que chacun est pour lui-même.

◆ 2. *Définitions particulières de philosophes*

LOCKE

« Le *Soi* est cette chose pensante, intérieurement convaincue de ses propres actions (de quelque substance qu'elle soit formée, soit spirituelle ou matérielle, simple ou composée, il n'importe), qui sent du plaisir et de la douleur, qui est capable de bonheur et de misère, et qui par là est intéressée pour soi-même, aussi loin que cette *conscience* peut s'étendre. » (*Essai philosophique concernant l'entendement humain*, p. 270, Vrin.)

LEIBNIZ

« Le *soi* fait l'*identité* réelle et physique. » (*Nouveaux Essais sur l'entendement humain*, liv. 2, chap. 27, § 9, p. 184, Garnier-Flammarion.)

JUNG

« Le Soi est non seulement le centre, mais aussi la circonférence complète qui embrasse à la fois conscient et inconscient ; il est le centre de cette totalité comme le moi est le centre de la conscience. » (*Psychologie und Alchemie*, in Jung, *Ma vie*, p. 462, Gallimard.)

◆ 3. *Expressions et termes liés ou dérivés*

En soi

a) *sens scolastique* : caractérise la substance existant en elle-même.

b) chez *Kant* : désigne le noumène.

c) chez *Sartre* : par opposition au pour soi, l'en soi désigne l'être qui est ce qu'il est, dépourvu de conscience.

SARTRE

« Si l'être est en soi cela signifie qu'il ne renvoie pas à soi, comme la conscience [de] soi : ce *soi*, il l'est [...] l'être du *pour soi* se définit au contraire comme étant ce qu'il n'est pas et n'étant pas ce qu'il est. » (*L'Être et le Néant*, Introduction VI, p. 32, Tel, Gallimard.)

En-soi-pour-soi

a) chez *Hegel* : étape ultime du devenir de l'Esprit, où conscience et être parviennent à l'unité et se réconcilient, au terme de la dialectique.

b) chez *Sartre* : idéal de la conscience humaine, qui projette d'être Dieu.

SARTRE

« Le désir est manque d'être [...]. En tant que tel, il est directement *porté sur* l'être dont il est manque. Cet être [...] c'est l'en-soi-pour-soi, la conscience devenue substance, la substance devenue cause de soi, l'Homme-Dieu. » (*L'Être et le Néant*, 4e partie, chap. 2, § 2, p. 636, Tel, Gallimard.)

Être en soi

Chez *Sartre*, désigne la réalité qui est ce qu'elle est, remplie d'elle-même, la plénitude de l'être (par opposition au pour soi).

Par soi

Étym. : traduit l'expression latine *per se*.
Se dit de ce qui existe en raison de son essence ou en vertu de sa nature.

SPINOZA

Voir SUBSTANCE, p. 278.

Pour soi

a) *adjectif* : se dit de la manière d'exister de l'être conscient, se représentant à lui-même ; chez *Sartre*, se dit de la manière d'exister de l'être conscient ne coïncidant pas avec lui-même.

b) *nom* :

1) par oppositon à l'être en soi, caractère de l'être qui a conscience de son existence ;
2) *existentialisme* : chez *Sartre*, tout particulièrement, manière d'être de l'existant humain, secrétant du néant et ne pouvant coïncider avec lui-même.

HEGEL

(*a*) « L'homme est un être doué de conscience et qui pense, c'est-à-dire que, de ce qu'il est, quelle que soit sa façon d'être, il fait un être pour soi. » (*Esthétique*, p. 21, PUF.)

Voir HOMME, p. 125.

SARTRE

(*b*-2) « Le pour-soi est un être pour qui son être est en question dans son être en tant que cet être est essentiellement une certaine manière de *ne pas être* un être qu'il pose du même coup comme autre que lui. » (*L'Être et le Néant*, 2e partie, chap. 3, § 1, p. 214, Tel, Gallimard.)

(*b*-2) « Le pour-soi est l'être qui est à soi-même son propre manque d'être. Et l'être dont manque le pour-soi, c'est l'en-soi. » (*L'Être et le Néant*, 4e partie, chap. 2, § 1, p. 625, Tel, Gallimard.)

(*b*-2) « Le Pour-soi [...] n'est pas autre chose que la pure néantisation de l'En-soi ; il est comme un trou d'être au sein de l'Être. » (*L'Être et le Néant*, Conclusion I, p. 681, Tel, Gallimard.)

◆ **4.** *Termes et expressions connexes*

Relation de voisinage

• Je • moi.

Relation de dépendance

• conscient • identité • inconscient • liberté • pensée • personnalité.

Relation d'opposion

• autrui • chose.

Solidarité

◆ **1.** *Définitions générales*

(n. f.) Étym. : lat. *solidus*, massif.

A. *Sens courant* : assistance mutuelle dans des circonstances difficiles.

B. *Biologie, sociologie* : dépendance réciproque des éléments dans un organisme, une société, etc.

C. *Droit* : désigne le caractère d'une obligation, en tant qu'elle est commune à plusieurs personnes, chacune répondant de tout.

◆ **2.** *Définitions particulières de philosophes*

ALAIN

« Solidité entendue métaphoriquement, et qui lie notre sort à celui de tel et tel homme. » (*Définitions*, in *Alain, les Arts et les Dieux*, p. 1090, La Pléiade, Gallimard.)

Solipsisme

(n. m.) Étym. : composé du lat. *solus*, seul, et *ipse*, soi-même.

Conception selon laquelle le sujet pensant existerait seul (cette forme extrême de l'idéalisme n'a jamais été réellement soutenue).

Soma

◆ **1.** *Définitions générales*

(n. m.) Étym. : grec *sôma*, corps.

Biologie : ensemble des cellules non reproductrices de l'organisme (par opposition au *germen*).

◆ **2.** *Expressions et termes liés ou dérivés*

Somatique

(adj.) Étym. : grec *sômatikos*, corporel.

Qui concerne le corps, par opposition au psychique.

Sophisme

◆ **1.** *Définitions générales*

(n. m.) Étym. : grec *sophisma*, invention ingénieuse, sophisme.

Raisonnement apparemment valide, mais incorrect, développé avec l'intention de tromper.

◆ **2.** *Définitions particulières de philosophes*

KANT

Voir PARALOGISME, p. 204.

Sophiste

◆ **1.** *Définitions générales*

(n. m.) Étym. : grec *sophistès*, qui excelle dans un art.

A. *Antiquité grecque* : aux ve et ive siècles avant J.-C., professeur d'éloquence et maître de rhétorique allant de ville en ville pour enseigner l'art de parler en public (tels Protagoras d'Abdère ou Gorgias de Leontium). Platon critiqua vivement les sophistes.

B. *Sens courant* : rhéteur, charlatan (péjoratif).

◆ **2.** *Définitions particulières de philosophes*

PLATON

« Cette portion, non point divine, mais humaine, de l'art de production, qui, ayant pour son domaine propre, les discours, y fabrique ses prestiges [...], ''c'est le sang'' de l'authentique sophiste. » (*Le Sophiste*, in *Platon, Œuvres complètes*, t. 8, 3e partie, p. 391, Budé, Belles Lettres.)

ALAIN

« Ce n'est pas le sage ; ce n'est pas non plus le sot ; c'est celui qui fait servir la pensée à toutes fins, et, plus profondément, celui qui enseigne que la pensée n'est qu'un outil comme les autres, et que le vrai n'est que l'utile. » (*Définitions*, in *Alain, les Arts et les Dieux*, p. 1091, La Pléiade, Gallimard.)

◆ **3.** *Termes et expressions connexes*

Relation de voisinage
• ergoteur • rhéteur.
Relation de dépendance
• discours • enseignement • langage • relativisme • rhétorique • subjectivité • utilité • vérité.
Relation d'opposition
• philosophe.

Sophistique

◆ **1.** *Définitions générales*

(n. f.) Étym. : grec *sophistikè* (sous-entendu *technè*), l'art des sophistes, la sophistique.
Technique des rhéteurs grecs, qui enseignaient l'art de parler en public. Doctrine professée par eux.

◆ **2.** *Définitions particulières de philosophes*

PLATON
« Cette partie de l'acquisition, de l'échange, de l'échange commercial, du négoce, du négoce spirituel, qui fait trafic de discours et d'enseignements relatifs à la vertu, voilà [...] la sophistique. » (*Le Sophiste*, in *Platon, Œuvres complètes*, t. 8, 3e partie, p. 315, Budé, Belles Lettres.)

Souci

◆ **1.** *Définitions générales*

(n. m.) Étym. : lat. *sollicitare*, agiter fortement, troubler, inquiéter.
A. *Sens courant* : état de l'esprit inquiété par un objet, une difficulté, un problème.
B. Chez *Heidegger* : structure de l'Être-là, du *Dasein*, toujours en avant de lui-même et abandonné dans le monde.

◆ **2.** *Définitions particulières de philosophes*

HEIDEGGER
(B) « L'élément premier du *Souci*, "s'anticiper soi-même", signifie que la réalité-humaine existe toujours à son propre dessein [...]. Il y a encore et toujours dans l'être de l'homme quelque chose *en sursis* [...]. Impossible d'éliminer l'"anticipation de soi-même" ; c'est un élément essentiel de la structure du Souci. » (*L'Être et le Temps*, § 46, in *Qu'est-ce que la métaphysique* ? pp. 116, 117, Gallimard.)

Souhait

(n. m.) Étym. : radical germanique *haitan*, ordonner, promettre.
Désir de voir un événement se produire, sans nul recours à la volonté pour tenter de réaliser la fin envisagée.

Souvenir

◆ **1.** *Définitions générales*

(n. m.) Étym. : lat. *subvenire*, survenir, se présenter à l'esprit.
A. *Sens général* : ce qui revient à l'esprit (spontanément ou volontairement) et qui est rapporté à un moment du passé.
B. Chez *Bergson* : le souvenir (pur) désigne la représentation d'un moment du passé tel qu'il a été effectivement vécu (par opposition à la mémoire-habitude).
Voir MÉMOIRE, p. 175.

◆ **2.** *Définitions particulières de philosophes*

HOBBES
« Quand nous voulons désigner la *dégradation* [de la sensation] et exprimer que la sensation est en train de s'estomper, qu'elle est vieille et passée, on l'appelle *souvenir*. » (*Léviathan*, p. 16, Sirey.)

HEGEL
« Dans le souvenir, une intuition ou représentation actuelle évoque l'image d'une intuition ou représentation antérieure, qui fut *la même* que l'actuelle. Cette représentation antérieure est la réalité durable et universelle sous laquelle je subsume la représentation singulière actuelle. » (*Propédeutique philosophique*, « Encyclopédie philosophique », § 144, p. 201, Éditions de Minuit.)

◆ **3.** *Termes et expressions connexes*

Relation de voisinage
• réminiscence.
Relation de dépendance
• conscience • mémoire • passé • présent • représentation.
Relation d'opposition
• oubli.

Souverain

◆ **1.** *Définitions générales*

(n. m.-adj.) Étym. : lat. *super*, au-dessus.
A. *Nom* : individu ou personne collective (Assemblée, etc.) détenant, en droit, le pouvoir politique dans une société donnée.

B. *Adjectif* :
a) suprême (Souverain Bien).
b) qui, dans un certain domaine, possède une indépendance absolue (ex. : un jury souverain).
c) *politique* : à qui appartient, en droit, l'autorité suprême (ex. : pouvoir souverain).

◆ **2.** *Définitions particulières de philosophes*

HOBBES

(A) « Le dépositaire de [la] personnalité [de la cité] est appelé *Souverain*, et l'on dit qu'il possède le *pouvoir souverain* ; tout autre homme est son *sujet*. » (*Léviathan*, p. 178, Sirey.)

ROUSSEAU

(A) « [L']acte d'association [des personnes] produit un corps moral et collectif [...]. Cette personne publique qui se forme ainsi par l'union de toutes les autres prenait autrefois le nom de *Cité*, et prend maintenant celui de *République* ou de *corps politique*, lequel est appelé par ses membres *État* quand il est passif, *Souverain* quand il est actif, *Puissance* en le comparant à ses semblables. A l'égard des associés ils prennent collectivement le nom de *peuple*, et s'appellent en particulier *Citoyens* comme participant à l'autorité souveraine, et *Sujets* comme soumis aux lois de l'État. » (*Du contrat social*, liv. 1, chap. 6, in *Rousseau, Œuvres complètes*, t. 3, p. 361, La Pléiade, Gallimard.)

◆ **3.** *Expressions et termes liés ou dérivés*

Souverain Bien

Voir BIEN, p. 34.

◆ **4.** *Termes et expressions connexes*

Relation de voisinage
• monarque • roi.
Relation de dépendance
• citoyen • peuple • nation • pouvoir politique • volonté générale (Rousseau).
Relation d'opposition
• sujet.

Souveraineté

◆ **1.** *Définitions générales*

(n. f.)
A. Caractère de ce qui est souverain.
B. *Politique* : la souveraineté politique désigne un pouvoir pouvant se déterminer absolument par lui-même.

◆ **2.** *Définitions particulières de philosophes*

ROUSSEAU

« La souveraineté [n'est] que l'exercice de la volonté générale. » (*Du contrat social*, liv. 2, chap. 1, in *Rousseau, Œuvres complètes*, t. 3, p. 368, La Pléiade, Gallimard.)

Spécificité

◆ **1.** *Définitions générales*

(n. f.) Étym. : bas lat. *specificus*, spécifique. Caractère de ce qui est propre à une espèce.

◆ **2.** *Expressions et termes liés ou dérivés*

Spécifique

(adj.) Qui appartient en propre à une espèce ou qui concerne l'espèce.

Différence spécifique

Logique : caractère qui distingue et différencie une espèce des autres espèces de même genre.

Spéculatif

Voir SPÉCULATION.

Spéculation

◆ **1.** *Définitions générales*

(n. f.) Étym. : lat. *speculatio*, contemplation.
A. *Philosophie* : pensée ou activité intellectuelle dont la fin est la connaissance désintéressée, sans finalité pratique.
B. *Péjoratif* : pensée abstraite et coupée du réel.
C. Chez *Kant* : recherche intellectuelle portant sur des objets inaccessibles à l'expérience de l'homme.

◆ **2.** *Expressions et termes liés ou dérivés*

Spéculatif

KANT

« Une connaissance théorique est *spéculative* quand elle porte sur un objet ou sur des concepts d'un objet tels qu'on ne peut y arriver dans aucune expérience. » (*Critique de la raison pure*, « Dialectique transcendantale », p. 448, PUF.)

Spiritualisme

◆ **1.** *Définitions générales*

(n. m.) Étym. : lat. *spiritualis*, spirituel.
A. *Philosophie générale* : doctrine selon laquelle

l'esprit constitue une réalité spécifique, indépendante de la matière et distincte d'elle.
B. *Psychologie* : doctrine selon laquelle les phénomènes psychiques, l'intelligence humaine, les représentations mentales sont irréductibles aux processus et phénomènes physiologiques.

◆ **2.** *Définitions particulières de philosophes*

ALAIN

« C'est un dogmatisme opposé au matérialisme et d'après lequel l'homme n'est pas seulement un corps, mais une conscience libre, et en ce sens immortelle. » (*Définitions*, in *Alain, les Arts et les Dieux*, p. 1092, La Pléiade, Gallimard.)

Spirituel

(adj.) Étym. : lat. *spiritualis* ou *spiritalis*, spirituel, immatériel.
A. *Métaphysique* : qui concerne l'esprit (ex. : les valeurs spirituelles).
B. *Théologie* : qui concerne la vie de l'âme ; parfois synonyme de mystique (ex. : les exercices spirituels).

Spontané

(adj.) Étym. : lat. *spontaneus*, spontané, volontaire.
A. *Sens général* : ce que l'agent fait de lui-même, sans intervention extérieure.
B. *Psychologie* (opposé à réfléchi) : qui s'effectue ou s'exécute sans retour de la pensée ou de la conscience sur elles-mêmes (ex. : la « conscience spontanée »).

Spontanéité

◆ **1.** *Définitions générales*

A. Caractère de ce qui est spontané dans les différents sens de ce terme.
B. Chez *Kant* : activité du sujet, relevant des concepts, par opposition à la sensibilité ; la spontanéité de la connaissance désigne le pouvoir de produire nous-mêmes des représentations.

◆ **2.** *Définitions particulières de philosophes*

KANT

« Si nous appelons *sensibilité* la *réceptivité* de notre esprit, le pouvoir qu'il a de recevoir des représentations en tant qu'il est affecté d'une manière quelconque, nous devrons en revanche nommer *entendement* le pouvoir de produire nous-mêmes des représentations ou la *spontanéité* de la connaissance. » (*Critique de la raison pure*, « Logique transcendantale », p. 76, PUF.)

Statistique

◆ **1.** *Définitions générales*

(n. f.-adj.) Étym. : lat. *status*, état.
A. *Nom* : ensemble de techniques d'interprétation mathématique appliquées à des phénomènes pour lesquels une étude exhaustive de tous les facteurs est impossible, à cause de leur grand nombre.
B. *Adjectif* : qui concerne la statistique.

◆ **2.** *Définitions particulières de philosophes*

COURNOT

« Science qui a pour objet de recueillir et de coordonner des faits nombreux dans chaque espèce, de manière à obtenir des rapports numériques, sensiblement indépendants des anomalies du hasard et qui dénotent l'existence de causes régulières dont l'action s'est combinée avec celle des causes fortuites. » (*Exposition de la théorie des chances et des probabilités*, t. 1, chap. 9, p. 123, Vrin-CNRS.)

BOREL

« La loi statistique ne permet pas de prévoir un phénomène déterminé, mais énonce seulement un résultat global relatif à un assez grand nombre de phénomènes analogues. » (*Le Hasard*, p. 6, PUF.)

Stéréotype

(n. m.) Étym. : mot formé à partir du grec *stereos*, solide, et *tupos*, marque, type, modèle. Opinion toute faite ; cliché ; conviction préconçue, due à l'action qu'exerce le milieu social.

Stimulus

◆ **1.** *Définitions générales*

(n. m.) Étym. : lat. *stimulus*, aiguillon, excitation.
Psychologie : excitant déclenchant la réaction d'un être vivant ; événement produisant l'excitation engendrant une réaction.

◆ **2.** *Définitions particulières de philosophes*

MERLEAU-PONTY

« Le *stimulus* adéquat ne peut se définir en soi et indépendamment de l'organisme ; ce n'est pas une réalité physique, c'est une réalité physiologique ou biologique. Ce qui déclenche nécessairement une certaine réponse réflexe, ce n'est pas un agent physico-chimique, c'est une certaine forme d'excitation dont l'agent physico-chimique est l'occasion plutôt que la cause. » (*La Structure du comportement*, in M. Dayan, *Merleau-Ponty, existence et dialectique*, p. 9, PUF.)

Stoïcisme

◆ 1. *Définitions générales*

(n. m.) Étym. : grec *stoa*, Portique (par référence au lieu où enseignait Zénon, le fondateur de l'École, d'où le nom de philosophes du Portique, pour désigner les Stoïciens).

A. École philosophique représentée notamment par *Zénon de Cittium*, *Épictète*, *Marc Aurèle*. La doctrine stoïcienne désigne avant tout un art de bien conduire sa vie et de pratiquer l'indifférence devant ce qui touche la sensibilité.

B. *Par extension* : caractère de celui qui ressemble au sage stoïcien et se comporte comme lui, en étant indifférent et impassible, sans rien craindre ni désirer.

◆ 2. *Définitions particulières de philosophes*

HEGEL

« Le principe du stoïcisme est que la conscience est essence pensante, et que rien n'est essentiel pour la conscience, ou n'est bon ou vrai pour elle, que si elle s'y comporte en tant qu'essence pensante. » (*La Phénoménologie de l'esprit*, in Hegel, *morceaux choisis*, t. 2, § 124, p. 31, Idées, Gallimard.)

Stratégie

◆ 1. *Définitions générales*

(n. f.) Étym. : grec *strategia*, art du stratège, de celui qui dirige.

A. Partie de la science militaire consacrée à la conduite de la guerre et de ses opérations.

B. Ensemble cohérent d'actions destinées à produire un certain résultat, à éliminer l'adversaire, etc.

◆ 2. *Définitions particulières de philosophes*

FOUCAULT

« Le mot de stratégie est employé [...] d'abord pour désigner le choix des moyens employés pour parvenir à une fin ; il s'agit de la rationalité mise en œuvre pour atteindre un *objectif* [...]. On peut appeler ''stratégie de pouvoir'' l'ensemble des moyens mis en œuvre pour faire fonctionner ou pour maintenir un dispositif de pouvoir. » (*Deux Essais sur le sujet et le pouvoir*, in H. Dreyfus et P. Rabinow, *Michel Foucault, un parcours philosophique*, p. 318, Gallimard.)

Structuralisme

◆ 1. *Définitions générales*

(n. m.)

A. *Méthode* s'attachant essentiellement à l'analyse des structures.

B. *Doctrine* philosophique selon laquelle il existe, sous toutes les activités sociales humaines, des structures qui permettent de les expliquer, structures valables dans différentes sociétés et possédant une réalité indépendante des phénomènes qu'elles structurent.

◆ 2. *Définitions particulières de philosophes*

LÉVI-STRAUSS

« En considérant par deçà les faits empiriques les relations qui les unissent, [le structuralisme] constate et vérifie que ces relations sont plus simples et mieux intelligibles que les choses entre lesquelles elles s'établissent. » (*Mythologie* IV, L'*Homme nu*, p. 614, Plon.)

Structure

L'*époque moderne*, dans les années 1960-1970, privilégie la notion de structure, conçue (cf. Lévi-Strauss) comme un système demeurant identique à travers des transformations.

◆ 1. *Définitions générales*

(n. f.) Étym. : lat. *structura*, arrangement, disposition.

A. *Sens général* : ensemble de parties ou d'éléments tel que chacun n'ait de sens et ne puisse être défini que *par rapport* aux autres ; totalité formée de phénomènes solidaires et interdépendants (ex. : la structure d'un discours, d'une société).

B. *Sciences humaines* : système ou modèle de relations abstraites, non saisissables empiriquement, rendant intelligible le fonctionnement d'activités ou d'organisations humaines. Ce modèle désigne une disposition où les parties sont solidaires les unes des autres.

◆ 2. *Définitions particulières de philosophes*

PIAGET

« Une structure est un système de transformations, qui comporte des lois en tant que système [...] et qui se conserve ou s'enrichit par le jeu même de ses transformations. » (*Le Structuralisme*, p. 6, PUF.)

LÉVI-STRAUSS

« En premier lieu, une structure offre un caractère de système. Elle consiste en éléments tels qu'une modification quelconque de l'un d'eux entraîne une modification de

tous les autres. » (*Anthropologie structurale*, p. 306, Plon.)
« Je parle rarement de système, utilisant plutôt le terme de structure. Quelle différence entre les deux ? Une structure est un système qui demeure identique à travers des transformations. » (« Magazine littéraire » n° 223, oct. 1985, p. 27.)

ULLMO

« Une structure est *un ensemble de rapports considérés comme caractéristiques* entre éléments dont l'identité et même la nature est jusqu'à un certain point, indifférente, et qui peuvent, par suite, être changés, remplacés par d'autres éléments analogues ou différents, sans que la structure soit altérée. » (*La Pensée scientifique moderne*, p. 99, Flammarion.)

◆ 3. *Expressions et termes liés ou dérivés*

Structurel

(adj.) Qui concerne les structures.

◆ 4. *Termes et expressions connexes*

Relation de voisinage
• forme (Gestalt) • système.
Relation de dépendance
• ethnologie • modèle • mythes • organisation sociale • relation • synchronie • totalité • transformation.
Relation d'opposition
• élément.

Stupidité

◆ 1. *Définitions générales*

(n. f.) Étym. : lat. *stupiditas*, stupidité.
Incapacité de mouvoir son intelligence par inaptitude à appréhender les liens entre objets ou événements.

◆ 2. *Définitions particulières de philosophes*

SCHOPENHAUER

« Le manque d'entendement est ce qu'on nomme proprement stupidité ; c'est une sorte d'inaptitude à faire usage du principe de causalité, une incapacité à saisir d'emblée les liaisons soit de la cause à l'effet, soit du motif à l'acte. » (*Le Monde comme volonté et comme représentation*, liv. I, § 6, t. I, p. 24, Alcan.)

Subalterne

(adj.) Deux propositions ayant même sujet et même prédicat, mais différant en quantité, sont dites subalternes (ex. : « tous les hommes sont mortels », « certains hommes sont mortels »).

Subconscient

◆ 1. *Définitions générales*

(adj.) Étym. : composé à partir du latin *sub*, sous, et *conscientia*, conscience.
Désigne ce qui est faiblement conscient ou qui n'atteint pas la conscience réfléchie.
Voir CONSCIENT, p. 55.

◆ 2. *Définitions particulières de philosophes*

BERGSON

« Notre passé tout entier est là, subconscient — je veux dire présent à nous de telle manière que notre conscience, pour en avoir la révélation, n'ait pas besoin de sortir d'elle-même ni de rien s'adjoindre d'étranger. » (*L'Énergie spirituelle*, p. 57, PUF.)

Subcontraire

(adj.) Étym. : lat. *subcontrarius*, opposé et en dessous.
Deux propositions particulières, différant en qualité (l'une affirmative et l'autre négative), sont appelées subcontraires (ex. : « certains hommes sont heureux », « certains hommes ne sont pas heureux »).
Voir CONTRAIRE, p. 57.

Subjectif

◆ 1. *Définitions générales*

(adj.) Étym. : lat. *subjectivus*, qui se rapporte au sujet.
A. *Sens courant et souvent péjoratif* : individuel et dépendant des préférences personnelles ; ne concernant pas tous les sujets (ex. : une appréciation ou une interprétation subjective).
B. *Philosophie, psychologie* : qui appartient au sujet en tant qu'être conscient (ex. : la passion, état subjectif).
C. Chez *Kant* :
a) qui appartient seulement au point de vue humain, au sujet transcendantal, et non à l'ordre de la chose en soi.
b) dans l'éthique kantienne : ce qui est valable pour une seule volonté ou un seul sujet (sans participation à l'universalité de la loi morale).

◆ **2.** *Définitions particulières de philosophes*

KANT

Voir LOI, p. 165.

◆ **3.** *Expressions et termes liés ou dérivés*

Subjectivisme

(n.m.) Tendance ou doctrine accordant un privilège au subjectif par rapport à l'objectif.

◆ **4.** *Termes et expressions connexes*

Relation de voisinage

• apparent • illusoire • individuel • personnel.

Relation de dépendance

• conscience • goût • jugement • pensée • réalité • sujet • sujet transcendantal (Kant) • volonté.

Relation d'opposition

• chose en soi (Kant) • objectif.

Subjectivité

◆ **1.** *Définitions générales*

(n. f.)

A. Caractère de ce qui est subjectif.

B. Vie consciente, intérieure.

◆ **2.** *Définitions particulières de philosophes*

SARTRE

« Ce qu'on peut nommer proprement subjectivité, c'est la conscience [de] conscience. » (*L'Être et le Néant*, Introduction V, p. 28, Tel, Gallimard.)

◆ **3.** *Termes et expressions connexes*

Relation de voisinage

• conscience • intériorité.

Relation de dépendance

• existentialisme • individualisme • jugement • moi • romantisme.

Relation d'opposition

• extériorité • objectivité.

Sublimation

◆ **1.** *Définitions générales*

(n. f.) Étym. : lat. *sublimatio*, action d'élever.

Psychanalyse : processus rendant compte d'activités ou de faits humains souvent élevés et sans rapport apparent avec l'énergie de la pulsion sexuelle, mais qui, néanmoins, trouvent en elle leur ressort et leur cause profonde (ex. : l'art relève d'un processus de sublimation, aux yeux de Freud).

◆ **2.** *Définitions particulières de philosophes*

FREUD

« Les tendances qui composent l'instinct sexuel se caractérisent [...] par [leur] aptitude à la sublimation : à leur fin sexuelle se substitue un objectif plus élevé et de plus grande valeur sociale. » (*Cinq Leçons sur la psychanalyse*, Leçon 5, p. 65, Petite Bibliothèque Payot.)

Sublime

◆ **1.** *Définitions générales*

(n. m.-adj.) Étym. : lat. *sublimis*, suspendu en l'air, haut, élevé.

A. *Adjectif* :

a) *sens courant* : parfait, méritant l'admiration, paraissant surpasser les limites, dimensions ou possibilités humaines.

b) chez *Kant* : par opposition au beau (fini), désigne ce qui nous dépasse, en ce qu'il est traversé par l'idée de l'*infini* ; le sujet est alors conscient d'un mouvement de transcendance le dirigeant vers les valeurs les plus élevées.

B. *Nom* :

Désigne, en une acception kantienne, ce qui se distingue du beau et s'oppose même à lui, dans la mesure où il s'accompagne des idées de démesure et d'infini.

◆ **2.** *Définitions particulières de philosophes*

KANT

« Est sublime ce en comparaison de quoi tout le reste est petit [...]. Est sublime ce qui, du fait même qu'on le conçoit, est l'indice d'une faculté de l'âme, qui surpasse toute mesure des sens. » (*Critique du jugement*, « Critique du jugement esthétique », § 25, p. 79, Vrin.)

ALAIN

« On éprouve le sublime par le sentiment d'un ordre de grandeur qui dépasse les grandeurs de la nature (on se sent au-dessus de la tempête, au-dessus du tyran, au-dessus de la mort) [...]. Le sublime est toujours le sentiment intime d'une puissance de l'homme. » (*Définitions*, in *Alain, les Arts et les Dieux*, p. 1092, La Pléiade, Gallimard.)

Substance

La doctrine d'Aristote — selon laquelle la substance, c'est l'individu — aura une grande influence sur les théories ultérieures. Au XVIIIe siècle, Kant fait de la substance une idée a priori, imposée aux choses par l'esprit, et montre ainsi clairement que certaines idées a priori rendent l'expérience possible.

◆ 1. *Définitions générales*

(n. f.) Étym. : lat. *substantia*, substance, être, essence.
A. *Métaphysique* : ce qui constitue une réalité permanente dans les choses changeantes, réalité servant de support aux modifications diverses (qualités ou accidents).
B. *Métaphysique* : ce qui est *par soi* et non par autre chose, ce qui n'a besoin que de soi-même pour exister (ex. : Dieu).

◆ 2. *Définitions particulières de philosophes*

ARISTOTE

(A) « La substance, au sens le plus fondamental, premier et principal du terme, c'est ce qui n'est ni affirmé d'un sujet, ni dans un sujet : par exemple, l'homme individuel ou le cheval individuel. » (*Organon, Catégories*, § 5, p. 7, Vrin.)

SAINT THOMAS

« Le mot substance désigne l'essence à laquelle il appartient [...] d'exister en soi, ce qui ne veut pas dire que son existence soit son essence. » (*Somme théologique*, in J. Rassam, *Saint Thomas, l'être et l'esprit*, p. 11, PUF.)

DESCARTES

(B) « Lorsque nous concevons la substance, nous concevons seulement une chose qui existe en telle façon qu'elle n'a besoin que de soi-même pour exister. » (*Les Principes de la philosophie*, 1re partie, § 51, in *Descartes, Œuvres, lettres*, p. 594, La Pléiade, Gallimard.)

SPINOZA

(B) « J'entends par substance ce qui est en soi et est conçu par soi : c'est-à-dire ce dont le concept n'a pas besoin du concept d'une autre chose, duquel il doive être formé. » (*Éthique*, 1re partie, Définition 3, in *Œuvres de Spinoza*, t. 3, p. 21, Garnier-Flammarion.)

LEIBNIZ

Voir MONADE, p. 181.

KANT

(A) « Le schème de la substance est la permanence du réel dans le temps, c'est-à-dire la représentation de ce réel comme un substrat de la détermination empirique de temps en général, substrat qui demeure donc pendant que tout le reste change. » (*Critique de la raison pure*, « Analytique transcendantale », p. 154, PUF.)

HEGEL

(A) « L'effectivement réel est *substance*. Il est essence contenant en elle-même les déterminations de sa présence comme simples attributs et lois, et les posant comme un jeu présent ou comme ses accidents, dont la suppression n'est pas une disparition de la substance, mais son retour à elle-même. » (*Propédeutique philosophique*, « Encyclopédie philosophique, § 49, p. 175, Éditions de Minuit.)
« La substance est la nécessité de ses accidents. » (*Propédeutique philosophique*, « Encyclopédie philosophique », § 50, p. 175, Éditions de Minuit.)

◆ 3. *Expressions et termes liés ou dérivés*

Substantialisme

(n. m.) Étym. : lat. *substantialis*, substantiel, qui existe par soi-même.
Doctrine philosophique admettant l'existence d'une ou de plusieurs substances (par opposition au phénoménisme).

Substantialité

(n. f.) Étym. : *substantialitas*, caractère de ce qui est essentiel.
Caractère de ce qui est une substance (dans les deux sens mentionnés de ce terme).

◆ 4. *Termes et expressions connexes*

Relation de voisinage
• essence • par soi • sujet.
Relation de dépendance
• attribut • Dieu • existence • métaphysique • ontologie • permanence • réalité.
Relation d'opposition
• accident • attribut • qualité.

Subsumer

◆ 1. *Définitions générales*

(v.) Étym. : lat. scolastique *subsumere*, prendre sous.
Penser un individu en tant que compris sous (dans) une espèce, ou une espèce sous (dans) un genre.

◆ 2. *Définitions particulières de philosophes*

HEGEL

« L'universel *subsume* sous lui, c'est-à-dire contient le particulier et le singulier. » (*Propédeutique philosophique*, « Logique », § 93, p. 131, Éditions de Minuit.)

Succession

◆ 1. *Définitions générales*

(n. f.) Étym. : lat. *successio*, action de succéder.
A. *Sens général* : relation d'ordre (dans le temps) entre différents termes ou différents moments.

B. Chez *Bergson* : caractère de la durée, conçue comme organisation d'éléments interpénétrés.

◆ **2.** *Définitions particulières de philosophes*

BERGSON

« On peut [...] concevoir la succession sans la distinction, et comme une pénétration mutuelle, une solidarité, une organisation intime d'éléments. » (*Essai sur les données immédiates de la conscience*, p. 75, PUF.)

Suggestion

◆ **1.** *Définitions générales*

(n. f.) Étym. : lat. *suggestio*, suggestion.
Psychologie : action d'exercer, par la parole généralement, une influence sur un sujet en lui imposant une idée, un désir ou un acte, ce sujet n'ayant pas réellement conscience de l'influence exercée sur lui.

◆ **2.** *Définitions particulières de philosophes*

ALAIN

« Pour saisir le sens médical de ce mot, il n'y a qu'à en suivre le sens tout ordinaire. Conseiller, c'est apporter une idée, la proposer, la mettre en bonne lumière et la dire. Suggérer, c'est apporter seulement le signe, mot, geste, ou simple objet. » (*Définitions*, in *Alain, les Arts et les Dieux*, p. 1092, La Pléiade, Gallimard.)

Suicide

◆ **1.** *Définitions générales*

(n. m.) Étym. : composé du lat. *sui*, de soi, et *caedes*, meurtre.
Acte de se donner soi-même la mort, de manière volontaire.

◆ **2.** *Définitions particulières de philosophes*

KANT

« Au point de vue de l'animalité, le *premier* [...] devoir de l'homme envers lui-même est la *conservation* de sa nature animale. Le contraire de ce devoir est la destruction volontaire, ou préméditée, de sa nature animale, destruction qui peut être conçue comme totale ou partielle. La destruction totale s'appelle *suicide* (*autochiria, suicidium*). » (*Métaphysique des mœurs, Doctrine de la vertu*, « Doctrine élémentaire de l'éthique », p. 95, Vrin.)

DURKHEIM

« On appelle suicide tout cas de mort qui résulte directement ou indirectement d'un acte positif ou négatif, accompli par la victime elle-même et qu'elle savait devoir produire ce résultat. » (*Le Suicide*, p. 5, Quadrige, PUF.)

Sujet

◆ **1.** *Définitions générales*

(n. m.) Étym. : lat. *subjectum*, part. passé de *subjicere*, jeter ou mettre sous.
A. *Logique* : terme dont on affirme ou nie quelque chose, dans une proposition (opposé à prédicat).
B. *Métaphysique* : synonyme de substance ; être réel support des attributs ou des accidents.
C. *Politique* : individu soumis à une autorité politique souveraine.
D. *Théorie de la connaissance* : esprit connaissant (par opposition à l'objet connu).

◆ **2.** *Définitions particulières de philosophes*

ARISTOTE

(B) « Le sujet, c'est ce dont tout le reste s'affirme, et qui n'est plus lui-même affirmé d'une autre chose. » (*La Métaphysique*, liv. Z, § 3, t. I, p. 352, Vrin.)

HOBBES

Voir SOUVERAIN, p. 273.

SPINOZA

(C) « Nous appelons [...] *sujets* [les hommes], en tant qu'ils sont tenus d'obéir aux règles instituées par la Cité, c'est-à-dire à ses lois. » (*Traité politique*, chap. 3, § 1, p. 25, Garnier-Flammarion.)

ROUSSEAU

(C) Voir SOUVERAIN, p. 273.

HEGEL

(A) Voir JUGEMENT, p. 154.

SCHOPENHAUER

(D) « Ce qui connaît tout le reste, sans être soi-même connu, c'est le sujet. Le sujet est, par suite, le substratum du monde, la condition invariable, toujours sous-entendue de tout phénomène, de tout objet ; car tout ce qui existe existe seulement pour le sujet. » (*Le Monde comme volonté et comme représentation*, liv. I, § 2, t. I, p. 5, Alcan.)

◆ **3.** *Termes et expressions connexes*

— Pour *sujet* aux sens B et D :

Relation de voisinage

• être réel • moi • substance.

Relation de dépendance

• connaissance • conscience • identité • métaphysique.

Relation d'opposition

• attribut • objet.

— Pour *sujet* au sens C :
Relation de voisinage
• gouverné.
Relation de dépendance
• État • loi • politique • pouvoir.
Relation d'opposition
• citoyen • souverain.

Superstition

◆ 1. *Définitions générales*

(n. f.) Étym. : lat. *superstitio*, superstition, observation trop scrupuleuse.
A. *Sens courant* : état d'esprit où nous attribuons à certaines pratiques ou circonstances une puissance magique (ex. : passer sous une échelle porterait malheur).
B. *Philosophie, religion* : culte religieux dégénéré ; fausse religion faite de crainte et contraire à la raison (sens très répandu au XVIIIe siècle).

◆ 2. *Définitions particulières de philosophes*

HOBBES
« La crainte d'une puissance invisible feinte par l'esprit ou imaginée à la suite de récits qui bénéficient d'une permission officielle est appelée *Religion* ; là où cette permission fait défaut, on parle de *superstition*. » (*Léviathan*, p. 53, Sirey.)

ENCYCLOPÉDIE
(B) « Tout excès de la religion en général [...]. La superstition est un culte de religion, faux, mal dirigé, plein de vaines terreurs, contraire à la raison et aux saines idées qu'on doit avoir de l'être suprême » (Diderot et d'Alembert, *Encyclopédie*, t. 32, p. 71, chez Pellet, Genève.)

Superstructure

◆ 1. *Définitions générales*

(n. f.) Étym. : composé du lat. *super*, au-dessus, et *structura*, arrangement.
Désigne, dans la pensée marxiste, tout ce qui est représenté par les idées, les idéologies, le droit, etc., cet ensemble dépendant de la base économique.

◆ 2. *Définitions particulières de philosophes*

MARX
« L'ensemble [des] rapports de production constitue la structure économique de la société, la base concrète sur laquelle s'élève une superstructure juridique et politique. » (*Contribution à la critique de l'économie politique*, Préface à la Critique de l'économie politique, p. 4, Éditions sociales.)

ARON
Voir INFRASTRUCTURE, p. 144.

Surhomme

(n. m.) *Terme nietzschéen* : l'homme libre d'esprit et de cœur, type supérieur d'humanité, œuvre de la volonté de puissance créatrice, le point le plus haut de la transcendance humaine. Sens à ne pas confondre avec les déformations fascistes ou nazies.

Surmoi

◆ 1. *Définitions générales*

(n. m.) Instance de la personnalité constituée par intériorisation des interdits parentaux (voir ÇA, p. 38, et MOI, p. 180). Le surmoi est l'héritier du complexe d'Œdipe.

◆ 2. *Définitions particulières de philosophes*

FREUD
« Retournons au surmoi. Nous lui avons attribué l'auto-observation, la conscience et la fonction d'idéal. [...] il a pour préalables [...] la longue dépendance du petit être humain à l'égard de ses parents et le complexe d'Œdipe, qui sont intimement liés l'un à l'autre. Le surmoi est ce qui représente pour nous toutes les limitations morales, l'avocat de l'aspiration au perfectionnement, bref, ce qui nous est devenu psychologiquement tangible dans ce qu'on tient pour supérieur dans la vie humaine. » (*Nouvelles Conférences d'introduction à la psychanalyse*, conférence 31, p. 93, Folio Essais, Gallimard.)

Suspension du jugement

Voir ÉPOCHÈ, p. 89.

Syllogisme

◆ 1. *Définitions générales*

(n. m.) Étym. : grec *sullogismos*, calcul, compte, raisonnement.
Logique formelle : raisonnement formel établissant une conclusion nécessaire, à partir de deux propositions données, les prémisses.
Exemple : A) Tout homme [1] est mortel [2].
B) Or Socrate [3] est un homme.
C) Donc Socrate est mortel.
A) Prémisse majeure (voir MAJEURE, p. 169).
B) Prémisse mineure (voir MINEURE, p. 179).

C) Conclusion (voir CONCLUSION, p. 52).
1) Moyen terme (voir MOYEN, p. 185).
2) Grand terme (voir MAJEUR, p. 169).
3) Petit terme (voir MINEURE, p. 179).

◆ **2.** *Définitions particulières de philosophes*

ARISTOTE

« Le *syllogisme* est un discours dans lequel, certaines choses étant posées, quelque chose d'autre que ces données en résulte nécessairement par le seul fait de ces données. » (*Organon*, *Premiers Analytiques*, liv. I, § 1, p. 4, Vrin.)

KANT

« Tout syllogisme comprend les trois éléments essentiels que voici :
1) une règle universelle qui est appelée la *majeure* (*propositio major*) ;
2) la proposition qui subsume une connaissance sous la condition de la règle universelle et s'appelle la *mineure* (*propositio minor*) ;
3) enfin la proposition qui affirme ou nie de la connaissance subsumée le prédicat de la règle, la *conclusion* (*conclusio*).
Les deux premières propositions dans leur liaison l'une à l'autre sont nommées : propositions *premières* ou *prémisses*. » (*Logique*, « Doctrine générale des éléments », chap. 3, § 58, p. 131, Vrin.)

◆ **3.** *Expressions et termes liés ou dérivés*

Syllogisme éristique

Voir ERISTIQUE, p. 90.

Syllogistique

a) *adjectif* : qui concerne le syllogisme.
b) *nom* : théorie du syllogisme (partie de la logique traitant du syllogisme et en établissant les modes valides).

Symbole

◆ **1.** *Définitions générales*

(n. m.) Étym. : grec *súmbolon*, signe de reconnaissance.
A. *Initialement, selon l'étymologie* : objet coupé en deux, dont deux hôtes conservaient chacun une moitié. Le rapprochement des deux moitiés permettait de reconnaître les liens d'hospitalité.
B. *Sens général* : objet, image, etc., représentant autre chose en vertu d'une correspondance ou d'une analogie, en général naturelle (ex. : le chien, symbole de la fidélité).

◆ **2.** *Définitions particulières de philosophes*

HEGEL

« Le signe se distingue du symbole, intuition dont la détermination concrète *propre* est, selon son essence et sa notion, plus ou moins le contenu qu'il exprime comme symbole. » (*Précis de l'Encyclopédie des sciences philosophiques*, « La Philosophie de l'esprit », § 458, p. 253, Vrin.)

PEIRCE

« Un symbole est un signe qui se réfère à l'objet qu'il dénote par la vertu d'une loi, habituellement une association d'idées générales qui fait que le symbole est interprété comme se référant à cet objet. » (*Selected Papers*, in *Panorama des sciences humaines*, p. 559, Gallimard.)

JUNG

« Le symbole [...] est la meilleure expression possible d'un contenu inconscient seulement pressenti, mais non encore reconnu. » (*Les Racines de la conscience*, note p. 16, Buchet/Chastel.)

PIAGET

« L'individu parvient par lui-même [...] à constituer des "symboles", par ressemblance entre le signifiant et le signifié (ainsi l'image mentale [...], le rêve, etc.). Le signe, par contre, est arbitraire et suppose par conséquent une convention. » (*Études sociologiques*, in Guy Cellerier, *Piaget*, p. 98, collection SUP, PUF.)

◆ **3.** *Expressions et termes liés ou dérivés*

Symbolique

(adj.) Qui constitue un symbole ou qui utilise des symboles.

Symbolisme

(n. m.)
a) caractère de ce qui symbolise autre chose.
b) système de symboles (le symbolisme algébrique).
c) *esthétique* : école littéraire et artistique de la fin du XIXe siècle et du début du XXe, qui assigna à l'art le but d'exprimer une vision symbolique du réel (ex. : *Gustave Moreau*, *Maurice Denis*, en peinture).

◆ **4.** *Termes et expressions connexes*

Relation de voisinage
• allégorie • image • signe.
Relation de dépendance
• art • association d'idées • correspondances • culture • inconscient • rêve • sens • signification.
Relation d'opposition
• réel.

Sympathie

◆ 1. *Définitions générales*

(n. f.) Étym. : grec *sumpátheia*, état affectif partagé avec quelqu'un.
A. *Psychologie* : contagion mécanique et spontanée (ex. : le rire).
B. *Psychologie* : compréhension profonde de l'état psychique d'autrui, sans fusion affective à proprement parler.

◆ 2. *Définitions particulières de philosophes*

SCHELER

(B) « Toute sympathie implique l'*intention* de ressentir la joie ou la souffrance qu'accompagnent les faits psychiques d'autrui. » (*Nature et formes de la sympathie*, p. 27, Payot.)

Synchronie

(n. f.) Étym. : composé à partir du grec *sún*, avec, et *chrónos*, temps.
Linguistique, sciences humaines : méthode étudiant les objets sans considérer le déroulement ni l'évolution historique ; investigation conduite en s'attachant au système et à la structure et sans aucune considération temporelle. Peut désigner aussi un ensemble de faits (linguistiques, etc.) considérés comme formant un système à un moment déterminé (par opposition à diachronie).
Voir DIACHRONIE, p. 72.

Syncrétisme

◆ 1. *Définitions générales*

(n. m.) Étym. : grec *sugkrètismos*, union des Crétois.
A. *Philosophie* : assemblage arbitraire et factice d'idées ou de notions disparates, fausse synthèse.
B. *Psychologie* : état d'esprit (de l'enfant, en particulier) saisissant le réel de manière globale, en liant tout à tout.

◆ 2. *Définitions particulières de philosophes*

PIAGET

(B) « Le syncrétisme, c'est la tendance spontanée des enfants à percevoir par visions globales au lieu de discerner les détails, à trouver des analogies immédiatement, sans analyse, entre des objets ou des mots étrangers les uns aux autres, à lier entre eux des phénomènes naturels hétérogènes [...] bref, c'est la tendance à tout lier à tout. » (*Le Jugement et le Raisonnement chez l'enfant*, p. 13, Delachaux et Niestlé.)

Syntagme

◆ 1. *Définitions générales*

(n. m.) Étym. : grec *suntagma*, chose rangée avec une autre.
Groupe de mots réalisant une unité à l'intérieur de la phrase elle-même (ex. : ce jour même).

◆ 2. *Définitions particulières de philosophes*

SAUSSURE

« [Les éléments linguistiques] se rangent les uns à la suite des autres sur la chaîne de la parole. Ces combinaisons qui ont pour support l'étendue peuvent être appelées *syntagmes*. Le syntagme se compose donc toujours de deux ou plusieurs unités consécutives (par exemple : re-lire ; contre tous ; la vie humaine ; Dieu est bon ; [...]). » (*Cours de linguistique générale*, p. 170, Payot.)

Synthèse

> Synthèse et méthode cartésienne sont liées : Descartes fait de la synthèse le troisième précepte de la méthode. Mais ce terme de synthèse renvoie aussi à la dialectique de Hegel, au troisième moment opérant la fusion de la thèse et de l'antithèse.

◆ 1. *Définitions générales*

(n. f.) Étym. : grec *súnthesis*, action de mettre ensemble, de combiner.
Procédé de recomposition ou de reconstitution d'un tout à partir d'éléments ou de notions simples [démarche expérimentale réelle (ex. : chimie) ou logique (ex. : mathématique, philosophie)].

◆ 2. *Définitions particulières de philosophes*

DESCARTES

« Le troisième [précepte était] de conduire par ordre mes pensées, en commençant par les objets les plus simples et les plus aisés à connaître, pour monter peu à peu, comme par degrés, jusques à la connaissance des plus composés. » (*Discours de la méthode*, 2e partie, in *Descartes, Œuvres, lettres*, p. 138, La Pléiade, Gallimard.)

LEIBNIZ

« On arrive souvent à de belles vérités par la *synthèse*, en allant du simple au composé. » (*Nouveaux Essais sur l'entendement humain*, liv. 4, chap. 2, § 7, p. 291, Garnier-Flammarion.)

KANT

« J'entends par *synthèse*, dans le sens le plus général de ce mot, l'acte d'ajouter l'une à l'autre diverses représentations et d'en comprendre la diversité dans une connaissance. Une pareille synthèse est *pure* si le divers n'a pas été donné empiriquement, mais *a priori* (comme celui qui est donné dans l'espace et dans le temps). » (*Critique de la raison pure*, « Analytique transcendantale », p. 92, PUF.)

« La synthèse est [...] ce qui réunit proprement les éléments constitutifs des connaissances et les unit pour en former un certain contenu. » (*Critique de la raison pure*, « Analytique transcendantale », p. 93, PUF.)

BERGSON

« [La synthèse] est moins une opération spéciale qu'une certaine force de pensée, la capacité de pénétrer à l'intérieur d'un fait qu'on devine significatif et où l'on trouvera l'explication d'un nombre indéfini de faits. En un mot, l'esprit de synthèse n'est qu'une plus haute puissance de l'esprit d'analyse. » (*La Pensée et le Mouvant*, p. 231, PUF.)

◆ **3.** *Expressions et termes liés ou dérivés*

Synthèse dialectique

Union de la thèse et de l'antithèse en un moment nouveau, contenant et dépassant les deux moments précédents (Hegel, etc.). Voir DIALECTIQUE, p. 72, NÉGATIVITÉ, p. 191.

◆ **4.** *Termes et expressions connexes*

Relation de voisinage

• combinaison • composition • recomposition • reconstitution • unification.

Relation de dépendance

• composé • connaissance • dialectique • méthode • science • simple • unité.

Relation d'opposition

• analyse • décomposition • élément.

Synthétique

◆ **1.** *Définitions générales*

(adj.) Qui procède par synthèse ; qui forme une synthèse ; qui se rapporte à une synthèse (par opposition à analytique).

◆ **2.** *Expressions et termes liés ou dérivés*

Connaissance synthétique

HEGEL

« La connaissance *synthétique* développe les déterminations d'un tout, qui n'y sont pas immédiatement contenues ni ne découlent identiquement les unes des autres, mais qui ont, l'une à l'égard de l'autre, structure de diversité, et elle montre la nécessité du rapport déterminé qui les lie les unes aux autres. » (*Propédeutique philosophique*, « Doctrine du concept », § 76, p. 159, Éditions de Minuit.)

Jugement synthétique, jugement synthétique a priori

Voir JUGEMENT, p. 154.

Proposition synthétique

KANT

« Les propositions dont la vérité ne se fonde pas sur l'identité des concepts, doivent être nommées synthétiques. » (*Logique*, « Doctrine générale des éléments », chap. 2, § 36, p. 121, Vrin.)

Systématique

Voir SYSTÈME.

Système

Au XVIIIe et au XIXe siècles, Kant et Hegel ont particulièrement enrichi l'idée de système le premier souligne que la connaissance ignorant le système demeure un simple agrégat. Le second a voulu unifier l'ensemble des connaissances au sein d'un tout organique.

◆ **1.** *Définitions générales*

(n. m.) Étym. : grec *sustèma*, réunion en un corps soit de plusieurs objets, soit de parties diverses d'un même objet, ensemble, total.

A. *Sens général* : ensemble organisé dont les éléments sont liés entre eux (ex. : système solaire).

B. *Philosophie, sciences* : ensemble de connaissances liées et formant un tout organique (ex. : le système de *Copernic*, le système de Hegel).

◆ **2.** *Définitions particulières de philosophes*

ENCYCLOPÉDIE

(B) « *Système* n'est autre chose que la disposition des différentes parties d'un art ou d'une science dans un état où elles se soutiennent toutes mutuellement, et où les dernières s'expliquent par les premières. Celles qui rendent raison des autres s'appellent *principes* ; et le *système* est d'autant plus parfait que les principes sont en plus petit nombre. » (Diderot et d'Alembert, *Encyclopédie*, t. 32, p. 297, chez Pellet, Genève.)

KANT

(B) « Or, j'entends par système l'unité de diverses connaissances sous une idée. Cette idée est le concept rationnel de la forme d'un tout, en tant que c'est en lui que sont déterminées *a priori* la sphère des éléments divers et la position respective des parties. » (*Critique de la raison pure*, « Théorie transcendantale de la méthode », p. 558, PUF.)

(B) « De savoir vient *science*, nom sous lequel il faut entendre l'ensemble d'une connaissance comme *système*. Elle s'oppose à la connaissance commune, c'est-à-dire à l'ensemble d'une connaissance comme simple *agrégat*. Le système repose sur une idée du tout qui précède les parties. » (*Logique*, Introduction IX, p. 80, Vrin.)

HEGEL

(B) « La science de l'Absolu est essentiellement un système, parce que le vrai concret existe seulement en se développant en lui-même, en se saisissant et se maintenant comme unité, c'est-à-dire en tant que *totalité*. » (*Précis de l'Encyclopédie des sciences philosophiques*, Introduction, § 14, p. 39, Vrin.)

KIERKEGAARD

« L'existence sépare les choses et les tient distinctes ; le système les coordonne en un tout fermé. » (*Post-scriptum aux miettes philosophiques*, vol. 1, p. 112, Éditions de l'Orante.)

LÉVI-STRAUSS

Voir STRUCTURE, p. 276.

◆ 3. *Expressions et termes liés ou dérivés*

Systématique

(adj.)

a) qui s'organise en un système.
b) *péjoratif* : qui privilégie trop le système clos (par rapport à l'expérience, la vie, etc.).

◆ 4. *Termes et expressions connexes*

Relation de voisinage

• structure • totalité.

Relation de dépendance

• concept • connaissance • organisation • partie • pensée • philosophie • raison • science • théorie • tout.

Relation d'opposition

• agrégat • amalgame • amas • existence (Kierkegaard) • magma.

T

Table

◆ 1. *Définitions générales*

(n. f.) Étym. : lat. *tabula*, planche, table de jeu, tablette à écrire.
Registre, tableau synoptique, liste ou recueil ordonné de noms, etc. (ex. : table des matières).

◆ 2. *Expressions et termes liés ou dérivés*

Table rase

Étym. : lat. *tabula rasa*, tablette de cire où rien n'est écrit.
Métaphysique : cette expression de « table rase » (image empruntée à *Aristote*) désigne, dans la philosophie empiriste, l'esprit de l'homme, avant toute expérience ; en cet état, il ne possède aucune idée. Ainsi, selon l'empirisme, tout proviendrait de l'expérience.

ARISTOTE

« Il doit en être comme d'une tablette où il n'y a rien d'écrit en entéléchie. » (*De l'âme*, liv. 3, § 4, p. 179, Vrin.)

LOCKE

« Supposons donc qu'au commencement l'Âme est ce qu'on appelle une *Table rase*, vide de tous caractères, sans aucune idée, quelle qu'elle soit. Comment vient-elle à recevoir des idées ? [...] je réponds en un mot, de l'Expérience. » (*Essai philosophique concernant l'entendement humain*, p. 60, Vrin.)

Tabou

◆ 1. *Définitions générales*

(n. m.) Étym. : anglais *taboo*, du polynésien *tapu*, interdit, sacré.
A. *Ethnologie* :
a) tout objet, toute personne, etc., soustraits, par une interdiction, au contact (dans la mesure où ils sont investis d'une puissance représentée comme impure ou dangereuse).
b) interdiction de caractère religieux appliquée à un être ou à un objet impur, dangereux, etc.
B. *Par extension* : toute prohibition morale (ex. : tabou sexuel).

◆ 2. *Définitions particulières de philosophes*

FREUD

(A) « Pour nous, le tabou présente deux significations opposées : d'un côté, celle de *sacré, consacré* ; de l'autre, celle d'*inquiétant*, de *dangereux*, d'*interdit*, d'*impur*. [...]. C'est ainsi qu'au tabou se rattache la notion d'une sorte de réserve, et le tabou se manifeste essentiellement par des interdictions et restrictions. Notre expression *terreur sacrée* rendrait souvent le sens de tabou. » (*Totem et tabou*, chap. 2, § 1, pp. 32, 33, Payot.)

ÉLIADE

(A) « Ce qu'on appelle — d'après un mot polynésien adopté par les ethnographes — *tabou*, c'est [...] cette condition des objets, des actions ou des personnes ''isolées'' et ''interdites'' à cause du danger que comporte leur contact. » (*Traité d'histoire des religions*, § 6, p. 27, Payot.)

Talent

◆ 1. *Définitions générales*

(n. m.) Étym. lat. *talentum*, talent, poids grec variable d'environ 50 livres, somme d'argent variable.
Disposition naturelle ou acquise, dans le domaine artistique ou intellectuel.

◆ 2. *Définitions particulières de philosophes*

KANT

« Par *talent* (don de la nature) on entend cette supériorité de la faculté de connaître, qui ne dépend pas de l'instruction mais de la disposition naturelle du sujet. Ce sont l'*esprit productif* [...], la *sagacité*, et l'*originalité* dans la pensée (le génie). » (*Anthropologie du point de vue pragmatique*, 1re partie, § 54, p. 85, Vrin.)

Tautologie

◆ 1. *Définitions générales*

(n. f.) Étym. : grec *tautologia*, redite, tautologie.
A. *Sens courant* : vice logique par lequel on présente comme une preuve une proposition qui répète, en termes différents, ce qui vient d'être dit.

B. *Logique* : proposition où le prédicat répète le sujet, l'un et l'autre étant un unique concept (A = A).

◆ **2.** *Définitions particulières de philosophes*

KANT

« L'identité des concepts dans les jugements analytiques peut être soit *explicite* [...] soit *implicite* [...]. Dans le premier cas, les propositions analytiques sont *tautologiques*. » (*Logique*, « Doctrine générale des éléments », chap. 2, § 37, p. 122, Vrin.)

Taxinomie

(n. f.) Étym. : composé du grec *táxis*, ordre, et *nomós*, loi.
Partie de la biologie ayant pour objet la classification des formes vivantes.

Technique

Ce terme a subi une mutation de sens à l'*époque moderne* : il désigne maintenant l'application de connaissances scientifiques (cf. Mauss) mais parfois aussi l'aboutissement d'une métaphysique et d'une spéculation caractérisées par l'oubli de l'Être (Heidegger).

◆ **1.** *Définitions générales*

(n. f.-adj) Étym. : grec *technikós*, qui concerne un art, de *technè*, art manuel, industrie, habileté à faire quelque chose.
A. Nom :
a) *sens ancien* : ensemble de procédés *empiriques* mis en œuvre pour réaliser certaines fins.
b) *sens moderne* : ensemble de procédés par lesquels on applique des connaissances *scientifiques*, pour obtenir un résultat déterminé.
B. *Adjectif* : qui concerne la technique.

◆ **2.** *Définitions particulières de philosophes*

GALIEN
(exposant la doctrine des STOÏCIENS)

(A-*a*) « La technique est un système composé de représentations exercées ensemble en vue de quelque fin utile à la vie. » (*Def. medicae*, in *Les Stoïciens, textes choisis*, p. 21, Les Grands Textes, PUF.)

MAUSS

« On appelle technique, un groupe de mouvements, d'actes, généralement et en majorité manuels, organisés et traditionnels, concourant à obtenir un but connu comme physique ou chimique ou organique. » (*Mauss*, *Œuvres*, t. 3, p. 252, Éditions de Minuit.)

HEIDEGGER

« La technique est un mode du dévoilement. La technique déploie son être dans la région où le dévoilement et la non-occultation, où ἀλήθεια [1], où la vérité a lieu » (*La Question de la technique*, in *Essais et conférences*, p. 19, Gallimard.)
« Cette appellation [la technique] englobe [...] tous les domaines de l'étant, qui forment à chaque instant l'équipement du tout de l'étant : la nature objectivée, la culture maintenue en mouvement, la politique dirigée, les idéals surhaussés. ''La technique'' ne désigne donc pas ici les différents secteurs de la production et de l'équipement par machines [...]. Nous prenons ici ''la technique'' en un sens si essentiel qu'il équivaut à celui de ''la métaphysique achevée''. » (*Dépassement de la métaphysique*, in *Essais et conférences*, p. 92, Gallimard.)

◆ **3.** *Termes et expressions connexes*

Relation de voisinage
• art (au sens B) • métier • savoir-faire • sciences appliquées.
Relation de dépendance
• besoin • instrument • outil • procédé • progrès • science • travail • utilité.
Relation d'opposition
• être (Heidegger).

Technocratie

◆ **1.** *Définitions générales*

(n. f.) Étym. : néologisme composé des mots grecs *technè*, technique, art manuel, industrie, et *krátos*, force, domination.
A. Pouvoir exercé par un petit groupe de dirigeants, coordonnant des spécialistes de la gestion et des techniques, et gérant les systèmes administratifs.
B. *Péjoratif* : pouvoir qui ne s'occupe que de technique et d'administration, sans égard pour les personnes.

◆ **2.** *Définitions particulières de philosophes*

GORZ

« [Les] technocrates [sont des] spécialistes de la coordination, de la prévision et de la synthèse [...]. Une mince couche de spécialistes est ainsi chargée d'assumer seule la tâche de centralisation et de synthèse indispensable au fonctionnement du système dans son ensemble [...]. La technocratie [...] est [...]

1. ἀλήθεια : en grec, vérité ; ce terme vient de *alèthès*, non caché, de *lathein*, être caché. Aux yeux de Heidegger, la vérité est dé/voilement.

la médiatrice entre les intérêts particuliers et contradictoires des capitalistes d'une part, l'intérêt général du capitalisme d'autre part, et enfin l'intérêt général de la société. » (*Stratégie ouvrière et néocapitalisme*, pp. 113, 114, Le Seuil.)

Technologie

◆ **1.** *Définitions générales*

(n. f.) Étym. : grec *technologia*, exposé des règles d'un art.

Ensemble des techniques et procédés permettant de fabriquer un type de produit, en s'appuyant sur l'application de la science aux tâches pratiques (ex. : la technologie spatiale). Le terme de technologie désigne aussi la réflexion sur les techniques.

◆ **2.** *Définitions particulières de philosophes*

GALBRAITH

« La technologie est l'application systématique de la science, et de toutes les connaissances organisées, à des tâches pratiques » (*Le Nouvel État industriel*, p. 24, Gallimard.)

Téléologie

◆ **1.** *Définitions générales*

(n. f.) Étym. : composé à partir du grec *télos* fin, et *lógos*, étude, discours, science.

Métaphysique : étude ou science des fins ou de la finalité. Chez Kant, la *téléologie* concerne tout particulièrement la sphère de la vie et celle de l'art et du beau.

◆ **2.** *Définitions particulières de philosophes*

KANT

« La téléologie, comme science, ne fait [...] partie d'aucune doctrine, mais bien de la critique et en particulier de celle d'une faculté spéciale de la connaissance, la faculté de juger. Mais en tant qu'elle contient des principes *a priori*, elle peut et doit indiquer la méthode par laquelle il faut juger la nature suivant le principe des causes finales. » (*Critique du jugement*, « Critique du jugement téléologique », 2e section, § 79, p. 217, Vrin.)

ATLAN

Voir TÉLÉONOMIE.

◆ **3.** *Expressions et termes liés ou dérivés*

Téléologique

(adj.) Qui concerne la téléologie.

Téléonomie

◆ **1.** *Définitions générales*

(n. f.) Étym. : composé du grec *télos*, fin, et *nomós*, loi.

Biologie : chez Monod, en particulier, désigne l'idée que tous les êtres vivants se caractérisent par le fait qu'ils sont dotés d'un projet : ainsi Monod concilie-t-il le mécanisme et un certain type de finalité.

◆ **2.** *Définitions particulières de philosophes*

MONOD

« Nous choisirons arbitrairement de définir le projet téléonomique essentiel comme consistant dans la transmission, d'une génération à l'autre, du contenu d'invariance caractéristique de l'espèce. » (*Le Hasard et la Nécessité*, p. 30, Points, Le Seuil).

ATLAN

« Aujourd'hui, à la suite de Monod [...], les biologistes [utilisent] la métaphore cybernétique du "programme génétique" : la téléologie, c'est-à-dire le type de raisonnement finaliste recourant à des causes finales, est remplacée par une "téléonomie" où l'orientation vers le futur est perçue comme la mise en œuvre d'un programme. » (*Entre le cristal et la fumée*, p. 164, Points, Le Seuil.)

Tempérament

◆ **1.** *Définitions générales*

(n. m.) Étym. : lat. *temperamentum*, combinaison proportionnée des éléments d'un tout, combinaison, proportion, mesure.

Psychophysiologie : ensemble des éléments innés et des traits généraux physiologiques caractérisant la constitution d'un individu. Nature psychophysiologique d'un individu.

◆ **2.** *Définitions particulières de philosophes*

KANT

« Du point de vue *physiologique*, on entend, lorsqu'on parle de tempérament, la *constitution corporelle* (force et faiblesse des solides) et la *complexion corporelle*. » (*Anthropologie du point de vue pragmatique*, 2e partie, p. 136, Vrin.)

MOUNIER

« Le tempérament dessine la manière d'être globale de l'individu en réaction à son ambiance. Mais au lieu de la saisir dans son unité spirituelle centrale, il l'aborde sous la plus grande approximation biologique possible. » (*Traité du caractère*, in Mounier, *Œuvres*, t. 2, p. 178, Le Seuil.)

Tempérance

◆ **1.** *Définitions générales*

(n. f.) Étym. : lat. *temperantia*, modération, mesure, retenue.

Morale : l'une des quatre vertus cardinales,

désignant la modération en ce qui concerne les désirs.

◆ **2.** *Définitions particulières de philosophes*

PLATON

« La tempérance est [...] une sorte d'ordre et d'empire sur les plaisirs et les passions [...]. Quand la partie qui est naturellement la meilleure maintient la moins bonne sous son empire, on le marque par l'expression "être maître de soi". » (*La République*, liv. 4, § 8, in *Platon, Œuvres complètes*, t. 7, 1re partie, pp. 22, 23, Budé, Belles Lettres).

Temporalité

◆ **1.** *Définitions générales*

A. Caractère de ce qui est *temporel*, c'est-à-dire donné ou expérimenté dans le temps.
B. *Phénoménologie, existentialisme* : mode d'être du pour-soi se saisissant comme fuite en avant de lui-même et comme néantisation.

◆ **2.** *Définitions particulières de philosophes*

SARTRE

« La Temporalité n'est pas un temps universel contenant tous les êtres [...]. Elle n'est pas non plus une loi de développement qui s'imposerait du dehors à l'être [...] elle est l'intra-structure de l'être qui est sa propre néantisation, c'est-à-dire le *mode d'être* propre à l'être-pour-soi » (*L'Être et le Néant*, 2e partie, chap. 2, § 2, p. 181, Tel, Gallimard.)

Temps

Alors que, dans l'Antiquité, Platon accorde au temps une place de second plan et lui concède, tout au plus, d'être une représentation inférieure de l'éternité, Kant, au XVIIIe siècle, grandit le rôle du temps, dans lequel il voit une forme universelle permettant de saisir les phénomènes.

◆ **1.** *Définitions générales*

(n. m.) Étym. : lat. *tempus*, division de la durée, moment, instant, temps.
A. *Sens ordinaire* : changement continuel et irréversible, où le présent devient passé.
B. *Sens général philosophique, scientifique, etc.* : milieu homogène et indéfini, dans lequel se déroulent les événements. Il est analogue à l'espace.

◆ **2.** *Définitions particulières de philosophes*

PLATON

« [L'auteur du Monde] s'est préoccupé de fabriquer une certaine imitation mobile de l'éternité, et, tout en organisant le Ciel, il a fait de l'éternité immobile et une, cette image éternelle qui progresse suivant la loi des Nombres, cette chose que nous appelons le Temps. » (*Timée*, in *Platon, Œuvres complètes*, t. 10, p. 151, Budé, Belles Lettres.)

ARISTOTE

« Le temps est nombre du mouvement selon l'antérieur-postérieur, et est continu, car il appartient à un continu. » (*Physique*, liv. 4, t. 1, p. 153, Budé, Belles Lettres.)

STOBÉE (exposant le STOÏCISME)

« Chrysippe [1] définit le temps : intervalle du mouvement, au sens où on l'appelle parfois mesure de la rapidité et de la lenteur. » (Cité in *Les Stoïciens, textes choisis*, p. 49, Les Grands Textes, PUF.)

LEIBNIZ

Voir ESPACE, p. 91.

KANT

(B) « 1. Le temps n'est pas un concept empirique qui dérive d'une expérience quelconque. En effet, la simultanéité ou succession ne tomberait pas elle-même sous la perception, si la représentation du temps ne lui servait *a priori* de fondement. Ce n'est que sous cette supposition que l'on peut se représenter qu'une chose existe en même temps qu'une autre (simultanément) ou dans des temps différents (successivement). 2. Le temps est une représentation nécessaire qui sert de fondement à toutes les intuitions. » (*Critique de la raison pure*, « Esthétique transcendantale », 2e section, § 4, p. 61, PUF.)
Voir aussi IDÉALISME TRANSCENDANTAL, p. 130.

HEGEL

« Les *dimensions du temps* sont 1° le *passé*, la présence comme supprimée, comme n'étant pas là ; 2° l'*avenir*, la non-présence, mais déterminée à être là ; 3° le *présent*, en tant qu'immédiat devenir et qu'union des deux autres. » (*Propédeutique philosophique*, « Encyclopédie philosophique », § 102, p. 189, Éditions de Minuit.)
« [Le temps est] cette pure inquiétude de la vie et [...] ce processus d'absolue distinction. » (*La Phénoménologie de l'esprit*, Préface III, t. 1, p. 40, Aubier.)

SARTRE

« Le temps de la conscience, [...] c'est le néant se glissant dans une totalité comme ferment détotalisateur. » (*L'Être et le Néant*, 2e partie, chap. 2, § 2, p. 189, Tel, Gallimard.)

1. Chrysippe est un des fondateurs de l'école stoïcienne (ancien stoïcisme).

◆ **3.** *Termes et expressions connexes*

Relation de voisinage
• devenir • durée • temporalité.
Relation de dépendance
• avenir • changement • événement • existence • histoire • instant • liberté • mort • mouvement • passé • présent • sensibilité (Kant) • simultanéité • succession.
Relation d'opposition
• éternité.

Tendance

◆ **1.** *Définitions générales*

(n. f.) Étym. : lat. *tendere*, tendre, se diriger, viser à.
A. *Philosophie, métaphysique* : mouvement fondamental d'un être, fondant et orientant toute son activité (ex. : *conatus* de Spinoza, *volonté de puissance* de Nietzsche.)
B. *Psychologie* : toute forme spontanée d'activité ; force orientant l'organisme vers une fin.

◆ **2.** *Définitions particulières de philosophes*

HEGEL

« La tendance est un acte naturel d'autodétermination, qui repose sur des sentiments limités et possède un but limité au-delà duquel elle ne va point ; en d'autres termes, elle est la *faculté inférieure d'appétition*, pouvoir non libre, immédiatement déterminé, selon lequel l'homme se comporte comme être de nature. » (*Propédeutique philosophique*, Introduction, § 5, p. 16, Éditions de Minuit.)
« Le mouvement spontané interne proprement dit, la tendance ou impulsion en général. » (*Science de la logique*, trad. Jankélévitch, liv. 2, t. 2, p. 68, Aubier.)

◆ **3.** *Termes et expressions connexes*

Relation de voisinage
• appétit • besoin • impulsion • inclination.
Relation de dépendance
• activité • désir • force • homme • volonté.
Relation d'opposition
• indifférence.

Terme

◆ **1.** *Définitions générales*

(n. m.) Étym. : lat. *terminus*, borne.
A. *Sens ordinaire* :
a) borne, limite, achèvement, endroit de l'espace ou moment du temps où une réalité s'achève.
b) expression verbale représentant un concept, synonyme de mot.
B. *Logique formelle* : chacun des éléments simples entre lesquels est établie une relation (ex. : les trois termes d'un syllogisme).

◆ **2.** *Définitions particulières de philosophes*

(B) « J'appelle *terme* ce en quoi se résout la prémisse, savoir le prédicat et le sujet dont il est affirmé, soit que l'être s'y ajoute, soit que le non-être en soit séparé. » (*Organon, Premiers Analytiques*, liv. 1, § 1, p. 4, Vrin.)

◆ **3.** *Expressions et termes liés ou dérivés*

Grand terme

Le majeur.
Voir MAJEUR, p. 169.

Moyen terme

Voir MOYEN, p. 185.

Petit terme

Le mineur.
Voir MINEUR, p. 179.

Test

◆ **1.** *Définitions générales*

(n. m.) Étym. : anglais *test*, épreuve, dérivé du latin *testa*, vase en terre cuite, pot où les alchimistes éprouvaient l'or.
Psychologie : épreuve permettant de déterminer les caractéristiques ou aptitudes d'un individu, les traits de sa personnalité, etc.

◆ **2.** *Expressions et termes liés ou dérivés*

Test mental

DELAY et PICHOT

« On appelle test mental une situation expérimentale standardisée, servant de stimulus à un comportement. Ce comportement est évalué par une comparaison statistique avec celui d'autres individus placés dans la même situation, permettant ainsi de classer le sujet examiné, soit quantitativement, soit typologiquement. » (*Abrégé de psychologie*, p. 9, Masson et Cie.)

Thanatos

Étym. : grec, la mort.
Terme parfois utilisé pour désigner, dans le freudisme, les pulsions de mort ; ce terme se rencontre seulement chez les disciples de Freud.
Voir INSTINCT DE MORT, p. 145.

Théisme

◆ 1. *Définitions générales*

(n. m.) Étym. : grec *théos*, Dieu, la divinité.
Doctrine admettant l'existence d'un Dieu personnel, unique, cause transcendante du monde et dont la nature peut être connue (à distinguer du déisme).
Voir aussi DÉISME, p. 66, MONOTHÉISME, p. 182, PANTHÉISME, p. 203, POLYTHÉISME, p. 219.

◆ 2. *Définitions particulières de philosophes*

ROUSSEAU

« J'y vois [il s'agit de la Profession de foi du vicaire savoyard] le théisme ou la religion naturelle, que les chrétiens affectent de confondre avec l'athéisme ou l'irréligion, qui est la doctrine directement opposée. » (*Émile ou De l'éducation*, liv. 4, p. 360, Garnier.)

◆ 3. *Expressions et termes liés ou dérivés*

Théiste

KANT

« Celui qui n'admet qu'une théologie transcendantale [concevant son objet par la raison pure] est appelé *déiste* et celui qui accepte aussi une théologie naturelle [au moyen d'un concept dérivant de la nature de notre âme] est appelé *théiste*. » (*Critique de la raison pure*, « Dialectique transcendantale », p. 446, PUF.)

Thématique

(n. f.-adj.) Étym. : *thématikos*, qui sert de thème grammatical.
A. *Adjectif* :
a) qui sert de thème.
b) qui est posé comme objet de l'activité mentale.
B. *Nom* : ensemble de thèmes liés ensemble (ex. : la thématique d'une science).

Thème

(n. m.) Étym. : grec *théma*, ce qu'on pose, thème ou sujet du développement oratoire.
Sujet de développement.

Théocratie

◆ 1. *Définitions générales*

(n. f.) Étym. : grec *théokratia*, gouvernement de Dieu.
Régime politique où le pouvoir est détenu par une aristocratie sacerdotale, par la caste des prêtres.

◆ 2. *Expressions et termes liés ou dérivés*

Théocratique

Qui concerne la théocratie.

Théodicée

◆ 1. *Définitions générales*

(n. f.) Étym. : composé du grec *théos*, dieu, et *dikè*, justice, justification ; terme créé par Leibniz : il servait de titre à son ouvrage *Essais de Théodicée sur la bonté de Dieu, la liberté de l'homme et l'origine du mal* (1710).
Désigne la justification de la bonté de Dieu, de manière à le disculper du mal régnant dans le monde.

◆ 2. *Définitions particulières de philosophes*

KANT

« On donne le nom de Théodicée à la défense de la très haute sagesse du Créateur contre les reproches que la raison lui adresse au sujet des malfaçons du monde. On appelle cela plaider la cause de Dieu, bien qu'au fond cette cause ne soit que celle de notre propre raison, d'une raison qui, dans la circonstance, méconnaît présomptueusement ses bornes. » (*Considérations sur l'optimisme. Sur l'insuccès de tous les essais de théodicée*, p. 195, Vrin.)

HEGEL

« La théodicée consiste à rendre intelligible la présence du mal face à la puissance absolue de la Raison. » (*La Raison dans l'histoire*, chap. I : « La Théodicée », p. 68, 10/18, UGE.)

Théologie

◆ 1. *Définitions générales*

(n. f.) Étym. : lat. *theologia*, recherche sur la divinité ou les choses divines, science de la divinité, théologie.
Science ou étude ayant pour objets Dieu, sa nature et ses attributs.

◆ 2. *Expressions et termes liés ou dérivés*

Théologie dogmatique

Partie de la théologie portant sur l'étude des dogmes.

Théologie morale, théologie physique

KANT
« Dans la *théologie physique*, la raison essaie de conclure des *fins* de la nature (qui ne peuvent être connues qu'empiriquement) à sa cause suprême et aux attributs de celle-ci. Une théologie morale (théologie éthique) essaierait de conclure de la fin morale des êtres raisonnables de la nature (qui peut être reconnue *a priori*) à cette cause et ses attributs. » (*Critique du jugement*, « Critique du jugement téléologique », 2e section, § 85, p. 233, Vrin.)

Théologie naturelle (ou rationnelle)

Partie de la métaphysique traitant de l'existence et de l'essence de Dieu à partir de la raison ou lumière naturelle et en s'appuyant sur elle.

Théologie négative

Approche ou expression de Dieu à partir de négations et de propositions négatives.

Théologie positive et révélée

Théologie qui se fonde ou s'appuie sur les textes sacrés et l'autorité de l'Église.

Théologique

◆ 1. *Définitions générales*
Qui concerne la théologie.

◆ 2. *Expressions et termes liés ou dérivés*

État théologique

Chez *Auguste Comte*, l'état théologique désigne, dans la loi des trois états, l'état initial de l'évolution de l'esprit humain : des êtres surnaturels sont alors conçus comme agents explicatifs des phénomènes.
Voir LOI DES TROIS ÉTATS, p. 166.

COMTE
« Dans l'état théologique, l'esprit humain, dirigeant essentiellement ses recherches vers la nature intime des êtres, les causes premières et finales de tous les effets qui le frappent, en un mot, vers les connaissances absolues, se représente les phénomènes comme produits par l'action directe et continue d'agents surnaturels plus ou moins nombreux, dont l'intervention arbitraire explique toutes les anomalies apparentes de l'univers. » (*Cours de philosophie positive*, Leçon 1, t. 1, p. 6, Garnier.)

Théorème

◆ 1. *Définitions générales*
(n. m.) Étym. : grec *theôrèma*, ce qu'on peut contempler.
Mathématiques, philosophie : proposition dont on démontre qu'elle résulte nécessairement d'autres propositions déjà posées ou démontrées.

◆ 2. *Définitions particulières de philosophes*

KANT
« Les *théorèmes* sont des propositions théoriques qui peuvent et doivent être démontrées. » (*Logique*, « Doctrine générale des éléments », liv. 2, § 39, p. 123, Vrin.)

Théorétique

◆ 1. *Définitions générales*
(adj.) Étym. : grec *theôrètikos*, qui aime à contempler, à observer.
Qui concerne la théorie, la connaissance, la spéculation pure ou la contemplation, et non la pratique.

◆ 2. *Définitions particulières de philosophes*

HUSSERL
« [Dans] l'attitude "théorétique" [...], l'homme se trouve saisi par la passion d'une considération et d'une connaissance du monde qui se détourne de tous les intérêts pratiques [...] l'homme devient un spectateur désintéressé, un regard jeté sur le monde, il devient philosophe. » (*La Crise des sciences européennes et la phénoménologie transcendantale*, p. 365, Gallimard.)

Théorie

Alors que la *philosophie antique* voyait dans la théorie une pure contemplation du monde, la *pensée moderne* privilégie, bien souvent, la signification épistémologique de ce terme (ensemble intégrant un grand nombre de faits), sans avoir réellement évacué l'idée de connaissance désintéressée. Une fois de plus, l'apparition des sciences expérimentales a conduit à des transformations sémantiques.

◆ **1.** *Définitions générales*

(n. f.) Étym. : grec *theōria*, vue intellectuelle, spéculation, action d'observer.

A. *Sens général et philosophique* : connaissance spéculative, désintéressée (par opposition à la pratique).

B. *Épistémologie* : ensemble organisé et cohérent, intégrant un grand nombre de faits et de lois autour de quelques principes fondamentaux.

C. *Péjoratif* : ensemble purement hypothétique et sans valeur.

◆ **2.** *Définitions particulières de philosophes*

BERNARD

(B) « La théorie n'est que l'idée scientifique contrôlée par l'expérience. » (*Introduction à l'étude de la médecine expérimentale*, p. 44, Gibert.)

DUHEM

(B) « Une théorie physique n'est pas une explication. C'est un système de propositions mathématiques, déduites d'un petit nombre de principes, qui ont pour but de représenter aussi simplement, aussi complètement et aussi exactement que possible, un ensemble de lois expérimentales. » (*La Théorie physique. Son objet et sa structure*, p. 26, Chevalier et Rivière éd., 1906.)

EINSTEIN

(B) « Le chercheur, poussé par les faits de l'expérience, développe [...] un système de pensées qui, le plus souvent, est logiquement construit sur un petit nombre de suppositions fondamentales, les soi-disant axiomes. Nous appelons un tel système de pensée une théorie. La théorie tire sa raison d'être du fait qu'elle relie un grand nombre d'expériences isolées ; là réside sa "vérité". » (*La Théorie de la relativité restreinte et générale*, p. 138, Gauthier-Villars.)

ARON

(A-B) « Le concept de théorie a [...] deux significations [...]. Une théorie — connaissance contemplative, saisie des idées ou de l'ordre essentiel du monde — peut être l'équivalent d'une philosophie [...]. En [un deuxième] sens, une théorie est un système hypothético-déductif, constitué par un ensemble de propositions dont les termes sont rigoureusement définis et dont les relations entre les termes revêtent le plus souvent une forme mathématique. » (*A propos de la théorie des relations internationales*, in Bourdieu, Chamboredon, Passeron, *Le Métier de sociologue*, t. 1, p 301, Mouton-Bordas.)

GRANGER

(B) « Dans les sciences d'aujourd'hui, une théorie est un ensemble de concepts abstraits, à l'intérieur duquel, au moyen de certaines règles de combinaison et de déduction, il est possible de conclure à la nécessité ou à la probabilité de certaines configurations également abstraites qui sont censées représenter les phénomènes. » (*Théorie et expérience*, in *Philosopher*, p. 342, Fayard.)

ULLMO

(B) « La théorie scientifique se propose de donner, de la nature tout entière, ou, provisoirement, des portions les plus étendues possibles de celle-ci, une représentation adéquate en établissant une *correspondance* exacte entre l'ensemble des phénomènes étudiés et un système cohérent de lois mathématiques. » (*La Pensée scientifique moderne*, p. 65, Flammarion.)

◆ **3.** Expressions et termes liés ou dérivés

Théorie de la connaissance

Voir CONNAISSANCE, p. 53.

◆ **4.** *Termes et expressions connexes*

Relation de voisinage

• système.

Relation de dépendance

• connaissance scientifique • déterminisme • expérience • fait • hypothèse • loi scientifique • nature • principe • science • spéculation • synthèse.

Relation d'opposition

• pratique

Théorique

◆ **1.** *Définitions générales*

(adj.) Étym. : grec, *theōrikos*, qui concerne la théorie.

Spéculatif, relevant d'un savoir désintéressé (par opposition à pratique).

◆ **2.** *Définitions particulières de philosophes*

KANT

« Je me contenterai ici de définir la connaissance théorique : une connaissance par laquelle je connais *ce qui est*. » (*Critique de la raison pure*, « Dialectique transcendantale », p. 447, PUF.)

Théosophie

(n. f.) Étym. : grec *theosophia*, connaissance des choses divines.

Religion : terme qui désigne les doctrines visant à une connaissance de Dieu ou de l'Absolu par lumière ou connaissance immédiate (illumination).

Thermodynamique

◆ **1.** *Définitions générales*

(n. f.-adj.) Étym. : composé du grec *thermós*, chaud, et *dúnamis*, force, puissance.
Science qui étudie les phénomènes impliquant des échanges ou des transformations thermiques ; étude de l'équilibre des systèmes matériels, traités statistiquement comme constitués d'un grand nombre de particules.

◆ **2.** *Expressions et termes liés ou dérivés*

Deuxième principe de la thermodynamique

MONOD

« Le deuxième principe prévoit la *dégradation* inéluctable de l'énergie au sein d'un système isolé, tel que l'Univers. L'"entropie" est la quantité thermodynamique qui *mesure* le niveau de dégradation de l'énergie d'un système. Selon le deuxième principe, par conséquent, tout phénomène, quel qu'il soit, s'accompagne nécessairement d'un accroissement d'entropie au sein du système où il se déroule. » (*Le hasard et la nécessité*, p. 242, Points, Le Seuil.)

Thèse

(n. f.) Étym. : grec *thésis*, action de poser.
A. *Sens ordinaire* : proposition (ou doctrine) considérée comme vraie, certaine, et que l'on est prêt à défendre dans une controverse, une polémique, etc.
B. *Sens hégélien* : moment positif de la démarche dialectique, auquel s'oppose le moment négatif (antithèse), les deux moments s'unifiant dans la synthèse.

Tiers exclu (principe du)

◆ **1.** *Définitions générales*

Logique classique : principe selon lequel, de deux propositions contradictoires, l'une est vraie et l'autre fausse.
Le principe du tiers exclu porte un autre nom : principe du milieu exclu.

◆ **2.** *Définitions particulières de philosophes*

ARISTOTE

« Il n'est pas possible [...] qu'il y ait aucun intermédiaire entre des énoncés contradictoires : il faut nécessairement ou affirmer, ou nier un seul prédicat, quel qu'il soit, d'un seul sujet. » (*La Métaphysique*, liv.Γ, § 7, t. 1, p. 235, Vrin.)

HEGEL

« La détermination de l'opposition fut [...] énoncée sous forme de principe, qu'on nomme le "principe du tiers exclu" [...] quelque chose est ou bien A ou bien non-A ; il n'y a pas de tiers. » (*Science de la logique*, in *Hegel, morceaux choisis*, t. 1, § 99, pp. 227, 228, Idées, Gallimard.)

Tolérance

◆ **1.** *Définitions générales*

(n. f.) Étym. : lat. *tolerantia*, constance à supporter.
Morale, politique : par opposition au fanatisme, attitude ou disposition d'esprit par laquelle nous laissons à chacun la liberté d'exprimer ses opinions (même quand nous ne les partageons pas) ou de vivre selon des modes qui ne sont pas nôtres.

◆ **2.** *Définitions particulières de philosophes*

ALAIN

« Un genre de sagesse qui surmonte le fanatisme, ce redoutable amour de la vérité. » (*Définitions*, in *Alain, les Arts et les Dieux*, p. 1095, La Pléiade, Gallimard.)

Topique

◆ **1.** *Définitions générales*

(n. f.-adj.) Étym. : grec *topikós*, qui concerne le lieu (*topos*).
A. *Adjectif* : qui vient bien à sa place ; renvoie aussi au sens *b* du nom.
B. *Nom* :
a) logique : *Les Topiques* sont le titre d'un ouvrage d'Aristote où ce philosophe réalise un inventaire des lieux (*topoi*), c'est-à-dire des rubriques ou classes générales dans lesquelles entrent les arguments utilisés pour répondre aux problèmes proposés, dans les divers domaines.
b) psychanalyse : chez Freud, théorie supposant une différenciation de l'appareil psychique en systèmes ayant des fonctions différentes.
La première topique de Freud (1900) distingue : inconscient, préconscient, conscient.
La deuxième topique de Freud (1920) distingue : ça, moi, surmoi.

◆ **2.** *Définitions particulières de philosophes*

ARISTOTE

« Le but de ce traité [*Les Topiques*] est de trouver une méthode qui nous mette en mesure d'argumenter sur tout problème proposé. » (*Organon*, *Les Topiques*, liv. 1, § 1, p. 1, Vrin.)

ARNAULD et NICOLE

« Ce que les Rhétoriciens et les Logiciens appellent lieux [...] sont certains chefs généraux, auxquels on peut rapporter toutes les preuves dont on se sert dans les diverses matières que l'on traite. » (*La Logique ou l'Art de penser*, p. 293, Champs, Flammarion.)

Totalitaire

◆ **1.** *Définitions générales*

(adj.)

A. *Philosophie* : englobant tous les éléments d'un ensemble.

B. *Politique* : se dit d'un régime politique défini par le totalitarisme.

◆ **2.** *Définitions particulières de philosophes*

LEFORT

« L'État totalitaire n'est pas un État où sévit l'arbitraire, c'est un État qui *dans son principe* dénie le droit, dénie le libre exercice de la pensée. » (*L'Invention démocratique*, p. 28, Fayard.)

« Le processus d'identification entre le pouvoir et la société, le processus d'homogénéisation de l'espace social, le processus de clôture et de la société et du pouvoir s'enchaînent pour constituer le système totalitaire. » (*L'Invention démocratique*, p. 101, Fayard.)

POLIN

« Une société est totalitaire lorsqu'elle tend à se donner en tant que telle, c'est-à-dire en tant que totalité de ses membres, pour supérieure à n'importe laquelle de ses parties, sur laquelle le tout entend du même coup exercer un pouvoir, en lui déniant tout droit à se poser en face de lui comme un être à part entière, en le condamnant à l'évanescence d'une transparence totale. » (*Le Totalitarisme*, p. 116, PUF.)

Totalitarisme

◆ **1.** *Définitions générales*

(n. m.) *Politique* : système politique où la collectivité dirige souverainement la société et exerce un contrôle total sur les individus et leurs activités sociales (caractéristiques : existence d'un parti unique, fusion des pouvoirs exécutif, législatif, judiciaire, etc.).

◆ **2.** *Définitions particulières de philosophes*

ARENDT

« Le totalitarisme diffère par essence des autres formes d'oppression politique [...]. Le régime totalitaire transforme toujours les classes en masses, substitue au système des partis, non pas des dictatures à parti unique, mais un mouvement de masse, déplace le centre du pouvoir de l'armée à la police, et met en œuvre une politique étrangère visant ouvertement à la domination du monde. » (*Le Système totalitaire*, p. 203, Points-Politique, Le Seuil.)

Totalité

◆ **1.** *Définitions générales*

(n. f.) Étym. : lat. *totus*, tout.

A. *Sens généraux* : unité organique informant un ensemble ; cet ensemble en tant que réunion de tous les éléments ;

B. Chez *Kant* : une des douze catégories de l'entendement ; catégorie de la quantité ; synthèse de l'unité et de la pluralité.

◆ **2.** *Définitions particulières de philosophes*

SARTRE

« La totalité se définit comme un être qui, radicalement distinct de la somme de ses parties, se retrouve tout entier — sous une forme ou sous une autre — dans chacune de celles-ci et qui entre en rapport avec lui-même soit par son rapport avec une ou plusieurs de ses parties, soit par son rapport aux relations que toutes ou que plusieurs de ses parties entretiennent entre elles ». (*Critique de la raison dialectique*, t. 1, p. 138, Gallimard.)

Totem

◆ **1.** *Définitions générales*

(n. m.) Étym. : anglais *totem*, d'un mot indien de la famille algonquin.

Ethnologie : être animal ou végétal considéré, dans des sociétés archaïques ou traditionnelles, comme l'ancêtre du clan ; il est objet de tabous, d'interdits et de cultes.

◆ **2.** *Définitions particulières de philosophes*

FREUD

« Qu'est-ce qu'un totem ? D'une façon générale, c'est un animal, comestible, inoffensif ou dangereux et redouté, plus rarement une plante ou une force naturelle (pluie, eau), qui se trouve dans un rapport particulier avec l'ensemble du groupe. Le totem est, en premier lieu, l'ancêtre du groupe ; en deuxième lieu, son esprit protecteur et son bienfaiteur. » (*Totem et tabou*, chap. 1, p. 11, Payot.)

Totémisme

◆ **1.** *Définitions générales*

(n. m.)
A. Organisation socio-familiale fondée sur le totem.
B. Doctrine selon laquelle le culte du totem représente la forme primitive de la religion (*Durkheim*, *Freud*).

◆ **2.** *Définitions particulières de philosophes*

FREUD
« Le totémisme, première forme connue de la religion, contient toute une série d'interdictions et de commandements qui constituent la base indispensable de tout le système. » (*Moïse et le monothéisme*, 2e partie, p. 179, Essais, Gallimard.)

Toucher

(n. m.) Étym. : lat. populaire. *toccare*.
A. Sens du tact, c'est-à-dire de ce qui correspond à la sensation éprouvée au contact des caractères présentés par les surfaces (rugosité, etc.).
B. *Sens large* : comprend divers modes sensoriels, thermique, algique, kinesthésique, etc.

Tout

◆ **1.** *Définitions générales*

(n. m.) Étym. : lat. *totus*, tout, tout entier.
Ensemble auquel ne manque aucune partie et contenant les parties en tant qu'elles s'organisent en un ensemble.

◆ **2.** *Définitions particulières de philosophes*

ARISTOTE
« Un *tout*, s'entend de ce à quoi ne manque aucune des parties qui sont dites constituer naturellement un tout. C'est aussi ce qui contient les choses contenues, de telle façon qu'elles forment une unité. » (*La Métaphysique*, liv. Δ, § 26, t. 1, p. 312, Vrin.)

HEGEL
« L'essence est *tout* et *parties*. Le tout est la position de ses parties et consiste inversement en elles. Les deux aspects constituent une seule et même réalité. Le tout n'est égal aux parties qu'en tant qu'il est leur ensemble, c'est-à-dire le tout, et les parties sont égales à ce tout en tant qu'il est divisé, c'est-à-dire à titre de parties. » (*Propédeutique philosophique*, « Encyclopédie philosophique », § 42, p. 173, Éditions de Minuit.)
« Le tout est seulement l'essence s'accomplissant et s'achevant moyennant son développement. » (*La Phénoménologie de l'esprit*, Préface II, t. 1, p. 18, Aubier.)

Tradition

◆ **1.** *Définitions générales*

(n. f.) Étym. : lat. *traditio*, action de transmettre.
Transmission, de génération en génération, de coutumes, d'institutions, de souvenirs, etc., propres à un groupe ou à une société et assurant la mémoire de ce groupe.

◆ **2.** *Définitions particulières de philosophes*

HEGEL
« Ce que nous sommes en fait de science et plus particulièrement de philosophie, nous le devons à la *tradition* qui enlace tout ce qui est passager et qui est par suite passé, pareille à une *chaîne sacrée* [...], et qui nous a conservé et transmis tout ce qu'a créé le temps passé [...]. Elle est vivante et grossit comme un fleuve puissant qui s'amplifie à mesure qu'il s'éloigne de sa source. » (*Leçons sur l'histoire de la philosophie*, « Introduction du cours de Heidelberg », t. 1, pp. 25, 26, Idées, Gallimard.)

SCHELER
« La tradition tient le milieu entre l'hérédité et le mode de réception, d'enseignement et d'éducation par l'acte de "se comprendre" [...]. Elle consiste à recevoir certaine mentalité, certaines manières de vouloir et de juger les choses, par mode de contagion et par une imitation machinale des manifestations de la vie du milieu. » (*Le Saint, le Génie, le Héros*, p. 36, É. Vitte éditeur.)

Transcendance

> Au *XXe siècle, et, en particulier, chez* Heidegger, l'idée de transcendance occupe une place privilégiée : la transcendance, le fait d'être « hors de soi », et non pas enfermé en soi-même, définit l'existant humain.

◆ **1.** *Définitions générales*

(n. f.) Étym. : lat. *transcendere*, monter en passant par-delà.
Caractère de ce qui est transcendant ou acte de se dépasser vers, de s'élever au-dessus.

◆ **2.** *Définitions particulières de philosophes*

HEIDEGGER
« La transcendance [...] désigne quelque chose appartenant en propre à la *réalité-humaine* [...]. La transcendance est le dépassement par lequel sont rendus possibles tout

à la fois l'existence comme telle, et un fait comme ''se''-mouvoir-dans-l'espace. » (*Ce qui fait l'être-essentiel d'un fondement ou « Raison »*, in *Qu'est-ce que la métaphysique ?* p. 63, Gallimard.)

Transcendant

◆ **1.** *Définitions générales*

(adj.) Étym. : lat. *transcendens*, part. présent de *transcendere*, surpasser.

A. *Adjectif* :

a) sens ordinaire : qui dépasse la moyenne (ex. : une personnalité transcendante).

b) métaphysique : qui est d'une nature absolument supérieure, d'un ordre autre (ex. : Dieu est transcendant).

c) chez *Kant* : qui est au-delà de toute expérience possible.

d) phénoménologie, existentialisme : caractérise ce vers quoi la conscience se dépasse.

e) chez *Heidegger* : qui réalise un dépassement.

B. *Nom* : le Transcendant désigne généralement Dieu.

◆ **2.** *Définitions particulières de philosophes*

KANT

(A-*c*) « Nous appellerons *immanents* les principes dont l'application se tient absolument dans les bornes de l'expérience possible, et *transcendants* ceux qui sortent de ces limites. » (*Critique de la raison pure*, « Dialectique transcendantale », p. 252, PUF.)

HEIDEGGER

(A-*e*) « Transcendance signifie ''dépassement''. Est transcendant, c'est-à-dire ''transcende'', ce qui réalise ce ''dépassement'', ce qui s'y maintient habituellement. » (*Qu'est-ce que la métaphysique ?* « Ce qui fait l'être-essentiel d'un fondement ou ''Raison'' », p. 62, Gallimard.)

◆ **3.** *Expressions et termes liés ou dérivés*

Se transcender

(v.) *Phénoménologie, existentialisme* : se dépasser vers, viser un objet en se portant vers lui.

◆ **4.** *Termes et expressions connexes*

— Pour *transcendant* adjectif :

Relation de voisinage

• éminent • métaphysique • nouménal.

Relation de dépendance

• conscience • Dieu • esprit.

Relation d'opposition

• immanent.

Transcendantal

◆ **1.** *Définitions générales*

(adj.)

A. *Premier sens kantien* : qui constitue une condition a priori de l'expérience ou qui concerne notre manière de connaître a priori les objets.

B. *Second sens kantien* : qui prétend dépasser le domaine de l'expérience.

◆ **2.** *Définitions particulières de philosophes*

KANT

(A) « J'appelle *transcendantale* toute connaissance qui, en général, s'occupe moins des objets que de nos concepts *a priori* des objets. » (*Critique de la raison pure*, Introduction VII, p. 46, PUF.)

(B) « Les principes de l'entendement pur [...] doivent avoir simplement un usage empirique et non un usage transcendantal, c'est-à-dire tel qu'il dépasse les limites de l'expérience. » (*Critique de la raison pure*, « Dialectique transcendantale », p. 253, PUF.)

◆ **3.** *Expressions et termes liés ou dérivés*

Logique transcendantale

KANT

Voir LOGIQUE TRANSCENDANTALE, p. 164.

Transcender (se)

Voir TRANSCENDANT.

Transfert

◆ **1.** *Définitions générales*

(n. m.) Étym. : lat. *transferre*, porter d'un lieu à un autre, transporter.

A. *Psychanalyse* : projection sur la personne de l'analyste de sentiments initialement éprouvés à l'égard de personnes de l'entourage (parents, etc.).

B. *Psychologie* : opération ou processus psychologiques par lesquels un sentiment ou une impression affective sont étendus ou communiqués à un objet différent de l'objet initial.

◆ **2.** *Définitions particulières de philosophes*

FREUD

« L'analysé [1] considère son analyste [2] comme la reproduction, la réincarnation, d'un personnage important de son passé et c'est pourquoi il lui voue des sentiments et mani-

1. Personne menant une analyse.
2. Thérapeute, médecin.

feste des réactions certainement destinés au modèle primitif [...]. Ce transfert est *ambivalent*. » (*Abrégé de psychanalyse*, 2e partie, p. 42, PUF.)

Transformisme

◆ **1.** *Définitions générales*

(n. m.) Étym. : lat. *transformare*, métamorphoser, transformer.
Biologie : théorie selon laquelle les espèces vivantes, loin d'être stables et immuables, dérivent les unes des autres à partir des formes ou organismes simples (opposé au fixisme).

◆ **2.** *Définitions particulières de philosophes*

JACOB

« L'idée de transformation ne suffit pas à elle seule à définir le transformisme. Ce qui caractérise ce dernier, c'est une poussée venue des êtres eux-mêmes et qui les mène peu à peu du simple au complexe à travers les vicissitudes de la terre [...] le transformisme constitue une théorie causale de l'apparition des espèces, de leur variété, de leur parenté. » (*La Logique du vivant*, pp. 149, 150, Tel, Gallimard.)

Travail

Terme marqué par la tradition religieuse — qui a souvent privilégié dans sa définition l'idée de contrainte pénible — mais qui en vient, dans le contexte philosophique moderne, à partir du XIXe siècle (Hegel, Marx, etc.), à désigner l'activité transformatrice de la nature destinée à satisfaire les besoins. Le travail se comprend alors dans une perspective humaniste et historique.

◆ **1.** *Définitions générales*

(n. m.) Étym. : lat. populaire *tripaliare*, torturer avec le tripalium, appareil formé de trois pieux, servant à assujettir et immobiliser certains animaux (chevaux, notamment) pour les ferrer.
A. *Sens ordinaire* : ensemble des activités humaines coordonnées en vue de produire ce qui est utile.
B. *Sens ordinaire, avec une nuance héritée des traditions biblique, chrétienne, etc* : activité pénible et contraignante, exigeant un effort douloureux.
C. *Philosophie* : activité consciente et volontaire, par laquelle l'homme extériorise dans le monde des fins destinées à le modifier, de manière à produire des valeurs ou des biens socialement ou individuellement utiles et à satisfaire ainsi ses besoins.

◆ **2.** *Définitions particulières de philosophes*

HEGEL

(C) « Le travail [...] est désir *réfréné*, disparition *retardée* : le travail *forme*. Le rapport négatif à l'objet devient *forme* de cet objet même, il devient quelque chose de permanent, puisque justement, à l'égard du travailleur, l'objet a une indépendance » (*La Phénoménologie de l'esprit*, « Conscience de soi », § 3, t. 1, p. 165, Aubier.)

(C) « La médiation qui prépare et obtient pour le besoin particularisé un moyen également particularisé, c'est le travail. Par les procédés les plus variés, il spécifie la matière livrée immédiatement par la nature pour différents buts. » (*Principes de la philosophie du droit*, 3e partie, p. 227, 228, Idées, Gallimard.)

COMTE

(C) « Le travail positif, c'est-à-dire notre action réelle et utile sur le monde extérieur, constitue nécessairement la source initiale [...] de toute richesse matérielle, tant publique que privée. » (*Système de politique positive*, in *Auguste Comte, Textes*, p. 134, Bordas.)

(C) « Le travail est la mise en jeu de toutes les richesses et de toutes les forces naturelles ou artificielles que possède l'Humanité dans le but de satisfaire tous ses besoins. » (*Discours sur l'ensemble du positivisme*, in A. Kremer-Marietti, *Auguste Comte et la théorie sociale du positivisme*, p. 172, Seghers.)

MARX

(C) « Le travail est de prime abord un acte qui se passe entre l'homme et la nature. L'homme y joue lui-même vis-à-vis de la nature le rôle d'une puissance naturelle. Les forces dont son corps est doué, [...] il les met en mouvement, afin de s'assimiler des matières en leur donnant une forme utile à sa vie. » (*Le Capital*, liv. 1, t. 1, p. 180, Éditions sociales.)

(C) « Le résultat auquel le travail aboutit préexiste idéalement dans l'imagination du travailleur. Ce n'est pas qu'il opère seulement un changement de forme dans les matières naturelles ; il y réalise du même coup son propre but dont il a conscience, qui détermine comme loi son mode d'action, et auquel il doit subordonner sa volonté. » (*Le Capital*, liv. 1, t. 1, p. 181, Éditions sociales.)

◆ **3.** *Termes et expressions connexes*

Relation de voisinage

- labeur.

Relation de dépendance
aliénation • conscience • dialectique • désir • échanges • histoire • liberté • production • richesse • technique.
Relation d'opposition
• inaction • jeu • loisir • oisiveté • repos.

Tristesse

◆ **1.** *Définitions générales*

(n. f.) Étym. : lat. *tristitia*, tristesse, affliction.
État affectif durable, où la conscience est envahie par un sentiment pénible d'insatisfaction, accompagné d'une idée de dévalorisation de l'existence et du réel.

◆ **2.** *Définitions particulières de philosophes*

SPINOZA

« La *Tristesse* est le passage de l'homme d'une plus grande à une moindre perfection. » (*Éthique*, 3e partie, « Définitions des affections », Définition 3, in *Œuvres de Spinoza*, t. 3, p. 197, Garnier-Flammarion.)

Trope

(n. m.) Étym. : du grec *tropós*, manière, façon mode.
A. *Rhétorique* : figure par laquelle un mot détourné de son sens propre, prend un sens figuré (ex. : la métaphore).
B. *Histoire de la philosophie* : les tropes désignent les arguments par lesquels les sceptiques grecs prétendaient démontrer l'impossibilité d'atteindre la vérité et soulignaient ainsi la nécessité de suspendre le jugement.

Type

◆ **1.** *Définitions générales*

(n. m.) Étym. : grec *túpos*, empreinte.
A. *Sens général* : ensemble de caractères permettant de ranger un être au sein d'une catégorie.
B. *Sociologie* : chez *Max Weber* (sociologue allemand, 1864-1920), le *type idéal* désigne un concept construit en accentuant les caractères des phénomènes observés, de manière à bien analyser la réalité empirique (ex. : type idéal du capitalisme).

◆ **2.** *Expressions et termes liés ou dérivés*

Typologie

(n. f.) Étym. : composé à partir du grec *túpos*, empreinte, et *lógos*, science, étude.
Science et classification des types.

Tyran

◆ **1.** *Définitions générales*

(n. m.) Étym. : grec *túrannos*, maître absolu.
A. *Sens politique (chez les Grecs)* : celui qui s'emparait du pouvoir par la violence, mais aussi par la rhétorique et l'éloquence.
B. *Sens politique général* : despote ; celui qui exerce le pouvoir suprême de manière absolue et oppressive.

◆ **2.** *Définitions particulières de philosophes*

ROUSSEAU

« Dans le sens vulgaire un Tyran est un Roi qui gouverne avec violence et sans égard à la justice et aux lois. Dans le sens précis un Tyran est un particulier qui s'arroge l'autorité royale sans y avoir droit [...]. J'appelle *Tyran* l'usurpateur de l'autorité royale. » (*Du contrat social*, liv. 1, chap. 10, in *Rousseau*, *Œuvres complètes*, t. 3, p. 423, La Pléiade, Gallimard.)

Tyrannie

◆ **1.** *Définitions générales*

(n. f.)
A. *Sens politique (chez les Grecs)* : exercice du pouvoir par un tyran.
B. *Sens politique général* : pouvoir despotique, exercé de manière arbitraire et reposant sur la violence.

◆ **2.** *Définitions particulières de philosophes*

ARISTOTE

« La tyrannie n'est [...] que la monarchie tournée à l'utilité du monarque [...]. La tyrannie est le gouvernement despotique exercé par un homme sur un État. » (*Politique d'Aristote*, liv. 3, p. 86, PUF.)

U

Ubiquité

(n. f.) Étym. : lat. *ubique*, partout, en tout lieu. *Sens essentiellement théologique* : caractère d'un être qui est présent partout (synonyme : omniprésence) ; ex. : l'ubiquité de Dieu.

Ubris

(n. m.) Étym. : grec *ubris*, orgueil, tout ce qui dépasse la mesure.
Terme emprunté au grec qui désigne, dans notre langage, la démesure et même la folie.

Un

◆ 1. *Définitions générales*

(n. m.-adj. numéral) Étym. : lat. *unus*, adj. numéral, un, une.
A. *Adjectif* :
a) se dit de ce qui est *unique*, par opposition à ce qui est plusieurs ou multiple (ex. : une substance).
b) se dit de ce qui représente un tout organique et structuré (ex. : son langage est un).
B. *Nom* : chez *Plotin*, l'Être sans multiplicité et d'où émane le divers.

◆ 2. *Définitions particulières de philosophes*

PLOTIN

(C) « L'Un est toutes les choses et il n'est aucune d'entre elles ; [...] l'Un n'est pas lui-même l'être, mais le générateur de l'être [...] l'Un est parfait parce qu'il ne cherche rien, ne possède rien et n'a besoin de rien. » (*Ennéades*, Ennéade 5, chap. 2, § 1, p. 33, Budé, Belles Lettres.)

◆ 3. *Expressions et termes liés ou dérivés*

Unicité

(n. f.) Étym. : lat. scolastique, *unicus*, unique, seul.
Caractère de ce qui est unique (ex. : l'unicité de Dieu).

Unique

◆ 1. *Définitions générales*

(n. m.-adj.) Étym. : lat. *unicus*, unique, seul.
A. *Sens qualitatif* : tel qu'il n'existe rien d'identique (ex. : une manière d'être unique).
B. *Sens quantitatif* : qui est seul, sans être accompagné d'autres du même genre (ex. : enfant unique).

◆ 2. *Définitions particulières de philosophes*

STIRNER

(A) « Aucun *concept* ne m'exprime, rien de ce qu'on donne comme mon essence ne m'épuise, ce ne sont que des noms [...]. Je suis le *propriétaire* de ma puissance, et je le suis quand je me sais *Unique* [...]. Je base ma cause sur Moi, l'Unique. » (*L'Unique et sa propriété*, p. 333, J.-J. Pauvert.)

◆ 3. *Termes et expressions connexes*

Relation de voisinage
• seul.
Relation de dépendance
• anarchisme • individu • moi.
Relation d'opposition
• multiple • plusieurs.

Unité

◆ 1. *Définitions générales*

(n. f.) Étym. : lat. *unitas*, unité.
A. *Sens abstrait, philosophie* : caractère ou qualité de ce qui est un, de ce qui forme un tout (ex. : l'unité du moi).
B. *Sens concret* : membre ou élément d'un ensemble.
C. *Mathématiques* : grandeur finie, qui sert de base à la mesure des grandeurs d'espèce identique.

◆ 2. *Définitions particulières de philosophes*

ARISTOTE

« L'unité au sens strict, en donnant à ce mot sa signification littérale, est une mesure, [...] elle est par-dessus tout la mesure de la quantité, et ensuite celle de la qualité. » (*La Métaphysique*, liv. I, § 1, t. 2, p. 536, Vrin.)

◆ **3.** *Termes et expressions connexes*

Relation de voisinage
• un.
Relation de dépendance
• mesure • mathématiques • nombre • quantité • science • totalité.
Relation d'opposition
• diversité • dualité • multiplicité • pluralité.

Univers

◆ **1.** *Définitions générales*

(n. m.) Étym. : lat. *universum*, ensemble des choses, univers.
A. *Philosophie, métaphysique* : ensemble de tout ce qui existe dans l'espace et dans le temps (à distinguer du monde : il y a divers mondes, mais un seul univers).
B. *Psychologie* : ensemble des significations propres à un individu (ex. : l'univers d'un écrivain).

◆ **2.** *Définitions particulières de philosophes*

COMTE

(A) « On n'a point reconnu jusqu'à présent que la notion d'univers, c'est-à-dire la considération de l'ensemble des grands corps existants comme formant un système unique, était essentiellement fondée sur l'opinion primitive à l'égard de l'immobilité de la terre [...]. [Elle] est devenue essentiellement incertaine et même à peu près inintelligible. » (*Cours de philosophie positive*, Leçon 22, p. 361, Hermann.)

Universalité

◆ **1.** *Définitions générales*

(n. f.) Caractère de ce qui est universel.

◆ **2.** *Définitions particulières de philosophes*

KANT

« L'expérience ne donne jamais à ses jugements une véritable et stricte *universalité*, mais seulement une *universalité* supposée et relative [...]. Quand, au contraire, un jugement possède essentiellement une stricte universalité, on connaît à cela qu'il provient d'une source particulière de la connaissance, d'un pouvoir de connaissance *a priori*. » (*Critique de la raison pure*, Introduction II, 2e édition, p. 33, PUF.)

ALAIN

« Caractère de ce qui est admis par tous les hommes, dès qu'ils ont compris et qu'ils sont sans passion. La géométrie est un exemple d'universalité. » (*Définitions*, in Alain, *les Arts et les Dieux*, p. 1096, La Pléiade, Gallimard.)

◆ **3.** *Expressions et termes liés ou dérivés*

Universalité concrète (ou universel concret)

Chez Hegel, unité et être réel, obtenus à travers la synthèse des déterminations et contradictions antérieures, et ce au terme du processus dialectique. Cet universel est concret parce qu'il forme une totalité unique.

Universaux

◆ **1.** *Définitions générales*

(n. m.) Étym. : lat. *universalis*, universel.
Il s'agit d'une ancienne forme du pluriel du mot « universel » ; cette forme est ici employée substantivement. Les universaux désignent des idées générales, des termes applicables à tous les individus d'un même genre ou d'une même espèce (ex. : l'idée universelle d'*homme* fait partie des universaux).

◆ **2.** *Expressions et termes liés ou dérivés*

Querelle des universaux

Cette polémique opposa, au Moyen Âge, les *nominalistes*, qui refusaient l'existence réelle aux termes universels ou universaux (pour eux, ces termes universels n'étaient que des mots), et les *réalistes*, pour qui les universaux ont une existence réelle.

Universel

◆ **1.** *Définitions générales*

(n. m.-adj.) Étym. : lat. *universalis*, universel, général.
A. *Sens général* : qui concerne l'univers, l'ensemble de tout ce qui existe (ex. : l'attraction universelle) ; qui concerne les hommes en tant qu'ils forment une collectivité (ex. : le suffrage universel).
B. *Logique* : désigne ce qui s'applique à tous les cas, sans nulle exception, ce qui s'étend à tout l'ensemble des êtres considérés ; en particulier, un *sujet* est universel en tant qu'il est pris dans toute son extension, un *attribut* est universel en tant qu'il appartient à tous les individus d'une classe.

◆ **2.** *Définitions particulières de philosophes*

ARISTOTE

(B) « J'appelle *universel* l'attribut qui appartient à tout sujet, par soi, et en tant que lui-

même. » (*Organon*, *Seconds Analytiques*, liv. 1, § 4, p. 27, Vrin.)
(B) « L'universel, ce qui s'applique à tous les cas, est impossible à percevoir, car ce n'est ni une chose déterminée, ni un moment déterminé, sinon ce ne serait pas un universel, puisque nous appelons universel ce qui est toujours et partout. » (*Organon*, *Seconds Analytiques*, liv. 1, § 31, p. 147, Vrin.)
Voir aussi INDIVIDU, p. 141.

◆ **3.** *Expressions et termes liés ou dérivés*

Proposition universelle

Logique : proposition où l'attribut s'applique à tous les individus composant l'extension du sujet (ex. : « Tout homme est mortel »).

KANT

Voir GÉNÉRAL, p. 115.

Universalisation

(n. f.) Passage du particulier ou du singulier à l'universel.

◆ **4.** *Termes et expressions connexes*

Relation de voisinage
- général.

Relation de dépendance
- abstraction • éthique • Idée • logique • nécessité • proposition • science • sujet • valeurs • vérité.

Relation d'opposition
- individuel • particulier • partiel • singulier.

Univoque

(adj.) Étym. : lat. *univocus*, qui n'a qu'un son, qui n'a qu'un seul nom.
Se dit d'un terme ayant le même sens quand on l'applique à des choses différentes (opposé à équivoque).

Utile

◆ **1.** *Définitions générales*

(n. m.-adj.) Étym. : lat. *utilis*, qui sert, utile, profitable.
A. Ce qui sert de moyen par rapport à une fin (conçue comme bonne).
B. Ce qui sert ou contribue au bonheur ou à la vie.

◆ **2.** *Définitions particulières de philosophes*

KANT

« De certaines choses qui ne plaisent que comme moyens, nous disons qu'elles sont *bonnes* à quelque chose (l'utile). » (*Critique du jugement*, « Critique du jugement esthétique », § 4, p. 42, Vrin.)

Utilitarisme

◆ **1.** *Définitions générales*

(n. m.) Étym. : lat. *utilitas*, utilité, avantage.
Doctrine philosophique (*Jeremy Bentham*, philosophe anglais, 1748-1832, J. S. *Mill*, philosophe anglais, 1806-1873, notamment) prenant pour principe ou critère des valeurs (morales, etc.) l'utile et l'utilité. Aux yeux de Bentham, le principe d'utilité suppose une recherche calculée des plaisirs (l'« arithmétique des plaisirs »). Stuart Mill prendra en compte la qualité des plaisirs.

◆ **2.** *Définitions particulières de philosophes*

MILL

« La doctrine qui donne comme fondement à la morale l'utilité ou le principe du plus grand bonheur affirme que les actions sont bonnes ou sont mauvaises dans la mesure où elles tendent à accroître le bonheur, ou à produire le contraire du bonheur. Par ''bonheur'', on entend le plaisir et l'absence de douleur ; par ''malheur'', la douleur et la privation de plaisir. » (*L'Utilitarisme*, p. 48, Champs, Flammarion.)

Utopie

◆ **1.** *Définitions générales*

(n. f.) Étym. : terme créé par Thomas More (1478-1535), à partir du grec *ou*, ne pas, et *tópos*, lieu : qui n'est en aucun lieu. Ce mot d'Utopie désignait, chez More, une cité imaginaire méprisant l'or.
A. *Philosophie* : projet d'une société idéale (ex. : phalanstère de Fourier).
B. *Sens péjoratif* : projet jugé chimérique et irréalisable.

◆ **2.** *Définitions particulières de philosophes*

RUSS

« L'utopie, c'est-à-dire ce qui n'appartient à nul lieu, représente la part de rêve dont nous sommes porteurs, part de rêve indispensable à qui veut authentiquement construire le réel. » (*Le Socialisme utopique français*, p. 189, Bordas.)

V

Valable

Voir VALEUR.

Valeur

Ce terme a pris toute son importance aux XIXe et XXe siècles, avec les analyses de Marx, qui l'explicite économiquement, de Nietzsche, qui procède à une description de l'origine des valeurs morales, et de Sartre, qui y voit le produit de la liberté humaine créatrice.

◆ 1. *Définitions générales*

(n. f.) Étym. : lat. *valor*, valeur.

A. *Sens primitif* : courage, vaillance (« la valeur n'attend pas le nombre des années »).

B. *Sens usuel, philosophique* : caractère des choses telles qu'elles sont préférées, plus ou moins désirées, jugées supérieures, désirables, etc. (ex. : la valeur de la science).

C. *Sens usuel, philosophique* : être désirable et répondant à une aspiration de la conscience (ex. : les valeurs du vrai, du beau, du bien).

D. *Économie* : propriété que présente une chose de répondre à la satisfaction des besoins d'un sujet.

E. *Mathématiques* : expression numérique d'une inconnue ou d'une variable.

F. *Morale* : ce qui est posé comme idéal par l'agent moral et fournit des normes à sa conduite.

◆ 2. *Définitions particulières de philosophes*

HOBBES

« La valeur ou l'*importance* d'un homme, c'est, comme pour tout autre objet, son prix, c'est-à-dire ce qu'on donnerait pour disposer de son pouvoir. » (*Léviathan*, p. 83, Sirey.)

MARX

(D) « Un article quelconque n'a une valeur qu'autant que du travail humain est matérialisé en lui.

Comment mesurer maintenant la grandeur de sa valeur ? Par le *quantum* de la substance "créatrice de valeur" contenue en lui, du travail. » (*Le Capital*, liv. 1, t. 1, p. 54, Éditions sociales.)

NIETZSCHE

« Nos valeurs sont des *interprétations introduites par nous* dans les choses [...] Toute signification n'est-elle pas justement une signification *relative*, une perspective ? » (*La Volonté de puissance*, trad. Bianquis, liv. 2, t. 1, § 134, p. 239, Gallimard.)

LAGNEAU

(B) « Affirmer que quelque chose existe, ce n'est pas seulement affirmer l'être auquel cette chose se rattache, c'est-à-dire une nécessité dont elle dépend et qui lui permet de s'offrir à nos sens, c'est encore et d'abord affirmer que quelque chose doit être, c'est-à-dire a une valeur. » (*Célèbres Leçons et Fragments*, p. 259, PUF.)

SARTRE

« [La valeur] est comme le sens et l'au-delà de tout dépassement. » (*L'Être et le Néant*, 2e partie, chap. 1, § 3, p. 132, Tel, Gallimard.)

◆ 3. *Expressions et termes liés ou dérivés*

Valeur d'échange

Économie : proportion selon laquelle une chose est échangée contre d'autres (ex. : un couteau contre dix pommes).

MARX

« La valeur d'échange apparaît d'abord comme le rapport *quantitatif*, comme la proportion dans laquelle des valeurs d'usage d'espèce différente s'échangent l'une contre l'autre, rapport qui change constamment avec le temps et le lieu. » (*Le Capital*, liv. 1, t. 1, p. 52, Éditions sociales.)

Valeur d'usage

Économie : caractère d'une chose d'être plus ou moins utile réellement ; valeur fondée sur l'utilité et correspondant à la satisfaction d'un besoin.

MARX

« L'utilité d'une chose fait de cette chose une valeur d'usage. » (*Le Capital*, liv. 1, t. 1, p. 52, Éditions sociales.)

Valeur de vérité

En *logique classique*, caractère que possède un énoncé d'être vrai ou faux. En *logique moderne*, il existe d'autres caractères que le vrai et le faux (ex. : probable).

Jugement de valeur

Jugement énonçant une estimation et supposant une appréciation, par opposition au jugement de réalité, qui porte sur ce qui est.

NIETZSCHE

« Nos jugements de valeur déterminent quelles sont les choses que nous acceptons et comment nous les acceptons. Mais ces jugements de valeur sont inspirés et réglés par notre volonté de puissance. » (*La Volonté de puissance*, trad. Bianquis, liv. 2, t. 1, § 30, p. 209, Gallimard.)

DURKHEIM

Voir RÉALITÉ (JUGEMENT DE), p. 242.

Valable

(adj.) Étym. : lat. *valere*, être fort, vigoureux, puissant, avoir de la valeur.
a) sens courant : qui a de la valeur (ex. : un tableau valable) ;
b) droit : qui remplit les conditions pour produire un effet ou être reçu en justice ; fondé en droit (ex. : un contrat valable) ;
c) logique : qui correspond ou obéit aux normes de la logique.

◆ **4.** *Termes et expressions connexes*

Relation de voisinage
• courage • mérite • norme morale • prix.
Relation de dépendance
• axiologie • échanges • esthétique • estime • hiérarchie • jugement • morale.
Relation d'opposition
• être • médiocrité.

Valide

◆ **1.** *Définitions générales*

(adj.) Étym. : lat. *validus*, fort, puissant.
A. *Droit* : qui n'est entaché d'aucune cause de nullité ; qui est fondé en droit (ex. : un passeport valide).
B. *Logique* : qui est en accord avec les règles formelles commandant le raisonnement.

◆ **2.** *Expressions et termes liés ou dérivés*

Validité

a) droit : fait d'être fondé en droit.
b) logique : caractère de cohérence formelle d'une démonstration, indépendamment de son contenu et de la vérité matérielle à proprement parler.

Vanité

◆ **1.** *Définitions générales*

(n. f.) Étym. : lat. *vanitas*, état de vide, de non-réalité.
A. Caractère de ce qui est vide, vain, sans consistance (ex. : la vanité d'une entreprise).
B. Défaut de celui qui se vante, de celui qui est satisfait de lui-même, mais sans raison sérieuse.

◆ **2.** *Définitions particulières de philosophes*

NIETZSCHE

(B) « Une des choses qu'un esprit aristocratique a le plus de peine à comprendre, c'est la vanité ; [...]. Le problème est pour lui de se représenter des êtres qui cherchent à éveiller en autrui une bonne opinion d'eux-mêmes qu'au fond ils ne partagent pas, et par conséquent ne méritent pas, après quoi ils en viennent eux-mêmes à croire à cette bonne opinion. » (*Par-delà le bien et le mal*, 9e partie, § 261, p. 214, 10/18, UGE.)

BERGSON

(B) « C'est une admiration de soi fondée sur l'admiration qu'on croit inspirer aux autres. » (*Le Rire*, p. 109, Skira.)

ALAIN

(B) « Consiste à jouir d'un bien d'après ce qu'on suppose que les autres en pensent. » (*Définitions*, in Alain, *les Arts et les Dieux*, p. 1097, La Pléiade, Gallimard.)

Variation

(n. f.) Étym. : lat. *variatio*, action de varier.
Biologie : dans le darwinisme, changement faible et fortuit se produisant, à chaque génération, dans une espèce ; cette modification légère permettrait (en accompagnant la sélection naturelle) l'évolution des espèces.

Vécu

◆ **1.** *Définitions générales*

(n. m.)
Phénoménologie : ce qui, en toute expérience, est éprouvé de manière immédiate et irréductible.

◆ **2.** *Définitions particulières de philosophes*

SCHÉRER

« [Le vécu] n'est pas l'expérience au sens courant du mot, mais ce qui, en toute expérience, est irréductible, originel [...] : mon vécu n'est pas un savoir, ni une perception, mais précisément ma conscience. » (Article

« Husserl », in *Histoire de la philosophie*, Encyclopédie de la Pléiade, t. 3, p. 534, Gallimard.)

Velléité

◆ 1. *Définitions générales*

(n. f.) Étym. : lat. *velle*, vouloir, désirer, souhaiter.
Psychologie : volition faible et passagère, demeurant à l'état d'ébauche ; privée de continuité, elle n'aboutit pas à l'acte réel, dans son accomplissement (par opposition à la volonté).

◆ 2. *Définitions particulières de philosophes*

LEIBNIZ

« Une pure velléité, terme qu'on a employé pour signifier le plus bas degré du désir, qui approche le plus de cet état où se trouve l'âme à l'égard d'une chose qui lui est tout à fait indifférente, lorsque le déplaisir que cause l'absence d'une chose est si peu considérable qu'il ne porte qu'à de faibles souhaits sans engager de se servir des moyens de l'obtenir. » (*Nouveaux Essais sur l'entendement humain*, liv. 2, chap. 20, § 6, p. 129, Garnier-Flammarion.)

Véracité

◆ 1. *Définitions générales*

(n. f.) Étym. : lat. *verax*, véridique, qui dit la vérité.
Morale, philosophie : caractère de ce qui n'est pas trompeur.

◆ 2. *Définitions particulières de philosophes*

KANT

« L'homme a droit à sa propre véracité (*veracitas*), c'est-à-dire à la vérité subjective dans sa personne. » (*Droit de mentir*, pp. 67, 68, Vrin.)

HEGEL

« La *véracité* de la parole et de la conduite [...] consiste dans la conformité entre ce qui est et dont on a conscience et ce que l'on dit et montre aux autres » (*Propédeutique philosophique*, « Doctrine des devoirs ou morale », § 61, p. 77, Éditions de Minuit.)

◆ 3. *Expressions et termes liés ou dérivés*

Véracité divine

Chez *Descartes* : attribut de Dieu, qui garantit que les idées claires et distinctes sont vraies.

Verbe

◆ 1. *Définitions générales*

(n. m.) Étym. : lat. *verbum*, mot, terme, expression, parole.
A. *Sens étymologique (parfois encore valable)* : parole (ex. : avoir le verbe sonore).
B. *Sens grammatical* : mot exprimant une action, un état, etc., et présentant un ensemble de formes.
C. *Théologie* : la seconde personne de la Trinité chrétienne.

◆ 2. *Définitions particulières de philosophes*

MALEBRANCHE

« Le Verbe divin, en tant que raison universelle, renferme dans sa substance les idées primordiales de tous les êtres et créés et possibles. » (*Entretiens sur la métaphysique*, in F. Alquié, *Malebranche, textes choisis*, p. 108, Seghers.)

◆ 3. *Expressions et termes liés ou dérivés*

Verbal

(adj.) Étym. : lat. *verbalis*, de paroles, verbal.
a) qui concerne les mots, ce qui est exprimé oralement, de vive voix.
b) *péjoratif* : qui est fait seulement de mots, sans pensée réelle, dépourvu d'idées.

Verbalisme

(n. m.) Caractère de ce qui est vide d'idées et seulement fait de mots.

Véridique

Voir VÉRITÉ.

Vérification

(n. f.) Étym. : lat. *verificare*, présenter comme vrai.
A. *Sens ordinaire* : acte par lequel on contrôle qu'une proposition, une assertion, une hypothèse, etc., sont vraies.
B. *Épistémologie* : ensemble des opérations par lesquelles on contrôle, confirme ou infirme une hypothèse, etc.

Vérité

Définie à partir de la tradition médiévale (cf. saint Thomas) comme accord de la pensée avec le réel, la vérité cesse, au cours du XIXe siècle, de désigner une réalité neutre, objective et impersonnelle : Kierkegaard la relie à la subjectivité et à l'intériorité, et Nietzsche à nos conditions de croissance. S'effondre ainsi l'idée d'une vérité absolue et idéale.

◆ **1.** *Définitions générales*

(n. f.) Étym. : lat. *veritas*, la vérité, le vrai, la réalité.

A. *Logique* : caractère de ce qui est vrai en tant qu'il exprime l'accord de la pensée avec elle-même.

B. *Métaphysique, philosophie* : conformité de la pensée et de son objet ; adéquation de la connaissance.et du réel.

◆ **2.** *Définitions particulières de philosophes*

SAINT THOMAS

(B) « On définit la vérité par la conformité de l'intellect et du réel. Connaître cette conformité, c'est donc connaître la vérité. » (*Somme théologique*, in J. Rassam, *Saint Thomas, l'être et l'esprit*, p. 74, PUF.)

MALEBRANCHE

« C'est une vérité que 2 fois 2 sont 4 ou que 2 fois 2 ne sont pas 5. Mais que [voit-on] alors sinon un rapport d'égalité entre 2 fois 2 et 4 ou un rapport d'inégalité entre 2 fois 2 et 5. Ainsi les vérités ne sont que des rapports : mais des rapports réels et intelligibles. » (*Méditations chrétiennes*, Méditation 4, p. 57, Aubier.)

LEIBNIZ

« Il y a [...] deux sortes de *vérités*, celles de *Raisonnement* et celles de *Fait*. Les vérités de *Raisonnement* sont nécessaires et leur opposé est impossible, et celles de *Fait* sont contingentes et leur opposé est possible. » (*La Monadologie*, § 33, pp. 159, 160, Delagrave.)

HUME

(A-B) « La vérité comporte deux genres : elle consiste soit dans la découverte des rapports des idées considérées comme telles, soit dans la conformité de nos idées des objets aux objets tels qu'ils existent réellement. » (*Traité de la nature humaine*, p. 561, Aubier.)

KANT

(B) « La définition nominale de la vérité qui en fait l'accord de la connaissance avec son objet est ici admise et présupposée. » (*Critique de la raison pure*, « Logique transcendantale », p. 80, PUF.)

HEGEL

(B) « La vérité est accord du concept avec son objectalité. C'est dans le jugement que commence cette représentation du concept et de son objectalité, par conséquent le domaine de la vérité. » (*Propédeutique philosophique*, « Doctrine du concept », § 13, p. 142, Éditions de Minuit.)

KIERKEGAARD

« *L'incertitude objective appropriée fermement par l'intériorité la plus passionnée, voilà la vérité*, la plus haute vérité qu'il y ait pour un sujet *existant* [...]. La vérité consiste précisément dans ce coup d'audace qui choisit l'incertitude objective avec la passion de l'infini. » (*Post-scriptum aux miettes philosophiques*, p. 134, Gallimard.)

NIETZSCHE

« L'*essence de la ''vérité''*, c'est cette appréciation : ''Je crois que ceci ou cela est ainsi.'' Ce qui s'exprime dans ce jugement, ce sont des *conditions nécessaires à notre conservation et à notre croissance.* » (*La Volonté de puissance*, trad. Bianquis, liv. 1, t. 1, § 192, p. 97, Gallimard.)

« Les vérités sont des illusions dont on a oublié qu'elles le sont, des métaphores qui ont été usées et qui ont perdu leur force sensible. » (*Le Livre du philosophe*, p. 183, Aubier-Flammarion.)

◆ **3.** *Expressions et termes liés ou dérivés*

Vérité formelle

Logique, mathématiques : vérité qui consiste dans l'accord de la connaissance avec elle-même, en faisant abstraction de l'objet.

Vérité matérielle

Dans les *sciences expérimentales*, notamment : vérité qui consiste dans l'accord de la connaissance avec les phénomènes.

KANT

« La vérité matérielle doit consister dans [l']accord d'une connaissance avec [un] objet déterminé auquel elle est rapportée [...]. La vérité *formelle* consiste simplement dans l'accord de la connaissance avec elle-même en faisant complètement abstraction de tous les objets et de toute différence entre eux. » (*Logique*, Introduction VII, pp. 55, 56, Vrin.)

Véridique

(adj.) Étym. : lat. *veridicus*, véridique, qui dit la vérité.

a) concernant une faculté : sûr.
b) concernant un homme : qui dit la vérité.
c) concernant un témoignage ou un récit, etc. : conforme à la vérité, à ce qui est constaté.

◆ **4.** *Termes et expressions connexes*

Relation de voisinage

• exactitude • justesse.

Relation de dépendance

• conformité • connaissance • expérience • jugement • méthode • raisonnement • rapport (Malebranche) • réalité • utilité (James).

Relation d'opposition
• apparence • erreur • fausseté
• mensonge.

Vertu

◆ 1. *Définitions générales*

(n. f.) Étym. : lat. *virtus*, qualités qui font la valeur de l'homme moral et physique, mérite essentiel, vertu.

A. *Sens premier* : puissance, force, pouvoir, efficacité ; propriété d'une chose (ex. : la vertu dormitive de l'opium, la vertu d'un médicament).

B. *Éthique, morale* : disposition habituelle à accomplir le bien, à réaliser un acte moral.

◆ 2. *Définitions particulières de philosophes*

CONFUCIUS

« La vertu parfaite consiste à juger des autres par soi-même, et à les traiter comme on désire être traité soi-même. » (Cité in *Les Idéologies*, « Le Confucianisme », p. 95, Marabout Université, Hachette.)

PLATON

« La vertu [aretè] est [...] la raison, en tout ou en partie. » (*Ménon*, in *Platon, Œuvres complètes*, t. 3, 2e partie, p. 263, Budé, Belles Lettres.)

ARISTOTE

(B) « La vertu est [...] une disposition acquise volontaire, consistant, par rapport à nous, dans la mesure, définie par la raison conformément à la conduite d'un homme réfléchi [...]. Si, selon son essence [...], la vertu consiste en une juste moyenne, par rapport au bien et à la perfection, elle se place au point le plus élevé. » (*Éthique de Nicomaque*, liv. 2, p. 71, Garnier-Flammarion.)

(B) « La vertu est cette disposition qui nous rend capables de poser les meilleurs actes et qui nous dispose le mieux possible à l'égard de ce qu'il y a de meilleur, le meilleur et le plus parfait étant ''ce qui est conforme à la droite raison'', c'est-à-dire le milieu entre l'excès et le défaut par rapport à nous. » (*Éthique à Eudème*, p. 95, Vrin.)

SAINT THOMAS

(A-B) « La vertu implique la perfection d'une puissance [...]. [Elle] est une habitude bonne et productrice de bien. » (*Somme théologique*, in J. Rassam, *Saint Thomas, l'être et l'esprit*, p. 116, PUF.)

DESCARTES

(B) « La vertu ne consiste qu'en la résolution et la vigueur avec laquelle on se porte à faire les choses qu'on croit être bonnes, pourvu que cette vigueur ne vienne pas d'opiniâtreté. » (*Lettre à Christine de Suède, 20 novembre 1647*, in *Descartes, Œuvres, lettres*, p. 1283, La Pléiade, Gallimard.)

SPINOZA

(A) « Par vertu et puissance j'entends la même chose ; c'est-à-dire (Prop. 7, p. III) la vertu, en tant qu'elle se rapporte à l'homme, est l'essence même ou la nature de l'homme en tant qu'il a le pouvoir de faire certaines choses se pouvant connaître par les seules lois de sa nature. » (*Éthique*, 4e partie, Définition 8, in *Œuvres de Spinoza*, t. 3, p. 221, Garnier-Flammarion.)

(A) « La vertu est la puissance même de l'homme, qui se définit par la seule essence de l'homme, c'est-à-dire qui se définit par le seul effort par où l'homme s'efforce de persévérer dans son être. » (*Éthique*, 4e partie, Proposition 20, in *Œuvres de Spinoza*, t. 3, p. 238, Garnier-Flammarion.)

KANT

(B) « La *vertu* est la force des maximes de l'homme dans l'accomplissement de son devoir. » (*Métaphysique des mœurs, Doctrine de la vertu*, Introduction IX, p. 66, Vrin.)

(B) « La vertu est [...] la force morale de la volonté d'un *homme* dans l'accomplissement de son *devoir*. » (*Métaphysique des mœurs, Doctrine de la vertu*, Introduction XIV, p. 77, Vrin.)

◆ 3. *Expressions et termes liés ou dérivés*

Vertus cardinales

Morale : les quatre vertus qui représentent le pivot (lat. *cardo*, pivot, point sur lequel tout roule) de la vie morale : sagesse, courage, justice, tempérance.

Vertus théologales

Théologie : elles ont Dieu pour objet. Ce sont la foi, l'espérance et la charité.

◆ 4. *Termes et expressions connexes*

Relation de voisinage
• efficacité • force d'âme • puissance.

Relation de dépendance
• bien • devoir • équilibre • morale • raison • sagesse • volonté.

Relation d'opposition
• défaut • vice.

Vice

(n. m.) Étym. : lat. *vitium*, défaut, imperfection, vice.

A. *Sens général* : défaut dans quelque chose (ex. : un vice de constitution, de forme).

B. *Droit* : défaut rendant nulle une procédure judiciaire.
C. *Logique* : ce qui, par la négation des règles ou formes logiques, rend une pensée défectueuse.
D. *Morale* : disposition habituelle, permanente, enracinée, à accomplir le mal (par opposition à la vertu).

Vide

◆ 1. *Définitions générales*

(n. m.) Étym. : lat. *vacuus*, vide, inoccupé.
A. *Métaphysique, physique* : absence de matière, espace qui ne contient pas de matière.
B. *Sens psychologique* : désigne le manque de substance, de contenu, de réalité ou d'intérêt (ex. : le vide de l'existence).

◆ 2. *Définitions particulières de philosophes*

DESCARTES

« Pour ce qui est du vide, au sens que les philosophes prennent ce mot, à savoir, pour un espace où il n'y a point de substance, il est évident qu'il n'y a point d'espace en l'univers qui soit tel. » (*Les Principes de la philosophie*, 2ᵉ partie, § 16, in *Descartes, Œuvres, lettres*, p. 620, La Pléiade, Gallimard.)

BERGSON

(A-B) « Qu'il s'agisse d'un vide de matière ou d'un vide de conscience, *la représentation du vide est toujours une représentation pleine, qui se résout à l'analyse en deux éléments positifs : l'idée, distincte ou confuse, d'une substitution, et le sentiment, éprouvé ou imaginé, d'un désir ou d'un regret.* » (*L'Évolution créatrice*, p. 283, PUF.)

Vie

Définir la vie de manière purement scientifique, est-ce possible ? C'est ce que tente Bichat, en 1800, avec sa célèbre définition : « La vie est l'ensemble des forces résistant à la mort. » Avec Nietzsche — qui rapproche vie et Volonté de puissance — et Bergson — qui voit dans la vie un élément de création irréductible au mécanisme, un « élan vital » —, la vie retrouve un éclairage philosophique (Nietzsche) et métaphysique (Bergson).

◆ 1. *Définitions générales*

(n. f.) Étym. : lat. *vita*, vie, existence.
A. *Sens ordinaire* : intervalle de temps compris entre la naissance et la mort ; ensemble des événements se succédant pendant cet intervalle (ex. : une vie brève).
B. *Biologie* : ensemble des caractères propres aux organismes animés (ce sont les manifestations d'assimilation, de croissance et de reproduction) ; dans la biologie moderne, exécution du programme génétique contenu dans la cellule initiale d'un organisme.

◆ 2. *Définitions particulières de philosophes*

KANT

« La faculté d'un être d'agir selon ses représentations s'appelle la vie. » (*Métaphysique des mœurs, Doctrine du droit*, « Introduction à la Métaphysique des mœurs », I, p. 85, Vrin.)

CUVIER

(B) « Notre propre corps, et plusieurs autres qui ont avec lui des rapports de forme et de structure plus ou moins marqués, paraissent résister pendant un certain temps aux lois qui gouvernent les corps bruts [...] nous employons les noms de *vie* et de *force vitale* pour désigner ces exceptions, au moins apparentes, aux lois générales. » (*Leçons d'anatomie comparée*, t. 1, pp. 1, 2, Baudouin, an VIII.)

BICHAT

(B) « On cherche dans des considérations abstraites la définition de la vie ; on la trouvera, je crois, dans cet aperçu général : *la vie est l'ensemble des fonctions qui résistent à la mort.* » (*Recherches physiologiques sur la vie et la mort*, p. 1, Béchet jeune et Gabon, 1822.)

COMTE

(B) « La vie, réduite à sa notion la plus simple et la plus générale, est essentiellement caractérisée par le double mouvement continu d'absorption et d'exhalation, dû à l'action réciproque de l'organisme et du milieu ambiant, et propre à maintenir, entre certaines limites de variation, pendant un temps déterminé, l'intégrité de l'organisation. » (*Cours de philosophie positive*, Leçon 41, in *Auguste Comte, Philosophie des sciences, textes choisis*, pp. 107, 108, PUF.)

BERNARD

(B) « La vie est la *création organique* ; la mort est la *destruction organique*. » (*Principes de médecine expérimentale*, p. 242, Quadrige, PUF.)
(B) « La vie, c'est la création des éléments organiques, du milieu intérieur et de l'organisme total. » (*Principes de médecine expérimentale*, p. 275, Quadrige, PUF.)

NIETZSCHE

« La *vie*, qui est pour nous la forme la mieux connue de l'être, est spécifiquement la volonté d'accumuler de la force [...]. [La vie] est essentiellement l'effort vers plus de puissance ; sa réalité la plus profonde, la plus intime, c'est ce vouloir. » (*La Volonté de puissance*, trad. Bianquis, liv. 2, t. 1, § 41, pp. 212, 213, Gallimard.)

BERGSON

« *La vie apparaît comme un courant qui va d'un germe à un germe par l'intermédiaire d'un organisme développé.* » (*L'Évolution créatrice*, p. 27, PUF.)

« Toutes nos analyses nous montrent en effet dans la vie un effort pour remonter la pente que la matière descend. » (*L'Évolution créatrice*, p. 246, PUF.)

« La vie entière, depuis l'impulsion initiale qui la lança dans le monde, [apparaît] comme un flot qui monte, et que contrarie le mouvement descendant de la matière. » (*L'Évolution créatrice*, p. 269, PUF.)

ATLAN

(B) « La vie est l'ensemble des fonctions capables d'utiliser la mort. » (*Entre le cristal et la fumée*, p. 278, Points, Le Seuil.)

◆ 3. *Termes et expressions connexes*

Relation de voisinage

• vivant.

Relation de dépendance

• âme • biologie • corps • fonction • organisme • sensibilité • volonté de puissance (Nietzsche) • temps.

Relation d'opposition

• matière inanimée • mort.

Violence

Au XIXe siècle, cette notion ambiguë, à la fois négative et positive, est analysée dans une perspective historique par Marx et Engels, qui exaltent les vertus édificatrices de la violence. A l'époque contemporaine, Sartre réfléchit également sur la violence dans le cadre de l'histoire.

◆ 1. *Définitions générales*

(n. f.) Étym. : lat. *violentia*, violence, force violente.

Recours à la force, pour soumettre quelqu'un (contre sa volonté) ; exercice de la force, pratiqué contre le droit.

◆ 2. *Définitions particulières de philosophes*

ENGELS

« [La violence est] l'accoucheuse de toute vieille société qui en porte une nouvelle dans ses flancs. » (*Anti-Dühring*, p. 211, Éditions sociales.)

ALAIN

« C'est un genre de force, mais passionnée, et qui vise à briser la résistance par la terreur. La violence définit le crime, lorsqu'elle s'exerce contre la personne humaine. » (*Définitions*, in *Alain, les Arts et les Dieux*, p. 1098, La Pléiade, Gallimard.)

JANKÉLÉVITCH

« Il ne serait pas exagéré de définir la violence : une force faible. » (*Le Pur et l'Impur*, p. 169, Flammarion.)

SARTRE

« La violence n'est pas un moyen parmi d'autres d'atteindre la fin, mais le choix délibéré d'atteindre la fin par *n'importe quel moyen*. C'est pourquoi la maxime de la violence est "la fin justifie les moyens". » (*Cahiers pour une morale*, p. 180, Gallimard.)

« La violence [...] ne peut se définir sans relation à des lois qu'elle viole (lois humaines ou naturelles). Elle représente la mise en suspens de ces lois, la "vacance de la légalité". Au contraire l'oppression peut être institutionnelle. » (*Cahiers pour une morale*, p. 579, Gallimard.)

◆ 3. *Termes et expressions connexes*

Relation de voisinage

• brutalité • contrainte.

Relation de dépendance

• agressivité • autrui • droit • fin • force • guerre • histoire • pouvoir.

Relation d'opposition

• négociation • non-violence.

Virtualité

◆ 1. *Définitions générales*

(n. f.) Étym. : lat. *virtus*, qualité distinctive, mérite essentiel.

Caractère de ce qui est virtuel.

◆ 2. *Expressions et termes liés ou dérivés*

Virtuel

Métaphysique : qui existe seulement en puissance et non en acte ; également synonyme d'implicite ou d'inné (*Leibniz*).

Vision

◆ 1. *Définitions générales*

(n. f.) Étym. : lat. *visio*, action de voir, vue.

A. *Sens courant* : fonction de la vue.

B. *Sens courant, surtout au pluriel* : hallucinations.

C. *Philosophie, métaphysique* : intuition, connaissance directe.

◆ 2. *Expressions et termes liés ou dérivés*

Vision en Dieu

Conception de Malebranche, selon laquelle l'homme connaît toutes les réalités par une vue directe, en Dieu, des idées intelligibles de ces réalités.

MALEBRANCHE

« Selon notre sentiment nous voyons Dieu, lorsque nous voyons des vérités éternelles, non que ces vérités soient Dieu, mais parce que les idées dont ces vérités dépendent sont en Dieu » (*De la recherche de la vérité*, in *Malebranche*, *Œuvres*, t. 1, p. 344, La Pléiade, Gallimard.)

Vital

◆ 1. *Définitions générales*

(adj.) Étym. : lat. *vitalis*, de la vie, qui concerne la vie.

Qui concerne la vie ; essentiel à la vie.

◆ 2. *Expressions et termes liés ou dérivés*

Élan vital

Chez *Bergson* : force et impulsion de création qui traverse la matière en se diversifiant et qui s'oriente dans de multiples directions (instinct, intelligence, etc.).

BERGSON

« *Élan originel* de la vie, passant d'une génération de germes à la génération suivante de germes par l'intermédiaire des organismes développés qui forment entre les germes le trait d'union. » (*L'Évolution créatrice*, p. 88, PUF.)

« L'*élan de vie* dont nous parlons consiste [...] dans une exigence de création. Il ne peut créer absolument, parce qu'il rencontre devant lui la matière, c'est-à-dire le mouvement inverse du sien. Mais il se saisit de cette matière, qui est la nécessité même, et il tend à y introduire la plus grande somme possible d'indétermination et de liberté. » (*L'Évolution créatrice*, p. 252, PUF.)

Principe vital

Selon les vitalistes, principe énergétique distinct de la matière et commandant les phénomènes de la vie.

BARTHEZ [1]

« J'appelle *Principe vital* de l'Homme, la cause qui produit tous les phénomènes de la vie dans le corps humain. » (*Nouveaux Éléments de la science de l'homme*, cité in G. Canguilhem, *La Connaissance de la vie*, p. 86, Vrin.)

1. Médecin français de l'école de Montpellier, 1734-1806. Un des fondateurs du vitalisme.

Vitalisme

◆ 1. *Définitions générales*

(n. m.)

Doctrine provenant d'*Aristote*, se retrouvant chez *Leibniz*, soutenue comme théorie biologique par *Barthez* et l'*École de Montpellier*, selon laquelle un principe propre au vivant expliquerait la vie. On peut également qualifier de vitalisme — en une acception plus moderne — la doctrine ou conception selon laquelle il est impossible d'expliquer la vie et les phénomènes vitaux par les propriétés ou les constituants physico-chimiques des organismes.

◆ 2. *Définitions particulières de philosophes*

BERNARD

Voir ANIMISME, p. 21.

CAULLERY

« [Dans le] *vitalisme* de l'École de Montpellier, [...] ce n'est plus l'âme qui est invoquée pour diriger les phénomènes de la vie, mais un *principe vital*, qui règle tout le détail. » (« Les Sciences biologiques », in *Histoire de la science*, Encyclopédie de la Pléiade, p. 1200, Gallimard.)

◆ 3. *Expressions et termes liés ou dérivés*

Vitaliste

COURNOT

« Les vitalistes sont tous ceux qui n'admettent pas que les phénomènes de la vie, à quelque étage qu'on les observe, puissent s'expliquer par le jeu seul des forces mécaniques, physiques, chimiques, opérant sur des groupes d'atomes convenablement disposés ; et qui dès lors sont amenés à concevoir une force ou des forces d'une autre nature, sans *substratum* matériel. » (*Traité de l'enchaînement des idées fondamentales dans les sciences et dans l'histoire*, t. 1, p. 484, Hachette et Cie.)

MONOD

« On peut [...] définir [...] un premier groupe de théories comme admettant un principe téléonomique qui est expressément supposé n'opérer qu'au sein de la biosphère, de la ''matière vivante''. Ces théories, que j'appellerai *vitalistes*, impliquent donc une distinction radicale entre les êtres vivants et l'univers inanimé. » (*Le Hasard et la Nécessité*, p. 43, Points, Le Seuil.)

Vivant

◆ 1. Définitions générales

(n. m.-adj.) Étym. : lat. vivus, vivant.
Biologie : se dit de tout système organisé, expérimentant un renouvellement permanent lié à des phénomènes de nutrition et d'assimilation, système s'autoréparant et se reproduisant.

◆ 2. Définitions particulières de philosophes

PLATON

« Que faut-il qui se trouve en un corps pour qu'il soit vivant ? Une âme [...]. Ainsi, quoi qu'elle occupe, l'âme y vient toujours en y apportant la vie. » (*Phédon*, in *Platon, Œuvres complètes*, p. 184, Garnier.)

DESCARTES

Voir MÉCANISME, p. 173.

LEIBNIZ

« Chaque corps vivant a une entéléchie dominante qui est l'âme dans l'animal ; mais les membres de ce corps vivant sont pleins d'autres vivants, plantes, animaux, dont chacun a encore son entéléchie ou son âme dominante. » (*La Monadologie*, § 70, p. 180, Delagrave.)
Voir aussi ANIMAL, p. 20.

HEGEL

« Le vivant est un tout dont les parties ne sont pas pour elles-mêmes, mais seulement par le tout et en lui, *parties organiques*, où matière et forme constituent une unité indivisible. » (*Propédeutique philosophique*, « Encyclopédie philosophique », § 85, p. 184, Éditions de Minuit.)

BERNARD

« Examinons [...] quels sont les caractères généraux des êtres vivants. [...] : l'organisation ; la génération ; la nutrition, l'évolution ; la caducité, la maladie, la mort. » (*Leçons sur les phénomènes de la vie*, t. 1, p. 32, Librairie Baillière et fils).

BERGSON

« Chaque être vivant est un système clos de phénomènes, incapable d'interférer avec d'autres systèmes. Changement continu d'aspect, irréversibilité des phénomènes, individualité parfaite d'une série enfermée en elle-même, voilà les caractères extérieurs (réels ou apparents, peu importe) qui distinguent le vivant du simple mécanique. » (*Le Rire*, p. 63, Skira.)

◆ 3. Termes et expressions connexes

Relation de voisinage
• existant • vie.

Relation de dépendance
• âme • animal • assimilation • reproduction • système organisé • vitalisme.

Relation d'opposition
• inanimé • inorganique • mort.

Vivre

◆ 1. Définitions générales

(v.) Étym. : lat. *vivere*, vivre, être vivant.
A. Être en vie ; actualiser les potentialités de la vie.
B. Posséder les moyens matériels permettant de pourvoir à ses besoins.

◆ 2. Définitions particulières de philosophes

NIETZSCHE

« Vivre, c'est essentiellement dépouiller, blesser, violenter le faible et l'étranger, l'opprimer, lui imposer durement ses formes propres, l'assimiler. » (*Par-delà le bien et le mal*, 9e partie, § 259, p. 209, 10/18, UGE.)

Volition

◆ 1. Définitions générales

(n. f.) Étym. : lat. *volo*, je veux, je désire, je souhaite.
Métaphysique, psychologie : acte de la volonté, dans un cas déterminé (terme vieilli).

◆ 2. Définitions particulières de philosophes

SPINOZA

« Il n'y a dans l'Âme [...] aucune faculté absolue de vouloir et de non-vouloir, mais seulement des volitions singulières, c'est-à-dire telle et telle affirmation et telle et telle négation. » (*Éthique*, 2e partie, Proposition 49, in *Œuvres de Spinoza*, t. 3, p. 125, Garnier-Flammarion.)

LEIBNIZ

« La *volition* est l'effort ou la tendance (*conatus*) d'aller vers ce qu'on trouve bon, et loin de ce qu'on trouve mauvais. » (*Nouveaux Essais sur l'entendement humain*, liv. 2, chap. 21, § 5, p. 135, Garnier-Flammarion.)

Volontaire

◆ 1. Définitions générales

(n. m.-adj.) Étym. : lat. *voluntarius*, volontaire, qui agit librement.
Philosophie, psychologie : qui n'est pas contraint, mais résulte d'un acte de volonté.

◆ **2.** *Expressions et termes liés ou dérivés*

Acte volontaire

Psychologie : acte caractérisé par la réflexion et la liberté de la décision. La description *classique*, souvent *critiquée* de nos jours, le présente comme une structure caractérisée par quatre moments : 1° *conception* du but, avec représentation du but à atteindre ; 2° *délibération*, où le sujet pèse le pour et le contre ; 3° *décision*, qui correspond à la prise de position ; 4° *exécution*, avec réalisation de la décision prise.

ARISTOTE

« Étant donné que ce qui est fait sous la contrainte ou par ignorance est involontaire, l'acte volontaire semblerait être ce dont le principe réside dans l'agent lui-même connaissant les circonstances particulières au sein desquelles son action se produit. » (*Éthique à Nicomaque*, liv. 3, § 3, p. 126, Vrin.)

Volontarisme

(n. m.) Étym. : lat. *voluntarius*, volontaire, qui agit librement.

a) sens général et courant : caractère du sujet volontaire, ayant une volonté ferme.

b) métaphysique : doctrine selon laquelle la volonté constitue la substance de toute réalité, le fond de l'être et des choses (*Schopenhauer*, notamment).

c) psychologie : doctrine voyant dans la volonté une fonction psychologique fondamentale et subordonnant l'intelligence à l'activité et à la volonté.

Volonté

Analysée au XVIIe siècle par Descartes, sur le plan métaphysique, comme faculté infinie par laquelle l'homme est à la ressemblance de Dieu, la volonté relève également d'une élucidation éthique : Kant la relie au devoir et à la loi morale et la définit en tant que raison pratique.

◆ **1.** *Définitions générales*

(n. f.) Étym. : lat. *voluntas*, volonté.

A. *Sens courant* : qualité du caractère, consistant dans l'énergie de la tendance dominante et fixée, avec fermeté dans la décision, constance, etc. (ex. : faire preuve de volonté).

B. *Métaphysique* : chez *Schopenhauer*, force aveugle et poussée irrésistible s'exerçant chez tous les êtres.

C. *Morale* : disposition morale à choisir le bien ou à agir conformément à la loi morale (*Kant*).

D. *Psychologie* : faculté de se déterminer, en se représentant le but à atteindre, pour des raisons ou des motifs ; forme réfléchie et pleinement consciente de l'activité.

◆ **2.** *Définitions particulières de philosophes*

HOBBES

(D) « Dans la *délibération*, le dernier appétit ou la dernière aversion, qui se trouve en contact immédiat avec l'action ou son omission, est ce qu'on appelle la *Volonté* : c'est l'acte (non la faculté) de *vouloir*. » (*Léviathan*, p. 56, Sirey.)

DESCARTES

« [La volonté] consiste seulement en ce que nous pouvons faire une chose, ou ne la faire pas (c'est-à-dire affirmer ou nier, poursuivre ou fuir), ou plutôt seulement en ce que, pour affirmer ou nier, poursuivre ou fuir les choses que l'entendement nous propose, nous agissons en telle sorte que nous ne sentons point qu'aucune force extérieure nous y contraigne. » (*Méditations métaphysiques*, Méditation 4, in *Descartes, Œuvres, lettres*, p. 305, La Pléiade, Gallimard.)

LOCKE

« La puissance de vouloir est ce qu'on nomme la *Volonté*. » (*Essai philosophique concernant l'entendement humain*, p. 83, Vrin.)

« Cette Puissance que notre esprit a [...] de préférer le mouvement de quelque partie du corps au repos de cette même partie, ou de faire le contraire, c'est ce que nous appelons *Volonté*. » (*Essai philosophique concernant l'entendement humain*, p. 182, Vrin.)

HUME

« Par *volonté*, je n'entends rien d'autre que *l'impression interne que nous ressentons et dont nous avons conscience, quand nous engendrons sciemment un nouveau mouvement de notre corps ou une nouvelle perception de notre esprit*. » (*Traité de la nature humaine*, p. 507, Aubier.)

KANT

(C) « La volonté n'est rien d'autre qu'une raison pratique. » (*Fondements de la métaphysique des mœurs*, 2e section, p. 122, Delagrave.)

(C) « La volonté est conçue comme une faculté de se déterminer soi-même à agir *conformément à la représentation de certaines lois*. » (*Fondements de la métaphysique des mœurs*, 2e section, p. 148, Delagrave.)

SCHOPENHAUER

(B) « La volonté, [...] désir aveugle, irrésistible, telle que nous la voyons se montrer [...] dans la nature végétale [...] aussi bien que dans la partie végétative de notre propre corps, cette volonté, grâce au monde représenté [...], arrive à savoir [...] ce qu'est ce qu'elle veut ; c'est ce monde même, c'est la vie [...]. C'est faire un pléonasme que de dire : "la volonté de vivre" et non pas simplement "la volonté", car c'est tout un. » (*Le Monde comme volonté et comme représentation*, t. 1, p. 287, Alcan.)

ENGELS

Voir LIBERTÉ, p. 159.

◆ **3.** *Expressions et termes liés ou dérivés*

Volonté générale

Politique : chez *Rousseau*, volonté du corps social uni pour un intérêt commun, volonté s'exprimant directement dans une assemblée (par un vote).

ROUSSEAU

« Il y a souvent bien de la différence entre la volonté de tous et la volonté générale ; celle-ci ne regarde qu'à l'intérêt commun ; l'autre regarde à l'intérêt privé, et n'est qu'une somme de volontés particulières ; mais ôtez de ces mêmes volontés les plus et les moins qui s'entre-détruisent, reste pour somme des différences la volonté générale [...] ce qui généralise la volonté est moins le nombre des voix que l'intérêt commun qui les unit. » (*Du contrat social*, liv. 2, chap. 3, in *Rousseau, Œuvres complètes*, t. 3, pp. 371, 374, La Pléiade, Gallimard.)

Volonté de puissance

Chez *Nietzsche* : force à la fois créatrice et destructrice, poussée de domination conduisant tout être à s'enrichir par des créations nouvelles qui détruisent, en même temps, d'autres êtres et d'autres valeurs.

NIETZSCHE

« Ce concept victorieux de la "force", grâce auquel nos physiciens ont créé Dieu et l'univers, a besoin d'un complément ; il faut lui attribuer un vouloir interne que j'appellerai la "*volonté de puissance*", c'est-à-dire l'appétit insatiable de manifester la puissance. » (*La Volonté de puissance*, trad. Bianquis, liv. 2, t. 1, § 309, p. 293, Gallimard.)

Voir aussi INDIVIDUALISME, p. 141.

Bonne volonté

a) sens habituel : disposition à bien faire (ex. : faire preuve de bonne volonté).

b) éthique : chez *Kant*, intention déterminée par le respect de la loi morale universelle et se soumettant à l'impératif catégorique.

KANT

« Ce qui fait que la bonne volonté est telle, ce ne sont pas ses œuvres ou ses succès, ce n'est pas son aptitude à atteindre tel ou tel but proposé, c'est seulement le vouloir ; c'est-à-dire que c'est en soi qu'elle est bonne. » (*Fondements de la métaphysique des mœurs*, 1re section, p. 89, Delagrave.)

◆ **4.** *Termes et expressions connexes*

Relation de voisinage

• opiniâtreté • raison pratique (Kant) • résolution • volition • vouloir.

Relation de dépendance

• acte • caractère • décision • fin • intention • liberté • motif • réalisation • vouloir-vivre (Schopenhauer).

Relation d'opposition

• aboulie • désir • faiblesse • indécision • velléité.

Vouloir

◆ **1.** *Définitions générales*

(n. m.-v.) Étym. : lat. *velle*, vouloir.

A. *Substantif* : faculté supérieure de se déterminer, selon des motifs ; terme proche de volonté.

B. *Verbe* : avoir l'intention ferme et résolue de faire une chose (parfois : avoir le projet de ; mais ce sens est moins important).

◆ **2.** *Expressions et termes liés ou dérivés*

Vouloir-vivre

Chez *Schopenhauer* : vouloir-vivre = volonté de vivre = volonté.

SCHOPENHAUER

Voir VOLONTÉ, p. 312.

GUÉROULT (expliquant SCHOPENHAUER)

« Le vouloir-vivre [de Schopenhauer est] désir inextinguible et aveugle de vivre. » (Introduction à *Métaphysique de l'amour, métaphysique de la mort*, de Schopenhauer, p. 14, 10/18, UGE.)

Vrai

◆ **1.** *Définitions générales*

(n. m.-adj.) Étym. : lat. *verus*, vrai, véritable, réel.

A. *Adjectif* :

a) logique : qui est possible et pensable logiquement ; qui est conforme aux lois logiques ; qui n'implique pas de contradiction.

b) métaphysique, philosophie : qui est conforme au réel.

B. *Nom* : le réel ; ce qui est.

◆ **2.** *Définitions particulières de philosophes*

PLATON

(B) « Quand nous nous serons [...] purifiés, en nous débarrassant de la folie du corps, nous serons vraisemblablement en contact avec les choses pures et nous connaîtrons par

nous-mêmes tout ce qui est sans mélange, et c'est en cela sûrement que consiste le vrai. » (*Phédon*, in *Platon*, *Œuvres complètes*, pp. 125, 126, Garnier.)
(A-*b*) « [Le discours] qui dit les choses comme elles sont est vrai, et celui qui les dit comme elles ne sont pas est faux. » (*Cratyle*, in *Platon*, *Œuvres complètes*, t. 5, 2e partie, p. 51, Budé, Belles Lettres.)

SAINT THOMAS

« L'accord de l'être avec l'intellect s'exprime par le mot "vrai". » (*Questions discutées à propos de la Vérité*, in J. Rassam, *Saint Thomas, l'être et l'esprit*, p. 10, PUF.)

DESCARTES

« Les choses que nous concevons fort clairement et fort distinctement sont toutes vraies » (*Discours de la méthode*, 4e partie, in *Descartes*, *Œuvres, lettres*, p. 148, La Pléiade, Gallimard.)

HEGEL

« Le vrai c'est l'idée lorsqu'elle est considérée en elle-même dans son principe général et en soi et qu'elle est pensée comme telle. » (*Esthétique*, p. 210, PUF.)
Voir aussi IDÉE, p. 130.

JAMES

(B) « "Le vrai" consiste simplement dans ce qui est avantageux pour notre pensée, de même que "le juste" consiste simplement dans ce qui est avantageux pour notre conduite. » (*Le Pragmatisme*, p. 203, Flammarion.)

GOBLOT

Voir PRAGMATISME, p. 222.

◆ 3. *Termes et expressions connexes*

Relation de voisinage
• réel • véridique.
Relation de dépendance
• clarté • connaissance • contradiction • distinction • idée (Platon) • logique • science.
Relation d'opposition
• faux • imaginaire • inexact.

Vraisemblance

◆ 1. *Définitions générales*

(n. f.) Ce qui paraît vrai ; ce qui a les apparences du vrai.

◆ 2. *Définitions particulières de philosophes*

KANT

« Nous distinguons la probabilité de la simple vraisemblance, assentiment fondé sur des raisons insuffisantes, en tant que celles-ci l'emportent sur les raisons du contraire [...] dans le cas de la simple vraisemblance [le fondement de l'assentiment] n'est que *subjectivement valable*. » (*Logique*, Introduction X, p. 91, Vrin.)

W-Z

Weltanschauung

(n. f.) Étym. : allemand, vue intuitive du monde.
Conception globale du monde, ne correspondant pas à une doctrine ou à un système explicite de philosophie, qui apparaît chez un individu, un écrivain, etc. (ex. : la Weltanschauung de Kafka).

Zététique

(adj.) Étym. : grec *zètètikos*, qui aime la recherche.
A. *Sens philosophique* : qualifie en tant que chercheuse l'école sceptique.
B. *Mathématiques* : l'analyse zététique est le nom donné par le mathématicien français Viète (1540-1603) à ce que nous nommons aujourd'hui la méthode analytique.

DICTIONNAIRE DES PHILOSOPHES

Alain
Aristote
Bachelard
Bergson
Comte
Descartes
Épicure et Lucrèce
Freud
Hegel
Heidegger
Hobbes
Hume
Husserl
Kant
Kierkegaard
Leibniz
Malebranche
Marx
Merleau-Ponty
Montesquieu
Nietzsche
Pascal
Platon
Rousseau
Saint Thomas d'Aquin
Sartre
Schopenhauer
Spinoza
Les Stoïciens

ALAIN *(1868•1951)*

Alain, de son vrai nom Émile Chartier, est l'auteur des fameux *Propos* (1908-1919), parus dans la *Dépêche de Rouen*, puis dans la *Nouvelle Revue française*, du *Système des beaux-arts* (1920), des *Propos sur le bonheur* (1928), des *Idées* (1932), des *Éléments de philosophie* (revus en 1940) et de bien d'autres œuvres.
Philosopher, c'est, pour Alain, échapper aux préjugés, dire non à ce qui fut jugé antérieurement à la réflexion. Alain exercera ainsi une influence considérable sur sa génération.

1. Méthode : l'accès à la pensée

La philosophie d'Alain ne forme pas un système, mais désigne une méthode intellectuelle : il s'agit de soumettre le réel et l'existence à l'ordre de la réflexion et de la pensée. Qu'est-ce que *penser* ? Exercer une activité intellectuelle ou rationnelle, peser soigneusement ce qui vient à l'esprit, dire non aux *préjugés*, à ce qui est jugé d'avance, avant qu'on ne se soit instruit. Cette démarche philosophique se caractérise donc par le souci de se référer à la réflexion lucide, mais aussi à la *conscience*, comprise comme savoir revenant sur lui-même et transparence totale du cogito. Comme Descartes, son maître à penser, Alain identifie, en effet, conscience et psychisme. Quant à l'*inconscient*, ce mythe dangereux issu du freudisme — mythe selon lequel existeraient, en nous, des données ou représentations psychiques ignorantes d'elles-mêmes et non perceptibles —, il nous faut le réduire et le ramener à de simples mouvements nerveux, à une pure chose physiologique. D'ailleurs, grossir le terme d'inconscient, n'est-ce pas aller contre l'éthique et remettre en cause cette liberté inséparable de notre vocation morale ?

2. La morale

Mais que désigne la *morale* ? Elle représente un ensemble de principes aboutissant à la reconnaissance de l'esprit et de la dignité humaine. Toute la morale, pense Alain, consiste à se savoir esprit et, à ce titre, "obligé absolument". Vivre selon l'esprit et selon l'éthique, qu'est-ce donc exactement ? C'est accéder à l'*universalité* — à ce qui est commun en droit à tous les esprits —, universalité caractéristique du *devoir*. Définissons, dans une lignée kantienne, le devoir comme une conduite se présentant à nous avec un caractère d'obligation et d'universalité : tous devraient faire comme j'ai décidé et comme je fais moi-même...
En cet exercice moral universel, lié à la pensée et au devoir, j'expérimente, en profondeur, ma liberté. Alain, philosophe de la liberté, rejette ici le *fatalisme*, à savoir une doctrine posant que tous les faits du monde sont soumis à un destin irrévocable. L'idée de *destin*, puissance déterminant absolument le cours général des événements, n'est pas une idée morale. A l'opposé du fatalisme paresseux, le *déterminisme* — l'idée qu'un ensemble de causes ou de conditions détermine un ensemble d'effets — n'est pas incompatible avec l'éthique : la connaissance du déterminisme permet d'agir sur les choses ; il contribue donc à l'exercice de notre liberté.

Vivre selon l'esprit, se référer à la liberté humaine et à la dignité : beau programme que celui d'Alain, programme inséparable de la tâche philosophique, la *philosophie* se définissant, chez Alain, comme ce travail et cet effort pratique, cette évaluation exacte et lucide des biens et des maux sans lesquels il n'est pas d'existence possible.

ARISTOTE *(384•322 av. J.-C.)*

Aristote, philosophe grec, fut d'abord l'élève de Platon, dont il sera, par la suite, l'infidèle disciple et dont il critiquera, dans son œuvre, certains thèmes (comme la théorie des Idées).
Citons essentiellement : la *Physique*, la *Métaphysique* (ce terme de *Métaphysique* n'est pas d'Aristote lui-même, mais d'Andronicos de Rhodes, qui, au Ier siècle av. J.-C., nomma ainsi les œuvres d'Aristote venant après la *Physique*), l'*Éthique à Nicomaque*, la *Rhétorique*, la *Poétique*.
Aristote, ce grand chercheur et professeur, a systématisé tous les savoirs de son temps. Cet esprit encyclopédique a mis en forme les cadres logiques, théoriques, politiques, de la connaissance, cadres qui sont encore nôtres. C'est, tout d'abord, le créateur de la logique.

1. La logique

Logique : ce terme est inconnu à Aristote, qui, néanmoins, est l'auteur de la première doctrine logique systématique, la discipline déterminant, pour les opérations de l'esprit, lesquelles sont valides et lesquelles ne le sont pas. Cette étude est conduite d'un point de vue formel, c'est-à-dire indépendamment du contenu proprement dit. Les traités d'Aristote consacrés à la logique (*Premiers Analytiques*, *Seconds Analytiques*, etc.) ont été rassemblés, au IIe siècle ap. J.-C. sous le nom d'*Organon*, c'est-à-dire *Instrument* de la pensée. Aristote, dans cette œuvre logique, s'attache à la *démonstration*, c'est-à-dire au syllogisme partant de prémisses vraies et premières et procédant de manière scientifique et rigoureuse. Que désigne le terme de *syllogisme* ? Un discours dans lequel, certaines choses étant posées, quelque chose d'autre que ces données en résulte nécessairement par le seul fait de ces données (ex. : Socrate est un homme ; tous les hommes sont mortels ; donc Socrate est mortel). La logique d'Aristote est d'abord une étude du syllogisme ; mais le philosophe a également étudié la *proposition*, expression du jugement dans les mots, il a classifié les jugements et défini la *science* — comme système dans lequel tout ce qui est connu découle, de manière nécessaire, des premiers principes. La science représente un type de connaissance universelle, l'*universel* désignant, chez Aristote, ce qui s'applique à tous les cas. Pour parvenir à la science, il ne faut nullement négliger l'*induction*, qui consiste dans le passage des cas particuliers à l'universel.
Enfin, Aristote a énoncé le *principe de non-contradiction* — selon lequel il est impossible que le même attribut appartienne et n'appartienne pas en même temps, au même sujet et sous le même rapport — ainsi que celui

du *tiers exclu* — selon lequel, de deux propositions contradictoires, l'une est vraie et l'autre fausse.
Par leur formalisation logique et l'énoncé des grands principes qui structurent notre pensée, l'*Organon* et la réflexion logique d'Aristote tiennent une place centrale dans la philosophie.

2. La physique

a) Causes et hasard

La Physique traite de la « Phusis », c'est-à-dire de la nature, et envisage les réalités non immuables (par opposition à la métaphysique, dont nous parlerons plus loin, et dont l'objet est stable et éternel). Elle étudie, en particulier, les causes de changement dans la Nature, la cause se définissant comme ce qui répond à la question « pourquoi ? ». Il existe quatre types de causes permettant de connaître et de comprendre la production de la réalité : la *cause matérielle* — ce dont une chose est faite —, la *cause formelle* — modèle et forme immanents aux choses —, la *cause efficiente* — c'est-à-dire le moteur ou l'agent — et, en dernier lieu, la *cause finale* — la raison ou la fin. Prenons un exemple, pour mieux saisir ces quatre lignes de causalité que doit prendre en compte le physicien ; soit la statue d'Hermès : le marbre en est la cause matérielle, l'idée ou forme à l'œuvre chez le sculpteur en représente la cause formelle, les coups de ciseau en sont la cause efficiente et, enfin, le désir d'argent ou de gloire sont cause finale. La cause formelle est tout particulièrement importante. Quand elle structure la *matière* — c'est-à-dire la puissance et la potentialité, ce qui n'est pas achevé — se produit un passage de la *Puissance* à l'*Acte*, de ce qui est virtuel à ce qui est pleinement réalisé. Qu'est donc la *Forme*, chez Aristote ? Le principe déterminant la matière et lui apportant telle essence déterminée.

b) L'explication du vivant

Quant au vivant (dont l'étude se rattache, pour Aristote, à la Physique), il relève d'une explication vitaliste et non point mécaniste. C'est un principe vital et une âme qui nous fournissent ici une clef d'explication. Encore faut-il bien s'entendre sur la signification du mot *âme* : l'âme est la forme d'un corps organisé, la faculté animant un organisme. Aussi ne peut-elle être définie indépendamment du corps. Elle est, en fait, liée à l'organisme et à la *vie*, c'est-à-dire au fait de se nourrir, de s'accroître et de dépérir de soi-même.

3. La Métaphysique

La Métaphysique [1] (littéralement : ce qui vient après la physique) étudie l'*Être en tant qu'être*, c'est-à-dire la réalité fondamentale, la Forme pure, la Substance subsistant derrière les modifications des accidents. L'objet ultime de la métaphysique : *Dieu*, Acte pur, en lequel toutes les perfections sont actualisées et accomplies. Transcendant le monde, Dieu meut celui-ci sans être lui-même mû : il est le *Premier Moteur* et représente

1. Ce terme, rappelons-le, n'est pas d'Aristote lui-même.

la cause de tout changement dans le monde. Comprenons-le, en définitive, comme un vivant éternel et absolument parfait.

4. Morale et politique

La morale d'Aristote, développée en particulier dans l'*Éthique à Nicomaque*, est essentiellement eudémoniste, comme le sont toutes les morales de l'Antiquité : elle voit dans le bonheur la fin de la vie. Mais que désigne le *bonheur* ? Essentiellement une activité de la raison, activité consistant dans la contemplation : la vie contemplative correspond, en effet, à ce qu'il y a en nous de divin et permet de comprendre le *Souverain Bien* de l'homme, c'est-à-dire le Bien par excellence, seul bon en lui-même.
En cette analyse du bonheur, Aristote ne néglige pas le plaisir : le véritable *plaisir* est un élément du bonheur. Mais comment le concevoir ? Le plaisir est l'achèvement de l'acte, il se surajoute de surcroît à l'acte, comme l'éclat de la beauté à la force de l'âge.
Bien entendu, l'analyse morale ne saurait être dissociée de la politique. Comme tous les grands penseurs, Aristote unifie la *morale*, étude de ce qui est bien et bon, et la *politique*, science de la Cité. Comment pourrait-on les dissocier, alors que l'homme est, fondamentalement, un *animal politique*, né pour vivre dans la Cité ? Analysant l'organisation de la Cité, Aristote en vient aux diverses formes de gouvernement et en distingue trois (dans la *Politique*) : il appelle *monarchie* l'État où le commandement, dirigé vers l'intérêt commun, n'appartient qu'à un seul, *aristocratie*, celui où il est confié à plus d'un, *république*, celui où la multitude gouverne pour l'utilité publique. La royauté peut dégénérer en *tyrannie*, l'aristocratie en *oligarchie* et la république en *démocratie*.

Aristote, de la logique à la politique, nous a donc apporté la vision des structures qui, aujourd'hui encore, informent nos existences. La figure du *Sage* se détache pleinement dans son œuvre : il désigne celui qui possède la connaissance de toutes choses ; bel idéal que nous pouvons encore aujourd'hui méditer.

BACHELARD *(1884•1962)*

Gaston Bachelard s'est attaché à un double registre : d'une part, il a étudié la philosophie de l'esprit scientifique et, d'autre part, il a réfléchi sur l'homme imaginant. Citons, dans le premier domaine : *Le Nouvel Esprit scientifique* (1934), *La Formation de l'esprit scientifique* (1938), *La Philosophie du non* (1940), *L'Activité rationaliste de la physique contemporaine* (1951), etc. Dans le second volet, il faut noter : *La Psychanalyse du feu* (1938), *L'Eau et les Rêves* (1942), *La Terre et les Rêveries du repos* (1946), *La Terre et les Rêveries de la volonté* (1948), etc.
Bachelard a procédé à une analyse des conditions de la connaissance scientifique, cette difficile conquête contre l'esprit lui-même et les obstacles qui lui sont inhérents.

1. Philosophie de l'esprit scientifique

Le savoir ne progresse pas, montre Bachelard, de manière continue. Il connaît des ruptures méthodologiques, changements de méthodes et de concepts à l'intérieur d'une science — des *coupures épistémologiques*. Ainsi peut-on mettre en évidence trois périodes : la première — préscientifique — allant jusqu'au XVIIIe siècle, la seconde — correspondant à l'état scientifique — se prolongeant jusqu'au début du XXe siècle et, enfin, le *nouvel esprit scientifique*, apparu au début du XXe siècle, en 1905, c'est-à-dire au même moment que la théorie de la relativité d'Einstein, et caractérisé par son abstraction croissante et son sens de la complexité (par opposition aux « natures simples » de Descartes). Chaque fois se manifeste une rupture méthodologique.
Mais comment comprendre les conditions de cette connaissance évolutive et dynamique ? Il faut, pour cela, raisonner en termes d'*obstacles épistémologiques*, entraves inhérentes au savoir lui-même et non point extérieures à lui. Ainsi la spontanéité immédiate et les données inconscientes constituent-elles autant d'obstacles qu'il nous faut déchiffrer et psychanalyser. Une *psychanalyse de l'esprit scientifique* est ici requise pour dépister les valeurs inconscientes inscrites dans le savoir.
S'il faut psychanalyser notre *raison* scientifique, il s'ensuit qu'elle ne doit plus être considérée comme un Absolu, mais bien comme une activité plastique permettant de distinguer le vrai du faux. Avec Bachelard, la raison descend de son piédestal : le dialogue avec l'expérience la forme et l'informe. Dès lors, c'est l'idée d'un *rationalisme appliqué* qui devient centrale : il désigne le centre actif où s'échangent les vérités de raison et celles d'expérience. A la raison de s'appliquer au réel et de dialoguer avec lui.
En toute sa recherche, Bachelard s'est efforcé de définir l'*esprit scientifique* : c'est le sens du problème qui donne la marque du véritable esprit scientifique. Pour un esprit scientifique, toute connaissance est une réponse à un problème judicieusement posé.

2. L'imaginaire

Qu'en est-il, maintenant, de la réflexion sur l'homme imaginant ? *Imaginer* n'est pas percevoir. Bien au contraire, ce sont là deux activités rigoureusement antithétiques. Imaginer, c'est mettre à distance le réel, s'absenter, s'enfoncer ailleurs... Aussi faut-il distinguer l'authentique *imagination créatrice* de l'imagination reproductrice. La première, la seule qui soit vraiment digne du nom d'imagination, désigne la faculté de déformer les images fournies par la perception, de manière à se dépasser vers l'*imaginaire*, qui transcende toute réalité donnée.

Dans le registre poétique comme dans celui de la science, Bachelard nous donne à voir des facultés ouvertes et novatrices, expressions de l'infinie liberté humaine.

BERGSON *(1859•1941)*

D'Henri Bergson, philosophe français, il faut citer essentiellement l'*Essai sur les données immédiates de la conscience* (1889), *Matière et mémoire* (1896), *Le Rire* (1900), *L'Évolution créatrice* (1907), *L'Énergie spirituelle* (1919), *Les Deux Sources de la morale et de la religion* (1932) et *La Pensée et le Mouvant* (1934).
Hostile au positivisme matérialiste, Bergson a opéré un retour aux données immédiates de la conscience, à une « durée » pure et qualitative.

1. L'intuition

L'influence de Bergson fut considérable. A la fin du XIXe siècle et durant la première moitié du XXe, il remit en question à la fois les philosophies intellectualistes — qui prétendaient accéder au réel par l'exercice de l'intelligence — et les solutions « scientistes », selon lesquelles la seule connaissance valable serait celle que procurent les sciences.
Or, comment l'*intelligence* pourrait-elle nous faire saisir le réel ? C'est dans le moule de l'action qu'elle a été coulée. Elle ne désigne pas originellement une faculté purement spéculative, mais une puissance active. Envisagée dans ce qui paraît en être la démarche première, elle consiste à fabriquer des objets artificiels et à en varier la fabrication. *Homo faber* — homme fabricateur — avant d'être *Homo sapiens* — homme sage —, l'être humain s'est d'abord efforcé de dominer la nature et de la faire servir à ses usages. Aussi l'intelligence permet-elle de prévoir et d'organiser utilement l'action. Mais, quand un philosophe se propose de pénétrer l'*Absolu* — ce qui est parfait en ce qu'il est parfaitement ce qu'il est, ce qui ne dépend d'aucun symbole relatif —, ne doit-il pas prendre une autre voie et tenter de s'abstraire de méthodes et d'approches — par exemple l'*analyse*, opération ramenant l'objet à des éléments déjà connus, la recomposition, etc. — essentiellement adaptées au monde de l'action ? La science s'est appuyée sur l'intelligence et a appliqué à la matière des procédés de calcul et de mesure. Ce faisant, elle a construit des schémas utiles et s'est prolongée en une pratique, mais elle n'a pas dépassé la sphère du relatif. Elle a édifié des *lois scientifiques*, c'est-à-dire des relations constantes entre des grandeurs qui varient, sans, bien évidemment, pénétrer l'Absolu.
Par quelle voie peut-on espérer atteindre l'Absolu ? Il faut répudier non seulement l'intelligence, mais le *langage*, qui lui est intimement lié. Instrument de l'intelligence, le langage représente un ensemble de signes verbaux ne notant des choses que leur aspect le plus commun et le plus banal, signes fixant et figeant ce qui change et varie. Les signes linguistiques ne sont que des étiquettes collées sur les choses. Les mots désignent des genres, des idées générales correspondant à un groupe d'êtres présentant des caractères communs. Ils ne peuvent exprimer ni le réel objectif ni notre psychisme profond : comme l'intelligence, ce sont des instruments d'action. Dès lors, la voie de l'immédiateté ne possède-t-elle pas un privilège par rapport à celles du concept, du discours et de l'intelligence discursive ? Par un mode de connaissance immédiat, direct, par une sympathie nous faisant coïncider avec ce que l'objet a d'unique et d'inexprimable, en un mot par une *intuition*, nous pénétrons l'être profond du réel : l'intuition représente un retour

vers soi-même et vers ce que nous sommes authentiquement, retour s'effectuant sans intermédiaires.

2. La vie intérieure : durée, liberté, mémoire

C'est la vie intérieure que l'intuition va d'abord nous permettre de découvrir. Et, en effet, la connaissance intuitive nous fait retrouver la *durée pure*, forme que prennent nos états de conscience quand notre moi se laisse vivre, quand il s'abstient d'établir une séparation entre l'état présent et les états antérieurs. Déroulement fluide, hétérogénéité pure, fusion qualitative, la durée représente l'étoffe même de notre moi. Un devenir ininterrompu, souple et qualitatif, voilà ce que nous dévoile une investigation métaphysique s'appuyant sur l'intuition.
Or ce devenir qualitatif est toujours imprévisible. Car le moi fondamental, celui que nous révèlent les « données immédiates de la conscience », est liberté. Si le *moi superficiel* — la partie de notre psychisme modelée par les conventions et la société — se ramène, bien souvent, à une suite d'automatismes, notre vie intérieure authentique, notre durée sont, en profondeur, *liberté*. Quand sommes-nous *libres* ? Quand nous dépassons la croûte superficielle du signe linguistique, des mots, du social, quand nos actes émanent de notre personnalité tout entière et l'expriment. La liberté s'expérimente au contact de notre moi profond, par un accord réel avec lui. C'est alors le moi d'en bas qui remonte à la surface. La liberté ne fait qu'un avec le jaillissement du moi profond.
Enfin, notre vie intérieure est mémoire. Ici prend place la distinction célèbre des deux mémoires. Il y a une *mémoire-habitude*, faite d'automatismes et de mécanismes moteurs : quand j'apprends un texte par cœur, j'accomplis et je répète un certain nombre de gestes connus ; la mémoire-habitude désigne un véritable mécanisme corporel. Par opposition à ces automatismes, la *mémoire pure* est celle de mon histoire : le passé survit alors en moi, sous forme de souvenirs purs, inaltérables, indépendants du corps. La mémoire pure contient notre passé et elle représente notre essence spirituelle authentique.

3. L'élan vital

L'intuition nous ouvre, non seulement à notre dynamisme spirituel, mais aussi à la durée de l'univers et au grand souffle de la vie. De même que notre expérience intérieure est faite de durée et de changements qualitatifs, de même qu'elle est tissée par des fils qui se développent sans cesse, de même la réalité est devenir et évolution. Mais comment comprendre cette évolution ? Bergson récuse aussi bien les doctrines et postulats *mécanistes* de Darwin que le *finalisme*. Dans le premier cas (mécanisme), l'explication physico-chimique est censée suffire, mais le mécanisme est aveugle à la poussée du vivant, au temps, au dynamisme. Avec le mécanisme, tout est donné et l'élan de la vie est mis entre parenthèses. Mais la doctrine finaliste — qui renvoie à une intention et à un dessein s'actualisant au sein de la vie — met également le temps et le devenir créateur entre parenthèses : elle fait, elle aussi, comme si tout était donné initialement, par avance. Une intention préformée expliquerait tout.
Dès lors, c'est l'idée d'un élan originel qui s'offre à nous, les espèces vivantes ayant divergé à partir de cet élan. L'*élan vital* désigne un

processus créateur imprévisible, un courant traversant les corps qu'il organise. Ainsi cette impulsion originelle de création invente-t-elle des formes de plus en plus complexes. Pour comprendre l'essence de cet élan vital, songeons à la durée pure, qui est spontanéité créatrice. L'élan vital est, lui aussi, invention ; il réalise des instincts nouveaux, des organes qui n'existaient pas, créant, grâce à sa spontanéité, des formes complexes et inattendues, que de simples combinaisons mécaniques ne sauraient expliquer.
Ainsi, toutes les analyses de Bergson le conduisent à voir dans la *vie* un mouvement créateur et un effort pour remonter la pente que descend la matière.

4. Morale, religion, art

La même perspective dynamique éclaire les phénomènes moraux, religieux et artistiques. Est, ici, fondamental le terme « *ouvert* » : est « ouvert » tout ensemble échappant à l'étouffement d'un cercle de règles rigides et s'ouvrant à l'élan de la vie et de la création. Ainsi, dans la morale ouverte est à l'œuvre un élan spirituel. Alors que la *morale close* désigne seulement un ensemble figé de prescriptions présentant un caractère obligatoire, de simples produits organisés de la société, la *morale ouverte* est dynamique : elle exprime, non point un système figé d'obligations sociales, mais une invention morale, un appel lié à une énergie spirituelle. La morale ouverte du saint et du héros prend sa source dans un élan et une durée qui poussent en avant et ébranlent l'humanité. De même, la *religion dynamique* — celle des grands mystiques —, pénétrée d'un élan d'amour, transporte l'âme bien au-delà d'elle-même et dépasse ainsi infiniment la *religion statique*, invention de l'humanité pour se défendre et se prémunir contre l'idée dissolvante de la mort et assurer sa conservation. La religion dynamique, saisie d'un contact avec la durée créatrice, apparaît expérience immédiate, en l'âme mystique, du Divin et de Dieu.
Enfin, comme la morale ouverte, comme la religion dynamique, l'*art* authentique désigne une coïncidence immédiate avec le réel, un dévoilement de la réalité même, une vision directe de ce qui est, au-delà des symboles pratiquement utiles.

Si la voix de Bergson ne se fait pas toujours entendre dans la culture et le monde contemporains, néanmoins sa philosophie, d'inspiration mystique, a éclairé, en une prose limpide, de profonds dynamismes spirituels et renvoie à une expérience métaphysique intégrale. Qu'est-ce, dans cette perspective, que *philosopher* ? Se placer dans l'objet même par un effort d'intuition et coïncider avec lui.

COMTE *(1798•1857)*

Auguste Comte est essentiellement l'auteur des œuvres suivantes : le *Cours de philosophie positive* (1830-1842), le *Discours sur l'esprit positif* (1844), le *Système de politique positive* (1851-1854).

Il est le fondateur du *positivisme*, doctrine selon laquelle l'esprit humain ne peut atteindre l'essence des choses et doit renoncer à l'absolu : cette conception a eu une influence majeure jusqu'à notre époque.

1. Le positivisme et la loi des trois états

Aux yeux d'Auguste Comte, la connaissance ne saurait dépasser la sphère des lois scientifiques. Aussi la *philosophie positive*, expression par laquelle Comte désigne sa conception, se définit-elle comme une discipline ayant pour objet la coordination des faits observés, sans nulle prétention à aller au-delà des acquisitions de la science expérimentale. Toute investigation portant sur l'essence du réel se trouve ainsi exclue du champ de recherche. Cette philosophie positive d'Auguste Comte porte aussi le nom de *positivisme*, terme aujourd'hui répandu dans la langue courante, mais qui, chez Auguste Comte, désigne, stricto sensu, la conception selon laquelle l'esprit humain ne saurait atteindre le fond des choses et doit se borner à la seule recherche des *lois de la nature*, conçues comme des relations invariables de succession et de similitude.
Le positivisme repose lui-même sur la *loi des trois états* : l'esprit humain passe d'abord, selon A. Comte, par l'*état théologique*, mode d'explication par des agents détenant une volonté (par exemple, Zeus ou Poséidon exerceraient des interventions rendant compte des anomalies apparentes de l'univers), puis par l'*état métaphysique*, croyance en des entités ou des abstractions (la vertu dormitive de l'opium, par exemple), avant d'en venir à l'*état positif*, caractérisé par l'abandon du « pourquoi » et le seul attachement au « comment », à la recherche des lois effectives gouvernant les phénomènes. Ce terme de *positif* désigne ainsi, chez A. Comte, ce qui est utile, réel et palpable, par opposition à ce qui est fictif, chimérique ou imaginaire.
Telle est la « loi des trois états », conçue comme la grande loi permettant d'unifier l'évolution de l'humanité. Cette loi, qui concerne l'espèce humaine, dans sa marche vers le stade positif, apparaît également vraie dans le développement de chaque individu : si l'enfant croit aux agents surnaturels, l'adolescent est métaphysicien et l'adulte accède enfin à la positivité.

2. Vers une religion de l'Humanité

L'esprit positif s'attache aux lois de la nature, mais aussi aux phénomènes de liaison sociale. Aux yeux de Comte, en effet, l'idée d'individu isolé est une abstraction et la philosophie positive doit exprimer la solidarité sociale. C'est d'ailleurs la *sociologie*, l'étude des faits sociaux, qui couronne l'édifice des sciences. Auguste Comte est le créateur de ce terme de *sociologie*, composé du latin *socius*, associé, et de *logos*, mot grec qui signifie étude. Ainsi la sociologie, étude positive de l'ensemble des lois fondamentales propres aux phénomènes sociaux, couronne les disciplines qui ont atteint la positivité, à savoir les mathématiques, l'astronomie, la physique, la chimie et la biologie : elle est la clef de voûte du système de Comte.

Le souci de Comte fut d'achever les conquêtes de l'esprit positif. Ce qui ne l'empêchera nullement d'élaborer un « positivisme religieux », une religion de l'*Humanité*, considérée comme ce grand-être social qui nous dépasse infiniment : selon la formule célèbre, l'Humanité se compose de plus de morts que de vivants.

DESCARTES *(1596•1650)*

Les œuvres[1] principales de René Descartes sont les suivantes : *Règles pour la direction de l'esprit* (1628) ; *Discours de la méthode*, préface à la *Dioptrique*, aux *Météores* et à la *Géométrie* (1637) ; *Méditations sur la philosophie première* (1641) ; *Principes de la philosophie* (1644) ; *Les Passions de l'âme* (1649).
Descartes a fondé le rationalisme moderne : il s'est appuyé sur les forces de la raison et sur l'évidence, de façon à atteindre le vrai de manière sûre, le but de la connaissance étant de « nous rendre comme maîtres et possesseurs de la nature »[2].

1. La méthode

Nous sommes d'abord redevables à Descartes d'une *méthode* fondée en raison. Comment, en effet, accéder à la vérité ? La question était, au XVIIe siècle, cruciale : si la science se développait (1613 : loi de la conservation du mouvement ; 1628 : découverte de la circulation du sang), la philosophie scolastique, alors dominante, ne pouvait satisfaire les esprits. Elle accordait trop d'importance au principe d'autorité et ne dégageait évidemment pas une méthode véritablement rationnelle. Descartes va opérer une révolution philosophique en partant du *bon sens* ou *raison* : la raison, faculté de distinguer le vrai du faux, est échue en partage à tous. C'est de ce « bon sens », la chose du monde la mieux partagée (que Descartes appelle parfois « lumière naturelle »), qu'il faut faire un usage judicieux, en mettant au point une *méthode*, c'est-à-dire un chemin, une route permettant d'atteindre la vérité. La *méthode rationnelle* sera, dans ces conditions, constituée par un ensemble de règles dont l'application conduit, avec certitude, au résultat. Pour découvrir la vérité, ne marchons pas au hasard, mais procédons de façon méthodique. Cette approche du vrai pourrait nous paraître aller de soi ; mais, à l'époque de Descartes (n'oublions pas que la scolastique avait beaucoup insisté sur l'érudition), elle constitue un élément neuf, important, décisif : toute la méthode consistera à suivre un *ordre*, c'est-à-dire à ramener les propositions obscures *aux plus simples* et à nous élever ensuite, par degrés, du plus *simple* au plus *complexe*, en s'appuyant toujours sur l'*intuition* et la *déduction*. L'*intuition*, vue ou regard précis et indubitable, conception d'un esprit pur et attentif, connaissance directe ou immédiate, permet, en effet, de recevoir une chose pour vraie, de saisir une idée dans sa *clarté* et sa *distinction*, lesquelles représentent, pour Descartes, les véritables critères de la vérité. Est *claire* une *idée* — un contenu spirituel, tout objet de pensée en tant que pensé — présente et manifeste à un esprit attentif. Quant à l'idée *distincte*, elle apparaît comme celle qui est

1. A l'œuvre philosophique de Descartes s'ajoute l'œuvre scientifique : Descartes créa la *géométrie analytique* et énonça, en optique, les *lois de la réfraction*.
2. Cette expression est employée par Descartes lui-même, dans le *Discours de la méthode*.

absolument précise et différente de toutes les autres. Ainsi, la démarche de Descartes repose sur l'*évidence*, à savoir le caractère de ce qui s'impose immédiatement à l'esprit et entraîne son assentiment.

A côté de l'intuition est nécessaire la *déduction* rationnelle, opération discursive supposant un cheminement, une démonstration, un enchaînement logique, en bref tout ce qui implique une succession. L'*intuition* est d'un seul tenant, alors que la *déduction* représente un mouvement ordonné, allant de propositions en propositions, un lien établi entre des vérités intuitives.

La méthode reposant sur l'intuition rationnelle et la déduction ne serait rien sans le *doute* : le doute cartésien n'est pas sceptique, mais *méthodique*. Nécessaire pour balayer les fausses opinions et parvenir à l'évidence, il consiste à suspendre provisoirement tout ce qui n'est pas certain. A la différence des sceptiques, qui ne doutent que pour douter, Descartes doute *pour parvenir au vrai* et édifier une science certaine. Son doute est un instrument de travail. Il est volontaire et *hyperbolique*, c'est-à-dire dépassant la mesure et poussé à l'extrême. Descartes, considérant comme absolument faux ce qui n'est que douteux, fait ici l'hypothèse d'un *malin génie*, un dieu méchant ou mauvais qui pourrait nous tromper en permanence, hypothèse méthodologique destinée à universaliser le doute.

2. La métaphysique

a) Le cogito, Dieu, les idées innées

Au sein du doute, Descartes rencontre une première certitude, le *cogito* (en latin, « je pense »). Le cogito représente la conscience de soi du sujet pensant. Et, en effet, aussi universel que soit le doute, puisqu'il porte sur la totalité des connaissances, il y a quelque chose qu'il ne saurait atteindre, c'est sa propre condition : doutant, je pense et, pensant, je suis. Dans le *Discours de la méthode*, le cogito semble énoncé déductivement (cogito, ergo sum), mais cette proposition est, en réalité, le fruit d'une intuition directe : la première vérité qui se présente intuitivement à l'esprit lorsqu'il doute. Mais que suis-je, moi qui suis ? Je suis essentiellement *pensée*, cette dernière désignant tout ce qui se fait en nous de telle sorte que nous l'apercevons immédiatement par nous-mêmes. Ainsi, l'activité de l'esprit et la conscience me caractérisent ; la conscience est l'essence de la pensée.

La seconde vérité découverte par Descartes est l'existence de Dieu. Descartes démontre cette existence de plusieurs manières. La preuve spécifiquement cartésienne est la *preuve par l'idée de parfait* ; parmi les idées qui sont en moi se trouve l'idée de Dieu, idée d'un être souverain, tout puissant, éternel, infini : idée de perfection et d'infini. Or, comment cette idée de parfait pourrait-elle procéder d'un être imparfait ? Il me faut admettre l'existence d'un être contenant en soi autant de perfection que l'idée en représente, c'est-à-dire Dieu. Ainsi, Dieu existe. Il faut entendre par *Dieu* une substance souverainement parfaite, et dans laquelle nous ne concevons rien qui enferme quelque défaut, ou limitation de perfection. Cet être parfait ne saurait être que *vérace* : il me garantit que les idées que je conçois comme claires et distinctes sont vraies. La « véracité divine » découle de la nature même de Dieu, qui ne saurait m'induire en erreur, puisqu'il est parfait.

L'idée de Dieu — comme les idées mathématiques — fait partie des *Idées innées*, c'est-à-dire ne venant pas par l'entremise des sens et de l'expérience. Ce sont de vraies et immuables natures, constituant le trésor de mon esprit. Il existe, en effet, trois sortes d'idées (l'idée désignant tout ce qui est en notre esprit lorsque nous concevons une chose) : celles qui sont nées avec moi (*innées*) ; celles qui viennent du dehors (ce sont les idées *adventices* ou sensibles, comme l'idée d'une chose extérieure, de la terre, du ciel, etc.) ; et, enfin, celles qui sont faites et inventées par moi (ce sont les idées *factices*, telle l'idée de chimère).

b) Le dynamisme spirituel et la liberté humaine

En sa quête métaphysique, Descartes approfondit l'essence du dynamisme spirituel de l'homme : il souligne la supériorité de l'*entendement*, faculté par laquelle nous apercevons les idées, sur l'*imagination*, puissance de se représenter les choses de manière sensible. Celle-ci n'est pas nécessaire à l'essence de mon esprit et demande un effort particulier, alors que le travail de l'entendement est beaucoup plus simple. Par exemple, *imaginer* un polygone à mille côtés est extrêmement difficile, à la différence de le concevoir. « J'ai besoin d'une particulière contention d'esprit pour imaginer, de laquelle je ne me sers point pour concevoir. » (*Méditations métaphysiques*, Méditation 6, p. 319, La Pléiade, Gallimard.) L'entendement fait partie de l'essence de mon esprit, à la différence de l'imagination.
Cette explicitation du dynamisme spirituel de l'homme est inséparable d'une méditation sur la liberté. Descartes considère la *liberté d'indifférence* — état dans lequel la volonté se trouve lorsqu'elle n'est point portée, par la connaissance de ce qui est vrai ou bien, à suivre un parti plutôt que l'autre — comme le plus bas degré de la liberté. La vraie *liberté* exclut l'indifférence et elle se caractérise par l'absence de contrainte extérieure. Elle désigne un choix éclairé par la connaissance du vrai. C'est cette liberté humaine infinie qui permet de comprendre le mécanisme de l'*erreur*, laquelle naît de la disproportion entre ma *volonté* infinie — pouvoir d'affirmer ou de nier, sans aucune limite — et mon *entendement* nécessairement fini et limité. L'erreur se produit quand ma volonté (infinie) acquiesce à une idée (confuse) de l'entendement.

3. La science cartésienne

Il faut dire aussi un mot de la science cartésienne. N'oublions d'ailleurs pas qu'aux yeux de Descartes (et de son époque), la philosophie englobe la science et l'étude de toute la nature. Dans une définition célèbre, Descartes affirme, en effet, que la *philosophie* est comme un arbre dont les racines sont la métaphysique et dont le tronc est la physique. Les branches qui sortent du tronc représentent toutes les autres sciences. La physique, la science de la nature (en grec, *phusis*), est mécaniste : tous les objets de la nature relèvent des lois de l'étendue et du mouvement, la *matière* se ramenant, aux yeux de Descartes, à de l'étendue géométrique et non point à un ensemble de qualités sensibles (elle n'est pas, dans son essence, chose dure, pesante, colorée, etc.). La matière désigne une *substance étendue en longueur, largeur et profondeur*. C'est désormais l'espace géométrique et mathématique qui apparaît comme constitutif de la matière. Alors que les scolastiques faisaient appel à un jeu de forces occultes, Descartes voit dans les qualités sensibles des expressions de l'étendue (qualité première). Le *corps vivant*, lui aussi, relève d'une explication mécaniste : c'est une machine que nous devons comprendre selon un modèle mécanique. Quant à l'animal, il n'est rien d'autre qu'un pur mécanisme corporel, dépourvu de sensibilité, de pensée et de langage, un automate agencé par Dieu. Nous avons affaire ici à la thèse de l'*animal-machine*, expression qui désigne l'animal et le corps animal, en tant qu'ils sont conçus comme des machines, de simples mécanismes matériels, des automates produits par la nature.

4. Morale et sagesse

Si la philosophie englobe la science, elle désigne aussi l'étude de la *sagesse*, laquelle, dans le contexte cartésien, représente une parfaite connaissance de toutes les choses que l'homme peut savoir. Mais cet idéal, difficile à atteindre et à réaliser, inséparable d'une tâche intellectuelle ardue, laisse le champ ouvert à ce que Descartes appelle une *morale par provision*, plus aisée à construire que la morale définitive. Il s'agit d'un ensemble de règles de vie provisoires, destinées à organiser l'existence, en attendant la morale reposant sur la raison. Une morale *par provision* désigne quelque chose d'immédiatement utilisable. Cette morale est d'inspiration stoïcienne : il s'agit de changer ses désirs plutôt que l'ordre du monde, de tâcher de se vaincre plutôt que la fortune.
Si Descartes n'a pas édifié sa morale définitive, il nous a néanmoins, dans *Les Passions de l'âme* , donné des indications très importantes pour la compréhension des mécanismes passionnels, compréhension pouvant conduire à une pleine maîtrise des passions (Spinoza, dans l'*Éthique*, prolongera puissamment ces analyses). Qu'est donc une *passion*, dans la terminologie cartésienne ? Un phénomène causé dans l'âme par l'action du corps et résultant de cette action ; les passions représentent, pour Descartes, tous les phénomènes affectifs : l'amour, la haine, l'ambition, le désir, les émotions, etc. Descartes étudie aussi la physiologie des passions, représentations liées aux mouvements des *esprits animaux*, éléments subtils circulant dans tout l'organisme et assurant une fonction d'intermédiaires entre l'âme et le corps.

Ainsi, par sa méthode, par son approche scientifique, par son mécanisme, mais aussi par sa psychophysiologie des passions, Descartes a fondé la modernité : il est le *héros de la réflexion moderne*.

ÉPICURE *(341•270 av. J.-C.)* LUCRÈCE *(98•55 av. J.-C.)*

Épicure vécut en Grèce en une époque déchirée, où les cités helléniques déclinent. Il laissera une œuvre immense dont il nous reste : une *Lettre à Hérodote*, une *Lettre à Pythoclès*, une *Lettre à Ménécée* et quelques maximes.
Son disciple latin Lucrèce sera traité ici dans le même chapitre : à la mort d'Épicure, sa doctrine se répand, en effet, dans le bassin méditerranéen et, tout particulièrement, dans le monde latin et romain.

Lucrèce hérite, pour l'essentiel, des idées de celui qu'il vénérait à l'égal d'un Dieu, comme il nous le dit lui-même dans le *De Natura rerum* (*De la nature des choses*). Seule la notion de clinamen (voir plus loin) semble différencier les deux œuvres (encore que le problème soit très controversé).
Épicure et Lucrèce sont les grands représentants du matérialisme antique : à leurs yeux, tout est matériel, y compris l'âme humaine.

1. La canonique

Le point de départ de la doctrine des Épicuriens est la *canonique*, ensemble de canons de la pensée, c'est-à-dire de critères ou de règles concernant la vérité. Sont critères du vrai les *sensations*, représentations sensibles, directes et exactes de la réalité. Aux yeux d'Épicure, tout ce qui est perçu, loin d'être subjectif et relatif, est, au contraire vrai, réel et véridique. La sensation naît d'une rencontre et d'un contact avec les *simulacres*, sortes de fines particules ou d'effluves émis par les corps. On le voit, Épicure est sensualiste ; il attache à la représentation sensible un rôle capital dans la formation du savoir. Néanmoins, il fait également intervenir les *prolepses*, encore appelées *prénotions* ou *anticipations de la perception*. Quand une sensation ou expérience sensible est répétée plusieurs fois, elle laisse en nous une empreinte, réminiscence des sensations antérieures, qui nous permet de devancer toute nouvelle sensation et de reconnaître les objets.

2. La physique : une doctrine atomiste

La *physique*, pièce maîtresse de la doctrine des Épicuriens (car elle permet d'édifier une éthique fondée en raison), désigne une représentation de la nature et du monde. Élaborée sur la base des enseignements de Leucippe et Démocrite, deux penseurs présocratiques, elle adopte, comme principes explicatifs des divers aspects du réel, le jeu et les combinaisons variées des *atomes*, éléments immuables, insécables et infinis en nombre qui forment les corps composés. Les mouvements des atomes dans l'infinité du vide, leur pesanteur et leurs chocs donnent la clef de la totalité des phénomènes de l'univers. Ainsi sont éliminées les diverses représentations mythologiques, qui laissent désormais la place à une doctrine rationnelle, fondée en raison.
Enfin, la doctrine épicurienne fait intervenir la notion de *clinamen* (on ne sait qui en est réellement l'auteur) : le *clinamen* désigne le mouvement spontané par lequel les atomes sont en mesure de dévier de la ligne de chute causée par la pesanteur. Il y a là une sorte de liberté mécanique servant de fondement physique à la liberté humaine. Par leur clinamen ou déclinaison, les atomes prennent l'initiative d'un mouvement « rompant les lois du destin », comme l'écrit justement Lucrèce.
L'*âme*, elle aussi, représente un composé d'atomes matériels, un ensemble très subtil répandu dans tout le corps. C'est une partie du corps, comme les pieds ou les oreilles. Enfin les *dieux*, simples agrégats d'atomes, sont des réalités corporelles et bienheureuses qui vivent dans les intermondes. Ainsi l'atomisme constitue-t-il le centre de la doctrine épicurienne.

3. La morale

Cette physique matérialiste nous ouvre les chemins de la paix et de la sérénité, de l'*ataraxie*, à savoir l'absence de trouble et d'inquiétude. Tout d'abord, nous n'avons pas à craindre les dieux, qui sont des êtres immortels et bienheureux. Mais nous devons également nous pénétrer de l'idée que la mort ne nous concerne en rien. Que désigne, en effet, la *mort* ? La dissolution et la perte définitive de la sensibilité, un simple épisode physique qui ne saurait nous troubler. Être mort, c'est être dissous, c'est-à-dire, en définitive, être dépourvu de sentiment. Or nous n'avons nulle raison d'expérimenter l'angoisse à propos d'un simple fait physiologique. La mort est la mort de la mort, puisque, une fois morts, nous ne la penserons pas !
La seule chose réelle qui s'offre à nous, c'est le *plaisir*, jouissance stable et sans douleur, ayant ses racines dans le corps et dans la chair. « Le plaisir, que nous avons en vue est caractérisé par l'absence de souffrances corporelles et de troubles de l'âme. » (Diogène Laërce, X, in *Épicure et les épicuriens*, p. 129, PUF.) Ce plaisir est en repos et en équilibre : le sage recherche les plaisirs naturels et nécessaires, engendrant une jouissance stable, naturelle et paisible.
Ici prend place une distinction célèbre dans l'éthique épicurienne. Il existe trois catégories de désirs : les *désirs naturels et nécessaires*, les seuls qui doivent être retenus, représentent les mouvements qui nous conduisent à nous satisfaire conformément à la nature (être à l'abri de besoins physiques, se nourrir de pain, d'eau, voire de lait caillé, etc.) ; les *désirs naturels et non nécessaires* correspondent à une recherche d'objets variés, raffinés (ex. : des boissons fines, une nourriture exquise) ; enfin, les *désirs qui ne sont ni naturels ni nécessaires* sont des tensions de l'âme vers des opinions ou des jugements creux ou vains (tel, par exemple, le désir de la gloire et de la renommée). Le sage se contente uniquement des plaisirs naturels et nécessaires.

Ainsi se dessine la figure du *Sage* épicurien, jouissant de la paix, du plaisir stable et en repos. Il acquiert une parfaite tranquillité d'âme, après avoir banni les vaines craintes concernant les dieux et la mort. Le sage est celui dont la raison règle les jugements et qui se suffit à lui-même. Tout est matériel, pense-t-il, et le matérialisme qu'il professe l'ouvre à la paix spirituelle. La *philosophie* désigne, dans cette perspective, non point une science pure et théorique, mais une action et une énergie procurant, par des raisonnements, la vie bienheureuse.

FREUD *(1856•1939)*

Freud, médecin psychiatre et penseur autrichien fondateur de la psychanalyse, a écrit, pour l'essentiel : *L'Interprétation des rêves* (1899), *Psychopathologie de la vie quotidienne* (1904), *Totem et tabou* (1913), *Introduction à la psychanalyse* (1917), *Au-delà du principe de plaisir* (1920), *Malaise dans la civilisation* (1929).
Freud a exploré le continent de l'inconscient, encore mal connu à la fin

du XIXe siècle et à l'aube du XXe. Il a conçu l'inconscient comme un système de l'appareil psychique, contenant des représentations refoulées.

1. Définition de la psychanalyse

a) Une thérapeutique

Qu'est-ce que la psychanalyse ? Ce n'est pas un système philosophique. Freud, médecin et clinicien, a d'abord été un thérapeute et c'est dans cette perspective pratique qu'il faut définir la *psychanalyse*, méthode psychothérapique fondée sur l'analyse du transfert. La psychanalyse, en effet, est un acte. Elle ne cherche pas à éprouver, mais à modifier quelque chose, et ce en élucidant le sens du *transfert*, c'est-à-dire de la projection, sur la personne du thérapeute, d'une charge d'énergie affective et de sentiments initialement vécus par l'enfant à l'égard des parents. Ce transfert peut être *positif* et comporter des éléments favorables à l'analyste, mais également *négatif* (avec éléments hostiles). Cette thérapeutique par le transfert vise essentiellement à la guérison des *névroses*, affections dont l'origine est psychique et dont les symptômes expriment symboliquement un conflit issu de l'histoire du sujet et de son enfance. Aux yeux de Freud, la névrose trouve, en effet, son origine dans la petite enfance. C'est le *complexe d'Œdipe* qui constitue, avec ses dérivés, le complexe central de chaque névrose. Définissons-le comme une disposition affective par laquelle un être humain est attaché, sexuellement, à son parent de l'autre sexe et nourrit une attitude d'aversion à l'égard de son parent de même sexe.

b) L'inconscient

En définissant la psychanalyse comme une méthode psychothérapeutique fondée sur l'analyse du transfert, nous n'avons encore pas dégagé son concept central, celui d'inconscient. Et, en effet, la psychanalyse est une méthode d'investigation mettant en évidence des significations inconscientes. Qu'est-ce que l'*inconscient* ? Il faut l'appréhender de manière dynamique, et non point statique. Avant Freud, bien des philosophes (Leibniz, Schopenhauer, etc.) avaient souligné qu'une partie de notre psychisme échappe à la conscience. Freud — et ceci constitue la nouveauté de son approche — voit dans l'*inconscient* un système psychique formé par ce qui ne peut accéder à la conscience, en tant qu'il est le produit du *refoulement*, c'est-à-dire d'un processus psychologique de défense du moi rejetant pulsions et désirs. Mais quelles pulsions exactement ? Il s'agit de celles qui sont en désaccord avec la *censure*, instance inconsciente engendrée par l'éducation et interdisant l'accès à la conscience. En définissant l'inconscient à partir du refoulement, en soulignant que c'est une *résistance* — une force significative d'un conflit et maintenant l'état morbide — qui empêche les souvenirs de parvenir à la sphère consciente, Freud a décrit dynamiquement ce que certains, avant lui, donnaient à voir de manière statique, figée ou encore très générale. Conscient, inconscient et préconscient sont des aspects et des moments d'un processus : à côté du conscient et de l'inconscient, Freud admet, en effet, le moment du *préconscient*. De la partie d'inconscient qui tantôt reste inconsciente, tantôt devient consciente, il affirme qu'elle est capable de devenir consciente et lui donne le nom de *préconscient*.

2. La voie d'accès à l'inconscient : rêves et actes manqués

Mais par quelle voie pouvons-nous espérer accéder à cet inconscient dynamique qui constitue le fond de notre psychisme ? Les contenus refoulés se manifestent par des processus morbides et psychopathologiques (névroses, etc.) mais aussi par les rêves et les actes manqués. A travers ces diverses manifestations, le contenu inconscient pénètre, masqué, jusqu'au conscient et il devient possible, à travers des éléments apparemment irrationnels, d'interpréter ce qui semblait incohérent et d'y déceler une intention et un sens, de décrypter ce qui est masqué, en lui conférant une intelligibilité.

Ainsi en est-il du *rêve* — réalisation imaginaire d'un désir pendant le sommeil, production psychique ayant une signification —, où Freud distingue un *contenu manifeste* et un *contenu latent*, le premier désignant la façade derrière laquelle se dissimule le fait réel, le rêve tel qu'il nous apparaît, et le second, un ensemble issu de thèmes refoulés et présidant au rêve du fond même de l'inconscient. Le processus grâce auquel les pensées latentes se transforment en contenu manifeste s'appelle l'*élaboration du rêve*. Quant à l'*interprétation du rêve*, elle se définit, chez Freud, comme la recherche des idées latentes et inconscientes du rêve, et ce par la médiation du contenu onirique manifeste. Mais les *actes manqués* représentent, eux aussi, une voie royale d'accès à l'inconscient : Freud nomme de cette manière les actes innombrables de la vie quotidienne qui ratent leur but et trahissent une intention inconsciente. Ainsi en est-il de ces lapsus, bris d'objets, etc., qui ne sont nullement dépourvus d'importance et qui possèdent un *sens*, une signification interne. Freud apparaît, on le voit, comme un penseur qui a tenté d'inscrire du sens, de l'intelligibilité, là où se manifestent, en apparence, incohérence et désordre. De même que le rêve et l'acte manqué, le *symptôme* névrotique est analysé comme formation s'actualisant à la place de quelque chose qui n'a pu se manifester autrement. La névrose n'est ni simple accident ni incohérence, mais expression d'un processus.

3. La nature du psychisme et la théorie des instincts

A partir de 1920, le freudisme a connu de nouveaux développements. Freud a introduit, en effet, dans sa recherche, des concepts directeurs qui ont abouti à une autre théorie de la personnalité et des pulsions humaines.

En ce qui concerne la structure mentale de l'appareil psychique, Freud distingue, à partir de 1920, le *ça*, le *moi* et le *surmoi*. L'*appareil psychique*, arrangement structurel de la vie intérieure de l'individu, d'abord conçu par Freud comme formé du *conscient*, du *préconscient* et de l'*inconscient* (voir plus haut), est décrit, désormais, de la manière suivante : la plus ancienne des provinces psychiques porte le nom de *Ça*, sorte de réservoir de toutes les pulsions inconscientes qui nous animent. Son contenu comprend tout ce que l'être apporte en naissant. Le *Moi* désigne la partie de la personnalité assurant les fonctions conscientes. Enfin, le *Surmoi* représente une intériorisation des interdits parentaux, une puissance « interdictrice » dont le Moi est obligé de tenir compte. L'être humain subit, en effet, durant son enfance, une longue dépendance qu'exprime le Surmoi. Non seulement Freud élabore cette théorie nouvelle de la personnalité, mais, à partir de cette même période, il développe la conception de la dualité des pulsions de mort et de vie. Entendons, tout d'abord, par *pulsions* ou *instincts*, des forces agissant à l'arrière-plan des besoins du Ça et représentant, dans le psychisme, des exigences d'ordre somatique. Les pulsions désignent, chez Freud, des processus dynamiques issus de l'inconscient et consistant dans une poussée faisant tendre l'organisme vers un but. Freud, à partir de 1920, admet l'existence de *deux instincts fondamentaux* : les *pulsions de mort* et les *pulsions de vie* (c'est la partie la plus controversée de son œuvre !). Les premières ont pour but de ramener tout ce qui vit à l'état inorganique, alors que les secondes tendent à établir une unité par la force d'Éros, de l'Amour. Ainsi, une opposition Éros/Thanatos [1] (Amour/Mort) engage désormais la théorie psychanalytique dans une voie nouvelle, s'écartant de l'appareil théorique antérieur. La *libido* — c'est-à-dire l'énergie de la pulsion sexuelle — est en mesure, pense Freud, de neutraliser les forces de désintégration et de destruction si puissantes, que ce clinicien venait de voir à l'œuvre durant la guerre de 1914-1918. C'est l'*agressivité* — tendance à la destruction de l'entourage et de l'environnement —, comme menace pour la *civilisation*, c'est-à-dire la totalité des œuvres et des organisations nous éloignant de l'état animal de nos ancêtres, qui a retenu l'attention de Freud à partir de cette époque et qu'il a puissamment éclairée.

La psychanalyse nous a montré que l'homme n'est pas maître de son propre monde intérieur : des processus psychiques inconscients nous échappent. Bien plus, de puissantes forces de mort agissent en nous. Par ces analyses, le freudisme a profondément renouvelé la conception de l'homme et de son psychisme.

HEGEL *(1770•1831)*

Ce philosophe allemand a construit un immense système ordonnant toutes les connaissances de l'époque.

Parmi ses œuvres principales, citons : *La Phénoménologie de l'Esprit* (1807), *Propédeutique philosophique* (1809-1816), *Science de la logique* (1812-1816), *Précis de l'Encyclopédie des sciences philosophiques* (1817), *Principes de la philosophie du droit* (1821), sans oublier les *Cours* (posthumes) publiés par les disciples : *Leçons sur la philosophie de l'histoire*, *Esthétique* et *Leçons sur la philosophie de la religion*.

Hegel dégage, dans l'histoire et la culture humaines, la genèse progressive de l'Absolu, ce qui possède, en soi-même, sa raison d'être. L'Idée Universelle, forme supérieure de l'Esprit, représente, à la fin du processus, le terme absolu, en soi et par soi, parvenu à la transparence totale.

1. Cette expression de *Thanatos* n'est pas de Freud lui-même, mais de ses disciples ou successeurs.

1. La philosophie, système pensant l'Absolu

Aux yeux de Hegel, la philosophie doit englober tout ce qui est, comprendre le réel dans sa totalité, penser l'histoire et les choses : « Saisir et comprendre ce qui est, telle est la tâche de la philosophie. » La philosophie représente un *Système*, c'est-à-dire un ensemble organisé dont tous les éléments sont indépendants, une connaissance formant une unité et englobant *tous les éléments de la pensée et de la vie*. Cette entreprise totalisante et synthétique a pour contenu fondamental l'*Idée*, comprise non point en tant que représentation subjective, mais comme principe spirituel dynamique, création éternelle, vie éternelle, roulant, dans ses flots étincelants, toutes les choses finies déterminées. L'Idée, substance même de ce qui est, se forme, s'approfondit et se développe à différents niveaux.
Elle existe d'abord comme Pensée identique à elle-même (premier moment). Puis elle sort d'elle-même et s'extériorise (second moment). Enfin, durant le troisième moment, l'Idée revient en elle-même et se déploie comme *Esprit*, c'est-à-dire comme Pensée se clarifiant progressivement et parvenant finalement à l'Absolu. La *Logique*, science de l'Idée et des catégories logiques, la *Philosophie de la Nature*, Science de l'Idée se développant dans la Nature externe, et la *Philosophie de l'Esprit*, discipline étudiant le retour de l'Idée vers elle-même, à partir de son existence extérieure, correspondent à ces trois moments spirituels.

2. La logique dialectique

Envisageons, tout d'abord, la *Logique* et les lois de la dialectique. L'Idée se déploie, en effet, dialectiquement, selon certaines déterminations et lois qu'analyse Hegel, dans *La Logique*. Le principe fondamental de Hegel est l'idée d'un déploiement et d'une progression dialectiques. Que désigne, chez ce penseur, la *dialectique* ?
Essentiellement la marche de la pensée procédant par contradictions surmontées, en allant de la thèse à l'antithèse et à la synthèse. C'est par dépassements successifs des contradictions — et ce terme de *dépassement* désigne très précisément, chez Hegel, l'acte de supprimer et de nier en conservant, sans anéantir — que s'opère, en effet, le mouvement de tout le devenir. A chaque étape, une détermination est *niée* et, en même temps, *conservée*. Ainsi le bouton disparaît-il dans l'éclatement de la floraison : la fleur nie le bouton et, en même temps, le conserve. De même en est-il à l'apparition du fruit, négation et conservation de la fleur. Telle est cette marche où chaque terme nié est, en même temps, intégré. S'effectue ainsi une *synthèse* réunissant et unifiant des moments antithétiques. En ce développement, un rôle majeur est joué par la *contradiction*, c'est-à-dire le jeu de termes dont l'un est la négation de l'autre : ainsi « mort » et « vivant » sont-ils, non point isolés, mais en échange permanent l'un avec l'autre. De même « être » et « néant », « chaud » et « froid », ces termes contradictoires, s'appellent-ils réciproquement.
Dans cette perspective, le *négatif* joue, bien entendu, un rôle essentiel. Le négatif, c'est-à-dire le moment du processus de développement où les déterminations positives sont supprimées, incarne un véritable « travail » créateur. Il détruit, maintient et conserve, d'un seul et même

mouvement. Moment négatif et moment positif sont les deux faces de la dialectique hégélienne.

3. L'activité humaine et l'histoire

Le négatif par excellence, c'est l'homme qui nous le fait saisir. L'homme représente, en effet, fondamentalement, un *désir négateur* : il tend vers un but ou un objet et il s'efforce de les assimiler, de les nier, de les faire siens (par exemple, la nourriture est absorbée par le sujet). Mais le véritable objet du désir, c'est Autrui : la conscience ne s'engendre et ne se forme qu'en se dirigeant vers l'Autre, qu'elle tend à dominer pour se faire reconnaître comme « *conscience de maître* ». Seul, montre Hegel, le désir du désir est générateur du moi. En une lutte à mort de pur prestige, la conscience humaine affronte une autre conscience et s'efforce de se faire « reconnaître » dans sa supériorité.
Au-delà de la formation du moi individuel, c'est dans le Travail et dans l'Histoire que la négation s'exprime avec sa pleine puissance édificatrice. T*ravailler*, c'est, en effet, nier la nature pour la vaincre, c'est construire des outils pour soumettre le monde extérieur à la forme humaine. Ainsi l'homme humanise-t-il les choses et dompte-t-il la nature. Il exerce une *activité pratique*, expression qui désigne une transformation des choses extérieures, marquées, dès lors, du sceau de l'intériorité humaine et de la négativité. L'H*istoire*, elle aussi — comprise comme développement de l'Idée et processus spirituel total — manifeste pleinement la négativité humaine qui s'inscrit en elle : c'est un devenir où l'homme nie le monde et extériorise ainsi sa liberté. Néanmoins, il ne faut pas se méprendre sur le caractère de l'évolution historique. Certes, un individu historique marque dans les choses son propre projet, mais il n'est que le chargé d'affaires de l'Esprit du monde. En effet, l'H*istoire*, ce mouvement spirituel total par lequel s'engenre l'Idée absolue, est une manifestation de la R*aison*, conçue comme Principe divin immanent au monde ; la Raison gouverne les choses et, pour mener à bonne fin ses desseins, elle utilise les volontés ou passions des individus. Les hommes font-ils réellement ce qu'ils veulent ? En fait, la Raison « ruse » : on peut appeler « R*use de la raison* » le fait qu'elle n'agit point par elle-même, mais laisse agir à sa place les passions humaines. Ainsi les hommes s'usent-ils et s'épuisent-ils pour actualiser un projet qui les dépasse infiniment, celui de la « Raison » divine. Aux yeux de Hegel, le processus historique tend, à travers ces « ruses » diverses, à une intelligibilité et à une transparence de plus en plus parfaites. En particulier, l'É*tat* est une réalisation de la Raison absolue. Loin de désigner une organisation relative et contingente, il représente la *substance sociale arrivée à la pleine conscience d'elle-même*. En lui, l'homme s'affirme et se retrouve : loin d'être livré à l'arbitraire, il expérimente, dans l'organisation étatique, une authentique autonomie.
L'Histoire ne possède donc pas, chez Hegel, un sens étroit, mais elle désigne, on le voit, un processus global et universel. L'H*istoire universelle* n'est rien d'autre que la manifestation du processus divin absolu de l'Esprit, la marche graduelle par laquelle il prend conscience de soi.

4. Art, religion, philosophie

Les étapes finales du processus spirituel total correspondent à celles de l'Art, de la Religion et de la Philosophie : le mouvement de l'Esprit acquiert alors une transparence de plus en plus grande. L'Art, en effet, manifeste l'Absolu sous une forme sensible. Il désigne l'*Esprit se prenant pour objet*, s'exprimant à travers une forme ou une représentation concrètes. Quant au *Beau*, il se définit, dans cette perspective, comme la manifestation sensible de l'Idée. L'Idée, conçue comme une forme supérieure de l'Esprit, s'actualise pleinement dans l'œuvre d'art et le Beau. Toutefois, elle revêt encore, dans l'œuvre d'art, une forme sensible et n'atteint pas encore le concept pur, comme elle le fera dans la philosophie.

L'Art est, pour nous, désormais, du passé : il a perdu, pense Hegel, dans notre civilisation, sa vérité et sa vie ; ce déclin rend possible la venue de l'*Esthétique*, réflexion philosophique sur l'Art et philosophie des Beaux-Arts. Dans la *Religion* — formation où l'individu s'élève à la pensée de Dieu et entre en union avec lui — et la *Philosophie* — intelligence et pensée du présent et du réel, conception et système de ce qui est, saisie conceptuelle du monde dans son unité —, l'Esprit se dépouille progressivement de sa gangue sensible. Ainsi l'*Esprit absolu*, délivré de ses particularités, atteint-il une parfaite égalité avec lui-même. Il désigne l'Idée parvenue à la transparence, à son être pour-soi et au savoir de soi, à travers la médiation finale de l'Art, de la Religion et de la Philosophie.

Notre époque est particulièrement sévère à l'égard de Hegel. Aux yeux de Hegel, tout ce qui s'est produit marque, en effet, une étape vers la réalisation de l'Esprit. Tout phénomène historique peut trouver, dans ce contexte, sa pleine légitimation, puisqu'il est appelé par l'exigence même de la Raison. Si ce rationalisme intégral n'est pas toujours jugé satisfaisant par notre culture, néanmoins les enseignements de la dialectique hégélienne ne sont nullement caducs. Négativité, travail de la contradiction, autant de riches éléments hégéliens qu'il faut prendre en compte et qui demeurent des instruments d'analyse. Hegel a su définir une *raison dialectique*, à savoir une faculté dynamique et un processus indiquant le passage d'une détermination de l'être à la détermination opposée.

HEIDEGGER *(1889•1976)*

Martin Heidegger, philosophe allemand, a écrit, pour l'essentiel : *L'Être et le Temps* (1927), *Qu'est-ce que la métaphysique ?* (1929), *De l'essence de la vérité* (1943), *Chemins qui ne mènent nulle part* (1950), *La Question de la technique* (1953).

La « réalité-humaine », montre Heidegger, se perd souvent dans la vie inauthentique et la « banalité quotidienne ». Mais elle peut aussi se retrouver dans son authenticité et s'ouvrir, ainsi, au mystère et à l'Être, source de toutes choses.

1. La banalité quotidienne

Heidegger a, dans L'*Être et le Temps* (1927), décrit la condition du *Dasein*, cet *étant* particulier par lequel l'Être, on le verra plus loin, a pouvoir d'être-là. L'existant humain, jeté dans le monde et abandonné à lui-même (ce que Heidegger nomme notre *déréliction*), est une réalité dont la nature est d'être essentiellement *souci* : ce qui signifie qu'il est sans cesse jeté en avant de lui-même, qu'il s'anticipe soi-même, qu'il ne coïncide jamais avec sa propre essence.
Voici une manière d'être et d'exister qui pourrait donner lieu à l'angoisse. Or ce que veut précisément la « réalité-humaine », c'est s'échapper à elle-même, s'oublier, se dissimuler son être véritable. Cette dissimulation porte un nom : Inauthenticité. Être *inauthentique*, c'est précisément se dérober à ce que nous sommes. Et que sommes-nous ? Un « souci », une anticipation de nous-mêmes vers le futur, un être jeté au monde *pour y mourir*. Aussi le Dasein se réfugie-t-il dans le milieu de la « banalité quotidienne », univers facile où triomphe le « On », anonymat sans originalité, dissolution pure et simple des individualités. En cette banalité, il échappe à l'*angoisse*, disposition affective fondamentale qui nous place devant le néant et devant notre propre *mort*, conçue comme forme même de la vie humaine, considérée dans sa finitude. Loin d'être, en effet, un événement banal, la *mort* désigne notre ultime possibilité, le noyau même de notre être.
Mais le Dasein est aussi, nous l'avons dit, le « là » (« da » signifie, en effet, « là », en allemand) de l'Être ; aussi une conversion est-elle toujours possible.

2. L'oubli de l'Être

La philosophie de Heidegger est, en effet, centrée sur la différence entre l'Être et l'étant. L'*Être*, qu'est-ce à dire ? Ce terme désigne, chez Heidegger, la source « spirituelle » fondamentale de toutes choses, ce qui les éclaire et les illumine de manière énigmatique. Au contraire, les *étants* sont les diverses réalités particulières : l'étant, participe présent du verbe être, signifie : l'être concret, existant. Or, parmi les divers « étants » (une table, un outil, un animal, un livre, etc.), il en est un dont l'existence représente précisément une interrogation sur l'Être : le Dasein, support de la question de l'Être et ouverture à cet Être. C'est, en effet, l'ouverture à l'Être qui est constitutive de l'homme et qui le caractérise. Néanmoins, cette ouverture est voilée et, qui plus est, sans cesse menacée : l'étant humain refoule ou oublie l'Être, lui préférant les perspectives ou vues empiriques, plus quotidiennes et rassurantes. Cette menace est même à l'œuvre dans la *métaphysique*, cette étude de l'au-delà des phénomènes qui, depuis Platon et Aristote, ne parle de l'être que dans la dimension de l'oubli. Mais l'*oubli de l'être*, l'arrachement à la véritable ouverture spirituelle, caractérisent au plus haut point nos cultures contemporaines. En particulier, la *technique* de notre temps — laquelle désigne, chez Heidegger, l'équipement du tout de l'étant et le savoir lui-même, une certaine façon d'être par rapport à la vérité — exprime le vide ontologique le plus total. La technique, loin de désigner seulement les différents secteurs de la production et de l'équipement par machines, englobe bien d'autres domaines de l'étant. Dans l'univers de la technique, l'homme, le « berger de l'Être », oublie sa véritable essence et son destin spirituel.

Au-delà des attitudes inauthentiques, un retour à l'interrogation sur l'Être et le Spirituel est-il possible ? Ce retour, Heidegger le dessine comme l'unique chemin où l'homme puisse, de nouveau, déployer sa liberté. Ainsi s'esquisse l'*authenticité*, comme possibilité pour la réalité-humaine de s'affranchir des illusions du « On » et d'accéder à la personnalité véritable. C'est par rapport à l'Être que nous devons nous repenser et repenser notre situation dans le monde.

HOBBES *(1588•1679)*

Thomas Hobbes, philosophe anglais, est essentiellement l'auteur des œuvres suivantes : le *De cive* (1642) et le *Léviathan* (1651).
Si la réputation de Hobbes fut, bien longtemps, scandaleuse (il aurait développé, pensait-on, une doctrine centrée sur l'État tout-puissant), nous comprenons aujourd'hui notre dette à l'égard de celui qui fut un des principaux fondateurs de la pensée politique moderne.

1. Anthropologie de Hobbes

La référence de Hobbes est, tout d'abord, anthropologique : il s'appuie sur une vision de l'homme, vision servant de point de départ à sa problématique politique. Hobbes s'attache à la nature humaine et décrit l'homme comme un être doué de parole, cette dernière étant norme et règle du vrai et du faux. Là où il n'est point de parole, il n'y a ni vérité ni fausseté, nous dit Hobbes dans le *Léviathan*. Mais qu'est la *parole* ? L'acte par lequel s'exerce la fonction du *langage*, ce dernier désignant l'enchaînement des mots que les hommes ont établi arbitrairement pour signifier la succession des concepts de ce que nous pensons. L'homme, ce créateur de signes, est aussi une force, un ensemble de désirs et d'appétits, réagissant au contact des autres hommes, semblables à lui en forces et en désirs et représentant ainsi autant de concurrents : dans l'État de nature, l'homme tente d'opérer une contrainte sur l'Autre et vit en état de guerre avec lui. Que représente cet *État de nature* ? Ce n'est point une réalité historique mais une fiction théorique, où Hobbes nous donne à voir un état originel de guerre se caractérisant par la menace permanente : *Homo homini lupus* — l'homme est un loup pour l'homme ! Lorsque les hommes vivent selon l'État de nature, leurs forces s'affrontent nécessairement, leur existence étant alors conforme au *droit naturel*, liberté qu'a chacun d'user comme il veut de son pouvoir propre, pour la préservation de sa propre nature.

2. L'État et le Contrat

L'État de nature, état de guerre et de violence, condamne l'homme à une existence quasi animale, sans culture ni civilisation. Un *Contrat* est donc nécessaire pour échapper à cet enfer et à ce risque permanent, où la violence menace chacun, en raison de la situation concrète de l'homme et de la défiance réciproque qui la caractérise. Les causes de discorde étant multiples, il s'agit de les dépasser et d'établir la paix : le Contrat désigne la convention par laquelle les hommes se dessaisissent de leur droit sur toutes choses et confèrent leur pouvoir à un monarque ou à une assemblée accomplissant le bien général. Alors s'effectue le passage de l'état de nature à l'ordre politique et l'homme crée ainsi l'*État*, ou *République*, organisme exerçant le pouvoir politique. Il faut voir dans cette création un produit de l'art humain. Dans cette perspective, le *Souverain* — le dépositaire de la personnalité de la Cité, dépositaire qui peut être un monarque ou une assemblée — a pour fonction de prendre soin du bien du peuple et de réaliser le bien général. Les autres hommes sont les *sujets* du Souverain.

Avec Hobbes, la philosophie politique prend donc un sens nouveau. *L'État, cette création humaine, est destiné à mettre fin à la barbarie naturelle.* Voici l'homme créateur de l'État et de ses œuvres. Hobbes nous apparaît donc très moderne à bien des égards : comme théoricien de l'État (humain) et aussi comme penseur du *pouvoir*, défini en tant que capacité effective d'obtenir quelque bien futur, à partir des moyens présents.

HUME *(1711•1776)*

David Hume, philosophe anglais, a écrit, pour l'essentiel : *Traité de la nature humaine* (1740), *Essais moraux et politiques* (1741), *Essais philosophiques sur l'entendement humain* (1748) et *Histoire naturelle de la religion* (1757).
David Hume a critiqué le rationalisme dogmatique du XVIIe siècle et ramené le principe de causalité à une simple opinion subjective. Sa critique va ouvrir la voie à Kant, comme nous le verrons plus loin.

1. La vie psychique : impressions et idées

David Hume est empiriste : à ses yeux, la connaissance humaine dérive, tout entière, de l'expérience sensible ; l'expérience, voici donc le maître mot de cette grande figure du XVIIIe siècle anglais. Tout ce qu'il y a en moi, ce sont des *perceptions*, terme par lequel Hume désigne tous les événements constituant la vie de l'esprit, ces perceptions pouvant elles-mêmes être classées en deux grandes catégories : les *impressions*, à savoir des perceptions vives, entrant en nous avec force et violence (sensations, émotions, etc.), et les *idées*, qui représentent, chez Hume, des images affaiblies des impressions. Impressions et idées se succèdent sans trêve en moi, se combinent et s'associent, en vertu de leur ressemblance ou de leur contiguïté. La vie psychique tout entière se comprend par l'*association des idées*, sorte d'attraction régnant dans le monde de l'esprit : elle désigne cette propriété qu'ont les représentations de s'appeler, de s'évoquer ou de s'entraîner les unes les autres, sans nulle intervention de la volonté. Toutes les opérations mentales s'expliquent par le jeu de l'association des idées.

2. L'analyse de la causalité

Même l'idée de causalité, si importante pour la science et la métaphysique, se ramène à une banale association d'idées. Si je dis qu'une élévation de la pression atmosphérique est la cause des précipitations (effet), quelle est la signification de cet énoncé ? J'associe deux idées en fonction de l'habitude. Ainsi, la *cause* désigne seulement, chez Hume, un « antécédent constant », fruit de l'association et de l'habitude. Le sceptique Hume fait s'évanouir la cause, conçue comme liaison objective et nécessaire avec l'effet qu'elle produit, pour lui substituer l'idée d'un lien résultant de l'habitude, de la fragile coutume.

La lecture de Hume ébranlera profondément Kant. Troublé par cet empirisme sceptique, Kant va forger une nouvelle méthode : Hume m'a fait sortir de mon sommeil dogmatique ; tel sera le cri de Kant dans les *Prolégomènes à toute métaphysique future qui voudra se présenter comme science*.

HUSSERL *(1859•1938)*

Edmund Husserl a écrit principalement : *Recherches logiques* (1900-1901), *Idées directrices pour une phénoménologie* (1913), *Logique formelle et logique transcendantale* (1929), *Méditations cartésiennes* (texte de deux conférences données par Husserl à la Sorbonne, en 1929), *La Crise des sciences européennes et la phénoménologie transcendantale* (manuscrit de 1935-1937).
Les concepts fondamentaux de Husserl vont avoir une influence considérable sur Heidegger, Sartre, Merleau-Ponty, etc. Sa doctrine des Essences et sa critique du « positivisme » sont encore au centre d'une partie de notre réflexion contemporaine.

1. Quelques écueils :

psychologisme, naturalisme, positivisme

Husserl s'est efforcé, toute sa vie, de mener à bien le projet d'une *philosophie rigoureuse*, revenant aux choses mêmes et inséparable d'une sagesse : quiconque veut vraiment devenir philosophe doit se replier sur soi-même et opérer une réflexion pour conduire ce projet philosophique. Ainsi se comprend le sens de la *phénoménologie*, terme philosophique qui avait déjà été utilisé avant Husserl [1], mais auquel ce penseur donne une nouvelle signification : elle désigne, chez lui, la science des *phénomènes*, à savoir de ce qui apparaît dans l'expérience. La phénoménologie doit être définie comme l'étude des phénomènes ou d'un ensemble de phénomènes.
Or, en cette quête rigoureuse, quelques écueils fondamentaux menacent la réflexion : tout d'abord le *psychologisme*, tendance à considérer que la psychologie doit fonder les autres disciplines et même les absorber, à

1. Chez Hegel, en particulier.

voir dans les concepts ou les jugements essentiellement des événements psychiques, à confondre les essences avec des productions psychologiques. Pour mener à bien la tâche philosophique, il faut donc se purifier de ce psychologisme si puissant, qui nous fait confondre une théorie avec un événement psychique. Au début du XXe siècle, en effet, quand Husserl commence à rédiger son œuvre, la psychologie s'efforce de se constituer comme discipline dominante et de fonder la logique et la métaphysique. Husserl combat vigoureusement cette tendance, qui perdure encore de nos jours.
Mais d'autres écueils menacent la pensée et la réflexion : le *naturalisme*, représentation de l'existence de la totalité de l'être (conscience, idées, etc.) à l'image de la nature et des choses matérielles : toutes les formes du naturalisme se représentent la conscience et les idées *comme si* elles étaient des choses matérielles. Le naturalisme n'est-il pas, dès lors, un des premiers péchés contre l'esprit ?
Citons, enfin, parmi d'autres écueils menaçant la pensée, le *positivisme*, qui consiste à exclure les questions ultimes et les plus hautes de la raison, à écarter tout ce qui ne relève pas de données empiriques et scientifiques au sens le plus étroit et le moins synthétique du terme : le concept positiviste de la science à notre époque a laissé tomber toutes les questions (fondamentales) que l'on avait incluses autrefois dans le concept de métaphysique.
Décapons donc la pensée, pour la purifier de ces erreurs ou écueils qui l'empêchent d'aller au vrai.

2. Réduction eidétique et réduction phénoménologique

La véritable connaissance, loin d'être subjective, est vision d'*idées* ou *essences*, réalités ultimes sans lesquelles les choses ne seraient pas ce qu'elles sont et qui doivent guider la théorie. La vision des essences suppose la *réduction eidétique* (du grec *eidos*, idée, essence), éliminant les éléments empiriques pour dégager la pure essence et conduisant donc des phénomènes psychologiques à l'essence en tant que telle. Nous avons, par conséquent, affaire à une *science eidétique*, c'est-à-dire portant sur des essences.
A côté de la réduction eidétique, la *réduction phénoménologique* ou *épochè* (en grec, suspension du jugement) consiste à mettre entre parenthèses le monde objectif et à suspendre toute adhésion naïve à son égard, de manière à libérer l'accès au *moi transcendantal*, défini comme le sujet ultime atteint au terme de la réduction phénoménologique. Quel est le sens de cette mise entre parenthèses libérant le moi transcendantal ? Par elle, nous nous abstenons d'user des certitudes qu'offre le monde et, en cette abstention et cette conversion spirituelle, le Moi pur s'affirme, non point comme une chose ou une substance, mais comme pur « sujet méditant » (*Méditations cartésiennes*, 1re Méditation, p. 21, Vrin).

Par son élucidation du sens des écueils qui menacent l'exercice de la pensée, par sa volonté de revenir aux choses mêmes, à ces essences sans lesquelles il n'est ni théorie, ni philosophie, ni pensée, Husserl a exercé sur notre siècle une influence considérable. Mais cette influence est due aussi à la notion d'*intentionalité*, définie comme cette particularité qu'a la conscience d'être conscience *de* quelque chose, comme cette

nécessité pour la conscience d'exister comme conscience d'autre chose que soi.
En montrant que la conscience est visée d'autre chose qu'elle-même, Husserl, comme l'écrira Sartre, a mis « un terme à la philosophie douillette de l'immanence » (*Une idée fondamentale de Husserl*, in *Situations I*, p. 33, Gallimard). Il nous a restitué le monde dans son opacité et son épaisseur.

KANT *(1724•1804)*

Emmanuel Kant, philosophe allemand, est l'auteur d'une œuvre très abondante, parmi laquelle nous citerons essentiellement : *Critique de la raison pure* (1re édition, 1781 ; 2e édition, 1787), *Prolégomènes à toute métaphysique future qui voudra se présenter comme science* (1783), *Fondements de la métaphysique des mœurs* (1785), *Critique de la raison pratique* (1788), *Critique du jugement* (1790), *Anthropologie du point de vue pragmatique* (1798).
Kant s'est posé *trois questions*, auxquelles son œuvre tout entière s'est efforcée de répondre : Que puis-je connaître ? Que dois-je faire ? Que m'est-il permis d'espérer ?

1. La connaissance

a) Une critique de la raison

Que puis-je connaître ? Pour répondre à cette question, Kant opère un *examen critique* de la raison, déterminant ce qu'elle peut faire et ce qu'elle est incapable de faire.
La Raison, *au sens large*, désigne, chez Kant, tout ce qui, dans la pensée, est a priori et ne vient pas de l'*expérience*. Elle est *théorique* (*raison pure*) ou spéculative lorsqu'elle concerne la connaissance. Elle est *pratique* (*raison pratique*) lorsqu'elle est considérée comme contenant la règle de la moralité (cette Raison, au sens large, se distingue, chez Kant, de la Raison, *au sens étroit du terme*, comme faculté humaine visant à la plus haute unité — voir § e).
Kant, ici, opère une *critique de la raison* spéculative : il ne s'agit point d'une critique sceptique, mais d'un examen concernant l'usage, l'étendue et les limites de la raison.
Pratiquant cette démarche, Kant remarque que la mathématique et la physique entrèrent dans la route sûre de la science le jour où elles cessèrent d'être empiriques pour reconnaître la primauté de la démonstration rationnelle. La *métaphysique* devrait s'inspirer de cette méthode si féconde ; ici prend place la fameuse notion de *révolution copernicienne* : de même que Copernic a supposé que la Terre tournait autour du Soleil et non l'inverse, de même Kant admet que c'est notre faculté de connaître qui organise la connaissance, et non point les objets qui la déterminent.

b) Espace, temps et catégories

C'est dire que nous ne pouvons appréhender le monde qu'à travers des éléments *a priori*. Ce terme « a priori » désigne, ici, ce qui est indépendant de l'expérience. Ainsi l'*espace* et le *temps* sont-ils antérieurs à l'expérience ; ce sont des *formes a priori de la sensibilité*, c'est-à-dire des structures intuitives issues du sujet et permettant d'ordonner les objets hors de nous et en nous. Mais ce n'est pas tout et, à un deuxième niveau d'organisation, conceptuel cette fois-ci, les objets doivent être *pensés*, organisés intellectuellement par l'*entendement*, faculté reliant les sensations grâce à des *catégories*, ou *concepts purs*, instruments permettant d'unifier le sensible — Unité, Pluralité, Totalité (catégories de la quantité) ; Réalité, Négation, Limitation (catégories de la qualité) ; Substance et accident, Causalité et dépendance, Communauté (catégories de la relation) ; Possibilité, Impossibilité, Existence, Non-existence, Nécessité, Contingence (catégories de la modalité).

c) Un point de vue transcendantal

Cette analyse est conduite d'un point de vue *transcendantal* : elle porte, non point sur les objets eux-mêmes, mais sur la manière de les connaître et de les saisir, sur les éléments a priori et sur les concepts constitutifs de l'expérience. Temps, espace et catégories concernent, en effet, les conditions a priori de la connaissance et le mode d'appréhension des objets. Sans eux, aucune connaissance ne serait possible.
Distinguons ici l'*esthétique transcendantale*, qui désigne, chez Kant, l'étude des formes a priori de la sensibilité que sont l'espace et le temps, et la *logique transcendantale*, étude des formes de l'entendement, en tant qu'elles sont a priori. La logique elle-même se divise en une *analytique*, qui dresse la table des concepts purs et des principes, et en une *dialectique* (cf. § e).

d) Phénomènes et noumènes

Les conséquences de ces analyses apparaissent décisives : si le seul point de vue possible est transcendantal, s'il porte sur les conditions a priori du savoir, il en résulte que les choses telles qu'elles sont *en soi*, c'est-à-dire indépendamment de la connaissance que nous pouvons en avoir, ne peuvent être appréhendées. Que puis-je, en effet, saisir ? Ce qui s'offre à mon champ perceptif dans le cadre des formes *pures* de la sensibilité (l'espace et le temps) et dans le cadre des catégories : le domaine des *phénomènes*. La notion de phénomène désigne, en effet, pour Kant, tout objet d'expérience possible, c'est-à-dire ce que les choses sont pour nous, relativement à notre mode de connaissance, par opposition au *noumène*, la chose en soi, que l'esprit peut, certes, penser, mais non point connaître. Ainsi, Dieu est un noumène, une réalité possible, mais que nous ne pouvons atteindre.

e) Les idées de la raison

L'homme, loin de se contenter d'accéder aux phénomènes grâce aux catégories de l'entendement, élabore les *Idées de la raison* (prise ici au sens étroit du terme, comme faculté exigeant la plus haute unité). Ces Idées de la raison sont des concepts auxquels ne correspond aucun objet donné par les sens, comme l'Idée de l'Âme ou celle de Dieu ; si l'Idée de la raison possède un usage régulateur et permet d'unifier notre

expérience, néanmoins elle est inconnaissable et ne peut être saisie intuitivement.
Kant étudie les Idées de la raison (âme, Dieu, liberté) dans une partie importante de la *Critique de la raison pure*, partie nommée *Dialectique transcendantale* : elle désigne une critique dévoilant la trompeuse apparence des prétentions de la raison quand elle s'efforce de quitter le terrain de l'expérience pour aborder la sphère de la pensée pure, se croyant à tort indépendante du domaine phénoménal et empirique.

2. L'action et le devoir

Il faut, maintenant, répondre à la question : « Que dois-je faire ? » La réponse de Kant est, ici, sans équivoque : le devoir est uniquement le devoir. Que faut-il entendre par ce terme, le devoir ? Pour en comprendre la signification, tournons-nous d'abord vers la notion de bonne volonté. Dans les *Fondements de la métaphysique des mœurs*, Kant réalise, en effet, l'analyse de la conscience morale commune et il note que, de tout ce qu'il est possible de concevoir en ce monde, il n'est rien qui puisse être regardé, sans restriction, comme bon absolument, si ce n'est une *bonne volonté*, c'est-à-dire une intention absolument pure, bonne sans restriction. Qu'est-elle exactement et à quoi se ramène-t-elle ? Une volonté pure, bonne en elle-même, désigne une volonté de faire le bien, non par inclination sensible, mais par devoir. La *bonne volonté* nous renvoie ainsi à l'idée de devoir, à l'impératif catégorique, et non point hypothétique. Un impératif est *hypothétique* lorsque le commandement énoncé est subordonné à une hypothèse ou à une condition (ex. : si tu veux réussir, travaille !). Il est *catégorique* lorsqu'il ordonne sans condition, lorsqu'il vaut, en lui-même, indépendamment de toute hypothèse et de toute condition (ex. : travaille !). Dans le premier cas, l'action est un moyen pour un résultat. Dans le second, l'action est bonne en elle-même : tel est le devoir.
Quelle est la formule fondamentale du devoir ? Il énonce l'universalité de la loi ; il affirme simplement *une loi universelle*, un précepte présentant un caractère obligatoire et commandant à tous, sans restriction. « Agis uniquement d'après la maxime qui fait que tu peux vouloir en même temps qu'elle devienne une loi universelle. » La seconde formule du devoir a trait, quant à elle, au respect de la *Personne*, de l'être raisonnable, fin en soi possédant une valeur absolue. Alors que les choses sont des moyens, les personnes sont des fins en soi. Sous son second aspect, l'impératif pratique se définit par le respect de la personne, du sujet humain, qui ne doit, en aucun cas, être traité comme moyen.
La volonté obéissant au devoir est, enfin, une volonté autonome, trouvant en elle-même sa loi. Tel est, chez Kant, le principe de l'*autonomie* de la volonté, propriété qu'a cette dernière de se donner à elle-même sa législation. Alors que l'*hétéronomie* désigne l'obéissance à une loi n'émanant pas de la volonté, l'autonomie est le fait d'obéir à sa propre loi.
Nous pouvons maintenant donner une définition plus complète et synthétique du *devoir* : il désigne l'obligation morale autonome, la nécessité d'accomplir une action par respect pour la loi universelle, l'impératif ordonnant sans condition. Tel est le concept de devoir, central dans la philosophie de Kant.

3. L'espérance religieuse

Il nous reste, maintenant, à répondre à la troisième question : « Que puis-je espérer ? » Et cette question concerne l'espérance religieuse. Or Kant souligne ici que Dieu, la liberté et l'immortalité, loin d'être démontrables, de faire l'objet d'un raisonnement théorique, sont des *postulats*, des hypothèses exigées par la raison *pratique*, c'est-à-dire concernant l'action morale, la règle a priori de la moralité. Aux yeux de Kant, l'espérance d'une autre vie après la mort et d'un Dieu justicier se rattache, en effet, à une exigence pratique. Je postule Dieu, la liberté et l'immortalité : il s'agit ici de croyances rationnellement fondées, posées par un acte de foi. J'ai besoin de ces *postulats* de la raison pratique, exigés pour l'exercice de la loi morale.

4. L'analyse du jugement de goût

Si la première Critique (*Critique de la raison pure*), porte sur le problème de la connaissance et la seconde (*Critique de la raison pratique*) sur le problème moral, la troisième (*Critique du jugement*) est consacrée à l'étude du beau (et aussi du vivant.)
Le beau est ici analysé dans sa relation au sujet humain qui le goûte et l'appréhende. Qu'est-ce que le *goût* ? La faculté de juger d'un objet ou d'une réprésentation par une satisfaction dégagée de tout intérêt. L'objet d'une semblable satisfaction s'appelle *Beau*. Le goût désigne donc la faculté de juger le Beau. Alors que l'*agréable* nous charme concrètement (songeons au vin des Canaries ou à tel autre agrément sensible), le *Beau* nous entraîne loin de toute inclination empirique : il est l'objet d'une satisfaction désintéressée et universelle, où j'attribue à chacun le sentiment que j'éprouve devant l'objet. Cette universalité permet de distinguer fondamentalement ce qui plaît aux sens dans la sensation et le beau en tant que tel. Kant opère ainsi une distinction capitale.
Mais il faut distinguer aussi le Beau du Sublime : par opposition au Beau, qui est fini, le *Sublime* désigne ce qui nous dépasse, en ce qu'il est traversé par l'idée de l'infini ; est sublime ce en comparaison de quoi tout le reste est petit. Ainsi la montagne ou l'océan éveillent-ils en nous le sentiment du sublime.

Dans tous les domaines, on le voit, Kant nous renvoie à l'autonomie et à la liberté humaines. L'homme, sujet de la connaissance, est aussi agent moral autonome et auteur d'un jugement de goût désintéressé et universel.

KIERKEGAARD *(1813•1855)*

Parmi les œuvres essentielles de Kierkegaard, penseur danois, mentionnons : L'*Alternative* (1843), *Crainte et tremblement* (1843), *Le Concept d'angoisse* (1844), *Post-scriptum aux miettes philosophiques* (1846), *Traité du désespoir* (1849).

Kierkegaard oppose au Système philosophique la vérité de l'existence individuelle et de la subjectivité. Devenir subjectif est la plus haute tâche qui nous soit assignée.

1. Contre Hegel : contre le Système et l'Abstraction

Kierkegaard n'est pas philosophe et ne s'est nullement voulu philosophe. Il n'a pas écrit de Système et a refusé, s'opposant ici à Hegel [1], de tout enclore en un ensemble systématique, où les vérités se coordonnent et s'unissent en une totalité. Qu'est-ce que le *Système* ? Il désigne un monde clos, intégrant toutes les vérités et les unifiant ; le tort du Système est de répudier toute séparation et toute distinction : il coordonne le réel en un tout fermé, il renferme, c'est un achèvement et une clôture. Contre la volonté hégélienne de rassembler les connaissances et les diverses manifestations spirituelles au sein d'un ensemble clos, Kierkegaard nous rappelle que l'*existence*, le mode d'être du sujet individuel, est précisément à l'opposé du Système. L'existence est tout le contraire d'un monde clos : elle est ouverture, rupture, discontinuité. Exister, c'est être là, inachevé, séparé, hors de tout Système et, bien entendu, de toute abstraction.

En effet, Kierkegaard écarte également l'abstraction. Qu'est-ce qu'abstraire ? C'est isoler, dans un concept, certaines déterminations en excluant les autres. L'*abstraction* désigne cette opération par laquelle la pensée évacue le concret, la temporalité, le vécu individuel, pour se plonger dans l'idéalité conceptuelle. Ainsi Hegel a-t-il souligné les mérites de ce processus où nous excluons les déterminations concrètes. Au contraire, souligne Kierkegaard, en un cri passionnément anti-hégélien, l'insuffisance de l'abstraction est manifeste : c'est la vie qu'elle évacue, le concret, l'existence en tant que telle. Le penseur abstrait est un être imaginaire vivant dans l'être pur de l'abstraction ; il croit habiter un palais d'idées, mais il demeure dans une chaumière, celle du concept sans vie ni épaisseur.

Abstraction, Système : ce ne sont pas là les seuls périls ou écueils qui guettent l'existant ; il en est un troisième, et c'est l'H*istoire*. Et, en effet, cette dernière désigne, chez Hegel, le devenir spirituel orienté conduisant vers une parfaite transparence, vers un équilibre de toutes les tensions, voire vers un arrêt de la dialectique. Kierkegaard, quant à lui, voit dans l'Histoire universelle une grande « faiseuse de bruit », un processus trompeur parce que profondément étranger au problème du sujet individuel et de la vocation de l'existant en tant que tel.

2. L'individu, catégorie chrétienne décisive

Ce n'est donc pas au niveau de l'Histoire universelle, des Idées et du Système abstrait qu'il convient de rechercher la vérité des êtres. En cette quête, l'individu doit être centre, point de référence et fondement. Mais qu'est-ce que l'I*ndividu* ? Il désigne l'être particulier, irréductible à l'espèce, infiniment supérieur au collectif de la foule, car la foule est le mensonge. L'Individu, au contraire, c'est le réveil de l'esprit, celui en lequel s'affirme la vocation à l'existence subjective. Que représente alors cette dernière ?

1. Dans le *Post-scriptum aux miettes philosophiques*.

La subjectivité authentique est celle de l'existence religieuse, où l'homme trouve un ancrage dans le Christ. Il y a, en effet, trois stades (ou sphères) dans le chemin de la vie et seul le dernier apparaît comme l'authentique conquête spirituelle. Le *stade esthétique* est celui de l'abandon aux jouissances de l'immédiateté : songeons à Don Juan et à sa course éperdue, de désirs en désirs, de conquêtes en conquêtes, de plaisirs en plaisirs. C'est le moment des possibles et du caprice. Mais cette sphère, où l'individu ne saurait se trouver, est celle de la mort et du désespoir radical, car l'individu s'éparpille alors en une poussière d'instants. Le *stade éthique*, celui du devoir, caractérisé par la stabilité et la continuité, offre au moins un principe d'unité. Mais comment pourrait-il représenter la solution définitive ? Ce n'est qu'un stade humain et précaire, encore fermé à l'Esprit véritable, celui du Christ. Seule la *sphère religieuse*, où l'homme, par la *foi* — foi sans assurance, sans nulle sécurité intellectuelle, mouvement de croyance en vertu de l'absurde et au sein même de l'absurde, espérance contre toute espérance —, atteint le rivage du Christ, est en mesure d'apporter à l'homme la vérité authentique, celle de l'Esprit.

Le chemin de la foi est difficile, déchiré, à mille lieues de tout repos et de toute sécurité. Y joue un rôle essentiel *l'angoisse*, c'est-à-dire le vertige de l'individu libre face à des possibilités et à des choix contradictoires. « Si l'homme était ange ou bête, il ne pourrait connaître l'angoisse. Étant une synthèse, il en est capable, et il est d'autant plus homme que son angoisse est profonde. » (*Le Concept d'angoisse*.) De même le *désespoir*, cette discordance interne de la synthèse humaine, cette mort lente de l'âme qui se déséquilibre, nous forme-t-il pour l'éternité. On le voit, c'est l'école des souffrances qui est éducatrice.

3. La subjectivité est la vérité, la subjectivité est l'erreur

Ainsi, loin de la pensée systématique, Kierkegaard a-t-il dessiné l'itinéraire douloureux de l'individu religieux. Que désigne, dans cette perspective, la *vérité* ? Elle apparaît comme l'incertitude objective, maintenue dans l'appropriation d'une intériorité passionnée. Ainsi le savoir objectif semble-t-il laissé en suspens, au sein de la foi, quand l'existant risque tout sans que rien d'objectif lui soit apporté.

Néanmoins, on se tromperait profondément si l'on voyait dans la méditation de Kierkegaard un subjectivisme absolu. Si la subjectivité est la vérité, elle est, en même temps, l'erreur. Il faut un pont où jeter l'ancre. En cet ultime face-à-face avec Dieu, l'expérience religieuse ne nous donne-t-elle pas, en effet, l'Absolu du Christ, de l'Homme-Dieu ? L'existence chrétienne est ainsi un mélange (inconcevable) de foi subjective et de saisie d'une vérité réelle et transcendante, en un paradoxe permanent.

L'influence de Kierkegaard a été considérable et déterminante : il est, en un sens, le fondateur de l'« existentialisme » contemporain. L'individu n'est pas un moment du concept, a-t-il souligné à juste titre ; il n'est pas un accident de l'histoire. Cette leçon philosophique est d'importance et concerne, en un siècle qui a bien souvent sacralisé l'Histoire, chacun d'entre nous.

LEIBNIZ *(1646•1716)*

Wilhelm Gottfried Leibniz, philosophe et savant allemand, a écrit essentiellement : *Discours de métaphysique* (vers 1685), *Nouveaux Essais sur l'entendement humain* (1704), *Essais de Théodicée* (1710), *La Monadologie* (1714). L'œuvre de Leibniz, immense, est riche d'aperçus de génie. Dans le domaine de la connaissance, dans le champ de l'esprit et de la nature, il nous entrouvre des horizons nouveaux. Le monde est un tout plein de vie, avec lequel nous sommes en relation par une foule de petites perceptions (inconscientes).

1. La connaissance

Sur le plan de la connaissance, Leibniz s'attache aux *idées* — définies comme objets de la pensée — et aux différences régnant entre les différentes idées, selon leur clarté et leur distinction. Une idée est *claire* quand elle suffit pour reconnaître une chose et la distinguer. Sans cela, l'idée est *obscure*. Sont *distinctes* les idées qui distinguent dans l'objet les marques qui le font connaître. Autrement, on les appelle *confuses*.
La théorie leibnizienne des idées exclut l'innéisme cartésien. Leibniz veut, en effet, dépasser à la fois l'empirisme de Locke — selon lequel tout savoir viendrait des sens — et la doctrine cartésienne des idées innées. Locke se trompe : l'âme humaine n'est pas une *tabula rasa*, une *table rase*, où viendrait s'inscrire l'expérience. Il faut reconnaître l'importance de l'activité spirituelle. Néanmoins, l'innéisme cartésien n'est pas non plus acceptable en tant que tel : l'expérience est tout au moins l'occasion permettant à l'esprit de prendre conscience des richesses qui sont en lui. A mi-chemin de Descartes et de Locke, Leibniz souligne donc le dynamisme spirituel de l'homme. Ce qui est premier et d'abord donné, c'est l'esprit, comme le prouve l'examen des *principes de la connaissance*, ces énoncés de base sur lesquels s'appuient nos raisonnements. Quels sont-ils ? Ce sont les principes de *contradiction* et de *raison suffisante*. Le premier s'énonce ainsi : de deux propositions contradictoires, l'une est vraie, l'autre fausse. Quant au second, il affirme qu'aucun fait ne saurait se trouver existant sans qu'il y en ait une raison suffisante. Le principe de raison suffisante est, aux yeux de Leibniz, principe suprême, très grand et très noble.

2. Les monades

Dans sa description de l'univers, Leibniz tente également de « dépasser » le mécanisme cartésien : aux yeux de Descartes, la matière se ramène à de l'étendue géométrique. A ce *mécanisme* s'oppose le *dynamisme* de Leibniz, selon lequel l'univers est formé de *monades*, substances simples, sans parties, atomes de la nature et éléments des choses, réalités spirituelles dynamiques, analogues à des âmes. Partout ces principes spirituels sont en action : ils se caractérisent, en effet, non seulement par la *perception*, représentation du multiple dans l'unité, mais aussi par l'*appétition*, tendance de toute monade à agir. Toute monade perçoit l'univers et tend à exercer une action.
Ainsi se dessine un univers mobile et fluide, où tout, matière, nature,

objets, est animé par les monades ou âmes. Qui plus est, il existe des niveaux dans la perception. Et cette pluralité de niveaux est telle que la conscience apparaît seulement comme un degré et un passage. Si l'*aperception* en tant que telle désigne une perception distincte et aperçue par la conscience, la perception sans aperception ni réflexion est également possible. Ainsi, quand je me promène au bord de la mer, mille *petites perceptions* inconscientes et trop menues pour être saisies, contenus psychiques que j'ignore et dont je n'ai pas claire connaissance, forment le tout de ma perception claire. Par ces petites perceptions inaperçues, nous sommes liés, de manière insensible, à la totalité du monde et du réel.
Une fois de plus, nous sommes loin de Descartes, chez qui toute pensée s'accompagne de conscience.

3. L'harmonie préétablie

Comment concevoir les rapports entre les monades ? Dieu a réalisé entre elles un accord, et ce à partir d'une *harmonie préétablie* : Dieu a, en effet, voulu créer un ensemble cohérent et a établi une harmonie entre toutes les substances. Ainsi le monde a-t-il été organisé selon le principe du meilleur.
Dès lors, nous pouvons opérer une justification de Dieu en ce qui concerne le problème du mal dans l'univers : c'est ce que Leibniz nomme *théodicée*. Dieu, qui n'est pas responsable du mal qui règne dans le monde, doit en être disculpé. Il a créé le meilleur des mondes possibles. Voltaire, on le sait, ironisera à propos de cette justification.

4. L'optimisme de Leibniz

Il est donc légitime de parler de l'*optimisme* de Leibniz, l'optimisme désignant ici la conception selon laquelle le monde est le meilleur des mondes possibles : entre une infinité de mondes possibles, il y a le meilleur de tous et c'est le vrai monde actuel.
A celui qui poserait la question : « Le monde n'est-il pas, néanmoins, riche de maux ? » Leibniz répond que toute douleur ou inquiétude sont les conditions mêmes du plaisir et du bonheur. Le plaisir, en effet, ne procède pas d'un cours uniforme, lequel enfanterait l'ennui. Le *plaisir*, ce sentiment de perfection et cet avancement vers le bonheur, provient d'une victoire sur quantité de demi-douleurs qu'on finit par apaiser en satisfaisant son désir ; quant au *bonheur*, il ne consiste jamais dans une pleine jouissance, où il n'y aurait plus rien à désirer, mais dans un progrès perpétuel vers de nouveaux plaisirs et de nouvelles perfections. Le mal, la douleur, l'inquiétude, autant de conditions du bien, autant de raccourcis vers une plus grande perfection. Tel est l'optimisme de Leibniz, qui voit, en particulier dans l'*inquiétude*, ensemble de sollicitations imperceptibles qui nous tiennent toujours en haleine, une promesse de plaisir et une annonce de perfection.

Ainsi, selon l'optimisme leibnizien, le mal n'est que l'ombre du bien. Leibniz, ce grand conciliateur et « harmonisateur », nous décrit un univers pétri de cohérence où le mal perd toute positivité.

MALEBRANCHE *(1638•1715)*

Nicolas Malebranche, prêtre de l'Oratoire, a écrit pour l'essentiel : *De la recherche de la vérité* (1674-1675), *Traité de la nature et de la grâce* (1680), *Méditations chrétiennes* (1683), *Traité de morale* (1684), *Entretiens sur la métaphysique et la religion* (1688).

Dieu est, aux yeux de Malebranche, la seule cause efficace. Quant aux choses créées, elles ne sont que l'occasion de l'exercice de la volonté divine. Telle est la toute-puissance de Dieu, radicale et souveraine, toute-puissance que Malebranche souligne dans son œuvre.

1. L'origine de nos erreurs :

passion, imagination, puissances sensibles

Comme son maître Descartes, Malebranche voit dans la passion un asservissement au corps et au sensible, un phénomène causé, dans l'âme, par l'action du corps. Que signifie ce terme de *passions* ? Toutes les émotions que l'âme ressent naturellement à l'occasion des mouvements des *esprits animaux*, ces derniers désignant, comme chez Descartes, des éléments subtils circulant dans tout l'organisme et servant d'intermédiaire entre le corps et l'âme.

La passion représente une erreur où j'extériorise un principe subjectif. Mais l'*imagination*, elle aussi, est maîtresse d'erreur et de fausseté. Elle désigne une faculté de se représenter les choses de manière sensible : elle ne consiste que dans la force qu'a l'âme de se former des images des objets, en les imprimant, pour ainsi dire, dans les fibres du cerveau. Comme toute la réflexion classique, la pensée de Malebranche dévalue l'imagination, cette puissance liée au corps et au sensible.

2. La vision en Dieu

Que faire, si nous voulons atteindre le vrai ? Se rendre attentif aux idées claires, l'*idée* désignant, chez Malebranche, tout objet de pensée en tant que pensé, l'objet immédiat, ou le plus proche de l'esprit, quand il aperçoit quelque objet. Or ces idées claires sont en Dieu et c'est en lui que nous les voyons. Telle est la "vision en Dieu", une des notions cardinales de la philosophie de Malebranche : c'est en Dieu lui-même que nous apercevons les idées intelligibles, archétypes des choses et modèles. Nous possédons, en effet, une connaissance claire et distincte des idées des choses matérielles, et ce par une vue *directe* de l'essence de Dieu. Cette unité rationnelle et intime avec Dieu est constitutive de la « vision en Dieu ». L'*attention* doit être comprise, dans cette perspective, comme une *prière naturelle*, que nous faisons à la vérité intérieure, afin qu'elle se découvre à nous : l'attention de l'esprit est une prière naturelle par laquelle nous obtenons d'être éclairés par Dieu et par la Raison.

3. L'occasionalisme

Dieu est aussi la cause efficiente de tous les phénomènes se produisant dans la nature. Telle est la fameuse doctrine des *causes occasionnelles*, conçues comme occasions de l'exercice de la volonté divine, comme causes naturelles qui ne sont point les véritables causes (efficientes), mais seulement des circonstances permettant cet exercice divin. Dieu est cause de tout, qu'il modifie et meut. Il est la seule cause efficace. Ainsi la volonté divine soutient-elle perpétuellement le monde, qui obéit à des lois nécessaires. Dès lors, la *Nature* désigne un enchaînement rationnel, un ensemble de lois établies par Dieu pour construire ou conserver son ouvrage.

Le langage de Malebranche est donc fondamentalement moderne : il a pensé les lois de l'univers et réfléchi sur elles, fondant ainsi la physique mécaniste.

MARX *(1818•1883)*

On convient souvent de distinguer deux périodes dans l'analyse de Karl Marx : la première correspond à celle des écrits de jeunesse, de 1841 à 1848 environ, la seconde à l'œuvre rédigée à partir de cette date. Alors que les premiers écrits (*Critique de la philosophie du droit de Hegel*, 1844 ; les *Manuscrits de 1844*, 1844 ; *La Question juive*, 1844 ; *L'Idéologie allemande*[1], avec Engels et Hess, 1845-1846) se situent dans une perspective généralement philosophique ou anthropologique (décrivant l'être même de l'homme), les seconds développent essentiellement une analyse économique et politique. Citons le célèbre *Manifeste du parti communiste* (1848), la *Contribution à la critique de l'économie politique* (1859) et *Le Capital* (1867-1894, les deux derniers tomes étant posthumes).
Selon Marx, la philosophie théorique doit se faire essentiellement pratique. Inséparable d'une transformation radicale de la société, elle contribue ainsi, convertie en praxis, en énergie pratique humaine et sociale, au saut dans le règne de la liberté.

1. La méthode dialectique

Comment appréhender le réel ? Par une approche *dialectique*, nous répond Marx, qui hérite, ici, de la philosophie et des thèses hégéliennes. La *dialectique*, conçue comme unité de termes contradictoires, désigne la méthode fournissant la clef du réel. C'est en procédant par thèse, antithèse et synthèse unifiant les opposés que la réflexion est en mesure d'appréhender le vrai. Encore faut-il remettre la dialectique « sur ses pieds » : ce n'est pas l'Idée (comme chez Hegel) qui commande le processus dialectique. Les phénomènes économiques et matériels y jouent, au contraire, un rôle prépondérant.

1. Dans cet ouvrage apparaissent les premiers éléments du matérialisme historique.

2. L'homme producteur et aliéné

La dialectique n'est qu'une méthode permettant de comprendre plus profondément le réel et l'essence humaine. Mais qu'en est-il de cette essence ? C'est ici la notion philosophique d'*aliénation* qu'il faut envisager : l'homme est un être qui *produit*, qui crée matériellement sa vie pour donner satisfaction à ses besoins élémentaires. Or, en cet acte d'engendrement de ses moyens d'existence, il se voit dépouillé de lui-même et de sa propre essence. L'*aliénation*, noyau des *Manuscrits de 1844*, désigne cette situation où l'homme est confronté à un « être-autre » (et néanmoins issu de lui-même) qui le domine et l'asservit, elle signifie le fait de devenir étranger à soi-même. C'est l'Autre de l'homme qui est en face de lui et gouverne sa vie. Donnons comme exemple l'*argent*, ce produit humain qui désigne toute monnaie entrant dans le circuit économique. L'argent, cet intermédiaire créé par les hommes, a acquis une puissance démoniaque et il domine ceux qui l'ont engendré. De même, le capital, la richesse, etc., gouvernent nos existences à travers la figure de l'Altérité.
Ainsi l'homme, être qui *travaille*, qui soumet la nature, les choses et tout l'environnement matériel à sa volonté, se voit-il, en ce processus, *aliéné* : rendu étranger à ce qu'il a créé, aux fruits de son travail et de sa production, étranger, en définitive, à lui-même.

3. Les concepts économiques de Karl Marx

A partir de 1848 environ, Marx réalise une analyse socio-économique centrée sur des notions de *classe* — une classe désignant un groupe d'individus caractérisés par une situation économique voisine au sein des rapports de production, par une identité de revenus — et de *lutte de classes*, conçue comme l'antagonisme opposant des groupes sociaux dont les intérêts sont rigoureusement inconciliables. Cette lutte de classes, moteur de l'histoire et de l'évolution sociale, se comprend elle-même en fonction des concepts de *rapports de production* et de *forces de production*. Dans la production sociale de leur existence, les hommes entrent, en effet, dans des relations déterminées et nécessaires. L'existence d'une classe sociale est donc directement conditionnée par ces rapports de production s'établissant entre les hommes. Quant aux *forces de production*, elles désignent l'ensemble des moyens et puissances dont la société humaine dispose pour travailler, produire, pour transformer le réel, le maîtriser et se l'approprier.
Le *procès de travail* — à savoir l'ensemble formé par le travail, l'objet sur lequel le travail agit et le moyen par lequel il agit, le développement de l'activité transformatrice en vue de s'approprier la nature — se présente de manière spécifique dans chaque *mode de production*, défini comme l'ensemble constitué par les forces productives et les rapports de production, comme le mode d'obtention des biens matériels. Marx s'est particulièrement attaché au mode de production capitaliste, le *capital* désignant, chez lui, la valeur permettant l'exploitation des travailleurs salariés et l'obtention de la *plus-value*. Ce mot de *plus-value* signifie la valeur supplémentaire produite par le travail de l'ouvrier salarié, valeur que le capitaliste s'approprie sans la payer, sans que l'ouvrier retrouve donc une compensation financière. Si le prolétaire reçoit une somme financière semblant payer son travail, en fait le salaire ne rétribue pas

le *surtravail*, c'est-à-dire un travail gratuit, qui ne donne lieu à aucune rémunération et se résout en plus-value.
Au sein de cette interprétation économique et historique, Marx accorde une importance prépondérante à la structure économique constituée par les forces de production et les rapports d'échange : elle porte le nom d'*infrastructure*, la *superstructure* désignant l'étage supérieur de l'édifice — concepts, notions, idées, représentations — s'élevant sur la base socio-économique. Cette distinction de l'infrastructure et de la superstructure commande le *matérialisme historique*, science des lois de l'évolution sociale, conception selon laquelle la structure économique de la société constitue le fondement réel et la base expliquant la superstructure. Le point d'aboutissement de cette interprétation est le suivant : les représentations et idées des hommes traduisent, en fait, la réalité économique et sociale. Ce sont des *idéologies*, qui peuvent se prétendre neutres, mais qui expriment néanmoins des rapports et des conflits de classe. L'individu, qui se croit libre dans ses choix et ses comportements, est façonné, en fait, par l'idéologie, ensemble des idées et croyances propres à une société ou une classe. Ainsi convient-il toujours d'expliquer les façons de penser des hommes par les rapports sociaux et économiques dans lesquels ils sont engagés.

4. Le sens de l'histoire

Marx surajoute à cette analyse économique toute une vision de l'évolution historique. En effet, le *prolétariat*, classe sociale formée d'ouvriers salariés ne possédant aucun moyen de production et subissant l'*exploitation* (relation économique dont nous avons parlé précédemment et consistant en ce que ces hommes travaillent, en partie, gratuitement pour les propriétaires des moyens de production), prend, finalement, l'histoire en charge : ainsi s'annoncent une révolution et un régime non antagoniste, ignorant les conflits... Ici, l'économiste que fut Marx cède la place au prophète ou même à l'utopiste [1], et la sociologie à la vision d'un univers réconcilié avec lui-même. Se dessine le *communisme*, abolition de la propriété privée, fin de l'aliénation humaine de soi et appropriation réelle de l'essence humaine par l'homme et pour l'homme, fin de la scission entre l'homme et la nature et entre l'homme et l'homme...

Malgré ses équivoques ou ses incertitudes, l'œuvre philosophique et économique de Marx doit être nécessairement étudiée et demeure riche en analyses importantes, tant du point de vue économique que du point de vue philosophique.

MERLEAU-PONTY *(1908•1961)*

Maurice Merleau-Ponty a écrit principalement : *Structure du comportement* (1942), *Phénoménologie de la perception* (1945), *Sens et Non-Sens* (1948), *Les Aventures de la dialectique* (1955), *Signes* (1960).

1. Bien que Marx et Engels voient dans leurs notions politiques, historiques ou économiques l'expression de tendances réelles, et non point des thèmes « utopiques ».

Décrire concrètement le réel, comprendre l'expérience humaine, « revenir aux choses mêmes », selon le précepte de Husserl : tel fut l'effort, sans cesse renouvelé, de Merleau-Ponty, actualisé dans toute son œuvre.

1. Qu'est-ce que l'existence ?

Maurice Merleau-Ponty a édifié une philosophie existentielle : il a fait porter son analyse sur l'*existence*, conçue comme acte sur le monde, comme ce mouvement par lequel l'homme est aux choses et s'engage dans une situation physique et sociale. Comme chez *Sartre* — son ancien condisciple à l'École normale supérieure, avec lequel il fonda, à la Libération, la revue *Les Temps modernes*[1] —, l'existence désigne, chez Merleau-Ponty, le fait de surgir dans le monde et de prendre en charge la société et l'univers.

Cette « existence » dont nous parle Merleau-Ponty est évidemment concrète et incarnée dans un corps. C'est le *corps*, conçu comme un ensemble de significations vécues, et non point comme une réalité matérielle au sens strict, qui conditionne toute notre expérience et notre existence : à la notion de corps matériel se substitue, chez Merleau-Ponty, l'idée de *corps propre*, d'organisme qualifié par son appartenance à une destinée. Élucidant le sens de l'expérience du corps, le philosophe redéfinit le *schéma corporel*, comme représentation unitaire et vécue de nos différents organes corporels. Je connais la position de chacun de mes membres par un « schéma corporel », où ils sont tous enveloppés. Ainsi, ce n'est pas à notre réalité abstraite que s'intéresse Merleau-Ponty, mais au corps animé et à la chair. L'esprit et le corps se reflètent l'un l'autre, bien davantage qu'ils ne s'opposent. Parlons d'une fonction spirituelle du corps et d'une incarnation de l'esprit, au lieu d'opposer deux termes, en réalité joints et unis.

2. L'histoire

Soucieux de description concrète, le philosophe ne pouvait se désintéresser ni de l'histoire elle-même ni de la dimension historique de toute expérience humaine. Sans accepter une explication strictement économique du devenir historique, Merleau-Ponty s'est, bien souvent, inspiré des analyses et thèmes marxistes, sur lesquels il a fait porter sa réflexion. Le marxisme est fondé sur l'idée de l'intelligibilité de l'histoire : le *sens de l'histoire* désigne, dans le marxisme, cette notion d'un ensemble global, orienté et intelligible. Nuançant ces thèmes, Merleau-Ponty approfondit, en une dialectique inséparable, *sens* et *non-sens* historiques, le *sens* renvoyant à un noyau de significations issues de l'homme, et le *non-sens*, à ce fond (inhumain) sur lequel se profilent toutes nos entreprises historiques. Mais comment dépasser les oppositions traditionnelles et concevoir, dans leur unité, sens et non-sens, liberté et nécessité ? Merleau-Ponty est resté, bien souvent, fidèle au travail de la *pensée dialectique*, conçue comme réunification des opposés, comme négation ne s'épuisant pas à exclure le positif, comme pensée des contradictoires. Cette dialectique de Merleau-Ponty est incontestablement moins systématique et plus ouverte que celles de Hegel et de Marx.

1. De graves divergences politiques avec Sartre arrêteront la collaboration de Merleau-Ponty aux *Temps modernes*.

Ainsi Maurice Merleau-Ponty a-t-il brillamment questionné l'univers vécu de la perception et de l'existence concrète et, d'autre part, la vie historique et politique. Il a été un analyste lucide de notre temps.

MONTESQUIEU *(1689•1755)*

Charles de Secondat, baron de La Brède et de Montesquieu, a publié, en particulier : *Lettres persanes* (1721), *Considérations sur les causes de la grandeur des Romains et de leur décadence* (1734) et *De l'esprit des lois* (1748), son œuvre majeure.
Montesquieu est un des pères fondateurs de la philosophie politique. Il a su décrire l'esprit de raison qui caractérise les lois.

1. Loi et liberté

Montesquieu veut saisir l'« esprit des lois » et les soumettre à une analyse scientifique. Distinguons les diverses lois positives et la loi universelle dont les premières ne sont que des cas particuliers : la *loi* (positive) désigne une règle instituée pour assurer la sécurité et la liberté, règle qui apparaît comme une spécification de la loi dans sa signification étendue, comme expression de la raison humaine. Les lois, rapports nécessaires dérivant de la nature des choses, permettent, chez l'homme, l'accès à la liberté politique. Que désigne, en effet, la *liberté* ? Annonçant les pensées de Rousseau et de Hegel, Montesquieu la définit, sur le plan politique, comme l'obéissance aux lois. La liberté est le droit de faire tout ce que les lois permettent, et non point de faire ce que l'on veut. Dans *Du contrat social*, Rousseau ne s'exprimera pas autrement. Le mérite de Montesquieu est, dès lors, de définir la liberté dans son rapport vivant avec la loi, mais aussi l'*État*, compris comme une société où il y a des lois. Liberté (politique), Loi et État forment, chez Montesquieu, un ensemble rationnel et un système.

2. Les différentes formes de gouvernement : despotisme, république, monarchie

Attentif à la relation unissant la loi et la liberté politique, Montesquieu ne pouvait qu'être fasciné par le *despotisme*, ce mal politique absolu, qui correspond au pouvoir d'un seul homme et dont la seule loi est la fantaisie du prince. Le principe du despotisme est la crainte et, bien souvent, la crainte religieuse. Fondé sur les passions humaines, le despotisme peut ainsi survivre. A côté du despotisme (pouvoir d'un seul homme, sans règle), Montesquieu distingue la *monarchie*, où, à la différence du despotisme, le prince exerce le pouvoir en se référant à des lois, et, enfin, la *république* : le gouvernement républicain est celui où le peuple ou seulement une partie du peuple a la souveraine puissance. Dans le premier cas, nous avons affaire à une *démocratie* et, dans le second, à une *aristocratie*.

3. La séparation des pouvoirs

Hanté par le problème du despotisme et par celui de la liberté, Montesquieu est allé au fondement même de toute liberté politique. La *séparation des pouvoirs* (législatif, exécutif, judiciaire) est le meilleur moyen pour concilier la liberté du citoyen et l'autorité politique. L'idée d'une séparation des trois pouvoirs apparaît ainsi comme le remède aux abus des pouvoirs.

Guidée par un profond respect de la personne humaine et par l'attachement à la liberté politique, la doctrine de Montesquieu forme l'horizon de nos modernes visions politiques.

NIETZSCHE *(1844•1900)*

Friedrich Nietzsche, philosophe allemand, est notamment l'auteur des œuvres suivantes : *L'Origine de la tragédie* (1871), *Humain, trop humain* (1878), *Le Voyageur et son ombre* (1880), *Aurore* (1880-1881), *Le Gai Savoir* (1881-1882), *Ainsi parlait Zarathoustra* (1882-1885), *Par-delà le bien et le mal* (1886), *La Généalogie de la morale* (1887), sans oublier les fragments posthumes réunis sous le titre de *La Volonté de Puissance* (ce titre n'est pas de Nietzsche lui-même).
Nietzsche est le penseur de la volonté de puissance, conçue comme création et plénitude vitale. Ce qui est essentiel, c'est notre monde en tant qu'il est joie et volonté de puissance. Quant à l'illusion des arrière-mondes, Nietzsche la traque sous toutes ses formes.

1. Dieu est mort : le nihilisme

Nietzsche a diagnostiqué l'essence de la mortelle crise de notre temps ; il l'a décrite, en ses caractéristiques principales, et de manière quasi clinique. Il en a fait une étude à différents niveaux et, ce faisant, a, bien souvent, annoncé avec la plus grande précision ce qui s'esquissait seulement en cette fin du XIXe siècle. Cette maladie mortelle des temps modernes, la nôtre, c'est le *nihilisme*, règne de l'absurde, du Rien (« nihil », comme nous le signale l'étymologie). Le nihilisme, ou l'absence de sens ; le devenir est alors sans but et tous les idéaux traditionnels perdent leur valeur. Mais quel est le noyau de ce « Rien » et quel est son ressort ?
Le phénomène du nihilisme est fondamentalement marqué par la *Mort de Dieu*, le plus important des événements récents. Le soleil de la foi chrétienne vient de se coucher. Les ténèbres sont, désormais, le lot de notre monde. Le Divin, le Suprasensible, nous a quittés ; nous l'avons tué, nous dit parfois Nietzsche.
Cette mort du Dieu chrétien, si elle est aussi, peut-être, le signe et l'annonce d'une nouvelle aurore, est marquée, en notre temps, par la venue du *Dernier homme*, achèvement du nihilisme. Le « Dernier homme » désigne ce qu'il y a de plus méprisable en ce monde : celui qui est impuissant à créer et à aimer, l'individu totalement asservi et jouissant

d'un « bonheur » programmé et mesquin. Il sautille ainsi à la surface de la terre...

2. Au-delà du projet métaphysique et des valeurs morales traditionnelles

En vérité, le nihilisme achève la métaphysique et la conclut ; il en est la conséquence immédiate. Dans la crise de notre temps — au sein même de la maladie nihiliste —, nous découvrons, en effet, les erreurs de la métaphysique. Le nihilisme représente le signe du « Rien », du pur Néant : il signifie le dévoilement du Néant, conçu comme fondement caché de notre monde. Or, à l'examen, nous découvrons les origines de cette crise au sein même du projet métaphysique : la *métaphysique*, définie comme type de recherche et approche situant la vérité au-delà des apparences phénoménales, en un « outre-monde », dévalorise, pour cette raison, notre univers. Le phénomène sensible se trouve alors réduit à une pure apparence, à une enveloppe superficielle, il glisse vers le néant et la réalité s'identifie ainsi au suprasensible. C'est pourquoi la métaphysique doit être dépassée : elle est née, en effet, de la souffrance de l'homme et de sa lassitude de vivre. L'individu, en sa douleur, a inventé un autre monde, stable, permanent, lieu de la vérité. L'objet d'étude de la métaphysique est l'*Être*, en soi et par soi, substance identique à travers les changements. Mais cet être métaphysique n'est qu'une fiction, il répond seulement au besoin de stabilité de ceux que Nietzsche baptise les « *hallucinés de l'arrière-monde* » : ceux qui posent un univers idéal, au-delà des apparences empiriques et de notre monde phénoménal. Aux yeux de Nietzsche, ce qui compte, c'est, au contraire, notre monde, comme plénitude vitale.
Les valeurs morales traditionnelles subissent, elles aussi, le « coup de marteau » de la critique nietzschéenne. Nietzsche est, ici, très sévère à l'égard du christianisme. Le *ressentiment*, c'est-à-dire le sentiment de rancune et d'amertume ressenti par ceux qui sont incapables de créer positivement, a enfanté les valeurs morales, le bien et le mal. *La souffrance et la rancune sont à l'origine de la morale, comme elles sont à l'origine de la métaphysique*. Ceux qui ne peuvent créer et affirmer quelque chose de véritablement positif — *les esclaves* — se vengent de leur impuissance existentielle en érigeant en valeur le négatif de leur vie. Ainsi naît la morale chrétienne ascétique, œuvre des esclaves.

3. La Volonté de Puissance

Par le *nihilisme actif*, détruisant les valeurs traditionnelles pour accéder à de nouvelles valeurs, par l'*immoralisme*, doctrine se plaçant par-delà le bien et le mal, nous pouvons espérer retrouver le chemin de la vie créatrice et de la *Volonté de Puissance*.
Volonté de Puissance : voilà une expression bien galvaudée, un terme où prolifèrent les contresens majeurs ou les sophismes. Ne désignerait-elle pas purement et simplement la volonté ou l'appétit de pouvoir, l'esprit de domination ou de compétition ? Ce serait la concevoir ou la comprendre de manière très restrictive ou partielle. Elle désigne, en réalité, une force à la fois créatrice et destructrice, une poussée de domination à diverses facettes : un ensemble de pulsions essentiellement

compétitives (chez le « médiocre »), mais aussi le mouvement même de la transcendance créatrice (dans l'âme noble de l'« aristocrate », c'est-à-dire du meilleur [1]). Elle peut signifier lutte pour la vie, mais aussi plénitude spirituelle et surabondance existentielle. La Volonté de Puissance est un terme ambigu, une notion ambivalente que l'on ne saurait réduire à ses formes ou manifestations les plus superficielles ou triviales. Dans sa dimension la plus noble, c'est une force plastique et créatrice. Pour bien en saisir l'essence, c'est le *corps* humain qu'il faut prendre comme guide, car le corps est sagesse et raison ; définissons-le comme dynamisme intelligent, faculté organique de comprendre et de penser : tout l'organisme pense et il est permis de parler d'une pensée corporelle inconsciente. A la suite de Schopenhauer, Nietzsche réhabilite ainsi l'*Inconscient*, conçu comme réalité psychique dépassant la saisie claire et transparente de soi-même. La conscience est moins riche que le corps, qui fournit, en sa sagesse, un point de départ et un guide : il nous met en mesure d'appréhender la Volonté de Puissance, cette force vitale destructrice et créatrice, cette vie en perpétuelle croissance.

4. Le monde de la vie créatrice : Dionysos

La Volonté de Puissance authentique, comme affirmation et plénitude, dévoile, au sein même de sa surabondance créatrice, le véritable champ de la vie et de la transcendance. Parmi les créations de la vie figure, au premier chef, l'*Art*, sur lequel il importe de ne pas se méprendre. Toute une tradition identifie, en effet, l'Art avec les œuvres d'art et le domaine des beaux-arts. Nietzsche, bien au contraire, conçoit l'art sous une forme beaucoup plus globale et dynamique. Contre « l'art des œuvres d'art », circonscrit à un domaine spécifique, délimité et restreint, l'*Art* devient, chez Nietzsche, une invention de formes harmonieuses, une production destinée à un embellissement de toute l'existence. Il occulte les laideurs, il humanise ou dissimule tout ce qui est laid. Ne confondons pas l'Art et les Beaux-Arts. L'ensemble de matériaux et de signes créé par un artiste et manifestant un idéal de beauté ne désigne qu'un appendice de cette production de formes qu'est l'art en général, cette ivresse de la vie, cette volonté d'exister à travers des formes harmonieuses.
Le champ de la vie créatrice comprend l'activité artistique, l'authentique travail et, d'une manière générale, tout ce qui concerne l'édification positive de valeurs. Ainsi le vrai *travail*, mise en forme des choses, lié à la joie et au plaisir, diffère-t-il profondément du misérable labeur pour le gain. Aux puissances de la vie se rattachent aussi les authentiques valeurs morales, celles que créent les meilleurs, les « maîtres », se situant dans le courant vital de la Volonté de Puissance. La pensée de Nietzsche est, on le voit, aristocratique, au sens étymologique du terme. Au vil troupeau s'oppose la belle individualité créatrice. Cette opposition spirituelle entre l'« aristocrate » et le « troupeau » commande un certain nombre de concepts de Nietzsche. Ainsi la *morale aristocratique* — cet acte créateur, cette triomphale affirmation des valeurs, affirmation qui se fait dans la joie — est-elle à mille lieues de la *morale des esclaves*, liée au ressentiment qui enfante les valeurs négatives. Le critère d'« authenticité » apparaît toujours lié, chez Nietzsche, à l'affirmation et à la puissance créatrice de la vie.
C'est dans cette perspective — affirmation de la puissance créatrice de

1. « Aristocrate » est pris, chez Nietzsche, en sa signification essentiellement spirituelle.

la vie — qu'il faut comprendre le symbole de Dionysos, qui tient une telle place chez Nietzsche, de L'*Origine de la tragédie* (1871), jusqu'à *La Volonté de Puissance* (fragments posthumes, on le sait, rassemblés sous ce titre, qui n'est pas de Nietzsche lui-même). *Dionysos* est, en effet, un symbole de la vie, l'être le plus débordant de vie. Dieu de l'ivresse, chez les Grecs, il incarne, dans la pensée de Nietzsche, le devenir comme destruction et création incessantes ; Dionysos est sensualité, jouissance d'une force engendrant et détruisant. Le mot « dionysiaque » exprime cette grande participation (déchaînée) au courant exubérant de la vie. Quant au *dionysisme*, il désigne l'identification avec le principe de l'extase et de la vie. Au contraire, *Apollon*, dieu de la mesure et de la limite chez les Grecs, renvoie, chez Nietzsche, à tout ce qui est net, clair, distinct, limité. Au déchaînement « dionysiaque » s'opposent la sérénité « apollinienne », l'*apollinisme*, conçu comme contemplation d'un monde d'imagination et de rêve.

5. Vers le Surhumain

En repoussant les forces de réaction, de simple négation, celles qui sont liées au « non », en se dépassant vers celles de vie et de création, l'homme se transcende vers le *Surhomme*, vers un type humain supérieur, libre d'esprit et de cœur. L'homme, en effet, est-il la fin de l'évolution ? Il n'a pas achevé son itinéraire et appelle la belle individualité créatrice. Le surhumain est le sens de la terre, le terme prochain de l'évolution. Ici encore, il convient d'éviter tout contresens : le « surhomme » de Nietzsche a été tristement caricaturé, mais il n'a rien à voir avec la « bête blonde » des mythes germaniques.

La philosophie de Nietzsche s'organise ainsi autour de quelques concepts majeurs : celui de *Surhumain*, de *Dionysiaque* et, bien entendu, de *Volonté de Puissance*. Ajoutons-y, enfin, celui d'*Éternel Retour* (tout état de l'univers revient périodiquement). Nietzsche a, ainsi (comme Lucrèce ou Spinoza), dessiné une philosophie de la joie, de la création et de la plénitude vitale. Il a célébré la vie et souligné que le secret de la plus grande jouissance consiste à vivre intensément et dangereusement.

PASCAL *(1623•1662)*

Blaise Pascal, génie singulier, est l'auteur d'une œuvre à la fois scientifique, morale et religieuse. Citons : *Essai sur les coniques* (1639), *Préface pour un traité du vide* (1647), *Les Provinciales* (1656-1657), *De l'esprit de géométrie* (posthume) et les brouillons qui constitueront les *Pensées*.
C'est la misère de l'homme privé de Dieu que Pascal souligne dans les *Pensées*. Au contraire, en Dieu, l'homme peut s'ancrer spirituellement. Croire en Dieu est le parti le plus raisonnable.

1. Qu'est-ce que l'homme ?

A cette question, Pascal apporte, tout d'abord, une réponse psychologique : il place l'homme en face de lui-même et fait un constat de vide et de vacuité. C'est l'inconsistance qui domine dans l'humaine nature. Parlons donc de *vanité*, au sens étymologique de ce terme (latin *vanitas*, vide), comme caractère de ce qui est creux et inconsistant. C'est ce vide qui éclaire la signification courante du terme vanité, comme défaut d'une personne satisfaite d'elle-même. La vanité est ancrée dans le cœur de l'homme.

Voué au vide et à la vacuité, l'homme goûte non seulement les plaisirs de la vanité (chacun veut avoir ses admirateurs...), mais aussi les prestiges de la trompeuse *imagination*, cette maîtresse d'illusion et d'erreur : l'imagination désigne une puissance qui interdit à l'homme l'accès au vrai et déforme la réalité en grossissant les petites choses et en amoindrissant les grandes. Ainsi sont grossis, par exemple, les illusions et petits objets de l'*amour-propre*, compris, au sens ancien et péjoratif du terme, comme amour de soi et égoïsme. En quoi consiste l'amour-propre ? A « n'aimer que soi et [...] ne considérer que soi » (Pensée 100, in *Pensées et Opuscules*, p. 376, Hachette).

2. Le divertissement

Égaré par l'amour de soi et les puissances trompeuses de l'imagination, l'homme est voué à la mauvaise foi : il refuse de prendre conscience de son néant, qu'il expérimente, tout particulièrement, dans l'*ennui*, sentiment pénible de vide causé par le désœuvrement ou l'absence de passion état lié au plein repos, sans occupations ni affaires. Cette prise de conscience de son néant, l'homme la fuit dans le *divertissement* — c'est-à-dire dans tout ce qui nous détourne du spectacle de notre misérable condition, inscrite dans le temps et dans la mort, tout ce par quoi nous fuyons la pensée de notre néant : le jeu et l'amusement, mais aussi le travail et l'activité. Le divertissement perpétuel nous dérobe à nous-mêmes et nous interdit la réflexion.

3. La foi et l'ordre du cœur

Mais la réponse à la question : « Qu'est-ce que l'homme ? » relève aussi de la religion. « Misère de l'homme sans Dieu, félicité de l'homme avec Dieu » (Pensée 60, in *Pensées et Opuscules*, p. 362, Hachette). Par la foi, l'homme peut, en effet, échapper à la sphère inconsistante qui est sienne et connaître la félicité. Que désigne la *foi* ? Une révélation immédiate et intérieure de Dieu, obtenue grâce au *cœur*, spontanéité connaissante et intuitive, participant à l'affectivité, vraie force agissante liée au sentiment et saisissant Dieu sans intermédiaires. Nous connaissons la vérité non seulement par la *raison* — la connaissance discursive, allant à l'universel —, mais aussi par le *cœur*, c'est-à-dire l'intuition.

Mais comment décider l'incrédule à dépasser le divertissement pour atteindre la sphère de la foi et du divin ? Ici prend place le célèbre *pari*, qui ne constitue nullement une démonstration de l'existence de Dieu, mais un argument tendant à montrer aux incroyants qu'en pariant pour l'existence de Dieu ils n'ont rien à perdre, mais tout à gagner. Si l'on gagne, on gagne tout (la félicité éternelle). Si l'on perd, on ne perd rien (une existence misérable, finie et précaire). Croire en Dieu est donc un parti très raisonnable : l'homme a tout intérêt à parier pour la religion chrétienne.

4. Pascal et l'art de persuader

Il s'agissait, pour Pascal, on le voit, de persuader les incroyants et de les mener à Dieu. Tel était le dessein des *Pensées*. Or, pour ce faire, Pascal a mis en œuvre une rhétorique dont il faut dire un mot en conclusion. Ainsi a-t-il distingué l'art de *convaincre*, c'est-à-dire d'obtenir l'adhésion de l'esprit à l'aide de preuves rationnelles — en démontrant rationnellement la vérité d'une proposition, en influençant l'intelligence —, et celui de *persuader*, qui consiste autant en celui d'agréer qu'en celui de convaincre. *Agréer*, c'est plaire et intéresser, en recherchant une correspondance entre l'esprit de celui à qui l'on parle et l'expression dont on se sert.
La rhétorique et l'argumentation pascaliennes sont donc très subtiles. Elles ne négligent ni l'art de convaincre ni celui d'agréer. Elles unissent *esprit de géométrie*, c'est-à-dire raisonnement discursif, déductif et démonstratif, et *esprit de finesse*, défini comme intuition et discernement juste et immédiat d'éléments complexes. Pour conduire à Dieu l'incroyant, Pascal a édifié une rhétorique synthétique et perspicace.

Par son analyse du drame de l'existence humaine et sa subtile rhétorique destinée à nous conduire à Dieu, Pascal apparaît étonnamment moderne. C'est le langage de notre monde contemporain qu'annoncent les *Pensées*.

PLATON *(428•348 av. J.-C.)*

Platon, philosophe grec, a laissé une œuvre philosophique considérable, d'où nous retiendrons essentiellement les dialogues de jeunesse : *Hippias majeur*, *Protagoras*, *Gorgias*, etc. ; les dialogues de la maturité : *Phédon*, *Banquet*, *Phèdre*, *République* ; les dialogues de la vieillesse : *Parménide*, *Théétète*, *Sophiste*, *Politique*, *Philèbe*, *Les Lois*.
Le monde sensible est, aux yeux de Platon, subordonné aux Essences ou Idées, formes intelligibles, modèles de toutes choses, qui sauvent les phénomènes et leur donnent sens. Au sommet des Essences se trouve l'Idée du Bien, qui les dépasse en dignité et en puissance : ce principe suprême se confond avec le Divin.

1. Le dialogue platonicien

Platon nous a généralement présenté sa doctrine sous une forme particulière, celle du dialogue, Socrate, le maître du philosophe, incarnant en quelque sorte le « meneur de jeu ». En rédigeant son œuvre de manière dialoguée, Platon a ainsi mis en évidence une dimension importante inhérente à la recherche du vrai : elle s'effectue à deux (ou

à plusieurs) et cette médiation est seule en mesure de nous faire dépasser les opinions particulières pour nous faire accéder à l'Universel. Qu'est-ce, en effet, qu'un *dialogue* ? Quand deux individus sont face à face et que deux types de croyances s'affrontent, en un débat organisé, cette discussion porte le nom de dialogue.
Mais le dialogue lui-même est un aspect rudimentaire de la dialectique, qu'il faut maintenant définir et décrire.

2. La dialectique, les Essences, le Bien

La *dialectique* désigne une démarche et un itinéraire : une montée progressive vers le vrai, loin des illusions et des croyances d'ordre purement sensible ou imaginatif. La pensée s'élève ainsi de l'*opinion* (la « doxa ») — énoncé non justifié par un raisonnement rigoureux, mélange de vérité et d'erreur, sorte d'entre-deux intermédiaire entre le néant total et ce qui est — jusqu'à un savoir d'ordre intelligible et justifié en raison. La première étape de la connaissance rationnelle correspond à la saisie des données mathématiques. Mais il s'agit de parvenir, au-delà de ces vérités mathématiques elles-mêmes, au terme ultime de la dialectique : les *Idées* ou *Essences* et le Bien. Aux yeux de Platon, le monde sensible n'est, en effet, qu'apparence par rapport aux *Idées* elles-mêmes, objets de la pensée pure, modèles intelligibles de toutes choses, non perçues par les sens, mais, néanmoins, beaucoup plus réelles et plus vraies que les objets empiriques en tant que tels. Ainsi, l'Idée de table, c'est la table idéale, telle que nous la concevons par la pensée, modèle ou paradigme que les tables concrètes imitent et reproduisent. En somme, l'Idée ou l'Essence (deux termes qui ont ici une signification voisine) sont les « choses » dans leur état le plus pur, modèles de la pensée et de la réflexion. C'est la dialectique, itinéraire réglé et méthodique, qui, de concepts en concepts et de propositions en propositions, permet d'atteindre ces Essences idéales ainsi que le *Bien*, terme ultime de la démarche rationnelle. Le Bien désigne, aux yeux de Platon, le Divin : ce n'est, à proprement parler, ni une notion ni un concept, mais un principe suprême, supérieur et à l'existence et à l'essence, les dépassant de loin en dignité et en puissance. Cette Idée du Bien, cause de tout ce qu'il y a de droit et de beau, communique sa vérité et sa vie à tous les objets connaissables.

3. L'Amour et la Beauté

Mais l'itinéraire vers les Essences ne se comprend lui-même que par la dialectique de l'Amour, que Platon nous a si bien décrite dans le *Banquet*. Et, en effet, l'élan amoureux vers la Beauté représente, aux yeux du philosophe, un puissant instrument d'accès au vrai. Intellectualisé et discipliné, l'Amour se confond avec la Dialectique, dont il incarne le dynamisme et la vie. Qu'est-ce, en effet, que l'*Amour* ? C'est un manque, une pénurie, une pauvreté qui nous signale notre incomplétude et notre vide, un élan vers ce que nous ne possédons pas, une aspiration à la Beauté en elle-même. Grâce à lui, nous pouvons, à partir des beautés corporelles et sensibles, progresser jusqu'à la Beauté de l'âme, puis jusqu'à celle des occupations et des lois. Enfin, à l'étape suprême, c'est l'*Idée même du Beau*, dans sa pureté et son indépendance, que pourra atteindre le philosophe. Il est difficile de définir cette Idée de Beau.

Formant une unité avec elle-même, échappant à la génération et à la corruption, elle se caractérise par la pureté absolue, la transcendance par rapport au sensible et autres « sornettes mortelles » : la Beauté, c'est la désincarnation ultime, l'éclat et la splendeur de ce qui transcende absolument l'empirique et le concret.

4. Réminiscence et maïeutique

La dialectique des Idées et la théorie de l'Amour conduisent, on le voit, à parler d'un *Idéalisme* platonicien, au sens fort du terme idéalisme : comme doctrine attribuant aux Idées ou Essences une existence en soi, indépendante de l'esprit et des choses individuelles (attention ! ce mot « idéalisme » n'est pas de Platon lui-même). Mais on peut se demander quels arguments permettent ainsi à Platon d'élaborer cette théorie « idéaliste » des Essences. Il semble que *maïeutique* et *réminiscence* constituent deux éléments majeurs justifiant cette élaboration et cette doctrine. Socrate, cet accoucheur spirituel, mettait, en effet, au monde les intelligences : de même que sa mère, Phénarète, sage-femme, accouchait les corps, de même il faisait naître à eux-mêmes, en leur vérité, les esprits. La *maïeutique* désigne cet art d'accoucher les esprits, art par lequel Socrate conduisait ses interlocuteurs à se découvrir eux-mêmes, à prendre conscience de leurs richesses implicites. Ainsi, dans le dialogue le *Ménon*, le petit esclave ignorant découvre-t-il *lui-même*, par les vertus de sa propre intelligence, comment construire un carré double d'un carré donné.
Si chacun de nous peut ainsi, par le dialogue et la maïeutique, naître à lui-même et ressaisir des vérités (cachées), ne serait-ce point parce qu'il *se souvient* alors d'une vérité jadis contemplée ? Telle est la doctrine de la *réminiscence* : nous avons, durant nos existences antérieures, contemplé les Idées, lesquelles ne constituent, dès lors, que des ressouvenirs. Apprendre, c'est *se remémorer* la vérité jadis aperçue. Tout l'exercice philosophique vise à maîtriser et à organiser ce contenu secret, caché, fruit d'une lointaine contemplation.

5. Morale et politique

Mais la réponse apportée au problème spéculatif, la constitution d'une dialectique s'appuyant sur la réminiscence permettent aussi à Platon de résoudre le problème moral et politique.
Les *Sophistes*, ces maîtres de rhétorique et d'éloquence, critiqués par Platon, qui voyait en eux de simples producteurs de mensonges, de faux prestiges et d'illusions — la *sophistique* étant définie par ce penseur comme négoce et trafic de discours —, avaient, en effet, sapé la croyance en un Absolu permettant à la morale de s'édifier : la vérité, pensaient-ils, n'est rien d'autre que la subjectivité. Leur doctrine relativiste conduisait, souvent, à un pur immoralisme. Bien au contraire, avec Platon, la morale redevient possible : quand le philosophe, après avoir contemplé les Idées, redescend dans la « caverne » — la fameuse *Allégorie de la Caverne* désigne, en effet, ce récit par lequel Platon peint notre condition : les hommes sont semblables à des prisonniers qui prennent les ombres projetées devant eux sur la paroi de la caverne pour la vérité ; le prisonnier que l'on détache et qui sort au-dehors symbolise le philosophe

accédant aux Essences — il est, désormais, en mesure d'édifier une morale et une politique.
La *vertu*, dans cette perspective, désigne une participation aux Essences et à la véritable connaissance, une science du Bien et du Mal inséparable de la dialectique. Chez Platon, et d'une manière générale dans toute la pensée hellénique, vertu et morale sont, en effet, de l'ordre du savoir. Nul n'est méchant volontairement. Être courageux, c'est posséder la science de ce qui est redoutable. Être juste, c'est accéder à la connaissance de l'harmonie de nos forces intérieures. La *Justice* (individuelle) représente donc un savoir juste. Dans l'âme juste, la partie raisonnante (l'esprit) connaît et commande, maîtrisant le *désir*, sauvage et irréfléchi (la concupiscence), mais aussi la *colère*, partie impétueuse qui peut, parfois, devenir l'alliée de la raison. La justice désigne, dans cette perspective, la vertu assurant sa fonction à chaque partie de l'âme.
De même, dans l'État, la *Justice* représente une harmonie et un équilibre : les artisans et travailleurs divers obéissent ; les guerriers défendent la cité et les magistrats commandent à ces deux classes subalternes. De même que la justice individuelle représente l'équilibre d'une âme saine où chaque partie joue son rôle et obéit à sa fonction, de même la *Justice* (*politique*) désigne l'équilibre de la cité où le « philosophe-magistrat » commande : chaque classe exécute la fonction qui lui est propre et, au sommet de la hiérarchie, se trouve celui qui « sait », qui a contemplé les Essences et le Bien, à savoir le *philosophe*. Telle est la solution que Platon apporte au problème politique : « *le philosophe-roi* ». Pour réaliser la justice dans la Cité, il faut donc que les rois deviennent philosophes, ou que les philosophes deviennent rois.

Telle est cette philosophie qui a tant marqué la réflexion occidentale, aussi bien par l'analyse de l'Amour et du désir que par celle de la dialectique spéculative. Platon, mort il y a plus de vingt-trois siècles, a dessiné des chemins qui continuent de fasciner toute notre civilisation et notre culture. En cette voie, il nous conduit de l'*opinion* — ce type de connaissance inférieur, faculté intermédiaire saisissant les choses qui flottent entre le néant et l'être absolu — jusqu'à la *science*, connaissance rationnelle permettant d'atteindre l'essence de la vérité. Itinéraire qui nous hante encore, en notre temps, et auquel se réfèrent bien des penseurs et des savants contemporains.

ROUSSEAU *(1712•1778)*

Jean-Jacques Rousseau, penseur genevois de langue française, a écrit essentiellement : *Discours sur les sciences et les arts* (1750), *Discours sur l'origine de l'inégalité* (1755), *Du contrat social* (1762), *Émile* (1762).
Rousseau a été l'objet d'interprétations multiples, souvent contradictoires et caricaturales : on a ainsi vu en lui — pour donner un exemple de ces jugements simplistes — un philosophe opposé à toute vie sociale, prêchant quelque utopique retour à la nature, mais aussi le théoricien du despotisme, voire d'un certain « totalitarisme ». Au-delà de ces visions surgit, pour le lecteur attentif, un penseur original et cohérent, qui s'est

fondamentalement intéressé au *vrai contrat*, légitime et refoulant l'univers de la violence.

1. L'homme naturel

Ainsi en est-il de la fameuse notion d'*état de nature*, qui est souvent l'objet d'interprétations caricaturales et qui, loin de représenter une réalité donnée, désigne une hypothèse méthodologique et un instrument de travail pour le penseur. Si nous retranchons, par hypothèse, ce que la société a apporté à l'homme, nous obtenons un état qui n'a probablement jamais existé mais permettant, par abstraction, d'éclairer notre situation présente. Ainsi se dessine l'homme naturel, fiction méthodologique. Quels sont ses caractères ? Nous les saisissons par opposition à ceux de l'animal, cette simple machine. Conscience et liberté définissent l'homme, toujours en mesure d'acquiescer ou de résister à ses impressions, comme nous le dit Jean-Jacques dans le *Discours sur l'origine de l'inégalité*. Cet homme naturel peut pourvoir à ses besoins ; il est donc heureux. Le seul sentiment social qui lui appartienne est la *pitié*, pouvoir affectif de s'identifier à quiconque souffre. La pitié est un sentiment naturel qui, modérant dans chaque individu l'activité de l'amour de soi-même, concourt à la conservation mutuelle de toute l'espèce. (Distinguons ici, avec Jean-Jacques, *amour de soi-même* et *amour propre*. Le premier désigne un sentiment naturel portant tout animal à veiller à sa propre conservation. Au contraire, le second, né dans la société, porte chaque individu à faire plus de cas de soi que de tout autre.)
L'homme, à la différence de l'animal, va *progresser* : il possède, en effet, la *perfectibilité*, possibilité de se perfectionner, de s'ouvrir ainsi à un développement et à une histoire. Si l'animal se caractérise par son statisme et ignore toute histoire, l'homme apparaît comme un dynamisme intelligent et inventif.

2. Formation et développement du mal social

Ainsi l'homme peut-il évoluer dans le sens du bien, certes, mais aussi dans celui du mal, car tel est le revers de la médaille, puisque la créativité humaine se double de la formation du mal social. La *propriété*, appropriation par l'homme de certains objets, représente le terme extrême de l'état de nature. Le premier qui s'avisa de dire « ceci est à moi » fut le vrai fondateur de la société civile. C'est, en effet, la propriété qui est au fondement de la *société civile*, c'est-à-dire organisée et dotée d'une culture. Ainsi progresse, dans ce contexte, l'*inégalité politique*, caractérisée par les différents privilèges dont jouissent certains, au préjudice des autres : être plus riches, plus puissants, etc.
La société civile, régie par la violence, la force déchaînée, sans nul recours au droit, tend ainsi au *despotisme*, sa forme extrême, qui lui est quasi inhérent. Appelons despotisme une autorité politique ne se soumettant pas à la loi, se mettant au-dessus d'elle, et usurpant le pouvoir souverain. Le *despote*, cet usurpateur du pouvoir souverain, ne doit pas être confondu avec le *tyran*, usurpateur de l'autorité royale.
Ainsi l'homme est-il partout dans les fers.

3. Remède : le vrai contrat

Comment remédier au mal ? Le problème se pose en termes clairs : il s'agit de trouver une forme de société où l'homme puisse se reconnaître lui-même, obéir à la loi et, en même temps, être libre. L'optique de Jean-Jacques sera, en cette quête, normative. C'est le fondement du droit politique qui constitue son objet d'étude. Le *contrat social* désigne ainsi *le pacte* instituant la règle du droit politique, de ce qui est légitime. Il ne porte pas sur ce qui s'est réellement passé, mais sur ce qui doit être. Ce qui doit être ? un pacte au terme duquel les citoyens cèdent tous leurs droits naturels au profit du *Souverain*, instance supérieure du pouvoir, corps politique considéré en tant qu'il est actif. Dans cette perspective, appelons *citoyens* toutes les personnes participant à l'autorité souveraine et *sujets* les mêmes individus en tant qu'ils sont soumis aux lois de l'État. Le concept de *souveraineté* est, on le voit, central : il désigne l'exercice de la *volonté générale*, volonté du corps social uni pour un intérêt commun. Il existe donc un lien étroit entre le concept de souverain et celui de volonté générale : le souverain, cette autorité suprême, doit agir, non pas selon son bon plaisir, mais selon les vœux de la volonté générale, dans laquelle se reconnaissent tous les membres du corps social.

Enfin, la volonté générale, notons-le, ne peut se transmettre : Rousseau élimine ainsi le régime représentatif, puisque l'exercice de la volonté générale ne peut être délégué. La loi de la cité émanera *directement* de cette volonté générale. C'est dans cette optique et cette perspective que la liberté politique peut s'actualiser, la *loi* se faisant l'instrument de la liberté et son organe. La loi, expression impérative et universelle de la volonté générale, permet l'autonomie : les hommes se soumettent, en effet, à ce qui émane d'eux sous forme de loi. Ils sont redevables à celle-ci de la liberté et de la justice. Par la loi, ils échappent à l'arbitraire des penchants. Bien entendu, il faut distinguer la *loi* du simple *décret*, acte de la puissance exécutive.

Ainsi, grâce au vrai contrat, le Bien et le Droit finiront par avoir le dernier mot.

4. La morale

C'est dans *Émile ou De l'éducation* ou, plus précisément, dans la fameuse *Profession de foi du vicaire savoyard* que Rousseau nous expose sa morale, dont le principe est inné : ce principe, c'est la *conscience*, conçue comme cette propriété que possède l'esprit humain de porter des évaluations morales. La conscience morale est un *sentiment*, c'est-à-dire une force spirituelle, intuitive et immédiate. Dieu nous a donné la conscience pour aimer le bien. Qu'est ce *Dieu*, dont il est question dans l'*Émile* ? Un Être qui veut et qui peut, qui meut l'univers et ordonne toutes choses.

Si l'histoire humaine est celle d'une chute, le remède est à notre portée. Robespierre et Saint-Just feront des énoncés de Jean-Jacques (en les transformant profondément, certes) un programme révolutionnaire.

SAINT THOMAS D'AQUIN *(1228•1274)*

Saint Thomas d'Aquin, philosophe italien, appartenant à l'ordre des dominicains et maître en théologie de l'Université de Paris, est essentiellement l'auteur des *Commentaires d'Aristote* et de la *Somme théologique* (1266-1274).
Thomas d'Aquin s'efforce d'accorder la foi et la raison : la première apporte des vérités inaccessibles à la raison, que cette dernière est en mesure de conforter, sans toutefois les démontrer.

1. Métaphysique

Thomas d'Aquin s'efforce d'unifier les thèmes chrétiens et les concepts d'Aristote. C'est, en effet, au siècle précédent, au XIIe siècle, que l'Occident chrétien avait redécouvert la *Physique* et la *Logique* d'Aristote, retraduites de l'arabe en latin. Cette nouvelle connaissance d'Aristote joue un rôle majeur au XIIIe siècle.
Fidèle à Aristote, Thomas distingue la *matière* — c'est-à-dire les diverses puissances ou potentialités, non encore actualisées — et la *forme* — ce qui, dans l'objet, organise la matière et lui confère sa véritable essence et son existence : c'est grâce à la forme que la matière de chaque chose est acheminée vers son existence propre. Néanmoins, saint Thomas dépasse le plan purement aristotélicien et il pose l'*existence*, acte en vertu duquel une réalité est. En Dieu, l'existence et l'essence se confondent (« Je suis celui qui suis », déclare l'Éternel dans la Bible) ; au contraire, essence et existence se distinguent dans les diverses substances particulières.

2. Morale

La morale de Thomas est également très proche de l'éthique d'Aristote. Ses considérations sur la justice aboutissent à distinguer *justice distributive* — celle qui répartit honneurs, richesses et dignités selon les qualités de chacun — et *justice commutative* — celle qui règle les échanges économiques selon le principe de l'égalité de proportion. Ici, saint Thomas se réfère directement au livre V de l'*Éthique à Nicomaque*, d'Aristote.
Au sommet de l'éthique se dessine la figure du *Sage* : il désigne celui dont l'attention est tournée vers la cause suprême de l'univers, à savoir Dieu. Ainsi la *sagesse* représente-t-elle la connaissance des réalités divines. L'ultime bonheur de l'homme consiste à contempler le divin et la vérité : la contemplation du vrai est notre but ultime et nous élève à Dieu.

Cette adaptation de la doctrine aristotélicienne à la pensée chrétienne, acceptée d'abord difficilement par l'Église (en raison de certains aspects de la philosophie d'Aristote, qui voyait, par exemple, dans l'âme la forme du corps), va jouer, progressivement, un rôle fondamental dans le catholicisme : à partir du XVIe siècle, le thomisme est adopté comme doctrine officielle de l'Église.

SARTRE *(1905•1980)*

Parmi les œuvres philosophiques et littéraires de Jean-Paul Sartre, citons essentiellement : L'*Imagination* (1936) ; *La Nausée* (1938) ; *Le Mur* (1939) ; *L'Être et le Néant* (1943) ; *L'Existentialisme est un humanisme* (1946) ; *Baudelaire* (1947) ; *Qu'est-ce que la littérature ?* (1947) ; *Critique de la raison dialectique* (1960) ; *Les Mots* (1964) ; *L'Idiot de la famille* (1971-1972).
La conscience humaine, montre Sartre, est pouvoir de néantisation [1] et liberté : elle s'oppose en tout point à l'en-soi [2], l'être plein, massif et opaque des choses. Ainsi, condamné à une liberté absolue, l'homme doit-il inventer son chemin.

1. Contingence et nausée

Le point de départ de la philosophie de Sartre ne se situerait-il pas dans la « Nausée », ce sentiment privilégié et doté d'une signification quasi ontologique ? Antoine Roquentin, héros du célèbre récit *La Nausée*, expérimente le caractère injustifiable de l'existence. Prendre conscience de soi-même comme chose non nécessaire au milieu du monde — comme chose parmi les choses —, c'est avoir « la Nausée ». Ce que je saisis alors, c'est la *contingence* de l'existence, privée de raison et de nécessité, n'ayant jamais, en soi, sa raison d'être. Le monde des existences n'est pas celui des explications et des raisons. Exister, c'est être-là, simplement, sans nulle nécessité. Sartre applique également à l'existence non nécessaire le terme de *facticité* : la facticité désigne le fait que les choses sont là, comme elles sont, sans nécessité et sans raison. Je suis là, parmi elles, et découvre ainsi ma facticité originelle.
Mais, sur le fond de cette expérience première, autre chose va se dessiner : la prise de conscience du projet humain, édifiant librement le sens et les valeurs au sein même de la gratuité et de l'*absurde*, l'absurde se définissant comme ce qui est par-delà toutes les raisons, ce qui ne saurait être justifié de manière rationnelle.

2. L'univers de la liberté

Et, en effet, la création humaine est libre. Chez Sartre, *j'existe* et *je suis libre* sont deux propositions rigoureusement synonymes et équivalentes. Qu'est-ce qu'*exister*, dans le vocabulaire sartrien ? Exister, c'est être-là, et, dans un univers absurde et contingent, se construire et imprimer sa marque sur les choses. Il n'y a pas d'essence humaine figée et préétablie, essence qui précéderait l'existence. L'homme surgit dans le monde et il y dessine sa figure. Mais comment cette équivalence de l'existence et de la liberté est-elle possible ? La *liberté* humaine désigne, chez Sartre, cette possibilité qui nous est donnée de mettre à distance, à tout instant, la chaîne infinie des causes. La liberté est ce pouvoir que détient, en permanence, la conscience de *néantiser*, c'est-à-dire de faire apparaître le néant sur tout fond de réalité, de pulvériser les diverses déterminations, motifs ou mobiles, de choisir — l'idée de *choix* se définissant, au fond,

1. Ce terme est expliqué dans le § 2.
2. Ce terme est également expliqué dans le § 2.

chez Sartre, par celle de conscience. La possibilité de dire « oui » ou « non », de choisir, ne se distingue guère, dans ces conditions, de la conscience, de la saisie de nous-mêmes, au-delà de tout motif et de tout mobile. Cette liberté, nous l'expérimentons tous dans l'*angoisse*, véritable sentiment métaphysique qui nous révèle notre totale liberté, saisie réflexive où la conscience est prise de vertige devant elle-même et ses infinis pouvoirs. L'angoisse désigne donc ce saisissement de la conscience devant elle-même, ce sentiment vertigineux des possibles. Bien entendu, la conscience peut choisir en feignant de ne pas être libre. Ce mensonge à soi et sur soi, où je lutte contre l'angoisse, où je me cache ma liberté, porte un nom : c'est la *mauvaise foi*. Est de mauvaise foi la conscience qui pratique le mensonge à soi-même, pour échapper à l'angoisse et à la difficulté de la liberté, qui se rend aveugle à son infinie liberté. La mauvaise foi et l'esprit de sérieux menacent sans cesse la conscience. Si la mauvaise foi désigne, en effet, ce mensonge à soi-même par lequel la conscience s'efforce de fuir sa liberté et son angoisse, l'*esprit de sérieux* peut, lui aussi, nous « pétrifier ». En quoi consiste-t-il ? En cette attitude par laquelle, bannissant l'inquiétude et l'angoisse, nous préférons nous définir à partir de l'objet : l'esprit de sérieux considère que les valeurs sont données et non pas créées, qu'elles sont indépendantes de la subjectivité humaine : les valeurs seraient dans le monde, avant l'homme ; ce dernier n'aurait qu'à les cueillir. Mauvaise foi et esprit de sérieux : autant de fuites devant notre infinie liberté. C'est dans cette perspective qu'il faut définir le *Salaud*, au sens sartrien du terme, comme celui qui, par mauvaise foi, se dissimule le caractère gratuit et injustifiable de l'existence. Le Salaud considère son existence comme nécessaire, alors que toute existence est injustifiée et gratuite.

Toutes ces analyses sur l'angoisse, la liberté et la mauvaise foi renvoient au mode d'être de l'existant humain, ce *pour-soi* qui s'oppose en tout point à l'*en-soi* : alors que l'en-soi constitue une plénitude d'être (l'en-soi désigne les choses, qui sont ce qu'elles sont, dépourvues de conscience), le pour-soi représente la manière d'être d'un existant qui jamais ne coïncide avec lui-même. Échappement permanent à lui-même, il n'est jamais tout à fait soi. Sans arrêt, il se sépare de lui-même. Alors que l'en-soi est opaque à lui-même, rempli de lui-même, le *pour-soi* est le mode d'être d'une *conscience* qui s'évanouit perpétuellement, simple mouvement de transcendance vers les choses. La conscience n'est rien d'autre que le dehors d'elle-même et c'est cette fuite absolue, ce « refus d'être substance » qui la constituent comme conscience. En définitive, le pour-soi est un être qui se caractérise comme mouvement et *projet* d'être. Cette notion de projet est, en effet, centrale : nous existons comme projets ; nous nous jetons perpétuellement en avant de nous-mêmes, vers l'avenir, vers ce qui n'est pas encore. Le pro-jet (du verbe *projicere*, jeter au loin) est *cet acte* par lequel nous tendons, de toute notre liberté, vers le futur et les possibles.

Ainsi sommes-nous totalement libres et totalement responsables : la *responsabilité* représente, chez Sartre, cette prise en charge totale de son destin par l'existant humain qui crée sa nature et crée le monde. Mais, en cette invention et ce jaillissement permanents que représente la liberté du pour-soi, je semble constamment sous une menace, celle qui naît de la présence et du surgissement d'Autrui dans le monde.

3. Autrui et l'action collective

Que représente, pour moi, *Autrui* ? Il désigne, fondamentalement, l'*Autre*, le différent, c'est-à-dire « un moi qui n'est pas moi ». Autrui, c'est, en

effet, celui qui n'est pas moi et que je ne suis pas. N'y a-t-il pas, ici, l'annonce d'une menace, voire même d'une *chute* originelle ? C'est bien ce qui se passe dans la réalité, selon Sartre. Du fait même que je m'offre, dans le monde, comme un « quasi objet » sous le regard d'autrui, je « tombe » véritablement au niveau des choses, et ce du fait de la liberté du sujet qui me regarde et me juge. « L'enfer, c'est les autres », selon la formule fameuse de *Huis clos*.
Néanmoins, si nos existences sont, bien souvent, « tordues » et « viciées », du fait des « duels » de conscience qui surgissent ainsi, l'homme peut toujours retrouver des relations de réciprocité avec autrui, en particulier au niveau de l'action historique. Dans la *Critique de la raison dialectique*, Sartre s'attache, en effet, à la praxis historique commune, où les sujets s'unissent et se rassemblent. Cette *praxis* libre désigne un dépassement collectif des conditions matérielles et ce, dans le cadre de l'action historique. Sartre est, en effet, proche, à cette époque, de la doctrine marxiste et la *praxis* représente, dans cette perpective, un projet organisateur commun où les différentes consciences s'efforcent, ensemble, d'atteindre une fin. Au sein de cette vision globale, Sartre s'attache au *groupe*, rassemblement unifié par une praxis commune, par une communauté d'action. La foule qui prend d'assaut la Bastille forme un groupe ; au contraire, les rassemblements sociaux sans unité véritable, sans visée interne unifiante (ex. : une queue de voyageurs attendant l'autobus), représentent ce que Sartre appelle des *séries*, collections d'individus séparés et atomisés. Le *groupe* incarne le projet historique libre alors que la *série* se vit sous le signe des praxis engluées, dans un monde où la liberté, sans être perdue, est néanmoins menacée.
Le mérite de Sartre est donc de s'être attaché à l'*historicité*, définie comme appartenance objective à une époque. L'homme est un être historique, qui existe temporellement et collectivement. Cet intérêt pour l'historicité humaine, s'il est apparu très tôt dans les écrits de Sartre, est tout particulièrement net à partir de 1960.

Toute l'œuvre de Sartre tourne, on le voit, autour de la notion de *Liberté*, décrite individuellement, mais aussi dans sa dimension collective ou historique. Sartre est le philosophe de la liberté à l'œuvre dans le monde et les choses, de la responsabilité construisant les valeurs et l'univers humains.

SCHOPENHAUER *(1788•1860)*

Arthur Schopenhauer, philosophe allemand, est, pour l'essentiel l'auteur des œuvres suivantes : *La Quadruple Racine du principe de raison suffisante* (1813), *Le Monde comme volonté et comme représentation* (1818), *Les Deux Problèmes fondamentaux de l'éthique* (1841).
Penseur pessimiste, Schopenhauer a fait voler en éclats les illusions humaines et exercé sur la philosophie (*Nietzsche*), sur l'art (*Wagner*) et la littérature (*Maupassant*) une influence considérable.

1. L'homme et le jeu tragique de la vie

L'homme se définit comme un *animal métaphysique*, capable de s'étonner devant sa propre existence et devant le spectacle du monde, un être aspirant à l'absolu. Cette expression d'« animal métaphysique » est demeurée célèbre. Quant au terme de *métaphysique*, pris substantivement, il désigne, chez Schopenhauer, une discipline ayant la prétention d'être une connaissance dépassant l'expérience et les phénomènes donnés[1], une spéculation prétendant s'élever au-dessus des enseignements de l'expérience. D'où naît la métaphysique ? Elle s'enracine dans l'étonnement et tend à montrer ce qu'il y a d'absolu derrière la nature. Mais l'homme n'est pas seulement un animal métaphysique ; c'est aussi un être religieux, qui s'attache à des *mystères*, compris comme des dogmes ne pouvant être nettement saisis par la pensée.

Cet être aspirant à l'absolu est seulement voué, comme toute réalité, au malheur. Au fond de tout existe, en effet, une *volonté* — un *vouloir-vivre* — qui, poussée aveugle et irrésistible, désir inextinguible de vivre, ne conduit qu'à la souffrance. Le désir est-il insatisfait ? La souffrance domine. La tendance atteint-elle, au contraire, sa satisfaction ? Alors l'ennui l'emporte. Nous oscillons ainsi, tel un pendule, entre l'ennui et la souffrance. Le *bonheur* ne désigne donc rien de positif, mais seulement la cessation momentanée d'une douleur ou d'une privation ; loin d'apparaître comme plénitude concrète, il représente un simple élément négatif. Ce pessimisme, Nietzsche le mettra à distance, l'impression de bonheur (vrai) devenant, dans son optique, plénitude de sentiment, et non point simple « négativité ».

Tel est le jeu tragique de la vie que nous donne à voir Schopenhauer.

2. Une philosophie du détachement

Comment se délivrer de ce jeu tragique ? Le *suicide* ne saurait apparaître comme une solution : il désigne davantage l'affirmation passionnée du vouloir-vivre que sa négation réelle. L'*art* peut nous apporter une délivrance et une consolation provisoires. Il transmute, en effet, la douleur en un spectacle représenté, qui efface, par sa beauté, les peines de la vie et nous dédommage des douleurs réelles : cette contemplation pure des choses nous arrache, provisoirement, au cauchemar de l'existence.

Mais, pour authentiquement s'affranchir, il faut aller jusqu'au Nirvāna. En effet, la philosophie de l'Inde peut ici nous apporter une réelle lumière. Si le vouloir-vivre désigne une puissance sans repos, nous plongeant dans une éternelle douleur, il nous faut nous détacher de cette puissance aveugle de la vie universelle. Ainsi se définit le N*irvāna*, comme extinction du désir humain de vivre : l'existence que nous connaissons, celui qui renonce à la volonté de vivre la quitte sans peine, et il atteint ainsi le Nirvāna. Dès lors, ce n'est pas la *mort* que nous devons rechercher — encore qu'elle désigne le moment de l'affranchissement d'une individualité bornée et étroite —, mais l'anéantissement suprême du vouloir, atteint dans le Nirvāna, terme de la souffrance.

1. Selon la définition de Kant.

Ainsi Schopenhauer a-t-il voulu couper le mal à la racine : c'est au désir sans cesse renaissant qu'il faut s'attaquer, c'est du vouloir-vivre éternel qu'il faut se détacher, pour atteindre, enfin, l'ultime sérénité liée à l'extinction de tout désir.

SPINOZA *(1632•1677)*

De Baruch de Spinoza, philosophe hollandais, citons essentiellement : *Court Traité sur Dieu, l'homme et sa félicité* (écrit en latin en 1660), *Traité sur la réforme de l'entendement* (écrit sans doute en 1661), *Principes de la philosophie de Descartes* (1663), *Traité théologico-politique* (1670), *Traité politique* (1673-1677) et l'*Éthique* (publiée l'année de la mort de Spinoza).
Spinoza, rejetant toute transcendance divine, identifie Dieu et la Nature. La sagesse est amour intellectuel du vrai Dieu, immanent au réel.

1. Une méthode géométrique

L'*Éthique* — œuvre principale de Spinoza — est exposée comme l'est un traité de géométrie : à partir de définitions, axiomes et postulats, il s'ensuit une série ordonnée de théorèmes, démonstrations et corollaires. Cette forme géométrique, loin d'être inessentielle, manifeste la volonté du philosophe de procéder de manière rigoureuse, ainsi que le font les mathématiciens. Spinoza s'efforce d'exprimer, dans l'*Éthique*, de manière objective, l'essence fondamentale de toutes choses. Quant à ce titre d'*Éthique*, il ne doit pas nous induire en erreur. L'*Éthique* ne désigne pas une morale au sens propre du terme, mais la vraie connaissance du vrai Dieu, immanent au monde, la science pratique de ce qui est.

2. Dieu ou la Nature

Ce qui est ? Une seule Substance, absolument infinie, dont nous ne sommes que des modes. Le *Dieu* de Spinoza, objet de l'*Éthique*, n'a rien à voir avec celui de la religion judéo-chrétienne, principe transcendant au monde. Il faut, en effet, expulser toute représentation anthropomorphique du divin. Dieu n'est rien d'autre qu'un Être absolument infini, composé d'une infinité d'attributs, qu'une *Substance* unique — la Substance désignant ce qui est en soi et conçu par soi, ce dont le concept ne requiert pas, pour être formé, le concept d'une autre chose.
Dieu s'identifie à cette Substance. Il désigne l'ensemble du réel ou la *Nature*, comprise comme l'unité des choses et le seul Être auquel les réalités se rapportent. *Deus sive Natura* : Dieu ou la Nature. Les philosophes de la Renaissance, tel Giordano Bruno, avaient sans doute frappé Spinoza par leur représentation d'une Nature une et infinie. C'est là une conception « panthéiste », que l'on retrouve dans l'*Éthique*, si du moins on entend par « panthéisme » une doctrine identifiant Dieu et la totalité du réel (attention ! ce terme de « panthéisme », que l'on applique à juste titre à Spinoza, ne se trouve pas dans sa philosophie elle-même : il est apparu au début du XVIIIe siècle).

De cette substance unique, de cette Nature ne faisant qu'un avec Dieu, l'intelligence humaine saisit seulement deux attributs, l'Étendue et la Pensée, l'*Attribut* se définissant chez Spinoza de la manière suivante : ce que l'entendement perçoit d'une substance comme constituant son essence. Dans cette perspective, que représentent alors les objets particuliers du monde ? Ce sont des modifications de la Substance infinie qu'est la Nature, en d'autres termes des *modes*, c'est-à-dire des affections de cette substance. Ainsi chaque créature particulière apparaît-elle comme un mode de Dieu, comme étant dans une autre chose, par le moyen de laquelle elle est conçue. Cette tripartition (substance-attribut-mode) nous permet de saisir le sens des concepts de *Nature naturante* et de *Nature naturée* : par *Nature naturante*, Spinoza entend Dieu lui-même, en tant qu'il est en soi et conçu par soi, et *producteur* de tout le réel ; par *Nature naturée*, le philosophe comprend tout ce qui suit de la nature de Dieu et de ses attributs, tout ce qui *est produit* par la Substance en tant qu'il est en elle et par elle.

Un tel système est rigoureusement déterministe : les attributs infinis de Dieu produisent nécessairement certains effets. Il n'est rien donné de contingent dans la nature ; la *nécessité absolue* dont parle Spinoza dans l'*Éthique* possède cette signification : tout est déterminé par la Nature divine à produire un effet. La *contingence*, c'est-à-dire ce qui peut ne pas être, représente seulement un défaut de notre entendement, un manque de connaissance réelle.

3. L'essence de la nature humaine : désir et passions

Au sein de cette doctrine, comment comprendre l'essence de la nature humaine ? Il y a, en nous, un élément actif, que Spinoza baptise *conatus* : le conatus désigne l'effort par lequel chaque chose, pour autant qu'il est en elle, s'efforce de persévérer dans son être. Or quand le conatus devient conscient de soi, il s'appelle *désir*, lequel s'identifie donc à l'« appétit [1] » accompagné de la conscience de lui-même. Conatus et désir correspondent à l'affirmation dynamique de notre être.

Mais les désirs humains peuvent être modifiés par l'intervention de causes extérieures. Nous subissons, en effet, l'action des forces auxquelles nous sommes nécessairement liés, puisque nous sommes une partie de la Nature. Ainsi naissent les *passions*, lesquelles sont des modifications passives de notre être : quand la puissance d'agir de notre corps est modifiée par des causes externes, alors l'activité de l'homme est limitée par ces réalités et la passion se comprend dans cette perspective. La joie et la tristesse sont les deux passions fondamentales d'où dérivent les autres passions. La *Joie* est le passage à une plus grande perfection et elle est toujours bonne. La *Tristesse* est le passage de l'homme à une moindre perfection et elle est toujours mauvaise. Hélas ! c'est trop souvent la tristesse et son triste cortège (envie, ressentiment, haine, etc.) qu'expérimente l'homme. Aussi la vie sous le régime de la passion est-elle généralement un véritable enfer. Tant que l'homme est en état de *servitude* — c'est-à-dire en situation d'impuissance devant des manières d'être passives, ne relevant pas de la raison, manières d'être auxquelles il est soumis —, son lot est la souffrance, souffrance que la philosophie, comme tâche rationnelle, doit guérir.

1. Au sens qu'avait ce terme chez Spinoza : la tendance fondamentale de l'homme, son essence mobile, non statique.

4. Vertu et sagesse

Si telle est l'essence de la nature humaine, que désigne alors la *vertu* ? Elle n'a rien à voir avec ce qu'on entend ordinairement par cette notion et se confond avec une conception rationnelle de la vie, avec une conduite et une pratique humaine dirigées par la raison. Être vertueux, c'est acquérir la vraie connaissance de nos passions et ce grâce à un ensemble d'idées et de notions *adéquates*, c'est-à-dire claires et distinctes. Quand nous nous formons des idées claires de ce qui se passe en nous, alors nous saisissons mieux le dynamisme de la vie et retrouvons la puissance du conatus et du désir. Connaître le réel, c'est accéder aux tendances profondes de la vie, à la plénitude de l'existence. Vertu et vie sont donc, en profondeur, inséparables. Connaître le réel et saisir la vie divine, c'est être vertueux.

Le *Sage*, dès lors, est celui qui accède à la connaissance vraie et parvient ainsi à la *béatitude*, état de plénitude et de contentement total qui n'est pas le prix de la vertu, mais la vertu elle-même. La béatitude, en effet, ne s'ajoute pas à la vertu comme une récompense : elle désigne la perfection de notre connaissance, la coïncidence du mode fini avec la plénitude du dynamisme vital, avec la Nature divine des choses.

5. L'homme dans la cité

Ainsi, l'homme qui vit sous le régime de la vertu — c'est-à-dire du savoir — utilise-t-il puissamment la force de la *raison*, conçue comme un système d'idées adéquates, c'est-à-dire claires et distinctes. Or, en suivant la raison, l'homme retrouve également l'accord et l'unité avec ses semblables. L'union des individus entre eux doit, en effet, être rapportée à l'identité de la raison chez tous les hommes et à son exercice. La vie *vraiment humaine et sociale* se définit par la vie de la raison, et l'*État* — c'est-à-dire l'organisation politique de la société — doit être conçu rationnellement : seul l'État rationnel ouvre la voie à la liberté. En lui, tous les hommes se reconnaissent et ont le pouvoir d'exister et d'agir suivant les lois de la vraie nature humaine, c'est-à-dire en tant que modes conscients d'une Nature infinie.

Dans cette perspective pleinement rationnelle, nommons *citoyens* les hommes considérés comme jouissant de tous les avantages que procure la Cité en vertu du *droit civil*, défini comme la liberté qu'a l'individu de se conserver dans son état, liberté telle qu'elle est déterminée par les édits du pouvoir souverain.

L'État auquel vont les sympathies de Spinoza est de type démocratique : la *démocratie* désigne un régime où nul ne transfère son droit à un autre et où tous sont égaux. Les individus y confrontent librement leurs opinions et leurs droits sont protégés. Ainsi liberté et sécurité sont-elles pleinement assurées. La cité démocratique permet dès lors d'accéder pleinement à la *justice*, disposition où chacun se voit attribuer ce qui lui revient et ce qui lui est dû.

Ainsi se dessine le destin des hommes libres, vivant sous le commandement de la Raison, dans une cité libre. En se forgeant un ensemble d'idées vraies, l'homme redevient un Dieu pour l'homme et accède à une société juste. La Politique de Spinoza se confond avec son Éthique et l'achève.

LES STOÏCIENS

1. De l'ancien Stoïcisme au Stoïcisme impérial

On distingue plusieurs périodes dans le Stoïcisme et, tout d'abord, l'*Ancien Stoïcisme*, fondé par Zénon de Cittium (335-264 av. J.-C.). Ce penseur grec vint à Athènes vers l'an 300 av. J.-C. et enseigna sous le Portique (en grec, *Stoa*), d'où le nom d'École du Portique ou de Stoïcisme. Nous conservons seulement des fragments de cet ancien stoïcisme, développé par *Zénon*, *Cléanthe* (331-232 av. J.-C.) et *Chrysippe* (280-206 av. J.-C.).
Mais c'est surtout le Stoïcisme — romain — de l'époque impériale qui est célèbre, avec les noms de *Sénèque* (4 av. J.-C. - 65 ap. J.-C.) — *De la brièveté de la vie*, *De la tranquillité de l'âme*, *De la providence*, etc. —, *Épictète* (50-130 de notre ère, esclave affranchi dont les *Entretiens* et le *Manuel* sont illustres) et *Marc Aurèle* (121-180, empereur romain venu à la philosophie à travers la lecture d'Épictète et qui écrivit des *Pensées*, réunies après sa mort sous le titre A *lui-même*).
Dans le Stoïcisme, le bonheur désigne l'indépendance vis-à-vis des circonstances extérieures et le détachement à l'égard des choses. La maîtrise de nos représentations et l'exercice du jugement permettent d'y accéder.

2. La logique

La logique étudie les conditions d'accès à la connaissance. Or, c'est le sensible qui est modèle du vrai. Quand l'âme est essentiellement réceptive, on parle de *représentation*, définie comme une empreinte dans l'âme[1]. La représentation privilégiée, critérium de la vérité, est la « représentation *compréhensive* », harmonie entre le sujet et l'objet, caractérisée par sa netteté et gravée en conformité avec la chose, sans la moindre confusion. Pour parvenir à la *science*, c'est-à-dire à une compréhension ferme et assurée en raison, l'esprit doit intervenir *activement* et dégager la vérité, grâce, en particulier, aux *prénotions* ou *prolepses*, principes que l'âme contient originairement et que les objets externes réveillent. L'ensemble des prénotions constitue la *raison*.
Un des aspects les plus modernes et les plus intéressants de la logique stoïcienne se rattache aux recherches effectuées sur la rhétorique et le langage. Ainsi les Stoïciens se sont-ils penchés sur le signifié et sur ce qui signifie. *Ce qui signifie*, c'est la *parole* ; ce qui est *signifié*, c'est ce qu'exprime le mot, la chose que nous pensons et comprenons.

1. Certains historiens du Stoïcisme définissent la *représentation*, sous un angle plus dynamique, comme *une tension de l'âme actuellement modifiée par un objet extérieur*.

3. La physique

Le centre de la doctrine stoïcienne est la *physique*, étude de la *Nature* ou de *Dieu*. Le Stoïcisme peut, en effet, être considéré comme un panthéisme : *Dieu* est le *Monde*. On ne saurait distinguer l'étincelle divine partout présente, souffle universel courant à travers toutes choses, de l'univers. Dieu est un « feu artiste » et divin. En ce sens, Spinoza (voir p. 373) sera le dernier des Panthéistes. Le monde, pénétré par la *Raison*, principe d'ordre des choses, que l'on retrouve chez l'homme, est porteur d'unité et d'intelligence. C'est un organisme parfait, que gouverne le *Destin*, mouvement éternel, continu et réglé. Le Destin est, chez les Stoïciens, une puissance spirituelle qui, par ordre, administre tout l'univers. Il désigne une disposition inviolable de chaque chose, une coordination parfaite régnant dans tout ce qui est. La *providence*, définie comme destin et organisation du monde en tant qu'ils sont doués de finalité, tient donc une place importante dans la physique stoïcienne. Si Destin et Providence gouvernent tous les événements du monde, néanmoins le stoïcisme ne se confond nullement avec un fatalisme (comme le lui reprochaient ses adversaires épicuriens). La morale stoïcienne — nous allons le voir — est une doctrine centrée sur la liberté humaine.

4. La morale

La morale stoïcienne, qui couronne la physique, est, en effet, une morale de la liberté. Malgré le Destin, l'homme demeure libre de ses représentations et opinions. Nous pouvons — bien que tout ce qui arrive soit précédé d'une cause, bien que tout s'opère en vertu de causes antécédentes et nécessaires — maîtriser nos représentations et opinions. La *liberté*, dans cette perspective, désigne la puissance d'agir par soi-même au niveau de la pensée et du jugement. *Ce qui dépend de nous*, ce sont nos opinions et nos désirs, *ce qui n'en dépend pas* est représenté par les corps, les réputations, les dignités, les biens.
La maîtrise des représentations conduit à l'*ataraxie*, c'est-à-dire à la sérénité et à la paix de l'âme, à l'absence de trouble, à l'*apathie*, état de l'âme qui ne perçoit même plus la douleur. L'homme atteint ainsi le *Souverain Bien*, le bonheur conçu comme existence en accord et en harmonie avec la Nature ou Dieu, comme vie conforme à la raison. Ainsi se dessine le cours harmonieux de la vie, dans l'unité retrouvée et l'obéissance à la Raison (Raison = Divinité). Certes, l'homme n'est pas que Raison : les *passions* se manifestent en nous, en tant qu'impulsions et mouvements irrationnels de l'âme. Bien entendu, le Sage stoïcien se rendra maître de cette folie qu'est la passion, puisqu'il domine et maîtrise tous ses jugements et toutes ses représentations.

Ainsi le Sage, conduit par la Raison divine, est-il serein, dépourvu de passion, absolument maître de lui, libre sur le trône comme dans les chaînes. « Tout est opinion, et l'opinion dépend de toi. » (Marc Aurèle.) En cette brève formule, la sagesse stoïcienne résume pleinement son idéal, idéal qui, à travers les siècles, exercera une influence considérable.

Répertoire par auteurs

Dans ce répertoire, nous avons recensé, pour chaque auteur, les entrées contenant au moins une citation de cet auteur. Cela permet de retrouver tous les concepts, termes et expressions qui se rapportent à chaque philosophe et qui sont traités dans cet ouvrage. Dans les expressions, nous avons souligné le titre général de l'article où elles sont abordées.

1. Les citations de la *Critique du Jugement* sont extraites de la traduction de cette œuvre par J. Gibelin (Vrin).

Imprimé en France par Maury-Eurolivres – 45300 Manchecourt – N° 65786
Dépôt légal : Juillet 1998
Dépôt légal 1re édition : 4e trimestre 1991